CORPORATE FINANCIAL MANAGEMENT

기업재무관리

이하일

박영사

머·리·말

　　오늘날 국민경제에서 기업의 중요성은 증대되고 있다. 경영학은 생산의 주체인 기업을 연구대상으로 하는데, 재무관리는 기업의 경영활동 중에서 자금과 관련된 활동을 다루는 분야로 자금을 효율적으로 조달하고 조달된 자금을 효율적으로 운용하는 것과 관련된 의사결정을 수행하는 이론과 기법을 연구하는 학문이다.

　　본서는 대학에서 재무관리를 수강하는 학생들과 공인회계사 1차 시험을 비롯하여 객관식으로 치르는 각종 시험에 대비하여 공부하는 수험생들을 위해 집필하였다. 본서는 방대한 분량의 내용을 담고 있어 1학기 과정으로 강의할 경우 증권투자론, 재무제표의 분석, 국제재무관리에서 다루는 일부 내용은 생략할 수 있다.

　　최근에 CPA 1차 시험에서 재무관리 문제는 출제경향이 바뀌어 내용과 형식에서 어려워지고 있다. 특히 과거와 같이 단순한 암기의 공식 대입형의 문제보다는 서술형 문제의 비중이 높아지고 지문이 길어지는 추세에 있어 빨리 문제를 파악해야 한다. 따라서 재무관리의 큰 틀을 이해하고 기본개념을 명확히 정리해야 한다.

　　본서는 이러한 출제경향을 반영하여 재무관리의 방대한 내용을 쉽게 이해할 수 있도록 체계적으로 정리하였다. 시험에서 왕도는 없다. 기초개념을 충분히 이해하고 기본체계를 세운 후에 반복학습으로 실력을 향상시키는 것이 합격의 지름길이다. 다만, 수험기간을 단축하려면 효율적·체계적인 학습이 수반되어야 한다.

　　본서는 기업재무관리의 개념에 대한 확실한 이해를 바탕으로 현실에 대한 적응력을 제고할 수 있도록 재무관리의 기초개념, 위험과 수익률, 자본시장과 증권평가, 자본구조와 배당정책 그리고 재무관리의 특수분야 다섯 개의 주제로 이루어졌다. 본서의 내용은 다음과 같이 제5편 제18장으로 구성되었다.

　　제1편 재무관리의 기초개념에서는 재무관리의 정의와 목표, 주주 부의 극대화와 대리인문제, 화폐의 시간가치, 미래가치와 현재가치의 계산, 최적소비－투자결정, 피셔의 분리정리, 자본예산의 개념, 세후 영업현금흐름과 증분현금흐름의 추정, 투자안의 경제성분석에 대한 일반내용을 상세하게 설명하였다.

　　제2편 위험과 수익률에서는 불확실성하의 선택이론, 기대효용극대화이론, 평균－분산기준, 포트폴리오선택의 원리, 포트폴리오의 기대수익률과 위험, 자본자산가격결정모

형의 개념, 자본시장선과 증권시장선, 수익률생성모형, 차익거래가격결정모형의 내용을 소개하고 실제로 어떻게 활용되는지를 살펴보았다.

　　제3편 자본시장과 증권평가에서는 금융시장의 개념, 자본시장의 개요, 자본시장의 효율성, 효율적 시장가설, 자본조달수단, 배당평가모형, 성장기회평가모형, 주가배수모형, 경제적 부가가치, 채권평가의 개념, 채권수익률의 기간구조와 위험구조, 듀레이션과 볼록성, 채권투자전략의 내용을 살펴보았다.

　　제4편 자본구조와 배당정책에서는 레버리지, 자본비용의 개념, 가중평균자본비용, 자본구조이론의 시각, 전통적 자본구조이론, MM의 무관련이론, MM의 수정이론, 자본구조이론의 현실, 불확실성하의 자본예산, 배당정책이론의 시각, MM의 배당정책무관련이론, 특수배당정책의 일반적인 내용을 소개하였다.

　　제5편 재무관리의 특수분야에서는 기업합병과 매수(M&A)의 정의와 유형, M&A의 방법과 동기, 합병의 경제성 평가, 인수가격 및 합병조건의 결정, 재무제표의 분석, 국제재무관리의 정의와 특징, 환율의 기본개념, 국제금융의 원리, 환위험의 관리, 국제자본예산과 국제금융시장의 일반적인 내용을 서술하였다.

　　본서가 완성되기까지 바쁘신 와중에도 본문의 내용에 지적과 조언을 해주신 동국대학교의 김석용 교수님께 감사드린다. 그리고 어려운 여건에서 흔쾌히 출판을 맡아주신 박영사 안종만 회장님과 안상준 대표님, 좋은 책이 될 수 있도록 최선을 다해주신 황정원 선생님께 감사드리며 무궁한 발전을 기원한다.

　　끝으로 자식 잘 되기를 염원하다 돌아가신 모친과 따뜻한 격려를 보내주신 장인어른께 감사를 드리고, 장기간 성원을 보내준 양가 가족 및 남편의 성공을 간절히 원하는 아내와 아들 동선에 대한 애정을 본서로 대신한다. 독자 여러분들의 아낌없는 성원을 기대하며 기업재무 이해에 지침이 되기를 기원한다.

2021년 5월
관악산에서
저자 이하일

차례

제5장 불확실성하의 선택이론

제6장 포트폴리오이론

제7장 자본자산가격결정모형

재무관리의 기초개념

재무관리의
개요

재무관리는 기업의 경영활동에 필요한 자금을 효율적으로 조달하고 운용하는 것과 관련된 이론 및 기법을 연구하는 학문을 말한다. 따라서 재무관리의 기능은 자금조달에 대한 자본조달결정과 자금운용에 대한 자산투자결정으로 요약할 수 있다. 이를 통해서 기업가치를 극대화하는 것이 재무관리의 목표에 해당한다.

제1절 재무관리의 개념

경영학은 생산의 주체인 기업을 연구대상으로 하는 학문이다. 재무관리는 기업의 경영활동 중에서 자금과 관련된 경영활동을 다루는 분야로 기업이 필요로 하는 자금을 효율적으로 조달하고 조달된 자금을 효율적으로 운용하는 것과 관련된 의사결정을 수행하기 위한 이론과 기법을 연구하는 학문을 말한다.

1. 재무관리의 정의

좁은 의미의 재무관리는 기업의 경영활동 중에서 자금흐름과 관련된 제반 의사결정을 보다 효율적으로 수행하기 위한 이론과 기법을 다루어 기업재무론(corporate finance)이라고도 한다. 따라서 기업의 경영활동에 필요한 자금의 조달과 운용 그리고 그와 관련된 계획 및 통제 등이 재무관리의 연구대상이다.

넓은 의미의 재무관리(finance)는 기업재무론 이외에 투자론(investments), 금융기관론(financial institutons) 등을 포함하며 재무학이라고도 한다. 그러나 본서에서 다루는 재무관리는 기업의 경영활동 중에서 자금과 관련된 재무의사결정을 담당하는 재무담당자의 관점에서 다루는 좁은 의미의 재무관리이다.

기업에서 재무관리가 잘 이루어지기 위해서는 의사결정의 기초자료를 만드는 경영분석과 세부적인 주제를 다루는 국제재무관리에 대한 이해가 필수적이다. 그리고 학문영역으로 응용경제학의 한 분야에 속하는 재무관리에 대한 이해를 높이기 위해서는 인접학문인 경제학과 회계학에 대한 이해가 필요하다.

2. 재무관리의 기능

일반적으로 재무관리의 기능은 재무상태표를 중심으로 설명하는데 대변은 자금의 조달원천을 나타내고, 차변은 자금의 운용형태를 나타낸다. 기업의 재무담당자가 수행하는 역할은 다음과 같은 네 가지로 요약할 수 있고 핵심적인 주요기능은 자금조달에 대한 자본조달결정과 자금운용에 대한 자산투자결정이다.

(1) 자본조달결정 : 조달자본의 최적배합 → 자본비용의 극소화

자본조달결정은 경영활동에 필요한 자본을 자기자본과 타인자본으로 어떻게 조달할 것인가에 대한 의사결정을 말하며 이에 따라 기업의 자본구조, 자본비용, 재무위험이 달라진다. 자본조달결정에 의해 자기자본과 타인자본의 구성이 결정되며, 그 결과는 재무상태표의 대변에 표시된다.

(2) 자산투자결정 : 보유자산의 최적배합 → 투자수익의 극대화

투자결정은 자본제공자로부터 조달된 자본을 어떤 종류의 자산에 얼마만큼을 투자할 것인가에 대한 의사결정을 말하며 이에 따라 기업의 수익성, 성장성, 영업위험이 달라진다. 자산투자결정에 의해 기업이 보유해야 하는 자산의 규모가 결정되며, 그 결과는 재무상태표의 차변에 표시된다.

(3) 배당정책이론

배당정책은 기업이 경영활동을 수행한 결과로 발생한 당기순이익을 어떻게 사내유보(이익잉여금)와 사외유출(배당금액)로 배분할 것인가에 대한 의사결정을 말한다. 배당정책은 자기자본조달에 대한 의사결정에 해당되고 사내 자본조달결정과 연결되므로 자본조달결정의 형태로 분류할 수 있다.

(4) 재무자료분석

재무자료분석은 자본조달결정, 투자결정, 배당결정을 비롯한 기업의 제반 의사결정에 필요한 정보를 제공한다. 또한 기업의 회계 및 재무자료를 수집하고 분석해서 정보이용자들의 의사결정에 유용한 정보를 제공하는 역할을 수행하며, 앞으로의 투자활동과 필요자금을 예측하는 것까지 포함한다.

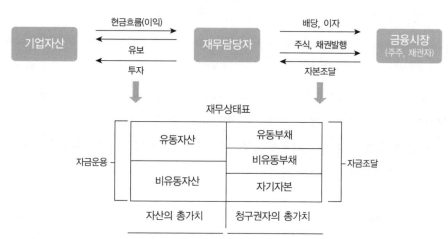

▌그림 1-1▌ 재무관리의 기능

제2절 재무관리의 목표

재무관리의 목표는 재무담당자가 자본조달결정과 자산투자결정을 내릴 때 의사결정의 기준이 된다. 전통적인 이익극대화 목표는 이익의 개념이 모호하고 화폐의 시간가치와 미래의 불확실성을 무시하고 있다. 이러한 문제점을 해결하기 위해서 기업의 재무관리목표로 기업가치극대화가 제시되었다.

1. 이익극대화

전통적으로 경제학과 회계학에서는 기업의 목표를 이익극대화라고 한다. 이익극대화가설에서 기업의 유일한 목표는 이익극대화이며 기업의 모든 의사결정은 이익극대화의 관점에서 이루어진다고 본다. 그러나 이익극대화 목표는 다음과 같은 문제점 때문에 재무관리의 목표로 인정받지 못하고 있다.

(1) 회계적 이익개념 모호

이익극대화의 대상이 되는 이익이 손익계산서상의 영업이익, 당기순이익, 주당순이익 등 어느 것을 의미하는지 불분명하다. 또한 회계적 이익은 재고자산평가방법, 감가상

5

각방법 등에 대체적인 회계처리방법을 인정하여 회계처리방법의 선택에 따라 이익이 달라질 수 있어 기업의 경제적 실상을 정확히 반영하지 못한다.

(2) 화폐의 시간가치 무시

회계적 이익은 화폐의 시간가치를 무시하고 있기 때문에 미래의 서로 다른 시점에서 발생하는 이익을 정확하게 평가할 수 없다. 따라서 현금흐름이 발생하는 시점에 관계없이 금액만 동일하면 동일한 가치를 갖는 것으로 보아 미래의 서로 다른 시점에서 발생하는 이익을 적절히 평가하지 못한다.

(3) 미래의 불확실성 무시

회계적 이익은 미래의 현금흐름이 실현되지 않을 가능성을 무시하고 있다. 미래에 예상되는 기대수익이 동일해도 실현가능성은 투자안마다 다를 수 있어 합리적인 투자결정의 판단기준이 될 수 없다. 회계적 이익은 기대수익만 고려할 뿐 기대수익이 실현되지 않을 가능성을 고려하지 못하고 있다.

2. 기업가치의 극대화

기업가치 극대화는 전통적인 이익극대화 목표의 개념상의 문제점을 극복하여 현대기업의 재무관리 목표로 정립되었다. 기업가치는 기업이 투자해서 보유하고 있는 자산들의 가치의 합이며, 투자활동과 자본조달활동에 의해서 발생하는 보유자산의 수익성과 현금흐름의 위험도에 의해 결정된다.

따라서 기업가치를 극대화하기 위해서는 미래의 현금흐름을 극대화하고 위험을 극소화할 수 있도록 투자결정과 자본조달결정을 해야 한다. 기업가치(V)는 기업이 벌어들일 미래의 현금흐름(CF)을 적절한 할인율(k)로 할인한 현재가치의 합을 나타내는데 이를 수식으로 표시하면 식(1.1)과 같다.

$$V = \frac{CF_1}{(1+k)^1} + \frac{CF_2}{(1+k)^2} + \frac{CF_3}{(1+k)^3} + \cdots = \sum_{t=1}^{\infty} \frac{CF_t}{(1+k)^t} \tag{1.1}$$

기업가치는 보유자산의 수익성을 나타내는 분자의 현금흐름에 비례하고 현금흐름의 위험도를 나타내는 자본비용에 반비례한다. 따라서 기업가치를 극대화하기 위해서는 자본비용이 극소화될 수 있도록 경영활동에 필요한 자금을 효율적으로 조달하여 수익성이 극대화될 수 있도록 자산에 투자해야 한다.

기업가치는 미래수익의 크기와 불확실성에 따라 결정되어 투자결정과 자본조달결정에 의존한다. 기업이 비유동자산에 대한 투자를 늘릴수록 미래의 현금흐름은 증가할 수 있으나 미래수익의 불확실성에 따라 영업위험이 증가하고 부채의 사용이 많아질수록 재무레버리지효과로 인해 재무위험이 증가한다.

3. 자기자본가치의 극대화

기업가치(V)는 기업이 보유하고 있는 총자산의 현재가치와 같으며 주주와 채권자에게 귀속된다. 따라서 기업가치(V)는 주식의 시장가치인 자기자본가치(S)와 부채의 시장가치인 타인자본가치(B)의 합으로 구성된다. 기업가치를 평가하는 목적은 최종적으로 기업의 소유주인 주주지분의 가치를 평가하려는데 있다.

$$V = S + B \qquad\qquad (1.2)$$

기업가치의 극대화는 식(1.2)와 같이 자기자본 제공자인 주주와 타인자본 제공자인 채권자를 동시에 기업가치의 소유주로 간주하여 주주의 지분인 자기자본의 가치와 채권자의 지분인 타인자본의 가치를 합산한 총자산가치를 극대화하는 목표에 해당하며 손익계산서의 영업이익(EBIT, NOI)이 분석대상이 된다.

자기자본가치의 극대화는 주주만을 기업의 소유주로 간주하여 자기자본가치 극대화가 재무관리의 목표가 되어야 한다는 입장으로 손익계산서의 순이익(NI)이 분석대상이 된다. 왜냐하면 채권자의 권리는 경영성과에 관계없이 약정된 원리금으로 한정되어 타인자본가치는 기업가치에 관계없이 일정하기 때문이다.

타인자본가치는 시장이자율에 의해서 결정되는데 시장이자율이 일정할 경우에 기업가치의 극대화는 자기자본가치의 극대화를 말한다. 여기서 자기자본의 가치는 주식가격에 발행주식수를 곱해서 산출할 수 있고 발행주식수가 일정할 경우에 자기자본가치의 극대화는 주가의 극대화 또는 주주부의 극대화를 말한다.

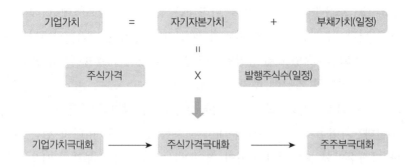

4. 기업가치극대화 목표의 타당성

기업가치는 기업이 보유하고 있는 자산에서 벌어들일 미래현금흐름의 현재가치로 정의되므로 개념이 명확하고 화폐의 시간가치와 미래의 불확실성을 고려하고 있다. 또한 귀속주체가 분명하며 증권시장에서 형성되는 주식가격을 통해서 객관적으로 측정할 수 있으므로 기업의 재무관리목표로 타당하다고 할 수 있다.

5. 기업가치극대화 목표의 문제점

소유와 경영이 분리된 상태에서 대리인인 경영자는 기업가치를 극대화하기보다는 특권적 소비나 비금전적 효익을 통해 자신의 효용을 극대화할 수 있도록 의사결정을 할 수 있다. 이러한 경우에 주인과 대리인의 이해가 서로 상충되어 대리인문제가 발생하여 기업가치의 극대화가 달성되지 않을 수 있다.

그러나 경영자의 사적 이득 추구로부터 소액주주를 보호하기 위해 현실적으로 소액주주의 권리와 관련된 다음과 같은 법적·제도적 장치를 활용하게 되면 대리인문제(agency problem)를 어느 정도 완화시킬 수 있어 기업가치극대화, 주주의 부 극대화는 기업의 재무관리의 목표로 타당성을 유지할 수 있다.

첫째, 경영자를 감시하는 감사 또는 감사위원회 설치
둘째, 주주총회에서 이사회 임원의 선출권 행사
셋째, 주식매수청구권(stock option) 등의 보상제도 도입
넷째, 적대적 M&A시장의 활성화로 무능한 경영자의 교체

요컨대 재무관리의 목표는 기업의 가치를 극대화시키는 데에 있다. 기업가치의 극대화는 자기자본가치의 극대화, 주주부의 극대화, 주가의 극대화와 동일한 개념으로 사용되고 있다. 최적투자는 순현재가치(NPV) 극대화기준에 의해 결정되고 NPV를 극대화하면 기업가치의 극대화를 달성할 수 있게 된다.

그러나 주주와 경영자간에 존재하는 대리인문제를 완전히 해결할 수는 없으며, 실제로 경영자가 주주들의 부를 극대화하지 않고 자신의 부를 극대화하는 방향으로 기업을 경영하면 주주들의 부가 희생될 수 있다. 이러한 주주와 경영자간에 발생하는 대리인문제는 자본구조의 대리인이론에서 다루기로 한다.

제3절 재무관리의 발전

재무관리는 장기간 경제학의 일부분으로 인식되어 오다가 비로소 하나의 독립된 학문분야로 연구가 시작된 것은 1900년대 초반이며 주로 자본시장의 기구, 발행과 유통절차, 자본조달의 수단 등을 취급했다. 회계자료와 재무기록도 오늘날 사용하는 종류와는 다르며 공표용 회계자료에 필요한 규제도 없었다.

1920년대 기술혁신이 빠르게 진전되고 새로운 산업들이 출현하게 되면서 보다 많은 자금조달이 필요하여 내부경영에 대한 관심은 외부자금조달로 전환하여 사채, 보통주, 우선주와 같은 자금조달수단이 기업재무의 중심과제를 이루게 되었고, 기업의 유동성과 자금조달을 강조하는 재무연구를 발전시켰다.

1930년대 경기침체가 심화되면서 기업생존이란 방어적 관점에서 유동성의 확보, 파산, 자산유동화, 기업재조직과 관련된 연구에 관심을 집중시키게 된다. 기업경영에 있어서 보수주의는 안전한 재무구조를 강조하였고, 외부금융에서 주요 관심사는 대출자가 자기보호를 어떻게 할 수 있는가에 집중되었다.

1940년대 재무관리는 1920년대와 1930년대부터 전개되어 온 전통적인 접근방법을 주로 취급하여 투자자나 자금대여자와 같은 기업외부자의 관점에서 현금흐름을 분석하는데 중점을 두면서 내부현금흐름의 계획과 통제에 대해 강조했다. 그러나 기업 내에서 이루어지는 의사결정은 강조하지 않았다.

현대재무관리는 1950년대 들어 계량적인 분석방법이 투자의사결정에 널리 이용되면서 시작되었다고 할 수 있다. 딘(Joel Dean)은 "자본예산", 루츠(F.Lutz)는 "기업의 투자이론"에서 투자안에 대한 경제성 평가를 현재가치로 평가하는 과정과 투자의 불확실성을 고려하는 투자결정기법을 제시하였다.

1952년 마코위츠(H.Markowitz)는 포트폴리오 선택이론에서 분산투자의 원리를 체계화하고 분산을 이용하여 위험자산의 위험을 측정하는 방법을 제시하고 포트폴리오를 구성하는 각 자산들간의 상관관계를 고려하여 일정한 기대수익하에서 위험을 극소화하는 효율적 포트폴리오의 구성방법을 개발하였다.

1958년 MM(M.H.Miller & F.Modigliani)은 자본시장이 효율적이고 완전자본시장의 가정하에서 부채사용(자본구조)과 배당정책이 기업가치에 아무런 영향을 미치지 않는다는 충격적인 무관련이론을 제시하였다. 이러한 주장은 전통적으로 인정되어 온 자본구조이론을 부정하는 기업가치평가모형이었다.

1972년 샤프(W.H.Sharpe), 린트너(J.Lintner), 모신(J.Mossin)은 마코위츠가 제시한 포트폴리오이론을 확장하고 수정하여 개별자산 및 포트폴리오의 기대수익을 위험과의 상충관계에서 산출하는 자본자산가격결정모형(CAPM)을 개발하였다. 여기에는 자본시장선(CML)과 증권시장선(SML)이 있다.

1976년 로스(S.Ross)는 자본자산가격결정모형(CAPM)의 검증에서 나타나는 문제점을 극복하기 위해 자산의 기대수익은 두 개 이상의 공통요인에 의해 가격이 결정된다는 차익거래가격결정모형(APT)을 개발하였다. 그러나 공통요인의 경제적 의미와 공통요인의 추출이 어렵다는 문제점을 안고 있다.

1973년 블랙(F.Black)과 숄즈(M.Scholes)는 옵션가격결정모형(OPM)에서 금융청구권의 가치와 효율적 금융시장에서 무위험수익률이 달성되는 무위험헤지포지션의 구성, 다양한 형태의 옵션들을 만드는 공식에 기본원리를 제공한다. OPM은 파생상품의 가치평가와 자본구조의 평가측면에서 재무관리의 발전에 크게 공헌하였다.

1990년대 이후 재무관리는 투자결정, 현금흐름, 자본구조, 자본비용, 정보효과, 시장의 불완전성, 배당정책, 기업의 지배구조, CAPM, APM, OPM, 파생상품, M&A, 재무분석, 기업가치평가, 국제재무관리 전반적인 분야에 걸쳐 연구가 활발히 진행되어 왔으며 최근에는 외부요인들이 기업재무이론에 다양한 영향을 미치고 있다.

| 보론 1-1 | 주인-대리인 문제 |

1. 개념

주인-대리인 문제(principal-agent problem)는 감추어진 행동(hidden action)이 문제가 되는 상황에서 주인인 주주의 입장에서 볼 때 대리인인 경영자가 바람직스럽지 못한 행동을 하는 현상을 말한다. 계약관계에서 권한을 위임하는 사람을 주인(principal), 권한을 위임받은 사람을 대리인(agent)이라고 한다.

이때 주인은 대리인에게 자신의 권한을 위임하면서 주인을 위해 노력해줄 것을 약속받고 그에 따른 보상을 해주기로 계약을 맺는다. 그러나 정보의 비대칭성으로 대리인이 최선의 노력을 다하지 않는 도덕적 해이가 발생하여 주인의 경제적 효율성이 달성되지 않거나 피해를 입는 상황을 대리인 문제라고 한다.

감추어진 행동은 계약이 성사된 후 거래당사자 모두에게 영향을 미치는 어느 일방의 행동을 상대방이 관찰할 수 없거나 통제할 수 없는 상황을 말한다. 대리인 문제도 도덕적 해이(moral hazard)의 일종이며, 주주와 경영자, 사장과 종업원, 국민과 정치인, 의뢰인과 변호사 등 매우 광범위하게 발생하고 있다.

2. 발생원인

주인-대리인 문제가 발생하는 원인은 경영자가 주주의 목적을 달성하기 위해 노력할 유인이 없기 때문에 발생한다. 경영자에게 고정급을 지급하면 이익의 크기와 자신의 보수는 아무런 관련이 없어 주주의 목적인 이익극대화보다 매출액을 극대화하거나 자신의 효용을 극대화하는 의사결정을 내릴 가능성이 높다.

3. 해결방안

유인설계(incentive design)는 경영자가 주주의 이익을 극대화하도록 행동하는 것이 경영자 자신에게 유리하도록 보수체계를 설계하는 것을 말한다. 주주와 경영자의 관계에서는 경영자의 보수를 경영성과와 연계시키는 스톡옵션(stock option), 특별상여금의 지급 등으로 경영자의 도덕적 해이를 예방할 수 있다.

그리고 경영자와 근로자의 관계에서는 근로자의 이직률을 줄이고 생산성을 높이기 위해 노동시장에서 결정된 균형임금 수준보다 더 높여 지급하는 효율성 임금(efficiency wage)의 지급이나 기업이윤의 공유 그리고 승진·포상 징계 등을 통해 근로자의 도덕적 해이(moral hazard)를 줄여 나갈 수 있다.

보론 1-2 ▶ 주주총회

1. 주주총회의 정의

주주로 구성되는 주주총회는 회사의 기본조직과 경영에 관한 중요한 사항에 대해 회사의 의사를 결정하는 필요기관으로 상법 또는 정관에 정해진 사항만 결의할 수 있다. 주주총회는 회의체기관이므로 소집과 회의의 개최가 필요하며 의사록을 반드시 작성해야 하고, 의사록에는 의장과 출석이사가 기명날인해야 한다.

2. 주주총회의 소집

(1) 소집권자

주주총회의 소집은 원칙적으로 이사회가 결정하고, 결의시에는 총회의 소집과 그 일시 · 장소 · 의안 등을 결정해야 하며, 총회의 소집은 대표이사가 한다. 2009년 개정상법에서 이사가 1명 또는 2명인 자본금의 총액이 10억원 미만인 소규모 회사는 대표이사 또는 각 이사가 결정하여 집행한다.

(2) 소집시기

정기총회는 매년 1회 일정한 시기에 소집하는 총회를 말하고, 연 2회 이상 결산기를 정한 때에는 매 결산기에 소집해야 한다. 임시총회는 필요한 경우에 수시로 소집되는 총회를 말한다. 총회의 소집지는 정관에 다른 정함이 없으면 본점 소재지 또는 이에 인접한 지역에 소집해야 한다.

(3) 소집절차

주주총회의 소집은 총회 회일의 2주 전에 각 주주에게 회의의 목적사항을 기재한 서면 또는 각 주주의 동의를 받아 전자문서로 통지하고 회사가 무기명주식을 발행한 경우 회일의 3주 전에 총회소집을 공고하되 주주명부상의 주소에 계속 3년간 도달하지 않은 때에는 통지를 생략할 수 있다.

3. 주주의 의결권

의결권은 주주가 주주총회에 출석하여 결의에 참가할 수 있는 권리를 말한다. 주주는 총회참석권, 총회에서의 의견진술권, 총회참가결의권이 있는데 의결권은 총회참가결의권이다. 의결권은 법률에 다른 규정이 있는 경우가 아니면 정관 또는 주주총회결의로도 박탈하거나 제한할 수 없다. 기명주식은 주주명부에 명의개서를 하고, 무기명주식은 회사에 주권공탁(회일의 1주 전)을 한 후에만 의결권을 행사할 수 있다. 1주 1의결권의 원칙은 강행법규로 이를 위반한 정관의 규정이나 1주에 수개의 의결권을 부여하는 복수의결권제도는 무효이다. 가부동수인 때에는 부결된 것이다.

4. 총회의 결의사항

주주총회의 결의사항은 법정하고 있는데 정관의 규정에 의해 주식회사의 본질이나 강행법규에 반하지 않는 한 다른 기관(이사회)의 권한을 유보할 수 있다. 그러나 주주총회의 권한은 다른 기관에 위임할 수 없다. 결의방법에는 상법상 제한이 없으므로 기명과 무기명 투표가 모두 가능하다.

(1) 보통결의
① 결의방법 : 출석한 주주의 의결권의 과반수와 발행주식총수의 1/4 이상의 수
② 결의사항 : 재무제표의 승인, 이익배당 및 배당금 지급시기의 특정, 이사 · 감사 · 청산인의 선임 및 보수의 결정, 검사인의 선임, 청산인의 해임 및 청상절차 종료의 승인, 총회의 연기 또는 속행의 결정

(2) 특별결의
① 결의방법 : 출석한 주주의 의결권 2/3 이상과 발행주식총수의 1/3 이상의 수
② 결의사항 : 정관의 변경, 영업의 전부 양도, 이사 또는 감사의 해임, 자본금의 감소, 사후설립, 해산결의, 합병계약서의 승인, 주식의 할인발행, 주식분할, 주식 매수선택권 부여, 주식의 포괄적 교환 및 이전 등

(3) 특수결의
① 결의방법 : 총주주의 동의(의결권 없는 주식도 포함)
② 결의사항 : 유한회사 및 유한책임회사로 조직변경, 이사 · 감사의 회사에 대한 손해배상책임 면제 등

보론 1-3 　주식매수선택권

1. 주식매수선택권의 정의

주식매수선택권은 회사의 설립, 회사의 경영, 기술혁신 등에 기여했거나 기여할 수 있는 이사, 집행임원, 감사, 피용자에게 유리한 가격으로 회사가 발행하는 신주나 회사가 보유한 자사주를 매수할 수 있는 권리를 말하며, 미국의 스톡옵션(stock option) 제도를 도입한 것으로 1999년 개정 상법에서 신설하였다.

2. 주식매수선택권의 부여

주식매수선택권의 부여는 정관에 정함이 있는 경우에 한하며 구체적으로 주주총회의 특별결의가 필요하다. 상장회사는 비상장회사의 부여한도인 발행주식총수의 10/100 이외에 추가로 정관의 규정에 발행주식총수의 10/100의 범위에서 대통령령으로 정하는 한도까지 이사회가 결의하여 부여할 수 있다.

3. 주식매수선택권의 부여금지

의결권 없는 주식을 제외한 발행주식총수의 10/100 이상의 주식을 소유한 주주, 이사·집행임원·감사의 선임과 해임 등 회사의 주요사항에 사실상 영향력을 행사한 자 그리고 이들의 배우자와 직계존비속에는 주식매수선택권을 부여할 수 없다. 상장회사는 최대주주 및 특수관계인에게는 부여할 수 없다.

4. 주식매수선택권의 부여한도

주식매수선택권의 부여로 인하여 발행할 신주 또는 회사가 보유하고 있는 자기주식을 양도할 경우에 회사의 발행주식총수의 10/100을 초과할 수 없다. 그러나 상장회사는 발행주식총수의 20/100의 범위에서 대통령령으로 정하는 한도(15/100)까지 주식매수선택권을 부여할 수 있다.

5. 주식매수선택권의 행사기간

주식매수선택권은 주주총회의 결의일로부터 2년 이상 재임 또는 재직해야 행사할 수 있다. 따라서 상장회사의 주식매수선택권을 부여받은 자는 대통령령으로 정하는 경우를 제외하고 주주총회 또는 이사회의 결의일로부터 2년 이상 재임하거나 재직해야 주식매수선택권을 행사할 수 있다.

제1절 재무관리의 개념

1. 재무관리의 정의
   기업이 필요로 하는 자금을 효율적으로 조달하고 조달된 자금을 효율적으로 운용하는
   것과 관련된 의사결정을 수행하기 위한 이론과 기법을 연구하는 학문

2. 재무관리의 기능
① 자본조달결정 : 조달자본의 최적배합 → 자본비용의 극소화
② 자산투자결정 : 보유자산의 최적배합 → 투자수익의 극대화
③ 배당정책이론 : 당기순이익을 배당금과 유보이익으로 나누는 의사결정
④ 재무자료분석 : 기업의 회계 및 재무자료의 분석

제2절 재무관리의 목표

1. 회계이익의 극대화
   회계적 이익개념 모호, 화폐의 시간가치 무시, 미래의 불확실성 무시

2. 기업가치의 극대화
   기업이 벌어들일 미래 현금흐름을 현금흐름의 위험이 반영된 적절한 할인율로 할인한
   현재가치의 합

$$V = \frac{CF_1}{(1+k)^1} + \frac{CF_2}{(1+k)^2} + \frac{CF_3}{(1+k)^3} + \cdots = \sum_{t=1}^{\infty} \frac{CF_t}{(1+k)^t} = f(수익성, 위험)$$

3. 자기자본가치의 극대화
① 부채가치 일정할 경우 : 기업가치의 극대화 = 자기자본가치의 극대화
② 과다하게 부채를 사용 : 기업가치의 극대화 ≠ 자기자본가치의 극대화

4. 기업가치극대화 목표의 타당성
   기업가치의 개념 명확, 화폐의 시간가치 고려, 미래의 불확실성 고려

5. 기업가치극대화 목표의 문제점
   주인-대리인 문제의 존재

1 다음 중 재무관리에 대한 내용으로 가장 옳지 않은 것은?

① 재무관리는 자금조달과 자금운용에 관련된 내용을 다루고 있다.

② 재무관리는 기업이라는 전체시스템에서 볼 때 하위시스템에 해당한다.

③ 재무관리의 목표는 주주부의 극대화이므로 배당결정이 핵심이 된다.

④ 재무관리는 계량적 자료를 이용하여 기업의 재무의사결정에 도움을 준다.

⑤ 재무관리의 핵심은 자본조달결정 및 자산투자활동이다.

| 해설 | 재무관리의 목표는 기업가치의 극대화, 자기자본가치의 극대화, 주식가치의 극대화, 주주 부의 극대화이며 순현재가치(NPV)를 통해 달성할 수 있다.

2 다음 중 재무관리의 기능을 크게 자본조달결정과 자산투자결정으로 구분할 경우 성격이 다른 하나는?

① 자본예산 ② 자본구조

③ 자본비용 ④ 배당정책

⑤ 자본시장

| 해설 | 자본예산은 자산투자결정과 관련되어 있고, 나머지는 자본조달결정과 관련되어 있다.

3 회계적 이익의 극대화는 재무관리의 목표로서 적정하지 않다. 그 이유에 대한 설명 중 옳지 않은 것은? (1997년)

① 회계적 이익은 적용하는 회계방법에 따라 달라질 수 있다.

② 회계적 이익은 경영자의 이해를 반영하지 않는다.

③ 회계적 이익은 기회비용을 고려하지 않는다.

④ 회계적 이익은 미래수익의 시간가치를 고려하지 않는다.

⑤ 회계적 이익은 미래수익의 불확실성을 고려하지 않는다.

| 해설 | 경영자의 성과는 회계적 이익으로 평가할 수 있으므로 회계적 이익은 경영자의 이해와 관계가 있다.

4 다음 중 재무관리의 목표로 성격이 가장 다른 하나는?

① 기업가치의 극대화 ② 자기자본가치 극대화

③ 순현재가치 극대화 ④ 주당순이익의 극대화

⑤ 가중평균자본비용 극소화

| 해설 | 주당순이익(EPS)은 이익극대화를 목표로 하며 기업가치극대화와는 다르다.

5 다음 중 재무관리의 목표에 관한 설명으로 가장 적절한 것은? (2014년)

① 배당수익률 극대화   ② 고객가치의 극대화

③ 주당순이익 극대화   ④ 내부수익률 극대화

⑤ 자기자본가치 극대화

| 해설 | 재무관리의 목표는 기업가치의 극대화, 자기자본가치의 극대화, 주식가치의 극대화, 주주부의 극대화이며 순현재가치(NPV)를 통해 달성할 수 있다.

6 다음 중 재무관리의 목표에 대한 설명으로 가장 옳지 않은 것은?

① 이익극대화는 미래에 얻게 될 기대이익만 동일하면 기대이익에 내포된 위험이 달라도 차이가 없는 것으로 평가하는 문제점이 있다.

② 이익극대화를 목표로 하면 미래 기대이익의 현재가치를 산출할 때 적용할 할인율(자본비용)을 산출하기 어렵다는 문제점이 있다.

③ 기업가치극대화는 화폐의 시간가치와 미래의 불확실성에 따른 위험을 고려한다는 점에서 이익극대화보다 타당하다고 할 수 있다.

④ 기업가치를 증가시키는 것이 반드시 기업의 모든 이해관계자에게 이득이 되는 것은 아니다.

⑤ 발행주식수가 일정하면 자기자본가치의 극대화는 주식가격의 극대화와 같은 목표라고 할 수 있다.

| 해설 | 이익극대화는 화폐의 시간가치를 고려하지 않아 할인율(자본비용)이 필요가 없다.

7 다음 중 기업가치의 극대화에 대한 설명으로 옳지 않은 것은?

① 미래 현금흐름의 시간가치와 불확실성을 고려한다.

② 기업가치의 개념이 명확하고 귀속주체가 분명하다.

③ 기업가치를 객관적으로 측정하는 것은 쉽지 않다.

④ 기업가치는 수익성과 위험을 모두 고려한 개념이다.

⑤ 기업가치는 회계적 이익에 비해서 조작이 어렵다.

| 해설 | 기업가치는 자본시장에서 형성된 주식가치를 통해 객관적으로 측정할 수 있다.

8 다음 중 회사가 해산하여 청산된 후 남은 일정한 재산에 대해 가장 후순위의 청구권을 갖는 사람이나 기관은?

① 우선주주   ② 보통주주

③ 채권자   ④ 세무당국

⑤ 노동자

| 해설 | 주주는 기업의 법적 소유자로서 주주총회에서 의결권을 가지며 유한책임을 부담하고 회사가 청산하는 경우 채권자, 우선주주, 보통주주의 순서로 잔여재산을 분배받는다.

9 다음 중 경영자의 전횡을 방지하는 것이 아닌 것은? (1999년)

① 사외이사제도   ② 주식소유의 분산 및 대중화

③ 적대적 M&A   ④ 기관투자가와 대주주

⑤ 백지위임장 투쟁(proxy fight)

| 해설 | ①, ③, ④, ⑤는 주주와 경영자간의 대리인문제를 해결하는 방법들이며 이 밖에도 감사위원회의 설치, stock option 등 경영자 보상제도, 부채계약의 체결 등을 들 수 있다. ②는 주식소유가 분산되어 외부주주의 지분비율이 높을수록 경영자의 전횡(자기자본대리인비용)이 발생할 유인이 높아지므로 대리인문제를 유발시키는 원인에 해당한다. ⑤ 백지위임장(proxy)은 대부분의 주주들이 주주총회에 참석하지 않고 투표권을 다른 사람에게 위임하여 투표권을 대리행사하는 형태를 말한다.

10 다음 중 소유와 경영의 분리가 가져오는 문제점으로 옳은 것은?

① 대리인 문제   ② 도덕적 해이

③ 불리한 선택   ④ 기업의 청산

⑤ 분업의 원리

| 해설 | 소유와 경영의 분리로 분업의 원리가 적용되어 효율적인 측면이 있지만, 주주와 경영자간의 이해충돌로 대리인문제(자기자본의 대리인비용)가 발생할 수 있다.

화폐의
시간가치

기업의 투자결정은 현재시점에서 이루어지는 반면에 투자로 발생하는 현금흐름은 미래시점에 발생한다. 동일한 금액이라도 발생시점에 따라 가치가 달라지므로 특정 시점에서 발생하는 현금흐름은 동일한 시점의 가치로 환산할 수 있어야 한다. 이러한 과정이 화폐의 시간가치이며 재무관리 전반에 적용되는 기본개념이다.

제1절   기본개념

일반적으로 기업의 재무의사결정은 현재시점에서 이루어지는 반면 재무의사결정에 따른 현금흐름은 미래시점에 실현된다. 따라서 동일한 금액이라도 실현시점의 차이에 따라 현금흐름은 서로 다른 가치를 갖게 되므로 기업이 정확한 재무의사결정을 위해서는 화폐의 시간가치를 반드시 고려해야 한다.

1. 유동성선호의 개요

(1) 유동성선호의 개념

일반적으로 사람들은 동일한 금액이라면 미래의 현금보다 현재의 현금을 선호하는 경향이 있는데, 이러한 성향을 유동성선호(liquidity preference)라고 한다. 이와 같은 유동성선호로 인해 화폐의 가치가 시간에 따라서 달라지게 되는데, 이를 화폐의 시간가치 (time value of money)라고 한다.

(2) 유동성선호의 이유

다른 조건이 동일하다면 사람들은 미래의 현금보다는 현재의 현금을 더 선호하는 유동성선호가 화폐의 시간가치를 발생시킨다. 유동선선호가 존재하는 구체적 원인은 다음과 같이 소비에 대한 시차선호, 실물투자기회의 존재, 물가상승의 가능성, 미래의 불확실성 네 가지로 설명할 수 있다.

① 시차선호(time preference)

일반적으로 사람들은 미래의 소비보다는 현재의 소비를 선호하는 시차선호의 성향이 있다. 왜냐하면 인간의 수명은 유한하여 동일한 금액을 소비할 경우에 미래의 소비보다는 현재의 소비를 선호하기 때문이다.

② 투자기회(investment opportunity)

현재의 현금은 새로운 투자기회가 주어질 경우에 생산활동을 통해 높은 수익을 얻을 수 있다. 따라서 현재의 현금을 소비하지 않고 다른 재화를 생산하는 실물자산에 투자하면 미래에 더 많은 현금을 창출할 수 있다.

③ 물가상승(inflation)

인플레이션은 통화량의 증가로 화폐가치가 하락하여 모든 상품의 물가가 지속적으로 상승하는 경제현상을 말한다. 따라서 인플레이션이 발생하면 물가가 상승하여 미래의 현금은 실질구매력이 감소할 가능성이 존재한다.

④ 불확실성(uncertainty)

미래의 현금은 불확실성으로 인해 항상 실현되지 않을 가능성을 나타내는 위험이 존재하게 된다. 따라서 현재의 현금은 위험이 없어 확실한 반면에 미래의 현금은 위험이 있어 불확실하다고 할 수 있다.

2. 시장이자율의 개요

(1) 시장이자율의 개념

유동성선호로 인해 사람들이 선호하는 현재의 현금을 포기하도록 유도하기 위해서는 미래에 더 많은 현금을 보장해주어야 한다. 시장이자율은 사람들의 유동성선호를 반영하여 더 많은 현금을 보장해주는 대가를 말하며, 현금흐름의 발생시점이 서로 다른 화폐의 시간가치를 반영하는 척도로 사용된다.

시장이자율의 크기는 유동성선호를 유발하는 네 가지 요인의 정도에 의해 결정된다. 실질이자율(real interest rate)은 소비에 대한 시차선호와 실물투자기회의 생산성을 반영하여 결정된 이자율을 말하고, 여기에 기대인플레이션율의 영향을 반영한 이자율을 명목이자율(nominal interest rate)이라고 한다.

▌그림 2-1▌ 시장이자율의 결정

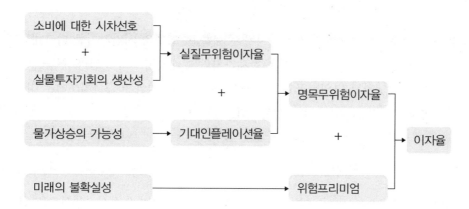

(2) 시장이자율의 구성

시장이자율은 시차선호, 투자기회, 물가상승, 불확실성을 반영하여 결정되며 무위험 이자율(R_f : risk free rate)과 위험프리미엄(RP : risk premium)으로 구성된다. 여기서 무위험이자율은 시차선호, 투자기회, 물가상승에 대한 대가를 나타내고 위험프리미엄은 미래의 불확실성에 대한 대가를 나타낸다.

$$\text{시장이자율} = \text{무위험이자율}(R_f) + \text{위험프리미엄}(RP) \qquad (2.1)$$
$$\text{요구수익률} = \text{무위험이자율}(R_f) + \text{위험프리미엄}(RP)$$
$$\text{채권수익률} = \text{무위험이자율}(R_f) + \text{위험프리미엄}(RP)$$

위험자산인 주식에 투자하는 경우에 주주들이 요구하는 수익률은 무위험이자율과 체계적 위험을 부담하는데 대한 대가인 위험프리미엄으로 구성된다. 그리고 무위험자산인 채권에 투자하는 경우에 채권수익률도 무위험이자율과 위험을 부담하는데 대한 대가인 위험프리미엄으로 구성된다.

제2절 단일현금의 미래가치와 현재가치

유동성선호로 인해 화폐의 시간가치가 존재하고, 화폐의 시간가치를 나타내는 척도가 시장이자율이다. 화폐의 시간가치는 현재가치와 미래가치로 구분된다. 현금흐름이 일정시점에 한번 발생하는 단일현금흐름의 경우 현재가치(PV)와 미래가치(FV)는 상대적인 개념에 해당하므로 역수의 관계가 성립한다.

1. 미래가치와 복리계산

미래가치(FV : future value)는 현재의 일정금액을 미래의 특정시점에서 평가한 가치로서 현재의 일정금액과 동일한 가치를 갖는 미래의 금액을 말한다.

(1) 연간 복리계산 1회인 경우

현재의 일정금액(PV)을 연 r%의 이자율로 연간 1회 복리계산할 경우에 매년 적용되는 이자율이 일정하다면 미래가치(FV)는 다음과 같이 구할 수 있다.

┃그림 2-2┃ 복리계산과정

$$t=0 \qquad 1 \qquad 2 \qquad \cdots\cdots\cdots \qquad n$$

복리계산과정(compounding process)

PV

$$FV_n = PV(1+r)^n$$
$$= PV(CVIF_{r,n})$$

① 1기간 후의 미래가치(FV_1)

$$FV_1 \; = \; PV(1+r)^1 \tag{2.2}$$

② 2기간 후의 미래가치(FV_2)

$$FV_2 \; = \; PV(1+r)^2 \; = \; FV_1(1+r)^1 \tag{2.3}$$

③ 3기간 후의 미래가치(FV$_3$)

$$FV_3 \ = \ PV(1+r)^3 \ = \ FV_1(1+r)^2 \ = \ FV_2(1+r)^1 \tag{2.4}$$

④ n기간 후의 미래가치(FV$_n$)

$$FV_n \ = \ PV(1+r)^n \tag{2.5}$$

식(2.5)에서 $(1+r)^n$은 현재 1원에 대한 n기간 후의 미래가치를 나타내는데, 이를 복리이자요소(CVIF : compound value interest factor)라고 한다. 본서의 부록에 제시된 [표 1]의 복리이자요소를 이용하면 미래가치를 쉽게 구할 수 있다. 이와 같이 미래가치를 구하는 과정을 복리계산(compounding)[1] 과정이라고 한다.

•예제 2-1 연간 복리계산 1회의 미래가치

홍길동이 현금 10,000원을 연간 이자율이 10%인 정기예금에 가입할 경우 10년 후에 수령할 수 있는 금액을 단리와 복리로 계산하면 얼마인가?

풀이

1. 단리(simple interest)

$$FV_{10} = PV(1+r \times n) = 10,000(1+0.1 \times 10) = 20,000원$$

2. 복리(compound interest)

$$FV_{10} = PV(1+r)^n = 10,000(1+0.1)^{10} = 25,937원$$

$$= 10,000 \times 2.5937(CVIF) = 25,937원$$

---

1) 이자의 계산방법에는 단리와 복리가 있다. 단리는 원금에 대한 이자만 계산하고 이자에 대한 이자는 고려하지 않는다. 복리는 원금뿐만 아니라 이자에 대해서도 이자를 계산한다. 재무관리에서는 복리로 이자를 계산한다.

(2) 연간 복리계산 m회인 경우

이자계산회수가 연간 2회 이상이면 이자율과 기간을 다음과 같이 조정해야 한다. 예컨대 연간 이자율이 10%, 기간이 3년, 분기별로 연 4회 이자를 계산할 경우에 이자율(r)은 2.5%, 기간(n)은 12를 적용해서 미래가치와 현재가치를 계산한다.

$$r = 이자율 \div 이자계산회수 = 10\% \div 4회 = 2.5\%$$
$$n = 기간 \times 이자계산회수 = 3년 \times 4회 = 12회$$

현재의 일정금액(PV)을 연 r%의 이자율로 연간 m회 복리계산할 경우에 매년 적용되는 이자율이 일정하다면 미래가치(FV)는 다음과 같이 구할 수 있다.

① 1기간 후의 미래가치(FV_1)

$$FV_1 = PV(1+r/m)^{1 \times m} = PV(1+r_e)^1 \tag{2.6}$$

② 2기간 후의 미래가치(FV_2)

$$FV_2 = PV(1+r/m)^{2 \times m} = PV(1+r_e)^2 \tag{2.7}$$

③ 3기간 후의 미래가치(FV_3)

$$FV_3 = PV(1+r/m)^{3 \times m} = PV(1+r_e)^3 \tag{2.8}$$

④ n기간 후의 미래가치(FV_n)

$$FV_n = PV(1+r/m)^{n \times m} = PV(1+r_e)^n \tag{2.9}$$

식(2.9)에서 주어진 1기간 동안의 연 이자율 r을 명목이자율 또는 표시이자율(stated rate of interest)이라고 하며, 연간 복리계산회수를 고려하여 계산한 1기간 동안의 실질이자율 r_e를 유효이자율(effective interest rate)이라고 한다. 명목이자율과 유효이자율간에는 다음과 같은 관계가 성립한다.

$$PV(1+r/m)^{n \times m} = PV(1+r_e)^n \rightarrow r_e = (1+r/m)^m - 1 \tag{2.10}$$

→ 예제 2-2　연간 복리계산 m회의 미래가치

연간 이자율이 10%이고 이자가 6개월마다 연 2회 복리계산되는 정기예금에 10,000원을 불입할 경우 1년 후에 받을 수 있는 금액과 유효이자율은 얼마인가?

풀이

1. $FV_1 = PV(1+\dfrac{r}{m})^{n \times m} = 10,000(1+\dfrac{0.1}{2})^{1 \times 2} = 11,025원$
   $= PV(1+r_e)^1 = 10,000(1+0.1025)^1 = 11,025원$

2. $r_e = (1+\dfrac{r}{m})^m - 1 = (1+\dfrac{0.1}{2})^2 - 1 = 0.1025\,(10.25\%)$

연간 이자율이 10%이므로 6개월 동안의 이자율은 5%가 된다. 따라서 현재의 10,000원은 6개월 후에는 10,500원이 되고, 1년 후에는 11,025원이 된다. 이는 연간 10.25%의 이자율로 1회 복리계산하는 경우와 미래가치가 동일하다.

2. 현재가치와 할인계산

현재가치(PV : present value)는 미래의 일정금액을 현재시점에서 평가한 가치로 미래의 일정금액과 동일한 가치를 갖는 현재의 금액을 말한다. 미래가치와 현재가치는 상대적인 개념이므로 현재가치는 다음과 같이 유도할 수 있다.

(1) 연간 할인계산 1회인 경우

미래의 일정금액(FV)을 연 r%의 이자율로 연간 1회 할인계산할 경우에 매년 적용되는 이자율이 일정하다면 현재가치(PV)는 다음과 같이 구할 수 있다.

▎그림 2-3 ▎ 할인계산과정

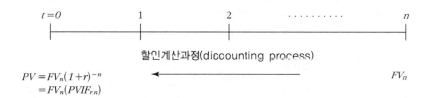

① 1기간 후 현금흐름의 현재가치(PV)

$$PV = \frac{FV_1}{(1+r)^1} = FV_1 \times \frac{1}{(1+r)^1} = FV_1 \times (1+r)^{-1} \qquad (2.11)$$

② 2기간 후 현금흐름의 현재가치(PV)

$$PV = \frac{FV_2}{(1+r)^2} = FV_2 \times \frac{1}{(1+r)^2} = FV_2 \times (1+r)^{-2} \qquad (2.12)$$

③ 3기간 후 현금흐름의 현재가치(PV)

$$PV = \frac{FV_3}{(1+r)^3} = FV_3 \times \frac{1}{(1+r)^3} = FV_3 \times (1+r)^{-3} \qquad (2.13)$$

④ n기간 후 현금흐름의 현재가치(PV)

$$PV = \frac{FV_n}{(1+r)^n} = FV_n \times \frac{1}{(1+r)^n} = FV_n \times (1+r)^{-n} \qquad (2.14)$$

식(2.14)에서 $1/(1+r)^n$은 n기간말 1원의 현재가치를 나타내며, 이를 현가이자요소 (PVIF : present value interest factor)라고 한다. 본서의 부록에 제시된 [표 3]의 현가이자 요소를 이용하면 현재가치를 쉽게 계산할 수 있다. 이와 같이 현재가치를 구하는 과정을 할인계산(discounting) 과정이라고 한다.

예제 2-3 연간 할인계산 1회의 현재가치

이태백은 차별화된 아이템과 체계적인 시스템으로 안정적인 수익을 창출하기 위해 3년 후에 10,000만원이 소요될 것으로 추정되는 사업을 고려하고 있다. 이태백이 연 10%로 복리계산되는 정기예금에 얼마나 저축해야 3년 후에 사업자금을 마련할 수 있겠는가?

풀이

$$PV = \frac{FV_3}{(1+r)^3} = \frac{10,000}{(1+0.1)^3} = 7,513만 원$$

(2) 연간 할인계산 m회인 경우

미래의 일정금액(FV)를 연 r%의 이자율로 연간 m회 할인계산할 경우에 매년 적용되는 이자율이 일정하다면 현재가치(PV)는 다음과 같이 구할 수 있다.

① 1기간 후 현금흐름의 현재가치(PV)

$$PV = FV_1 \times (1 + \frac{r}{m})^{-1 \times m} = FV_1 (1 + r_e)^{-1} \tag{2.15}$$

② 2기간 후 현금흐름의 현재가치(PV)

$$PV = FV_2 \times (1 + \frac{r}{m})^{-2 \times m} = FV_2 (1 + r_e)^{-2} \tag{2.16}$$

③ 3기간 후 현금흐름의 현재가치(PV)

$$PV = FV_3 \times (1 + \frac{r}{m})^{-3 \times m} = FV_3 (1 + r_e)^{-3} \tag{2.17}$$

④ n기간 후 현금흐름의 현재가치(PV)

$$PV = FV_n (1 + \frac{r}{m})^{-n \times m} = FV_n (1 + r_e)^{-n} \tag{2.18}$$

--- 예제 2-4   연간 할인계산 m회의 현재가치

홍길동은 2년 후 아들의 결혼자금으로 5,000만원이 필요할 것으로 예상하고 있다. 연간 이자율이 10%의 정기예금에 가입하여 아들의 결혼자금을 마련할 예정이다.

1. 1년에 1회 할인계산할 경우에 현재 적립해야 하는 금액을 구하시오.

2. 1년에 2회 할인계산할 경우에 현재 적립해야 하는 금액을 구하시오.

3. 1년에 4회 할인계산할 경우에 현재 적립해야 하는 금액을 구하시오.

풀이

1. $PV = \dfrac{FV_2}{(1+r)^2} = FV_2(1+r)^{-2} = 5,000(1+0.1)^{-2} = 4,132$만원

2. $PV = FV_2(1+\dfrac{r}{m})^{-2 \times m} = 5,000(1+\dfrac{0.1}{2})^{-2 \times 2} = 4,114$만원

3. $PV = FV_2(1+\dfrac{r}{m})^{-2 \times m} = 5,000(1+\dfrac{0.1}{4})^{-2 \times 4} = 4,104$만원

풀이

1년에 분기별로 4회 할인계산되는 경우 유효이자율을 구하면 다음과 같다.

$$r_e = (1+\dfrac{r}{m})^m - 1 = (1+\dfrac{0.1}{4})^4 - 1 = 0.1038(10.38\%)$$

따라서 분기별로 할인계산되는 경우에 현재가치는 다음과 같이 구할 수 있다.

$$5,000 = PV(1+0.1038)^2 \rightarrow PV = 4,104\text{만원}$$

제3절 복수현금의 미래가치와 현재가치

1. 연금의 의의

복수현금흐름은 일정한 기간에 여러 번의 현금흐름이 발생하며 대표적인 형태로 연금을 들 수 있다. 연금(annuity)은 일정한 기간에 일정한 금액이 일정한 간격을 두고 발생하는 현금흐름을 말하며 기말연금과 기초연금으로 구분된다. 일반적으로 연금하면 매기말에 동일하게 발생하는 기말연금을 의미한다.

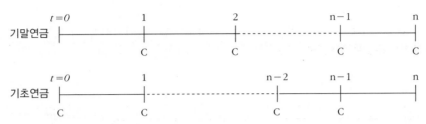
┃그림 2-4┃ 연금의 현금흐름

2. 연금의 미래가치

연금의 미래가치는 여러 기간에 걸쳐서 매기 동일하게 발생하는 현금흐름을 미래시점의 가치로 환산한 금액을 말한다.

(1) 기말연금의 미래가치

기말연금의 미래가치는 초항이 C이고 공비가 (1+r)이며 항의 수가 n인 유한등비수열의 합을 이용하여 구할 수 있다.

$$FV(연금) = C(1+r)^{n-1} + C(1+r)^{n-2} + \cdots + C(1+r)^{1} + C \quad (2.19)$$

$$= C[\frac{(1+r)^{n}-1}{r}] = C \times CVIFA(r,n)$$

식(2.19)에서 $\{(1+r)^n-1\}/n$은 매기말 1원씩 발생하는 연금의 미래가치를 나타내는데, 이를 연금의 복리이자요소(CVIFA)라고 한다. 본서의 부록에 제시된 [표 2]를 이용하면 연금의 미래가치를 쉽게 구할 수 있다.

---• 예제 2-5 기말연금의 미래가치

연간 이자율이 10%로 일정할 경우 향후 5년 동안 매기말에 500,000원씩 발생하는 현금흐름의 미래가치를 계산하시오.

풀이

$$FV_5(\text{연금}) = C[\frac{(1+r)^n - 1}{r}] = 500,000[\frac{(1.1)^5 - 1}{0.1}] = 3,052,550원$$
$$= C \times CVIFA(t, n) = 500,000 \times 6.1051 = 3,052,550원$$

(2) 기초연금의 미래가치

기초연금의 미래가치는 기말연금의 미래가치에서 C를 차감하고 $C(1+r)^n$을 가산하여 구할 수 있다.

$$FV(\text{연금}) = C(1+r)^n + C(1+r)^{n-1} + \cdots + C(1+r)^2 + C(1+r)^1 \quad (2.20)$$
$$= C \times CVIFA(r, n) - C + C(1+r)^n$$

3. 연금의 현재가치

연금의 현재가치는 여러 기간에 걸쳐서 매기 동일하게 발생하는 현금흐름을 현재시점의 가치로 환산한 금액을 말한다.

(1) 기말현금의 현재가치

기말연금의 현재가치는 초항이 $C/(1+r)$이고 공비가 $1/(1+r)$이며 항의 수가 n인 유한등비수열의 합을 이용하여 구할 수 있다.

$$PV(\text{연금}) = \frac{C}{(1+r)^1} + \frac{C}{(1+r)^2} + \cdots + \frac{C}{(1+r)^{n-1}} + \frac{C}{(1+r)^n} \quad (2.21)$$

연금 ⓐ의 현재가치는 영구연금 ⓒ의 현재가치에서 영구연금 ⓑ의 현재가치를 차감하여 구할 수도 있다.

｜그림 2-5｜ 기말연금의 현금흐름

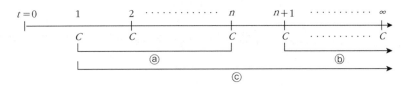

PV(연금) = 영구연금 ⓒ의 현재가치 − 연구연금 ⓑ의 현재가치

$$= \frac{C}{r} - \frac{\frac{C}{r}}{(1+r)^n} = \frac{C}{r}[1 - \frac{1}{(1+r)^n}] = C[\frac{(1+r)^n - 1}{r(1+r)^n}] \quad (2.22)$$

$$= C \times PVIFA(t, n)$$

식(2.22)에서 $[\frac{(1+r)^n - 1}{r(1+r)^n}]$은 매기말 1원씩 발생하는 연금의 현재가치를 나타내는데, 이를 연금의 현가이자요소(PVIFA)라고 한다. 본서의 부록에 제시된 [표 4]를 이용하면 연금의 현재가치를 쉽게 구할 수 있다.

ⓞ 예제 2-6 기말연금의 현재가치

연간 이자율이 10%로 일정할 경우 향후 5년 동안 매기말에 100,000원씩 발생하는 현금흐름의 현재가치를 계산하시오.

풀이

$$PV(연금) = C[\frac{(1+r)^n - 1}{r(1+r)^n}] = 100,000[\frac{(1.1)^5 - 1}{0.1(1.1)^5}] = 379,080원$$

$$= C \times PVIFA(t, n) = 100,000 \times 3.7908 = 379,080원$$

(2) 기초연금의 현재가치

기초연금의 현재가치는 항의 수가 (n−1)인 기말연금의 현재가치에 C를 가산하여 구할 수 있다.

$$PV(연금) = C + \frac{C}{(1+r)^1} + \cdots + \frac{C}{(1+r)^{n-2}} + \frac{C}{(1+r)^{n-1}} \qquad (2.23)$$

$$= C + C \times PVIFA(r, n-1)$$

● 예제 2-7 기말연금의 미래가치와 현재가치

연간 이자율이 10%로 일정할 경우 향후 5년 동안 매기말에 100,000원씩 발생하는 현금흐름의 5년 후 미래가치와 현재가치를 계산하시오.

풀이

FV(연금) = 100,000×CVIFA(0.1, 5) = 100,000×6.1051 = 610,510원

PV(연금) = 100,000×PVIFA(0.1, 5) = 100,000×3.7908 = 379,080원

● 예제 2-8 기초연금의 미래가치와 현재가치

연간 이자율이 10%로 일정할 경우 향후 5년 동안 매기초에 100,000원씩 발생하는 현금흐름의 5년 후 미래가치와 현재가치를 계산하시오.

풀이

FV(연금) = 100,000×6.1051−100,000+100,000$(1.1)^5$ = 671,560원

PV(연금) = 100,000+100,000×PVIFA(0.1, 4) = 100,000+100,000×3.1699 = 416,990원

---

4. 영구연금의 현재가치

영구연금(perpetuity)은 [그림 2-6]과 같이 매기말 동일한 현금흐름이 영구적으로 발생하는 연금의 형태를 말한다.

┃그림 2-6┃ 영구연금의 현금흐름

$$
\begin{array}{ccccccc}
t=0 & 1 & 2 & 3 & \cdots\cdots\cdots\cdots\cdots\cdots\cdots & \infty \\
\vdash & \vdash & \vdash & \vdash & \cdots\cdots\cdots\cdots\cdots\cdots\cdots & \longrightarrow \\
 & C & C & C & \cdots\cdots\cdots\cdots\cdots\cdots\cdots & C
\end{array}
$$

영구연금의 현재가치는 초항이 C/1+r이고 공비가 1/1+r인 무한등비수열의 합을 이용하여 구할 수 있다.

$$
PV(영구연금) = \frac{C}{(1+r)^1} + \frac{C}{(1+r)^2} + \cdots + \frac{C}{(1+r)^\infty} = \frac{\dfrac{C}{1+r}}{1 - \dfrac{1}{1+r}} = \frac{C}{r} \quad (2.24)
$$

●─ 예제 2-9   영구연금의 현재가치

기간별 이자율이 10%로 일정할 경우 매기말에 100,000원씩 영구적으로 발생하는 현금흐름의 현재가치를 계산하시오.

풀이

$$
PV(영구연금) = \frac{C}{r} = \frac{100,000}{0.1} = 1,000,000원
$$

5. 일정성장 영구연금의 현재가치

일정비율로 성장하는 영구연금은 1년 후에 C_1의 현금흐름이 발생하고 그 이후에는 매년 g%의 비율로 증가하면서 영구적으로 발생하는 현금흐름을 말한다.

┃그림 2-7┃ 일정성장 영구연금의 현금흐름

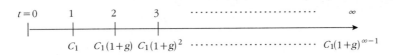

$$
\begin{array}{cccccc}
t=0 & 1 & 2 & 3 & \cdots\cdots\cdots\cdots & \infty \\
\vdash & \vdash & \vdash & \vdash & \cdots\cdots\cdots\cdots & \longrightarrow \\
 & C_1 & C_1(1+g) & C_1(1+g)^2 & \cdots\cdots\cdots\cdots & C_1(1+g)^{\infty-1}
\end{array}
$$

일정비율로 성장하는 영구연금의 현재가치는 초항이 $C_1/(1+r)^1$이고 공비가 $(1+g)/(1+r)$인 무한등비수열의 합을 이용하여 구할 수 있다.

$$PV(일정성장모형) = \frac{C_1}{(1+r)^1} + \frac{C_1(1+g)}{(1+r)^2} + \cdots + \frac{C_1(1+g)^{\infty-1}}{(1+r)^\infty} \qquad (2.25)$$

$$= \frac{\dfrac{C_1}{1+r}}{1 - \dfrac{1+g}{1+r}} = \frac{C_1}{r-g}$$

• 예제 2-10 일정성장 영구연금의 현재가치

기간별 시장이자율이 10%로 일정할 경우에 1년 후의 현금흐름이 100,000원이고 그 이후에는 매년 5%씩 증가하면서 영구적으로 발생하는 일정성장모형의 현재가치를 계산하시오.

풀이

$$PV(일정성장연금) = \frac{C_1}{r-g} = \frac{100,000}{0.1-0.05} = 2,000,000원$$

제1절 기본개념

1. 유동성선호의 개요

(1) 유동성선호의 개념 : 동일한 금액이면 미래의 현금보다 현재의 현금을 선호하는 경향

(2) 유동성선호의 이유 : 시차선호, 투자기회, 물가상승, 불확실성

2. 시장이자율의 개요

(1) 시장이자율의 개념 : 현금흐름의 발생시점이 상이한 화폐의 시간가치를 반영하는 척도로 사용

① 명목이자율 : 기대인플레이션율의 영향을 반영한 이자율

② 실질이자율 : 기대인플레이션율의 영향을 제거한 이자율

(2) 시장이자율의 구성

시장이자율 = 무위험이자율(R_f) + 위험프리미엄(RP)

① 무위험이자율 : 시차선호, 투자기회, 물가상승에 대한 대가

② 위험프리미엄 : 미래의 불확실성에 대한 대가

제2절 단일현금의 미래가치와 현재가치

1. 미래가치와 복리계산

(1) 연간 복리계산 1회 : $FV_n = PV(1+r)n$

(2) 연간 복리계산 m회 : $FV_n = PV(1+r/m)^{n \times m} = PV(1+r_e)^n$

2. 현재가치와 할인계산

(1) 연간 할인계산 1회 : $PV = \dfrac{FV_n}{(1+r)^n} = FV_n \times \dfrac{1}{(1+r)^n} = FV_n \times (1+r)^{-n}$

(2) 연간 할인계산 m회 : $PV = FV_n(1+\dfrac{r}{m})^{-n \times m} = FV_n(1+r_e)^{-n}$

제3절 복수현금의 미래가치와 현재가치

1. 연금의 의의

일정한 기간에 일정한 금액이 일정한 간격을 두고 발생하는 현금흐름

2. 연금의 미래가치

(1) 기말연금의 미래가치

$FV(연금) = C(1+r)^{n-1} + C(1+r)^{n-2} + \cdots + C(1+r)^1 + C$

$$= C[\dfrac{(1+r)^n - 1}{r}]$$

(2) 기초연금의 미래가치

$$FV(연금) = C(1+r)^n + C(1+r)^{n-1} + \cdots + C(1+r)^2 + C(1+r)^1$$

$$= C \times CVIFA(r,n) - C + C(1+r)^n$$

3. 연금의 현재가치

(1) 기말현금의 현재가치

$$PV(연금) = \frac{C}{(1+r)^1} + \frac{C}{(1+r)^2} + \cdots + \frac{C}{(1+r)^{n-1}} + \frac{C}{(1+r)^n}$$

(2) 기초연금의 현재가치

$$PV(연금) = C + \frac{C}{(1+r)^1} + \cdots + \frac{C}{(1+r)^{n-2}} + \frac{C}{(1+r)^{n-1}}$$

4. 영구연금의 현재가치

$$PV(영구연금) = \frac{C}{(1+r)^1} + \frac{C}{(1+r)^2} + \cdots + \frac{C}{(1+r)^\infty} = \frac{C}{r}$$

5. 일정성장 영구연금의 현재가치

$$PV(일정성장연금) = \frac{C_1}{(1+r)^1} + \frac{C_1(1+g)}{(1+r)^2} + \cdots + \frac{C_1(1+g)^{\infty-1}}{(1+r)^\infty} = \frac{C_1}{r-g}$$

1 다음 중 유동성선호와 이자율에 대한 설명으로 옳지 않은 것은?

① 화폐의 가치가 시간에 따라 달라지는 것은 사람들의 유동성선호 때문이다.

② 유동성선호로 인해 사람들은 같은 금액이면 미래현금보다 현재현금을 선호한다.

③ 시장이자율은 무위험이자율과 위험프리미엄의 합으로 구성된다.

④ 시장에 존재하는 실물투자기회의 수익성이 높을수록 이자율도 높아진다.

⑤ 기대인플레이션이 높을수록 미래현금이 현재현금보다 높은 가치를 갖는다.

| 해설 | 기대인플레이션이 높을수록 미래현금의 구매력은 감소하여 가치가 낮아진다.

2 다음 중 화폐의 시간가치에 대한 설명으로 옳지 않은 것은?

① 현재의 금액이 동일한 경우 미래가치는 이자율이 높고 기간이 길수록 증가한다.

② 미래의 금액이 동일한 경우 현재가치는 이자율이 높고 기간이 길수록 감소한다.

③ 다른 조건이 동일하면 이자계산회수가 증가할수록 미래가치는 증가한다.

④ 다른 조건이 동일하면 복리계산의 미래가치는 단리계산의 미래가치보다 작다.

⑤ 표시이자율이 동일하면 이자계산회수가 증가할수록 유효이자율도 증가한다

| 해설 | 다른 조건이 동일하면 복리계산의 미래가치는 단리계산의 미래가치보다 크다.

3 다음 중 화폐의 시간가치에 대한 설명으로 옳지 않은 것은?

① 만기가 증가하면 미래가치는 증가하고 현재가치는 감소한다.

② 이산복리계산 방식보다 연속복리계산 방식이 미래가치가 더 크다.

③ 단위기간동안 이자지급회수가 증가하면 단위기간동안의 실질이자율은 작아진다.

④ 이산복리계산 방식이 연속복리계산 방식보다 현재가치가 더 크다.

⑤ 단리계산방법보다 복리계산방법의 미래가치가 더 크다.

| 해설 | 단위기간동안 이자지급회수가 증가하면 실질이자율은 표면이자율보다 더 커진다.

4 다음 중 화폐의 시간가치에 대한 설명으로 옳지 않은 것은?

① 사람들은 현재의 100만원과 1년 후의 100만원 중에서 현재의 100만원을 선호한다.

② 사람들은 현재의 100만원을 1년 후의 현금과 교환할 경우 1년 후의 현금으로 100만원보다 큰 금액을 요구한다.

③ 시장이자율은 무위험이자율과 위험프리미엄의 합으로 구성되며, 무위험이자율은 시차선호, 투자기회, 물가상승에 따라 달라진다.

④ 시장에 존재하는 실물투자기회의 수익성이 높을수록 이자율도 상승한다.

⑤ 기대인플레이션율이 높을수록 미래현금의 가치는 높아진다.

| 해설 | 물가상승률이 높을수록 미래현금의 구매력이 감소하여 미래현금의 가치가 낮아진다.

5 다음 중 사람들이 유동성을 선호하는 이유에 해당하는 것은?

| 가. 현재소비 선호 | 나. 한계생산 체감 | 다. 금융자산 선호 |
| 라. 미래 불확실성 | 마. 실물투자기회 | 바. 인플레이션 |

① 가, 나, 다, 라　　　　② 가, 나, 마, 바　　　　③ 나, 다, 라, 마

④ 가, 라, 마, 바　　　　⑤ 나, 라, 마, 바

| 해설 | 사람들이 유동성을 선호하는 이유에는 소비에 대한 시차선호, 실물투자기회의 존재, 물가상 승의 가능성, 미래의 불확실성이 있다.

6 현재 시장이자율이 10%이고 기대인플레이션이 3%라고 가정한다. 실질이자율로 계산 하면 현재 10,000원의 1년 후 시장에서의 가치는 얼마인가?

① 11,000원　　　　　② 10,300원　　　　　③ 10,680원

④ 10,980원　　　　　⑤ 9,091원

| 해설 | 명목이자율인 시장이자율이 10%라면 피셔공식에 의해 실질이자율은 6.8%이다.
(1+N)=(1+R)(1+I) → (1+0.1)=(1+R)(1+0.03) ∴ R = 0.068(6.8%)
따라서 현재 10,000원의 미래가치는 10,680원이다.

7 현재 1억원을 연간 이자율이 10%인 금융상품에 투자할 경우에 얼마가 지나면 2억원 을 수령할 수 있는가?

① 5.62년　　② 6.45년　　③ 7.27년　　④ 8.74년　　⑤ 10년

| 해설 | 72의 법칙
현재금액의 두 배가 되는데 걸리는 기간은 72를 이자율로 나누어 근사치를 구할 수 있다.
이자율이 10%라면 현재 1억원이 2억원이 되는데 걸리는 기간은 약 7.2년(=72/10)이 된다.

8 다음 세 가지 경품의 현재가치를 할인율 10%를 적용하여 계산했더니 모두 100원으로 동일하게 나타났다. 변수 W, X, Y에 관한 다음의 관계식 중 옳지 않은 것은? (2006년)

| 경품 1 : 현재부터 W원을 매년 영구히 받는다.
| 경품 2 : 1년 후에 상금 X원을 받는다.
| 경품 3 : 1년 후에 상금 Y원, 2년 후에 상금 X원을 받는다.

① X+Y〉100　　　　　　② X〉Y　　　　　　③ W〈10

④ Y〈10　　　　　　　　⑤ Y〉W

| 해설 | ㉠ 경품 1 : $PV = W + \dfrac{W}{0.1} = 100 \rightarrow W = 9.09$원

㉡ 경품 2 : $PV = \dfrac{FV_1}{(1+r)^1} \rightarrow 100 = \dfrac{X}{(1.1)^1} \rightarrow X = 110$원

㉢ 경품 3 : $100 = \dfrac{Y}{(1.1)^1} + \dfrac{110}{(1.1)^2} \rightarrow Y = 10$원

9 올해로 31세가 된 투자자 A는 32세 말(t=2)부터 매 1년마다 납입하는 4년 만기의 정기적금 가입을 고려하고 있다(즉, t=2~5 기간에 4회 납입). 투자자 A는 36세 말 (t=6)부터 40세 말(t=10)까지 매년 3,000만원이 필요하다. 이자율과 할인율이 연 10%일 때 투자자 A가 32세 말부터 4년간 매년 말에 납입해야 할 금액에 가장 가까운 것은? 단, PVIFA(10%, 4년)=3.1699, PVIFA(10%, 5년)=3.7908, PVIF(10%, 5년)=0.62090이다. (2015년)

① 2,450만원   ② 2,475만원   ③ 2,500만원

④ 2,525만원   ⑤ 2,550만원

| 해설 | 2년 말부터 5년 말까지 매년 말에 납입해야 할 금액(x)의 현재가치(a)와 6년 말부터 10년 말까지 매년 필요한 3,000만원의 현재가치(b)가 동일한 x를 구하면 된다.
a. $x \times$ PVIFA(10%, 4년)/1.1 = 3.1699x/1.1
b. 3,000만 $\times$ PVIFA(10%, 5년) $\times$ PVIF(10%, 5년) = 3,000만 $\times$ 3.7908 $\times$ 0.6209
위 a와 b가 같아지는 x를 구하면 약 2,450만원이 된다.
3.1699x/1.1 = 3,000만 $\times$ 3.7908 $\times$ 0.6209 → x ≒ 2,450만원

10 이자율과 할인율이 연 10%로 일정할 때 아래의 세 가지 금액의 크기 순서로 가장 적절한 것은? 단, PVIFA(10%, 6)=4.3553, FVIFA(10%, 6)=7.7156 (2016년)

> A : 5차년도부터 10차년도까지 매년 말 받는 연금의 현재가치
> B : 5차년도부터 10차년도까지 매년 말 96원씩 받는 연금의 10차년도 말 시점에서의 미래가치
> C : 3차년도 말에서 45원을 받고 이후 매년 말마다 전년 대비 5%씩 수령액이 증가하는 성장형 영구연금의 현재가치

① A > B > C   ② A > C > B   ③ B > C > A

④ C > A > B   ⑤ C > B > A

| 해설 | $A = 255 \times 4.3553 \times \dfrac{1}{(1.1)^4} = 758.6$원

$B = 96 \times 7.7156 = 740.70$원

$C = \dfrac{45/(0.1-0.05)}{(1.1)^2} = 743.8$원

확실성하의
선택이론

소비자들이 현재소득과 미래소득을 어떻게 나누어 소비 또는 투자할 때 효용을 극대화할 수 있는가를 교환의 기회만 존재하는 경우, 생산의 기회만 존재하는 경우, 교환의 기회와 생산의 기회가 모두 존재하는 경우로 나누어 살펴보고 최적투자결정이 최적소비결정과 독립적으로 이루어진다는 피셔의 분리정리에 대해 살펴본다.

제1절 기본개념

일반적으로 가계나 기업 등 어느 경제주체를 막론하고 현재의 소득을 현재에 소비하는 경우는 극히 드물다. 따라서 소비자가 가지고 있는 현재의 소득 중에서 일부를 저축하거나 미래의 소득을 담보로 차입하여 자신의 주관적인 만족을 나타내는 효용을 극대화할 수 있도록 현재소비와 미래소비의 패턴을 변화시키게 된다.

1. 소비와 투자결정

(1) 의의

소비와 투자결정은 소비자들이 기간별로 주어진 소득을 현재와 미래에 어떻게 나누어서 소비하고 투자해야 할 것인가를 결정하는 문제를 말한다. 대부분의 소비자들은 현재 주어진 소득 중에서 일부는 소비하고 나머지는 은행에 저축하거나 실물자산에 투자하여 미래에 소비하려고 할 것이다.

(2) 목표

소비자가 부를 획득하거나 재화를 소비함으로써 얻게 되는 주관적인 만족을 효용(utility)이라고 한다. 미래를 알 수 있는 확실성의 세계에서 소비자들은 현재시점과 미래시점의 소비를 통해 자기 자신의 주관적인 만족을 나타내는 효용을 극대화할 수 있도록 최적소비와 최적투자를 결정할 것이다.

(3) 가정

① 단일기간

현재시점($t=0$)과 1년 후 미래시점($t=1$)만 존재하는 단일기간을 가정한다. 따라서 1년 중간(기중)시점은 존재하지 않는다.

② 미래의 확실성

현재시점에서 현재소득은 물론이고 미래소득과 생산활동에 투자함으로써 발생하는 미래의 투자수익도 확실하게 알 수 있다.

③ 완전자본시장

세금이나 거래비용과 같은 마찰적 요인은 존재하지 않으며 소비자들은 동일한 이자율로 자금을 차입하거나 대출할 수 있다.

2. 소비자의 효용함수

(1) 효용함수

효용(utility)은 소비자가 부를 획득하거나 재화와 용역을 소비하면서 얻게 되는 주관적인 만족을 말하며 소비자의 행동원리를 분석하는데 사용되는 가장 기본적인 개념이다. 일반적으로 효용함수(utility function)는 재화의 소비량과 효용간의 관계를 함수형태로 나타낸 것을 말한다.

미래성과가 확실하게 하나로 주어지는 위험이 없는 확실성의 세계에서 합리적 소비자의 효용은 불포화성과 한계효용체감의 법칙이 성립한다. 따라서 소비자들은 항상 효용이 극대화될 수 있도록 행동하며 부나 재화의 소비량에 대한 효용함수에 대해서 다음과 같은 형태를 보인다.

① 불포화만족 : $U' > 0$

총효용(total utility)은 재화를 소비함으로써 얻을 수 있는 주관적 만족의 총량을 말한다. 일반적으로 재화의 소비량이 증가하면 소비자의 총효용은 증가하지만 재화의 소비량이 일정단위를 넘어서면 감소한다. 불포화만족(nonsatiation)은 모든 소비자가 현재소득에 만족하지 않고 보다 큰 미래소득을 선호한다는 것이다.

② 한계효용 체감 : $U'' < 0$

한계효용(marginal utility)은 재화의 소비량이 1단위 증가할 때 추가적으로 얻는 만족으로 총효용곡선 접선의 기울기로 측정한다. 재화의 소비량이 일정단위를 넘어서면 한계효용이 감소하는데, 이를 한계효용체감의 법칙이라고 한다. 현재소비에 대한 효용을 $U(C_0)$라고 하면 소비자는 [그림 3-1]과 같은 효용함수를 갖는다.

▌그림 3-1 ▌ 현재소비의 효용함수

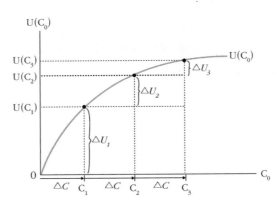

(2) 무차별곡선

무차별곡선(IC : indifference curve)은 기간별로 주어진 소득을 현재시점과 미래시점으로 나누어 소비하는 경우에 동일한 효용을 가져다주는 현재소비와 미래소비의 조합을 연결한 곡선을 말한다. 또한 불포화만족의 가정에 의해 원점에서 멀리 떨어진 무차별곡선일수록 재화의 소비량이 많아지므로 효용수준은 높아진다.

현재소비가 증가할 경우 효용수준이 동일하게 유지되려면 미래소비가 감소해야 하므로 무차별곡선은 우하향의 기울기를 가지며 서로 교차할 수 없다. 또한 원점에 대해 볼록한 형태를 갖는데, 이는 현재소비가 증가할수록 현재소비에 대한 한계효용이 줄어들어 무차별곡선의 기울기인 한계대체율이 체감하기 때문이다.

▌그림 3-2 ▌ 무차별곡선

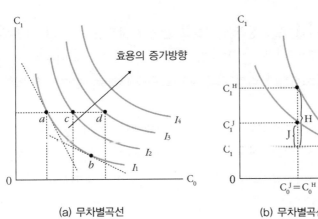
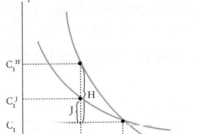

(a) 무차별곡선　　　　　　　(b) 무차별곡선의 비교

47

(3) 한계대체율

한계대체율(MRS : marginal rate of substitution)은 현재소비를 1단위 증가시킬 때 동일한 수준의 효용을 유지하기 위해 감소시켜야 하는 미래소비의 양을 말한다. 따라서 한계대체율은 무차별곡선의 임의의 한 점에서 그은 접선의 기울기로 측정할 수 있으며 이를 수학적으로 표시하면 다음과 같다.

$$MRS_{C_0, C_1} = -\frac{\triangle C_1}{\triangle C_0} = \frac{MU_{C_0}}{MU_{C_1}} \tag{3.1}$$

효용은 주관적으로 느끼는 만족이므로 소비자의 현재소비와 미래소비에 대한 선호도에 따라 무차별곡선도 달라진다. 따라서 현재소비를 선호할수록 현재소비를 증가시키기 위해 감소시켜야 하는 미래소비의 양이 클 것이므로 무차별곡선이 가파른 형태가 되어 MRS가 커지며 미래소비를 선호할수록 MRS가 작아진다.

제2절 최적소비와 투자결정

1. 교환의 기회만 존재하는 경우

(1) 자본시장

자본시장(capital market)은 일정한 이자율로 은행에 저축할 수 있고 은행에서 차입할 수도 있는 시장을 말한다. 따라서 자본시장이 있으면 현재소득의 일부를 저축하여 미래소비를 늘리거나, 현재소비를 늘리기 위해 미래소득을 담보로 차입할 수 있어 소비의 시간적 이전이 가능해진다.

자본시장이 없으면 개인의 시차선호로 소비의 시간적 이전이 불가능하여 현재소득은 현재시점에, 미래소득은 미래시점에 소비할 수밖에 없다. 그러나 자본시장이 있으면 여유자금은 저축하고 부족자금은 차입하여 소비의 시간적 이전이 가능하여 자신의 소비형태를 조절할 수 있게 된다.

(2) 시장기회선

자본시장에서 소비자들은 은행을 이용하여 저축과 차입을 통해서 소비를 시간적으로 이전할 수 있다. 이때 소비가능한 소득의 현재가치와 같아지는 현재소비와 미래소비의 조합들을 연결한 직선을 자본시장선(capital market line), 시장기회선(market opportunity line), 예산선(budget line)이라고 한다.

소비자들은 효용의 불포화만족에 의해 소득의 총현재가치와 소비의 총현재가치가 일치하도록 소비할 것이다. 따라서 현재소득(Y_0)과 미래소득(Y_1)을 가지고 있는 소비자가 자본시장을 이용하여 소비할 때 소비가능한 현재소비(C_0)와 미래소비(C_1)의 조합은 다음의 식(3.2)를 충족시켜야 한다.

$$W_0 = Y_0 + \frac{Y_1}{(1+r)^1} = C_0 + \frac{C}{(1+r)^1} \tag{3.2}$$

$$W_1 = Y_0(1+r)^1 + Y_1 = C_0(1+r)^1 + C_1 \tag{3.3}$$

식(3.3)을 C_1에 대해서 정리하면 다음의 관계가 성립한다. 이를 현재소비(C_0)와 미래소비(C_1) 평면상에 나타내면 주어진 소득점(Y)을 통과하면서 시장기회선에 해당하는 직선 W_0W_1으로 표시된다. 시장기회선상에 있는 모든 소비조합은 W_0의 현재가치를 갖고, W_1의 미래가치를 갖는 조합들임을 의미한다.

$$C_1 = -(1+r)C_0 + Y_0(1+r) + Y_1 = -(1+r)C_0 + W_1 \tag{3.4}$$

식(3.4)는 기울기가 $-(1+r)$이고 절편이 $Y_0(1+r)+Y_1$인 우하향의 직선을 나타내는데, 이를 시장기회선이라고 한다. 시장기회선의 C_0축 절편(W_0)은 소비가능한 부의 현재가치, C_1축의 절편(W_1)은 소비가능한 부의 미래가치이다. 시장기회선의 기울기는 현재소득과 미래소득간의 객관적인 교환비율로 시장이자율에 따라 달라진다.

식(3.4)는 현재소비와 미래소비가 시장기회선상의 어느 점에서나 가능하다는 것을 나타내고 있다. 따라서 시장기회선의 안쪽은 소비자가 주어진 소득을 모두 소비하지 않고 일부만 소비하는 영역에 해당하고, 시장기회선의 바깥쪽은 소비자가 주어진 소득으로 소비할 수 없는 영역에 해당한다.

┃그림 3-3┃ 시장기회선

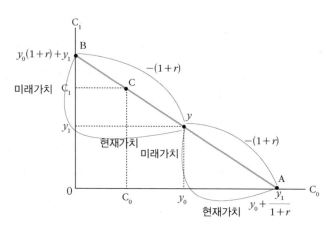

(3) 최적소비결정

자본시장을 통한 교환의 기회만 존재하는 경우에 현재소득(Y_0)과 미래소득(Y_1)을 가지고 있는 소비자들은 현재소비(C_0)와 미래소비(C_1)에 대한 자신들의 선호도를 반영하여 효용을 극대화할 수 있도록 최적소비결정을 한다. 최적소비점의 선택과정은 소비자들의 무차별곡선을 이용하여 분석할 수 있다.

1) 최적소비점

자본시장을 통한 교환의 기회만 존재하는 경우 소비자의 효용을 극대화할 수 있는 최적소비점은 무차별곡선의 기울기인 한계대체율과 시장기회선의 기울기 $-(1+r)$이 일치하는 점이다. 즉 현재소비와 미래소비간의 소비자의 주관적인 교환비율과 현재금액과 미래금액간의 객관적인 교환비율이 일치하는 점에서 달성된다.

따라서 자본시장이 존재하는 경우에 소비자의 효용을 극대화할 수 있는 최적소비점은 시장기회선상을 따라서 무차별곡선의 기울기인 한계대체율과 시장기회선의 기울기가 일치하는 점에서 결정되며 다음의 두 조건을 충족시켜야 한다.

① $MRS = -(1+r)$: 무차별곡선 기울기와 시장기회선 기울기가 일치하는 점

② $Y_0 + \dfrac{Y_1}{(1+r)^1} = C_0 + \dfrac{C_1}{(1+r)^1}$: 자본시장선의 점

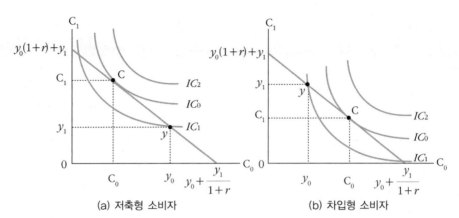

┃그림 3-4┃ 최적소비와 저축결정

(a) 저축형 소비자　　　　(b) 차입형 소비자

2) 소비행태

소비자의 저축과 차입여부는 무차별곡선의 형태에 달려있고 사전적으로 어떤 개인이 저축형 소비자가 될 것인지, 차입형 소비자가 될 것인지의 여부를 알 수 없다. 다만, 현재소비와 미래소비에 대한 소비자의 선호도에 의해 최적소비점이 달라진다.

① 저축형 소비자

미래소비에 대한 선호도가 강한 저축형 소비자는 현재의 소득 Y_0 중에서 C_0를 현재에 소비하고 나머지 Y_0-C_0를 저축하며 1기간 후에는 저축한 원리금 C_1-Y_1과 1년 후의 소득 Y_1을 합한 C_1를 소비한다.

② 차입형 소비자

현재소비에 대한 선호도가 강한 차입형 소비자는 현재의 소득 Y_0와 1년 후의 소득 Y_1을 담보로 차입한 C_0-Y_0를 합한 C_0를 현재에 소비하고 1기간 후에는 1년 후의 소득 Y_1 중에서 차입한 원리금 Y_1-C_1을 상환한 후 나머지 C_1를 소비한다.

▌표 3-1 ▌ 최적소비와 저축결정

저축형 소비자				차입형 소비자			
t=0		t=1		t=0		t=1	
소득	Y_0	소득	Y_1	소득	Y_0	소득	Y_1
저축	$-(Y_0-C_0)$	원리금회수	C_1-Y_1	차입	C_0-Y_0	원리금상환	$-(Y_1-C_1)$
소비	C_0	소비	C_1	소비	C_0	소비	C_1

⟶ 예제 3-1   교환의 기회만 존재하는 경우

다음은 현재의 소득이 3,000만원이고 1년 후의 소득이 2,200만원인 소비자 현주와 정현이의 자본시장을 통한 교환의 기회를 나타낸 그림이다. 물음에 답하시오.

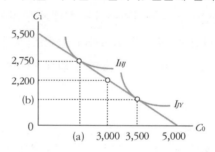

1. 시장이자율을 구하시오.

2. (a)와 (b)를 각각 구하시오.

3. 소비자 현주의 소비행태를 설명하시오.

4. 소비자 정현의 소비행태를 설명하시오.

풀이

1. 5,000(1+r) = 5,500 → ∴ r=10%

2. 자본시장선은 금융기관을 이용하여 자금을 대출하거나 차입하는 시장기회선을 나타 낸다.

① [3,000−(a)](1+0.1) = 2,750−2,200 또는 [5,000−(a)](1+0.1) = 2,750

∴ (a) = 2,500만원

② (3,500−3,000)(1+0.1) = 2,200−(b) 또는 (5,000−3,500)(1+0.1) = (b)

∴ (b) = 1,650만원

3. 저축형 소비자인 현주는 현재의 소득 3,000만원 중에서 2,500만원을 현재에 소비하고 나머지 500만원을 저축하며 1기간 후에는 저축한 원리금 550[=500×(1.1)]만원과 1년 후의 소득 2,200만원을 합한 2,750만원을 소비한다.

4. 차입형 소비자인 정현은 현재의 소득 3,000만원과 1년 후의 소득을 담보로 차입한 500만원을 합한 3,500만원을 현재에 소비하고 1기간 후에는 1년 후 소득 2,200만원에서 차입한 원리금 550[=2,250−1,650]만원을 상환한 후 1,650만원을 소비한다.

2. 생산의 기회만 존재하는 경우

(1) 생산기회

생산기회는 기계설비나 공장건설 등의 유형자산에 투자하여 수익을 창출함으로써 기업가치를 증가시킬 수 있는 기회를 말하며 실물투자기회라고도 한다. 소비자가 생산기회를 활용하면 부가 증가하고 부가 증가하면 불포화만족의 가정에 의해 주관적인 만족을 나타내는 효용도 증가한다.

(2) 생산기회선

생산기회선(production opportunity line)은 현재시점에서 유형자산에 투자하는 금액과 투자로부터 발생할 미래시점의 투자수익간의 관계를 나타내는 선을 말하며 투자기회선이라고도 한다. 생산기회선의 개념을 이해하기 위해 현재 900원을 보유한 소비자에게 다음과 같은 수익률을 갖는 투자안이 주어졌다고 가정하자.

투자기회	투자금액	투자수익률
A	300원	50%
B	300원	30%
C	300원	10%

위험이 없는 확실성의 세계에서 수익률이 서로 다른 투자기회가 주어지면 합리적인 소비자들은 투자수익률이 높은 투자안에 우선적으로 투자할 것이므로 투자안 A에 가장

먼저 투자하고 B, C의 순서로 투자할 것이다. 투자금액의 증가에 따른 투자 후의 현재부와 누적투자수익은 다음과 같다.

투자순서	투자금액	투자수익률	투자수익[*1]	누적투자금액	C_0[*2]	C_1[*3]
A	300원	50%	450원	300원	600원	450원
B	300원	30%	390원	600원	300원	840원
C	300원	10%	330원	900원	0	1,170원

[*1] 투자금액(1+투자수익률) [*2] C_0 = 900−누적투자금액, [*3] C_1 = 누적투자수익

투자수익률이 서로 다른 투자안이 많이 있고 각 투자안에 분할투자가 가능하면 생산기회선은 [그림 3−5]에서 보는 바와 같이 원점에 대해 오목한 형태의 연속적인 곡선으로 나타난다. 투자금액이 증가할수록 한계투자수익률이 감소하기 때문에 생산기회선의 기울기는 투자금액이 증가함에 따라 점차 감소한다.

한계수익률(marginal rate of substitution)은 현재소득 1단위를 생산기회에 투자함으로써 얻을 수 있는 미래시점의 투자수익 또는 −(1+한계수익률)을 말한다. 한계수익률은 생산기회선상의 한 점에서 접선의 기울기 또는 임의의 두 점 사이의 기울기로 측정할 수 있으며 이를 수학적으로 표시하면 다음과 같다.

$$MRT_{C_0,\,C_1} = \frac{\triangle P_1}{\triangle P_0} = -\frac{MP_0}{MP_1} \tag{3.5}$$

▌그림 3−5 ▌ 생산기회선

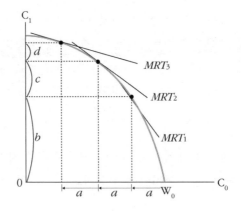

(3) 최적소비와 투자결정

자본시장을 통한 교환의 기회는 없고 생산의 기회만 존재하는 경우에는 생산기회선이 소비기회선이 되고 최적투자점이 최적소비점에 해당된다. 왜냐하면 현재소득에서 투자금액이 결정되고 나면 소비의 시간적 이전이 불가능하므로 나머지는 소비금액으로 결정되기 때문이다.

1) 최적투자점

생산의 기회만 존재하는 경우에 소비자의 효용을 극대화할 수 있는 최적투자점은 [그림 3-6]에서 보는 바와 같이 한계대체율과 한계수익률이 일치하는 H점 또는 J점에서 결정된다. Y점과 S점에서 투자하면 IC_0보다 낮은 IC_1의 효용을 얻고 IC_2는 주어진 생산기회로 실현불가능한 효용 수준이기 때문이다.

따라서 생산시장만 존재하는 경우에 소비자의 효용을 극대화할 수 있는 최적투자점은 무차별곡선의 기울기인 한계대체율과 생산기회선의 기울기인 한계수익률이 일치하는 점에서 결정되며 다음의 두 조건을 충족시켜야 한다.

① MRS = MRT : 무차별곡선의 기울기와 생산기회선의 기울기가 일치하는 점
② $f(P_0, P_1) = 0$: 생산기회선의 점

조건 ①에서 생산의 기회만 존재하는 경우에 최적투자결정은 소비자의 주관적인 선호구조에 의해 영향을 받기 때문에 동일한 소득과 생산기회선을 갖더라도 최적투자점은 달라지게 된다. 따라서 단일의 최적투자비점은 존재하지 않는다. 조건 ②는 최적투자점은 생산기회선상에 존재해야 함을 나타낸다.

┃그림 3-6┃ 최적투자와 소비결정

2) 소비행태

[그림 3-6]에서 현재의 소득만 있는 경우에 현재의 소득 W_0 중에서 (W_0-P_0)만큼을 실물자산에 투자하고 남은 나머지 $P_0(=C_0)$를 현재에 소비하고 1기간 후에는 투자로 발생한 투자수익 $P_1(=C_1)$을 그대로 소비한다.

┃표 3-2┃ 최적소비와 투자결정

t=0		t=1	
소득	W_0	소득	0
투자금액	(W_0-P_0)	투자수익	P_1
소비	$P_0(=C_0)$	소비	$P_1(=C_1)$

3. 교환의 기회와 생산의 기회가 존재하는 경우

자본시장을 통한 교환의 기회와 생산시장을 통한 투자의 기회가 모두 존재하는 경우에 소비자들은 1단계로 소비가능한 부를 극대화할 수 있도록 투자결정을 하고 2단계로 극대화된 부를 자본시장을 이용하여 시간적으로 이전함으로써 효용을 극대화할 수 있도록 소비결정을 한다.

(1) 최적투자결정 : 부의 극대화

1) 최적투자점

교환의 기회와 생산의 기회가 모두 존재하면 소비자들은 생산기회선의 기울기와 시장기회선의 기울기가 일치하는 P점에서 최적투자결정을 하여 생산기회를 이용한 후 교환의 기회를 이용해야 한다. 따라서 최적투자점은 생산기회선의 기울기와 시장기회선의 기울기가 일치하는 점이며 다음의 두 조건을 충족시켜야 한다.

① $MRT = -(1+r)$: 생산기회선의 기울기와 시장기회선의 기울기가 일치하는 점
② $f(P_0, P_1) = 0$: 생산기회선의 점

최적투자점은 주어진 소득 W_0에서 W_0-P_0를 실물자산에 투자하여 1년 후에 P_1의 투자수익을 얻는다. 따라서 소비가능한 부를 극대화할 수 있는 최적투자점은 소비자들의 효용함수를 나타내는 무차별곡선에 관계없이 객관적인 시장이자율에 의해 결정되기 때문에 모든 투자자들은 동일한 점에서 투자를 하게 된다.

┃그림 3-7 ┃ 자본시장과 생산기회가 존재하는 경우의 최적투자결정

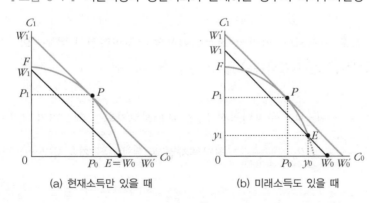

(a) 현재소득만 있을 때 (b) 미래소득도 있을 때

2) 투자행태

소비자의 주어진 소득이 E라고 할 때 교환의 기회를 이용하면 시장기회선 W_0W_1을 따라 소비할 수 있고, 생산의 기회를 이용하면 생산기회선 EPF를 따라 소비할 수 있다. 그런데 생산기회선 EP구간에서는 한계수익률이 시장이자율보다 크며, PF구간에서는 한

계수익률이 시장이자율보다 작다.

요컨대 소비자들은 생산기회선의 기울기인 한계수익률과 시장기회선의 기울기인 시장이자율이 일치하는 P점까지 생산의 기회를 이용하고 그 다음에 자본시장의 교환의 기회를 이용하는 것이 가장 유리하다. 따라서 최적투자점은 생산기회선의 기울기와 시장기회선의 기울기가 일치하는 P점이다.

‖ 표 3-3 ‖ 최적소비와 투자결정

현재소득만 있는 경우		미래소득도 있는 경우	
$t=0$	$t=1$	$t=0$	$t=1$
소득　Y_0	소득　　　0	소득　　Y_0	소득　　　Y_1
투자　$-(Y_0-P_0)$	투자수익　P_1	투자　$-(Y_0-P_0)$	투자수익　P_1-Y_1
소비　$P_0(=C_0)$	소비　　$P_1(=C_1)$	소비　　$P_0(=C_0)$	소비　　$P_1(=C_1)$

(2) 최적소비결정 : 효용의 극대화

1) 최적소비점

소비자가 자본시장의 교환기회를 이용하면 최적투자 후의 소비가능액을 시간적으로 이전하여 소비할 수 있다. 이때의 소비가능한 점들은 최적투자점을 통과하는 자본시장선 $W_0' W_1'$으로 표시된다. 따라서 최적소비점은 무차별곡선의 기울기와 시장기회선의 기울기가 일치하는 점이며 다음의 두 조건을 충족시켜야 한다.

① MRS $= -(1+r)$: 무차별곡선 기울기와 시장기회선 기울기가 일치하는 점

② $C_0 + \dfrac{C_1}{1+r} = P_0 + \dfrac{P_1}{1+r}$: 최적투자점을 통과하는 자본시장선의 점

확실성의 세계에서 소비자들은 항상 효용을 극대화할 수 있도록 행동하기 때문에 최적소비점은 P점이 아니라 최적투자점을 통과하는 시장기회선과 소비자들의 효용수준을 나타내는 주관적인 무차별곡선이 접하는 점(저축형 소비자는 C_L점, 차입형 소비자는 C_B점)에서 결정된다.

▌그림 3-8 ▌ 자본시장과 생산기회가 존재하는 경우의 최적소비결정

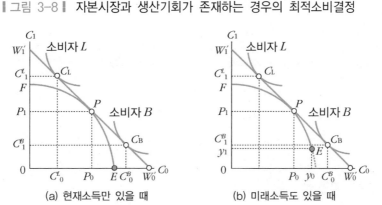

(a) 현재소득만 있을 때   (b) 미래소득도 있을 때

2) 소비행태

현재의 소득만 있는 경우에 소비자들은 시차선호에 관계없이 현재시점에서 생산기회에 $(E-P_0)$만큼 투자하여 미래에 P_1만큼의 투자수익을 얻는 투자결정을 한다. 미래의 소득도 있는 경우에 소비자들은 현재시점에서 생산기회에 (Y_0-P_0)만큼을 투자하여 미래에 (P_1-Y_1)만큼의 투자수익을 얻는 투자결정을 한다.

① 저축형 소비자

미래소비를 선호하는 저축형 소비자는 현재의 소비가능액 P_0 중에서 $(P_0-C_0^L)$만큼을 대출하고 나머지 C_0^L를 현재시점에 소비하며 1년 후에는 대출원리금 $(C_1^L-P_1)$과 P_1을 합한 C_1^L을 소비한다.

② 차입형 소비자

현재소비를 선호하는 차입형 소비자는 $(C_0^B-P_0)$만큼을 차입하여 P_1와 합한 C_0^B를 현재에 소비하고 1년 후에는 소비가능액 P_1 중에서 $(P_1-C_1^B)$만큼을 차입원리금으로 상환하고 나머지 C_1^B를 소비한다.

▌표 3-4 ▌ 최적소비와 투자결정

소비자 L(저축형)		소비자 B(차입형)	
t=0	t=1	t=0	t=1
소비가능액 P_0 대출 $-(P_0-C_0^L)$	소비가능액 P_1 원리금회수 $C_1^L-P_1$	소비가능액 P_0 차입 $C_0^B-P_0$	소비가능액 P_1 원리금상환 $(P_1-C_1^B)$
소비 C_0^L	소비 C_1^L	소비 C_0^B	소비 C_1^B

(3) 최적투자결정과 NPV극대화

생산기회선의 기울기와 시장기회선의 기울기가 일치하는 P점은 소비가능한 부를 극대화시킬 수 있는 최적투자점에 해당하고, 최적투자점은 소비자의 효용함수에 관계없이 객관적인 시장이자율기준에 의해 결정된다. 투자로 발생한 부의 순증가분을 의미하는 순재현가치(NPV)는 다음과 같이 구할 수 있다.

$$NPV = 현금유입의\ 현재가치 - 현금유출의\ 현재가치 \tag{3.6}$$

① 현재소득만 있는 경우

$$NPV = \frac{P_1}{1+r} - (W_0 - P_0) = (W_0' - P_0) - (W_0 - P_0) = W_0' - W_0$$

② 미래소득도 있는 경우

$$NPV = \frac{P_1 - Y_1}{1+r} - (Y_0 - P_0) = (G - F) - (E - F) = W_0' - W_0$$

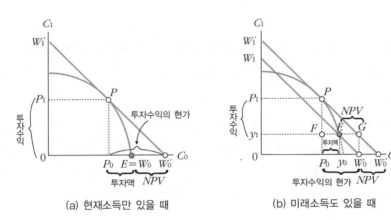

┃그림 3-9┃ 최적투자결정과 NPV

(a) 현재소득만 있을 때

(b) 미래소득도 있을 때

제3절 피셔의 분리정리

1. 피셔의 분리정리

(1) 분리정리의 개념

피셔의 분리정리는 교환의 기회와 생산의 기회가 모두 존재하면 최적투자결정은 생산기회선의 기울기와 시장기회선의 기울기가 일치하는 점에서 결정되어 단일의 최적투자점이 존재하지만 최적소비결정은 소비자의 선호구조에 따라 효용을 극대화하도록 결정되므로 소비자들마다 달라진다는 개념이다.

피셔의 분리정리(Fisher's separation theorm)는 완전자본시장에서 최적투자결정은 객관적인 시장이자율기준에 의해 결정되고, 최적소비결정은 주관적인 선호구조에 따라 효용이 극대화되도록 결정되기 때문에 최적투자결정과 최적소비결정이 완전히 분리되어 독립적으로 이루어진다는 것을 의미한다.

(2) 분리정리의 함의

피셔의 분리정리는 재무관리의 목표인 기업가치극대화가 투자로 발생한 순현재가치를 극대화함으로써 달성될 수 있다는 이론적 근거를 제시한다. 따라서 최적투자결정은 객관적인 순현재가치(NPV) 극대화기준에 의해 결정된다고 할 수 있으며, 순현재가치를 극대화시키면 기업가치의 극대화를 달성할 수 있다.

피셔의 분리정리는 소유와 경영이 분리된 주식회사에 적용할 수 있어 주주들은 투자결정을 경영자에게 위임할 수 있다. 따라서 경영자는 다양한 주주들의 효용함수의 형태에 관계없이 시장이자율만 고려하여 투자결정을 하고 주주들은 자신의 효용함수에 맞도록 소비수준을 결정하면 효용을 극대화할 수 있다.

2. 거래비용의 고려

피셔의 분리정리는 차입이자율과 대출이자율이 동일한 완전자본시장에서만 성립한다. 그러나 자본시장은 차입이자율이 대출이자율보다 높은 불완전시장이어서 서로 다른 무차별곡선을 가지고 있는 투자자들은 자신들의 효용함수에 따라 서로 다른 최적투자결정을 하게 되므로 피셔의 분리정리가 성립하지 않는다.

▎그림 3-10▎ 거래비용의 존재

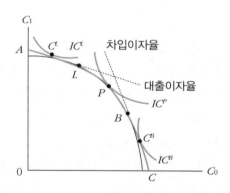

IC^L과 같은 무차별곡선을 갖는 투자자는 L점에서 최적투자를 결정하는 반면에 IC^B와 같은 무차별곡선을 갖는 투자자는 B점에서 최적투자를 결정한다. 그러나 IC^P와 같은 무차별곡선을 갖는 투자자는 자본시장을 통한 교환의 기회를 이용하지 않고 생산기회선상의 P점에서 최적투자를 결정하게 된다.

3. 시장이자율의 변화

다른 조건은 동일한 상태에서 시장이자율이 변화하면 최적투자점과 최적소비점은 달라지기 때문에 실물자산에 투자하는 금액과 소비자들의 효용도 달라진다. 따라서 시장이자율이 변화하면 시장기회선의 기울기가 변화하여 최적투자점과 최적소비점이 달라지며 이에 따라 투자자의 부와 소비자의 효용수준도 달라진다.

(1) 이자율이 하락하는 경우

다른 조건이 일정할 경우에 시장이자율이 하락하면 시장기회선이 $W_0 W_1$에서 $W_0' W_1'$으로 변화하게 되어 시장기회선의 기울기가 완만해지고 실물자산에 대한 투자금액을 증가시켜서 최적투자 후의 부의 수준은 W_0에서 W_0'으로 증가한다. 그러나 부의 증가가 모든 소비자의 효용수준을 증가시키는 것은 아니다.

IC^B와 같은 무차별곡선을 갖는 차입형 소비자의 효용은 IC_1^B에서 IC_2^B으로 증가한다. 반면에 IC^L과 같은 무차별곡선을 갖는 저축형 소비자의 효용은 IC_1^L에서 IC_2^L으로 감소하고, IC^A와 같은 무차별곡선을 갖는 저축형 소비자는 시장이자율이 하락한 후에 차입형 소비자가 되면서 효용이 IC_1^A에서 IC_2^A으로 증가한다.

┃ 표 3-5 ┃ 이자율 하락시 효용의 변화

이자율 변동	투자금액	부의 수준	소비자의 효용	
			저축형	차입형
이자율 하락전	$Y_0 - P_0$	W_0	IC_1^L 또는 IC_1^A	IC_1^B
이자율 하락후	$Y_0 - P_0'$	W_0'	IC_2^L 또는 IC_2^A	IC_2^B
증감여부	$(P_0' - P)$ 증가	$(W_0' - W_0)$ 증가	감소 또는 증가	증가

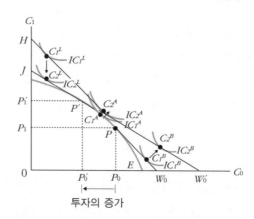

┃그림 3-11┃ 이자율의 하락과 최적소비·투자결정

(2) 이자율이 상승하는 경우

다른 조건이 일정할 경우에 시장이자율이 상승하면 시장기회선이 $W_0 W_1$에서 $W_0' W_1'$으로 변화하여 시장기회선의 기울기가 가팔라지고 실물자산에 대한 투자금액을 감소시켜서 최적투자 후의 부의 수준은 W_0에서 W_0'으로 감소한다. 그러나 부의 감소가 모든 소비자의 효용수준을 감소시키는 것은 아니다.

┃표 3-6┃ 이자율 상승시 효용의 변화

이자율 변동	투자금액	부의 수준	소비자의 효용	
			저축형	차입형
이자율 하락전	$Y_0 - P_0$	W_0	IC_1^L	IC_1^B
이자율 하락후	$Y_0 - P_0'$	W_0'	IC_2^L	IC_2^B
증감여부	$(P_0' - P)$ 감소	$(W_0' - W_0)$ 감소	증가	감소 또는 증가

시장이자율이 상승하면 총소득의 현재가치는 감소하는 반면에 총소득의 미래가치는 증가하기 때문에 자본시장선이 주어진 소득을 축으로 시계방향으로 회전이동한다. 왜냐하면 시장이자율의 변화에 관계없이 현재의 소득은 현재에 소비할 수 있고, 미래의 소득은 미래에 소비할 수 있기 때문이다.

시장이자율이 상승하면 저축자는 동일한 금액을 저축해도 이자수입이 증가하여 실질소득이 증가하지만 차입자는 동일한 금액을 차입해도 더 많은 이자를 지불해야 하므로 실질소득이 감소한다. 따라서 이자율이 상승하여 자본시장선이 회전이동하면 저축자의 소비가능영역은 증가하고 차입자의 소비가능영역은 감소한다.

제1절 기본개념

1. 소비와 투자결정

(1) 목표 : 소비자들은 효용을 극대화할 수 있도록 최적소비와 최적투자를 결정

(2) 가정 : 단일기간, 미래의 확실성, 완전자본시장

2. 소비자의 효용함수

(1) 효용함수 : 재화의 소비량과 효용간의 관계를 함수형태로 나타낸 것

(2) 무차별곡선 : 동일한 효용을 제공하는 현재소비와 미래소비 조합을 연결한 곡선

제2절 최적소비와 투자결정

1. 교환의 기회만 존재하는 경우

(1) 자본시장 : 일정한 이자율로 은행에 저축할 수 있고 차입할 수 있는 시장

(2) 시장기회선 : 현재소비와 미래소비의 조합들을 연결한 직선

2. 생산의 기회만 존재하는 경우

(1) 생산기회 : 유형자산에 투자하여 기업가치를 증가시킬 수 있는 투자기회

(2) 생산기회선 : 유형자산 투자금액과 미래시점 투자수익의 관계를 나타내는 선

3. 교환의 기회와 생산의 기회가 존재하는 경우

(1) 최적투자결정 : 부의 극대화

(2) 최적소비결정 : 효용의 극대화

제3절 피셔의 분리정리

1. 피셔의 분리정리

(1) 분리정리의 개념 : 최적투자결정은 시장이자율에 의해 결정되고 최적소비결정은
    주관적인 선호구조에 따라 결정되어 최적투자결정과 최적소비결정이 분리

(2) 분리정리의 함의

① NPV를 극대화하면 기업가치극대화가 달성될 수 있다는 이론적 근거를 제시

② 소유와 경영이 분리된 주식회사에서 주주들은 투자결정을 경영자에게 위임

2. 거래비용의 고려
    불완전자본시장에서 피셔의 분리정리는 성립하지 않음

1 다음의 그림은 완전자본시장과 단일기간의 가정하에서 개인의 최적소비와 투자결정이 어떻게 이루어지는가를 나타낸다. 개인의 소득흐름은 t=0에 40원, t=1에 0원으로 가정한다. 최적생산점에서 투자금액의 현재가치는 얼마인가? (1989년)

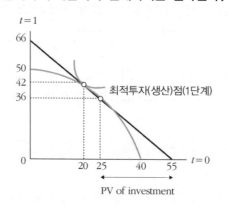

PV of investment

① 15원   ② 20원   ③ 30원

④ 35원   ⑤ 40원

| 해설 | 생산기회선의 기울기와 시장기회선의 기울기가 일치한 최적투자점의 투자금액은 15원(=40−25)이다. 투자금액의 미래가치는 36원이고, 현재가치는 30원(=36/1.2)이다.

2 투자자 홍길동의 현재소득은 60원이고, 1년 후 소득은 없다. 홍길동에게 교환의 기회와 생산의 기회가 모두 존재하여 최적투자결정을 하면 현재 80원과 1년 후 20원을 소비할 수 있다. 또한 홍길동이 원한다면 실물투자 후 현재 40원과 1년 후 70원을 소비할 수 있다. 단일기간을 가정하여 가장 옳은 설명은?

① 현재 시장이자율은 20%이다.

② 현재 최적투자점에서 한계수익률은 20%이다.

③ 실물투자안의 순현재가치는 40원이다.

④ 평균투자수익률은 40%이다.

⑤ 홍길동이 현재시점에서 소비하지 않으면 1년 후 소비금액은 120원이다.

| 해설 | ① $80 + \dfrac{20}{(1+r)} = 40 + \dfrac{70}{(1+r)} \rightarrow r = 25\%$

③ $NPV = 80 + \dfrac{20}{1.25} - 60 = 36$

④ 투자금액을 알 수 없어 평균투자수익률을 구할 수 없다.

⑤ $80 \times 1.25 + 20 = 120$원

3   생산의 기회만 존재하는 경우에 투자자 정현과 현주의 현재소득이 2,000원으로 동일하다고 가정할 때 옳지 않은 설명은?

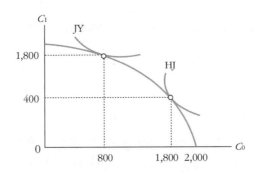

① 두 소비자의 최적소비-투자점에서 한계대체율은 동일하다.

② 두 소비자 모두 최적투자결정이 주관적 선호구조에 의해 영향을 받는다.

③ 두 소비자 모두 최적소비점에서 소비행동을 하게 된다.

④ 최적투자점에서 한계수익률과 투자수익률은 현주가 정현보다 크다.

⑤ 현주는 현재소비를 선호하고, 정현은 미래소비를 선호한다.

| 해설 | ① 최적투자점은 MRT=MRS인데, 생산기회선상에서 MRT는 체감하므로 최적투자점에서의 MRT와 MRS는 현주가 정현보다 크다.
④ 현주의 IRR = (400-200)/200 = 100%, 정현의 IRR = (1,800-1,200)/1,200 = 50%
⑤ 현주는 현재소비가 1,800원이고 미래소비는 400원이다. 반면에 정현은 현재소비가 800원이고 미래소비는 1,800원이다.

4   다음은 소비자 홍길동의 교환의 기회와 생산의 기회를 표시한 그림이다. 홍길동의 주어진 소득점이 E라고 가정할 때 옳지 않은 것은?

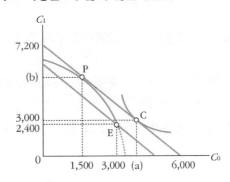

① 시장이자율은 20%이다.

② (a)는 3,500원이고, (b)는 5,400원이다.

③ 소비자 홍길동의 순현재가치는 1,000원이다.

④ 소비자 홍길동의 평균투자수익률은 100%이다.

⑤ 소비자 홍길동은 차입을 통해 현재소비를 3,000원 증가시킬 수 있다.

| 해설 | ① $6,000(1+r) = 7,200 \rightarrow r = 20\%$

② $[6,000-(a)](1+0.2) = 3,000 \rightarrow (a) = 3,500원$

    $[(a)-1,500](1+0.2) = (b)-3,000 \rightarrow (b) = 5,400원$

③ $NPV = \dfrac{5,400-2,400}{1.2} - (3,000-1,500) = 1,000원$

④ $IRR = \dfrac{5,400-2,400}{3,000-1,500} - 1 = 100\%$

⑤ $(a)-1,500 = 3,500-1,500 = 2,000$

5 다음 중 최적소비와 투자결정에 대한 설명으로 옳은 것은?

① 차입이자율과 대출이자율이 동일하지 않더라도 생산기회선이 동일하면 최적투자결정은 동일하다.

② 한계대체율이 완만할수록 현재소비에 대한 선호도가 크다.

③ 자본시장과 생산시장이 동시에 존재하면 자본시장만 존재하거나 생산시장만 존재하는 경우보다 효용은 증가한다.

④ 차입이자율과 대출이자율이 동일하지 않더라도 모든 소비자는 자본시장에 참여한다.

⑤ 피셔의 분리정리는 주식회사와 별다른 관련이 없는 개념이다.

| 해설 | ① 자본시장이 불완전하여 차입이자율과 대출이자율이 다른 경우에 생산기회선이 동일해도 소비자들은 자신의 효용구조에 따라 서로 다른 최적투자결정을 한다.

② 한계대체율이 가파를수록 현재소비에 대한 선호도가 크고, 한계대체율이 완만할수록 미래소비에 대한 선호도가 크다.

④ 차입이자율과 대출이자율이 다른 경우에 자본시장을 이용하지 않고 실물자산에만 투자하는 소비자들이 존재하며, 이는 차입이자율과 대출이자율의 차이가 클수록 증가한다.

⑤ 피셔의 분리정리는 주식회사에서 소유와 경영의 분리에 대한 이론적 근거를 제공한다.

6 다음 중 최적소비와 투자결정에 대한 설명으로 옳지 않은 것은?

① 확실성의 세계에서 소비자는 효용을 극대화하기 위한 최적소비와 투자행동을 한다.

② 자본시장이 존재하면 자본시장이 없을 때보다 소비자의 효용은 증가한다.

③ 생산기회만 존재하면 소비자에 따라 최적투자점이 달라진다.

④ 이자율이 하락하면 최적투자금액은 증가하고 저축형 투자자의 효용은 커진다.

⑤ 차입이자율이 대출이자율보다 큰 경우 대출자의 최적투자점보다 차입자의 최적투자점이 우측에 위치한다.

| 해설 | 시장이자율이 하락하면 차입형소비자의 효용은 증가하고 저축형소비자의 효용은 감소한다.

7 다음과 같은 생산가능곡선이 존재할 경우의 설명으로 옳은 것은? (1992년)

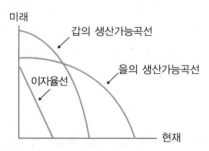

① 갑의 현재부는 을의 현재부보다 크다.

② 실물투자를 한 후 갑의 부는 을의 부보다 크다.

③ 실물투자의 금액은 갑이 더 많다.

④ 갑의 실물투자에 대한 NPV는 음수이다.

⑤ 갑과 을의 최적소비는 효용과 무관하게 결정된다.

| 해설 | ① 갑의 현재부는 B점이고 을의 현재부는 A점이므로 을의 부가 더 크다.

② 실물투자후 갑의 부는 D점, 을의 부는 F점이므로 을의 부가 실물투자 후에도 더 크다.

③ 시장기회선을 평행으로 이동시키면 실물투자액은 갑이 B−A이고 을이 E−C이므로 갑의 실물투자액이 더 많다.

④ 갑의 NPV는 D−B이고, 을의 NPV는 F−E이므로 순현재가치는 두 투자자 모두 양수이다.

⑤ 최적소비에 대한 결정은 효용에 따라 달라진다.

8 소비자 홍길동은 현재($t=0$) 40원, 미래($t=1$) 22원의 소득이 있으며, 이를 모두 소비할 때 아래 그림에서 C점으로 나타난다. 홍길동은 D점과 같은 투자기회를 가지고 있으며, 차입이자율과 대출이자율이 동일하여 FDE선상에서 소비가 가능하다. AH선과 EF선은 평행할 경우에 가장 올바른 내용은?

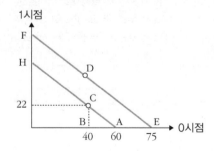

① 시장이자율은 20%이다.

② D점에서 투자하는 경우 NPV는 20원이다.

③ D점에서 투자하는 경우 FDE선보다 낮은 수준인 ACH선에서 소비하면 홍길동

은 현재와 미래의 소득을 완전히 소비하지 않았다는 의미이다.

④ 홍길동이 현재와 미래에 동일한 금액을 소비하면 현재 소비금액은 37.5원이다.

⑤ 홍길동이 D점에서 투자하면 현재소비가 0원이면 미래의 최대소비는 90원이다.

| 해설 | ① AH선의 기울기는 CB/AB=22/20=1.1이므로 시장이자율은 10%이다.

② 동일한 소비금액을 x라 하면 $x + \frac{x}{1.1} = 75$원이 성립한다. $x = 39.29$원

⑤ 미래의 최대소비금액은 F점이 되어 82.5원(=75×1.1)이 된다.

9 다음 중 피셔의 분리정리에 대한 설명으로 적절하지 않은 것은? (1991년)

① 피셔의 분리정리는 완전자본시장과 생산시장이 주어지는 경우 최적생산을 위한 결정은 각 개인의 소비에 관한 주관적 시차선호에 관계없이 순현재가치의 극대화라는 객관적 시장기준에 의해 결정된다는 정리를 말한다.

② 피셔의 분리정리에서 최적생산결정과 최적소비결정은 별개로서 최적생산결정은 개인의 시차선호에 따른 소비결정과는 무관하게 이루어진다.

③ 소비자는 먼저 자기의 소비에 관한 시차선호에 의해 최적소비점을 결정하여 소비하며 기업은 잔여자금으로 기업가치를 극대화할 수 있는 실물투자점을 결정하여 실물투자를 하게 된다.

④ 경영자들은 주주의 소비에 대한 시차선호에 관계없이 최적실물투자점을 결정함으로써 순현재가치를 극대화할 수 있고 순현재가치를 극대화하는 방향으로 투자결정을 하면 경영자는 주주들의 이익을 위해 최대한 노력한 결과가 될 것이다.

⑤ 실물투자 및 소비의 균형점에서는 한계대체율, 한계전환율, 그리고 자본시장선의 기울기가 일치한다.

| 해설 | 교환기회와 생산기회가 모두 존재하면 생산기회를 이용하여 소비가능한 부를 극대화하도록 투자결정을 한 후 교환기회를 이용하여 효용을 극대화할 수 있도록 소비결정을 하면 된다. 피셔의 분리정리는 최적투자를 먼저 결정하고 최적소비는 다음 단계에서 결정된다.

1단계 : MRT = −(1+r)에서 부를 극대화하도록 최적투자의사결정이 이루어진다.
2단계 : MRS = −(1+r)에서 효용을 극대화하도록 최적소비의사결정이 이루어진다.

10 피셔의 분리정리가 성립하는 상황에서 두 의사결정자 갑, 을에 대한 설명으로 옳지 않은 것은? (1996년)

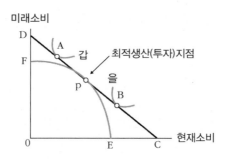

① 시차선호가 다른 두 의사결정자 갑과 을의 최적생산결정은 생산기회곡선 EF와 시장기회선 CD가 접하는 P점에서 이루어진다.

② 시장이자율은 자본시장선 기울기의 절댓값에서 1을 차감하여 구한다.

③ 을이 갑에 비해 특정소비점에서 상대적으로 시차선호가 더 크므로 현재소비를 더 선호한다.

④ 최적소비점에서 (+)값으로 표시된 현재소비와 미래소비간의 한계대체율은 현재소비를 상대적으로 더 선호하는 을의 경우와 덜 선호하는 갑의 경우가 동일하다.

⑤ P점에서의 생산결정은 투자에 따른 순현가를 극대화시키므로 평균투자수익률을 극대화하는 생산결정이다.

│ 해설 │ 평균투자수익률을 극대화하는 생산결정은 최초투자점(E)에서 1단위를 투자하는 경우이다.

확실성하의
자본예산

자본예산은 실물자산에 대한 투자결정으로 투자안에 대한 채택여부를 판단하려면 각 투자안으로부터 예상되는 영업현금흐름을 추정하여 투자안의 경제성을 분석해야 한다. 투자안의 경제성을 분석하는 방법에는 여러 가지가 있지만 이상적인 경제성분석 방법으로 순현재가치(NPV)법이 가장 우월한 것으로 인정되고 있다.

제1절 자본예산의 개요

1. 자본예산의 정의

자본예산(capital budgeting)은 투자대상에서 현금흐름이 1년 이상의 장기에 걸쳐 나타나는 실물자산의 취득과 관련된 총괄적인 계획과 평가의 과정을 말한다. 실물자산에 대한 투자의 결과로 발생하는 영업현금흐름과 현금흐름의 불확실성은 기업가치를 결정하는 요인이므로 자본예산은 중요한 재무의사결정에 속한다.

2. 자본예산의 절차

자본예산을 수행하는 과정은 기업에 따라 또는 상황에 따라 달라질 수 있겠지만 일반적으로 다음과 같은 과정을 거쳐서 이루어진다. 그러나 재무관리에서 자본예산은 투자안으로부터 기대되는 영업현금흐름을 측정하고 이를 평가해서 투자안의 채택여부를 결정하는 투자안의 경제성을 분석하는 것만을 의미한다.

투자안 탐색 → 현금흐름 추정 → 경제성 분석 → 투자안 재평가

3. 자본예산의 목표

자본예산을 수행하는 궁극적인 선택의 기준은 실물자산에 대한 투자결정을 통한 순현재가치(NPV)의 극대화이다. 기업가치는 실물자산에 대한 투자에 의해 결정되며 NPV의 극대화를 이루는 투자결정에 의해 기업가치는 극대화된다. 따라서 NPV의 극대화를 통해 기업가치의 극대화라는 재무관리의 목표를 달성할 수 있다.

NPV의 극대화 → 기업가치의 극대화 → 재무관리의 목표달성

4. 자본예산의 중요성

현대기업은 대규모의 자금을 생산시설에 집중투자함에 따라 유동성을 상실할 위험이 발생할 수 있다. 따라서 소요되는 대규모의 자금을 적기에 조달하기 위해서는 면밀한

자금조달계획이 필요하며, 기업의 장기적인 경영전략과 미래의 경제상황에 대한 분석을 바탕으로 신중하게 수행해야 한다.

현대기업은 생산시설의 자동화를 통한 원가인하와 품질향상에 의해 경쟁기업에 경쟁우위를 유지할 수 있어 국가정책과 소비자욕구 등의 요인을 분석하여 투자를 결정한다. 그리고 자본지출은 현재에 이루어지는 반면에 미래의 현금유입은 불확실하여 수요의 시기와 규모에 대한 사전예측이 중요하다.

자본예산은 투자효과가 장기간에 걸쳐 나타나서 불확실성에 노출되고 기업의 경영활동은 한번 내려진 투자결정으로 큰 제약을 받을 수 있다. 따라서 투자기간의 예측부터 최종투자안의 선정까지 미래의 자금수요와 투자효과에 대한 과학적 접근방법에 의한 합리적 예측을 바탕으로 이루어져야 한다.

제2절 세후 영업현금흐름의 추정

투자안의 가치는 투자안을 수행할 때 기대되는 영업현금흐름의 현재가치로 측정되며 투자안 선택의 궁극적인 기준은 NPV의 극대화 또는 기업가치의 극대화이다. 따라서 각 투자안에서 발생하는 미래의 영업현금흐름을 정확하게 추정하여 투자안의 채택여부를 결정하는 것이 자본예산을 수행하는데 중요한 부분이다.

1. 현금흐름의 개념

자본예산에서 측정대상이 되는 순현금흐름(net cash flow)은 투자로 인해 기업에 들어오는 내용연수 동안의 현금유입액에서 투자로 인해 기업에서 나가는 현금유출액을 차감한 영업활동에서 발생하는 현금흐름을 말한다. 이는 투자자금을 모두 자기자본으로 조달하여 부채를 사용하지 않는다고 가정하여 산출한 금액이다.

$$순현금흐름 \ = \ 현금유입액 \ - \ 현금유출액 \tag{4.1}$$

2. 현금흐름의 추정원칙

실물자산에 대한 투자안의 평가는 회계적 이익이 아닌 투자안에서 예상되는 영업현금흐름을 기준으로 경제성분석을 실시해야 하고, 투자안의 현금흐름은 증분현금흐름으로 추정해야 한다. 따라서 기업의 영업활동과 관련된 현금흐름을 추정할 경우에 준수해야 할 기본원칙을 살펴보면 다음과 같다.

(1) 현금유출입의 시점

투자기간 동안 영업활동과 관련된 현금흐름은 연중 발생한다. 그러나 분석의 편의상 기초시점과 기말시점에만 현금유출입이 발생한다고 가정한다.

(2) 세후기준으로 추정

법인세는 명백한 현금유출에 해당하기 때문에 투자안의 현금흐름을 추정할 경우 법인세에 미치는 영향을 반드시 고려해야 한다. 따라서 어떤 항목이 법인세를 증가시키면 증가되는 법인세는 현금유출에 포함시키고, 어떤 항목이 법인세를 감소시키면 감소되는 법인세는 현금유입에 포함시킨다.

(3) 증분기준으로 추정

투자안의 현금흐름은 증분기준으로 추정해야 한다. 증분기준(incremental basis)은 특정 투자안을 선택한 결과로 나타나는 현금흐름의 변화만을 분석대상으로 하는 것을 말한다. 증분기준으로 현금흐름을 추정할 때 부수적 효과, 잠식비용, 기회비용, 매몰비용에 유의해야 한다.

3. 세후 영업현금흐름의 추정

투자안에서 발생하는 현금흐름에는 기계설비를 구입하여 사업을 시작하는 투자시점부터 영업활동기간, 투자종료시점까지 발생할 수 있는 모든 현금흐름이 포함된다. 신규투자에 따른 추정손익계산서가 [표 4-1]과 같이 제시되어 있다고 가정하고 영업활동에서 발생하는 현금흐름을 추정하여 보자.

┃ 표 4-1 ┃ 추정손익계산서

매출액의 증분(현금유입)	ΔR	1,000
현금지출비용의 증분(현금유출)	$-\Delta C$	-400
감가상각비의 증분(현금x)	$-\Delta D$	-100
영업이익의 증분	$\Delta EBIT$	500
이자비용의 증분(현금x)	$-\Delta I$	-200
법인세차감전순이익의 증분	ΔEBT	300
법인세(t_c=40%)의 증분(현금유출, 단, 이자비용은 제외)	$-(\Delta R-\Delta C-\Delta D-\Delta I)t$	-120
순이익의 증분	ΔEAT	180

(1) 회계적 이익과의 차이

손익계산서상의 수익·비용과 현금의 유입·유출은 정확하게 일치하지 않는다. 따라서 회계적 이익과의 차이점으로 인해 영업현금흐름을 추정할 때는 다음과 같은 사항들에 유의하여 손익계산서상의 회계적 이익으로부터 차이가 발생하는 항목을 조정하여 영업현금흐름을 추정하게 된다.

1) 법인세효과를 고려하여 추정

법인세는 명백한 현금유출이므로 반드시 법인세를 고려하여 현금흐름을 추정해야 한다. 즉 손익계산서상의 수익항목은 이익을 증가시켜 법인세를 많이 내게 하므로 현금유출을 증가시키고, 손익계산서상의 비용항목은 이익을 감소시켜 법인세를 적게 내게 하므로 증분기준에서는 현금유입으로 처리해야 한다.

2) 금융비용은 현금유출이 아님

자본예산에서 영업현금흐름은 자금조달방법과 관련이 없는 현금흐름이며 이자비용과 배당금을 지급하기 전의 영업이익을 기준으로 계산한다. 이자비용과 배당금은 명백한 현금유출이지만 투자안을 평가하는 과정에서 할인율에 반영되기 때문에 이를 현금유출로 처리하면 이중으로 계산하는 결과가 발생한다.

3) 감가상각비는 현금유출이 아님

감가상각비는 유형자산의 취득원가를 비용으로 배분하는 과정을 말하며 손익계산서상에서는 비용항목이다. 그러나 감가상각비는 실제로 지출하는 금액이 아니기 때문에 현금유출로 처리해서는 안 된다. 다만, 감가상각비의 법인세 절감효과(tax shield effect)는 현금유입에 포함시켜야 한다.

$$감각상각비의 절감효과 = 감가상각비의 증분 \times 세율 = \Delta D \times t_c \qquad (4.2)$$

감가상각비의 크기와 절감효과는 기업이 사용하는 정액법, 정률법, 연수합계법, 이중체감법, 생산량비례법 등의 감가상각방법에 따라 달라진다. 식(4.2)는 감가상각비가 현금유출항목이 아니면서 비용으로 인정되어 세금유출을 감소시키기 때문에 기업에 가져다주는 현금유입효과를 나타낸다.

4) 인플레이션은 일관성있게 반영

자본예산은 현금흐름이 장기간에 걸쳐 발생하는 투자안에 대한 계획과 평가의 과정이다. 따라서 인플레이션이 발생하면 현금흐름과 할인율에 인플레이션을 일관성있게 반영시켜야 한다. 즉 명목현금흐름은 명목할인율로 할인하고 실질현금흐름은 실질할인율로 할인하여 투자안을 평가하면 평가결과는 항상 일치한다.

① 기본개념

명목현금흐름(nominal cash flow)은 인플레이션의 기대가 반영된 현금흐름을 말하고, 실질현금흐름(real cash flow)은 명목현금흐름에서 인플레이션의 영향을 제거한 현금흐름을 말한다. 기대인플레이션율(I)이 매년 일정할 경우에 명목현금흐름(CN_t)과 실질현금흐름(CR_t)간에는 다음의 관계가 성립한다.

$$CN_t = CR_t(1+I)^t \quad \therefore \quad CR_t = CN_t / (1+I)^t \qquad (4.3)$$

명목이자율(nominal interest rate)은 인플레이션의 기대가 반영된 이자율을 말하고, 실질할인율(real interest rate)은 인플레이션의 기대가 반영되지 않은 이자율을 말한다. 연간 명목이자율을 N, 실질이자율을 R, 기대인플레이션율을 I라고 하면, 녕목할인율과 실질할인율간에는 다음의 관계가 성립한다.

$$(1+N) \ = \ (1+R)(1+I) \ \therefore \ R \ = \ \{(1+N)/(1+I)\}-1 \qquad (4.4)$$

② 투자안 평가

투자안을 평가할 때 인플레이션의 영향을 고려하는 방법에는 두 가지가 있으며, 두 방법에 의한 평가결과는 다음과 같이 언제나 일치한다.

첫째, 투자안에서 발생하는 현금흐름을 인플레이션의 기대가 반영된 명목현금흐름(CN_t)으로 추정한 후에 명목할인율(N)로 할인하여 평가하는 방법

둘째, 투자안에서 발생하는 현금흐름을 인플레이션의 기대가 제거된 실질현금흐름(CR_t)으로 추정한 후에 실질할인율(R)로 할인하여 평가하는 방법

$$\sum_{t=1}^{n}\frac{CN_t}{(1+N)^t} = \sum_{t=1}^{n}\frac{CN_t}{(1+R)^t(1+I)^t} = \sum_{t=1}^{n}\frac{CR_t(1+I)^t}{(1+R)^t(1+I)^t} = \sum_{t=1}^{n}\frac{CR_t}{(1+I)^t} \qquad (4.5)$$

③ 유의사항

현금흐름의 요소에 대한 물가상승률이 같으면 어떤 방법을 이용해도 같고 물가상승률이 다르면 요소별 물가상승률을 반영한 명목현금흐름을 이용하여 평가한다. 감가상각비의 감세효과는 감가상각비가 비용으로 계상되는 시점에 나타나므로 인플레이션에 관계없이 감가상각비가 계상되는 시점의 명목현금흐름에 해당한다.

(2) 세후 영업현금흐름의 추정

이제 회계적 이익과의 차이점에 유의하면서 영업활동으로부터 발생하는 세후현금흐름은 현금유입에서 현금유출을 차감하여 다음과 같이 구할 수 있다.

세후 현금흐름 = 현금유입－현금유출

$\qquad\qquad$ = 매출액의 증분－현금지출비용의 증분－법인세의 증분

$\qquad\qquad$ = $\Delta S - \Delta O - (\Delta S - \Delta O - \Delta D)t_c$

$\qquad\qquad$ = $(\Delta S - \Delta O)(1-t_c) + \Delta Dt_c$ $\qquad\qquad\qquad\qquad$ (4.6)

(3) 현금흐름 추정시 유의사항

자본예산에서 현금흐름은 투자안에 소요되는 자금을 자기자본으로 조달하거나 타인자본으로 조달하거나 관계없이 자기자본으로 조달한다고 가정하여 투자안에 대한 자본조달정책은 투자결정을 위한 현금흐름과 무관하게 된다. 따라서 투자안에서 현금흐름을 추정할 경우에 다음의 사항들에 유의해야 한다.

① 부수효과

부수효과(side effect)는 새로운 투자안에 의해 기존 투자안의 현금흐름이 증가하는 경우에 발생하는 이익을 말한다. 예컨대 기존의 제품을 보완하는 새로운 제품의 생산으로 기존 제품의 매출이 증가하는 경우에 발생하는 이익은 새로운 투자안에 의해 발생한 것이므로 현금유입에 포함시켜야 한다.

② 잠식비용

잠식비용(erosion cost)은 새로운 투자안에 의해 기존 투자안의 현금흐름이 감소하는 경우에 발생하는 손실을 말한다. 예컨대 새로운 장난감의 판매로 인해 기존 장난감의 매출이 감소하는 경우에 발생하는 손실은 새로운 투자안에 의해 발생한 것이므로 현금유출에 포함시켜야 한다.

③ 기회비용

기회비용(opportunity cost)은 특정 자원을 현재 용도 이외의 다른 용도로 사용할 경우에 포기해야 하는 최대금액을 말하며 회계장부에 기록되지 않지만 새로운 투자안의 현금유출에 포함시켜야 한다. 예컨대 기업이 임대중인 토지를 신제품생산에 필요한 공장건설에 이용할 때 임대수익의 상실은 기회비용에 해당한다.

④ 매몰원가

매몰원가(sunk cost)는 과거의 의사결정에 의해 이미 발생한 비용을 말한다. 이는 새로운 투자안의 채택여부와 관련이 없는 회수불가능한 원가이므로 새로운 투자안의 현금흐름을 추정할 때 고려할 필요가 없다. 예컨대 대체투자시 구자산의 취득원가, 연구개발비, 시장조사비, 시험마케팅비 등은 매몰원가에 해당한다.

제3절 세후 증분현금흐름의 추정

투자안의 내용연수 동안 현금흐름을 추정해야 하는데 현금흐름이 발생하는 시점이 현재가치에 영향을 미치기 때문에 시점별로 현금흐름을 추정해야 한다. 따라서 현금흐름을 시간의 흐름에 따라 투자시점, 영업기간, 종료시점으로 구분하여 시점별로 현금흐름을 추정하는 것이 효율적이다.

1. 투자시점의 현금흐름

투자시점은 투자가 최초로 이루어지므로 정상적인 영업활동은 없으며 단지 설비투자에 따른 현금흐름이 발생하는 단계를 말한다. 따라서 투자시점의 현금흐름은 다음과 같이 나타낼 수 있다.

$$\Delta CF_0 \;=\; -\Delta I_0 \;+ ITC + DV - (DV - BV)t_c - \Delta WC_0 \tag{4.7}$$

(1) 자산의 취득원가($-\Delta I_0$)

유형자산의 취득원가는 유형자산의 취득시 지급한 구입(제작)가격과 해당 자산을 의도된 용도로 사용할 때까지 소요되는 운반비, 설치비, 보험료, 등록세, 시운전비 등의 부대비용을 가산한 금액을 말한다. 따라서 유형자산의 취득원가뿐만 아니라 부대비용도 투자시점의 현금유출로 처리한다.

(2) 투자세액공제(ITC)

투자세액공제(ITC : investment tax credit)는 기업이 신기술 개발, 생산성 향상, 에너지 절약 등 국가적 관점에서 투자를 촉진할 필요가 있는 사업분야에 투자했을 때 투자금액의 일정비율에 해당하는 금액을 산출세액에서 공제하는 제도를 말한다. 따라서 투자세액공제에 따른 법인세절감액은 현금유입으로 처리한다.

(3) 구자산의 처분손익

새로운 자산을 구입하면 기존의 자산을 처분해야 하므로 구자산의 처분에 따른 현금흐름을 고려해야 한다. 구자산의 처분가액과 장부가액이 다르면 처분손익이 발생하고 법인세가 있으면 처분손익에 따른 세금효과를 반영하여 산출한다. 그러나 법인세가 없으면 처분손익이 없어 세금효과가 발생하지 않는다.

$$구자산의 \ 처분에 \ 따른 \ 현금흐름 \ = \ DV-(DV-BV)t_c \qquad (4.8)$$

처분가액>장부가액 → 처분이익 발생 → 법인세 납부액 증가 → 현금유출효과

처분가액<장부가액 → 처분손실 발생 → 법인세 납부액 감소 → 현금유입효과

예제 4-1 구자산의 처분손익

우리기업은 내용년수는 5년이고 취득원가는 1억원이며 잔존가치 2천만원으로 추정되는 기계설비를 정액법으로 감가상각하여 2년 동안 사용해왔다. 우리기업은 올해 새로운 기계설비로 대체하기 위해 사용중인 기계설비를 다음과 같이 처분할 경우에 구설비의 처분에 따른 현금흐름을 구하시오. 법인세율은 40%이다.

1. 8,000만원에 처분하는 경우

2. 5,000만원에 처분하는 경우

풀이

현재 사용하고 있는 구설비의 장부가액은 6,800만원

$[=1억원-\dfrac{(1억원-0.2억원)}{5}\times2]$ 이다.

1. 8,000만원에 처분하는 경우의 현금흐름

처분이익 = 1,200만원, 세금효과 = 1,200×0.4 = 480만원

현금흐름 = DV-(DV-BV)t_c = 8,000-(8,000-6,800)×0.4 = 7,520만원

2. 5,000만원에 처분하는 경우의 현금흐름

처분손실 = 1,800만원, 세금효과 = 1,800×0.4 = 720만원

현금흐름 = DV-(DV-BV)t_c = 5,000-(5,000-6,800)×0.4 = 5,720만원

(4) 추가운전자본(WC₀)

유형자산을 취득해서 제품을 생산하려면 원재료나 부품과 같은 재고자산이 필요하며 제품의 생산과 판매과정에서 매출채권과 매입채무가 발생한다. 따라서 대부분의 투자결정은 유형자산에 대한 투자뿐만 아니라 유동자산이나 유동부채와 같은 운전자본(WC : working capital)에 대한 투자를 필요로 한다.

$$순운전자본 \ = \ 유동자산 \ - \ 유동부채 \qquad\qquad (4.9)$$

신규투자가 가져오는 운전자본의 변화액은 추가적인 투자금액으로 인식하여 순운전자본의 증가는 투자시점의 현금유출로 처리하고 종료시점에 모두 회수되는 것으로 가정하여 현금유입으로 처리한다. 그러나 운전자본의 변화액은 기업의 영업활동주기에 따라 투자와 회수가 반복된다는 점에 유의해야 한다.

> 운전자본 증가 → 유동자산에 투자한 금액 > 유동부채로 조달한 금액 → 현금유출
> 운전자본 감소 → 유동자산에 투자한 금액 < 유동부채로 조달한 금액 → 현금유입

2. 영업기간의 현금흐름

영업현금흐름은 정상적인 영업활동을 수행하는 영업기간에 영업활동을 통해 벌어들이는 현금흐름을 말한다. 영업현금흐름을 추정하려면 손익계산서의 세후순이익에 감가상각비를 가산하고, 설비투자가 완료된 이후 영업기간에 운전자본과 자본적 지출 등의 소요자본이 추가로 발생하면 이를 포함시켜야 한다.

$$\Delta CF_{1 \sim n} \ = \ (\Delta S - \Delta O)(1 - t_c) + \Delta Dt_c - \Delta WC - \Delta CE \qquad\qquad (4.10)$$

(1) 영업현금흐름(CF)

유형자산에 대한 투자로 인해 영업활동으로부터 발생하는 현금흐름이 증가하면 (영업현금흐름×법인세율)만큼 법인세가 증가한다. 따라서 영업현금흐름의 증가액에서 법인세증가액을 차감한 후의 금액만이 기업에 실질적으로 유입되는데, 이를 세후영업현금흐름이라고 한다.

$$\text{세후 영업현금흐름} \ = \ (\varDelta S - \varDelta O - D)(1 - t_c) + D \tag{4.11}$$

매출액을 S, 감가상각비를 제외한 영업비용을 O, 감가상각비를 D라고 하면 세후영업현금흐름은 다음과 같이 세후영업이익의 증분에 감가상각비의 증분을 가산하여 구할 수도 있다. 영업활동에서 발생하는 현금흐름은 투자안 자체의 수익성만을 나타내며 자본조달결정과 무관하게 이루어진다는 점에 유의해야 한다.

$$\text{세후 영업현금흐름} \ = \ \varDelta EBIT(1 - t_c) + \triangle D \ = \ (\varDelta S - \varDelta O)(1 - t_c) + \triangle Dt_c \tag{4.12}$$

(2) 감가상각비 감세효과

법인세가 없으면 감가상각비가 현금흐름에 영향을 미치지 못한다. 그러나 법인세가 있으면 감가상각비는 (감가상각비×법인세율)만큼 납부해야 할 법인세를 감소시키게 되는데, 이를 감가상각비 감세효과(tax-shield effect)라고 한다. 감가상각비 감세효과는 현금유출항목인 법인세를 감소시키므로 현금유입으로 처리한다.

(3) 추가운전자본(WC)

영업기간에 추가운전자본이 필요한 경우에는 현금유출로 처리하고 종료시점에 모두 회수하는 것으로 가정하여 현금유입으로 처리한다. 따라서 영업활동을 수행하는 영업기간에 유동자산과 유동부채가 지속적으로 발생하여 순운전자본이 증가하면 현금유출로 처리하고 순운전자본이 감소하면 현금유입으로 처리한다.

(4) 자본적 지출(CE)

수익적 지출은 고정자산을 취득한 후 그 자산과 관련하여 고정자산의 원상을 회복하거나 능률유지를 위한 지출을 말한다. 반면에 자본적 지출(CE : capital expenditure)은 유형자산의 생산능력이 증대되고 제품의 품질이 향상되며 고정자산의 수명이 연장되는 지출을 말하며 유형자산의 취득원가에 가산한다.

3. 종료시점의 현금흐름

투자가 완료되는 종료시점에는 정상적인 영업활동으로 인한 현금흐름뿐만 아니라 잔존가치와 운전자본의 회수에 따른 현금흐름이 발생한다. 따라서 투자종료시점에 발생하는 추가적 현금흐름은 다음과 같이 구할 수 있다.

$$\Delta CF_n = (\Delta S - \Delta O)(1 - t_c) + \Delta Dt_c + \Delta DV - (\Delta DV - \Delta BV)t_c + \Delta WC_0 \qquad (4.13)$$

(1) 영업현금흐름(CF)

투자가 완료되는 종료시점에도 영업활동을 수행하므로 세후영업현금흐름은 다음과 같이 세후영업이익의 증분에 감가상각비의 증분을 가산하여 구할 수 있다.

$$세후영업현금흐름 = (\Delta S - \Delta O)(1 - t_c) + \Delta Dt_c \qquad (4.14)$$

(2) 잔존가치회수

잔존가치는 투하자본의 회수이므로 과세대상소득이 아니지만 투자안의 내용연수가 종료되면 고정자산을 처분해야 한다. 그런데 유형자산의 처분가액과 잔존가치가 일치하지 않으면 유형자산처분손익이 발생하기 때문에 이에 따른 법인세효과를 현금흐름에 반영해야 한다.

$$
\begin{aligned}
CF &= 신기계\ 처분에\ 따른\ 현금흐름\ -\ 구기계\ 처분에\ 따른\ 현금흐름 \\
&= [DV_n - (DV_n - BV_n)t_c] - [DV_0 - (DV_0 - BV_0)t_c] \\
&= \Delta DV - (\Delta DV - \Delta BV)t_c \qquad (4.15)
\end{aligned}
$$

(3) 운전자본회수(WC)

일반적으로 투자종료시점에는 모든 영업활동이 완료되기 때문에 자본예산에서는 투자시점과 영업기간에 발생한 운전자본은 종료시점에 전액 회수하는 것으로 가정한다. 일반적으로 운전자본은 투자시점에 발생하고 종료시점에 모두 회수되는 것으로 가정하여 현금유입으로 처리한다.

● 예제 4-2 현금흐름의 추정과 투자안의 평가

서강기업은 기존의 기계설비를 새로운 기계설비로 교체할 것을 고려중에 있다. 기존의 기계설비는 3년 전 2,400만원에 취득했으며 구입시 내용년수는 8년, 잔존가치는 없는 것으로 추정하였다. 기존의 기계설비를 처분할 경우 시장에서 1,000만원을 받을 수 있다. 새로운 기계설비로 교체할 경우 구입가격은 2,500만원이고 설치에 500만원의 비용이 소요될 것으로 예상된다. 새로운 기계설비의 내용년수는 5년이고 5년 후 잔존가치는 없지만 투자종료 시점에 처분할 경우 100만원을 받을 수 있다. 기존의 기계설비를 사용하는 경우에 매출액은 1,500만원, 현금지출비용은 700만원이고, 새로운 기계설비를 사용하는 경우 매출액은 1,800만원, 현금지출비용은 600만원이다. 서강기업의 감가상각방법은 정액법, 법인세율은 50%, 자본비용은 10%로 가정하여 다음 물음에 답하시오.

1. 투자안의 기간별 현금흐름을 추정하시오.
2. 순현재가치법으로 투자안을 평가하시오.

풀이

1. 기간별 현금흐름의 추정

(1) 투자시점의 현금흐름

$$\Delta CF_0 = -\Delta I_0 + ITC + DV - (DV - BV)t_c - \Delta WC$$
$$= (-2,500 + 500) + 1,000 - (1,000 - 1,500) \times 0.5 = -1,750만원$$

(2) 영업기간의 현금흐름

$$\Delta CF_{1\sim5} = (\Delta S - \Delta O)(1 - t_c) + \Delta Dt_c - \Delta WC - \Delta CE$$
$$= (300 + 100)(1 - 0.5) + 300 \times 0.5 = 350만원$$

(3) 종료시점의 현금흐름

$$\Delta CF_5 = \Delta DV - (\Delta DV - \Delta BV)t_c + WC$$
$$= 100 - (100 - 0) \times 0.5 = 50만원$$

2. NPV법으로 투자안의 평가

$$NPV = \frac{C_1}{(1+k)^1} + \frac{C_2}{(1+k)^2} + \cdots + \frac{C_n}{(1+k)^n} - C_0$$
$$= \frac{350}{(1.1)^1} + \frac{350}{(1.1)^2} + \frac{350}{(1.1)^3} + \frac{350}{(1.1)^4} + \frac{400}{(1.1)^5} - 1,750 = -392만원$$

투자안의 NPV < 0이므로 서강기업은 새로운 기계설비를 취득하는 대체투자를 포기해야 한다.

제4절 투자안의 분류와 판단기준

1. 투자안의 분류

기업이 직면한 상황에 따라 투자목적이 결정되면 기업은 이러한 투자목적을 달성하기 위해 적절한 투자안을 선택해야 한다. 투자안의 분류는 특정 투자안의 선택이 다른 투자안에 영향을 미치는 투자안 종속성의 선택에 따라 분류할 수 있고 현금흐름의 형태에 따라 투자안을 분류할 수도 있다.

(1) 투자안간의 관계

① 상호독립적 투자

상호독립적 투자(independent investment)는 어떤 투자안의 채택여부가 다른 투자안의 채택여부에 의해 영향을 받지 않는 경우를 말한다. 따라서 복수의 투자안이 존재하면 각각의 투자안을 별개의 투자안으로 보고 평가해야 한다.

② 상호배타적 투자

상호배타적 투자(exclusive investment)는 어떤 투자안이 투자되면 다른 투자안들은 자동적으로 기각되는 경우를 말한다. 따라서 여러 개의 복수투자안 중에서 가장 좋은 투자안 하나만을 선택하는 의사결정이 필요하다.

(2) 현금흐름의 형태

대출형 투자는 투자시점에 현금유출이 발생하고 그 이후에 현금유입이 발생하는 투자안을 말한다. 차입형 투자는 투자시점에 현금유입이 발생하고 그 이후에 현금유출이 발생하는 투자안을 말한다. 그리고 혼합형 투자는 투자기간에 현금유입과 현금유출이 혼합되어 나타나는 투자안을 말한다.

2. 투자안의 경제성분석

투자안으로부터 발생하는 현금흐름을 추정하고 나면 추정된 현금흐름을 바탕으로 해당 투자안에 대한 투자결정이 기업가치를 어느 정도 증가시킬 수 있는지 없는지를 분석하고, 여러 개의 복수투자안이 존재하는 경우에 가장 유리한 투자안을 선택하는 것을 투자안의 경제성분석이라고 한다.

(1) 판단기준

자본예산의 목표는 재무관리의 목표인 기업가치를 극대화할 수 있도록 투자결정을 하는 것이고, 기업가치극대화는 순현재가치(NPV)를 극대화시킴으로써 달성될 수 있다. 따라서 기업가치의 극대화와 일치하는 투자안 평가방법은 순현재가치(NPV)법이며, 다른 평가방법들의 타당성여부를 결정하는데 판단기준을 제공한다.

기업은 기업가치를 극대화하는 투자결정을 하기 위해 여러 가지 경제성분석기법 중에서 순현재가치(NPV)법을 주로 이용하며 다른 방법들을 이용하기도 한다. 기업가치의 극대화와 일치하는 투자안 평가방법이 되기 위해서는 순현재가치(NPV)법이 가지고 있는 다음과 같은 세 가지 조건들을 모두 충족시켜야 한다.

① 투자기간 동안 투자와 관련된 모든 현금흐름이 고려되어야 한다.
② 투자로 발생하는 모든 현금흐름은 자본비용으로 할인되어야 한다.
③ 가치가산의 원리(value additivity principle)가 적용되어야 한다.

(2) 평가방법

투자안의 평가방법은 투자안의 경제성을 분석하여 투자여부를 결정하는데 이용되는 기법을 말한다. 여기에는 회수기간법, 회계적 이익률법 등 화폐의 시간가치를 고려하지 않는 전통적 현금흐름비할인법과 순현재가치법, 내부수익률법, 수익성지수법 등 화폐의 시간가치를 고려하는 현금흐름할인법으로 구분할 수 있다.

┃표 4-2┃ 투자안의 평가방법

현금흐름비할인모형	현금흐름할인모형
회수기간법(현금흐름기준) 회계적이익률법(이익기준)	순현재가치법(현금흐름기준) 내부수익률법(현금흐름기준) 수익성지수법(현금흐름기준)

제5절 투자안의 경제성분석

1. 회수기간법

(1) 의의

회수기간법(payback period method)은 투자안의 현금흐름에서 투자금액을 회수하는데 걸리는 기간인 회수기간으로 투자안을 평가하는 방법을 말한다. 회수기간은 투자에 소요된 자금을 회수하는데 걸리는 기간을 의미하므로 유동성을 강조하고 회수기간이 짧을수록 좋은 투자안이라는 사고를 내포하고 있다.

회수기간법은 정확한 수익성 예측이 중요하지 않거나 여러 개의 복수투자안을 1차로 걸러낼 필요가 있고 투자기간 후반기의 현금흐름이 불확실한 경우에 주로 이용된다. 회수기간은 현금흐름이 연중 균등하게 발생하는 것으로 가정하며 매년 현금유입액이 동일하다면 다음과 같이 연 단위로 구할 수 있다.

$$회수기간 = \frac{투자금액}{현금유입액} \tag{4.16}$$

(2) 의사결정기준

① 상호독립적 투자안

투자안에서 산출된 회수기간이 기업에서 사전에 설정한 목표회수기간보다 짧으면 투자안을 채택하고 반대의 경우에는 투자안을 기각한다.

② 상호배타적 투자안

투자안에서 산출된 회수기간이 기업에서 사전에 설정한 목표회수기간보다 짧은 투자안 중에서 가장 짧은 회수기간을 갖는 투자안을 채택한다.

(3) 유용성

회수기간의 계산이 간단하고 이해하기 쉽다. 회수기간이 짧은 투자안을 채택하면 유동성을 제고할 수 있고, 인플레이션과 자산의 진부화의 위험을 회피할 수 있다. 회수기간은 해당 투자안의 위험도를 나타내는 위험지표의 역할을 수행하여 경영자에게 투자위험에 대한 유용한 정보를 제공할 수 있다.

(4) 문제점

투자금액이 회수되는 시점까지의 현금흐름만 고려하고 회수기간 이후에 발생하는 현금흐름을 고려하지 않아 투자안의 전체적인 수익성을 무시하고 투자안을 평가한다. 또한 회수기간의 현금흐름에 대한 화폐의 시간가치를 고려하지 않고 투자의사결정의 기준이 되는 목표회수기간의 설정이 주관적이다.

(5) 할인회수기간법

할인회수기간법(discounted payback period method)은 미래의 현금흐름을 현재가치로 환산하여 회수기간법을 적용한다. 화폐의 시간가치를 무시하는 회수기간법의 단점을 보완하려고 현금유입액의 현재가치의 누계와 투자금액의 현재가치가 같아지는 할인된 회수기간을 계산하여 투자안을 평가한다.

$$\text{투자금액의 현재가치 } = \text{현금유입액의 현재가치의 누계} \qquad (4.17)$$

할인회수기간법은 투자금액이 회수되는 시점까지의 현금흐름에 대해서는 화폐의 시간가치를 고려하고 있다. 그러나 회수기간 이후에 발생하는 현금흐름은 고려하지 않고, 목표회수기간의 설정이 객관적이지 못하고 주관적이기 때문에 회수기간법의 문제점은 그대로 가지고 있다.

• 예제 4-3 회수기간법과 할인회수기간법

연세기업은 다음과 같은 현금흐름을 갖는 투자안 A와 B를 고려하고 있다. 투자안의 자본비용은 10%이며, 기업이 설정한 목표회수기간은 3년으로 가정하여 다음 물음에 답하시오.

연도	현금흐름	
	투자안 A	투자안 B
0	−5,000	−5,000
1	4,000	2,000
2	1,000	3,000
3	2,500	1,000
4	2,000	2,500

1. 회수기간법에 의해 투자안을 평가하고 문제점을 설명하시오.

2. 두 투자안이 독립적이라면 어떤 투자안을 채택해야 하는가?

3. 할인회수기간법으로 투자안을 평가하고 문제점을 설명하시오.

풀이

1. 두 투자안 모두 회수기간이 2년으로 기업이 설정한 목표회수기간 3년보다 짧기 때문에 어느 투자안을 선택해도 상관없다. 회수기간의 현금흐름만 고려하되 화폐의 시간가치를 무시하고 목표회수기간의 선정이 주관적이라는 문제점을 가지고 있다.

2. 두 투자안의 회수기간이 모두 목표회수기간보다 짧기 때문에 상호독립적인 투자안이라면 두 투자안을 모두 채택해야 한다.

3. 두 투자안의 현금흐름을 현재가치로 환산하면 다음과 같이 나타낼 수 있다.

연도	투자안 A		투자안 B	
	현금흐름	현재가치	현금흐름	현재가치
0	−5,000	−5,000	−5,000	−5,000
1	4,000	3,636	2,000	1,818
2	1,000	826	3,000	2,479
3	2,500	1,878	1,000	751
4	2,000	1,366	2,500	1,708

$$투자안 \ A의 \ 할인회수기간 = 2 + \frac{(5,000 - 3,636 - 826)}{1,878} = 2.29년$$

$$투자안 \ B의 \ 할인회수기간 = 2 + \frac{(5,000 - 1,818 - 2,479)}{751} = 2.94년$$

따라서 할인회수기간법에 의하면 할인회수기간이 짧은 투자안 A가 유리하다. 회수기간 이내의 현금흐름에 대해 화폐의 시간가치를 고려하지만 회수기간 이후의 현금흐름은 무시하며 목표회수기간의 선정이 주관적이라는 문제점은 그대로 가지고 있다.

2. 회계적 이익률법

(1) 의의

회계적 이익률법(ARR : accounting rate of return method)은 투자안으로부터 얻게 될 연평균순이익을 연평균투자액 또는 총투자액으로 나누어 계산한 회계적 이익률로 투자안을 평가하며 평균이익률법이라고도 한다. 정액법으로 감가상각을 하는 경우에 잔존가치가 없으면 연평균투자액은 최초투자액의 1/2이다.[2]

$$ARR = \frac{연평균순이익}{연평균투자액} = \frac{연평균순이익}{총투자액} \tag{4.18}$$

연평균순이익은 투자안의 내용연수 동안의 당기순이익을 모두 합산한 후 내용연수로 나누어 구한다. 따라서 회계적 이익률을 계산할 경우 투자안의 내용연수 동안의 순이익의 평균인 연평균순이익을 이용해야 한다는 점에 주의해야 하고 다음과 같은 이익과 현금흐름간의 관계를 숙지해야 한다.

$$연평균순이익 = 연평균현금흐름 - 연평균감가상각비 \tag{4.19}$$

연평균감가상각비는 감가상각방법에 관계없이 [(취득원가－잔존가치)/내용연수]로 계산하며 정액법에 의한 감가상각비와 일치한다. 그리고 연평균투자액은 내용연수 동안의 연평균장부가액을 의미한다. 따라서 투자안의 각 시점별 장부가액은 투자금액에서 감가상각누계액을 차감하여 산출한다.

---

2) 연평균투자액은 정액법을 가정할 경우에 [(투자원금+잔존가치)/2]를 이용하여 구할 수도 있다.

(2) 의사결정기준

① 상호독립적 투자안

투자안에서 산출된 회계적 이익률이 기업에서 사전에 설정한 목표회계적 이익률보다 크면 투자안을 채택하고 반대의 경우에는 투자안을 기각한다.

② 상호배타적 투자안

투자안에서 산출된 회계적 이익률이 기업에서 사전에 설정한 목표회계적 이익률보다 큰 투자안 중에서 회계적 이익률이 가장 큰 투자안을 채택한다.

(3) 유용성

회계적 이익률법은 계산이 간단하여 이해가 쉽고, 회수기간법과 달리 내용연수 동안의 수익성을 고려한다. 순이익을 이용하여 회계장부상의 자료를 그대로 사용할 수 있다. 회계적 이익률은 투자수익률(ROI)을 의미하여 회계적 이익률을 기준으로 투자의사결정을 하면 투자중심점의 성과평가와 일관성을 갖게 된다.

(4) 문제점

회계적 이익률법은 화폐의 시간가치를 고려하지 않고, 현금흐름이 아닌 장부상의 회계적 이익에 근거하고 있다. 투자의사결정의 기준이 되는 목표회계적 이익률의 선정이 주관적이어 평가결과가 객관적이지 않다. 또한 유형자산의 감각상각방법에 따라 매년의 회계적 이익률이 달라질 수 있다는 문제점을 갖고 있다.

예제 4-4 회계적 이익률법

고려기업은 다음과 같은 현금흐름을 갖는 투자안 A와 B를 고려하고 있다. 두 투자안은 내용년수 3년 동안 정액법으로 완전상각되며 기업이 설정한 목표회계적 이익률은 20%로 가정하여 물음에 답하시오.

연도	현금흐름	
	투자안 A	투자안 B
0	−6,000	−6,000
1	2,000	3,000
2	3,000	4,000
3	4,000	2,000

1. 회계적 이익률법으로 투자안을 평가하고 문제점을 설명하시오.

2. 두 투자안이 상호독립적이라면 어떤 투자안을 채택해야 하는가?

풀이

1. 두 투자안의 순이익을 구하면 다음과 같이 제시할 수 있다.

연도	투자안 A		투자안 B	
	현금흐름	순이익*	현금흐름	순이익
0	−6,000	−	−6,000	−
1	2,000	0	3,000	1,000
2	3,000	1,000	4,000	2,000
3	4,000	2,000	2,000	0

* 현금흐름 = 당기순이익+감가상각비 → 당기순이익 = 현금흐름−감가상각비

각 투자안의 회계적 이익률을 구하면 다음과 같다.

$$ARR_A = \frac{연평균순이익}{연평균투자액} = \frac{(0+1,000+2,000)/3}{(6,000+4,000+2,000+0)/4} = 33.33\%$$

$$ARR_B = \frac{연평균순이익}{연평균투자액} = \frac{(1,000+2,000+0)/3}{(6,000+4,000+2,000+0)/4} = 33.33\%$$

두 투자안 모두 회계적 이익률이 33.33%로 기업이 설정한 목표회계적 이익률보다 높기 때문에 어느 투자안을 선택해도 상관없다. 현금흐름이 아닌 회계적 이익에 근거하며 화폐의 시간가치를 무시하고 목표회계적이익률의 선정이 주관적이라는 문제점을 가지고 있다.

2. 두 투자안의 회계적 이익률이 모두 목표회계석 이익률보다 짧기 때문에 독립적인 투자안이라면 두 투자안을 모두 채택해야 한다.

3. 순현재가치법

(1) 의의

순현재가치법(NPV : net present value method)은 투자안에서 발생하는 현금유입액의 현재가치에서 현금유출액의 현재가치(또는 투자원금)를 차감한 순현재가치(NPV)를 이용하여 투자안을 평가한다. 순현재가치는 기업가치의 증가분을 의미하여 순현재가치가 클수록 좋은 투자안이라는 기본사고를 내포하고 있다.

순재현가치의 계산시 최초투자가 이루어지는 시점이 투자시점이 되며 자본비용을 할인율로 사용한다. 식(4.20)에서 투자금액 C_0는 경제학에서의 한계비용(MC)에 해당하고, 현금유입의 현가는 한계수익(MR)에 해당한다. 따라서 순현재가치는 경제학적 의미로 해석하면 한계비용을 초과하는 한계수익이라고 할 수 있다.

$$NPV = \left[\frac{C_1}{(1+k)^1} + \frac{C_2}{(1+k)^2} + \cdots + \frac{C_n}{(1+k)^n} \right] - C_0 \qquad (4.20)$$

(2) 의사결정기준

① 상호독립적 투자안

NPV>0인 경우에는 투자안을 채택하고 NPV<0인 경우에는 투자안을 기각한다.

② 상호배타적 투자안

NPV>0인 투자안들 중에서 NPV가 가장 큰 투자안을 선택한다.

(3) 유용성

순현재가치법은 투자안의 내용연수 동안의 모든 현금흐름을 고려하고 있다. 또한 주관적 요인을 배제하고 기대현금흐름과 자본비용만을 이용하여 투자안을 평가하기 때문에 평가결과가 객관적이다. 그리고 투자안에서 발생하는 현금흐름을 적절한 자본비용으로 할인하기 때문에 화폐의 시간가치를 반영하고 있다.

기업가치의 증가분을 의미하는 순현재가치가 극대화되도록 투자하면 기업가치를 극대화할 수 있다. NPV는 투자안의 절대가치(금액)를 나타내므로 가치가산의 원리

(value additivity principle)가 적용된다. 따라서 여러 개의 투자안을 결합한 결합투자안의 순현가는 개별투자안의 순현가를 단순합계한 것과 일치한다.

$$NPV(A \pm B) = NPV(A) \pm NPV(B)$$

(4) 문제점

순현재가치법은 투자안에서 발생하는 현금흐름을 자본비용으로 할인하여 계산하는 데 적절한 자본비용을 결정하기가 어렵다. 순현재가치(NPV)는 절대치로 나타나기 때문에 투자규모가 다른 여러 개의 복수투자안이 있을 경우에 각 투자안의 상대적 수익성을 비교하기가 어렵다는 단점도 가지고 있다.

→● 예제 4-5 순현재가치법

한양기업은 다음과 같은 현금흐름을 갖는 투자안 A와 B를 고려하고 있다. 투자안의 자본비용은 10%로 가정하여 다음 물음에 답하시오.

연도	현금흐름	
	투자안 A	투자안 B
0	−3,000	−4,000
1	1,000	5,000
2	5,000	4,000

1. 각 투자안의 순현재가치를 구하고 투자안을 평가하시오.

2. 두 투자안이 상호독립적이라면 어떤 투자안을 채택해야 하는가?

3. 두 투자안의 합으로 이루어진 투자안 C의 순현가를 구하고 의미를 설명하시오.

풀이

1. $NPV_A = \dfrac{1,000}{(1.1)^1} + \dfrac{5,000}{(1.1)^2} - 3,000 = 2,041$만원

$NPV_B = \dfrac{5,000}{(1.1)^1} + \dfrac{4,000}{(1.1)^2} - 4,000 = 3,851$만원

$NPV_A < NPV_B$이므로 투자안 B를 선택해야 한다.

2. 두 투자안 모두 NPV > 0이므로 독립적 투자안이라면 두 투자안을 모두 채택해야 한다.

3. 두 투자안에 결합투자할 경우 결합투자안의 현금흐름을 구하면 다음과 같다.

연도	투자안 A	투자안 B	결합투자안
0	−3,000	−4,000	−7,000
1	1,000	5,000	6,000
2	5,000	4,000	9,000

따라서 자본비용이 10%일 경우 결합투자안의 순현재가치는 다음과 같다.

$$NPV(A+B) = \frac{6,000}{(1.1)^1} + \frac{9,000}{(1.1)^2} - 7,000 = 5,892만원$$

결합투자안의 순현가 5,892만원은 두 투자안의 순현가를 단순합계한 것과 같다.

$$NPV(A+B) = 2,041 + 3,851 = 5,892만원$$

4. 내부수익률법

(1) 의의

내부수익률법(IRR : internal rate of return method)은 투자안에서 발생하는 현금유입액의 현재가치와 현금유출액의 현재가치(투자원금)를 일치시키는 할인율인 내부수익률(IRR)을 이용하여 투자안을 평가하는 방법을 말한다. 이를 수식으로 표현하면 식(4.21)을 만족시켜 주는 IRR을 말한다.

$$NPV = \left[\frac{C_1}{(1+IRR)^1} + \frac{C_2}{(1+IRR)^2} + \cdots + \frac{C_n}{(1+IRR)^n} \right] - C_0 = 0 \qquad (4.21)$$

$$= \sum_{t=1}^{n} \frac{C_t}{(1+IRR)^t} - C_0 = 0$$

식(4.21)에서 현금유입액의 현재가치가 현금유출액의 현재가치와 같으면 순현재가치(NPV)는 0이 되고 수익성지수(PI)는 1이 된다. 따라서 IRR은 투자안의 순현재가치가 0이 되도록 하는 할인율 또는 수익성지수가 1이 되도록 하는 할인율에 해당하며 해당 투자안의 투자수익률을 의미한다.

(2) 의사결정기준

내부수익률(IRR)은 투자기간 동안 발생하는 현금유입액을 투자종료시점까지 IRR로 재투자한다고 가정했을 경우 얻게 될 연평균수익률이다. 따라서 내부수익률법의 의사결정기준은 내부수익률(IRR)과 자본비용(K)을 비교하여 경제성을 평가한다.

① 상호독립적 투자안

IRR>k인 경우에는 투자안을 채택하고 IRR<k인 경우에는 투자안을 기각한다.

② 상호배타적 투자안

IRR>k인 투자안들 중에서 내부수익률(IRR)이 가장 높은 투자안을 채택한다.

(3) 유용성

내부수익률법은 투자안에서 발생하는 모든 현금흐름을 고려하고, 현금흐름의 발생시점을 반영하여 화폐의 시간가치를 고려한다.

(4) 문제점

내부수익률은 시행착오법으로 구하는데 내용연수가 3년 이상인 투자안의 경우에 계산과정이 복잡하고, 내부수익률의 계산에는 가치가산의 원리가 성립하지 않는다.

내부수익률법은 투자로 발생한 현금유입액이 투자기간동안 내부수익률로 재투자된다고 가정하는데, 내부수익률로 재투자된다는 가정은 너무 낙관적이다.

현금흐름의 양상에 따라 복수의 내부수익률이 존재하거나 내부수익률이 존재하지 않는 경우에 투자안을 평가하기가 어렵다. 그리고 투자규모를 고려하지 않아 상호배타적 투자안들 중에서 하나를 선택할 경우 잘못된 의사결정을 할 수 있다. 또한 자본비용이 변하는 경우에 적용하기 어렵다는 문제점도 가지고 있다.

(5) IRR의 의미

내부수익률(IRR)은 외부적 요인인 자본비용과는 관계없이 오로지 투자안 자체의 내부적 특성인 투자안에서 발생하는 현금흐름에 의해서만 측정되는 값을 말한다. 따라서 외부적 요인에 관계없이 내부적 요인에 의해서만 결정되기 때문에 내부수익률이라고 한다. 이를 구체적으로 살펴보면 다음과 같다.

① 투자안의 내용연수가 1년인 경우

$$\frac{C_1}{(1+IRR)^1} - C_0 = 0 \rightarrow IRR = \frac{C_1 - C_0}{C_0} = \frac{C_1}{C_0} - 1 \qquad (4.22)$$

예컨대 어떤 투자대상에 현재 500만원(C_0)을 투자하여 1년 후에 1,000만원(C_1)의 현금유입이 있었다면 100%의 (연평균)투자수익률을 얻었다고 할 수 있다.

② 투자안의 내용연수가 n년인 경우

식(4.21)의 양변에 $(1+IRR)^n$을 곱하여 정리하면 다음과 같이 제시할 수 있다.

$$C_1(1+IRR)^{n-1} + \cdots + C_{n-1}(1+IRR)^1 + C_n = C_0(1+IRR)^n \qquad (4.23)$$

식(4.23)은 투자안에서 발생하는 현금흐름을 투자안 자체의 수익률인 IRR로 재투자할 경우에 n년 후 투자안의 가치가 $C_0(1+IRR)^n$이 된다는 것을 나타낸다. 따라서 투자안에서 발생하는 현금흐름을 계속해서 IRR로 재투자할 경우에 최초투자금액 (C_0)에 대한 연평균투자수익률이 IRR이 된다는 것을 알 수 있다.

(6) IRR의 특징

1) 타당성의 여부

내부수익률(IRR)을 계산할 경우에는 자본비용이 필요없다. 그러나 내부수익률법을 이용하여 투자안을 평가할 경우에는 자본비용이 필요하다. 또한 내부수익률은 외부적 요인인 자본비용과는 무관하며 투자규모를 표준화시킨 비율의 개념에 해당하기 때문에 가치가산의 원리가 적용되지 않는다.

$$IRR(A \pm B) \neq IRR(A) \pm IRR(B)$$

2) 이자율의 변동

투자안의 내용연수 동안 시장이자율이 변화하여 자본비용이 기간에 따라 달라질 경우에 연평균투자수익률을 나타내는 내부수익률을 여러 개의 자본비용 중에서 어느 것과 비교할 것인가 하는 문제가 발생한다. 이러한 IRR법의 단점은 NPV법에 의해 투자안을 평가할 경우에 해소될 수 있다.

(7) IRR의 계산

일반적으로 내부수익률은 부록에 제시된 현가표를 이용하여 시행착오방법(trial & error method)으로 산출하며, 이 과정에서 보간법을 이용하게 되므로 계산과정이 매우 복잡하다. 그러나 IRR의 계산은 재무용계산기를 이용하면 쉽게 구할 수 있어 계산상의 복잡성은 문제가 되지 않고 있다.

• 예제 4-6　내부수익률법

건국기업은 다음과 같은 현금흐름을 갖는 투자안 A와 B를 고려하고 있다. 투자안의 자본비용은 10%로 가정하여 다음 물음에 답하시오.

연도	현금흐름	
	투자안 A	투자안 B
0	−800	−600
1	350	400
2	350	250
3	350	250
4	350	250

1. 각 투자안의 내부수익률을 구하고 투자안을 평가하시오.

2. 두 투자안이 상호독립적이라면 어떤 투자안을 채택해야 하는가?

풀이

　1. 투자안의 IRR은 다음의 식을 만족시키는 IRR을 계산함으로써 구할 수 있다.

$$NPV_A = \frac{350}{(1+IRR)^1} + \frac{350}{(1+IRR)^2} + \frac{350}{(1+IRR)^3} + \frac{350}{(1+IRR)^4} - 800 = 0$$

$$NPV_B = \frac{400}{(1+IRR)^1} + \frac{250}{(1+IRR)^2} + \frac{250}{(1+IRR)^3} + \frac{250}{(1+IRR)^4} - 600 = 0$$

위의 식에 임의의 할인율을 대입하여 보간법으로 내부수익률을 구하면 다음과 같다.

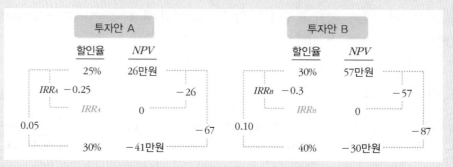

(1) 투자안 A의 내부수익률

$$(IRR_A - 0.25) : 0.05 = -26 : -67 \rightarrow IRR_A = 0.25 + \frac{26}{67} \times 0.05 = 26.94\%$$

(2) 투자안 B의 내부수익률

$$(IRR_B - 0.3) : 0.10 = -57 : -87 \rightarrow IRR_A = 0.3 + \frac{57}{87} \times 0.10 = 36.55\%$$

$IRR_B > IRR_A$이므로 투자안 B를 선택해야 한다.

2. 두 투자안의 IRR이 모두 자본비용 10%보다 크므로 독립적 투자안이라면 두 투자안을 모두 채택해야 한다.

5. 수익성지수법

(1) 의의

수익성지수법(PI : profitability index method)은 투자안에서 발생하되는 현금유입액의 현재가치를 현금유출액의 현재가치(투자금액)로 나눈 비율인 수익성지수로 투자안을 평가하는 방법을 말한다. 수익성지수를 계산할 때 순현재가치와 마찬가지로 자본비용을 할인율로 사용한다.

$$PI = \frac{현금유입액의\ 현가}{현금유출액의\ 현가} \tag{4.24}$$

수익성지수는 투자금액 1원에 대한 현금유입액의 현재가치를 나타내므로 기업의 투자자금이 제한되어 있다면 수익성지수가 큰 투자안을 선택하는 것이 유리하다. 여기서 제약요인은 자금이며 수익성지수는 제약요인단위당 공헌이익과 유사한 개념이므로 제한된 자금의 우선 투자순위를 결정하는데 많이 사용된다.

(2) 의사결정기준

① 상호독립적 투자안

PI>1인 경우에는 투자안을 채택하고 PI<1인 경우에는 투자안을 기각한다.

② 상호배타적 투자안

PI>1인 투자안들 중에서 수익성지수(PI)가 가장 높은 투자안을 채택한다.

(3) PI의 특징

순현재가치(NPV)는 투자안의 경제적 공헌을 금액으로 나타내는 반면에, 수익성지수(PI)는 투자규모를 투자금액 1원으로 표준화시킨 비율의 개념이므로 투자금액의 단위당 효율성을 나타내는 지표이다. 그리고 내부수익률(IRR)법과 마찬가지로 비율의 개념이므로 가치가산의 원리가 적용되지 않는다.

$$PI(A \pm B) \neq PI(A) \pm PI(B)$$

• 예제 4-7 수익성지수법

국민기업은 다음과 같은 현금흐름을 갖는 투자안 A와 B를 고려하고 있다. 투자안의 자본비용은 10%로 가정하여 다음 물음에 답하시오.

연도	현금흐름	
	투자안 A	투자안 B
0	−3,000	−4,000
1	1,000	5,000
2	5,000	4,000

1. 각 투자안의 수익성지수를 구하고 투자안을 평가하시오.

2. 두 투자안이 상호독립적이라면 어떤 투자안을 채택해야 하는가?

풀이

1. $PI_A = \dfrac{\dfrac{1,000}{(1.1)^1} + \dfrac{5,000}{(1.1)^2}}{3,000} = 1.68$

$PI_B = \dfrac{\dfrac{5,000}{(1.1)^1} + \dfrac{4,000}{(1.1)^2}}{4,000} = 1.96$

$PI_A < PI_B$이므로 투자안 B를 선택해야 한다.

2. 두 투자안 모두 수익성지수(PI) 〉 1이므로 독립적 투자안이라면 두 투자안을 모두 채택해야 한다.

제6절   NPV법과 IRR법의 비교

투자안의 경제성분석에서 순현재가치법과 내부수익률법은 투자기간의 모든 현금흐름과 화폐의 시간가치를 고려하여 가장 많이 이용되는 분석방법들이다. 그러나 내부수익률법에 의한 평가결과는 재무관리의 목표인 기업가치의 극대화를 달성하지 못하는 경우도 있기 때문에 순현재가치법이 더 우수한 평가방법이다.

1. 평가결과가 일치하는 경우

(1) 의의

단일투자안이나 독립적 투자안을 평가할 경우 현금흐름의 유형에 관계없이 NPV법과 IRR법에 의한 평가결과는 항상 일치한다. 즉 순현재가치법에 의해 채택되는 투자안은 내부수익률법으로 평가해도 채택되고, 순현재가치법에 의해 기각되는 투자안은 내부수익률법으로 평가해도 기각된다.

(2) 평가결과의 비교

투자안은 현금흐름의 형태에 따라 대출형 투자안, 차입형 투자안, 혼합형 투자안으로 분류된다. NPV법의 의사결정기준은 투자안의 현금흐름의 형태에 관계없이 동일한 반면에 IRR법의 평가기준은 현금흐름의 형태에 따라 달라지기 때문에 투자안의 현금흐름의 형태별로 구분하여 살펴보아야 한다.

1) 대출형 투자안

대출형 투자안은 최초의 현금흐름이 −이고 그 이후의 모든 현금흐름이 +인 현금흐름의 유형을 말하며 NPV는 다음과 같이 구할 수 있다.

투자안	C_0	C_1	IRR	NPV(k=10%)
A	−1,000	1,500	50%	364

$$NPV = \sum_{t=1}^{n} \frac{C_t}{(1+k)^t} - C_0 \tag{4.25}$$

식(4.25)에서 자본비용(k)이 증가하면 현금유입의 현재가치가 감소하여 투자안의 NPV도 감소한다. 자본비용을 횡축으로 하고 NPV를 종축으로 하는 [그림 4−1]에서 다음의 관계가 성립하므로 NPV법과 IRR법에 의한 투자안의 채택 또는 기각에 대한 평가결과는 항상 일치한다.

> IRR>k이면 NPV>0 → 투자안 채택
> IRR<k이면 NPV<0 → 투자안 기각

┃그림 4-1┃ 대출형 투자안의 NPV

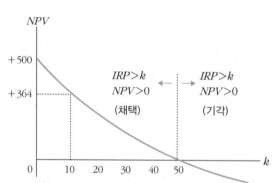

2) 차입형 투자안

차입형 투자안은 최초의 현금흐름이 +이고 그 이후의 모든 현금흐름이 -인 현금흐름의 유형을 말하며 NPV는 다음과 같이 구할 수 있다.

투자안	C_0	C_i	IRR	NPV(k=10%)
B	1,000	−1,500	50%	−364

$$NPV = C_0 - \sum_{t=1}^{n} \frac{C_t}{(1+k)^t} \tag{4.26}$$

식(4.26)에서 자본비용(k)이 증가하면 현금유출의 현재가치가 감소하여 투자안의 NPV는 증가한다. 자본비용을 횡축으로 하고 NPV를 종축으로 하는 [그림 4-2]에서 다음의 관계가 성립하므로 NPV법과 IRR법에 의한 투자안의 채택 또는 기각에 대한 평가결과는 항상 일치한다.

IRR>k이면 NPV<0 → 투자안 기각
IRR<k이면 NPV>0 → 투자안 채택

| 그림 4-2 | 차입형 투자안의 NPV

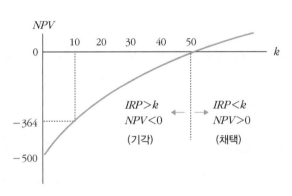

차입형 투자안에서 내부수익률(IRR)은 투자수익률의 개념이 아니라 현재시점의 차입금액에 대해 부담해야 하는 연평균 차입이자율의 의미로 해석해야 한다. 따라서 차입형 투자안은 IRR이 자본비용보다 작을 경우에 투자안을 채택하고, IRR이 자본비용보다 클 경우에 투자안을 기각해야 한다.

3) 혼합형 투자안

대출형과 차입형이 혼합되어 있는 혼합형 투자안은 [그림 4-3]에서 보는 바와 같이 복수의 IRR이 존재하거나 IRR이 존재하지 않을 수 있다. 이때의 IRR은 아무런 경제적 의미가 없기 때문에 혼합형 투자안을 IRR법으로 평가하기 위해서는 진정한 IRR을 구하여 투자안을 평가해야 한다.

| 그림 4-3 | 혼합형 투자안의 NPV

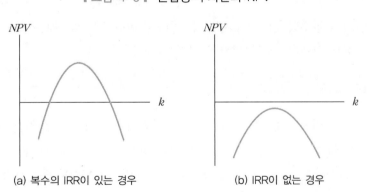

(a) 복수의 IRR이 있는 경우   (b) IRR이 없는 경우

2. 평가결과가 상반되는 이유

둘 이상의 상호배타적 투자안을 평가할 경우에는 여러 투자안 중에서 가장 유리한 투자안 하나를 선택해야 한다. 투자금액, 투자기간, 현금흐름의 양상이 서로 다른 상호배타적 평가안을 평가할 경우에 NPV법과 IRR법에 의한 평가결과는 일치하지 않고 상반된 평가결과가 나타날 수 있다.

(1) 투자금액이 다른 경우

투자안 A와 B가 상호배타적이고 투자안의 자본비용이 10%라고 가정하자. NPV법에서는 투자금액이 큰 투자안 B가 채택되고, IRR법에서는 투자금액이 작은 투자안 A가 채택되어 평가결과가 일치하지 않는다.

투자안	C_0	C_1	IRR	NPV(k=10%)
A	−1,000원	1,500원	50%	364원
B	−10,000원	12,000원	20%	909원

1) 평가결과의 상반이유

상호배타적 투자안에서 NPV법과 IRR법의 평가결과가 다른 것은 투자금액의 차이에 대한 재투자수익률의 가정 때문이다. 투자금액이 다르다고 NPV법과 IRR법의 평가결과가 상반되는 것은 아니며, 자본비용의 수준에 따라서 달라진다. 투자금액이 큰 투자안 B의 NPV는 자본비용의 변화에 더 민감하게 반응한다.

NPV법에서는 투자금액이 작은 투자안 A에 투자하고 남은 유휴자금 9,000원을 자본비용으로 재투자할 수 있다고 가정한다. 반면에 IRR법에서는 투자금액의 차이 9,000원을 해당 투자안의 내부수익률로 재투자할 수 있다는 비현실적인 가정을 하고 있으므로 투자금액의 차이를 합리적으로 고려하지 못하고 있다.

2) 자본비용과 피셔의 수익률

NPV법과 IRR법에 의한 평가결과가 항상 상반되게 나타나는 것은 아니고 자본비용이 피셔의 수익률보다 작을 경우에만 두 방법의 평가결과가 일치하지 않는다. 두 투자안의 NPV선이 교차하는 점이 존재하는데 이때 두 투자안의 NPV를 일치시켜 주는 할인율을 피셔의 수익률(r_F)이라고 한다.

┃그림 4-4┃ 투자금액이 다른 경우의 NPV와 IRR

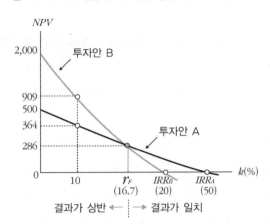

NPV법은 피셔의 수익률<자본비용이면 투자안 A를 선택하고, 피셔의 수익률>자본비용이면 투자안 B를 선택한다. IRR법은 자본비용에 관계없이 투자안 A를 선택한다. 따라서 피셔의 수익률<자본비용이면 NPV법과 IRR법의 평가결과가 일치하고, 피셔의 수익률>자본비용이면 NPV법과 IRR법의 평가결과가 일치하지 않는다.

(2) 투자기간이 다른 경우

투자안 A와 B가 상호배타적이고 투자안의 자본비용이 10%라고 가정하자. 투자금액이 동일하더라도 투자기간이 현저하게 다른 상호배타적 투자안의 경우 NPV법에서는 투자기간이 긴 투자안 B가 채택되고, IRR법에서는 투자기간이 짧은 투자안 A가 채택되어 평가결과가 일치하지 않는다.

투자안	C_0	C_1	C_2	C_3	C_4	IRR	NPV(k=10%)
A	−1,000원	1,250원	0	0	0	25%	136원
B	−1,000원	0	0	0	2,000	19%	366원

1) 평가결과의 상반이유

상호배타적 투자안에서 NPV법과 IRR법의 평가결과가 다른 것은 투자기간의 차이에 대한 재투자수익률의 가정 때문이다. 투자기간이 다른 경우에 투자기간이 장기인 투자안 B의 NPV가 자본비용의 변화에 더 민감하게 반응하며, 자본비용이 피셔의 수익률보다 작을 경우에만 NPV법과 IRR법의 평가결과가 상반된다.

NPV법에서는 투자기간이 단기인 투자안 A에 투자할 경우 1년 후에 회수되는 금액을 투자안 B와의 차이인 3년 동안 자본비용으로 재투자할 수 있다고 가정한다. 반면에 IRR법에서는 투자안 A로부터 1년 후에 회수되는 금액을 투자기간의 차이인 3년 동안 해당 투자안의 내부수익률로 재투자할 수 있다고 가정한다.

2) 자본비용과 피셔의 수익률

NPV법과 IRR법에 의한 평가결과가 항상 상반되게 나타나는 것은 아니다. 두 투자안의 NPV를 일치시켜 주는 할인율인 피셔의 수익률(r_F)<자본비용인 경우에는 NPV법과 IRR법에 의한 평가결과가 일치하는 반면에, 피셔의 수익률>자본비용인 경우에는 NPV법과 IRR법에 의한 평가결과가 일치하지 않는다.

▮그림 4-5▮ 투자기간이 다른 경우의 NPV와 IRR

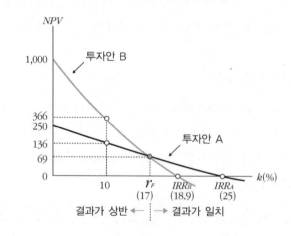

NPV법은 피셔의 수익률<자본비용이면 투자안 A를 선택하고, 피셔의 수익률>자본비용이면 투자안 B를 선택한다. IRR법은 자본비용에 관계없이 투자안 A를 선택한다. 따라서 피셔의 수익률<자본비용이면 NPV법과 IRR법의 평가결과가 일치하고, 피셔의 수익률>자본비용이면 NPV법과 IRR법의 평가결과가 일치하지 않는다.

(3) 현금흐름이 다른 경우

투자안 A와 B가 상호배타적이고 투자안의 자본비용이 10%라고 가정하자. 투자금액과 투자기간이 동일해도 현금흐름이 현저하게 다른 상호배타적 투자안의 경우 NPV법에서는 투자말기에 현금흐름이 많은 투자안 B가 선택되고 IRR법에서는 투자초기에 현금흐름이 많은 투자안 A가 선택되어 평가결과가 일치하지 않는다.

투자안	C_0	C_1	C_2	C_3	IRR	NPV(k=10%)
A	−1,200원	1,000원	500원	100원	22.8%	234원
B	−1,200원	100원	600원	1,100원	17.4%	280원

1) 평가결과의 상반이유

NPV법과 IRR법의 평가결과가 다른 것은 투자기간에 발생하는 현금흐름에 대한 재투자수익률의 가정 때문이다. 현금흐름이 다른 경우에 투자말기에 현금유입이 많은 투자안 B의 NPV가 자본비용의 변화에 더 민감하게 반응하며, 자본비용이 피셔의 수익률보다 작을 경우에만 NPV법과 IRR법의 평가결과가 상반된다.

NPV법은 투자기간에 발생하는 현금유입에 대한 재투자수익률을 자본비용이라고가정하고, IRR법은 투자기간에 발생하는 현금유입에 대한 재투자수익률을 그 투자안의 내부수익률이라고 가정한다. 그러나 투자의 한계수익률은 체감하여 IRR법은 너무 낙관적인 입장이므로 NPV법의 가정이 합리적이라고 할 수 있다.

2) 자본비용과 피셔의 수익률

NPV법과 IRR법에 의한 평가결과가 항상 상반되게 나타나는 것은 아니다. 두 투자안의 NPV를 일치시켜 주는 할인율인 피셔의 수익률(r_F)<자본비용인 경우에는 NPV법과 IRR법에 의한 평가결과가 일치하는 반면에, 피셔의 수익률>자본비용인 경우에는 NPV법과 IRR법에 의한 평가결과가 일치하지 않는다.

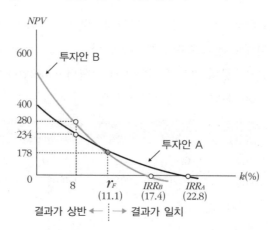

┃그림 4-6┃ 현금흐름이 다른 경우의 NPV와 IRR

NPV법은 피셔의 수익률<자본비용이면 투자안 A를 선택하고, 피셔의 수익률>자본비용이면 투자안 B를 선택한다. IRR법은 자본비용에 관계없이 투자안 A를 선택한다. 따라서 피셔의 수익률<자본비용이면 NPV법과 IRR법의 평가결과가 일치하고, 피셔의 수익률>자본비용이면 NPV법과 IRR법의 평가결과가 일치하지 않는다.

3. 상반된 평가의 해결방법

증분NPV와 증분IRR은 두 투자안의 기간별 현금흐름의 차이(증분현금흐름)을 이용하여 산출한 NPV와 IRR을 말한다. NPV법과 IRR법에 의한 평가결과가 일치하지 않은 경우 증분현금흐름을 이용하여 투자안을 평가하는 증분NPV법과 증분IRR법을 사용하면 NPV법과 동일한 결론을 얻을 수 있게 된다.

예컨대 NPV법과 IRR법에 의한 평가결과가 상반되게 나타나는 경우 투자안 B의 현금흐름에서 투자안 A의 현금흐름을 차감한 증분현금흐름을 이용하여 투자안을 평가하는 증분NPV와 증분IRR을 산출하면 다음과 같다.

투자안	C_0	C_1	C_2	C_3
B	−1,200원	100원	600원	1,100원
A	−1,200원	1,000원	500원	100원
B−A	0	−900원	100원	1,000원

$$NPV = -\frac{900}{(1.08)^1} + \frac{100}{(1.08)^2} + \frac{1,000}{(1.08)^3} = 46.23$$

$$-\frac{900}{(1+IRR)^1} + \frac{100}{(1+IRR)^2} + \frac{1,000}{(1+IRR)^3} = 0 \rightarrow IRR = 0.111$$

(1) 증분NPV법

NPV법은 가치가산의 원리가 적용되어 다음의 관계가 성립한다. 따라서 증분NPV가 0보다 크면 투자안 B의 NPV가 더 크다는 뜻이므로 투자안 B를 선택하고, 증분 NPV가 0보다 작으면 투자안 A의 NPV가 더 크다는 뜻이므로 투자안 A를 선택한다. 위의 경우 증분NPV가 0보다 크므로 투자안 B를 선택한다.

$$증분NPV = NPV(B-A) = NPV(B) - NPV(A) = 280 - 234 = 46$$

(2) 증분IRR법

증분IRR은 증분NPV가 0이 되도록 하는 할인율을 말한다. 두 투자안의 NPV가 일치하면 증분NPV는 0이 되기 때문에 증분 IRR은 두 투자안의 NPV를 일치시켜 주는 피셔의 수익률과 항상 일치하게 된다. 따라서 증분IRR이 자본비용보다 크면 투자안 B를 선택하고, 자본비용보다 작으면 투자안 A를 선택한다.

$$증분IRR(11.1\%) > 자본비용(8\%)$$

위의 경우에 증분IRR(11.1%)이 자본비용(8%)보다 크기 때문에 투자안 B를 선택하는데, 이는 증분NPV법에 의한 평가결과와 동일하다. 따라서 증분 NPV법과 증분 IRR법을 이용하여 투자안을 평가하는 경우에도 투자안 B를 선택하므로 평가결과는 항상 일치하고, 이는 NPV법의 평가결과와도 일치한다.

4. NPV법의 우월성

각 투자안의 투자금액, 투자기간, 현금흐름의 양상이 서로 다른 상호배타적인 투자안을 평가할 경우에 NPV법과 IRR법의 평가결과가 일치하지 않고 상반되게 나타나면 NPV법의 결과를 적용하는 것이 합리적이다. 다음과 같은 이유 때문에 NPV법이 IRR법보다 우월한 방법이기 때문이다.

첫째, 기업가치의 순증가분을 나타내는 순현재가치는 투자안이 기업가치에 공헌하는 정도를 나타내기 때문에 NPV법은 기업가치극대화 목표에 부합한다. 반면에 내부수익률은 특정 투자안의 수익률을 나타내는 값이기 때문에 내부수익률을 극대화한다고 해서 기업가치가 극대화되지 않는다.

둘째, 투자기간 동안 발생하는 현금유입을 순현재가치법의 자본비용으로 재투자한다는 가정이 현실적으로 타당하다. 반면에 내부수익률법은 특정 투자안의 수익률로 재투자한다는 가정을 하지만 미래에도 현재와 같이 양호한 수익률을 제공하는 투자안이 계속해서 존재하기 어렵기 때문이다.

셋째, 순현재가치의 계산에서는 가치가산의 원리가 성립한다. 반면에 내부수익률의 계산에서는 가치가산의 원리가 성립하지 않는다. 또한 NPV법의 의사결정기준은 현금흐름의 형태에 관계없이 일정하지만, 내부수익률법에서는 현금흐름의 형태에 따라 복수의 내부수익률이 존재하거나 내부수익률이 존재하지 않을 수도 있다.

넷째, 투자기간 동안 자본비용이 변하는 경우에 내부수익률법에서는 어느 것을 내부수익률과 비교해야 하느냐 하는 문제가 발생할 수 있다. 순현재가치법에서는 할인율만 달리 적용하면 되기 때문에 적용이 그다지 어렵지 않다. 그러나 할인율로 사용되는 자본비용이 정확히 추정되어야 유용성이 높다.

제7절 **NPV법과 PI법의 비교**

앞에서는 각 투자안들의 투자금액의 차이, 투자수명의 차이, 투자자금의 제약 등의 문제를 고려하지 않았다. 따라서 상호배타적 투자안을 평가할 경우에는 투자금액과 투자수명의 차이, 투자자금의 제약 등 주어진 현실상황을 정확히 파악해서 그 상황과 일치하는 평가방법을 선택해야 한다.

1. 평가결과가 일치하는 경우

단일투자안이나 상호독립적 투자안을 평가할 경우에 현금흐름의 유형에 관계없이 NPV법과 PI법에 의한 평가결과는 항상 일치한다. 그리고 상호배타적 투자안이라도 투자금액이 동일하면 NPV법과 PI법에 의한 평가결과는 항상 일치한다. 순현재가치(NPV)와 수익성지수(PI)는 다음과 같은 관계를 갖는다.

$$PI = \frac{\sum_{t=1}^{n} \dfrac{C_t}{(1+k)^t}}{C_0} \rightarrow \sum_{t=1}^{n} \frac{C_t}{(1+k)^t} = C_0 \times PI \tag{4.27}$$

$$NPV = \sum_{t=1}^{n} \frac{C_t}{(1+k)^t} - C_0 = C_0 \times PI - C_0 = C_0(PI-1) \tag{4.28}$$

상호독립적 투자안에 대한 NPV법과 PI법의 평가결과는 다음의 관계가 성립하기 때문에 항상 일치한다.

PI>1이면 NPV>0 → 투자안 채택

PI<1이면 NPV<0 → 투자안 기각

2. 평가결과가 상반되는 경우

투자금액이 서로 다른 상호배타적 투자안의 경우에는 NPV법과 PI법에 의한 평가결과가 일치하지 않을 수 있다. 상호배타적 투자안의 경우에 NPV법에 의하면 투자안 B가 채택되고, PI법에 의하면 투자안 A가 채택되므로 NPV법과 PI법의 평가결과가 일치하지 않고 상반되게 나온다.

투자안	C_0	C_1	NPV(k=10%)	PI(k=10%)
A	−1,000원	1,650원	500원	1.5
B	−10,000원	13,200원	2,000원	1.2

(1) 평가결과의 상반이유

NPV법과 PI법의 평가결과가 상반된 이유는 투자금액의 차이에 대한 재투자수익률의 가정이 서로 다르기 때문이다. 즉 NPV법은 투자금액의 차이에 대한 재투자수익률을 자본비용으로 재투자한다고 가정하는 반면에 PI법은 해당 투자안과 동일한 수익률을 얻을 수 있는 IRR이라고 가정하기 때문이다.

(2) 상반문제의 해결방법

가중평균수익성지수(WAPI)법은 투자금액의 차이를 PI가 1인 투자안에 재투자할 수 있다고 가정하여 투자금액과 유휴자금의 PI를 투자비율로 가중평균한 값이다. 위에서 설명한 두 투자안을 WAPI법으로 평가하면 투자안 B를 선택하게 되어 NPV법과 WAPI법에 의한 평가결과는 항상 일치한다.

$$WAPI(A) = \frac{1,000}{10,000} \times 1.5 + \frac{9,000}{10,000} \times 1.0 = 1.05$$

$$WAPI(B) = \frac{10,000}{10,000} \times 1.2 + \frac{0}{10,000} \times 1.0 = 1.2$$

제8절 자본예산의 특수문제

1. 자본제약하의 투자결정

기업이 투자에 필요한 자금을 조달하는데 아무런 제한이 없다면 NPV가 0보다 큰 모든 투자안에 투자함으로써 기업가치를 극대화시킬 수 있다. 그러나 현실적으로 기업이 투자에 사용할 수 있는 자금은 한정되어 있는 것이 일반적이므로 NPV가 0보다 큰 모든 투자안을 채택할 수 없다.

따라서 투자자금에 제한이 있다면 한정된 자금을 기업가치를 극대화하는 방향으로 적절히 분배해서 투자해야 하는 문제가 발생한다. 이와 같이 한정된 자금을 투자안에 배분하는 의사결정을 자본할당(capital rationing)이라고 한다. 자본할당은 다음의 두 경우로 구분하여 분석한다.

(1) 분할투자가 가능한 경우

투자안을 부분적으로 선택할 수 있는 경우에는 수익성지수법을 사용한다. 따라서 분할투자가 가능하고 투자자금이 동일하면 NPV법과 PI법의 평가결과가 일치하므로 주어진 자금의 범위내에서 수익성지수(PI)가 높은 순서대로 투자안을 선택하여 투자하면 기업가치를 극대화시킬 수 있다.

(2) 분할투자가 어려운 경우

투자안을 부분적으로 선택할 수 없는 경우에는 NPV법 또는 WAPI법을 사용한다. 따라서 주어진 자금의 범위내에서 투자안들의 관계를 고려하여 선택가능한 투자조합을 구성한 후에 NPV법 또는 WAPI법을 이용하여 최적투자조합을 선택하면 기업전체의 NPV를 극대화시킬 수 있다.

1) NPV법

NPV법은 가능한 투자조합의 NPV를 구해 NPV가 가장 큰 투자조합을 선택하며 투자조합의 NPV는 가치가산의 원리에 따라 개별투자안의 NPV를 합해 구할 수 있다. 그리고 NPV법은 투자금액이 작은 투자안에 투자하고 남은 유휴자금은 자본비용으로 재투자할 수 있다고 가정하므로 NPV를 0으로 간주한다.

2) WAPI법

WAPI법은 가능한 투자조합의 WAPI를 구해 WAPI가 가장 큰 투자조합을 선택하며 투자조합의 WAPI는 개별투자안의 수익성지수(PI)를 투자비율로 가중평균하여 계산한다. 그리고 WAPI법은 NPV법과 마찬가지로 투자하고 남은 유휴자금을 자본비용으로 재투자할 수 있다고 가정하므로 PI를 1로 간주한다.

2. 투자수명이 다른 투자안평가

현실적으로 투자안들이 동일한 수명을 갖는 경우는 드물어 투자안의 수명이 서로 다른 것이 일반적이다. 투자기간이 서로 다른 상호배타적 투자안을 평가할 경우에는 투자수명이 종료된 이후에 이용가능한 재투자기회를 어떻게 가정하느냐에 따라 적절한 평가방법이 달라질 수 있다.

(1) 반복투자가 어려운 경우

투자수명이 종료된 후에 동일한 투자안에 반복투자할 수 없으면 NPV법으로 투자안을 평가해야 한다. 반복투자가 어렵다는 것은 투자수명의 차이에 대한 재투자수익률을 자본비용으로 가정하는 것과 동일하므로 투자수명의 차이에 관계없이 NPV법으로 투자안을 평가하여 NPV가 가장 큰 투자안을 선택한다.

(2) 반복투자가 가능한 경우

투자수명이 종료된 후에 동일한 투자안에 반복투자할 수 있으면 NPV법으로 투자안을 평가해서는 안 된다. 반복투자가 가능하다는 것은 투자수명이 종료한 후에 해당 투자안의 수익률로 재투자할 수 있다는 것을 의미하므로 투자한의 현금흐름을 동일한 수명을 갖는 현금흐름으로 조정하여 투자안을 평가한다.

1) 최소공배수법

최소공배수법은 투자수명이 서로 다른 투자안에 대해 각 투자안의 투자수명이 동일한 최소공배수를 선정하여 투자수명의 최소공배수에 해당하는 시점까지 반복투자한다고 가정하여 투자수명을 일치시켜 놓고 두 투자안의 NPV의 현재가치를 구해서 NPV의 현재가치가 큰 투자안을 선택하는 방법을 말한다.

2) 무한반복투자법

무한반복투자법은 각 투자안을 무한히 반복투자한다고 가정했을 때 얻게 될 NPV의 현재가치를 구해서 그 값이 가장 큰 투자안을 선택하는 방법을 말한다. 순현재가치가 NPV이고 투자기간이 n인 투자안을 무한히 반복투자하는 경우 NPV의 현재가치를 NPV(n, ∞)라고 하면 다음과 같이 구할 수 있다.

$$NPV(n, \infty) = NPV + \frac{NPV}{(1+k)^n} + \frac{NPV}{(1+k)^{2n}} + \cdots + \frac{NPV}{(1+k)^{\infty n}} \qquad (4.29)$$
$$= NPV\left[\frac{(1+k)^n}{(1+k)^n - 1}\right]$$

3) 연간균등가치법

연간균등가치법은 각 투자안의 연간균등가치(AEV)를 구해서 그 값이 가장 큰 투자안을 선택하는 방법을 말한다. 연간균등가치(AEV : annual equivalent value)는 매년 동일한 현금흐름이 영구적으로 발생한다고 가정할 때 그 현재가치가 NPV(n, ∞)와 같아지는 현금흐름으로 NPV(n, ∞)에 투자안의 자본비용을 곱하거나 NPV를 연금의 현가이자요소로 나누어 구할 수 있다.

$$AEV = NPV(n, \infty) \times k = \frac{NPV}{PVIFA_{(k, n)}} \rightarrow NPV(n, \infty) = \frac{AEV}{k} \qquad (4.30)$$

제1절 자본예산의 개요

1. 자본예산의 정의 : 실물자산 취득에 대한 총괄적인 계획과 평가의 과정
2. 자본예산의 절차 : 투자안 탐색 → CF흐름 추정 → 경제성분석 → 투자안 평가
3. 자본예산의 목표 : NPV 극대화 → 기업가치 극대화 → 재무관리 목표달성

제2절 세후 영업현금흐름의 추정

1. 현금흐름의 개념 : 순현금흐름 = 현금유입액 − 현금유출액
2. 현금흐름의 추정원칙 : 세후기준으로 추정, 증분기준으로 추정
3. 세후 영업현금흐름의 추정
(1) 회계적 이익과의 차이 : 법인세효과를 고려, 인플레이션은 일관되게 반영
(2) 세후 영업현금흐름의 추정 :
   세후 현금흐름 = 현금유입 − 현금유출 = $(\Delta S - \Delta O)(1 - t_c) + \Delta D \cdot t_c$
(3) 현금흐름 추정시 유의사항 : 부수효과, 잠식비용, 기회비용, 매몰원가

제3절 세후 증분현금흐름의 추정

1. 투자시점의 현금흐름 : $\Delta CF_0 = -\Delta I_0 + ITC + DV - (DV - BV)t_c - \Delta WC_0$
2. 영업기간의 현금흐름 : $\Delta CF_{1 \sim n} = (\Delta S - \Delta O)(1 - t_c) + \Delta Dt_c - \Delta WC - \Delta CE$
3. 종료시점의 현금흐름 : $\Delta CF_n = \Delta DV - (\Delta DV - \Delta BV)t_c + \Delta WC_0$

제4절 투자안의 분류와 판단기준

1. 투자안의 분류
(1) 투자안간의 관계 : 상호독립적 투자, 상호배타적 투자, 상호종속적 투자
(2) 현금흐름의 형태 : 대출형 투자, 차입형 투자, 혼합형 투자
2. 투자안의 경제성분석
① 현금흐름비할인모형 : 회수기간법, 회계적 이익률법
② 현금흐름할인모형 : 순현재가치법, 내부수익률법, 수익성지수법

1. 회수기간법

(1) 의의 : 회수기간 = 투자금액/현금유입액

(2) 의사결정기준

① 상호독립적 투자안 : 투자안 PP〈 기업이 설정한 목표PP이면 투자안 채택

② 상호배타적 투자안 : 목표회수기간보다 짧은 투자안 중 가장 짧은 회수기간

(3) 할인회수기간법 : 미래의 현금흐름을 현재가치로 환산하여 회수기간법을 적용

2. 회계적 이익률법

(1) 의의 : ARR = 연평균순이익/연평균투자액

(2) 의사결정기준

① 상호독립적 투자안 : 투자안 ARR〉기업이 설정한 ARR보다 크면 투자안을 채택

② 상호배타적 투자안 : 목표ARR보다 큰 투자안 중 ARR이 가장 큰 투자안을 채택

3. 순현재가치법

(1) 의의 : NPV = 현금유입의 현재가치 − 현금유출의 현재가치

(2) 의사결정기준

① 상호독립적 투자안 : NPV〉0인 경우에 투자안을 채택

② 상호배타적 투자안 : NPV〉0인 투자안 중에서 NPV가 가장 큰 투자안을 선택

4. 내부수익률법

(1) 의의 : IRR = 현금유입의 현재가치 = 현금유출의 현재가치

(2) 의사결정기준

① 상호독립적 투자안 : IRR〉k인 경우에 투자안을 채택

② 상호배타적 투자안 : IRR〉k인 투자안 중에서 IRR이 가장 높은 투자안을 채택

5. 수익성지수법

(1) 의의 : PI = 현금유입액의 현재가치/현금유출액의 현재가치

(2) 의사결정기준

① 상호독립적 투자안 : PI〉1인 경우에 투자안을 채택

② 상호배타적 투자안 : PI〉1인 투자안 중에서 PI가 가장 높은 투자안을 채택

1. 평가결과가 일치하는 경우 : 단일투자안, 상호독립적 투자안
2. 평가결과가 상반되는 이유 : 재투자수익률의 가정이 다르기 때문
① 피셔의 수익률 〈 자본비용 → NPV법과 IRR법의 평가결과가 일치
② 피셔의 수익률 〉 자본비용 → NPV법과 IRR법의 평가결과가 상반
3. 상반된 평가의 해결방법
① 증분NPV법과 증분IRR법 : NPV법의 평가결과와 일치
② 수정NPV법과 수정IRR법 : NPV법의 평가결과와 일치
4. NPV법의 우월성 : 재무관리의 목표에 부합, 가치가산의 원리가 성립

1. 평가결과가 일치하는 경우 : 단일투자안, 상호독립적 투자안
2. 평가결과가 상반되는 경우 : 투자금액이 다른 상호배타적 투자안
① NPV법은 투자금액차이에 대한 재투자수익률을 자본비용으로 재투자한다고 가정
② PI법은 해당 투자안과 동일한 수익률을 얻을 수 있는 IRR로 재투자한다고 가정
3. 상반된 평가의 해결방법 : 가중평균수익성지수(WAPI)법

1. 자본제약하의 투자결정
(1) 분할투자가 가능한 경우 : 수익성지수법
(2) 분할투자가 어려운 경우 : NPV법 또는 WAPI법
2. 투자수명이 다른 투자안평가
(1) 반복투자가 어려운 경우 : NPV법
(2) 반복투자가 가능한 경우 : 최소공배수법, 무한반복투자법, 연간균등가치법

1 다음 중 현금흐름을 추정할 때 고려사항으로 적절하지 않은 것은? (1993년)
① 현금흐름을 추정할 때 잠식비용을 고려해야 한다.
② 현금흐름을 추정할 때 증분개념을 이용하여 추정해야 한다.
③ 현금흐름을 추정할 때 기회비용은 현금유출로 처리한다.
④ 현금흐름을 추정할 때 감가상각비는 고려할 필요가 없다.
⑤ 현금흐름을 추정할 때 이자비용을 고려해야 한다.

| 해설 | ㉠ 감가상각비는 현금유출이 없는 비용이므로 현금흐름을 추정할 때 고려하지 않지만 감가상각비의 법인세절감효과는 고려해야 한다.
　　　 ㉡ 이자비용, 이자비용에 따른 절세효과, 원금상환, 배당금 등의 자본조달관련비용은 현금흐름에 포함시켜서는 안 된다.

2 다음 중 법인세가 존재할 경우 감가상각비가 투자안의 현금흐름에 미치는 영향으로 옳지 않은 것은?
① 감가상각비는 현금유출이 없는 비용이므로 현금유출로 처리하지 않는다.
② 감가상각비는 현금유출에 포함되지 않지만 감가상각비의 법인세절감효과는 현금유입으로 처리해야 한다.
③ 감가상각방법이 달라지면 기간별 감가상각비가 달라지므로 현금흐름에 미치는 영향도 달라진다.
④ 투자시점에 감각상각비를 많이 계상하면 투자안의 가치는 감소할 것이다.
⑤ 물가상승이 예상되면 정액법으로 감각상각할 때보다 연수합계법으로 감각상각할 때 투자안의 NPV가 증가한다.

| 해설 | 화폐의 시간가치를 고려하면 투자시점에 감가상각비를 많이 계상할수록 감각상각비의 절세효과로 인한 투자시점의 현금흐름이 증가하여 투자안의 가치는 증가한다.

3 다음 중 순운전자본이 증가하는 경우는? (2004년)
① 다른 상황이 동일한 조건에서 외상매출금이 증가하고 단기차입금도 증가하였다.
② 다른 상황이 동일한 조건에서 외상매출금이 증가하고 재고자산도 증가하였다.
③ 다른 상황이 동일한 조건에서 외상매입금이 감소하고 외상매출금도 감소하였다.
④ 다른 상황이 동일한 조건에서 외상매입금이 증가하고 지급어음도 감소하였다.
⑤ 다른 상황이 동일한 조건에서 매출채권이 감소하고 단기차입금도 감소하였다.

| 해설 | 순운전자본은 유동자신에서 유동부채를 차감한 것을 말한다. 유동자산의 증가만 있어 외상매출금의 증가액과 재고자산의 증가액 합만큼 순운전자본이 증가한다.

4 강남기업은 1년 전 8억원에 매입한 토지에 창고를 건축할 것을 검토하고 있다. 토지 가격 이외 건축비는 5억원으로 추정되며 토지를 매각하면 10억원에 매도할 수 있고, 토지를 임대한다면 매년 영속적으로 7,000만원의 임대수입을 얻을 수 있으며 이자율 은 10%라고 한다. 창고건축과 관련된 현금흐름을 추정할 때 옳은 것은? (1996년)

① 창고의 건축으로 토지임대수입을 포기해야 하므로 임대수입의 상실로 인한 현 금흐름 감소분을 미래의 현금유출로 인식한다.

② 현재 보유한 토지를 활용하는 것이므로 토지가치는 매몰원가로 간주하여 현금 흐름 추정에서 제외시킨다.

③ 창고의 건축으로 토지매각 기회가 상실되므로 매각대금 10억원을 최초투자액 에 포함시킨다.

④ 토지매입대금 8억원을 창고건축 투자안의 최초투자액에 포함시킨다.

⑤ 토지는 실질가치의 증감이 없는 안전자산이므로 토지가치는 고려하지 않는다.

┃ 해설 ┃ 창고의 건축에 대한 대안으로 토지의 매각과 임대를 고려할 수 있다. 매각대금은 10억원이 고, 임대수입의 현재가치는 7억원(=7,000만/0.1)이므로 창고건축에 따른 기회비용은 10억 원이다. 따라서 토지의 매각대금 10억원을 투자시점의 현금유출로 처리해야 한다.

5 이미 구입하여 임대하고 있던 토지를 매각할 것인가 아니면 공장건물을 신축할 것인 가에 관한 의사결정에 대한 현금흐름을 가장 적절히 표현한 것은? (1995년)

> 토지의 취득원가는 5억원이다.
> 토지를 현재 처분하여 받을 수 있는 금액은 7억원이다.
> 토지를 현재 임대하여 수취하는 임대료는 800,00원이다.

① 토지의 취득원가 5억원은 과거에 구입한 매몰원가이므로 고려대상이 아니다.

② 토지의 임대료 800,000원은 기회비용이므로 고려해야 한다.

③ 토지를 매각하여 받을 수 있는 7억원은 관련현금흐름이 아니다.

④ 공장건물의 신축비용은 고려대상이 아니다.

⑤ 매각가액 7억원과 장부가액 5억원의 차액인 2억원에 대한 예상이자수익은 현 금흐름에 포함한다.

┃ 해설 ┃ ① 토지의 취득원가 5억원은 과거에 구입한 매몰원가에 해당하기 때문에 현금흐름 추정시 고려하지 않는다.
② 토지매각과 건물신축의 의사결정에서 토지의 임대는 두 의사결정의 증분현금흐름에 영 향을 미치지 못한다.
③ 토지를 매각하여 받을 수 있는 7억원은 기회비용이므로 현금흐름에 반영해야 한다.
④ 공장건물의 신축비용은 반드시 고려해야 하는 현금유출에 해당한다.
⑤ 금융비용은 분자의 현금흐름에 포함하지 않고 분모의 할인율에 반영한다. 그리고 예상이 자수익을 반영한다면 2억원이 아닌 7억원 전부를 고려해야 한다.

6　다음 중 내부수익률법과 순현재가치법의 가장 근본적인 차이점은? (1991년)

① 화폐의 시간가치를 고려　② 현금흐름으로 평가　③ 재투자수익률의 가정

④ 회계적 이익의 고려　　⑤ 회수기간의 고려

| 해설 | 순현재가치법과 내부수익률법의 차이는 재투자수익률의 가정이다. 재투자수익률을 순현재가치법은 시장이자율로 가정하고, 내부수익률법은 투자안의 내부수익률로 가정한다.

7　순현재가치법과 내부수익률법에 관한 설명으로 옳지 못한 것은? (1993년)

① 순현재가치법과 내부수익률법은 모두 현금흐름 할인모형이다.

② 순현재가치법에서는 자본비용으로 재투자됨을 가정하고, 내부수익률법에서는 내부수익률로 재투자됨을 가정한다.

③ 단일투자안일 경우 항상 동일한 결론을 가져다준다.

④ 순현재가치법이 내부수익률법보다 우수한 방법이다.

⑤ 복수의 배타적 투자안일 경우 항상 상반된 결과를 가져다준다.

| 해설 | ㉠ 상호배타적 투자안은 투자금액의 차이, 투자기간의 차이, 현금흐름의 차이로 인해 NPV법과 IRR법의 의사결정이 달라진다.
　　　㉡ 상호배타적 투자안은 자본비용이 피셔의 수익률보다 작을 때 NPV법과 IRR법은 상반된 결과를 가져온다.

8　다음 중 NPV법과 IRR법에 관한 설명으로 옳지 않은 것은? (1998년)

① NPV법은 투자안에서 발생하는 현금흐름을 시장이자율로 재투자할 수 있다고 가정한다.

② IRR법은 투자안에서 발생하는 현금흐름을 내부수익률로 재투자할 수 있다고 가정한다.

③ NPV법과 IRR법은 모두 가치가산의 원리를 충족시킨다.

④ NPV법과 IRR법은 모두 화폐의 시간가치를 반영한다.

⑤ NPV법과 IRR법은 경우에 따라서 서로 다른 투자결정을 내린다.

| 해설 | NPV법은 가치가산의 원리가 적용되며 자본비용으로 재투자한다고 가정하지만 IRR법은 가치가산의 원리가 적용되지 않으며 내부수익률로 재투자한다고 가정한다.

9 자본예산에서 순현재가치법과 내부수익률법의 평가결과가 다른 경우 순현재가치법을 따르는 것이 바람직하다고 한다. 다음 중 순현재가치법의 우위를 설명하는 이유로 옳지 않은 것은? (2004년)

① 순현재가치법은 자본비용으로 재투자한다고 가정하나, 내부수익률법은 내부수익률로 재투자한다고 가정한다.

② 내부수익률법은 내부수익률이 존재하지 않거나 또는 내부수익률이 복수로 존재하는 경우가 있을 수 있다.

③ 할인율이 매기 변동하는 경우 내부수익률법은 이를 반영하는 것이 곤란하지만 순현재가치법은 비교적 용이하게 이를 반영할 수 있다.

④ 여러 개의 투자안을 결합하는 분석을 실시하는 경우 순현재가치법은 개별투자안의 순현재가치를 독립적으로 구하여 합산하면 되지만, 내부수익률법은 개별투자안의 내부수익률을 독립적으로 구하여 합산하는 방법을 사용할 수 없다.

⑤ 투자규모가 다른 투자안을 비교하는 경우 순현재가치는 각 투자안의 투자규모에 대비한 상대적 성과에 대한 정보를 제공하지만, 내부수익률은 절대적 성과에 대한 정보만 제공한다.

| 해설 | ② 혼합형 현금흐름의 경우에는 해가 존재하지 않거나 복수의 해가 존재할 수 있다.
③ NPV법은 가치가산의 원리가 적용되지만 IRR법은 가치가산의 원리가 적용되지 않는다.
⑤ NPV는 투자안의 절대적인 성과(금액)를 나타내고, IRR은 투자안의 상대적인 성과(비율)를 나타낸다.

10 M사는 임대건물의 신축과 주차장의 신축이라는 투자안을 고려하고 있다. 임대건물의 신축안은 초기투자액이 18억원이며 1년 후 24억원에 매각할 수 있다. 주차장의 신축안은 단위당 1백만원을 초기투자하면 1년 후부터 매년 1백만원의 현금유입이 영구히 발생된다고 한다. 주차장의 신축단위에는 제한이 없고 신축규모에 대하여 수익률이 일정하다고 가정한다. 할인율을 동일하게 연 20%로 적용할 경우 두 투자안의 순현재가치(NPV)가 같아지기 위해서는 주차장을 몇 단위의 주차장을 신축해야 하는가? (2000년)

① 10단위   ② 20단위   ③ 30단위

④ 40단위   ⑤ 50단위

| 해설 | (1) 임대건물 신축안 $NPV = \dfrac{24}{1.2} - 18 = 2$억원

(2) 주차장의 신축안 $NPV = \dfrac{100}{0.2} - 100 = 400$만원

∴ 2억 원 = 400만원 × Q → Q = 50단위

11 증분현금흐름을 고려하여 투자의사결정을 해야 하는 다음의 상황에서 가장 적절하지 못한 주장은? (2004년)

① 은행이 부실기업에 대한 추가자금의 지원여부를 검토할 때 추가로 지원할 자금과 함께 이미 부도처리된 대출금에 대해서도 원금과 이자를 회수할 수 있는지 고려해야 한다.

② 100억원에 구입한 토지에 30억원을 들인 주차장시설을 철거하고 상가건물을 신축할지 여부를 검토할 때 장부가치인 120억원이 아니라 토지와 주차장시설을 매각하면 받을 수 있는 150억원(세후 기준)을 비용으로 고려해야 한다.

③ 제주도의 한 호텔이 인근 골프장 인수여부를 검토할 때 골프장 예약이 수월해짐에 따라 증가하는 투숙객으로부터 예상되는 수입과 호텔 예약이 수월해짐에 따라 증가하는 골프장 이용객으로부터 예상되는 수입도 고려해야 한다.

④ 신제품의 발매여부를 검토할 때 원자재의 추가구입에 따른 외상매입금의 증가와 재고자산 및 보관창고 비용의 증가 그리고 현금보유액의 증가도 고려해야 한다.

⑤ 공장의 직원을 해외로 교육연수 보낼지 여부를 검토할 때 항공료와 등록금은 물론 해당 직원의 업무를 맡은 신규채용 임시직원에게 지급할 급여도 함께 고려해야 한다.

> | 해설 | ① 이미 부도처리된 대출금은 매몰원가이므로 추가자금의 지원여부를 고려할 때 의사결정에 반영하지 말아야 한다.
> ② 기존자산의 장부가치 120억원이 아닌 기존자산의 매각가치 150억원이 상가건물 신축과 관련된 증분현금흐름이다.
> ③ 골프장 인수시 호텔수입의 증가분은 골프장 투자안의 부수효과로서 증분현금흐름에 반영해야 한다.
> ④ 신제품 발매로 인한 순운전자본의 증가는 현금흐름을 추정할 때 고려해야 한다.
> ⑤ 신규채용 임시직원에게 지급할 급여도 기회비용이므로 고려해야 한다.

12 다음 중 투자안의 경제적 타당성을 분석하는 방법에 대한 설명으로 옳지 않은 것은? (1989년)

① 순현재가치법은 투자의 한계수익률을 고려한 분석기법이고, 내부수익률법은 투자의 평균수익률을 고려한 분석기법이다.

② 순현재가치법은 주주들의 부를 극대화시키려는 기업의 목표와 일치하는 기법인 반면에 내부수익률법은 그렇지 못하다.

③ 순현재가지법은 가치가산의 원리를 충족시키는 반면 내부수익률법은 그렇지 못하다.

④ 복수투자안의 경우라도 독립적인 경우에는 순현재가치법과 내부수익률법에 의한 평가결과가 언제나 일치한다.

⑤ 내용년수가 다른 두 투자안 A와 B가 상호배타적이며 반복적 성격을 갖는 투자안일 경우 A투자안의 순현재가치가 B투자안의 순현재가치보다 크면 언제나 A투자안이 채택되어야 한다.

| 해설 | 투자기간이 서로 다른 경우 반복투자가 불가능하면 투자기간의 차이에 관계없이 NPV법을, 반복투자가 가능하면 투자기간의 차이를 고려하여 최소공배수법, 무한반복투자법, 연간균등가치법을 이용하여 투자안을 평가한다.

13 다음 중 자본예산의 투자안 경제성 평가방법에 대한 설명으로 가장 옳지 않은 것은?
(2005년)

① 할인회수기간은 회수기간보다 길다.
② 내부수익률(IRR)법의 재투자수익률에 대한 가정을 자본비용으로 수정한 수정내부수익률(MIRR)법에서는 2개 이상의 IRR이 나오지 않는다.
③ 내부수익률(IRR)이 자본비용보다 큰 경우 IRR값은 MIRR보다 큰 값을 가진다.
④ 현금유입의 양상이 다르거나 투자수명이 다른 상호배타적인 두 개의 투자안은 투자금액이 동일하다면 MIRR법과 수익성지수(PI)법의 평가결과는 NPV법의 평가결과와 같다.
⑤ 순현재가치(NPV)법은 재투자수익률로 자본비용을 가정하고, 가치의 가산원리가 성립하며 투자액의 효율성을 고려한 방법이다.

| 해설 | ① 할인회수기간은 현금흐름의 현재가치 기준으로 투자금액에 대한 회수기간을 계산하여 현금흐름의 미래가치 기준으로 구한 회수기간보다 길다.
② IRR법은 재투자수익률을 IRR로 가정하나 MIRR법은 재투자수익률을 자본비용으로 가정하기 때문에 혼합형 현금흐름의 경우에도 복수의 값이 계산되지 않는다.
③ IRR 〉 k → IRR 〉 MIRR, NPV 〉 0, PI 〉 1   IRR 〈 k → IRR 〈 MIRR, NPV 〈 0, PI 〈 1
MIRR법은 재투자수익률을 자본비용으로 가정하기 때문에 내부수익률이 자본비용보다 큰 경우 투자안의 내용년수 동안 발생하는 현금흐름의 현재가치를 더 낮게 평가하므로 MIRR은 IRR보다 더 작게 된다.
④ 투자규모가 동일한 경우에는 상대적인 수익성(MIRR, PI)을 기준으로 투자안을 평가한 결과와 절대적인 금액(NPV)을 기준으로 투자안을 평가한 결과는 일치한다. 그러나 투자규모가 상이한 경우에는 절대적인 금액으로 나타나는 가치증가가 큰 투자안이라도 상대적인 수익성은 낮을 수 있으므로 MIRR과 PI는 NPV와 상반된 결과를 가져올 수 있다.
⑤ NPV법은 투자안을 절대적인 금액(절대적 성과)으로 평가하는 반면에 IRR법과 PI법은 투자안을 상대적인 비율(투자의 효율성)로 평가하는 방법이다.

14 (주)대한은 다음 6개의 상호독립적 투자안을 고려하고 있다. 각 투자안에 대해 부분적인 투자는 불가능하다. 예컨대 투자안 A의 경우 최초투자금액 4억원을 100% 투자하든지 아니면 포기하든지 선택해야 한다. 현재 (주)대한의 투자가능한 금액은 12억원으로 제한되어 있다. 다음 중에서 (주)대한의 기업가치를 극대화시킬 수 있는 투자조합은 어느 것인가? (1999년)

투자안	최초투자금액	수익성지수
A	4억원	1.40
B	5억원	1.20
C	3억원	1.40
D	6억원	1.15
E	4억원	1.23
F	6억원	1.19

① A, F   ② B, F   ③ D, F
④ A, B, C   ⑤ A, C, E

| 해설 | 각 투자안의 NPV[=투자금액×(PI-1)]를 계산하여 NPV가 큰 투자안부터 우선하여 투자한다.
투자안 A = 4억원×(1.40-1) = 1.60억원   투자안 B = 5억원×(1.20-1) = 1.00억원
투자안 C = 3억원×(1.40-1) = 1.20억원   투자안 D = 6억원×(1.15-1) = 0.90억원
투자안 E = 4억원×(1.23-1) = 0.92억원   투자안 F = 6억원×(1.19-1) = 1.14억원
투자순서를 결정하면 A〉C〉F〉B〉E〉D가 되며 A, C, F를 선택하면 투자자금이 13억원으로 투자자금의 제약 12억원을 초과하기 때문에 A, C, E를 선택해야 NPV를 극대화할 수 있다.

투자조합	총투자액	잔여자금	NPV
A+F	10억원	2억원	2.74억원
B+F	11억원	1억원	2.14억원
D+F	12억원	0억원	2.04억원
A+B+C	12억원	0억원	3.80억원
A+C+E	11억원	1억원	3.72억원

15 (주)성우의 CFO는 현재 100억원을 투자해야 하는 3년 수명의 상호배타적인 투자안 A와 투자안 B를 고려하고 있다. 두 투자안은 잔존가치 없이 3년간 정액법으로 감가상각되며 3년간 현금흐름은 다음과 같다. 두 개의 투자안 모두 자본비용은 20%이다. 투자결정과 관련된 다음의 내용 중 가장 옳지 않은 것은? (2007년)

투자안	현금흐름			IRR	NPV
	1년 후	2년 후	3년 후		
A	+40억원	+60억원	+90억원	34.4%	27.1억원
B	+60익원	+60억원	+60억원	36.3%	26.4억원

① 회수기간법에 의하면 A의 회수기간이 2년으로 B의 회수기간 1.67년보다 더 길어서 B를 선택한다.

② 평균회계이익률(AAR)에 의하면 A의 AAR이 126.67%로 B의 AAR 120%보다 더 크므로 A를 선택한다.

③ IRR법에 의하면 A의 IRR이 B의 IRR보다 더 작으므로 B를 선택한다.

④ 증분내부수익률법에 의하면 A의 현금흐름에서 B의 현금흐름을 차감한 현금흐름의 IRR인 1.9%가 영보다 크므로 A를 선택한다.

⑤ 수익성지수(PI)법에 의하면 A의 PI인 1.27이 B의 PI인 1.26보다 크므로 A를 선택한다.

| 해설 | 투자안 A의 현금흐름에서 B의 현금흐름을 차감한 증분현금으로 산출한 증분IRR이 자본비용보다 크면 투자안 A가 유리한 것으로 판단한다.

$$0 = \frac{20}{(1+IRR)^1} + \frac{30}{(1+IRR)^3} \rightarrow 증분IRR(22.47\%) > 자본비용(20\%) \therefore A\,투자안을\,선택$$

16 다음 중 자본예산에 관한 설명으로 가장 적절하지 않은 것은? (2012년)

① 상호배타적인 투자안의 경우 투자규모 또는 현금흐름의 형태가 크게 다를 때 순현재가치법과 내부수익률법이 서로 다른 결론을 제시할 수 있다.

② 투자규모, 투자수명, 현금흐름의 양상이 서로 다른 상호배타적인 투자안을 내부수익률법으로 평가하는 경우 반드시 두 투자안의 NPV곡선이 상호 교차하는지 여부를 검토해야 한다.

③ 두 개의 NPV곡선이 교차하는 지점의 할인율을 피셔의 수익률이라고 한다.

④ 투자안의 경제성을 분석할 때 감가상각의 방법에 따라서 투자안의 현금흐름이 달라져서 투자안의 평가에 영향을 미칠 수 있다.

⑤ 투자에 필요한 자금조달에 제약이 있는 경우에 최적의 투자조합을 선택하는 의사결정을 자본할당이라고 하며, 수익성지수법을 사용하면 항상 최적의 투자안 조합을 결정할 수 있다.

| 해설 | 분할투자가 가능하고 투자안들이 상호독립적이면 수익성지수법을 사용하여 최적의 투자안 조합을 선택할 수 있다. 그러나 분할투자가 불가능하고 투자안들이 상호배타적이면 순현재가치법 또는 가중평균지수법을 사용하여 최적의 투자안 조합을 결정한다.

17 하나기업은 5년 전에 기계를 4,000만원에 구입하였다. 구입당시 하나기업은 이 기계를 8년 동안 사용하며 8년 후 잔존가치는 없을 것으로 예상하였다. 하나기업은 이 기계를 현재 2,000만원에 매각할 예정이다. 자산처분시점에서의 현금흐름으로 적절한 금액은 얼마인가? 감가상각비는 정액법으로 계산하며 법인세율은 30%이다. (2006년)

① 1,500만원   ② 1,650만원   ③ 1,850만원

④ 2,000만원   ⑤ 2,150만원

| 해설 | (1) 기계의 장부가치 = 4,000－4,000×5/8 = 1,500만원

(2) 자산의 현금흐름 = 처분가액-(처분가액-장부가치)×법인세율
   = 2,000-(2,000-1,500)×0.3 = 1,850만원

18 (주)감마기업은 다음 네 개의 투자안을 검토하고 있다. 투자기간은 모두 1기간이며, 각 투자안에 적용되는 가중평균자본비용은 10%로 동일하다. 다음 설명 중 적절하지 않은 것은? (2008년)

투자안	투자금액(t=0)	수익성지수(PI)
A	1억원	1.2
B	1억원	1.5
C	2억원	1.5
D	3억원	1.4

① 순현재가치(NPV)가 가장 큰 투자안은 D이다.

② 투자안 B와 투자안 C의 내부수익률(IRR)은 동일하다.

③ 투자안이 모두 상호배타적일 경우에 순현재가치법과 내부수익률법으로 평가한 결과는 상이하다.

④ 투자안이 모두 독립적이며 투자할 수 있는 총금액이 2억원으로 제약될 경우에 투자안 A와 투자안 B에 투자하는 것은 기업가치를 극대화시킬 수 있다.

⑤ 투자안이 모두 독립적이며 투자할 수 있는 총금액이 3억원으로 제약될 경우에 투자안 B와 투자안 C에 투자하는 것은 기업가치를 극대화시킬 수 있다.

| 해설 | 투자안이 상호독립적이며 투자금액이 2억원으로 제약될 경우 투자안 A와 투자안 B에 투자하면 NPV=0.7억원이고 투자안 C에 투자하면 NPV=1억원이다. 따라서 투자안 C에 투자하는 것이 기업가치를 극대화할 수 있다.

투자안	투자액(t=0)	PI	유입액 PV	NPV	유입액 CF(t=1)	IRR
A	1억	1.2	1.2억	0.2억	1.32억	32%
B	1억	1.5	1.5억	0.5억	1.65억	65%
C	2억	1.5	3.0억	1.0억	3.30억	65%
D	3억	1.4	4.2억	1.2억	4.62억	54%

19 투자규모와 내용연수가 동일한 상호배타적인 투자안 A와 투자안 B를 대상으로 투자안의 경제성을 평가한다. 순현재가치(NPV)법에 의하면 투자안 A가 선택되나, 내부수익률(IRR)법에 의하면 투자안 B가 선택된다. 투자안 A에서 투자안 B를 차감한 증분현금흐름의 내부수익률은 10%이다. 투자안들의 내부수익률은 모두 자본비용보다 높고 두 투자안의 자본비용은 동일하다. 다음 설명 중 가장 적절하지 않은 것은? (2014년)

① 순현재가치법과 내부수익률법의 결과가 다른 이유는 내용연수 내 현금흐름에 대한 재투자수익률의 가정을 달리하기 때문이다.

② 투자안 A의 순현재가치와 투자안 B의 순현재가치는 모두 0원보다 크다.

③ 두 투자안의 순현재가치를 동일하게 만드는 할인율은 10%이다.

④ 내부수익률법이 아닌 순현재가치법에 따라 투자안 A를 선택하는 것이 합리적이다.

⑤ 투자안의 자본비용은 10%보다 높고 투자안 A의 내부수익률보다 낮은 수준이다.

| 해설 | 자본비용이 피셔의 수익률(10%)보다 작을 때 순현재가치법과 내부수익률법의 평가결과가 상반되므로 자본비용은 10%보다 낮다. 따라서 순현재가치법으로 투자안 A가 선택되려면 자본비용이 10%보다 작아야 한다.

20 (주)대한은 초기자금이 663,000원 소요되는 3년 연한의 시설장비 투자안을 고려중이다. 이 투자안은 투자기간 동안 매년 매출을 285,000원 증가시킨다. 시설장비는 전존가치를 0원으로 하여 투자기간 동안 정액법으로 감가상각된다. 한편, 시설장비는 투자기간 종료시점에서 장부가치와 상이하게 50,000원에 처분될 것으로 추정된다. 이 투자안은 초기자금지출과 함께 25,000원의 순운전자본을 소요한다. 순운전자본은 투자기간 종료 후 전액 회수된다. 법인세는 30%, 요구수익률은 10%이다. 이 투자안의 순현가(NPV)와 가장 가까운 것은? 단, 감각상각비를 제외한 영업비용은 변동이 없다. (2011년)

① 18,084원   ② 19,414원   ③ 20,455원

④ 21,695원   ⑤ 22,754원

| 해설 |

시점	0	1	2	3
영업현금흐름		265,800	265,800	265,800
시설장비구입	-663,000			
순운전자본	-25,000			25,000
잔존가치회수				35,000
현금흐름	-688,000	265,800	265,800	325,800

(1) 영업현금흐름 $= (\triangle S - \triangle O)(1 - t_c) + \triangle D t_c = (285,000 - 0)(1 - 0.3) + (663,000/3) \times 0.3 = 265,800$

(2) 잔존가치회수 $= DV - (DV - BV)t_c = 50,000 - (50,000 - 0) \times 0.3 = 35,000$

(3) $NPV = \dfrac{265,800}{(1.1)^1} + \dfrac{265,800}{(1.1)^2} + \dfrac{325,800}{(1.1)^3} - 688,000 = 18,084$원

정답   1.⑤   2.④   3.②   4.③   5.①   6.③   7.⑤   8.③   9.⑤   10.⑤

11.①   12.⑤   13.⑤   14.④   15.④   16.⑤   17.③   18.④   19.⑤   20.①

위험과 수익률

불확실성하의
선택이론

Chapter 05

불확실성하의
선택이론

불확실성하의 선택이론은 미래성과가 확률분포 형태로 주어지는 세계에서 투자자들이 어떻게 투자결정을 하는지를 다루는 의사결정문제를 말한다. 불확실성에서는 기대수익률과 위험을 함께 고려해야 하는데 미래수익률에 대한 확률분포의 기댓값을 이용하여 수익성을 계산하고 분산이나 표준편차를 이용하여 위험을 측정한다.

제1절 기본개념

1. 불확실성의 세계

(1) 불확실성과 위험

불확실성(uncertainty)은 미래의 현금흐름이 확률분포의 형태로 발생하는 상황을 말한다. 불확실성의 세계에서는 현재시점에서 미래의 현금흐름을 알 수 없고 확률분포를 통해 기대성과만을 측정할 수 있다. 따라서 미래에 실제로 실현되는 현금흐름은 기대성과와는 다를 가능성이 존재하는데, 이를 위험(risk)이라고 한다.

(2) 위험의 측정

위험은 미래현금흐름의 변동가능성으로 정의할 수도 있다. 이는 변동가능성이 클수록 미래의 현금흐름이 기대현금흐름과 다를 가능성이 커지기 때문이다. 위험의 정도는 미래수익률의 확률분포가 평균적인 수익률의 크기를 나타내는 기대성과로부터 분산되어 있는 정도로 측정할 수 있다.

위험을 측정하는 방법은 매우 다양하지만 일반적으로 분산 또는 표준편차를 사용한다. 분산은 기대수익률이 실현되지 않을 가능성을 나타내는 척도로서 미래에 실현될 수익률이 기대수익률간의 차이인 편차를 제곱한 값에 각각의 수익률이 발생할 확률을 곱한 다음 이를 모두 합하여 구한다.

2. 기대수익률과 위험

(1) 수익률의 확률분포

일반적으로 자산의 투자성과는 주로 수익률로 측정한다. 투자자가 위험자산인 주식에 투자할 경우에 주식투자로 얻을 수 있는 수익에는 배당금과 주식을 처분해서 받는 처분금액이 있다. 따라서 주식을 t시점에 매입하여 t+1시점에 매도하는 경우에 1년간의 수익률은 다음과 같이 계산한다.

$$R_t = \frac{(P_{t+1} - P_t) + d_{t+1}}{P_t} = \frac{P_{t+1} - P_t}{P_t} + \frac{d_{t+1}}{P_t} \tag{5.1}$$

식(5.1)에서 현재 주가에 대한 가격변동액의 비율을 자본이득률(capital gain), 현재 주가에 대한 배당금 비율을 배당수익률(dividend yield)이라고 한다. 수익률의 확률분포 (probability distribution)는 미래에 발생가능한 상황에서 확률변수가 가질 수 있는 모든 값과 그것들의 발생확률간의 관계를 말한다.

──● 예제 5-1   수익률의 확률분포

다음은 미래의 경기상황에 따라서 실현될 것으로 예상되는 주식 A와 B의 1년 후 예상되는 배당금과 배당 후 주식가격의 확률분포이다. 두 주식이 모두 현재 10,000원에 거래되고 있다고 가정하여 각 주식으로부터 실현될 것으로 예상되는 수익률의 확률분포를 구하시오.

상황	확률	주식 A		주식 B	
		주가	배당금	주가	배당금
불황	0.2	8,000	100	9,000	400
보통	0.5	12,000	200	11,000	500
호황	0.3	15,000	400	12,000	600

풀이

경기상황이 불황일 경우에 예상되는 각 주식의 수익률을 구하면 다음과 같다.

$$R_A = \frac{(P_{t+1} - P_t) + d_{t+1}}{P_t} = \frac{(8,000 - 10,000)}{10,000} + \frac{100}{10,000} = -0.19$$

$$R_B = \frac{(P_{t+1} - P_t) + d_{t+1}}{P_t} = \frac{(9,000 - 10,000)}{10,000} + \frac{400}{10,000} = -0.06$$

동일한 방법으로 각 상황에서 예상되는 주식수익률을 구하면 다음과 같다.

상황	확률	R_A	R_B
불황	0.2	−19%	−6%
보통	0.5	22%	15%
호황	0.3	54%	26%

(2) 기대수익률

기대수익률(expected rate of return)은 수익률에 대한 확률분포의 기댓값을 말한다. 즉 기대수익률은 미래에 평균적으로 예상되는 수익률로서 미래에 발생가능한 각 상황별 수익률에 각각의 수익률이 발생할 확률을 곱한 다음 이를 모두 합하여 구할 수 있다.

$$E(R_i) = \sum_{i=1}^{n} R_i P_i \tag{5.2}$$

[예제 5−1]에 제시된 주식 A와 B의 기대수익률은 식(5.2)를 이용하여 다음과 같이 구할 수 있다. 기대수익률은 확실하게 얻을 수 있는 수익률이 아니라 미래의 상황에 따라서 그 자산으로부터 평균적으로 얻을 수 있을 것으로 기대되는 수익률의 크기를 나타낸다는 점에 유의해야 한다.

$$E(R_A) = (-0.19)(0.2) + (0.22)(0.5) + (0.54)(0.3) = 23.4\%$$
$$E(R_B) = (-0.06)(0.2) + (0.15)(0.5) + (0.26)(0.3) = 14.1\%$$

(3) 위험의 측정

위험은 미래에 실제로 얻게 될 수익률이 기대수익률과 다를 가능성의 정도로 측정된다. 위험의 정도는 미래수익률의 확률분포가 평균적인 수익률의 크기를 나타내는 기대수익률로부터 분산되어 있는 정도로 측정할 수 있으며 일반적으로 분산이나 표준편차를 이용하여 구한다.

분산(variance)은 미래에 실제로 실현될 수익률과 기대수익률간의 편차의 제곱에 대한 기댓값을 말한다. 즉 분산은 기대수익률이 실현되지 않을 가능성을 나타내는 척도로 미래의 각 상황별 수익률과 기대수익률간의 차이인 편차를 제곱한 값에 그 상황이 발생할 확률을 곱한 후 이를 모두 합하여 구한다.

$$v_i^2 = Var(R_i) = \sum_{i=1}^{n} [R_i - E(R_i)]^2 P_i = E[R_i - E(R_i)]^2 \tag{5.3}$$

분산의 단위는 확률변수 단위의 제곱이기 때문에 분산을 이용하면 불편할 때가 많다. 이러한 불편함을 해소하기 위한 측정치가 표준편차이다. 표준편차(standard deviation)는 분산에 양(+)의 제곱근을 취해 확률변수 자체의 단위와 같아지도록 해준 값으로 부(−)의 값을 가질 수 없음에 유의해야 한다.

$$\sigma_i = \sqrt{Var(R_i)} \tag{5.4}$$

[예제 5−1]에 제시된 주식 A와 B의 분산과 표준편차는 식(5.3)과 식(5.4)를 이용하여 다음과 같이 구할 수 있다.

$Var(R_A) = [(-0.19-0.234)]^2 0.2 + [0.22-0.234]^2 0.5 + [0.54-0.234]^2 0.3 = 0.06415$

$\sigma_A = \sqrt{0.06415} = 0.25328 = 25.328\%$

$Var(R_B) = [(-0.06-0.141)]^2 0.2 + [0.15-0.141]^2 0.5 + [0.26-0.141]^2 0.3 = 0.01237$

$\sigma_A = \sqrt{0.01237} = 0.11122 = 11.222\%$

3. 불확실성하의 선택기준

확실성의 세계에서는 수익률이 가장 높은 투자안을 선택하면 효용을 극대화할 수 있다. 불확실성하의 선택이론은 불확실성의 세계에서 투자자들이 어떻게 투자행동을 하는지를 다루는 의사결정문제이다. 미래의 성과가 하나로 주어지지 않는 불확실성의 세계에서는 수익률과 위험을 고려하여 투자안을 선택해야 한다.

불확실성하의 투자결정기준에는 기대가치극대화기준, 기대효용극대화기준, 평균−분산기준, 확률지배이론 등이 있고, 기대성과와 위험을 모두 고려한 합리적인 선택기준은 기대효용극대화기준이다. 이하에서는 불확실성의 세계에서 투자결정기준의 발전과정을 살펴보고 투자자들의 투자행동에 대해서 살펴보기로 한다.

불확실성하의 선택기준

1. 기대가치극대화기준

기대가치극대화기준은 각 투자안별로 기대성과를 구하여 기대성과가 가장 큰 투자안을 선택하는 방법을 말한다. 여기서 기대가치(EV : expected value)는 투자안의 부 또는 수익률에 대한 확률분포의 기댓값으로 미래의 각 상황별 부 또는 수익률에 그 상황이 발생할 확률을 곱한 후 이를 모두 합하여 구한다.

$$EV_i = \sum_{i=1}^{n} R_i P_i \tag{5.5}$$

그러나 기대가치극대화기준은 기대성과만을 고려할 뿐 위험을 고려하지 않았기 때문에 합리적인 투자안의 선택기준으로 보기가 어렵다. 기대가치극대화기준의 문제점은 피터스버그의 역설에 잘 나타나 있으며, 이러한 기대가치극대화기준의 문제점을 해결하기 위해서 기대효용극대화기준이 도입되었다.[3]

2. 기대효용극대화기준

기대효용극대화기준은 각 투자안별로 기대효용을 구하여 기대효용이 가장 큰 투자안을 선택하는 방법을 말한다. 여기서 기대효용(EU : expected utility)은 투자안의 부 또는 수익률에 대한 효용의 기댓값으로 미래의 각 상황별 부 또는 수익률에 대한 효용에 그 상황이 발생할 확률을 곱한 후 이를 모두 합하여 구한다.

$$E[U(R)] = \sum_{i=1}^{n} U(R_i) P_i \tag{5.6}$$

---

[3] 기대가치극대화기준의 문제점은 베르누이에 의해서 제기된 피터스버그의 역설(St. Petersberg's Paradox)에 잘 나타나 있다.

식(5.6)에서 기대효용은 투자안의 기대성과뿐만 아니라 위험도 고려하고 있는 투자결정기준임에 유의해야 한다. 따라서 기대효용극대화기준은 기대가치극대화기준의 문제점을 해결할 수 있는 합리적인 선택기준이라고 할 수 있다.

3. 위험에 대한 태도와 효용함수

투자안의 기대성과와 위험을 모두 고려한 기대효용극대화기준을 적용하려면 투자자의 위험에 대한 태도를 파악해야 한다. 투자자가 위험에 대해 어떤 태도를 보이느냐에 따라서 위험회피형, 위험중립형, 위험선호형의 세 가지로 구분하는데 효용함수의 특성을 이해하기 위해 다음과 같은 게임을 가정하여 보자.

> 현재 5,000원의 부를 가지고 있는 투자자 갑은 게임에서 이기면 투자자 을로부터 1,000원을 받고 게임에서 지면 투자자 을에게 1,000원을 주어야 하는데 게임에서 이기거나 질 확률이 각각 50%라고 가정한다.

투자자 갑이 위의 게임에 참가할 경우의 기대 부와 위험을 구하면 다음과 같다.

$$E\left(W\right) = (5{,}000 + 1{,}000) \times \frac{1}{2} + (5{,}000 - 1{,}000) \times \frac{1}{2} = 5{,}000$$

$$\sigma^2\left(W\right) = (6{,}000 - 5{,}000)^2 \times \frac{1}{2} + (4{,}000 - 5{,}000)^2 \times \frac{1}{2} = 1{,}000{,}000$$

투자자 갑은 위의 게임에 참가할 것인가? 아니면 불참할 것인가? 투자자 갑이 선택할 수 있는 대안 및 그때의 성과와 분산을 나타내면 다음과 같다.

대안	확률	미래 부	기대 부	분산
게임에 불참	100%	5,000원	5,000원	0원
게임에 참가	50% 50%	6,000원 4,000원	5,000원	1,000,000원

공정한 게임(fair game)은 게임에 참가할 경우의 기대부와 게임에 참가하기 이전의 현재 부가 동일한 게임 또는 게임의 성과에 대한 기대부가 0인 게임을 말한다. 이러한

공정한 게임에 대한 참가여부에 따라 투자자를 위험회피형, 위험중립형, 위험선호형으로 구분하며 위험회피형 투자자를 이성적인 합리적 투자자로 본다.

(1) 위험회피형 투자자

위험회피형 투자자(risk averter)는 위험을 싫어하는 투자자를 말한다. 위험회피형은 위험을 기피하는 이성적인 인간의 행동으로 기대수익이 동일하면 보다 작은 위험을 선호하고 위험이 동일하면 기대수익이 보다 큰 대안을 선호하며 위험을 부담하면 반드시 이에 상응하는 보상을 요구한다.

① 효용함수

위험회피형 투자자는 공정한 게임에 참가하지 않는다. 왜냐하면 공정한 게임에서 추가적인 수익(보상)은 없이 위험만 부담하여 효용이 감소할 것이기 때문이다. 이는 위험회피형 투자자의 경우 위험이 없는 확실한 부가 주는 효용이 위험이 있는 동일한 금액의 기대부가 주는 효용보다 더 크다는 것을 의미한다.

$$U[E(W)] > E[U(W)]$$

게임에 참가하지 않는 경우에는 확실한 부 5,000원의 효용 U(5,000)은 효용함수상의 점 A로 나타난다. 그러나 게임에 참가하는 경우에는 4,000원이 될 수도 있고 6,000원이 될 수도 있다. 각 경우의 효용은 U(4,000)와 U(6,000)이 되며 기대효용은 U(4,000)×0.5+U(6,000)×0.5=[U(5,000)]이 되며 직선상의 점 B로 나타난다.

따라서 위험회피형 투자자의 효용함수는 [그림 5-1]에서 보는 바와 같이 원점에 대해서 아래로 오목한 형태를 가지게 된다. 즉 위험회피형 투자자의 효용함수는 부의 증가함수이나 한계효용은 체감한다. 왜냐하면 일반적으로 수익률이 높을수록 위험이 증가하여 효용이 한계적으로 작아지기 때문이다.

  ㉠ 부가 증가할수록 총효용은 증가한다. → U′ > 0 (불포화만족)
  ㉡ 부가 증가하면 한계효용은 체감한다. → U″ < 0 (한계효용 체감)

▮그림 5-1▮ 위험회피형 투자자의 효용함수

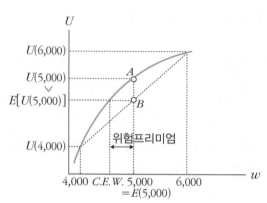

② 확실성등가부

확실성등가부(CEW : certainty equivalent wealth)는 불확실한 게임에 참가할 경우에 얻게 되는 기대효용과 동일한 효용을 가져다주는 확실한 부의 수준을 말한다. 즉 다음의 관계를 만족시키는 CEW가 확실성등가부이다.

$$U(CEW) \ = \ E[U(W)]$$

위험회피형 투자자는 위험을 부담하면 반드시 이에 상응하는 보상을 요구하는 투자자이기 때문에 불확실한 게임에 참가할 경우의 효용이 불확실한 게임에 참가하지 않는 확실한 부에 대한 효용과 동일해지기 위해서는 게임에 대한 기대부가 확실성등가부보다 커야 한다.

③ 위험프리미엄

공정한 게임에 대한 위험프리미엄(RP : risk premium)은 게임에 대한 기대부에서 확실성등가부를 차감한 값으로 측정한다. 위험회피형 투자자는 위험을 부담할 경우에는 반드시 이에 상응하는 보상을 요구하기 때문에 위험프리미엄은 항상 정(+)의 값을 갖게 된다.

$$RP \ = \ E(W) - CEW \tag{5.7}$$

이는 위험회피형 투자자가 불확실한 게임에 직면해 있을 경우 위험을 내포한 불확실한 기대부를 CEW의 부가 보장되는 확실한 상황으로 전환하기 위해 지불할 수 있는 최대금액을 말한다. 따라서 위험프리미엄 이하의 금액을 지불하고 위험을 완전히 제거할 수 있다면 기꺼이 지불하고자 할 것이다.

④ 갬블의 비용

갬블의 비용(CG : cost of gamble)은 불확실한 게임에 참가할 경우에 발생하는 현재부의 감소액을 말한다. 즉 위험회피형 투자자가 게임에 참가한다는 것은 현재부를 포기하고 게임의 확실성등가부를 얻는 것이므로 현재부에서 확실성등가부를 차감한 값만큼의 비용을 부담한다는 의미이다.

$$CG = 현재부 - CEW \tag{5.8}$$

여기서 현재부는 게임에 불참할 경우의 확실한 부를 말하고, 확실성등가부는 게임에 참가할 경우에 얻게 되는 확실한 부를 말한다. 즉 게임에 참가하지 않는 경우에서 게임에 참가한 경우를 차감하면 게임에 참가함으로써 발생하는 비용을 구할 수 있고, 갬블의 비용은 게임의 성격에 따라 (+), 0, (−)의 값을 가질 수 있다.

갬블의 비용이 (+)인 게임에 참가하면 부가 감소하여 최소한 감소하는 부만큼의 대가가 주어져야 게임에 참가할 것이다. 즉 게임에 참가하는데 대해 지급받고자 하는 최소한의 대가를 의미한다. 반면에 갬블의 비용이 (−)인 게임에 참가하면 부가 증가하므로 증가하는 부까지는 대가를 지불하고 게임에 참가할 것이다.

따라서 갬블의 비용이 (−)인 경우에는 게임에 참가하기 위해 지불할 수 있는 최대금액을 의미한다. 그리고 갬블의 비용이 0인 경우에는 게임에 참가하더라도 부의 변동이 없기 때문에 게임의 참가에 대해 대가를 요구하지도 않고 게임에 참가하기 위해 대가를 지불하지도 않게 된다.

⑤ 무차별곡선

위험회피형 투자자의 무차별곡선은 우상향하며 좌상방으로 이동할수록 효용이 증가하는데, 이는 위험을 부담하면 반드시 이에 상응하는 대가를 요구한다. 또한 무차별곡선이 원점에 대해 볼록하다. 이는 부담하는 위험이 커질수록 한 단위의 위험을 추가로 부담하는데 대해 요구하는 대가가 점차 증가한다는 것을 나타낸다.

┃그림 5-2 ┃ 위험회피형 투자자의 무차별곡선

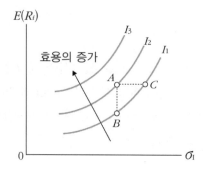

(2) 위험중립형 투자자

위험중립형 투자자(risk neutralist)는 투자대상을 선택할 때 위험을 고려하지 않고 기대수익률만 고려하는 투자자를 말한다. 위험중립형 투자자는 위험의 크기에 관계없이 기대수익률이 보다 높은 대안을 선호한다.

① 효용함수

위험중립형 투자자는 공정한 게임의 참가여부에 무차별하다. 왜냐하면 위험중립형 투자자는 위험의 크기에 관계없이 부의 수준에 의해서만 행동하기 때문이다. 이는 위험이 없는 확실한 부가 주는 효용과 위험을 내포하고 있는 동일한 금액의 기대부가 주는 효용이 동일하다는 것을 의미한다.

$$U[E(W)] \ = \ E[U(W)]$$

위험중립형 투자자는 공정한 게임의 참가여부에 대해 무차별하게 느끼는 투자자이므로 효용함수상의 점 A로 나타나는 게임에 불참할 경우에 얻게 되는 확실한 부의 효용 U(5,000)이 직선상의 점 B로 나타나는 게임에 참가할 경우에 얻을 수 있는 불확실한 부의 기대효용 E[U(5,000)]과 동일하게 나타난다.

따라서 위험중립형 투자자의 효용함수는 [그림 5-3]에서 보는 바와 같이 원점에

대해서 단순증가하는 선형함수의 형태를 가지게 된다. 즉 위험중립형 투자자의 효용함수
는 부가 증가함에 따라 총효용이 단순히 일정하게 증가하는 선형적 증가함수의 형태가
된다.

㉠ 부가 증가할수록 총효용은 증가한다. → $U' > 0$ (불포화만족)
㉡ 부가 증가해도 한계효용은 일정하다. → $U'' = 0$ (한계효용 일정)

┃그림 5-3┃ 위험중립형 투자자의 효용함수

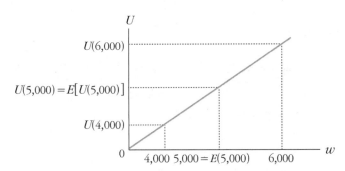

② 위험프리미엄

위험중립형 투자자는 위험의 크기에 관계없이 기대수익률만 고려하는 투자자이기
때문에 위험중립형 투자자가 평가하는 확실성등가부는 위험을 내포하고 있는 기대부와
같다. 따라서 위험중립형 투자자의 위험프리미엄은 항상 0의 값을 갖는다. 이는 위험을
부담하더라도 그에 대한 대가를 요구하지 않는다는 의미이다.

③ 무차별곡선

위험중립형 투자자의 무차별곡선은 수평선의 형태로 나타나며 상방으로 이동할수
록 효용이 증가한다. 이는 위험에 관계없이 기대수익률만 동일하면 효용이 동일하다는
것을 의미한다.

┃그림 5-4┃ 위험중립형 투자자의 무차별곡선

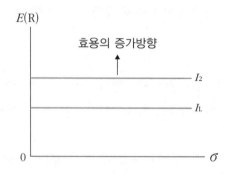

(3) 위험선호형 투자자

위험선호형 투자자(risk seeker)는 위험을 좋아하는 투자자를 말한다. 위험선호형 투자자는 기대수익률이 동일하면 위험이 보다 큰 대안을 선호하고, 위험이 동일하면 기대수익률이 보다 큰 대안을 선호한다.

① 효용함수

위험선호형 투자자는 공정한 게임에 참가한다. 왜냐하면 위험선호형 투자자는 높은 수익률을 얻기 위해서 보다 큰 위험을 기꺼이 부담하려고 하기 때문이다. 이는 위험을 내포하고 있는 기대부가 주는 효용이 동일한 금액의 위험이 없는 확실한 부가 주는 효용보다 더 크다는 것을 의미한다.

$$U[E(W)] \;<\; E[U(W)]$$

위험선호형 투자자는 공정한 게임에 참가하는 투자자이므로 효용함수상의 점 A로 나타나는 게임에 불참할 경우에 얻게 되는 확실한 부의 효용 U(5,000)이 직선상의 점 B로 나타나는 게임에 참가할 경우에 얻을 수 있는 불확실한 부의 기대효용 E[U(5,000)]보다 작게 나타난다.

따라서 위험선호형 투자자의 효용함수는 [그림 5-5]에서 보는 바와 같이 원점에 대해서 볼록한 형태를 가지게 된다. 즉 위험선호형 투자자의 효용함수는 부가 증가함에 따라 총효용이 체증적으로 증가하는 체증적 증가함수의 형태가 된다.

㉠ 부가 증가할수록 총효용은 증가한다. → U' > 0 (불포화만족)

㉡ 부가 증가하면 한계효용도 증가한다. → U" = 0 (한계효용 체증)

| 그림 5-5 | 위험선호형 투자자의 효용함수

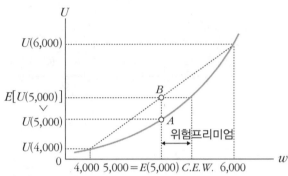

② 위험프리미엄

위험선호형 투자자는 대가를 지불하고서라도 위험을 부담하고자 한다. 따라서 위험
선호형 투자자가 평가하는 확실성등가부는 위험을 내포하고 있는 기대부보다 크기 때문
에 위험프리미엄은 항상 부(−)의 값을 갖는다. 위험프리미엄이 부(−)라는 것은 대가를
지불하고서라도 위험을 부담하려고 한다는 의미이다.

③ 무차별곡선

위험선호형 투자자의 무차별곡선은 우하향하는 형태로 나타나며 우상방으로 이동
할수록 효용이 증가한다. 이는 높은 기대수익률을 달성하기 위해 대가를 지불하고서라도
위험을 부담한다는 것을 의미한다.

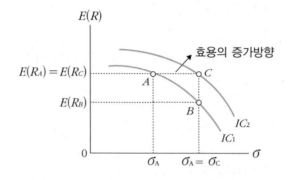

┃그림 5-6┃ 위험선호형 투자자의 무차별곡선

제3절 평균─분산기준

1. 평균─분산기준의 전제

불확실성하에서 합리적인 선택기준은 기대효용극대화이다. 그러나 기대효용극대화 기준을 적용하기 위해서는 자산의 미래수익률에 대한 확률분포와 투자자의 효용함수가 구체적으로 제시되어야 하는데, 현실적으로 자산의 미래수익률에 대한 확률분포와 투자자의 효용함수를 파악하는 것은 매우 어려운 일이다.

평균─분산기준(mean─variance criterion)은 미래수익률에 대한 전체 확률분포에 관계없이 확률분포의 평균과 분산을 이용하여 기대효용극대화기준과 동일한 선택을 할 수 있도록 투자안을 선택하는 기준이다. 평균─분산기준을 적용하려면 다음과 같이 확률분포의 평균과 분산만으로도 기대효용을 측정할 수 있어야 한다.

기대효용 =f(평균, 분산)

자산의 미래수익률에 대한 확률분포가 정규분포(normal distribution)를 이루거나 투자자의 효용함수가 2차함수(quadratic function)인 경우에 평균과 분산만 가지고 기대효용을 측정할 수 있다. 따라서 자산의 미래수익률이 정규분포이거나 투자자의 효용함수가 2차 함수이면 평균─분산기준을 적용할 수 있다.

2. 최적자산의 선택과정

평균-분산기준에 의해서 위험회피형 투자자의 기대효용을 극대화하는 최적자산의 선택과정은 다음과 같은 두 단계를 거쳐 이루어진다. 1단계는 지배원리를 적용해서 효율적 자산집합을 선정하는 단계이고, 2단계는 효율적 자산들 중에서 자신의 기대효용을 극대화할 수 있는 최적자산을 선택하는 단계이다.

(1) 1단계 : 지배원리에 의한 효율적 자산의 선택

재무관리에서 이성적이고 합리적인 투자자인 위험회피형 투자자는 위험이 동일한 투자안에 대해서는 기대수익률이 높은 투자안을 선택하고 기대수익률이 동일한 투자안에 대해서는 위험이 작은 투자안을 선택하게 되는데, 이러한 선택원리를 지배원리(dominance principle)라고 한다.

효율적 자산은 지배원리를 충족시켜 선택된 자산을 말한다. [그림 5-7]에서 투자안 D는 B에 비해 위험은 동일하나 기대수익률은 더 크므로 B를 지배하며 투자안 D는 E에 비해 기대수익률은 동일하나 위험은 더 작기 때문에 E를 지배한다. 따라서 지배원리에 의해 우열을 가릴 수 없는 자산 A, D, G, I만이 효율적 자산이다.

┃그림 5-7┃ 지배원리에 의한 효율적 자산의 선택

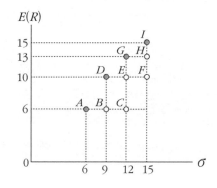

(2) 제2단계 : 효용구조에 따른 최적자산의 선택

지배원리에 의해 얻어지는 효율적 자산집합은 위험회피도에 관계없이 누구에게나 동일하다. 즉 모든 투자자가 자산 A, D, G, I를 효율적 자산으로 생각한다. 따라서 위험회피형 투자자들은 지배원리를 충족시켜서 선택된 효율적 자산 중에서 자신의 기대효용을 극대할 수 있는 자산을 최적자산으로 선택하게 된다.

최적자산의 선택은 투자자의 상대적인 위험회피도를 나타내는 주관적인 무차별곡선에 의해서 결정된다. [그림 5-7]에서 상대적으로 위험을 더 싫어하여 위험회피도가 큰 보수적인 투자자(defensive investor) 갑은 기대수익률이 낮더라도 위험이 상대적으로 작은 A를 최적자산으로 선택하면 기대효용을 극대화할 수 있다.

상대적으로 위험을 덜 싫어하여 위험회피도가 작은 공격적인 투자자(aggressive investor) 을은 약간의 위험을 감수하고 기대수익률이 높은 자산 I를 최적자산으로 선택하면 기대효용을 극대화할 수 있다. 이와 같이 갑과 을의 최적자산의 선택이 다른 것은 갑과 을의 상대적인 위험회피도가 서로 다르기 때문이다.

┃그림 5-8┃ 효용구조에 따른 최적자산의 선택

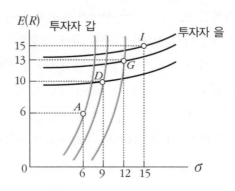

보론 5-1 　세인트 피터스버그의 역설

1. 내용

세인트 피터스버그(St. Petersberg : 현재의 성 페테르스부르크)의 어떤 도박장에 참가비는 10,000루블이고 동전을 던져 n번째 처음 앞면이 나오면 게임이 종료되고 2^n의 상금을 지급하는 도박장을 개설하였다. 게임의 기대가치는 각각의 상황이 발생했을 때의 기대가치를 모두 합한 값으로 도박의 기대가치는 무한대로 계산된다.

* 도박의 기대치 계산

* 처음에 앞면이 나올 확률 $= \frac{1}{2}$ → 기대치 $= \left(\frac{1}{2}\right) \times 2^1 = 1$

* $\left(\dfrac{\text{처음에 뒷면이 나오고}}{\text{두 번째 앞면이 나올 확률}}\right) = \left(\frac{1}{2}\right) \cdot \left(\frac{1}{2}\right) = \left(\frac{1}{2}\right)^2$ → 기대치 $= \left(\frac{1}{2}\right)^2 \times 2^2 = 1$

* $\left(\dfrac{\text{처음에 두번 뒷면이 나오고}}{\text{세 번째 앞면이 나올 확률}}\right) = \left(\frac{1}{2}\right)^2 \cdot \left(\frac{1}{2}\right) = \left(\frac{1}{2}\right)^3$ → 기대치 $= \left(\frac{1}{2}\right)^3 \times 2^3 = 1$

$$\vdots \qquad \vdots \qquad \vdots$$

$+ \cdot \left(\dfrac{\text{처음에 } (n-1)\text{번 뒷면이 나오고}}{n\text{번째 앞면이 나올 확률}}\right) = \left(\frac{1}{2}\right)^{n-1} \cdot \left(\frac{1}{2}\right) = \left(\frac{1}{2}\right)^n$ → 기대치 $= \left(\frac{1}{2}\right)^n \times 2^n = 1$

$$\vdots \qquad \vdots \qquad \vdots$$

도박의 기대치 $= \left[\left(\frac{1}{2}\right)^1 \times 2^1\right] + \left[\left(\frac{1}{2}\right)^2 \times 2^2\right] + \left[\left(\frac{1}{2}\right)^3 \times 2^3\right] + \cdots$

$$= 1 + 1 + 1 + \cdots = \infty$$

도박의 참가비는 10,000루블로 도박의 기대가치가 무한대인 도박에 참가하는 사람은 전혀 없었다고 한다. 수학적인 기대가치가 매우 크기 때문에 유리한 도박임에도 불구하고 사람들이 도박에 참가하지 않는 역설적인 상황을 세인트 피터스버그의 역설이라고 하며 스위스의 수학자 베르누이(N. Bernoulli)에 의해 제기되었다.

2. 시사점

세인트 피터스버그의 역설은 기대가치가 사람들의 의사결정이 아님을 부각시켜 주고 있다. 도박의 금전적인 기대가치가 매우 높음에도 불구하고 사람들이 도박에 참가하지 않는다는 것은 도박참가로 얻을 수 있는 심리적인 만족이 그리 크지 않다는 것을 의미한다. 따라서 불확실성하의 선택기준은 금전의 기대가치가 아니라 효용의 기대가치에 의존함을 시사하고 있다.

| 보론 5-2 | 위험회피도 |

1. 위험회피도의 정의

위험회피도는 효용함수의 오목한 정도와 무차별곡선의 기울기를 통해서 파악할 수 있다. 효용함수의 오목한 정도가 클수록 그리고 무차별곡선의 기울기가 가파를수록 위험회피도가 커진다. 이는 위험회피도가 큰 투자자일수록 위험을 더 싫어하여 보다 많은 위험프리미엄을 요구하기 때문이다.

2. 위험회피도의 측정

(1) 절대위험회피도(ARA)

절대위험회피도(ARA : absolute risk aversion)는 투자자의 부가 증가할수록 위험자산에 대한 투자금액이 어떻게 변화하는지의 여부를 측정하는 위험회피도를 의미하며 수학적으로 다음과 같이 측정할 수 있다.

$$ARA = -\frac{U(W)}{U(W)} \tag{5.9}$$

위험을 싫어하는 투자자일수록 위험자산에 대한 투자금액이 적을 것이므로 절대위험회피도는 부의 수준이 증가할수록 감소한다. 즉 부의 수준이 증가함에 따라 위험자산에 대한 투자금액은 증가한다. 식(5.9)에서 ARA의 크기가 큰 투자자일수록 상대적으로 위험회피 정도가 큰 보수적인 투자자임을 나타낸다.

(2) 상대위험회피도(RRA)

상대위험회피도(RRA : relative risk aversion)는 투자자의 부가 증가할수록 위험자산에 대한 투자비율이 어떻게 변화하는지의 여부를 측정하는 위험회피도를 의미하며 수학적으로 다음과 같이 측정할 수 있다.

$$RRA = -\frac{U(W)}{U(W)} \times W = ARA \times W \tag{5.10}$$

RRA는 절대위험회피도에 부의 수준을 곱한 값으로 위험을 싫어하는 투자자일수록 위험자산에 대한 투자비율이 적을 것이므로 상대위험회피도는 큰 값을 가지며 부의 수준에 관계없이 일정하다. 식(5.10)에서 RRA의 크기가 큰 투자자일수록 상대적으로 위험회피정도가 큰 보수적인 투자자임을 나타낸다.

┃그림 5-9┃ 위험회피도

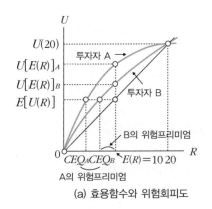

(a) 효용함수와 위험회피도

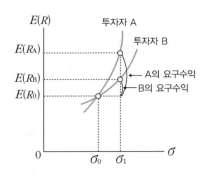

(b) 무차별곡선과 위험회피도

(3) ARA와 RRA의 비교

절대위험회피도(ARA)와 상대위험회피도(RRA)에 대한 이해를 돕기 위해 3명의 투자자 갑, 을, 병이 현재 보유하고 있는 부와 위험자산에 대한 투자금액과 투자비율이 다음과 같다고 가정하자.

투자자	부	위험자산 투자금액	위험자산 투자비율
갑	10,000만 원	5,000만 원	50%
을	10,000만 원	6,000만 원	60%
병	20,000만 원	10,000만 원	50%

부가 1억 원으로 동일한 투자자 갑과 을의 경우에 갑은 을보다 위험자산에 대한 투자금액과 투자 비율이 모두 작다. 따라서 절대위험회피도(ARA)와 상대위험회피도(RRA) 중에서 어떤 척도를 이용하더라도 갑의 위험회피도가 큰 것으로 나타나 갑은 보수적 투자자가 되고, 을은 공격적 투자자가 된다.

부가 상이한 투자자 을과 병의 경우에 위험자산에 대한 투자금액은 을이 작다. 따라서 ARA에 의하면 을의 위험회피도가 큰 것으로 나타나 을은 보수적 투자자가 되고, 병은 공격적 투자자가 된다. 반면에 위험자산에 대한 투자비율은 병이 작다. 따라서 RRA에 의하면 병의 위험회피도가 큰 것으로 나타나 병은 보수적 투자자가 되고, 을은 공격적 투자자가 된다. 요컨대 부의 수준이 서로 다른 경우에는 부의 수준이 위험회피도에 미치는 영향을 제거한 RRA로 비교해야 의미가 있다.

제1절 기본개념

1. 불확실성의 세계

(1) 불확실성과 위험

① 불확실성 : 미래의 현금흐름이 확률분포의 형태로 발생하는 상황

② 위험 : 미래에 실제로 실현되는 현금흐름이 기대성과와 다를 가능성

(2) 위험의 측정

기대수익률이 실현되지 않을 가능성으로 분산 또는 표준편차로 측정

2. 불확실성하의 선택기준

기대가치극대화기준, 기대효용극대화기준, 평균-분산기준, 확률지배이론

제2절 불확실성하의 선택기준

1. 기대가치극대화기준 : 기대성과만을 고려하고 위험을 고려하지 않은 방법

2. 기대효용극대화기준 : 기대성과뿐만 아니라 위험까지 고려한 합리적 선택

3. 위험에 대한 태도와 효용함수

① 위험회피형 투자자

기대수익이 동일하면 위험이 작은 대안을 선호하고 위험이 동일하면 기대수익이 가장 큰 대안을 선호하는 투자자

② 위험중립형 투자자

투자대상을 선택할 때 위험을 고려하지 않고 기대수익률만 고려하는 투자자

③ 위험선호형 투자자

기대수익이 동일하면 위험이 가장 큰 대안을 선호하고 위험이 동일하면 기대수익이 가장 큰 대안을 선호하는 투자자

제3절 평균-분산기준

1. 평균-분산기준의 전제

자산의 미래수익률에 대한 확률분포와 투자자의 효용함수가 구체적으로 제시

2. 최적자산의 선택과정

① 제1단계 : 지배원리에 의한 효율적 자산의 선택

② 제2단계 : 효용구조에 따른 최적자산의 선택

1   다음 중 불확실성하의 선택이론에 대한 설명으로 옳지 않은 것은?

  ① 불확실성의 세계는 위험을 내포하고 있어 기대성과와 위험을 고려해야 한다.
  ② 기대가치극대화기준은 기대성과만을 고려하고 위험을 고려하지 않는다.
  ③ 기대효용극대화기준은 기대성과뿐만 아니라 위험도 동시에 고려하고 있다.
  ④ 평균−분산기준은 평균과 분산만을 이용하여 자산을 선택하는 기준이다.
  ⑤ 효용함수의 오목한 정도가 작을수록 위험회피도가 커진다.

  | 해설 | 효용함수의 오목한 정도가 클수록 위험회피도가 커진다.

2   회계기업의 부채는 현재 2,000억원이다. 미래의 상황은 호황과 불황이 동일한 확률로 발생하며 회계기업은 상호배타적인 두 투자안을 고려하고 있다. 두 투자안이 시행되면 호황과 불황에서의 기업가치는 다음과 같이 예상된다.

상황	A 투자안이 시행되는 경우	B 투자안이 시행되는 경우
호황에서 기업가치 불황에서 기업가치	4,300억원 1,100억원	3,800억원 2,000억원

  다음 중 적절한 설명을 모두 모은 것은?

  > a. A투자안 시행시의 기대 기업가치는 B투자안 시행시의 기대 기업가치보다 200억원만큼 작다.
  > b. A투자안 시행시의 기업가치 변동성(표준편차)은 B투자안 시행시의 기업가치 변동성보다 700억원만큼 크다.
  > c. 주주가치를 극대화하는 기업은 B투자안을 선택한다.

  ① a, b, c   ② a, c   ③ b, c
  ④ a   ⑤ a, b

  | 해설 | (1) 각 투자안의 기대가치와 표준편차

  $$E(V_A) = 4,300 \times \frac{1}{2} + 1,100 \times \frac{1}{2} = 2,700억원, \; E(V_B) = 3,800 \times \frac{1}{2} + 2,000 \times \frac{1}{2} = 2,900억원$$

  따라서 B투자안의 기대 기업가치는 A투자안보다 200억원 더 크다.

  $$\sigma(V_A) = \sqrt{(4,300 - 2,700)^2 \times \frac{1}{2} + (1,100 - 2,700)^2 \times \frac{1}{2}} = 1,600억원$$

  $$\sigma(V_B) = \sqrt{(3,800 - 2,900)^2 \times \frac{1}{2} + (2,000 - 2,900)^2 \times \frac{1}{2}} = 900억원$$

  따라서 A투자안의 표준편차(위험)가 B투자안보다 700억원 더 크다.

(2) 각 상황에서 자기자본가치(단, S = V−B)

상황	A투자안	B투자안
호황	4,300 − 2,000 = 2,300	3,800 − 2,000 = 1,800
불황	1,100 − 2,000 = 0	2,000 − 2,000 = 0

$E(S_A) = 2,300 \times \frac{1}{2} + 0 \times \frac{1}{2} = 1,150$억 원, $E(S_B) = 1,800 \times \frac{1}{2} + 0 \times \frac{1}{2} = 900$억 원

따라서 A투자안의 자기자본가치는 B투자안보다 250억원 더 크다.

(3) 기업가치극대화를 추구하면 B투자안을 선택하고, 자기자본가치극대화를 추구하면 A투자안을 선택한다.

3 홍길동의 현재부는 100원이고 부에 대한 효용함수는 $U(w) = \sqrt{w}$ 이다. 홍길동은 10원을 잃을 확률이 10%, 100원을 획득할 확률이 90%인 게임에 직면해 있다. 보험회사에서 이 게임에 포함된 모든 불확실성을 없애 주는 보험에 가입할 것을 권유해 왔다. 홍길동이 보험료로 지불할 수 있는 최대금액은 얼마인가? (1991년)

① 1원   ② 2원   ③ 3원

④ 4원   ⑤ 5원

| 해설 | E(w) = 0.1×90+0.9×200 = 189원

$E[U(w)] = 0.1 \times \sqrt{90} + 0.9 \times \sqrt{200} = 13.68$원

$CEW = \sqrt{w} = 13.68 \rightarrow \therefore w = 187$원

최대보험료 = 위험프리미엄 = 기대부−확실성등가 = E(w)−CEW = 189−187 = 2원

4 현재 10,000원을 보유한 투자자의 효용함수는 $U(w) = \sqrt{w}$ 이다. 주식시장에서 현재 10,000원에 거래되는 강원기업 주식은 1년 후에 동일한 확률로 12,100원이 되거나 9,000원이 된다고 한다. 무위험이자율이 10%일 경우에 투자자가 강원기업 주식에 투자하여 발생하는 순현재가치(NPV)는 얼마인가?

① 250원   ② 493원   ③ 550원

④ −409원   ⑤ −461원

| 해설 | $CEW = (\sqrt{12,100} \times 0.5 + \sqrt{9,000} \times 0.5)^2 = 10,493$

$NPV = \frac{10,493}{1.1} - 10,000 = -461$

5 다음 중 위험회피형 투자자의 특징에 대한 설명으로 옳지 않은 것은?

① 효용함수는 원점에 대해 오목하고, 무차별곡선은 원점에 대해 볼록하다.

② 부에 대한 효용함수의 1차 미분값은 0보다 크고 2차 미분값은 0보다 작다.

③ 위험을 싫어하여 기대 부와는 관계없이 위험이 최소인 자산을 선호한다.

④ 위험을 싫어하여 공정한 갬블에 참가하지 않는다.

⑤ 기대부에서 확실성등가부를 차감한 위험프리미엄은 항상 정(+)의 값을 갖는다.

| 해설 | 불확실성하의 선택이론에서는 기대부와 위험을 동시에 고려해야 한다.

6 다음 중 위험중립형 투자자의 특징에 대한 설명으로 옳지 않은 것은?

① 공정한 게임의 참가여부에 무차별하다.

② 부에 대한 효용함수의 1차 미분값은 0보다 크고 2차 미분값은 0보다 작다.

③ 위험의 크기에 관계없이 부의 수준에 의해서만 행동한다.

④ 확실성등가부가 기대부와 일치한다.

⑤ 위험프리미엄은 항상 0의 값을 갖는다.

| 해설 | 위험중립형 투자자는 부에 대한 효용함수의 1차 미분값은 0보다 크고 2차 미분값은 0이다.

7 다음 중 위험선호형 투자자의 특징에 대한 설명으로 옳지 않은 것은?

① 높은 수익을 달성하기 위해 공정한 게임에 기꺼이 참여한다.

② 부에 대한 효용함수의 1차 미분값과 2차 미분값은 0보다 크다.

③ 원점에 대해 볼록한 형태의 효용함수를 갖는다.

④ 확실성등가부가 기대부보다 작다.

⑤ 위험프리미엄은 항상 부(−)의 값을 갖는다.

| 해설 | 위험선호형 투자자는 확실성등가부가 기대부보다 커서 위험프리미엄은 부(−)의 값을 갖는다.

8 A, B, C, D 투자안의 호경기와 불경기 때의 수익률이 아래와 같이 주어져 있다. 네 투자안 가운데 하나를 선택하는 경우 다음의 설명 중 옳은 것을 모두 모아놓은 것은? 단, 호경기와 불경기가 발생할 확률은 각각 1/2로 동일하다. (2004년)

투자안	호경기	불경기
A	10%	10%
B	13%	7%
C	14%	6%
D	15%	9%

a. 위험회피적 투자자들 가운데서도 D투자안을 선택하는 투자자가 있다.

b. 위험중립적 투자자는 A투자안, B투자안, C투자안을 동일하게 평가한다.

c. 위험추구적 투자자는 A투자안과 B투자안 중에서 B투자안을 선택한다.

① a, b, c   ② b, c   ③ a, c

④ a, b   ⑤ c

투자안	호경기	불경기	기대수익률	표준편차
A	10%	10%	10%	0%
B	13%	7%	10%	3%
C	14%	6%	10%	4%
D	15%	9%	12%	3%

a. 위험회피적 투자자는 기대수익률이 동일하면 위험이 작은 투자안을 선호하여 A, B, C 중에서는 A만 선택한다. 따라서 A나 D를 선택할 것이므로 D 투자안을 선택할 수도 있다.

b. 위험중립적 투자자는 위험은 고려하지 않고 기대수익률만 고려하므로 위험이 상이해도 기대수익률이 동일하면 동일한 가치가 있는 것으로 평가한다.

c. 위험추구적 투자자는 기대수익률이 동일하면 위험이 큰 투자안을 선호하므로 A, B, C 세 투자안에 대해 위험이 큰 C, B, A의 순서로 선호한다.

9 자산 세 개(A, B, C)의 1년 후 시장상황에 따른 예상수익(단위 : 원)은 다음과 같고, 1년 후 호황과 불황의 확률은 각각 50%이다. 자산 A의 현재가격은 100원이다. 다음 중 자산의 균형가격으로 성립될 수 없는 것은? (2006년)

상황	자산 A	자산 B	자산 C
호황	110	120	160
불황	110	100	80

① 위험회피형 투자자만 있는 세계에서 자산 B의 현재가격은 97원이다.
② 위험회피형 투자자만 있는 세계에서 자산 C의 현재가격은 105원이다.
③ 위험선호형 투자자만 있는 세계에서 자산 C의 현재가격은 115원이다.
④ 위험중립형 투자자만 있는 세계에서 자산 B의 현재가격은 100원이다.
⑤ 위험중립형 투자자만 있는 세계에서 자산 C의 현재가격은 107원이다.

| 해설 | 자산 A, B, C의 기대수익과 수익의 표준편차를 산출하면 다음과 같다.

구분	자산 A	자산 B	자산 C
기대수익	110원	110원	120원
표준편차	0	10	40

①, ② 위험회피형 투자자는 위험자산 B와 C에 대한 요구수익률이 10%보다 높을 것이다. 따라서 자산 B의 현재가격은 100원(=110/1.1)보다 낮아야 하고, 자산 C의 현재가격은 109원(=120/1.1)보다 낮아야 한다.

③ 위험선호형 투자자는 자산 C에 대한 요구수익률이 10%보다 낮을 것이므로, 자산 C의 현재가격은 109원(=120/1.1)보다 높아야 한다.

④, ⑤ 위험중립형 투자자는 모든 자산에 대한 요구수익률이 무위험이자율과 같을 것이다. 따라서 자

산 B의 현재가격은 100원(=110/1.1)이 되어야 하고, 자산 C의 현재가격은 109원(=120/1.1)이 되어야 한다.

10 다음은 세 가지 위험자산(A, B, C)의 기대수익률과 표준편차이다. 지배원리를 적용했을 때 옳은 것만을 모두 고르면? 단, 투자자는 위험회피형이고, 투자자의 효용함수는 2차함수의 형태를 가지며, 수익률은 정규분포를 따른다고 가정한다. (2015년)

	A	B	C
기대수익률	10%	15%	20%
표준편차	5%	?	15%

a. B의 표준편차가 3%이면, A가 B를 지배한다.
b. B의 표준편차가 18%이면, B가 C를 지배한다.
c. B의 표준편차가 13%이면, A, B, C 사이에는 지배관계가 성립하지 않는다.

① a ② b ③ c
④ a, b ⑤ b, c

│ 해설 │ a. B가 A보다 기대수익률은 더 크고 표준편차는 더 작아 B가 A를 지배한다.
b. C가 B보다 기대수익률은 더 크고 표준편차는 더 작아 C가 B를 지배한다.
c. 기대수익률이 큰 자산은 표준편차도 크고, 기대수익률이 작은 자산은 표준편차도 작아 A, B, C 사이에는 지배관계가 성립하지 않는다.

포트폴리오 이론

포트폴리오이론은 투자자들이 평균–분산기준에 의해 기대효용이 극대화되도록 투자한다고 가정하여 투자자들의 선택행동을 분석한다. 평균–분산기준을 적용하려면 포트폴리오의 기대수익률과 위험을 측정하고 기대수익률과 위험간의 관계를 분석하여 기대수익률과 위험의 평면상에서 어떻게 형성되는지를 파악해야 한다.

제1절 포트폴리오선택의 원리

1. 포트폴리오이론의 개요

(1) 포트폴리오의 의의

대부분의 투자자들은 위험을 축소하기 위해 투자자금을 하나의 자산에만 집중적으로 투자하지 않고 여러 자산에 나누어 분산투자를 한다. 포트폴리오(portfolio)는 투자자금을 여러 자산에 나누어 분산투자할 경우 투자대상인 두 개 이상의 자산의 조합 또는 복수증권의 결합을 말한다.

(2) 포트폴리오이론

포트폴리오이론은 위험자산만 존재하는 세계에서 포트폴리오를 구성하여 투자할 경우에 최적포트폴리오의 선택과정을 설명하는 이론을 말하며 완전공분산모형 또는 마코위츠모형이라고도 한다. 평균－분산기준에 의해서 최적포트폴리오를 선택하는 과정은 개별자산을 선택하는 과정이 그대로 적용된다.

2. 포트폴리오분석의 목적

포트폴리오를 구성하는 이유는 기대수익률을 희생시키지 않으면서 위험을 감소시킬 수 있는 포트폴리오효과 또는 분산투자효과가 있기 때문이다. 포트폴리오를 구성하는 종목수가 늘어날수록 위험이 감소하는 포트폴리오효과는 두 주식수익률간의 상관관계가 작고 포트폴리오에 포함되는 종목수가 증가할수록 크게 나타난다.

3. 포트폴리오이론의 가정

마코위츠(H. Markowitz, 1952)가 포트폴리오이론을 전개하기 위해 도입한 가정은 다음과 같다.
① 모든 투자자들은 위험회피형이며 기대효용을 극대화할 수 있도록 투자한다.
② 모든 투자자들은 평균－분산기준에 따라 투자하며 투자기간은 단일기간이다.

제2절 포트폴리오의 기대수익률과 위험

평균−분산기준에 의해 기대효용을 극대화하는 최적포트폴리오를 선택하기 위해서는 개별주식으로 구성된 포트폴리오의 기대수익률과 분산 또는 표준편차에 대한 측정이 선행되어야 한다. 투자자가 선택하는 최적포트폴리오는 효율적 투자선과 무차별곡선의 접점에 있으며 투자자의 효용함수형태에 따라 결정된다.

1. 두개의 주식으로 구성된 포트폴리오

(1) 포트폴리오의 기대수익률

두 개의 주식으로 포트폴리오를 구성하는 경우에 포트폴리오의 기대수익률은 포트폴리오를 구성하고 있는 개별주식의 기대수익률을 투자비율에 따라 가중평균하여 계산한 값을 말한다. 식(6.1)에서 w_1과 w_2는 각 개별자산에 대한 투자비율을 나타내고, 투자비율의 합은 항상 1이어야 한다.

$$E(R_p) = w_1 E(R_1) + w_2 E(R_2) = \sum_{i=1}^{n} w_i E(R_i) \tag{6.1}$$

─• 예제 6-1 포트폴리오의 기대수익률

현재 여유자금 1,000만원을 보유한 투자자 홍길동이 기대수익률이 10%인 주식 A에 600만원을 투자하고, 기대수익률인 20%인 주식 B에 400만원을 투자할 경우에 포트폴리오의 기대수익률을 계산하시오.

풀이

$$E(R_p) = w_A E(R_A) + w_B E(R_B) = (0.6)(0.1) + (0.4)(0.2) = 0.14$$

(2) 포트폴리오의 위험

포트폴리오 수익률의 분산과 표준편차는 개별주식들간에 존재하는 상호관련성에 의해 영향을 받게 되어 포트폴리오의 위험을 계산하려면 개별주식들간의 상호관련성을 측정하는 공분산과 상관계수를 이해해야 한다. 두 개별자산 수익률의 상관관계를 나타내는 공분산은 절대적 척도를, 상관계수는 상대적 척도를 나타낸다.

1) 공분산과 상관계수

공분산(covariance)은 포트폴리오를 구성하고 있는 각 개별주식의 기대수익률로부터의 편차와 편차의 곱에 대한 기댓값을 말하며 두 개별주식의 수익률이 평균적으로 어느 정도 같은 방향으로 또는 반대방향으로 움직이고 있는가를 나타내는 통계치를 의미한다.

$$Cov(R_1, R_2) = \sigma_{12} = \sum_{s=1}^{n} [R_{1s} - E(R_1)][R_{2s} - E(R_2)]P_s \qquad (6.2)$$

식(6.2)에서 공분산이 정(+)의 값을 가지면 두 개별주식의 수익률이 기대수익률을 중심으로 같은 방향으로 움직이고, 공분산이 부(−)의 값을 가지면 두 개별주식의 수익률이 기대수익률을 중심으로 반대 방향으로 움직이고 있음을 의미한다. 그러나 공분산은 변수를 측정하는 단위에 따라 그 크기가 달라지는 문제점이 있다.

따라서 두 변수간의 관계를 보다 정확하게 파악하기 위해서 상관계수(ρ)를 이용하게 된다. 상관계수(correlation coefficient)는 두 개별주식 수익률간의 상관관계의 정도를 나타내는 통계치를 말하며, 공분산을 각 개별주식 수익률의 표준편차의 곱으로 나누어 표준화시킨 값으로 −1에서 +1사이의 범위에 존재한다.

$$\rho_{12} = \frac{\sigma_{12}}{\sigma_1 \sigma_2} \leftrightarrow \sigma_{12} = \rho_{12} \sigma_1 \sigma_2 \qquad (6.3)$$

식(6.3)에서 상관계수는 두 개별주식 수익률간의 선형관계의 정도만을 나타내는 통계치임에 유의해야 한다. 상관관계의 정도는 상관계수가 0일때 가장 낮고 −1이나 +1에

접근할수록 커진다. 상관계수의 부호는 방향을 나타낸다. 따라서 부호에 관계없이 절대값이 같으면 상관관계의 정도는 같은 것이다.

상관계수가 +1에 가까우면 두 개별주식 수익률은 같은 방향으로 움직이고, −1에 가까우면 두 개별주식 수익률은 반대방향으로 움직이며, 0에 가까우면 두 개별주식 수익률은 상관관계가 없다. 상관계수가 +1이면 완전한 정(+)의 상관관계를, 상관계수가 −1이면 완전한 부(−)의 상관관계를 갖는다.

┃그림 6-1┃ 개별자산 수익률간의 상관관계

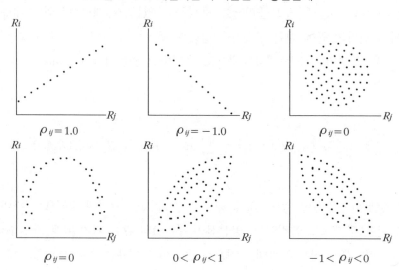

→ **예제 6-2** 공분산과 상관계수

다음과 같은 특성을 지닌 개별주식 수익률간의 공분산과 상관계수를 계산하시오.

상황	확률	주식 1	주식 2
불황	0.4	0.05	0.15
보통	0.2	0.10	0.10
호황	0.4	0.15	0.30
기대수익률		0.10	0.20
분산		0.002	0.007

풀이

$$\sigma_{12} = \sum_{s=1}^{n} [R_{1s} - E(R_1)][R_{2s} - E(R_2)] P_s$$

$$= (0.05 - 0.1)(0.15 - 0.2)(0.4) + (0.1 - 0.1)(0.1 - 0.2)(0.2) + (0.15 - 0.1)(0.3 - 0.2)(0.4)$$

$$= 0.003$$

$$\rho_{12} = \frac{\sigma_{12}}{\sigma_1 \sigma_2} = \frac{0.003}{\sqrt{0.002}\,\sqrt{0.007}} = 0.8018$$

2) 포트폴리오 수익률의 분산

두 개의 개별주식 1과 2로 구성된 포트폴리오 수익률의 분산은 분산의 통계적 특성을 이용하여 다음과 같이 나타낼 수 있다.

$$\sigma_p^2 = w_1^2 \sigma_1^2 + w_2^2 \sigma_2^2 + 2w_1 w_2 \sigma_{12} = w_1^2 \sigma_1^2 + w_2^2 \sigma_2^2 + 2w_1 w_2 \rho_{12} \sigma_1 \sigma_2 \tag{6.4}$$

개별주식 수익률의 분산은 자기자신과의 공분산이므로 포트폴리오 수익률의 분산을 다음과 같이 나타낼 수도 있다.

$$\sigma_p^2 = \sum_{i=1}^{2} \sum_{j=1}^{2} w_i w_j \sigma_{ij} = \sum_{i=1}^{2} w_i^2 \sigma_i^2 + \sum_{i=1}^{2} \sum_{j=1}^{2} w_i w_j \sigma_{ij} (i \neq j) \tag{6.5}$$

식(6.5)에서 포트폴리오 수익률의 분산은 대각선 방향에 개별주식 수익률의 분산 두 개와 대각선을 벗어난 개별주식 수익률간의 공분산 두 개로 구성되어 있다.

• 예제 6-3 포트폴리오 수익률의 분산

[예제 6-2]에 주어진 주식 A와 주식 B에 각각 60%, 40%의 비율로 투자한 경우에 포트폴리오 수익률의 분산을 계산하시오.

풀이

$$\sigma_p^2 = w_1^2\sigma_1^2 + w_2^2\sigma_2^2 + 2w_1w_2\sigma_{12}$$

$$= (0.6)(0.002) + (0.4)(0.007) + 2(0.6)(0.4)(0.003) = 0.00328$$

2. n개의 주식으로 구성된 포트폴리오

(1) 포트폴리오의 기대수익률

n개의 개별주식으로 구성된 포트폴리오의 기대수익률은 포트폴리오를 구성하고 있는 각 개별주식의 기대수익률을 투자비율에 따라 가중평균하여 계산한 값으로 이를 수식으로 나타내면 다음과 같다.

$$E(R_p) = w_1E(R_1) + w_2E(R_2) + \cdots + w_nE(R_n) = \sum_{i=1}^{n} w_iE(R_i) \tag{6.6}$$

(2) 포트폴리오의 위험

n개의 개별주식으로 구성된 포트폴리오 수익률의 분산도 두 개의 주식으로 구성된 포트폴리오 수익률의 분산과 동일한 논리로 다음과 같은 수식으로 구하고 분산-공분산 행렬을 이용하여 표시하면 [그림 6-2]와 같다.

$$\sigma_p^2 = \sum_{i=1}^{n}\sum_{j=1}^{n} w_iw_j\sigma_{ij} = \sum_{i=1}^{n} w_i^2\sigma_i^2 + \sum_{i=1}^{n}\sum_{j=1}^{n} w_iw_j\sigma_{ij}(i \neq j) \tag{6.7}$$

[그림 6.2]에서 포트폴리오 수익률의 분산은 대각선의 방향에 개별주식 수익률의 분산 n개와 대각선을 벗어난 개별주식 수익률간의 공분산 n(n-1)개로 구성되어 있다. 따라서 포트폴리오에 포함되는 주식수가 증가할수록 개별주식 수익률의 분산보다는 개별주식 수익률간의 공분산이 포트폴리오 위험에 미치는 위험이 커진다.

▌그림 6-2▐ n개의 주식으로 구성된 포트폴리오의 수익률 분산

	주식 1	주식 2	주식 3	⋯	주식 n
주식 1	$w_1w_1\sigma_{11}(=w_1^2\sigma_1^2)$	$w_1w_2\sigma_{12}$	$w_1w_3\sigma_{13}$	⋯	$w_1w_n\sigma_{1n}$
주식 2	$w_2w_1\sigma_{21}$	$w_2w_2\sigma_{22}(=w_2^2\sigma_2^2)$	$w_2w_3\sigma_{23}$	⋯	$w_2w_n\sigma_{2n}$
주식 3	$w_3w_1\sigma_{31}$	$w_3w_2\sigma_{32}$	$w_3w_3\sigma_{33}(=w_3^2\sigma_3^2)$	⋯	$w_3w_n\sigma_{3n}$
⋮	⋮	⋮	⋮		⋮
주식 n	$w_nw_1\sigma_{n1}$	$w_nw_2\sigma_{n2}$	$w_nw_3\sigma_{n3}$	⋯	$w_nw_n\sigma_{nn}(=w_n^2\sigma_n^2)$

(3) 개별주식의 포트폴리오 위험에 대한 공헌도

이제 포트폴리오위험에서 각 개별주식이 공헌하는 정도를 살펴보기 위해 n개의 개별주식으로 구성된 포트폴리오 위험을 분해하면 다음과 같다.

$$\begin{aligned}\sigma_p^2 &= w_1w_1\sigma_{11}+w_1w_2\sigma_{12}+\cdots+w_1w_n\sigma_{1n} \rightarrow \text{주식 1의 공헌도}\\ &+w_2w_1\sigma_{21}+w_2w_2\sigma_{22}+\cdots+w_2w_n\sigma_{2n} \rightarrow \text{주식 2의 공헌도}\\ &+w_nw_1\sigma_{n1}+w_nw_2\sigma_{n2}+\cdots+w_nw_n\sigma_{nn} \rightarrow \text{주식 } n\text{의 공헌도}\end{aligned}$$

위 식에서 각 행의 합은 각 개별주식이 포트폴리오 수익률의 분산에 공헌하는 정도를 나타낸다. 개별주식 1이 포트폴리오위험에 공헌하는 정도는 다음과 같다.

$$\begin{aligned}\text{개별주식 1의 공헌도} &= w_1w_1Cov(R_1,R_1)+w_1w_2Cov(R_1,R_2)+\ \cdots\ +w_1w_nCov(R_1,R_n)\\ &= w_1w_1Cov(R_1,R_1)+w_2Cov(R_1,R_2)+\ \cdots\ +w_1Cov(R_1,R_n)\\ &= w_1Cov(R_1,w_1R_1+w_2R_2+\cdots+w_nR_n)\\ &= w_1Cov(R_1,R_p)\end{aligned}$$

위 식에서 임의의 개별주식 i가 포트폴리오위험에서 차지하는 공헌도는 다음과 같이 표시된다.

$$\text{개별주식 i의 공헌도} = W_iCov(R_i,R_p)=W_i\sigma_{ip} \tag{6.8}$$

식(6.8)로부터 포트폴리오위험에서 임의의 개별주식 i가 차지하는 비율은 다음과 같이 나타난다.

$$개별주식\ i의\ 공헌비율\ =\ W_i\sigma_{ip}/\sigma_p^2 \qquad (6.9)$$

제3절 상관계수에 따른 포트폴리오효과

포트폴리오효과(portfolio effect)는 투자자가 두 개 이상의 주식을 매입하여 포트폴리오를 구성하는 경우에 기대수익률을 희생시키지 않으면서 위험을 감소시킬 수 있는 효과를 말하며 분산투자효과(diversification effect)라고도 한다. 포트폴리오위험은 개별주식 수익률간의 상관계수에 의해서 영향을 받게 된다.

1. 포트폴리오의 기대수익률과 상관계수

다음과 같은 특성을 갖는 두 개의 개별주식으로 구성된 포트폴리오에서 각 주식의 기대수익률과 표준편차를 알고 있을 때 두 주식수익률의 상관관계에 따라 포트폴리오의 기대수익률과 표준편차가 어떤 관계를 보이는지 살펴본다.

주식	기대수익률	표준편차	투자비율
1	19%	26%	50%
2	15%	18%	50%

두 개의 개별주식으로 구성된 포트폴리오의 기대수익률은 각 개별주식의 기대수익률을 투자비율에 따라 가중평균한 값이며 투자비율이 일정하면 개별주식 수익률간의 상관계수에 관계없이 일정하다. 즉 포트폴리오의 기대수익률은 각 개별주식의 기대수익률을 단순히 평균한 값으로 감소된 것이 아님에 유의해야 한다.

$$E(R_p) = w_1 E(R_1) + w_2 E(R_2)$$

$$= 0.5 \times 0.19 + 0.5 \times 0.15 = 17\%$$

2. 포트폴리오의 위험과 상관계수

두 개의 개별주식으로 구성된 포트폴리오의 위험인 표준편차는 각 개별주식의 투자비율과 개별주식 수익률간의 상관계수에 따라 영향을 받게 된다. 포트폴리오의 위험은 상관계수가 +1인 경우를 제외하고 포트폴리오효과가 나타나며 상관계수가 작을수록 포트폴리오의 위험은 감소하여 포트폴리오효과가 크게 발생한다.

$$\sigma_p = \sqrt{w_1^2 \sigma_1^2 + w_2^2 \sigma_2^2 + 2 w_1 w_2 \rho_{12} \sigma_1 \sigma_2} \tag{6.10}$$

3. 상관계수에 따른 포트폴리오의 위험

두 개의 개별주식으로 포트폴리오를 구성하는 경우에 포트폴리오의 기대수익률과 위험의 관계는 개별주식 수익률간의 상관계수에 따라 다른 형태로 나타난다.

(1) ρ_{12} = +1인 경우

상관계수가 +1일 때 포트폴리오 수익률의 표준편차는 다음과 같이 나타난다.

$$\sigma_p = \sqrt{w_1^2 \sigma_1^2 + w_2^2 \sigma_2^2 + 2 w_1 w_2 (+1) \sigma_1 \sigma_2} = \sqrt{(w_1 \sigma_1 + w_2 \sigma_2)^2}$$

$$= w_1 \sigma_1 + w_2 \sigma_2 = 0.5 \times 0.26 + 0.5 \times 0.18 = 0.22(22\%)$$

상관계수가 +1인 경우 포트폴리오 수익률의 표준편차는 개별주식 수익률의 표준편차를 투자비율에 따라 단순히 가중평균한 값이 된다. 따라서 포트폴리오 수익률의 표준편차 22%는 개별주식 수익률의 위험을 단순히 평균한 값이어서 감소된 것이 아니므로 포트폴리오효과가 발생하지 않는다.

(2) $\rho_{12} = -1$인 경우

상관계수가 -1일 때 포트폴리오 수익률의 표준편차는 다음과 같이 나타난다.

$$\sigma_p = \sqrt{w_1^2\sigma_1^2 + w_2^2\sigma_2^2 + 2w_1w_2(-1)\sigma_1\sigma_2} = \sqrt{(w_1\sigma_1 - w_2\sigma_2)^2}$$

$$= w_1\sigma_1 - w_2\sigma_2 = 0.5 \times 0.26 - 0.5 \times 0.18 = 0.04(4\%)$$

상관계수가 -1인 경우 포트폴리오의 수익률의 표준편차는 개별주식 수익률의 표준편차에 투자비율을 곱한 것들의 차가 되므로 포트폴리오효과가 크게 발생한다. 이때 개별주식 수익률간의 상관계수가 1보다 작은 주식들에 분산투자하여 얻어지는 위험의 감소효과를 분산투자의 이득이라고 한다.

(3) $\rho_{12} = 0$인 경우

상관계수가 0일 때 포트폴리오 수익률의 표준편차는 다음과 같이 나타난다.

$$\sigma_p = \sqrt{w_1^2\sigma_1^2 + w_2^2\sigma_2^2 + 2w_1w_2(0)\sigma_1\sigma_2}$$

$$= \sqrt{0.5^2 \times 0.26^2 + 0.5^2 \times 0.18^2 + 2 \times 0.5 \times 0.5 \times (0) \times 0.26 \times 0.18}$$

$$= 0.158(15.8\%)$$

상관계수가 0인 경우에 포트폴리오 수익률의 표준편차는 위험을 전혀 줄일 수 없는 상관계수가 $+1$인 경우보다 포트폴리오 위험이 약간 줄어들게 된다. 따라서 투자비율이 일정하더라도 다른 조건이 일정하면 상관계수가 작을수록 포트폴리오 위험이 줄어들기 때문에 포트폴리오효과는 크게 나타난다.

$-1 \leq \rho_{12} \leq +1$인 경우에 두 개의 개별주식으로 구성할 수 있는 모든 포트폴리오는 [그림 6-3]의 삼각형내에 존재하며 포트폴리오의 기대수익률과 표준편차간에 직선관계가 아닌 곡선관계가 성립한다. 이때 곡선의 모양은 상관계수의 크기에 따라 달라지고 상관계수가 작을수록 포트폴리오효과는 크게 나타난다.

현실적으로 대부분의 개별주식들은 경기변동, 통화량, 이자율, 환율, 인플레이션, 국제유가, 국제수지와 같은 경제전반에 영향을 미치는 경제변수에 의해서 동일한 영향을 받는다. 따라서 개별주식 수익률간의 상관계수는 $0 < \rho_{12} < 1$ 사이의 값을 갖게 되고 대체로 [그림 6-3]에서 색칠된 영역에 위치하게 된다.

┃그림 6-3 ┃ 상관계수에 따른 포트폴리오효과

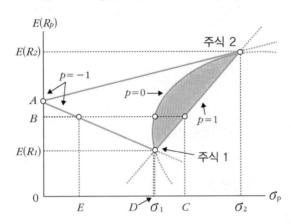

4. 최소분산포트폴리오(MVP)

(1) MVP의 개념

최소분산포트폴리오(MVP : minimum variance portfolio)는 두 개의 개별주식으로 구성된 포트폴리오 중에서 위험이 최소가 되는 포트폴리오를 말한다. 상관계수가 주어진 상태에서 포트폴리오의 위험은 개별주식에 대한 투자비율에 따라 달라지므로 최소분산 폴리오는 위험이 가장 작은 개별주식의 투자비율을 구하는 문제이다.

(2) MVP의 산출

두 개의 개별주식 1과 2로 포트폴리오를 구성하는 경우에 포트폴리오의 분산은 다음과 같이 구할 수 있다.

$$\sigma_p^2 = w_1^2 \sigma_1^2 + w_2^2 \sigma_2^2 + 2w_1 w_2 \sigma_{12} \tag{6.11}$$

$$= w_1^2 \sigma_1^2 + (1 - w_1^2)\sigma_2^2 + 2w_1(1 - w_1)\sigma_{12}$$

식(6.11)을 w_1에 대해 1차 미분한 값을 0으로 놓고 w_1에 대해 정리하면 최소분산포트폴리오를 구성하기 위한 개별주식의 투자비율을 다음과 같이 구할 수 있다.

$$w_1 = \frac{\sigma_2^2 - \sigma_{12}}{\sigma_1^2 + \sigma_2^2 - 2\sigma_{12}}, \ w_2 = \frac{\sigma_1^2 - \sigma_{12}}{\sigma_1^2 + \sigma_2^2 - 2\sigma_{12}} = 1 - w_1 \tag{6.12}$$

제4절 포트폴리오의 위험분산효과

1. 상관계수와 위험분산효과

(1) 위험분산효과

상관계수가 +1이면 포트폴리오의 표준편차는 개별주식의 표준편차를 투자비율로 가중평균한 값으로 위험분산효과가 없다. 상관계수가 +1이 아니면 포트폴리오의 표준편차가 개별주식의 표준편차를 가중평균한 값보다 작아 위험분산효과가 있으며 상관계수가 작을수록 위험분산효과가 크게 나타난다.

(2) 분산투자이득

상관계수가 0인 경우에는 $2w_1 w_2 \rho_{12}\sigma_1\sigma_2$ 부분이 없어지기 때문에 위험을 전혀 줄일 수 없는 상관계수가 1인 경우보다 포트폴리오의 위험이 줄어들게 된다. 따라서 분산투자이득(gain from diversification)은 상관계수가 +1일 때의 위험(표준편차)과 주어진 상관계수의 위험간의 차이를 말한다.

분산투자이득 = ρ가 +1일 때의 위험 − 주어진 상관계수의 위험 (6.13)

2. 구성주식수와 위험분산효과

(1) 구성주식수와 위험분산효과

포트폴리오에 포함되는 구성주식수의 증가에 따른 포트폴리오효과를 살펴보기 위해 n개의 개별주식으로 포트폴리오를 구성하되 개별주식에 대한 투자비율이 1/n로 동일한 동일가중 포트폴리오를 구성할 경우에 포트폴리오 수익률의 분산은 다음과 같이 나타낼 수 있다.

$$\sigma_p^2 = \sum_{i=1}^{n} w_i^2 \sigma_i^2 + \sum_{i=1}^{n}\sum_{j=1}^{n} w_i w_j \sigma_{ij} \qquad (6.14)$$

$$= \frac{1}{n}\sigma_i^2 + \frac{n-1}{n}\sigma_{ij} = \frac{1}{n}(\sigma_i^2 - \sigma_{ij}) + \sigma_{ij} = \sigma_{ij}$$

식(6.14)에서 우변의 첫째항은 포트폴리오에 포함되는 구성주식수를 증가시키면 0에 접근한다. 따라서 포트폴리오의 구성주식수를 무한히 증가시킨 포트폴리오를 완전분산투자된 포트폴리오라고 하며 완전분산투자된 포트폴리오에서 포트폴리오의 위험은 공분산의 평균인 σ_{ij} 이하로는 줄일 수 없다.

┃그림 6-4┃ 구성주식수와 위험분산효과

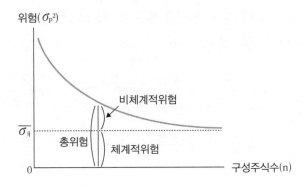

(2) 체계적 위험과 비체계적 위험

1) 체계적 위험

식(6.14)에서 구성종목수를 증가시키더라도 포트폴리오의 위험을 σ_{ij} 이하로 줄일 수 없다. 이와 같이 체계적 위험(systematic risk)은 포트폴리오를 구성하는 주식수를 증가시켜 분산투자를 하더라도 제거할 수 없는 위험을 말하며 시장위험(market risk) 또는 분산불능위험(non-diversifiable risk)이라고도 한다.

체계적 위험은 경기변동, 금리변동, 환율변동, 인플레이션 등 거시경제변수가 모든 주식에 공통적으로 영향을 미치므로 분산투자를 하더라도 제거할 수 없다. 완전분산투자된 포트폴리오에서 투자자들의 관심은 분산투자를 통해 제거할 수 없는 체계적 위험이며 투자자들은 체계적 위험에 대한 보상만을 요구한다.

2) 비체계적 위험

식(6.14)에서 포트폴리오를 구성하는 종목수를 증가시키면 분산투자를 통해 줄일 수 있다. 비체계적 위험(unsystematic risk)은 주식시장 전반의 움직임에 관계없이 특정 개별주식에 한정된 위험을 말하며, 분산투자에 의해 제거할 수 있기 때문에 분산가능위험(diversifiable risk)이라고도 한다.

비체계적 위험은 경영성과, M&A, 신제품개발, 노사분규, 공장화재, 소송사건 등 개별주식을 발행한 기업의 특수한 상황과 관련이 있어 기업고유위험(firm specific risk)이라고도 한다. 이러한 비체계적 위험은 많은 주식으로 포트폴리오를 구성하게 되면 그 영향이 서로 상쇄되어 제거할 수 있다.

최적포트폴리오의 선택

1. 최적포트폴리오의 선택

(1) 지배원리에 의한 효율적 투자기회선의 도출

투자기회집합내에 있는 수많은 포트폴리오가 모두 투자대상이 되는 것은 아니며 이성적인 투자자는 지배원리를 충족시키는 효율적 포트폴리오만을 선택할 것이다. 효율적 포트폴리오는 주어진 기대수익률에서 위험이 가장 작은 포트폴리오를 구하거나 주어진 위험하에서 기대수익률이 가장 높은 포트폴리오를 구한다.

투자기회집합은 자본시장의 주식들로 구성가능한 포트폴리오의 기대수익률과 위험을 측정하여 기대수익률−표준편차 평면상에 도시하면 얻을 수 있는 투자대상의 집합으로 원점에 대해 오목한 곡선을 갖는다. 대부분의 개별주식은 거시경제변수에 의해 동일한 영향을 받아 상관계수가 0과 1사이에 존재하기 때문이다.

┃그림 6-5┃ **투자기회집합과 효율적 투자선**

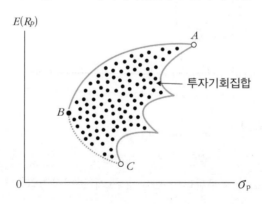

효율적 투자선(efficient frontier)은 위험자산만으로 포트폴리오를 구성하는 경우 투자기회집합내의 포트폴리오 중에서 지배원리에 의해 우열을 가릴 수 없는 AB선상에 있는 효율적 포트폴리오를 말한다. 여기서 효율적 포트폴리오는 지배원리를 충족시켜서 선택된 자산을 말한다.

(2) 효용구조에 따른 최적포트폴리오의 선택

투자자들은 효율적 포트폴리오에서 자신의 기대효용을 극대화할 수 있는 최적포트폴리오를 선택하는데, 이는 투자자의 상대적인 위험회피도를 나타내는 무차별곡선에 의해 결정된다. 투자자에게 주어지는 효율적 투자선은 동일하나 투자자들의 상대적인 위험회피도에 따라 최적포트폴리오의 선택은 달라진다.

예컨대 위험회피도가 상대적으로 큰 보수적 투자자 A는 위험이 작은 포트폴리오 A를 선택하고, 위험회피도가 상대적으로 작은 공격적 투자자 B는 위험이 큰 포트폴리오 B를 선택하게 될 것이다. 따라서 최적포트폴리오는 효율적 포트폴리오와 투자자의 주관적인 무차별곡선과의 접점에서 결정된다.

┃그림 6-6┃ 최적포트폴리오의 선택

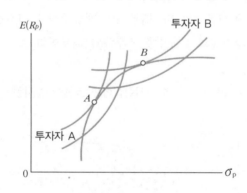

2. 포트폴리오이론의 한계점

마코위츠의 포트폴리오이론은 위험을 계량화하고, 위험을 고려한 투자자들의 최적선택과정을 정립함으로써 재무관리의 발전에 크게 공헌하였다. 그러나 포트폴리오이론은 현실적으로 다음과 같은 한계점을 가지고 있다.

첫째, 마코위츠모형은 투자대상을 위험자산만 고려하고 무위험자산은 고려하지 않았다. 즉 투자대상을 주식으로 한정하여 효율적 투자선을 도출했으나 투자대상에는 미래의 수익을 정확히 예측할 수 있어서 수익률의 변동가능성이 없는 무위험자산이 존재하는데 이를 고려하지 않았다.

둘째, 마코위츠모형은 포트폴리오를 구성하는 주식수가 많아지면 효율적 투자선을 도출하기 위해서 필요한 정보가 너무 많아진다. 포트폴리오이론에서 필요한 정보량이 많은 이유는 포트폴리오 포함되어 있는 서로 다른 주식수익률간의 공분산에 대한 모든 정보가 필요하기 때문이다.

예컨대 100개의 주식으로 포트폴리오를 구성하는 경우 개별주식의 기대수익률 100개, 개별주식의 분산 100개, 개별주식 수익률간의 공분산 4,950개, 총 5,150개의 정보가 필요하다. 이러한 문제점을 해결하기 위해 등장한 것이 제6장에서 설명할 샤프의 시장모형(market model)이다.

| 보론 6-1 | 기댓값, 분산, 공분산의 특성 |

포트폴리오의 기대수익률과 위험을 계산할 때 아래에 제시된 기댓값, 분산, 공분산의 통계적 특성을 이용하면 쉽게 계산할 수 있다. a, b, c가 상수이고 X, Y, Z가 확률변수라고 가정하면 기댓값, 분산, 공분산은 다음과 같은 특성이 있다.

1. 기댓값

① $E(a) = a$

상수 a의 기댓값은 상수 a이다. 상수는 변하지 않는 하나의 숫자이기 때문이다.

② $E(aX) = aE(X)$

확률변수 X에 상수 a를 곱한 확률변수의 기댓값은 확률변수 X의 기댓값에 a를 곱한 것과 같다.

③ $E(X+b) = E(X) + b$

확률변수 X에 상수 b를 더한 확률변수의 기댓값은 확률변수 X의 기댓값에 b를 더한 것과 같다.

2. 분산

① $Var(X+a) = 0$

확률변수 X에 상수 a를 더한 확률변수의 분산은 본래의 확률변수의 분산과 같다. 확률변수에 상수를 더하는 것은 분포의 분산도에 영향을 미치지 못하기 때문이다.

② $Var(aX) = a^2 Var(X)$

확률변수 X에 상수 a를 곱한 확률변수의 분산은 본래의 확률변수의 분산에 a^2을 곱한 것과 같다.

③ $Var(aX+bX) = Var(aX) + Var(bY) + 2Cov(aX, bY)$

3. 공분산

① $Cov(a, X) = 0$

② $Cov(ax, Y) = aCov(X, Y)$

③ $Cov(aX, bX) = abCov(X, Y)$

④ $Cov(aX, bY+cZ) = Cov(aX, bY) + Cov(aX, cZ) = abCov(X, Y) + acCov(X, Z)$

제1절 포트폴리오선택의 원리

1. 포트폴리오이론의 개요

(1) 포트폴리오의 의의 : 두 개 이상으로 구성된 자산의 조합 또는 복수증권의 결합

(2) 포트폴리오이론 : 위험자산만 존재하는 경우 최적포트폴리오의 선택과정을 설명

2. 포트폴리오분석의 목적

기대수익률을 희생시키지 않으며 위험을 감소시킬 수 있는 분산투자효과가 있음

제2절 포트폴리오의 기대수익률과 위험

1. 두개의 주식으로 구성된 포트폴리오

(1) 포트폴리오의 기대수익률 : $E(R_p) = w_1 E(R_1) + w_2 E(R_2)$

(2) 포트폴리오의 위험 :

$$\sigma_p^2 = w_1^2 \sigma_1^2 + w_2^2 \sigma_2^2 + 2w_1 w_2 \sigma_{12} = w_1^2 \sigma_1^2 + w_2^2 \sigma_2^2 + 2w_1 w_2 \rho_{12} \sigma_1 \sigma_2$$

2. n개의 주식으로 구성된 포트폴리오

(1) 포트폴리오의 기대수익률

$$E(R_p) = w_1 E(R_1) + \cdots + w_n E(R_n) = \sum_{i=1}^{n} w_i E(R_i)$$

(2) 포트폴리오의 위험

$$\sigma_p^2 = \sum_{i=1}^{n} \sum_{j=1}^{n} w_i w_j \sigma_{ij} = \sum_{i=1}^{n} w_i^2 \sigma_i^2 + \sum_{i=1}^{n} \sum_{j=1}^{n} w_i w_j \sigma_{ij} (i \neq j)$$

제3절 상관계수에 따른 포트폴리오효과

1. 포트폴리오의 기대수익률과 상관계수

개별주식의 기대수익률을 투자비율에 따라 가중평균하며 투자비율이 일정하면 개별주식 수익률간의 상관계수에 관계없이 일정함

2. 포트폴리오의 위험과 상관계수

개별주식의 투자비율과 개별주식 수익률간의 상관계수에 따라 영향을 받음

3. 상관계수에 따른 포트폴리오의 위험

(1) ρ_{12} = +1인 경우에 포트폴리오효과가 발생하지 않음

(2) ρ_{12} = −1인 경우에 포트폴리오효과가 크게 발생함

(3) ρ_{12} = 0인 경우에 포트폴리오 위험이 약간 감소함

4. 최소분산포트폴리오(MVP)

두 개의 개별주식으로 구성된 포트폴리오 중 위험이 최소가 되는 포트폴리오

제4절 포트폴리오의 위험분산효과

1. 상관계수와 위험분산효과

(1) 상관계수가 +1인 경우에 위험분산효과가 없음

(2) 상관계수가 +1이 아니면 위험분산효과가 있음

2. 구성주식수와 위험분산효과

포트폴리오를 구성하는 주식수를 증가시키면 포트폴리오의 위험은 공분산의 평균인 σ_{ij} 로 감소하며 비체계적 위험을 제거할 수 있음

3. 체계적 위험과 비체계적 위험

(1) 체계적 위험 : 시장위험(market risk), 분산불능위험(non-diversifiable risk)

(2) 비체계적 위험 : 개별기업 고유위험, 분산가능위험(diversifiable risk)

제5절 최적포트폴리오의 선택

1. 최적포트폴리오의 선택

(1) 지배원리에 의한 효율적 투자기회선의 도출

주어진 기대수익률에서 위험이 가장 작은 포트폴리오 또는 주어진 위험에서 기대수익률이 가장 높은 효율적 포트폴리오를 선택

(2) 효용구조에 따른 최적포트폴리오의 선택

① 위험회피도가 상대적으로 큰 보수적 투자자는 위험이 작은 포트폴리오를 선택

② 위험회피도가 상대적으로 작은 공격적 투자자는 위험이 큰 포트폴리오를 선택

2. 포트폴리오이론의 한계점

① 마코위츠모형은 투자대상으로 위험자산만 고려하고 무위험자산은 고려하지 않음

② 포트폴리오 구성주식수가 많아지면 효율적 투자선의 도출에 많은 정보가 필요함

1 **다음 중 마코위츠 포트폴리오이론의 가정에 해당하지 않는 것은?**
① 위험회피적인 합리적인 투자자를 가정한다.
② 투자자들은 자신들의 기대효용을 극대화하는 방향으로 투자자산을 선택한다.
③ 자산의 수익률에 동질적 예측을 하며 평균−분산기준에 따라 자산을 선택한다.
④ 투자기간은 단일기간을 가정한다.
⑤ 국공채와 같은 무위험자산이 존재한다.

| 해설 | 국공채와 같은 무위험자산은 자본자산가격결정모형(CAPM)의 가정에 해당한다.

2 **다음 중 공분산과 상관계수에 대한 설명으로 옳지 않은 것은?**
① 공분산은 두 개별자산의 수익률이 움직이는 방향을 나타내는 통계치이다.
② 상관계수는 개별자산 수익률간의 선형관계의 정도만을 나타내는 통계치이다.
③ 상관관계의 정도는 상관계수가 0일 때 가장 낮고 ±1에 접근할수록 커진다.
④ 공분산과 상관계수의 부호는 항상 일치한다.
⑤ 두 개별자산 수익률간의 상관관계를 나타내는 공분산은 상대적 척도이고, 상관계수는 절대적 척도이다.

| 해설 | 공분산과 상관계수는 두 개별자산 수익률간의 상관관계를 나타내는 척도로서 공분산은 절대적 척도이고, 상관계수는 상대적 척도이다.

3 **다음 중 포트폴리오에 대한 설명으로 옳지 않은 것은?**
① 각 기대수익률에서 위험이 가장 작은 포트폴리오의 집합을 최소분산포트폴리오라고 한다.
② 효율적 포트폴리오의 집합을 효율적 투자선이라고 한다.
③ 효율적 투자선은 지배원리 및 분리정리에 의해 도출된다.
④ 무위험자산이 존재하지 않는 경우 최적포트폴리오의 선택은 투자자의 효용함수에 따라 달라진다.
⑤ 동일한 위험에서 기대수익률이 가장 크고, 동일한 수익률에서 위험이 가장 작은 포트폴리오를 연결한 것이 효율적 투자선이다.

| 해설 | 효율적 포트폴리오는 지배원리에 의해 도출된다.

4 다음 중 포트폴리오의 분산투자효과에 대한 설명으로 옳은 것은?

① 완전한 분산투자는 모든 위험을 제거한다.

② 정(+)의 상관계수를 갖는 주식들 사이에는 분산투자효과가 없다.

③ 포트폴리오에 포함된 주식의 종류가 많을수록 총위험은 줄어든다.

④ 15~20종목의 주식을 구입하기 전에는 분산투자효과가 없다.

⑤ 분산투자로 포트폴리오의 기대수익률은 줄어든다.

| 해설 | ① 완전한 분산투자는 기업과 관련된 비체계적 위험은 제거할 수 있으나 시장과 관련된 체계적 위험은 제거할 수 없다.

② 양(+)의 상관계수를 갖는 주식들 사이에서도 상관계수가 +1이 아닌 이상 분산투자효과는 발생한다.

③ 포트폴리오에 포함된 주식의 종류가 많을수록 비체계적 위험이 많이 감소하여 총위험은 줄어든다.

④ 두 개의 자산으로 포트폴리오를 구성하더라도 상관계수가 1이 아니라면 분산투자효과는 발생한다.

⑤ 분산투자를 하면 포트폴리오의 위험은 감소하지만 포트폴리오의 기대수익률에는 영향을 미치지 않는다.

5 다음 중 포트폴리오를 구성하는 종목수가 증가할수록 분산투자효과가 발생하는 이유에 대한 설명으로 옳은 것은?

① 포트폴리오를 구성하는 종목수가 증가할수록 체계적 위험이 감소하기 때문이다.

② 포트폴리오를 구성하는 주식들에게 공통적으로 영향을 미치는 요인이 줄어들기 때문이다.

③ 포트폴리오를 구성하는 주식들의 수익률분포가 서로 다르기 때문이다.

④ 위험과 기대수익률은 선형관계에 있어 위험이 감소할수록 기대수익률이 낮아지는데 종목수를 늘리면 포트폴리오 수익률이 낮아지기 때문이다.

⑤ 개별주식에 투자할 때는 부담하지 않았던 위험요소가 포트폴리오를 구성하면서 발생하기 때문이다.

| 해설 | 포트폴리오를 구성하는 주식들의 수익률분포가 서로 다르면 개별주식간의 상관계수가 낮아 분산투자효과가 발생한다.

6 다음 중 마코위츠의 포트폴리오이론에 대한 설명으로 옳지 않은 것은?

① 효율적 포트폴리오는 투자기회집합 중 분리정리에 따라 채택된 포트폴리오를 말한다.

② 마코위츠의 효율적 포트폴리오집합은 위험자산을 투자대상으로 할 때 의미가 있다.

③ 최적포트폴리오는 투자자의 위험회피성향에 따라 달라진다.

④ 포트폴리오효과는 기대수익률을 희생시키지 않으면서 위험을 감소시키는 효과를 말한다.

⑤ 투자자의 무차별곡선과 효율적 투자선이 만나는 접점에서 기대효용이 가장 크다.

| 해설 | 효율적 포트폴리오는 지배원리에 의해서 채택된 포트폴리오를 말한다.

7 다음 중 포트폴리오이론에 대한 내용으로 가장 옳지 않은 것은?

① 두 자산으로 구성된 포트폴리오에서 두 자산이 정(+)의 상관관계에 있으면 포트폴리오효과는 전혀 발생하지 않는다.

② 이론상 개별자산의 비체계적 위험은 분산투자를 통해 완벽하게 제거할 수 있다.

③ 개별자산이 포트폴리오위험에 공헌하는 정도는 개별자산에 대한 투자비율과 포트폴리오와의 공분산에 의해 결정된다.

④ 최적포트폴리오를 선택하기 위해 지배원리에 의한 효율적 포트폴리오 중에서 효용을 극대화시키는 포트폴리오를 선택한다.

⑤ 포트폴리오를 구성하는 주식의 종목수를 증가시킬수록 포트폴리오위험은 체감적으로 감소한다.

| 해설 | 완전 정(+)의 상관관계에 있는 상관계수가 1이면 포트폴리오효과가 전혀 발생하지 않는다.

8 다음은 A, B 두 주식에 대한 기대수익률, 표준편차, 수익률의 공분산이다. 총 1억원의 투자자금으로 아래의 주식들을 활용하여 세 개의 포트폴리오를 구축했다면 위험회피형 투자자의 투자행태에 대한 설명으로 가장 적절한 것은? (2005년)

$E(R_A) = 8\%, E(R_B) = 10\%, \sigma(R_A) = 10\%, \sigma(R_B) = 15\%, Cov(R_A, R_B) = -0.006$

포트폴리오	주식 A	주식 B
1	1억원	–
2	0.5억원	0.5억원
3	–	1억원

① 포트폴리오 1은 적절한 투자안이 될 수 있다.

② 포트폴리오 2는 적절한 투자안이 될 수 있다.

③ 지배원리에 의하면 포트폴리오 3은 포트폴리오 2보다 효율적인 투자안이므로 2를 지배한다.

④ 위험회피도가 낮은 투자자는 포트폴리오 3에 비해 포트폴리오 2를 선택할 가능성이 높다.

⑤ 위험회피도가 높은 투자자는 포트폴리오 2에 비해 포트폴리오 3을 선택할 가능성이 높다.

| 해설 | 포트폴리오 1, 2, 3의 기대수익률과 표준편차를 비교하면 다음과 같다.

포트폴리오	1	2	3
기대수익률	8%	9%	10%
표준편차	10%	7%	15%

① 포트폴리오 1은 포트폴리오 2에 비해 기대수익률은 작고 표준편차는 커서 포트폴리오 2에 의해 지배되어 적절한 투자안이 될 수 없다.

②, ③ 포트폴리오 2와 포트폴리오 3은 지배관계가 성립하지 않는다. 따라서 포트폴리오 2와 포트폴리오 3은 적절한 투자안이 될 수 있다.

④ 위험회피도가 낮은 투자자는 위험이 높은 투자안을 선택할 가능성이 높다. 따라서 포트폴리오 1에 비해 포트폴리오 3을 선택할 가능성이 높다.

⑤ 위험회피도가 높은 투자자는 위험이 작은 투자안을 선택할 가능성이 높다. 따라서 포트폴리오 3에 비해 포트폴리오 2를 선택할 가능성이 높다.

9 시장에는 두 개의 위험자산 A와 B만 존재한다고 가정하자. 이 두 위험자산의 기대수익률은 동일하며, 위험(표준편차) 역시 서로 동일하다. 위험회피적인 투자자 갑은 두 개의 위험자산 A와 B로 포트폴리오를 구성하려고 한다. 투자자 갑의 최적포트폴리오에서 위험자산 A에 대한 투자비율은 얼마인가? 단, 이 두 자산 사이의 공분산 ($Cov(R_A, R_B)$)은 0이다. (2015년)

① 0.0　　　　　　② 1/4　　　　　　③ 1/3
④ 1/2　　　　　　⑤ 2/3

| 해설 | 두 개의 자산에 어떤 비율로 투자하든 기대수익률은 일정하여 두 자산으로 구성되는 포트폴리오 중에서 최소분산포트폴리오가 갑의 최적포트폴리오이다. 따라서 갑의 최적포트폴리오에서 위험자산 A에 대한 투자비율은 다음과 같다.

$$w_A = \frac{\sigma_B^2 - \sigma_{AB}}{\sigma_A^2 + \sigma_B^2 - 2\sigma_{AB}} = \frac{\sigma_B^2}{\sigma_A^2 + \sigma_B^2} = \frac{\sigma_B^2}{2\sigma_B^2} = \frac{1}{2} \ (\because \sigma_{AB} = 0, \sigma_A{}^2 = \sigma_B{}^2)$$

10 위험자산 A, B, C의 기대수익률과 수익률의 표준편차는 다음과 같다. 지배원리를 이용하여 투자자 갑은 이들 세 가지 위험자산 가운데 두 가지 효율적 자산을 선택하고, 이 두 가지 효율적 자산에 각각 50%씩 투자하여 포트폴리오 K를 구성하고자 한다. 포트폴리오 K 수익률의 표준편차에 가장 가까운 것은? 단, 각 위험자산 사이의 상관계수는 모두 0이라고 가정한다. (2016년)

위험자산	A	B	C
기대수익률	9%	12%	10%
표준편차	13%	15%	10%

① 7%　　　　　　② 8%　　　　　　③ 9%
④ 10%　　　　　　⑤ 11%

| 해설 | A는 C에 비해 기대수익률은 작고 표준편차는 크기 때문에 A는 C에 지배당하고, B와 C 사이에는 지배관계가 성립하지 않아 효율적 자산은 B와 C이다. 따라서 포트폴리오 K는 B와 C에 각각 50%씩 투자한 포트폴리오이며, 이 포트폴리오의 표준편차는 다음과 같다.

$$\sigma_k = \sqrt{w_B^2 \sigma_B{}^2 + w_C^2 \sigma_C{}^2 + 2w_B w_C \sigma_{BC}} = \sqrt{0.5^2 \times 0.15^2 + 0.5^2 \times 0.10^2 + 0} = 9\%$$

자본자산가격
결정모형

자본자산가격결정모형은 모든 자산에 대한 수요와 공급이 일치하는 균형상태에서 자산의 가격이 결정되는 과정을 설명하는 이론을 말한다. 모든 자산의 기대수익률이 체계적 위험과 선형관계를 나타내는 증권시장선은 주식의 가치평가, 자본비용의 산정, 투자성과의 평정 등 재무관리 전반에 걸쳐서 활용되는 중요한 개념이다.

제1절 기본개념

1. 자본시장 균형이론

자본시장 균형이론은 자본시장에서 거래되는 모든 자산에 대한 수요와 공급이 일치하는 균형상태에서 자산의 가격이 어떻게 결정되어야 하는가를 설명한다. 즉 시장균형상태에서 위험자산의 기대수익률과 위험간의 선형관계를 설명하는 이론으로 자본자산가격결정모형(CAPM)과 차익거래가격결정모형(APM)이 있다.

2. CAPM의 의의 및 가정

(1) CAPM의 의의

자본자산가격결정모형(CAPM : capital asset pricing model)은 위험회피형 투자자들이 마코위츠의 포트폴리오이론을 근거로 하여 평균-분산기준에 의해 기대효용을 극대화할 수 있도록 최적포트폴리오를 선택하는 경우에 자본시장균형상태에서 위험자산의 기대수익률과 위험간의 선형관계를 설명하는 이론을 말한다.

(2) CAPM의 가정

CAPM의 가정을 살펴보면 CAPM의 개념을 이해할 수 있다. CAPM에서는 현실을 단순화하기 위해 6장에서 공부한 마코위츠의 논리에 따라 투자한다는 것을 전제로 포트폴리오이론에서 제시된 3가지 가정을 포함하여 다음과 같은 가정을 하고 있다.

① 모든 투자자들은 위험회피형이며 기대효용을 극대화할 수 있도록 투자한다.
② 모든 투자자들은 평균-분산기준에 따라 투자하며 투자기간은 단일기간이다.
③ 모든 투자자들은 자산의 미래수익률에 대한 확률분포에 동질적으로 기대한다.
④ 모든 투자자들은 무위험이자율로 자금을 얼마든지 차입 또는 대출할 수 있다.
⑤ 자본시장은 세금과 거래비용 같은 마찰적 요인이 없는 완전자본시장이다.

제2절 자본시장선(CML)

1. 무위험자산의 존재

(1) 자본시장선의 의의

무위험자산은 미래의 어떤 상황에서나 동일한 수익률을 가져다주기 때문에 수익률의 변동성이 전혀 없는 자산을 말한다. 현실에서는 미래의 상황에 관계없이 확정수익률을 보장해주는 국채, 공채, 정기예금 등을 무위험자산이라고 할 수 있다. 무위험자산은 수익률의 변동성(표준편차)이 0인 자산이다.

무위험자산이 존재하면 투자자들은 위험자산과 무위험자산을 결합하여 포트폴리오를 구성할 수 있다. 무위험자산 R_f에 w%를 투자하고 마코위츠의 효율적 투자선상의 하나인 포트폴리오 A에 $(1-w)$%를 투자하여 포트폴리오를 구성할 경우에 포트폴리오의 기대수익률과 표준편차는 각각 다음과 같다.

$$E(R_p) = wR_f + (1-w)E(R_A) \tag{7.1}$$

$$\sigma_p = \sqrt{w^2\sigma_f^2 + (1-w)^2\sigma_A^2 + 2w(1-w)\sigma_{Af}} \tag{7.2}$$

식(7.2)에서 무위험자산의 수익률은 어떤 상황에서나 확률변수가 아닌 일정한 상수 값을 갖기 때문에 무위험자산의 수익률의 분산(σ_f^2)은 0이고 무위험자산의 수익률과 포트폴리오 A의 수익률간의 공분산(σ_{Af})도 0이므로 다음과 같이 나타낼 수 있다.

$$\sigma_p = \sqrt{(1-w)^2\sigma_A^2} = (1-w)\sigma_A \rightarrow (1-w) = \frac{\sigma_p}{\sigma_A} \tag{7.3}$$

식(7.3)을 식(7.1)에 대입하여 정리하면 포트폴리오의 기대수익률과 표준편차간에는 다음과 같은 선형관계가 성립하며, 이를 도시하면 직선 R_fAX로 표시된다.

$$E(R_p) = R_f + [\frac{E(R_A) - R_f}{\sigma_A}]\sigma_p \tag{7.4}$$

식(7.4)는 무위험자산과 위험자산 A로 구성한 포트폴리오의 기대수익률과 표준편차 간에는 직선의 관계가 성립함을 의미한다. [그림 7-1]에서 무위험자산과 마코위츠 효율적 투자선상의 포트폴리오 A를 결합한 포트폴리오는 위험자산에 대한 투자비율의 변화에 따라 직선 R$_f$AX선상에 놓이게 된다.

(2) 자본시장선의 도출

같은 논리로 무위험자산과 위험자산 B로 구성한 포트폴리오들은 직선 R$_f$BY선상에 놓이며, 이는 직선 R$_f$AX선상의 포트폴리오들을 지배한다. 이와 같이 지배원리를 적용하면 무위험자산과 마코위츠의 효율적 투자선이 접하는 직선상의 포트폴리오들만이 효율적 포트폴리오가 되는데, 이를 자본시장선이라고 한다.

자본시장선(CML : capital market line)은 무위험자산이 존재하는 경우에 무위험자산과 위험자산으로 포트폴리오를 구성하여 투자할 때 새로운 효율적 포트폴리오의 기대수익률은 총위험인 표준편차와 선형관계에 있음을 나타낸다. 자본시장선을 수식으로 표시하면 다음과 같이 제시할 수 있다.

$$E(R_p) = R_f + [\frac{E(R_M) - R_f}{\sigma_M}]\sigma_p \tag{7.5}$$

식(7.5)에서 절편(R$_f$)은 효율적 포트폴리오의 시간가치(time value)를 나타낸다. 자본시장선의 기울기 [E(R$_M$) − R$_f$/σ$_M$]는 총위험 1단위에 대한 자본시장에서의 위험의 대가를 나타내는 것으로 자본시장에서 포트폴리오 위험에 대한 시장가격 또는 위험의 균형가격이라고 한다. 그리고 σ$_P$는 총위험의 크기를 의미한다.

따라서 자본시장선의 기대수익률은 무위험수익률과 위험프리미엄의 합으로 구성되며. 이때 위험프리미엄은 총위험 1단위에 대한 위험대가에 위험의 크기를 곱한 값이다. 여기서 총위험 1단위에 대한 위험대가는 시장에서 결정되는 상수이므로 효율적 포트폴리오의 기대수익률은 총위험인 표준편차와 직선관계를 갖는다.

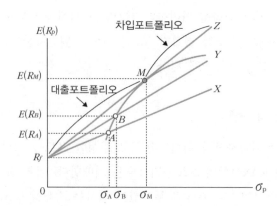

┃그림 7-1┃ 자본시장선의 도출

(3) 대출포트폴리오와 차입포트폴리오

[그림 7-1]에서 R_fM선상 포트폴리오들은 자금의 일부는 무위험자산에 투자하고 나머지는 시장포트폴리오에 투자하여 대출포트폴리오(lending portfolio), 직선 MZ선상 포트폴리오들은 무위험이자율로 자금을 차입하여 자신의 투자금액과 합한 금액을 시장포트폴리오에 투자하여 차입포트폴리오(borrowing portfolio)라고 한다.

(4) 시장포트폴리오

1) 시장포트폴리오의 의의

무위험자산이 존재하면 투자자들은 위험자산으로 시장포트폴리오만 최적포트폴리오로 선택한다. 이는 시장포트폴리오가 평균-분산기준에 의해 지배원리를 충족시키는 우월한 포트폴리오이기 때문이다. 시장포트폴리오(M : market portfolio)는 자본시장선과 마코위츠의 효율적 투자선상의 접점에 해당하는 포트폴리오를 말한다.

2) 시장포트폴리오의 구성

시장포트폴리오는 무위험자산이 존재할 경우 위험자산 중의 최적포트폴리오인데 그 이유는 마코위츠의 효율적 투자선상에 존재하는 어떤 포트폴리오보다 총위험 1단위당 프리미엄이 크기 때문이다. 시장포트폴리오는 자본시장에 존재하는 모든 위험자산을 포함하고 있고 위험자산으로는 시장포트폴리오에만 투자한다.

이것은 시장포트폴리오가 완전분산투자된 포트폴리오임을 의미한다. 모든 투자자가 위험자산으로 시장포트폴리오를 선택하면 모든 위험자산에 대한 수요와 공급이 일치하는 균형상태에서 개별자산 i가 시장포트폴리오에서 차지하는 구성비율(w_i)은 위험자산의 총시장가치에서 그 자산의 시장가치가 차지하는 비율이 된다.

$$w_i = \frac{\text{개별자산}\,i\text{의 시장가치}}{\text{위험자산의 총시장가치}} = \frac{P_i O_i}{\sum\limits_{i=1}^{n} P_i Q_i} \tag{7.6}$$

→ 예제 7-1　시장포트폴리오

다음과 같은 세 개의 개별주식과 무위험자산만 존재하는 자본시장의 균형상태에서 아래의 물음에 답하시오.

1. 시장포트폴리오에 포함되는 위험자산의 구성비율을 계산하시오.

주식	주식가격	발행주식수
A	10,000원	6,000주
B	12,000원	10,000주
C	8,000원	2,500주

2. 동질적 기대를 가정할 경우 투자자들의 위험자산에 대한 투자금액을 구하시오.

투자자	총투자금액	무위험자산 투자액
갑	1,000만원	500만원
을	400만원	80만원
병	100만원	-30만원

풀이

1. 시장포트폴리오는 자본시장에서 거래되고 있는 모든 위험자산을 포함하고 있는 포트폴리오이므로 위험자산들의 구성비율은 다음과 같다.

주식	주가	발행주식수	시장가치	구성비율
A	10,000원	6,000주	6,000만원	30%
B	12,000원	10,000주	12,000만원	60%
C	8,000원	2,500주	2,000만원	10%
합계			20,000만원	100%

2. 모든 투자자들은 무위험자산과 개별주식으로 포트폴리오를 구성할 수 있으므로 시장포트폴리오에 대한 투자금액은 무위험자산에 대한 투자금액을 제외한 나머지 금액이 된다.

투자자	총투자금액	무위험자산투자	시장포트폴리오투자
갑	1,000만원	500만원	500만원
을	400만원	80만원	320만원
병	100만원	-30만원	130만원

모든 투자자들은 위험자산에 대해서는 시장포트폴리오에만 투자하게 된다. 이때 위험자산에 대한 투자비율은 시장포트폴리오의 구성비율과 동일해야 하므로 투자자들의 개별주식에 대한 투자금액은 다음과 같다.

주식	구성비율	투자자 갑	투자자 을	투자자 병
A	0.3	150만원	96만원	39만원
B	0.6	300만원	192만원	78만원
C	0.1	50만원	32만원	13만원
합계	1.0	500만원	320만원	130만원

3) 시장포트폴리오의 대용치

위험자산으로 주식만 고려하면 시장포트폴리오는 모든 주식을 시장가치비율대로 포함하고 있는 포트폴리오라고 할 수 있는데, 시가총액식으로 산출한 주가지수가 이와 동일한 의미를 갖는다. 따라서 시가총액식으로 산출한 주가지수의 변동률을 시장포트폴리오 수익률의 대용치(proxy)로 사용할 수 있다.

(5) 자본시장선의 의미

무위험자산이 존재할 경우 효율적 포트폴리오의 기대수익률은 총위험인 표준편차와 선형관계에 있고 무위험이자율과 위험프리미엄의 합으로 구성된다. 자본시장선상의 포트폴리오들은 무위험자산과 시장포트폴리오로만 구성된 포트폴리오이므로 완전분산투자가 이루어진 체계적 위험으로 구성된 효율적 포트폴리오이다.

따라서 [그림 7-2]의 A와 같이 자본시장선상에 존재하는 효율적 포트폴리오만을 평가대상으로 한다는 점에 유의해야 한다. 그러나 자산 B와 같이 자본시장선의 아래쪽에 위치하는 비효율적 포트폴리오나 개별자산의 경우에는 자본시장선을 이용해서 위험과 기대수익률간의 관계를 설명할 수 없다.

▌그림 7-2▌ 자본시장선의 의미

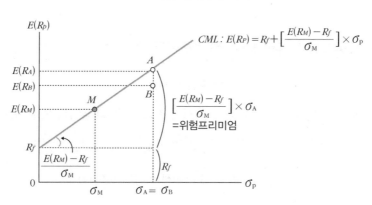

2. 최적포트폴리오의 선택

(1) 최적포트폴리오의 선택

위험회피형 투자자들은 지배원리를 충족시키는 효율적 포트폴리오인 자본시장선상에 놓여 있는 수많은 포트폴리오 중에서 자신의 기대효용을 극대화할 수 있는 포트폴리오를 최적포트폴리오로 선택하게 되는데, 이는 투자자 자신의 상대적인 위험회피도를 나타내는 주관적인 무차별곡선에 의해서 결정된다.

[그림 7-3]에서 투자자들의 기대효용을 극대화할 수 있는 최적포트폴리오는 무차별곡선의 기울기인 한계대체율과 자본시장선의 기울기인 위험의 시장가격이 일치한 점에서 결정되는데 높은 위험회피성향을 지닌 보수적인 투자자는 A 포트폴리오를, 낮은 위험회피성향을 지닌 공격적인 투자자는 B 포트폴리오를 선택한다.

(2) 토빈의 분리정리

토빈의 분리정리(separation theorm)는 무위험자산이 존재할 경우 투자자들의 최적포트폴리오 선택과정은 다음과 같은 두 단계를 거쳐서 독립적으로 이루어진다는 것을 의미한다. 또한 경영자가 주주들의 무차별곡선에 관계없이 시장에서 결정되는 위험의 시장가격만을 이용하여 투자결정을 할 수 있다는 것을 내포한다

① 1단계 : 자산투자결정 → 시장포트폴리오의 구성

모든 투자자들은 위험회피도를 나타내는 무차별곡선에 관계없이 위험자산 중에서는 시장포트폴리오 M만을 선택하여 투자한다.

② 2단계 : 자본조달결정 → 최적포트폴리오의 선택

투자자들은 위험회피도에 따라서 시장포트폴리오와 무위험자산에 대한 투자비율을 조절함으로써 최적포트폴리오를 선택한다.

▌그림 7-3▌ 최적포트폴리오의 선택

제3절 시장모형

1. 시장모형과 증권특성선

(1) 시장모형의 의의

샤프의 시장모형(market model)은 마코위츠의 완전공분산모형을 이용할 경우에 포트폴리오의 분산을 계산하려면 개별주식 수익률간의 공분산을 모두 구해야 하기 때문에 포트폴리오를 구성하는 주식수가 많아지면 포트폴리오의 위험을 계산하는데 필요한 정보량이 너무 많아지는 문제점을 해결하기 위해 도입되었다.

시장모형(market model)은 시장포트폴리오의 수익률이 모든 주식의 수익률을 설명하는 하나의 공통요인이라는 가정하에 개별주식의 수익률을 시장수익률과의 선형관계로 나타낸 모형을 말한다. 따라서 시장모형은 시장포트폴리오의 수익률을 독립변수로 하고 개별주식의 수익률을 종속변수로 하는 단순회귀식과 동일하다.

$$R_i = \alpha_i + \beta_i R_M + \varepsilon_i \tag{7.7}$$

식(7.7)에서 $\alpha_i + \beta_i R_M$는 개별주식 i의 수익률변동 중에서 시장포트폴리오 수익률(공통요인)의 영향을 받아서 결정되는 부분을 나타낸다. 그리고 ε_i는 시장포트폴리오 수익률과는 무관하게 개별주식 i의 고유요인에 의해 결정되는 부분을 나타내는데, 이를 잔차(random error)라고 한다.

(2) 시장모형의 가정

시장모형은 다음의 가정을 기초로 한다. 이러한 가정들은 시장모형을 이용하여 기대수익률과 위험을 측정할 때 중요한 역할을 한다.

첫째, $E(\varepsilon_i) = 0$

개별기업의 고유요인에 의해 발생하는 수익률변동은 정(+) 또는 부(−)의 값을 갖지만 평균적으로 잔차항에 대한 기대치는 0이다.

둘째, $Cov(\varepsilon_i, R_M) = 0$

개별기업의 고유요인에 의해 발생하는 수익률변동과 시장전체의 공통요인에 의해 발생하는 수익률변동은 무관하다.

셋째, $Cov(\varepsilon_i, \varepsilon_j) = 0$

특정 개별기업의 고유요인에 의해 발생하는 수익률변동과 다른 개별기업의 고유요인에 의해 발생하는 수익률변동은 무관하다.

(3) 증권특성선(SCL)

증권특성선(SCL : security charteristic line)은 시장모형에서 α_I와 β_I를 추정해서 얻어지는 개별주식 수익률과 시장수익률간의 회귀식을 말한다. 증권특성선의 절편(α_i)는 시장포트폴리오 수익률이 0일 때 주식 i의 기대수익률을 의미하고, 기울기(β_i)는 시장포트폴리오 수익률의 변동에 대한 i주식 수익률의 민감도를 나타낸다.

┃그림 7-4┃ 시장모형

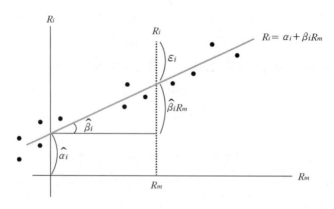

$$\beta_i = \frac{주식\ i의\ 수익률과\ 시장수익률간의\ 공분산}{시장수익률의\ 분산} = \frac{\sigma_{iM}}{\sigma_M^2} \tag{7.8}$$

따라서 베타가 1보다 큰 개별주식의 수익률변동은 시장포트폴리오의 수익률변동보다 크게 나타나므로 이러한 자산을 공격적 자산(aggressive asset)이라고 한다. 베타가 1보다 작은 개별주식의 수익률변동은 시장포트폴리오의 수익률변동보다 작게 나타나므로 이러한 자산을 방어적 자산(defensive asset)이라고 한다.

(4) 사전적 베타와 사후적 베타

1) 사전적 베타

자본자산가격결정모형(CAPM)은 개별자산의 미래의 기대수익률을 예측하고자 하는 사전적 모형(ex-ante model)이기 때문에 베타도 이에 상응하여 미래수익률의 확률분포를 이용하여 추정해야 한다. 이와 같이 미래수익률의 확률분포를 이용해서 추정한 베타를 사전적 베타(ex-ante β)라고 한다.

2) 사후적 베타

미래수익률의 확률분포로부터 사전적 베타를 추정해야 하지만 현실적으로 거의 불가능하다. 따라서 과거의 역사적 자료가 미래의 상황을 잘 설명할 수 있다는 가정하에 과거의 자료를 이용하여 베타를 추정한다. 이와 같이 과거의 자료를 이용해서 추정한 베타를 사후적 베타(ex−post β)라고 한다.

2. 시장모형에 의한 기대수익률과 위험

(1) 기대수익률과 위험의 계산

시장모형에 의하면 개별주식의 기대수익률은 시장포트폴리오의 기대수익률과 시장포트폴리오의 수익률에 대한 개별주식의 민감도(β)에 의해 결정된다는 것을 알 수 있다. 따라서 시장모형을 이용해서 개별주식의 기대수익률과 분산 그리고 개별주식 수익률간의 공분산은 다음과 같이 구할 수 있다.

첫째, 개별주식의 기대수익률과 위험

$$E(R_i) = E(\alpha_i + \beta_i R_M + \varepsilon_i) = \alpha_i + \beta_i E(R_M) \qquad (7.9)$$

$$Var(R_i) = Var(\alpha_i + \beta_i R_M + \varepsilon_i) = \beta_i^2 Var(R_M) + Var(\varepsilon_i) \qquad (7.10)$$

식(7.10)에서 $\beta_i^2 Var(R_M)$은 공통요인인 시장포트폴리오 수익률의 변동에 기인하여 발생하는 체계적 위험을 나타내고, $Var(\varepsilon_i)$은 시장포트폴리오 수익률의 변동에 관계없이 개별주식 고유요인에 의해 발생하는 비체계적 위험을 나타낸다.

둘째, 개별주식 수익률간의 공분산

$$\sigma_{ij} = Cov(\alpha_i + \beta_i R_M + \varepsilon_i, \alpha_i + \beta_i R_M + \varepsilon_i) = \beta_i \beta_j Var(R_M) \qquad (7.11)$$

개별주식 수익률간의 공분산은 시장포트폴리오에 대한 개별주식의 민감도(베타)와 시장포트폴리오 수익률의 분산에 의해 결정된다. 따라서 포트폴리오를 구성하는 개별주식의 베타만 알면 서로 다른 주식 수익률간의 공분산을 알 수 있어 완전공분산모형에 비해 포트폴리오의 분산을 계산하는데 필요한 계산량이 크게 줄어든다.

셋째, 포트폴리오의 기대수익률과 위험

$$E(R_p) = E(\alpha_p + \beta_p R_M + \varepsilon_p) = \alpha_p + \beta_p E(R_M) \tag{7.12}$$

$$Var(R_p) = Var(\alpha_p + \beta_p R_M + \varepsilon_p) = \beta_p^2 Var(R_M) + Var(\varepsilon_P) \tag{7.13}$$

식(7.13)에서 개별주식 수익률의 분산은 두 개의 항으로 구성되어 있다. 우변의 첫째항 $\beta_p^2 Var(R_M)$은 포트폴리오의 체계적 위험을 나타내고, 둘째항 $Var(\varepsilon_p)$은 비체계적 위험을 나타낸다. 여기서 포트폴리오의 비체계적 위험은 다음과 같이 개별자산의 투자비율의 제곱에 비체계적 위험을 곱해서 모두 합한 값이다.

$$Var(e_p) = \sum_{i=1}^{n} W_i^2 Var(e_i) \tag{7.14}$$

(2) 포트폴리오의 위험분산효과

n개의 주식에 동일한 비율로 투자한 포트폴리오를 가정할 경우 시장모형에 의한 포트폴리오의 수익률분산은 다음과 같이 나타낼 수 있다.

$$Var(R_p) = \beta_p^2 Var(R_M) + Var(e_p) \tag{7.15}$$

$$= \beta_p^2 Var(R_M) + \frac{Var(e_i)}{n}$$

비체계적 위험의 평균치인 $Var(e_i)$는 상수이므로 포트폴리오에 포함되는 주식수가 증가하면 포트폴리오의 비체계적 위험은 0으로 수렴하여 완전분산투자가 이루어진 포트폴리오의 위험은 다음과 같이 체계적 위험만 남게 된다.

$$Var(R_p) = \beta_p^2 Var(R_M) \rightarrow \sigma_p = \beta_p \sigma_M \tag{7.16}$$

(3) 증권특성선의 설명력

결정계수(R^2 : coefficient of determination)는 독립변수인 시장포트폴리오의 수익률 변동이 종속변수인 개별주식의 수익률변동을 몇 %나 설명할 수 있는가를 나타내는 척도로 종속변수인 개별주식의 수익률변동에 대한 증권특성선의 설명력을 나타내며 총위험에서 체계적 위험이 차지하는 비율로 구할 수 있다.

$$\frac{체계적\ 위험}{총위험} = \frac{\beta_i^2\,VaR(R_M)}{Var(R_i)} = \rho_{iM}^2 = R^2 \tag{7.17}$$

식(7.17)에서 결정계수는 시장포트폴리오 수익률과 개별주식 i의 수익률간의 상관계수를 제곱한 값으로 0에서 1사이의 값을 갖는다. 만일 상관계수가 0.8이라고 가정하면 시장포트폴리오의 수익률변화가 개별주식 i의 수익률변화를 80% 설명할 수 있음을 나타낸다.

3. 시장모형의 유용성과 한계점

(1) 시장모형의 유용성

샤프의 시장모형을 이용하면 마코위츠의 완전공분산모형에 비해 효율적 투자선을 도출하기 위해 필요한 정보량이 대폭 축소되어 실용적인 측면에서 매우 유용성이 높다. 예컨대 100개의 주식으로 포트폴리오를 구성하면 마코위츠모형에서는 총 5,150개의 정보가 필요한 반면에 시장모형에서는 302개의 정보가 필요하다.

▌표 7-1▌ 효율적 투자선 도출에 필요한 정보량

마코위츠의 완전공분산모형		샤프의 시장모형	
항목	정보량	항목	정보량
σ_i^2	n개	$Var(e_i)$	n개
σ_{ij}	n(n−1)/2개	σ_i	n개
$E(R_i)$	n개	β_i	n개
		$E(R_M)$	1개
		$Var(R_M)$	1개
합계	(n²+3n)/2개	합계	3n+2

(2) 시장모형의 한계점

그러나 시장모형은 $Cov(\varepsilon_i, \varepsilon_j)$를 0으로 가정하고 있어 이러한 관계가 성립하지 않으면 시장모형의 정확성이 떨어진다는 문제점이 있다. 실제로 시장 전체에 영향을 미치지는 않지만 특정 산업에는 중요한 영향을 미치는 요인이 있으면 동종산업에 있는 주식들끼리의 $Cov(\varepsilon_i, \varepsilon_j)$는 0이 아닐 것이다.

제4절 증권시장선(SML)

자본시장선(CML)은 자본시장 균형상태에서 CML상에 존재하는 효율적 포트폴리오의 기대수익률과 총위험인 표준편차간의 직선관계만을 설명하는 식이다. 따라서 비체계적 위험을 가지고 있는 개별자산이나 CML의 아래쪽에 있는 비효율적 포트폴리오의 기대수익률과 총위험간의 관계는 설명하지 못한다.

1. 증권시장선의 도출

(1) 증권시장선의 개념

증권시장선(SML : security market line)은 시장균형상태에서 완전분산투자된 효율적 포트폴리오뿐만 아니라 비체계적 위험을 가지고 있는 개별자산이나 비효율적 포트폴리오를 포함한 모든 위험자산의 기대수익률과 체계적 위험간의 직선관계를 설명하기 위해 제시된 모형을 말한다.

CAPM의 가정에서 투자자들은 위험자산의 최적포트폴리오로 비체계적 위험이 완전히 제거된 시장포트폴리오를 선택한다. 이는 위험자산으로 시장포트폴리오를 보유한 투자자가 특정자산에 대해 부담하는 위험은 그 자산의 총위험인 표준편차가 아니라 체계적 위험임을 의미한다.

따라서 식(7.5)의 자본시장선에서 표준편차 σ_p 대신에 적절한 위험의 척도인 체계적 위험 $\beta_i \sigma_m$을 사용하여 나타내면 식(7.18)과 같은 관계가 성립한다. 이와 같이 모든 위험자산의 기대수익률과 체계적 위험간의 선형관계를 갖는 직선식을 CAPM 또는 증권시장선(SML)이라고 한다.

$$E(R_i) = R_f + [\frac{E(R_m) - R_f}{\sigma_m}]\beta_i\sigma_m = R_f + [E(R_m) - R_f]\beta_i \tag{7.18}$$

식(7.18)에서 R_f와 $E(R_m)$은 시장에서 결정되는 상수로 모든 위험자산의 기대수익률은 베타와 선형관계를 갖는다. i는 효율적 포트폴리오뿐만 아니라 개별자산과 비효율적인 포트폴리오를 포함한 모든 위험자산을 지칭한다. $[E(R_m) - R_f]$는 체계적 위험을 나타내는 베타 1단위에 대한 위험의 균형가격을 나타낸다.

┃ 그림 7-5 ┃ 증권시장선

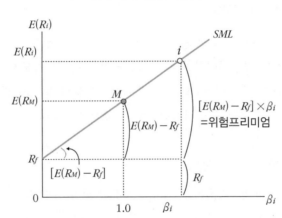

(2) 증권시장선의 의미

증권시장선(SML)은 자본시장 균형상태에서 모든 위험자산의 기대수익률 또는 균형수익률과 체계적 위험간에 선형관계에 있음을 나타낸다. 또한 증권시장선은 효율적 포트폴리오뿐만 아니라 비체계적 위험을 갖는 개별자산이나 비효율적 포트폴리오를 포함한 모든 위험자산을 평가대상으로 한다.

(3) 베타계수의 측정

증권시장선(SML)에 의하면 모든 자산의 균형수익률은 베타에 의해 결정되므로 특정자산의 베타를 구해서 증권시장선에 대입하면 그 자산의 균형수익률을 구할 수 있다. 이때 개별자산의 베타는 개별자산과 시장수익률간의 공분산을 시장포트폴리오 수익률의 분산으로 나누어 구할 수 있다.

$$\beta_i = \frac{\sigma_{im}}{\sigma_m^2} = \frac{\rho_{im}\sigma_i\sigma_m}{\sigma_m^2} = \frac{\rho_{im}\sigma_i}{\sigma_m} \tag{7.19}$$

한편 포트폴리오의 베타는 포트폴리오를 구성하는 개별자산의 베타를 투자비율에 따라서 가중평균한 값으로 다음과 같이 구할 수 있다.

$$\beta_p = w_1\beta_1 + w_2\beta_2 + \cdots + w_n\beta_n = \sum_{i=1}^{n} w_i\beta_i \tag{7.20}$$

(4) 증권시장선과 시장균형

자본시장이 균형상태에 있으면 모든 자산의 기대수익률은 증권시장선(SML)상에 놓이도록 자산의 가격이 결정되어야 한다. 그러나 일시적으로 자본시장이 불균형상태에 있으면 [그림 7-5]의 자산 U나 O와 같이 증권시장선상에 놓이지 않은 자산이 존재하며 다음과 같은 과정을 거쳐서 증권시장선상에서 균형을 이룬다.

① SML의 상방에 놓이는 자산 U

기대수익률이 SML의 균형수익률보다 높아 주식가격이 과소평가되어 있어 이러한 주식을 매입하면 시장이 균형을 이루는 과정에서 주식가격이 상승하여 이익을 얻을 수 있기 때문에 투자가치가 있는 주식에 해당한다.

기대수익률>SML상의 균형수익률 → 시장가격<균형가격 → 가격이 과소평가
→ 수요증가 → 가격상승(기대수익률 하락) → SML상에서 균형

② SML의 하방에 놓이는 자산 O

기대수익률이 SML의 균형수익률보다 낮아 주식가격이 과대평가되어 있어 이러한 주식을 매입하면 시장이 균형을 이루는 과정에서 주식가격이 하락하여 손실을 얻을 수 있기 때문에 투자가치가 없는 주식에 해당한다.

기대수익률<SML상의 균형수익률 → 시장가격>균형가격 → 가격이 과대평가
→ 공급증가 → 가격하락(기대수익률 상승) → SML상에서 균형

▌그림 7-6▐ 증권시장선과 시장균형

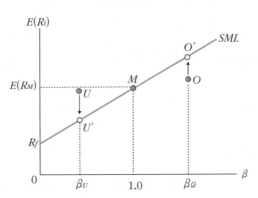

2. 자본시장선과 증권시장선의 비교

자본시장선(CML)과 증권시장선(SML)은 투자자들의 사전적 기대를 반영한 모형으로 자본시장균형상태에서 기대수익률과 위험간의 선형관계를 제시해주는 직선식이라는 점에서 동일하다. 그러나 다음과 같은 근본적인 차이점이 존재한다.

자본시장선(CML)은 완전분산투자된 효율적 포트폴리오의 총위험과 기대수익률간의 선형관계를 나타내는 모형이다. 반면에 증권시장선(SML)은 완전분산투자된 효율적 포트폴리오뿐만 아니라 비효율적 포트폴리오 및 개별자산을 포함한 모든 위험자산의 체계적 위험과 기대수익률간의 선형관계를 나타내는 모형이다.

[그림 7-7]에서 A와 C는 자본시장선상의 포트폴리오로 비체계적 위험은 제거되고 체계적 위험만 남아있는 완전분산투자가 이루어진 포트폴리오이다. 자본시장선상에 있지 않은 B와 D는 비효율적 자산이며 기대수익률이 동일한 자산은 체계적 위험이 동일한 자산이므로 B는 A와, D는 C와 체계적 위험이 동일하다.

증권시장선은 CML상에 존재하는 완전분산투자된 효율적 포트폴리오인 A나 C뿐만 아니라 비효율적 자산인 B나 D의 균형수익률까지 설명할 수 있다. 그러나 자본시장선은 완전분산투자된 효율적 포트폴리오인 A와 C의 균형수익률은 설명할 수 있으나 비효율적 자산인 B와 D의 균형수익률은 설명하지 못한다.

그러나 이러한 근본적인 차이점에도 불구하고 증권시장선은 앞에서 살펴본 자본시장선에서 노출된 것으로 자본시장선은 증권시장선을 효율적 포트폴리오의 경우에만 적용시킨 특수한 경우라고 할 수 있다. 즉 증권시장선의 평가대상을 효율적 포트폴리오로 한정할 경우에는 자본시장선과 증권시장선은 일치한다.

▌표 7-2▐ 자본시장선과 증권시장선의 비교

비교사항	CML	SML
관 계 식	$E(R_p) = R_f + [\dfrac{E(R_M) - R_f}{\sigma_M}]\sigma_p$	$E(R_i) = R_f + [E(R_M) - R_f]\beta_i$
의 미	총위험과 기대수익률의 선형관계	체계적 위험과 기대수익률의 선형관계
평가대상	효율적 포트폴리오	모든 자산

▌그림 7-7▐ 자본시장선과 증권시장선의 비교

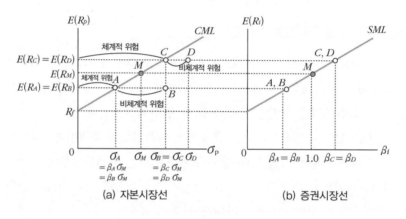

(a) 자본시장선   (b) 증권시장선

3. 증권시장선의 이용

(1) 주식평가시 할인율

CAPM에 의하면 모든 위험자산의 기대수익률은 증권시장선상에서 결정되어야 하므로 주식을 포함한 모든 위험자산의 가격을 평가할 때 적절한 할인율로 이용될 수 있다. 따라서 어떤 자산의 가치는 그 자산으로부터 얻게 될 미래 현금흐름을 증권시장선으로 구한 기대수익률로 할인한 현재가치가 된다.

(2) 주식가치의 평가

CAPM에 의하면 모든 위험자산의 기대수익률은 증권시장선상에서 결정되어야 한다. 만일 자본시장이 균형상태를 이루지 못해 증권시장선상에 놓이지 못한 자산이 존재하면 차익거래를 통해 균형상태로 돌아간다. 따라서 증권시장선은 주식의 과소 또는 과대평가 여부를 판단하여 주식가치를 평가하는데 이용될 수 있다.

(3) 자본비용의 산정

증권시장선은 투자자들의 입장에서 보면 어떤 주식의 베타를 증권시장선에 대입하여 산출한 기대수익률은 그 주식에 투자하고자 할 경우 최소한 그 주식의 위험에 대해 요구하는 수익률을 나타낸다. 이는 기업의 입장에서 주식을 발행하여 자금을 조달하고자 할 경우에 부담해야 하는 자기자본비용에 해당한다.

(4) 투자성과의 평가

투자성과의 평가는 부담해야 하는 위험의 성격을 어떻게 정의하느냐에 따라 자본시장선을 이용하는 방법과 증권시장선을 이용하는 방법이 있다. 증권시장선은 미래의 기대수익률을 예측하기 위한 사전모형이지만, 주식투자로부터 실현된 과거의 수익률자료를 이용하여 투자성과를 평가하는데도 이용할 수 있다.

(5) 가치가산의 원리

CAPM에 의하면 모든 위험자산의 기대수익률은 체계적 위험에 의해서만 결정되며 체계적 위험은 아무리 많은 투자안에 분산투자하더라도 제거할 수 없다. 따라서 여러 투자안에 분산투자할 경우 포트폴리오의 가치는 개별투자안의 가치를 단순히 합한 것일 뿐 어떠한 시너지효과도 발생하지 않는다.

제5절 CAPM 가정의 수정

CAPM은 여러 가지 비현실적인 가정하에서 위험자산의 기대수익률과 체계적 위험 간의 선형관계를 설명하고 있기 때문에 현실적 타당성이 결여될 수 있다. 따라서 본 절에서는 CAPM을 도출하기 위해 설정한 가정들을 현실에 맞게 수정함으로써 CAPM의 현실적 타당성을 살펴보고자 한다.

1. 투자자들이 이질적으로 기대하는 경우

(1) 가정의 현실화

CAPM은 모든 투자자들이 주식의 미래수익률에 대한 확률분포에 대해 동질적으로 기대한다고 가정한다. 그러나 현실적으로 투자자들이 이용하는 정보가 서로 다르고 정보의 분석능력에도 차이가 있으므로 주식의 미래수익률에 대한 확률분포에 대한 기대가 서로 다른 것이 일반적이다.

(2) 이질적으로 기대하는 경우

투자자들이 주식의 미래수익률에 대한 확률분포에 이질적으로 기대한다면 투자자마다 개별주식의 기대수익률, 표준편차, 공분산에 서로 다른 기대를 하게 된다. 따라서 투자자들이 예상하는 효율적 투자선, 시장포트폴리오, 자본시장선, 증권시장선이 달라지게 되어 동일한 자산의 가격을 서로 다르게 평가할 수 있다.

예컨대 어떤 투자자는 주식의 특정가격을 균형가격이라고 생각하는 반면에 어떤 투자자는 그 가격을 과대 또는 과소평가된 가격이라고 생각할 수도 있다. 따라서 특정주식에 대해 지속적인 초과수요나 초과공급이 존재할 수 있기 때문에 자본시장균형을 전제로 하는 자본자산가격결정모형(CAPM)은 성립할 수 없다.

┃그림 7-8┃ 이질적 기대가 존재하는 경우

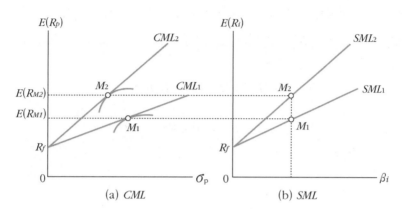

(a) *CML*   (b) *SML*

2. 무위험자산이 존재하지 않는 이유

(1) 가정의 현실화

CAPM은 무위험자산이 존재하고 투자자들이 무위험이자율로 얼마든지 자금을 차입하거나 대출할 수 있다고 가정한다. 그러나 현실적으로 무위험자산으로 간주되는 국공채나 정기예금도 전쟁이 나거나 은행이 파산하면 약정한 수익을 보장하지 못하기 때문에 진정한 무위험자산은 존재하지 않는다고 할 수 있다.

이러한 현실을 반영하여 블랙은 무위험자산이 존재하지 않더라도 효율적 시장포트폴리오만 존재한다면 시장포트폴리오와의 공분산이 0인 제로포트폴리오를 구성하여 기대수익률을 무위험이자율로 사용하는 경우 기대수익률과 체계적 위험간의 선형관계가 존재함을 확인했는데 이를 제로베타 CAPM이라고 한다.

(2) 제로베타 CAPM의 도출

마코위츠의 효율적 투자선상에 존재하는 시장포트폴리오 M에서 M에 접하는 가상의 접선을 그었을 때 기대수익률축과 만나는 점을 $E(R_Z)$라 하고 그 점에서 수평선을 그어 최소분산포트폴리오집합과 만나는 점을 Z라고 하면 ZZ′ 상의 포트폴리오들은 증권시장선상에서는 모두 $E(R_Z)$에 위치한다.

따라서 ZZ′ 선상에 있는 모든 포트폴리오들은 총위험은 서로 다르지만 체계적 위험은 0인 제로베타포트폴리오가 된다. 따라서 이러한 포트폴리오의 기대수익률을 무위험이자율 대신에 이용하면 모든 위험자산의 기대수익률과 체계적 위험간의 선형관계를 나타내는 증권시장선을 도출할 수 있다.

$$E(R_i) = E(R_z) + [E(R_m) - E(R_z)]\beta_i \qquad (7.21)$$

┃그림 7-9┃ 제로베타 CAPM

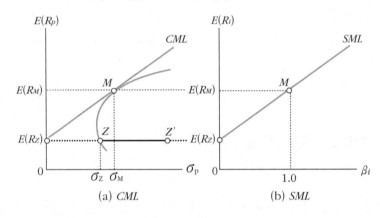

(a) CML (b) SML

(3) 제로베타포트폴리오의 의미

무위험자산은 총위험이 0인 자산이므로 체계적 위험과 비체계적 위험이 모두 0인 반면에, 제로베타포트폴리오는 체계적 위험만 0일 뿐 비체계적 위험을 가지고 있어서 제로베타포트폴리오의 기대수익률은 R_f보다 클 것이므로 제로베타 SML의 기울기는 표준 SML보다 완만하다.

제로베타포트폴리오는 베타가 0인 포트폴리오이므로 최소한 하나 이상의 개별자산에 대한 투자비율이 0보다 작아야만 가중평균베타가 0인 제로베타포트폴리오를 구성할 수 있다. 따라서 제로베타포트폴리오를 구성하기 위해서는 공매도(short selling)가 가능해야 한다.

3. 차입이자율과 대출이자율이 다른 경우

(1) 가정의 현실화

CAPM은 투자자들이 동일한 무위험이자율로 얼마든지 차입하거나 대출할 수 있다고 가정한다. 그러나 현실적으로 차입이자율은 대출이자율보다 높은 것이 일반적이다. 이러한 상황에서는 CAPM이 성립하지 않게 된다.

(2) 투자유형에 따른 증권시장선

[그림 7−10]의 (a)에서 투자금액의 일부를 무위험이자율로 대출하여 대출포트폴리오를 구성하는 방어적인 투자자들은 위험자산의 최적포트폴리오로 ML을 선택하므로 자본시장선은 CML_L로 나타나지만 차입은 할 수 없기 때문에 점선부분은 제외된다. 따라서 효율적 투자선은 R_LM_L이 된다.

[그림 7−10]의 (a)에서 투자금액의 일부를 무위험이자율로 차입하여 차입포트폴리오를 구성하는 공격적인 투자자들은 위험자산의 최적포트폴리오로 M_B을 선택하므로 자본시장선은 CML_B로 나타나지만 대출은 할 수 없기 때문에 점선부분은 제외된다. 따라서 효율적 투자선은 R_BM_B이 된다.

그리고 자기자금만으로 위험자산포트폴리오에 투자하는 투자자들은 자신의 무차별 곡선의 형태에 따라 M_LM_B상의 포트폴리오를 선택한다. 따라서 대출포트폴리오와 차입포트폴리오를 구성하는 투자자들이 서로 다른 SML로 자산의 가격을 평가하여 시장균형을 전제로 한 CAPM은 성립할 수 없다.

▌ 그림 7-10 ▌ 차입이자율과 대출이자율이 다른 경우

(a) *CML*   (b) *SML*

4. 개인소득세가 존재하는 경우

(1) 가정의 현실화

CAPM은 세금과 거래비용이 존재하지 않는 완전자본시장을 가정한다. 그러나 현실적으로 투자자들은 투자소득에 대해서 개인소득세를 부담하고 있으며, 동일한 형태의 소득이라도 투자자들의 소득수준에 따라서 서로 다른 누진세율이 적용되고 있기 때문에 개인소득세를 차감한 세후수익률은 투자자마다 달라진다.

(2) 차등세율이 존재하는 경우

모든 투자자에게 동일한 세율이 적용되어 세전수익률에 대한 기대가 동질적이면 누구나 동일한 SML로 균형가격을 평가하여 CAPM이 성립한다. 그러나 개인소득세가 존재하면 투자자마다 다른 세율이 적용되어 세전수익률에 대한 기대가 동일하더라도 세후수익률이 달라 SML도 달라지므로 CAPM은 성립할 수 없다.

┃그림 7-11┃ 차등적인 소득세율이 존재하는 경우

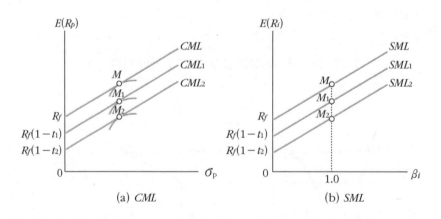

5. 거래비용이 존재하는 경우

(1) 가정의 현실화

CAPM은 세금과 거래비용이 존재하지 않는 완전자본시장을 가정한다. 그러나 현실적으로 주식을 매매할 경우에 거래수수료와 같은 거래비용을 부담해야 한다.

(2) 거래비용이 존재하는 경우

거래비용이 존재하지 않는 완전자본시장에서는 과소평가된 주식은 매입하고 과대평가된 주식은 매도하는 차익거래를 통해 신속히 균형으로 회복하게 되므로 균형상태에서 과소평가 또는 과대평가된 주식은 존재할 수 없다.

거래비용이 존재하는 경우에 [그림 7−12]의 A나 B와 같은 주식이 존재하더라도 주식의 매입과 매도로 인한 자본이득이 거래비용의 범위 안에 존재하면 차익거래가 발생하지 않는다. 따라서 거래비용이 존재하면 자본시장선과 증권시장선은 직선이 아닌 띠(band)의 형태로 나타나며 거래비용이 클수록 띠의 폭은 넓어진다.

┃그림 7−12┃ 거래비용이 존재하는 경우

제6절 **투자성과의 분석**

일반적으로 투자성과는 수익률과 위험에 따라 달라지므로 국제투자에 대한 성과분석도 양자를 고려하기 위해 위험에 대한 조정된 수익률을 이용한다. 구체적인 측정기준은 무엇을 위험의 지표로 이용하는가에 따라 달라질 수 있는데, 여기에는 체계적 위험 또는 총위험을 위험의 지표로 이용한다.

1. 증권시장선을 이용하는 방법

증권시장선을 이용하는 방법은 체계적 위험을 나타내는 베타를 기준으로 투자성과를 평가하는데, 여기에는 트레이너(J.Treynor)의 지수와 젠센(M.Jensen)의 지수가 있다. 트레이너지수는 상대적 비율로 투자성과를 평정하는 반면에 젠센지수는 절대적 크기로 평정하여 평가결과가 서로 다르게 나타날 수 있다.

(1) 트레이너의 지수

트레이너의 지수는 체계적 위험 1단위당 실현된 위험프리미엄으로 투자보수 대 체계적 위험비율(RVOL : reward to volatility ratio)이라고도 한다. 식(7.22)에서 $\overline{R_p}$는 포트폴리오 p에서 실현된 수익률의 평균치, $\overline{R_f}$는 무위험이자율의 평균치, β_p는 포트폴리오 p의 실현된 수익률에 의한 체계적 위험(베타)을 나타낸다.

$$RVOL = \frac{\overline{R_p} - \overline{R_f}}{\beta_p} \tag{7.22}$$

(2) 젠센의 지수

젠센(M.Jensen)의 지수(α_p)는 실제로 실현된 평균수익률과 체계적 위험을 나타내는 베타계수에 기초하여 예측된 평균수익률간의 차이 또는 실제로 실현된 위험프리미엄과 체계적 위험에 기초하여 예측된 위험프리미엄간의 차이로 정의된다. 식(7.23)에서 $\overline{R_M}$는 시장포트폴리오 수익률의 평균치를 나타낸다.

$$\alpha_p = \overline{R_p} - [\overline{R_f} + (\overline{R_M} - \overline{R_f})\beta_p] \tag{7.23}$$
$$= (\overline{R_p} - \overline{R_f}) - (\overline{R_M} - \overline{R_f})\beta_p$$

2. 자본시장선을 이용하는 방법

자본시장선(CML)을 이용하여 투자성과를 평정하는 방법에는 샤프(W.F.Sharpe)의 지수가 있다. 샤프의 지수는 총위험 1단위당 실현된 위험프리미엄으로 정의되며, 투자보수 대 변동성비율(RVAR : reward to variability ratio)이라고도 한다. 식(7.24)에서 S_p는 포트폴리오 P로부터 실현된 수익률의 표준편차를 나타낸다.

$$RVAR = \frac{\overline{R_p} - \overline{R_f}}{S_p} \tag{7.24}$$

제1절 기본개념

1. 자본시장 균형이론 : 시장균형상태에서 자산의 가격이 결정되는 과정을 설명
2. CAPM의 의의 : 균형상태에서 위험자산의 기대수익률과 위험의 선형관계를 설명
3. CAPM의 가정 : 포트폴리오이론의 가정+무위험자산의 존재, 완전자본시장

제2절 자본시장선(CML)

1. 무위험자산의 존재
① 자본시장선의 의의
  무위험자산과 위험자산으로 포트폴리오를 구성할 경우에 효율적인 포트폴리오
② 자본시장선의 도출 : $E(R_p) = R_f + [\dfrac{E(R_M) - R_f}{\sigma_M}]\sigma_p$
③ 자본시장선의 의미
  자본시장선상의 포트폴리오들은 체계적 위험으로만 구성된 효율적 포트폴리오
2. 최적포트폴리오의 선택
① 최적포트폴리오의 선택
  무차별곡선의 기울기와 자본시장선의 기울기가 일치하는 점에서 결정
② 토빈의 분리정리
㉠ 1단계 : 자산투자결정 → 시장포트폴리오의 구성
㉡ 2단계 : 자본조달결정 → 최적포트폴리오의 선택

제3절 시장모형

1. 시장모형과 증권특성선
① 시장모형의 의의
  시장포트폴리오의 수익률이 모든 주식의 수익률을 설명하는 하나의 공통요인이라는
  가정하에 개별주식의 수익률을 시장수익률과의 선형관계로 나타낸 모형
② 증권특성선의 의의
  시장모형에서 α_i와 β_i를 추정해 구한 개별주식 수익률과 시장수익률간의 회귀식
2. 시장모형에 의한 기대수익률과 위험
(1) 개별주식의 경우
① 개별주식의 기대수익률 : $E(R_i) = E(\alpha_i + \beta_i R_M + \varepsilon_i) = \alpha_i + \beta_i E(R_M)$
② 개별주식의 위험 : $Var(R_i) = Var(\alpha_i + \beta_i R_M + \varepsilon_i) = \beta_i{}^2 Var(R_M) + Var(\varepsilon_i)$

③ 개별주식 수익률간의 공분산 : $\sigma_{ij} = Cov(\alpha_i + \beta_i R_M + \varepsilon_i, \ \alpha_i + \beta_i R_M + \varepsilon_i) = \beta_i \beta_j \, Var(R_M)$

(2) 포트폴리오의 경우

① 포트폴리오의 기대수익률 : $E(R_p) = E(\alpha_p + \beta_p R_M + \varepsilon_p) = \alpha_p + \beta_p E(R_M)$

② 포트폴리오의 위험 : $Var(R_p) = Var(\alpha_p + \beta_p R_M + \varepsilon_p) = \beta_p^{\ 2} \, Var(R_M) + Var(\varepsilon_p)$

(3) 증권특성선의 설명력

결정계수는 개별주식의 수익률변동에 대한 증권특성선의 설명력을 나타냄

3. 시장모형의 유용성과 한계점

① 시장모형의 유용성 : 마코위츠모형보다 효율적 투자선을 도출하는데 필요한 정보량이 대폭 축소

② 시장모형의 한계점 : $Cov(\varepsilon_i, \ \varepsilon_i) = 0$의 가정이 성립하지 않으면 시장모형의 정확성이 떨어짐

제4절 증권시장선(SML)

1. 증권시장선의 개념

시장균형상태에서 모든 주식의 기대수익률과 체계적 위험간의 직선관계를 설명

2. 증권시장선의 도출

$$E(R_i) = R_f + [E(R_m) - R_f]\beta_i$$

3. 증권시장선의 의미

시장균형상태에서 모든 주식의 기대수익률은 체계적 위험간에 선형관계에 있음

4. 증권시장선과 시장균형

시장균형상태에서 모든 자산의 기대수익률은 SML에 놓이도록 자산가격이 결정

① SML의 상방에 놓이는 자산은 기대수익률이 SML의 균형수익률보다 높아 가격이 과소평가되어 있어 투자가치가 있는 주식에 해당함

② SML의 하방에 놓이는 자산은 기대수익률이 SML의 균형수익률보다 낮아 가격이 과대평가되어 있어 투자가치가 없는 주식에 해당함

5. 증권시장선의 이용

주식평가시 할인율, 주식가치의 평가, 자본비용의 산정, 투자성과의 평가

1 자본자산가격결정모형(CAPM)의 가정에 관한 설명으로 가장 적절하지 않은 것은? (2014년)

① 투자자들은 자신의 기대효용을 극대화하고자 하는 위험중립적인 합리적 투자자로서 평균−분산 기준에 따라 투자결정을 한다.

② 각 자산의 기대수익률과 분산, 공분산 등에 관한 자료는 모든 투자자들이 동일하게 알고 있다. 즉, 모든 투자자들의 위험자산에 대한 예측은 동일하다.

③ 정보는 모든 투자자에게 신속하고 정확하게 알려지며 정보획득에 따른 비용도 존재하지 않는다.

④ 투자자들의 투자기간은 현재와 미래만 존재하는 단일기간(single period)이다.

⑤ 모든 투자자는 가격수용자(price taker)이기 때문에 어떤 투자자의 거래도 시장가격에 영향을 미칠 만큼 크지 않다.

| 해설 | 투자자들은 자신의 기대효용을 극대화하고자 하는 위험회피적인 합리적 투자자로서 평균−분산 기준에 따라 투자결정을 한다.

2 아래와 같은 그림에서 투자자 1과 투자자 2의 포트폴리오 선택에 관한 설명으로 옳지 않은 것은? (1994년)

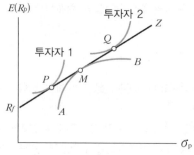

① 투자자 1과 투자자 2는 모두 위험회피형이다.

② 이를 자본시장선(CML)이라고 한다.

③ 효율적 투자선은 AMB이다.

④ 투자자 2는 투자자 1보다 덜 위험회피적이다.

⑤ P, Q의 포트폴리오는 전체 위험자산에 투자한 금액 중에서 개별 위험자산이 차지하는 투자비율이 동일하다.

| 해설 | ① 무차별곡선의 형태로 보아 투자자 1과 2 모두 위험회피형에 속한다.
② X축이 포트폴리오의 표준편차이고 Y축이 기대수익률이므로 CML을 나타낸다.
③ 효율적 투자선은 무위험자산이 없으면 AMB, 무위험자산이 있으면 CML이다.
④ 투자자 1과 2는 모두 위험회피형에 속한다. 투자자 1은 대출형으로 더 위험회피적이며, 투자자 2는 차입형으로 덜 위험회피적이다.
⑤ 투자자 1과 2의 최적포트폴리오에서 무위험자산과 위험자산의 투자비율은 다르다. 그러나 위험자산으로는 시장포트폴리오(M)만을 선택하므로 위험자산의 투자금액에서 개별 위험자산이 차지하는 비율은 동일하다.

3 자본자산가격결정모형(CAPM)에 대한 설명으로 틀린 것은? (2006년)

① 시장위험프리미엄(market risk premium)은 항상 0보다 커야 한다.

② 시장포트폴리오와 무위험자산간의 상관계수는 정확히 0이다.

③ SML에 위치한다고 해서 반드시 CML에 위치하는 것은 아니다.

④ 위험자산의 기대수익률은 무위험자산의 수익률보다 항상 높아야 한다.

⑤ 개별자산의 진정한 위험은 총위험의 크기가 아니라 체계적 위험의 크기만으로 평가되어야 한다.

│ 해설 │ ① CAPM은 위험회피형 투자자를 가정하므로 시장위험프리미엄 [$E(R_m) - R_f$]은 0보다 커야 한다.

② 위험자산과 무위험자산간의 상관계수는 0이다.

③ SML상에 위치하는 자산도 완전분산투자된 효율적 포트폴리오가 아니면 비체계적 위험이 남아 있어 CML 하방에 위치할 수 있다.

④ $E(R_i) = R_f + [E(R_m) - R_f]$에서 β_i는 정(+) 또는 부(-)의 값을 가질 수 있다. 만일 β_i가 부(-)라면 $E(R_i) < R_f$도 성립할 수 있다.

⑤ 개별자산의 총위험 중에서 비체계적 위험은 분산투자로 제거할 수 있기 때문에 제거할 수 없는 체계적 위험이 적절한 위험척도이다.

4 자본자산가격결정모형(CAPM)에 관한 설명으로 가장 올바른 것은? (2005년)

① 증권시장선(SML)에서 다른 조건은 동일하고 시장포트폴리오의 기대수익률이 커진다면 β가 1보다 매우 큰 주식의 균형수익률은 상승하지만, β가 0보다 크지만 1보다 매우 작은 주식의 균형수익률은 하락한다.

② 자본시장선(CML)에서 무위험자산과 시장포트폴리오에 대한 투자비율은 객관적이지만, 시장포트폴리오내의 각 주식들에 대한 투자비율은 주관적이다.

③ 증권시장선(SML)의 기울기는 β값에 관계없이 항상 일정한 값을 가진다.

④ 자본시장선(CML) 상에 있는 포트폴리오는 효율적이므로 베타는 0이다.

⑤ 자본시장선(CML) 상에 있는 포트폴리오와 시장포트폴리오의 상관계수는 0이다.

│ 해설 │ ① 다른 조건이 동일한 상태에서 시장포트폴리오의 기대수익률이 상승하면 $\beta > 1$인 주식은 $E(R_m)$보다 더 상승하고, $0 < \beta < 1$인 주식은 덜 상승한다.

② CML에서 무위험자산과 시장포트폴리오에 대한 투자가중치의 선택은 투자자의 위험회피도에 따라 달라지므로 주관적이며, 시장포트폴리오의 각 주식들에 대한 투자비율은 누구나 동일한 선택을 하므로 객관적이다.

③ SML의 기울기 [$E(R_m) - R_f$]는 시장포트폴리오의 기대수익률과 무위험이자율에 의해 결정되므로 개별자산이나 포트폴리오의 β에 상관없이 일정한 값을 가진다.

④ CML상에 있는 포트폴리오 중에서 무위험자산에 100%의 비율로 투자한 포트폴리오만 베타가 0이고, 시장포트폴리오와 무위험자산을 결합하여 투자한 포트폴리오의 베타는 0이 아니다.

⑤ CML상에 위치한 포트폴리오와 시장포트폴리오의 상관계수는 +1이다.

아래와 같은 투자환경의 변화가 동시에 발생한다면 증권시장선(SML)은 어떤 변화를 보이겠는가? (1995년)

> a. 물가상승률이 기대보다 낮았다.
> b. 투자자들이 보다 더 위험회피적이 되었다.

① SML의 기울기는 커지고 위로 이동한다.

② SML의 기울기는 작아지고 아래로 이동한다.

③ SML의 기울기는 커지고 아래로 이동한다.

④ SML의 기울기는 작아지고 위로 이동한다.

⑤ SML의 기울기는 달라지지 않고 아래로 이동한다.

| 해설 | (1) 물가상승률 하락 → 명목이자율 하락 → 무위험이자율 하락 → SML 아래로 평행이동
(2) 투자자들이 더 위험회피적이면 시장위험프리미엄이 증가하여 SML 기울기가 더 커진다.

시장모형이 성립한다고 가정하자. 주식 A(β_A=1.4)와 B(β_B=0.6)에 투자금액의 3/4과 1/4을 각각 투자한 포트폴리오 수익률의 표준편차가 0.04이다. 시장포트폴리오 수익률의 표준편차는 0.02로 알려져 있다. 이 포트폴리오의 총위험에 대한 체계적 위험의 비율은 얼마인가? (2000년)

① 32% ② 34% ③ 36%

④ 38% ⑤ 40%

| 해설 | $(1)\,\beta_P = w_A\beta_A + w_B\beta_B = \dfrac{3}{4}(1.4) + \dfrac{1}{4}(0.6) = 1.2$

$(2)\,R^2 = \dfrac{\text{체계적 위험}}{\text{총위험}} = \dfrac{\beta_P^2 \times \sigma_m^2}{\sigma_P^2} = \dfrac{(1.2)^2(0.02)^2}{(0.04)^2} = 0.36$

아래 표와 같이 세 가지 펀드만 판매되고 있는데 위험수준은 수익률의 표준편차를 나타낸다. 위험수준 25%를 추구하는 투자자에게 총투자액 1억원을 안정주식형에 3천만원, 성장주식형에 5천만원, 국채투자형에 2천만원씩 투자하는 최적포트폴리오를 추천하고 있다. 위험수준 15%를 추구하는 투자자가 총투자액 8천만원으로 최적포트폴리오를 구성할 때 안정주식형에 투자해야 하는 금액은? (2004년)

펀드명칭	기대수익률	위험수준
안정주식형	10%	20%
성장주식형	20%	40%
국채투자형	5%	0%

① 1,152만원 ② 1,440만원 ③ 1,800만원

④ 2,400만원 ⑤ 3,840만원

| 해설 | ㉠ 위험수준 25% 추구하는 투자자

최적포트폴리오는 CML선상에 위치하며 시장포트폴리오의 구성 = 안정×3/8+성장×5/8

$\sigma_p = \sigma_m \times w_m \rightarrow 25\% = \sigma_m \times 0.8 \rightarrow \sigma_m = 31.25\%$

㉡ 위험수준 15% 추구하는 투자자

15% = 31.35%×w_m → w_m = 48%이므로 안정주식형의 비율 = 0.48×3/8 = 0.18

㉢ 안정주식형 투자금액 = 8,000만원×0.18 = 1,440만원

---

8   투자자 갑이 구성한 최적포트폴리오의 기대수익률과 표준편차는 각각 10%와 12%이다. 시장포트폴리오의 표준편차는 15%이고 무위험수익률은 5%라면, 시장포트폴리오의 기대수익률은? 단, CAPM이 성립한다고 가정한다. (2017년)

① 6.50%   ② 8.25%   ③ 11.25%
④ 12.50%   ⑤ 17.50%

| 해설 | 투자자의 최적포트폴리오는 자본시장선 상에 존재하는 포트폴리오이므로 갑이 구성한 최적포트폴리오의 기대수익률과 표준편차는 CML식을 충족해야 한다.

$$E(R_P) = R_f + [\frac{E(R_M) - R_f}{\sigma_M}]\sigma_P = 5 + [\frac{E(R) - 5}{15}] \times 12 = 10\% \rightarrow E(R_M) = 11.25\%$$

---

9   다음 중 위험(risk)에 대한 여러 설명으로 옳은 것은? (2004년)

① 총위험이 큰 주식의 기대수익률은 총위험이 낮은 주식의 기대수익률보다 크다.
② 증권시장선(SML) 위쪽에 위치하는 주식의 기대수익률은 과대평가되어 있으므로 매각하는 것이 바람직하다.
③ 시장포트폴리오의 베타는 항상 1로서 비체계적 위험은 모두 제거되어 있다.
④ 상관계수가 1인 두 주식으로 포트폴리오를 구성하는 경우에도 미미하지만 분산투자효과의 효과를 볼 수 있다.
⑤ 베타로 추정한 주식의 위험과 표준편차로 추정한 주식의 위험 사이에는 일정한 관계가 있다.

| 해설 | ① 총위험이 크다고 해서 기대수익률이 항상 높은 것은 아니다. 자산의 기대수익률은 총위험이 아닌 분산투자하더라도 제거할 수 없는 체계적 위험에 의해 결정되기 때문이다.
② SML 상방의 주식 : 요구수익률의 과대평가 → 주식가치의 과소평가 → 주식매입
③ 시장포트폴리오는 비체계적 위험이 모두 제거된 포트폴리오이며 베타는 1이다.
④ 상관계수가 +1인 주식으로 포트폴리오를 구성하면 분산투자효과가 발생하지 않는다.
⑤ 베타는 체계적 위험을 나타내고 표준편차는 총위험을 나타낸다. 총위험과 체계적 위험간에는 일정한 관계가 성립하지 않는다.

10

자본시장선(CML)과 증권시장선(SML)의 관계에 대한 서술 중 옳지 않은 것은? (2002년)

① 동일한 베타(β)를 가지고 있는 자산이면 SML상에서 동일한 위치에 놓이게 된다.

② CML과 SML은 기대수익률과 총위험 간의 선형관계를 설명하고 있다는 점에서 공통점을 가지고 있다.

③ 비체계적 위험을 가진 포트폴리오는 CML상에 놓이지 않는다.

④ 어떤 자산과 시장포트폴리오간의 상관계수가 1이면 CML과 SML은 동일한 식이 된다.

⑤ SML상에 있는 자산이라고 하여 모두 다 CML상에 위치하지 않는다.

| 해설 | ① 시장균형상태에서 총위험은 다르지만 체계적 위험이 동일하면 SML선상에 위치한다.

② CML은 효율적 포트폴리오의 기대수익률과 총위험간의 선형관계를 설명하는 반면에 SML은 모든 자산의 기대수익률과 체계적 위험간의 선형관계를 설명한다.

③ 비체계적 위험을 가진 포트폴리오는 비효율적 포트폴리오이므로 CML선상에 위치하지 않지만 SML선상에 놓일 수 있다.

④ 시장포트폴리오 수익률과 상관계수가 1이면 비체계적 위험이 완전히 제거된 자산이므로 CML과 SML은 동일한 표현식이 된다.

⑤ CML선상의 모든 점은 SML선상에도 존재하지만, SML선상에 있는 점은 모두 CML선상에 위치하지 않는다. 이는 CML은 효율적인 포트폴리오만을 설명하는 반면에 SML은 효율적인 포트폴리오는 물론이고 비효율적인 포트폴리오도 설명할 수 있기 때문이다.

11

CAPM이 성립한다는 가정하에서 다음 중 가장 적절하지 않은 것은? 단, R는 무위험이자율, M은 시장포트폴리오이며 시장은 균형에 있다고 가정한다. (2010년)

① 모든 주식의 $[(E(R_j) - R_f)/Cov(R_j, R_m)]$이 일정하다.

② 시장포트폴리오는 어떤 비효율적 포트폴리오보다 큰 변동보상률을 갖는다.

③ 개별주식 j가 시장포트폴리오의 위험에 공헌하는 정도를 상대적인 비율로 전환하면 $w_j Cov(R_j, R_m)/\sigma_M^2$이다. ($w_j$는 주식이 시장포트폴리오에서 차지하는 비중)

④ 1년 후부터 매년 300원의 일정한 배당금을 영원히 지급할 것으로 예상되는 주식의 체계적 위험이 2배가 되면 주가는 40% 하락한다. (단, 위험이 증가하기 전 주식의 가격은 3,000원이고 무위험이자율은 4%이다.)

⑤ 무위험이자율보다 낮은 기대수익률을 제공하는 위험자산이 존재한다.

| 해설 | ① 시장균형상태에서는 모든 자산의 위험 1단위당 프리미엄이 시장포트폴리오의 위험 1단위당 위험프리미엄과 일치한다.

② 시장포트폴리오는 위험 1단위당 위험프리미엄이 가장 큰 포트폴리오에 해당한다.

④ 위험이 증가하기 전의 기대수익률을 x라고 하면 300/x = 3,000 → x = 0.1
따라서 위험이 증가하기 전의 위험프리미엄은 6%(=10-4), 체계적 위험이 2배가 되면 위험프리미엄도 2배가 되어 위험이 증가한 후의 기대수익률은 16%가 된다. 한편 위험이 증가한

후의 주가는 1,875원(=300/0.16)이고, 주가하락률은 0.375[=(3,000−1,875)/3,000]이다.

⑤ 체계적 위험을 나타내는 베타가 부(−)인 자산의 기대수익률은 무위험이자율보다 낮다.

12 증권시장선(SML)에 관한 설명으로 가장 적절하지 않은 것은? (2015년)

① 위험자산의 기대수익률은 베타와 선형관계이다.

② 개별 위험자산의 베타는 0보다 작을 수 없다.

③ 개별 위험자산의 위험프리미엄은 시장위험프리미엄에 개별 위험자산의 베타를 곱한 것이다.

④ 균형상태에서 모든 위험자산의 $[(E(R_j) − R_f]/\beta_j$는 동일하다. 단, $E(R_j)$와 β_j는 각각 위험자산 j의 기대수익률과 베타이며, R_f는 무위험수익률이다.

⑤ 어떤 위험자산의 베타가 1% 변화하면, 그 자산의 위험프리미엄도 1% 변화한다.

┃ 해설 ┃ 개별 위험자산의 체계적 위험을 나타내는 베타가 부(−)인 경우에는 기대수익률이 무위험자산의 수익률보다 낮을 뿐이다.

13 증권시장선(SML)과 자본시장선(CML)에 대한 다음의 설명 중 옳은 항목만을 모두 모은 것은? (2010년)

> a. SML은 초과이익이 발생한다는 가격결정모형으로부터 도출된다.
> b. 인플레이션율이 상승하는 경우 SML의 절편이 상승한다.
> c. 개별증권의 수익률과 시장수익률간의 상관계수가 1인 경우 SML은 CML과 일치한다.
> d. CML을 이용하여 비효율적 개별자산의 균형수익률을 구할 수 있다.
> e. 수동적 투자포트폴리오를 구성하기 위해서는 CML을 이용할 수 있다.

① a, d ② b, e ③ a, b, c

④ a, c, e ⑤ b, c, e

┃ 해설 ┃ a. SML은 시장균형상태에서 초과이익을 얻을 수 없다는 논리에서 도출된다.
b. 인플레이션율이 상승하면 SML이 상향으로 수직이동하여 SML의 절편이 상승한다.
c. SML은 시장수익률과의 상관계수가 1인 자산에 적용하면 CML과 일치한다.
d. CML은 완전분산투자된 효율적 포트폴리오에 대해서만 성립한다.
e. 수동적 투자는 부담하는 위험에 대해 시장평균 정도의 수익이 발생하는 투자를 말한다. CML상에 존재하는 모든 포트폴리오는 총위험 1단위당 대가가 모두 동일하다. 따라서 CML을 이용하면 수동적 포트폴리오를 구성할 수 있다.

14 자본시장선(CML)과 증권시장선(SML)에 관한 설명으로 가장 적절하지 않은 것은?
(2014년)

① 자본시장선에 위치한 위험자산과 시장포트폴리오 간의 상관계수는 항상 1이다.

② 증권시장선은 모든 자산의 체계적 위험(베타)과 기대수익률 간의 선형적인 관계를 설명한다.

③ 자본시장선은 자본배분선들 중에서 기울기가 가장 큰 직선을 의미한다.

④ 자본시장선의 기울기는 시장포트폴리오의 기대수익률에서 무위험이자율을 차감한 값으로 표현된다.

⑤ 증권시장선의 균형 기대수익률보다 높은 수익률이 기대되는 주식은 과소평가된 자산에 속한다.

> | 해설 | 자본시장선의 기울기는 시장포트폴리오의 기대수익률에서 무위험이자율을 차감하여 시장포트폴리오의 표준편차로 나눈 값으로 표현된다.

15 무위험이자율은 3%, 시장포트폴리오의 기대수익률은 13%이다. 아래 두 자산 가격의 균형/저평가/고평가 여부에 대해 가장 적절한 것은? (2005년)

투자자산	β 계수	기대수익률
자산 A	0.5	9%
자산 B	1.5	17%

① 두 자산의 가격은 모두 균형상태이다.

② 두 자산의 가격은 모두 저평가되어 있다.

③ 두 자산의 가격은 모두 고평가되어 있다.

④ 자산 A는 저평가되어 있고, 자산 B는 고평가되어 있다.

⑤ 자산 A는 고평가되어 있고, 자산 B는 저평가되어 있다.

> | 해설 | $E(R_j) = R_f + [E(R_m) - R_f]\beta_i = 0.03 + (0.13 - 0.03)\beta_i$
>
> $E(R_A) = 0.03 + (0.13 - 0.03)0.5 = 0.08 \langle 0.09 \rightarrow$ A주식 SML 상방에 위치, 과소평가(매입)
>
> $E(R_B) = 0.03 + (0.13 - 0.03)1.5 = 0.18 \rangle 0.17 \rightarrow$ B주식 SML 하방에 위치, 과대평가(매도)

16 (주)대한은 투자자금 100,000,000원으로 베타가 1.5인 위험자산포트폴리오를 구성하려고 한다. (주)대한의 투자정보는 다음 표와 같다. 무위험자산의 수익률은 5.0%이다. 자산 C의 기대수익률과 가장 가까운 것은? (2011년)

투자자산	베타	기대수익률(%)	투자금액(원)
자산 A	1.0	13.0	280,000
자산 B	2.0	21.0	240,000
자산 C	?	?	?
포트폴리오	1.5	?	1,000,000

① 16.90%　　　　② 17.33%　　　　③ 17.54%
④ 17.76%　　　　⑤ 18.03%

| 해설 | $\beta_p = w_A\beta_A + w_B\beta_B + w_C\beta_C$

$= 0.28 \times 1.0 + 0.24 \times 2.0 + (1-0.28-0.24) \times \beta_C = 1.5 \rightarrow \beta_C = 1.5417$

$E(R_C) = R_f + [E(R_M) - R_f]\beta_C = 0.05 + (0.13-0.05) \times 1.5417 = 0.1733$

($\because$ 베타가 1인 자산의 기대수익률이 13%이므로 $E(R_M) = 0.13$)

17 자본시장에서 CAPM이 성립한다고 가정한다. 무위험자산의 수익률은 연 5.0%, 시장포트폴리오의 기대수익률은 연 15.0%, 시장포트폴리오 연 수익률의 표준편차는 5.0%, 주식 A의 베타계수는 2.0, 주식 A의 연 수익률의 표준편차는 12.5%이다. 이들 자료에 근거하여 CML과 SML을 도출할 때 다음 설명 중 적절하지 않은 항목만으로 구성된 것은? (2011년)

> a. CML과 SML은 기대수익률과 총위험의 상충관계(trade-off)를 공통적으로 설명한다.
> b. 주식 A의 베타계수가 2.0으로 일정할 때 잔차의 분산이 감소하면 균형하에서 주식 A의 기대수익률은 감소한다.
> c. 주식 A의 수익률과 시장포트폴리오 수익률간의 상관계수가 1.0이므로 CML과 SML은 일치한다.
> d. CML상의 시장포트폴리오는 어떤 비효율적 포트폴리오보다 위험보상비율이 크다.
> e. SML을 이용하여 비효율적 개별자산의 균형수익률을 구할 수 있다.

① a, b, c　　　　② a, b, d　　　　③ a, c, e
④ b, c, e　　　　⑤ b, d, e

| 해설 | a. CML은 기대수익률과 총위험의 상충관계를 설명하고, SML은 기대수익률과 체계적 위험의 상충관계를 설명한다.
　　b. 주식 A의 베타계수가 2.0으로 일정하면 잔차의 분산은 균형하에서 기대수익률은 변하지

않는다.

c. 주식 A의 수익률과 시장포트폴리오 수익률간의 상관계수는 다음과 같다.

$$\beta_i = \frac{\rho_{im}\sigma_i}{\sigma_m} = \frac{\rho_{im} \times 12.5}{5} = 2 \rightarrow \rho_{im} = 0.8$$

18 펀드 K를 운용하고 있는 펀드매니저는 펀드의 위험을 표준편차로 추정하고 월간 수익률 자료를 이용하여 분석한다. 과거 5년간 펀드 K와 KOSPI(주가지수)의 평균수익률은 각 각 3.0%, 2.0%이다. 또한 KOSPI 수익률의 표준편차는 3.0%, 펀드 K 수익률과 KOSPI 수익률의 상관계수는 0.80이다. 펀드 K 수익률을 종속변수로, KOSPI 수익률을 독립변수 로 한 단순회귀분석의 결과는 다음과 같다. 펀드 K의 표준편차로 적절한 것은? (2011년)

변수	추정계수	표준오차	t 통계량	p값
상수	0.15	0.50	0.26	0.75
KOSPI 수익률	1.60	0.08	15.4	0.0001

① 5.2% ② 5.8% ③ 6.0%

④ 7.5% ⑤ 8.0%

| 해설 | $\beta_k = \dfrac{\rho_{km}\sigma_k}{\sigma_m} = \dfrac{0.8 \times \sigma_k}{5} = 1.6 \rightarrow \sigma_k = 0.06$

19 다음은 내년도 경기상황에 따른 시장포트폴리오의 수익률과 주식 A와 B의 수익률 예상 치이다. 경기상황은 호황과 불황만 존재하며 호황과 불황이 될 확률은 동일하다. 증권시 장선(SML)을 이용하여 주식 A의 베타(β_A)와 주식 B의 베타(β_B)를 비교할 때 β_A는 β_B의 몇 배인가? 단, CAPM이 성립하고 무위험자산 수익률은 5%이다. (2013년)

경기상황	수익률		
	시장포트폴리오	주식 A	주식 B
호황	12.5%	20.0%	27.5%
불황	7.5%	10.0%	12.5%

① 1/2배 ② 2/3배 ③ 3/4배

④ 4/3배 ⑤ 3/2배

| 해설 | $E(R_A) = 0.05 + (0.10 - 0.05)\beta_A = 0.15 \rightarrow \beta_A = 2$

$E(R_B) = 0.05 + (0.10 - 0.05)\beta_B = 0.20 \rightarrow \beta_B = 3$

$E(R_M) = 0.125 \times 05 + 0.075 \times 0.5 = 0.10$

$E(R_A) = 0.20 \times 0.5 + 0.10 \times 0.5 = 0.15$

$E(R_B) = 0.275 \times 0.5 + 0.125 \times 0.5 = 0.20$

$\therefore \beta_A / \beta_B = 2/3$

20 투자자 갑은 다음 표와 같이 포트폴리오 A와 B, 시장포트폴리오의 자료를 수집하였다. 무위험자산의 수익률은 5%이고, 이 수익률로 무한정 차입과 대출이 가능하다고 가정한다. 다음 설명 중 적절한 항목만을 모두 고르면? 단, 투자비중은 퍼센트 기준으로 소수 첫째 자리에서 반올림하여 계산한다. (2013년)

> (가) 시장포트폴리오와 무위험자산을 결합한 포트폴리오 X의 표준편차가 포트폴리오 A의 표준편차와 동일하기 위해서는 시장포트폴리오에 83%를 투자해야 한다.
> (나) 시장포트폴리오와 무위험자산을 결합한 포트폴리오 Y의 기대수익률이 포트폴리오 B의 기대수익률과 동일하기 위해서는 시장포트폴리오에 50%를 투자해야 한다.
> (다) 시장모형이 성립한다고 가정하면 포트폴리오 A와 포트폴리오 B 사이의 상관계수는 0.3으로 추정된다.

① (가)　　　　　　② (나)　　　　　　③ (가), (다)
④ (나), (다)　　　　⑤ (가), (나), (다)

| 해설 | (나) $E(R_A) = 0.15W_M + 0.05(1-W_M) = 0.12 \rightarrow W_M = 0.7$

차익거래가격
결정모형

자본자산가격결정모형은 모든 자산의 수익률이 시장포트폴리오 수익률이라는 단일요인에 의해 결정된다고 가정한다. 그러나 차익거래가격결정모형은 자산의 수익률이 여러 개의 공통요인에 의해 결정되고 시장균형상태에서 자산의 기대수익률이 각 요인에 대한 체계적 위험의 선형결합에 의해 결정된다는 이론을 말한다.

기본개념

1. APM의 등장배경

차익거래가격결정모형(APM : arbitrage pricing model)은 CAPM이 가지고 있는 다음과 같은 문제점을 해결하기 위해 등장한 이론으로 CAPM의 엄격한 가정과는 달리 자산의 수익률이 k개의 공통요인에 의해 선형으로 생성된다는 가정과 차익거래이익이 없는 균형상태의 조건하에서 도출되는 모형이다.

첫째, CAPM에서는 투자자들이 평균－분산기준을 따른다고 가정하여 자산의 미래수익률에 대한 확률분포가 정규분포이거나 투자자의 효용함수가 2차 함수라는 엄격한 가정이 필요하다.

둘째, CAPM에서는 자산수익률이 시장포트폴리오라는 단일공통요인에 의해 결정되는 것으로 가정하는데 현실적으로 자산수익률에 영향을 미치는 공통요인은 여러 가지가 있을 수 있다.

2. APM의 의의와 가정

(1) APM의 의의

차익거래가격결정모형은 자산의 수익률이 여러 개의 공통요인에 의해서 결정되고 투자자들이 차익거래를 통해 이익을 극대화하도록 행동할 경우 차익거래이익을 실현할 수 없는 균형상태에서는 자산의 기대수익률이 각 요인에 대한 민감도와 선형관계를 갖는다는 이론을 말한다.

(2) APM의 가정

차익거래가격결정모형(APM)은 자본자산가격결정모형(CAPM)에 비해 보다 현실적이고 덜 제한적인 다음과 같은 가정을 전제로 하고 있다.

① 개별자산의 기대수익률은 여러 개(k개)의 독립적인 공통요인에 의해서 결정된다.
② 모든 투자자는 위험회피형이며 차익거래이익을 극대화할 수 있도록 투자한다.

③ 모든 투자자는 공통요인과 개별자산의 확률분포에 대해 동질적으로 기대한다.
④ 자본시장은 세금과 거래비용 같은 마찰적 요인이 없는 완전자본시장이다.

3. 수익률생성모형

(1) K요인모형의 도출

자산의 수익률이 k개의 독립적인 공통요인에 의해서 결정될 경우 다음의 관계가 성립한다.

$$R_i = a_i + b_{i1}f_1 + b_{i2}f_2 + \cdots + b_{ik}f_k + e_i \tag{8.1}$$

식(8.1)에서 기댓값을 취하여 개별자산의 기대수익률을 구하면 다음과 같다.

$$E(R_i) = a_i + b_{i1}E(f_1) + b_{i2}E(f_2) + \cdots + b_{ik}E(f_k) \tag{8.2}$$

식(8.1)에서 식(8.2)를 차감하여 정리하면 APM의 균형식을 유도하는데 필요한 수익률생성모형을 구할 수 있다.

$$R_i = E(R_i) + b_{i1}F_1 + b_{i2}F_2 + \cdots + b_{ik}F_k + e_i \tag{8.3}$$

(2) K요인모형의 의미

식(8.3)에 의하면 자산 i의 실제수익률은 자산 i의 기대수익률, k개의 공통요인에 대한 실제값과 기댓값의 차이 그리고 비체계적 요인에 의해 결정된다는 것을 의미하는데, 이를 구체적으로 살펴보면 다음과 같다.

첫째, $E(R_i)$: 자산 i의 기대수익률 $E(R_i)$은 식(8.2)에 의해 결정된다.

둘째, $b_{i1}F_1 + b_{i2}F_2 + \cdots + b_{ik}F_k$: 각 공통요인들의 실제값과 기댓값의 차이를 말하며 공통요인에 대해 투자자들이 예상하지 못한 부분으로 인한 수익률변동을 나타낸다.

셋째, e_i : 개별자산 i의 고유요인으로 인한 수익률변동을 나타낸다.

• 예제 8-1 3요인모형

모든 주식수익률은 물가상승률, 국내총생산(GDP), 시장이자율에 의해서 공통적으로 영향을 받는다. 연세기업은 올해의 물가상승률은 5%, GNP의 증가율은 2% 그리고 시장이자율은 변동이 없을 것으로 예상하였다. 그러나 연말에 실제로 물가는 7% 상승하였고, GNP는 1% 증가했으며, 시장이자율은 2% 하락했다고 가정하여 다음 물음에 답하시오.

1. 요인모형을 제시하시오.

2. 연세기업 주식수익률의 각 요인에 대한 베타값은 물가상승률의 경우 2, GNP의 경우 1, 이자율의 경우 −1.8이다. 체계적 위험이 연세기업 주식수익률에 미친 효과를 산출하시오.

3. 연세기업 주식수익률은 올해 4%로 예상했으나 기대하지 않았던 신제품의 개발로 5%의 수익률을 추가로 실현하였다. 연세기업의 실제수익률을 구하시오.

풀이

1. $R_i = E(R_i) + b_{i1}F_1 + b_{i2}F_2 + b_{i3}F_3 + e_i$

F_1 : 물가상승률의 예상하지 못한 변화

F_2 : 국민총생산의 예상하지 못한 변화

F_3 : 시장이자율의 예상하지 못한 변화

2. $R_i = E(R_i) + 2F_1 + F_2 - 1.8F_3 + e_i$

$F_1 = f_1 - E(f_1) = 7\% - 5\% = 2\%$
$F_2 = f_2 - E(f_2) = 1\% - 2\% = -1\%$
$F_3 = f_3 - E(f_3) = -2\% - 0\% = -2\%$

따라서 체계적 위험에 해당하는 크기는 다음과 같다.

$b_{i1}F_2 + b_{i2}F_2 + b_{i3}F_3 = 2(2\%) + 1(-1\%) + (-1.8)(-2\%) = 6.6\%$

3. $R_i = E(R_i) + b_{i1}F_1 + b_{i2}F_2 + b_{i3}F_3 + e_i =$ 4%+6.6%+5% = 15.6%

제2절 APM의 도출

1. 차익거래의 개요

(1) 차익거래의 과정

모든 자산의 가격은 그 자산으로부터 벌어들일 미래현금흐름을 위험이 반영된 적절한 할인율로 할인한 현재가치이다. 따라서 시장이 균형상태라면 미래현금흐름과 위험이 동일한 자산은 동일한 가격에 거래가 이루어져야 한다. 그러나 불균형상태라면 미래현금흐름과 위험이 동일한 자산도 상이한 가격에 거래될 수 있다.

차익거래(arbitrage)는 동일한 자산이 자본시장에서 일시적인 불균형상태에 있어 서로 다른 가격에 거래될 경우 비싸게 거래되고 있는 과대평가된 자산은 매도하고 싸게 거래되고 있는 과소평가된 자산은 매입함으로써 추가적인 자금부담이나 추가적인 위험부담 없이 이익(free lunch)을 얻는 거래를 말한다.

차익거래의 기회가 존재하면 투자자들은 과대평가된 자산은 매도하고 과소평가된 자산은 매입하는 차익거래를 통해 이익을 극대화할 것이다. 차익거래의 과정에서 과대평가된 자산은 공급의 증가로 인해 가격이 하락하고 과소평가된 자산은 수요의 증가로 인해 가격이 상승할 것이다.

이러한 차익거래를 통해서 자본시장에서 거래되고 있는 동일한 내용의 자산은 차익거래의 기회가 없도록 가격이 형성된다. 따라서 동일한 물건에 대해서는 동일한 가격이 형성되는 일물일가의 법칙이 성립하는 시장균형상태에 도달하면 차익거래의 기회는 사라지게 된다.

(2) 차익거래의 실제

CAPM이나 APM은 체계적 위험과 기대수익률간의 균형관계를 나타내므로 다음의 두 단계를 거쳐 차익거래과정을 분석할 수 있다.

1단계에서는 균형가격에 거래되는 자산들을 대상으로 균형에서 벗어나는 자산과 체계적 위험이 동일한 포트폴리오를 구성한다.

2단계에서는 균형에서 벗어나는 자산과 포트폴리오의 기대수익률을 비교하여 기대수익률이 낮은 자산을 매도하고 기대수익률이 높은 자산을 매입한다.

예제 8-2 차익거래의 과정

개별자산의 수익률에 영향을 미치는 공통요인이 하나인 경우 기대수익률과 공통요인에 대한 체계적 위험과의 관계를 나타내면 아래와 같다. 여기서 A, B, U는 분산가능위험은 포함되어 있지 않은 포트폴리오로서 위험요인에 대한 민감도는 b_A=1.2, b_U=1.0, b_B=0.8이고 개별자산의 수익률은 R_A=13.4%, R_U=15.0%, R_B=10.6%이다.

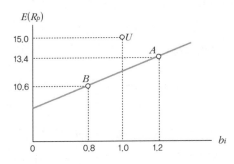

1. 공통요인에 대한 민감도가 1인 포트폴리오를 구성하기 위한 자산 A, B의 투자비율은 얼마인가? 그리고 포트폴리오 F의 균형수익률을 구하시오.

2. 차익거래를 위한 포트폴리오를 구성하고 차익거래를 통한 가격조정과정을 설명하시오.

풀이

1. APM의 공통요인에 대한 민감도인 b_{ik}도 CAPM의 β 계수처럼 가법성이 성립한다. 포트폴리오 A에 대한 투자비율을 w라고 하면 w는 1/2이 되어 포트폴리오 A, B에 각각 50%씩 투자하면 된다.

$$b_F = w \times b_A + (1-w) \times b_B = w(1.2) + (1-w)(0.8) = 1 \rightarrow w = 0.5$$

그리고 포트폴리오 F의 균형수익률을 구하면 12%가 된다.

$$E(R_F) = w_A E(R_A) + w_B E(R_B) = 0.5 \times 0.134 + 0.5 \times 0.106 = 0.12$$

2. 균형에서 벗어나 증권시장선 상방에 위치한 포트폴리오 U의 기대수익률은 15%로 균형상태의 수익률 12%보다 높아 포트폴리오 U의 가격은 과소평가되어 있다. 따라서 과소평가된 U를 매입하고 포트폴리오 F를 매도하는 차익거래를 통해서 추가적인 부나 위험부담 없이 3%의 수익률을 얻을 수 있다.

거래	수익률	위험(b)
포트폴리오 U를 매입	15%	1
포트폴리오 F를 매도	−12%	−1
합계	3%	0

2. 차익거래포트폴리오

시장균형상태에서 차익거래의 이익이 없다는 것은 추가적인 자금을 부담하지 않고 (no investment) 추가적인 체계적 위험이나 비체계적 위험을 부담하지 않은(no risk) 차익 거래포트폴리오를 구성할 경우에 차익거래포트폴리오의 수익률은 0이 되어야 한다 (no return)는 것을 의미한다.

(1) 차익거래포트폴리오의 구성

차익거래포트폴리오(arbitrage portfolio)는 차익거래의 과정에서 만들어지는 포트폴리오로서 추가적인 자금이나 추가적인 위험부담 없이 현재 소유하고 있는 포트폴리오를 변경하여 새로이 구성한 포트폴리오를 말한다. 따라서 시장균형상태에서 차익거래포트폴리오를 구성하려면 다음과 같은 세 가지 조건을 충족시켜야 한다.

① 추가적인 자금부담이 없어야 한다.

추가적인 자금부담 없이 포트폴리오를 구성하기 위해서는 보유중인 기존의 자산을 매도하거나 또는 공매를 통해서 조달한 자금으로 다른 자산을 매입해야 한다. 따라서 차익거래포트폴리오를 구성하는 각 개별자산에 대한 투자비율의 합은 0이 되어야 한다.

$$\sum_{i=1}^{n} w_i = 0 \tag{8.4}$$

② 추가적으로 부담하는 체계적 위험이 없어야 한다.

차익거래포트폴리오를 구성하기 위해서는 각 공통요인에 대한 개별자산의 체계적 위험을 투자비율로 가중평균한 값이 0이 되도록 투자비율을 결정하면 체계적 위험을 부담하지 않는다.

$$\sum_{i=1}^{n} w_i b_{i1} = 0, \ \sum_{i=1}^{n} w_i b_{i2} = 0, \ \cdots, \ \sum_{i=1}^{n} w_i b_{ik} = 0 \tag{8.5}$$

③ 추가적으로 부담하는 비체계적 위험이 없어야 한다.

비체계적 위험은 포트폴리오의 분산투자효과에 의해 제거할 수 있다. 따라서 자본시장에 존재하는 다수의 자산으로 포트폴리오를 구성하면 포트폴리오의 분산투자효과에 의해 비체계적 위험을 부담하지 않는다.

$$\sum_{i=1}^{n} w_i e_i = 0 \tag{8.6}$$

(2) 시장균형조건

자본시장이 균형상태에 있다면 추가적인 자금부담이나 위험부담 없이 차익거래를 통해서 이익을 얻을 수 없다. 따라서 위의 세 가지 조건에 의해 구성되는 차익거래포트폴리오의 수익률은 0이 되어야 한다.

$$R_p = \sum_{i=1}^{n} w_i R_i = \sum_{i=1}^{n} w_i E(R_i) = 0 \tag{8.7}$$

3. APM의 도출

(1) APM의 도출

APM은 차익거래포트폴리오가 충족해야 하는 조건과 차익거래포트폴리오의 수익률은 0이어야 한다는 조건을 이용하여 도출할 수 있다. 자본시장의 균형상태에서는 모든 자산의 기대수익률이 다음과 같이 각 공통요인에 대한 민감도 또는 체계적 위험의 선형결합으로 나타나는데 이를 차익거래가격결정모형(APM)이라고 한다.

$$E(R_i) = \lambda_0 + \lambda_1 b_{i1} + \lambda_2 b_{i2} + \ldots + \lambda_k b_{ik} \tag{8.8}$$

(2) APM의 의미

만일 수익률이 R_f인 무위험자산이 존재한다면 무위험자산은 각 공통요인에 대한 민감도가 0이므로 식(8.8)에서 무위험자산의 수익률은 λ_0가 된다. 따라서 식(8.8)은 다음과 같이 나타낼 수 있다.

$$E(R_i) = R_f + \lambda_1 b_{i1} + \lambda_2 b_{i2} + \ldots + \lambda_k b_{ik} \tag{8.9}$$

한편 공통요인 k에 대한 민감도가 1이고 다른 모든 공통요인에 대한 민감도가 0인 포트폴리오를 요인포트폴리오(factor portfolio)라고 한다. 특정 요인 k에 대한 요인포트폴리오의 기대수익률을 $E(R_{Fk})$라고 하면 다음의 관계가 성립한다.

$$E(R_{Fk}) = R_f + \lambda_k \rightarrow \lambda_k = E(R_{Fk}) - R_f \tag{8.10}$$

식(8.10)에서 λ_k은 공통요인 k에 대한 요인포트폴리오의 위험프리미엄을 나타낸다. 요컨대 $\lambda_1, \lambda_2, \ldots, \lambda_k$는 특정요인에 대한 요인포트폴리오의 위험프리미엄 또는 특정요인에 대한 민감도 1단위당 위험프리미엄을 의미한다.

제3절 CAPM과 APM의 비교

1. CAPM과 APM의 관계

CAPM은 APM의 여러 가지 가능한 형태 중에서 모든 자산의 수익률을 설명할 수 있는 공통요인이 시장포트폴리오 하나뿐인 경우에 해당한다. 따라서 모든 자산의 수익률이 시장포트폴리오라는 단일요인에 의해 설명될 수 있다면 식(8.9)는 다음과 같이 나타낼 수 있다.

$$E(R_i) = R_f + [E(R_m) - R_f]b_{im} \tag{8.11}$$

식(8.11)에서 $E(R_m)$은 시장포트폴리오에 대한 민감도가 1인 포트폴리오, 즉 시장포트폴리오의 기대수익률을 나타내고, b_{im}은 자산 i의 시장포트폴리오에 대한 민감도이므로 CAPM에서의 β_i와 동일하다. 따라서 식(8.11)은 다음과 같이 CAPM과 동일한 형태로 나타낼 수 있다.

$$E(R_i) = R_f + [E(R_m) - R_f]\beta_i \tag{8.12}$$

2. CAPM과 APM의 결합

(1) 베타와 요인의 민감도간의 관계

CAPM과 APM의 가정이 동시에 유효하여 자산의 수익률을 설명하는 타당한 모형이라면 특정 자산의 베타와 그 자산의 요인에 대한 민감도간에는 일정한 관계가 존재한다. 자산 i의 수익률이 2요인모형에 의해 생성된다고 가정하면 자산 i의 수익률과 시장포트폴리오 수익률간의 공분산은 다음과 같다.

$$Cov(R_i, R_m) = Cov(a_i + b_{i1}F_1 + b_{i2}F_2 + e_i, \ R_m) \tag{8.13}$$

자산 i의 베타는 다음과 같은 형태로 나타낼 수 있다.

$$\begin{aligned}
\beta_i &= \frac{Cov(R_i, R_m)}{\sigma_m^2} = \frac{Cov(a_i + b_{i1}F_1 + b_{i2}F_2 + e_i, R_m)}{\sigma_m^2} \\
&= b_{i1}\frac{Cov(F_1, R_m)}{\sigma_m^2} + b_{i2}\frac{Cov(F_2, R_m)}{\sigma_m^2} = b_{i1}\beta_{F1} + b_{i2}\beta_{F2}
\end{aligned} \tag{8.14}$$

식(8.14)에서 자산 i의 베타는 시장포트폴리오 수익률에 대한 각 공통요인의 민감도와 선형관계임을 알 수 있다. 여기서 β_{F1}과 β_{F2}는 시장포트폴리오 수익률에 대한 각 공통요인 F_1과 F_2의 민감도를 나타내는 것으로, 이를 (공통)요인베타(factor beta)라고 한다.

(2) CAPM과 APM의 결합

CAPM에서 자산 i의 기대수익률은 다음과 같다.

$$E(R_i) = R_f + [E(R_m) - R_f]\beta_i \tag{8.15}$$

식(8.15)에서 자산 i의 수익률이 2요인모형에 의해 생성된다면 식(8.14)에서처럼 자산 i의 베타는 각 공통요인에 대한 민감도(b_{ik})와 요인베타(β_{ik})의 함수이므로 식(8.15)에 대입하여 정리하면 다음과 같다.

$$E(R_i) = R_f + [E(R_m) - R_f](b_{i1}\beta_{F1} + b_{i2}\beta_{F2}) \tag{8.16}$$
$$= R_f + [E(R_m) - R_f]\beta_{F1}b_{i1} + [E(R_m) - R_f]\beta_{F2}b_{i2}$$

따라서 CAPM과 APM이 동시에 성립한다면 요인포트폴리오의 위험프리미엄인 λ_1과 λ_2의 값은 다음과 같이 결정되어야 함을 알 수 있다.

$$\lambda_1 = [E(R_m) - R_f]\beta_{F1} \tag{8.17}$$
$$\lambda_2 = [E(R_m) - R_f]\beta_{F2} \tag{8.18}$$

3. APM의 우월성

APM은 CAPM처럼 완전자본시장과 동질적 기대의 가정하에서 도출된 자산가격결정모형이다. 그러나 APM은 CAPM과 비교해서 시장포트폴리오의 존재가 필요하지 않으며 APM을 도출하는데 사용된 가정들이 CAPM보다 덜 제한적이다. 따라서 APM은 CAPM을 대체하기 위한 보다 일반화된 모형이라고 할 수 있다.

첫째, CAPM은 투자자들이 평균-분산기준을 따른다고 가정하여 자산수익률이 정규분포이거나 투자자의 효용함수가 2차함수라는 엄격한 가정이 필요하다. 반면에 APM은 자산수익률의 확률분포나 투자자의 효용함수에 대해 특별한 가정을 하지 않으며, 투자자들이 차익거래를 통해 이익을 극대화하려고 한다고 가정한다.

둘째, CAPM은 시장포트폴리오의 존재를 필요로 하지만, APM은 시장포트폴리오의 존재가 필요없으므로 자산의 부분집합만으로 실증분석이 가능하다. CAPM은 자산의 균형수익률이 단일요인에 의해 결정된다고 가정하는 반면에 APM은 자산의 균형수익률이 다수의 공통요인에 의해 결정된다고 가정한다.

셋째, CAPM의 경우와 달리 APM은 무위험자산의 존재여부나 무위험이자율로 차입과 대출에 아무런 제한을 두고 있지 않으므로 무위험자산이 존재하지 않더라도 성립한다. 그리고 APM은 CAPM의 경우와 달리 단일기간(one period)을 가정하지 않으므로 다기간(multi-period)으로 쉽게 확장할 수 있다.

4. APM의 한계점

APM은 CAPM에 비해서 위험자산의 기대수익률을 설명하는 보다 일반화된 모형이지만 다음과 같은 한계점을 가지고 있다.

첫째, 모든 자산의 수익률에 영향을 미치는 공통요인(common factor)의 개수나 순위가 표본 또는 기간에 따라 다르게 나타나기 때문에 공통요인의 선정이 어렵다.

둘째, 일반적으로 공통요인은 요인분석(factor analysis)을 이용하여 찾게 되는데 비록 공통요인을 추출하더라도 공통요인들이 어떠한 경제적 의미를 갖는지 설명하기가 어렵다.

셋째, APM에서는 모든 공통요인들이 서로 독립적이라고 가정하지만 현실적으로 각 공통요인간에 상호관련성이 있을 수 있다.

제1절 기본개념

1. APM의 등장배경
   CAPM이 가지고 있는 비현실적인 문제점을 해결하기 위해 등장
2. APM의 의의
   자산의 수익률이 복수의 공통요인에 의해 결정되고 시장균형상태에서 자산의 기대수익률은 각 요인에 대한 민감도와 선형관계를 나타냄
3. 수익률생성모형 : $R_i = E(R_i) + b_{i1}F_1 + b_{i2}F_2 + \cdots + b_{ik}F_k + e_i$

제2절 APM의 도출

1. 차익거래의 개념
   동일한 자산이 상이한 가격에 거래되면 과대평가된 자산은 매도하고 과소평가된 자산은 매입하여 추가적인 자금부담이나 위험부담 없이 이익을 얻는 거래
2. 차익거래의 과정
① 1단계 : 균형가격에 거래되는 자산들을 대상으로 균형에서 벗어나는 자산과 체계적 위험이 동일한 포트폴리오를 구성
② 2단계 : 균형에서 벗어나는 자산과 포트폴리오의 기대수익률을 비교하여 기대수익률이 낮은 자산을 매도하고 기대수익률이 높은 자산을 매입
3. 차익거래포트폴리오
   차익거래과정에서 만들어지는 포트폴리오로서 추가적인 자금이나 추가적인 위험 부담 없이 현재 소유하고 있는 포트폴리오를 변경하여 새로이 구성한 포트폴리오
① 추가적인 자금부담이 없어야 한다.
② 추가적으로 부담하는 체계적 위험이 없어야 한다.
③ 추가적으로 부담하는 비체계적 위험이 없어야 한다.
   시장균형상태라면 추가적인 자금부담이나 위험부담 없이 차익거래를 통해 이익을 얻을 수 없어 차익거래포트폴리오의 수익률은 0이 되어야 함
4. APM의 도출 : $E(R_i) = \lambda_0 + \lambda_1 b_{i1} + \lambda_2 b_{i2} + \cdots + \lambda_k b_{ik}$
① 시장균형상태에서 자산의 기대수익률은 각 공통요인에 대한 민감도의 선형결합
② $\lambda_1, \lambda_2, \cdots, \lambda_k$는 특정요인에 대한 요인포트폴리오의 위험프리미엄

1 다음 중 차익거래가격결정모형(APM)에 대한 가정으로 적절한 것은?

① 자산의 수익률은 결정하는 공통요인은 시장포트폴리오의 수익률뿐이다.

② 자산의 수익률은 정규분포를 이룬다.

③ 투자자들은 위험회피형이며, 평균−분산기준을 따른다.

④ 무위험자산이 존재하고 무위험이자율로 차입과 대출이 가능하다.

⑤ 투자자들은 적은 부보다 많은 부를 선호한다.

| 해설 | ① 자산의 수익률은 여러 개의 독립적인 공통요인에 의해 결정된다고 가정한다.
　　　　② 자산의 수익률에 대해 특별한 가정을 하지 않는다.
　　　　③ 투자자들은 적은 부보다 많은 부를 선호하여 차익거래이익을 극대화할 수 있도록 투자
한다고 가정한다.
　　　　④ 무위험자산의 존재여부에 대해 아무런 가정을 하지 않는다.

2 다음 중 차익거래가격결정모형(APM)에 대한 설명으로 옳지 않은 것은?

① 자본시장은 충분히 많은 자산이 거래되는 완전자본시장이다.

② APM에서 평균−분산기준은 필요없는 조건이다.

③ APM에서는 시장포트폴리오의 존재를 필요로 하지 않는다.

④ APM에서도 투자자의 관심대상은 체계적 위험이다.

⑤ 각 공통요인간에는 상호관련성이 있는 것으로 가정한다.

| 해설 | APM은 각 공통요인이 독립적이라고 가정한다. 그러나 현실적으로 상호관련성이 있을 수 있다.

3 증권시장에서는 GDP증가율과 이자율변동의 요인이 증권의 수익률에 영향을 미친다고 알려져 있다. 두 요인의 기댓값과 실제값 그리고 홍익기업 주식의 두 요인에 대한 민감도가 아래 표와 같다. 현재 홍익기업 주식의 수익률은 예상하지 못했던 소송사건의 여파로 1.5% 하락하였다. 홍익기업의 주식에 대한 기대수익률을 15%라고 가정하면 실제수익률은?

요인	민감도	기대값	실제값
GDP증가율	1.0	6%	7%
이자율변동	1.6	5%	4%

① 11.5%　　　　　② 12.9%　　　　　③ 13.5%

④ 14.9%　　　　　⑤ 15.5%

| 해설 | $Ri = E(R_i) + b_{i1}F_1 + b_{i2}F_2 + e_i = 15 + 1.0(7-6) + 1.6(4-5)　1.5 = 12.9\%$

4   자산의 수익률이 두 개의 공통요인 G와 M에 의해 결정되며 무위험이자율은 10%라고 한다. 충분히 분산투자된 세 포트폴리오 A, B, C의 균형수익률과 세 공통요인에 대한 민감도가 다음과 같을 때 다음 중 옳은 것은? (1996년)

포트폴리오	$E(R_i)$	b_{iG}	b_{iM}
A	0.15	1.0	0
B	0.13	0	1.0
C	0.15	1.2	0.5

① 균형상태에서 $E(R_i) = 0.1 + 0.15b_{iG} + 0.13b_{iM}$이다.

② 투자자는 가능하면 많은 투자자금을 포트폴리오 A에 투자하는 것이 바람직하다.

③ 무위험차익거래를 위해서는 포트폴리오 A와 B를 각각 1,200만원, 500만원 공매하고 C와 무위험자산에 1,000만원, 700만원씩 투자해야 한다.

④ 포트폴리오 C의 현재가격은 균형가격보다 과대평가되어 있다.

⑤ 포트폴리오 A와 B를 각각 1,200만원과 500만원씩 매입하고 포트폴리오 C를 1,000만원 공매하여 포트폴리오를 구성하면 5만원의 확실한 이익을 얻을 수 있다.

| 해설 | $E(R_i) = \lambda_0 + \lambda_1 b_{i1} + \lambda_2 b_{i2} + \cdots + \lambda_k b_{ik}$

$E(R_A) = 0.1 + \lambda_1 \times 1.0 + \lambda_2 \times 0 = 0.15 \rightarrow \lambda_1 = 0.05$

$E(R_B) = 0.1 + \lambda_1 \times 0 + \lambda_2 \times 1.0 = 0.13 \rightarrow \lambda_2 = 0.03$

$E(R_i) = \lambda_0 + 0.05 \times b_{i1} + 0.03 \times b_{i2}$

$E(R_c) = 0.1 + (0.05 \times 1.2) + (0.03 \times 0.5) = 0.175 > 0.15(\text{기대수익률})$

따라서 C주식은 기대수익률의 과소평가로 주가는 과대평가되어 C를 공매하고 A에는 1,200만원, B에는 500만원 투자하면 무위험이자율로 700만원 차입한 차익거래포트폴리오의 성과는 다음과 같다.

거래	t=0	t=1
A 주식 매입	−1,200	+180(=1,200×0.15)
B 주식 매입	−500	+65(=500×0.13)
무위험이자율로 차입	+700	−70(=700×0.1)
C 주식 공매	+1,000	−150(=1,000×0.15)
합계	0	+25

(차익거래이익=25만원/1.1=22.7만원)

5 다음 중 차익거래가격결정이론(APT)에 대한 설명으로 옳지 않은 것은?

① 자산수익률의 확률분포가 정규분포가 아니라도 성립한다.

② 투자자의 효용함수가 아니라도 성립한다.

③ 투자자들은 차익거래를 통해 이익을 극대화하고자 한다.

④ 무위험자산의 존재유무에 아무런 가정을 하지 않는다.

⑤ 자산수익률의 결정과정은 투자자들의 동질적 기대와 관계없이 성립한다.

| 해설 | CAPM과 APM은 모두 완전자본시장과 동질적 기대의 가정에서 도출된 시장균형모형이다.

6 다음 중 CAPM과 APM에 대한 설명으로 옳지 않은 것은?

① CAPM과 APM은 완전자본시장과 동질적 기대의 가정하에서 도출된 자산의 가격결정에 대한 시장균형모형이다.

② CAPM과 APM은 위험자산의 기대수익률과 체계적 위험간에 정(+)의 관계가 있음을 나타낸다.

③ APM을 도출하는데 사용되는 가정은 CAPM보다 덜 제한적이며 CAPM에 비해 일반화된 모형이다.

④ CAPM과 APM은 차익거래이익이 없는 균형상태의 조건하에서 증권의 가격을 결정하는 모형이다.

⑤ APM은 CAPM의 특수한 형태에 해당된다.

| 해설 | CAPM은 APM에서 자산의 수익률을 설명할 수 있는 공통요인이 시장포트폴리오 하나뿐인 특수한 경우에 해당된다.

7 CAPM과 APT 등 위험프리미엄의 가격모형에 관한 다음 설명 중 적절하지 않은 것은? 단, CAPM에서 시장이 균형상태라고 가정한다. (2018년)

① 자본시장선에 존재하는 두 위험포트폴리오 간의 상관계수는 1이다.

② CAPM에서 시장포트폴리오는 효율적 포트폴리오이다.

③ APT모형은 차익거래의 기회가 지속되지 않는 조건 등을 이용하여 적정 위험프리미엄을 도출한다.

④ 파마-프렌치의 3요인모형은 시장포트폴리오의 수익률, 기업규모, 주가순자산비율(PBR)을 반영한 세 가지 공통요인으로 주식의 수익률을 설명한다.

⑤ 자본시장신보다 아래에 존재하는 자산은 증권시장선에 놓이지 않을 수 있다.

| 해설 | ① 자본시장선에 존재하는 모든 포트폴리오는 무위험자산과 시장포트폴리오로 구성되어 있기 때문에 자본시장선에 존재하는 두 위험포트폴리오 간의 상관계수는 1이다.
② CAPM에서 시장포트폴리오는 완전분산투자된 효율적 포트폴리오이다.
③ APT모형은 차익거래로 시장균형이 되면 더 이상 차익거래기회가 존재하지 않는다는 논

리를 적용하여 위험프리미엄과 기대수익률을 결정한다.

④ 파마-프렌치의 3요인모형은 시장포트폴리오의 수익률, 기업규모, 주가순자산비율(PBR)을 반영한 세 가지 공통요인으로 주식의 수익률을 설명한다.

⑤ CAPM에서 시장균형상태를 가정하여 모든 자산이(즉 자본시장선보다 아래에 존재하는 자산이라도) 증권시장선에 놓인다.

8 **APT(차익거래가격결정이론)에 대한 설명으로 옳지 않은 것은?** (2004년)

① APT를 유도하기 위한 가정은 CAPM의 경우보다 상대적으로 약하며 따라서 CAPM은 APT의 특수한 형태로 볼 수 있다.

② APT에서는 자산의 수익률 분포에 대한 제약이 필요 없으며, 투자자가 위험회피적이라는 가정도 필요없다.

③ APT는 시장포트폴리오를 필요로 하지 않기 때문에 시장에 존재하는 자산 일부만으로 자산가치를 평가할 수 있다.

④ APT에서 위험자산의 기대수익률 결정에 영향을 미치는 체계적 위험은 하나 이상이다.

⑤ APT와 CAPM은 모두 자산의 기대수익률과 관련 위험요인이 선형관계를 갖고 있다는 것을 보여준다.

| 해설 | ① APT의 가정은 CAPM보다 약하며, CAPM은 APT에서 공통요인이 시장포트폴리오 수익률 하나뿐인 APT의 특수한 형태로 볼 수 있다.

② CAPM은 평균-분산기준을 적용하기 위해 자산수익률의 확률분포가 정규분포이거나 투자자의 효용함수가 2차함수라는 가정이 필요하다. 그러나 APT는 이러한 가정을 필요로 하지 않고 차익거래이익을 극대화하는 위험회피형 투자자를 전제로 한다.

③ CAPM은 자본시장에 존재하는 모든 위험자산으로 구성된 시장포트폴리오의 존재를 필요로 한다. 그러나 APT는 자본시장에 존재하는 일부의 자산만으로 실증분석을 할 수 있다.

④ CAPM은 자산의 기대수익이 시장포트폴리오 수익률이라는 단일의 공통요인에 의해 결정된다고 한다. 그러나 APT는 복수의 공통요인에 의해 결정된다고 본다.

⑤ CAPM : $E(R_i) = R_f + [E(R_m) - R_f]\beta_i$

APT : $E(R_i) = \lambda_0 + \lambda_1 b_{i1} + \lambda_2 b_{i2} + \cdots + \lambda_k b_{ik}$

9 다음 중 APT(차익거래가격결정이론)의 한계점으로 옳은 것은?

① 시장포트폴리오가 유일한 효율적 자산집합으로 중요한 역할을 하는데, 진정한 시장포트폴리오를 발견하기가 어렵다.

② 투자자들이 평균-분산기준을 따른다는 엄격한 가정을 기초로 한다.

③ APT를 도출하려면 무위험자산이 반드시 존재해야 하는데 현실적으로는 무위험 자산을 찾아보기가 어렵다.

④ 모든 투자안의 수익률에 공통적으로 영향을 미치는 요인의 선정이 어렵고 요인 에 대한 경제적 의미를 부여하기가 어렵다.

⑤ CAPM에 비해 일반적이지 못하다.

│ 해설 │ ①, ②, ③은 CAPM의 한계점이다.
⑤ APT가 CAPM보다 더 일반적이다.

10 증권 또는 포트폴리오의 수익률이 다음의 2요인 모형에 의하여 설명된다고 가정하자.

$R_i = E(R_i) + \beta_{i1}F_1 + \beta_{i2}F_2 + e_i$

R_i : 포트폴리오 I의 수익률, $E(R_i)$: 포트폴리오 I의 기대수익률

F_1 : 공통요인 1 $\qquad$ F_2 : 공통요인 2

β_{i1} : 포트폴리오 I의 공통요인 1에 대한 체계적 위험

β_{i2} : 포트폴리오 I의 공통요인 2에 대한 체계적 위험

e_i : 잔차항(비체계적 위험)

위 2요인 차익거래가격결정모형이 성립하는 자본시장에서 다음과 같은 세 가지 충분히 분산된 포트폴리오가 존재한다. 요인 1 포트폴리오와 요인 2 포트폴리오 위험프리미엄의 조합으로 가장 적절한 것은? (2011년)

포트폴리오	기대수익률	베타 1	베타 2
A	16%	1.0	1.0
B	17%	0.5	1.5
C	18%	−1.5	3.0

	요인 1 포트폴리오(λ_1)	요인 2 포트폴리오(λ_2)
①	4%	4%
②	4%	6%
③	6%	4%
④	6%	6%
⑤	8%	8%

| 해설 | 포트폴리오 A, B, C의 자료를 2요인 APM에 대입하면 다음과 같다.

$$E(R_A) = \lambda_0 + 1.0\lambda_1 + 1.0\lambda_2 = 16\%$$
$$E(R_A) = \lambda_0 + 0.5\lambda_1 + 1.5\lambda_2 = 17\%$$
$$E(R_C) = \lambda_0 - 1.5\lambda_1 + 3.0\lambda_2 = 18\%$$
$$\therefore \lambda_0 = 0.06, \lambda_1 = 0.04, \lambda_2 = 0.06$$

PART

3

자본시장과
증권평가

자본시장과
자본조달

Chapter

기업의 자본조달수단에는 여러 가지가 있지만 장기자본은 보통주, 우선주, 회사채의 발행을 통해 조달한다. 여기서는 자본조달에서 중개역할을 하는 금융시장의 개념과 효율적 시장가설에 대해서 살펴본다. 주식가격은 효율적 시장가설이 성립한다는 가정 하에서 정보의 가치를 반영하여 평가하기 때문에 중요한 의미를 갖는다.

금융시장의 개요

1. 금융시장의 정의

금융은 경제주체간의 자금융통을 말하고, 금융시장(financial market)은 자금융통이 이루어지는 시장을 말한다. 따라서 금융시장은 자금의 조달 및 운용과 관련하여 여유자금을 가지고 있는 경제주체(가계)로부터 자금을 모아서 자금을 필요로 하는 경제주체(기업)에게 자금을 공급해 주는 역할을 수행한다.

자금의 공급자와 수요자를 연결하는 금융시장과 자본시장은 자금의 최적배분을 목표로 한다는 점에서 동일하다. 그러나 금융시장은 단기자금의 거래를 수반하고 자본시장은 장기자금의 거래를 담당하고 있다는 점에서 다르다. 금융시장의 역할을 국민경제의 순환과정과 함께 도시하면 [그림 9-1]과 같다.

┃그림 9-1┃ 국민경제의 순환과 금융시장

2. 금융시장의 종류

(1) 자금의 조달방법

금융시장은 흑자지출단위로부터 적자지출단위에게로 자금을 이전시켜 경제의 효율성을 높이는 역할을 수행하며 금융중개기관의 개입여부에 따라서 직접금융시장과 간접금융시장으로 구분할 수 있다. 금융중개기관은 규모의 경제에 의해 거래비용을 최소화하여 거래를 성사시키는 역할을 수행한다.

1) 직접금융시장

직접금융시장은 금융중개기관을 경유하지 않고 자금의 최종수요자와 공급자간에 직접증권의 매매형태로 자금의 수급이 이루어지는 시장을 말한다. 직접증권 또는 본원적 증권은 자금의 최종수요자가 자금을 조달하기 위해 발행하는 증권을 말하며 주식(stock)과 채권(bond)이 대표적이다.

2) 간접금융시장

간접금융시장은 은행이나 보험회사와 같은 금융중개기관이 개입하여 자금의 최종수요자와 공급자간에 간접증권의 매매형태로 자금의 수급이 이루어지는 시장을 말한다. 간접증권은 금융중개기관이 자금을 조달하기 위해 발행하는 증권을 말하며 예금증서와 보험증서가 대표적이다.

(2) 자금의 공급기간

직접금융시장은 금융시장에서 거래되는 금융상품의 만기나 특징에 따라서 화폐시장과 자본시장으로 구분할 수 있다.

1) 화폐시장

화폐시장(money market)은 만기가 1년 이하인 단기금융상품들이 거래되는 금융시장을 말한다. 단기금융상품에는 콜자금, 요구불예금, 단기국공채, 기업어음(CP), 표지어음, 통화안정증권, 은행인수어음(BA), 머니마켓펀드(MMF), 양도성예금증서(CD), 환매조건부채권(RP) 등이 있다.

① 수시입출금식예금

입출금이 자유롭고 시장금리를 지급하는 은행의 단기상품으로 500만원 이상의 목돈을 1개월 이내로 운용할 때 유리하며 공과금 및 신용카드대금 등의 자동이체 결제통장으로 활용할 수 있고 예치기간과 가입한도에 제한이 없다. 그러나 다른 단기금융상품보다 이자율이 낮고 통장잔액에 따라 이자가 차등 적용된다.

② 머니마켓펀드

수시로 입출금해야 하는 여유자금을 단기로 맡길 때 활용되는 투자신탁회사의 금융상품을 말한다. 투신사가 고객의 돈을 모아 단기금융상품에 투자하여 얻은 수익을 돌려주는 실적배당형 상품으로 중도에 해약을 해도 환금수수료를 물지 않기 때문에 은행의 보통예금처럼 입출금이 자유롭고 단 하루만 맡겨도 된다.

③ 양도성예금증서

은행의 정기예금에 양도성을 부여하면서 무기명 할인식으로 발행하여 양도가 자유롭고 유동성이 높은 상품을 말한다. 만기는 30일 이상으로 대개 정기예금 금리보다 약간 높다. 만기 전이라도 현금화가 가능하나 예금자보호대상이 아니라는 단점이 있다. CD 1계좌를 매입하려면 보통 1백만원을 한 달 이상 맡겨야 한다.

④ 금전신탁

금전신탁은 신탁업무를 취급하는 은행이 고객의 금전을 예탁받아 일정기간 운용한 후 원금과 수익을 수익자에게 지급하는 상품을 말한다. 신탁재산의 운용방법에 따라 위탁자에 의해 지정되어 수탁자의 재량의 여지가 없는 특정 금전신탁과 위탁자가 운용방법에 아무런 지시를 하지 않는 불특정 금전신탁으로 구분된다.

⑤ 환매조건부채권

금융기관이 보유한 국공채 등 장기채권을 단기채권으로 만들어 투자자에게 일정한 이자를 붙여 만기에 매수하는 것을 조건으로 매도하는 채권을 말한다. 환매채는 입출금이 자유롭고 확정이자는 가입시점에 정해진다. 그러나 중도환매시 불이익이 발생할 수 있으며 예금자 보호대상이 아니라는 단점이 있다.

⑥ 상업어음

기업이 상거래의 대금결제를 위해 발행하는 어음으로 자금융통을 위해 발행하는 융통어음과 대비된다. 상업어음은 지급이 확실한 우량어음으로 알려져 있으나 상품의 판매대금이 순조롭게 회수되지 않아 부도어음화할 위험과 상품의 실질거래의 보증이 없는 융통어음이 섞여 들어와도 분별하기가 어려우므로 주의해야 한다.

⑦ 표지어음

기업이 발행한 어음을 금융기관이 매입한 후 어음금액을 다시 나누어 재발행하여 이를 개인이나 기관투자가에게 판매하는 융통어음으로 상거래를 수반하는 진성어음과 대비된다. 금융기관은 표지어음의 발행을 통해 원어음 할인에 따른 자금부담을 줄이고 원어음 할인금리와 표지어음 발행금리간의 금리차익을 획득한다.

2) 자본시장

자본시장은 만기가 1년 이상의 장기금융상품이 거래되는 금융시장으로 통상 증권시장과 동일한 의미로 사용된다. 장기금융상품에는 기업이 발행하는 주식과 회사채, 정부나 공공기관이 발행하는 장기국공채 등이 있다. 자본시장의 금융상품은 만기가 길어 유동성이 낮고 가격변동위험이 화폐시장의 금융상품보다 높다.

3. 금융기관의 기능

(1) 거래비용의 절감

여유자금을 가진 개인과 투자자금을 조달할 기업이 거래상대방을 찾는데 많은 시간과 비용이 소요된다. 대출자는 금융기관에 예금하고 차입자는 금융기관에서 차입하면 거래상대방을 찾는데 시간과 비용을 줄이게 된다. 따라서 금융기관이 대출자와 차입자의 중간에서 금융거래를 중개하면 거래비용을 낮출 수 있다.

(2) 위험의 축소

금융기관은 다수의 자금공급자로부터 자금을 조달하여 여러 자산에 분산투자할 수 있기 때문에 투자자산의 가격변동에 따른 위험을 축소시킬 수 있다. 예컨대 투자자가 위험자산에 직접투자하면 가격변동위험을 전부 부담하는 반면에 여러 자산에 분산투자하는 집합투자상품에 가입하면 가격변동위험을 줄일 수 있다.

(3) 유동성의 제고

차입자는 자금을 장기로 차입하기를 원하고 저축자는 단기로 대여하기를 원한다. 금융기관은 다수의 예금자로부터 단기자금을 모아 기업에 장기로 대출하면 차입자와 대출자를 모두 만족시킬 수 있다. 이러한 과정에서 금융기관은 유동성이 높은 단기자금을 유동성이 낮은 실물자본으로 변환시키는 역할을 수행한다.

(4) 결제수단의 제공

일반적으로 실물거래에 수반되는 지급결제에 따른 비용이 낮을수록 재화와 서비스의 생산 및 교환이 활발하게 이루어진다. 금융기관은 저렴한 거래비용으로 신속하게 결제할 수 있는 화폐, 수표, 어음, 신용카드, 계좌이체 등 다양한 지급결제 수단을 제공함으로써 실물경제의 활동을 활성화시켜 경제성장에 기여한다.

제2절 자본시장의 개요

자본시장은 기업이나 공공단체가 발행한 증권이 처음으로 투자자들에게 매각되는 발행시장과 이미 발행된 증권이 투자자들 상호간에 매매되는 유통시장으로 이루어져 있다. 발행시장은 발행된 증권이 유통시장에서 활발하게 매매될 수 있어야 하고, 유통시장은 발행시장의 존재를 전제로 하여 성립하게 된다.

1. 자본시장의 의미

자본시장은 유가증권을 거래대상으로 자본주의 경제체제를 상징하는 대표적인 시장에 해당한다. 기업은 유가증권을 발행하여 장기자금을 조달하고 투자자는 여유자금을 운용하며 정부는 유가증권을 통한 자금조달과 운용이 시장원리에 의해서 이루어지도록 함으로써 국민경제의 효율적인 운영에 기여힌디.

자본시장은 증권이 거래되는 시장으로 증권에는 기업이 발행하는 주식과 회사채, 정부나 공공기관이 발행하는 국공채 등이 포함되며 자본시장에서 거래되는 증권은 화폐시장에서 거래되는 상품보다 가격변동위험이 높다. 화폐시장이 유동성의 충족을 목적으로 하지만 자본시장은 장기자금의 조달을 목적으로 한다.

▌표 9-1 ▌ 화폐시장과 자본시장의 비교

	화폐시장	자본시장
특징	가격변동위험이 낮음	가격변동위험이 높음
목적	유동성의 확보	장기자금 조달

2. 자본시장의 구성

자본시장은 기업이나 공공단체가 발행한 증권이 처음으로 투자자들에게 매각되는 발행시장과 이미 발행된 증권이 투자자들 사이에서 매매되는 유통시장으로 구분된다. 유통시장은 한국거래소가 개설한 거래소시장과 금융투자협회가 운영하는 프리보드시장으로 분류되는데 거래소시장을 협의의 자본시장이라고 한다.

(1) 발행시장

발행시장은 증권의 발행자가 증권을 발행하고 투자자가 이를 매수하여 자본의 수요자인 발행자에 의해 신규로 발행된 증권이 일반투자자나 기관투자자에게 매각됨으로써 자본이 투자자로부터 발행주체에게 이전되는 추상적 시장으로 최초로 증권이 발행되어 1차 시장(primary market)이라고도 한다.

이러한 발행시장의 기능은 경제적인 관점에서 볼 때 기업이나 공공단체의 소요자금이 증권화되는 과정이며, 투자자들이 가지고 있는 단기자금이 기업이나 공공단체가 필요로 하는 장기자본으로 전환되는 직접금융(directing financing)의 과정이다. 발행시장은 원칙적으로 증권발행자의 자본조달시장에 해당한다.

그러나 광의로 보면 주식이 무상교부되거나 국공채가 일시적 급부금을 대신하여 발행되는 증권교부시장 그리고 전환증권의 전환권이 행사될 경우와 주식분할 또는 주식합병으로 인해 증권이 상호교환될 경우에 형성되는 증권교환시장도 발행시장에 포함된다. 따라서 발행시장은 증권을 모집하고 매출하는 시장이다.

1) 증권의 발행방법

증권의 발행은 발행자가 발행할 증권을 소화시키는 모집방법에 따라 공모발행과 사모발행, 발행위험의 부담과 발행사무의 절차를 어떻게 정하느냐에 따라 직접발행과 간접발행으로 구분한다. 여기서 발행위험은 발행된 증권이 투자자에게 완전히 매각되지 않고 잔여증권이 존재할 가능성을 말한다.

가. 공모발행과 사모발행

공모발행은 증권의 발행자가 일반투자자에게 발행가격과 발행시점 등을 균일한 조건으로 하여 증권을 공개적으로 모집·매출하는 방법을 말한다. 공모발행은 발행증권에 대한 매점을 방지하고 투자자들을 분산시킨다는 점에서 바람직한 반면에 발행위험도 크고 사무절차도 복잡하다.

공모발행에서 모집은 50인 이상의 투자자에게 최초로 발행되는 증권의 취득을 위한 청약을 권유하는 행위를 말하고, 매출은 50인 이상의 투자자에게 이미 발행된 증권의 매도나 매수의 청약을 권유하는 행위를 말한다. 그러나 전문투자자나 특정연고자는 50인 산정에서 제외한다.

사모발행은 발행자가 특정 개인이나 은행, 보험회사, 증권회사 등 기관투자가에게 증권을 발행하며 비공개모집발행 또는 직접모집발행이라고도 한다. 사모발행은 발행자의 경비를 절감시키고 단기간에 모집할 수 있는 장점이 있으나 공모발행에 비해 증권발행의 소화능력에 한계가 있다.

나. 직접발행과 간접발행

직접발행은 증권의 발행자가 발행위험과 발행업무를 직접 담당하면서 일반투자자에게 증권을 발행하는 것으로 직접모집 또는 자기모집이라고 한다. 은행, 증권회사와 같은 금융기관은 모집능력이 충분하거나 발행규모가 상대적으로 적어 발행위험과 발행업무가 간단한 경우에 이용이 가능하다.

직접발행은 증권발행의 비전문기관인 발행자가 직접 대규모의 복잡한 증권발행의 사무를 담당하기가 매우 어렵고 발행위험도 높아 현실성이 희박한 증권발행의 방법이다. 그리고 응모총액이 발행총액에 미달될 때 이사회의 결의에 의해 잔량을 처리하며 인수능력이 없으면 발행 자체가 성립하지 않는다.

간접발행은 증권의 발행자가 모집·매출을 직접 담당하는 것이 아니라 증권발행의 전문기관인 은행, 증권회사 등의 발행기관을 중개자로 개입시켜 증권발행의 구체적인 업무를 담당하도록 하는 간접적인 증권발행의 방법을 말한다. 그리고 발행기관의 인수비용이나 매출비용은 증권의 발행자가 부담한다.

간접발행은 증권발행시 금융사정에 정통한 증권관계기관을 중개자로 활용하여 발행사무를 원활하게 처리하고 중개자의 신용을 이용하여 증권을 확실하게 발행할 수 있다는 장점이 있다. 간접발행은 발행위험의 소재 및 발행위험의 부담정도에 따라 위탁모집, 잔액인수, 총액인수의 방법으로 분류된다.

① 위탁모집

위탁모집은 증권발행의 업무를 발행기관에 위탁시키고 발행위험은 발행자가 부담하는 방법으로 모집주선이라고도 한다. 즉 증권발행에 대한 전문지식을 갖고 있는 발행기관이 발행사무를 시장상황에 맞추어 신속히 처리하고, 매출하지 못한 증권이 있으면 발행자에게 반환시켜 발행위험을 발행자가 부담한다.

② 잔액인수

잔액인수는 발행기관이 발행자로부터 위탁받은 증권의 발행사무를 담당하고 모집기간에 소화시키지 못한 증권의 잔량이 있으면 그 잔량을 발행기관이 인수하는 방법으로 청부모집이라고도 한다. 발행자의 입장에서 잔액인수는 잔액인수계약이 성립하는 시점부터 사실상 모집이 달성된 것이나 다름이 없다.

③ 총액인수

총액인수는 발행기관이 증권발행의 모든 위험을 부담하고 발행증권의 전부를 자기의 명의로 인수하여 증권의 발행사무를 담당하는 방법으로 매입인수라고도 한다. 한편 총액인수는 인수에 필요한 많은 자금을 인수기관이 부담해야 하고 발행위험도 높기 때문에 인수기관은 인수단을 조직하는 것이 일반적이다.

2) 발행시장의 구조

증권의 직접발행과 간접발행이 이루어지는 발행시장은 발행자, 발행기관, 투자자로 구성된다. [그림 9-2]에 제시된 것처럼 증권의 발행이 중개기관을 거치지 않고 발행자와 투자자간에 직접 이루어지는 경우도 있지만, 대부분은 발행자와 투자자 간에 전문기관인 발행기관이 개입되는 간접발행으로 이루어진다.

┃그림 9-2┃ 발행시장의 구조

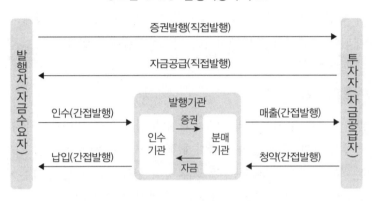

발행주체는 경영활동에 필요한 자금을 조달하기 위해 증권을 발행하는 주체로서 증권을 공급하는 주체에 해당된다. 따라서 주식이나 회사채를 발행하는 주식회사, 국공채를 발행하는 국가나 지방자치단체, 그리고 특수채를 발행하는 특수법인이나 특수은행 등은 모두 증권의 발행주체가 된다.

발행기관은 발행자와 투자자의 중간에서 발행자를 위해 인수단을 구성하고 발행업무와 발행위험을 대행하는 기관을 말한다. 인수단은 발행증권을 발행자로부터 인수하는 기능을 담당하는 기관으로 은행, 증권회사 등이 이에 속한다. 인수단은 발행증권을 대량으로 인수하여 이를 청약기관에 도매하는 기능을 수행한다.

청약기관은 인수단으로부터 취득한 증권을 일반투자자에게 직접 판매하는 기관을 말한다. 그러나 인수단과는 달리 매출하지 못한 잔여증권이 있을 경우에도 이를 인수할 의무가 없어 인수위험을 부담하지 않고 불특정투자자를 모집하여 청약업무만을 대행하는 기관으로 투자매매업자·투자중개업자가 그 기능을 담당한다.

일반투자자는 개인의 자격으로 자산을 증식하거나 또는 기업을 지배할 목적으로 주식이나 채권에 투자하는 자연인을 말한다. 기관투자가는 은행, 승권회사, 보험회사, 연금기금 등과 같이 법인을 구성하는 투자기관으로 증권투자에 대한 전문적인 지식을 갖추고 투자규모도 방대하여 증권시장에 미치는 영향은 지대하다.

(2) 유통시장

1) 유통시장의 개념

유통시장은 발행시장을 통해 발행된 증권이 투자자들 상호간에 매매되는 구체적 시장으로 2차 시장(secondary market)이라고 한다. 유통시장에서 거래가 활발하면 발행시장에서 수요가 촉진되고, 발행시장에서 많은 증권이 발행되면 유통시장에서 투자자의 투자기회가 확대되어 유통시장과 발행시장은 상호보완관계에 있다.

2) 유통시장의 기능

유통시장은 발행된 유가증권의 시장성과 유통성을 높여 일반투자자의 투자를 촉진시켜 발행시장에서 장기자본조달을 원활하게 해 주고, 유통시장에 의한 유가증권의 시장성과 유통성은 적정가격으로 유가증권을 처분하여 현금화할 수 있기 때문에 유가증권에 대한 담보력을 높여주고 유가증권을 담보로 한 차입이 용이하다.

유통시장은 다수의 투자자가 참여하는 자유경쟁시장이므로 여기에서 형성되는 주식이나 채권의 가격은 공정한 시장가격이라 할 수 있다. 또한 유통시장에서 형성된 가격은 발행시장에서 유가증권의 가격을 결정하는 기능을 한다.

유통시장이 이러한 기능을 수행하기 위해서는 우선 거래대상이 되는 증권의 발행물량이 많아야 한다. 또한 발행된 증권이 다수의 투자자에게 분산소유되어야 하며, 증권의 매매와 유통에 아무런 제약이 없어야 하는 등의 요건을 구비해야 한다. 흔히 유통시장이라고 하면 한국거래소만을 의미하는 경우가 많다.

그러나 유통시장은 한국거래소와 장외시장으로 구분된다. 한국거래소는 지정된 일정한 건물을 점하고 있으며, 증권의 계속적이고 조직적인 매매거래를 수행하는 시장이다. 한국거래소에서 매매되는 증권은 반드시 상장증권이어야 하며, 경쟁매매를 원칙으로 일정한 매매거래제도에 따라 증권거래가 이루어진다.

유통시장과 관계되는 기관에는 증권의 매매거래가 집중되는 시장으로 구체적 거래장소인 한국거래소, 증권매매를 직접 담당하는 거래원(증권회사), 증권의 대체결제를 담당하는 대체결제회사, 증권의 유통금융을 담당하는 증권금융회사, 증권의 거래원(증권회사)들의 모임으로 자율규제조직인 증권업협회가 있다.

3) 유통시장의 구조

유통시장은 이미 발행된 유가증권이 투자자들 상호간에 거래되는 시장으로 거래소시장과 장외시장으로 구분된다. 한국거래소가 개설하는 거래소시장은 유가증권시장, 코스닥시장, 파생상품시장으로 분리하여 운영되며, 장외시장에는 금융투자협회가 운영하는 프리보드시장과 금융투자회사가 운영하는 점두시장이 있다.

① 장내시장

장내시장은 일정한 장소에서 정해진 시간에 계속적으로 상장증권 및 장내파생상품의 주문이 집중되어 일정한 매매제도에 따라서 조직적으로 매매거래가 이루어져 공정한 가격형성, 거래질서의 안정, 유통의 원활화를 위해 한국거래소가 개설하는 시장으로 유가증권시장, 코스닥시장, 파생상품시장이 있다.

㉠ 유가증권시장

유가증권시장은 유가증권의 공정한 가격형성과 투자자 보호를 위해 수익성, 안정성, 성장성을 갖춘 기업이 많이 상장되어 투자자들이 믿고 투자할 수 있으며 상장법인은 투자자의 투자판단에 필요한 기업정보를 신속히 공시하도록 하며 공시된 정보는 전자공시시스템을 통해 투자자들이 실시간으로 접근할 수 있다.

유가증권시장에 상장하고자 하는 기업은 자기자본이 100억원 이상, 상장주식수가 100만주 이상, 최근 사업연도 300억원 이상의 매출액 등의 상장요건을 충족해야 한다. 한국거래소는 상장유가증권의 상장요건 충족여부와 기업내용의 적시공시 실시여부를 관찰하여 관리종목으로 지정한 후 상장을 폐지할 수 있다.

㉡ 코스닥시장

코스닥시장은 유망 중소기업, 성장성이 높은 벤처기업의 자본조달기회를 제공하기 위해 설립된 한국거래소가 운영하는 증권시장으로 미국의 나스닥시장을 벤치마킹한 시장이다. 처음에는 증권업협회가 개설하여 운영해 왔으나 2005년부터 한국거래소가 통합하여 운영하고 있는 체계적이고 조직적인 시장이다.

코스닥시장은 소규모이나 성장잠재력이 높은 벤처기업이나 유망 중소기업의 자금조달이 가능하고, 유가증권시장과 별도로 운영되는 독립된 시장이다. 또한 우량기업의 발굴에 금융투자업자의 역할과 책임이 중시되고, 높은 가격변동성으로 고위험·고수익 현상으로 투자자의 자기책임원칙이 중요한 시장이다.

ⓒ 코넥스시장

코넥스(KONEX : Korea New Exchange)시장은 자본시장을 통한 초기 중소기업 지원을 강화하여 창조경제 생태계 기반을 조성하기 위해 2013년 7월 1일에 개설한 중소기업전용 주식시장으로 성장가능성은 있지만 기존의 유가증권시장이나 코스닥시장에 상장하기에는 규모가 작은 창업 초반기 중소기업의 주식을 거래한다.

현재 중소기업의 자금조달 현황을 살펴보면 대부분 은행대출에 편중되어 있고, 주식발행을 통한 자금조달은 매우 낮은 수준이다. 또한 코스닥시장은 투자자 보호를 위한 상장요건 강화로 성숙단계의 시장으로 변모하여 초기 중소기업은 진입이 어렵게 되면서 초기 중소기업 특성을 반영한 코넥스시장을 개설하게 되었다.

② 장외시장

장외시장은 거래소시장 밖에서 당사자간에 상대매매의 방법으로 매매거래가 이루어지는 시장을 말한다. 프리보드는 비상장증권의 매매거래를 위해 금융투자업자가 운영하는 장외시장으로 투자매매업자와 투자자 사이에 이루어지는 상장주권의 단주 장외거래나 투자자 사이에 직접 거래하는 장외시장과는 구별된다.

프리보드(Free Board)는 비상장 벤처기업, 이노비즈(Inno-Biz) 등 혁신형 중소기업의 직접금융 기회를 제공하고, 비상장주식 또는 상장이 폐지된 주식에 유동성을 부여한다. 벤처기업의 육성 및 투자회사에 초기투자자금 회수기회를 제공하며, 코스닥시장 상장 이전에 투자할 수 있는 다양한 투자수단을 제공한다.

┃표 9-2┃ 유통시장의 구조

구분		내용
장내 시장	유가증권시장	지분증권, 채무증권, 수익증권, 파생결합증권, 증권예탁증권 등의 매매를 위해 개설하는 시장
	코스닥시장	유가증권시장에 상장되지 않은 주권 및 채권의 매매를 위해 개설하는 시장
	코넥스시장	유가증권시장과 코스닥시장에 상장되지 않은 벤처기업과 중소기업의 자금조달을 위해 개설하는 시장
장외시장		장내시장에 상장되지 않은 주권의 매매거래를 위해 금융투자협회가 운영하는 시장

3. 기업공개와 상장

(1) 기업공개

기업공개(Initial Public Offering)는 일정한 요건을 갖춘 기업이 주식을 발행하여 투자자에게 균일한 조건으로 공모하거나 이미 발행되어 대주주가 소유하고 있는 주식의 일부를 매출하여 다수의 주주에게 주식소유를 분산시키고 재무내용을 공시함으로써 주식회사의 체제를 갖추는 것을 말한다.

기업공개는 소수의 대주주가 소유한 주식을 다수의 투자자에게 분산시켜 당해 기업의 주식이 자본시장을 통해서 자유롭게 거래되도록 함으로써 자금조달의 원활을 도모하고 자본과 경영을 분리하여 경영합리화를 도모하는 과정으로 한국거래소에 주식을 상장하기 위한 사전단계로 이해할 수 있다.

(2) 주권상장

주권상장(listing)은 발행된 주식이 한국거래소 시장에서 매매거래의 대상으로 확정되어 거래될 수 있는 자격을 부여받는 것을 말한다. 일반적으로 기업공개가 상장을 전제로 하지 않지만 다수의 투자자로부터 자금을 조달하기 위해서는 유동성이 확보되어야 하기 때문에 주권상장을 전제로 한다.

상장기업은 경영성과, 영업내용의 변화, 주가에 영향을 미칠 수 있는 정보가 발생하면 한국거래소를 통해 알려야 하는 공시의무를 갖는다. 상장기업은 비상장기업에 비해 신용도가 높아 주식을 발행하여 자금을 조달할 수 있고 부채를 통한 자본조달에서도 낮은 자본비용으로 자금을 조달할 수 있다.

제3절 효율적 자본시장

1. 자본시장의 효율성

기업의 자금조달에서 중요한 역할을 하는 것은 자본시장이다. 자본시장의 중요한 기능은 여유자금을 가지고 있는 경제주체로부터 자금을 필요로 하는 경제주체에게로 자금이 원활히 이전되도록 하는 것이다. 자본시장이 이러한 역할을 제대로 수행하기 위해서는 다음과 같은 세 가지 측면에서 효율성이 충족되어야 한다.

① 운영의 효율성

운영의 효율성(operational efficiency)은 자본시장에 거래비용, 세금, 규제와 같은 거래의 마찰적 요인이 없거나 아주 작아서 증권거래가 원활하게 이루어질 수 있는 상태를 말한다. 운영의 효율성은 내적 효율성(internal efficiency)이라고도 한다.

② 정보의 효율성

정보의 효율성(informational efficiency)은 자본시장에서 결정된 주식가격은 주식가격에 영향을 미칠 수 있는 정보를 즉시, 정확하게 그리고 충분히 반영하고 있는 상태를 말한다. 정보의 효율성은 외적 효율성(external efficiency)이라고도 한다.

③ 배분의 효율성

배분의 효율성(allocational efficiency)은 사회전체적으로 한정된 자금이 생산적인 투자안에 최적으로 배분되어 있는 상태를 말한다. 배분의 효율성은 운영의 효율성과 정보의 효율성이 충족되어야 달성될 수 있다.

2. 효율적 자본시장

완전자본시장(perfect capital market)은 위에서 제시한 운영의 효율성, 정보의 효율성, 배분의 효율성 세 가지 요건을 완벽하게 충족시키는 시장을 말한다. 반면에 효율적 자본시장(efficient capital market)은 위에서 제시한 세 가지 조건 중에서 정보의 효율성이 충족되는 시장으로 완전자본시장보다 넓은 개념이다.

제4절 효율적 시장가설

1. 효율적 시장가설의 의의

효율적 시장가설(EMH : efficient market hypothesis)은 자본시장에서 결정된 주가는 주가에 영향을 미칠 수 있는 정보를 즉시 그리고 충분히 반영한다는 가설이다. 즉시 반영한다는 것은 정보가 시장에 알려짐과 동시에 반영한다는 뜻, 충분히 반영한다는 것은 그 정보가 지니고 있는 가치만큼 정확히 반영한다는 의미이다.

예컨대 대우건설이 주당 100원의 NPV를 갖는 새로운 투자안을 발견했다고 하자. 이러한 사실을 시장에 공시하면 [그림 9-3]에서 보는 바와 같이 공시와 함께 대우건설의 주가가 100원만큼 상승해야 효율적 시장이라고 할 수 있으며 공시 이후에 주가가 상승하거나 100보다 크게 상승하면 효율적 시장이라고 할 수 없다.

┃그림 9-3┃ 효율적 자본시장

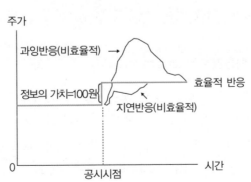

따라서 효율적 시장가설이 성립하면 주가에 반영된 정보는 정보의 가치가 없어 특정 정보를 이용하여 투자해도 비정상적 초과수익을 실현할 수 없다. 그러나 자본시장이 비효율적이어서 지연된 반응을 보이거나 과잉반응을 보일 경우에는 특정 정보를 이용해서 투자할 경우 비정상적인 초과수익을 얻을 수 있게 된다.

2. 효율적 시장가설의 유형

주가에 영향을 미칠 수 있는 모든 이용가능한 정보가 신속하고 충분히 반영되고 있는가는 실증분석의 문제로 효율적 자본시장의 성립여부는 하나의 가설이 되는데, 이를 효율적 시장가설이라고 한다. 파마(E. Fama)는 주식가격에 반영되는 정보의 범위에 따라 효율적 시장가설을 다음과 같은 세 가지의 유형으로 구분하였다.

(1) 약형 효율적 시장가설(weak form EMH)

약형 EMH는 주식가격은 과거의 주가나 거래량과 같은 역사적 정보를 즉시 그리고 충분히 반영하고 있다는 가설을 말한다. 따라서 약형 효율적 시장가설이 성립하는 시장에서는 역사적 정보가 이미 주가에 반영되어 있기 때문에 기술적 분석에 의해 투자하더라도 초과수익을 얻을 수 없게 된다.

(2) 준강형 효율적 시장가설(semistrong form EMH)

준강형 EMH는 주식가격은 역사적 정보를 포함하여 기업의 회계정보, 증권회사의 투자자료, 정부의 경제시책 등 공식적으로 이용가능한 정보를 즉시 그리고 충분히 반영하고 있다는 가설을 말한다. 따라서 준강형 효율적 시장가설이 성립하면 기본적 분석에 의해 투자하더라도 초과수익을 얻을 수 없게 된다.

(3) 강형 효율적 시장가설(strong form EMH)

강형 EMH는 주식가격은 이용가능한 모든 정보를 즉시 그리고 충분히 반영하고 있다는 가설을 말한다. 이용가능한 모든 정보에는 공식적으로 이용가능한 정보뿐 아니라 공식적으로 이용할 수 없는 내부정보까지 포함한다. 강형 효율적 시장가설이 성립하면 내부정보를 이용하여 투자하더라도 초과수익을 얻을 수 없다.

효율적 시장가설을 세 가지 유형으로 구분한 것은 자본시장의 효율성의 정도를 확인하기 위한 것이다. 예컨대 강형 효율적 시장가설이 성립하는 시장은 준강형 효율적 시장가설만 성립하는 시장보다 효율적인 시장이고, 준강형 효율적 시장가설이 성립하는 시장은 약형 효율적 시장가설만 성립하는 시장보다 효율적 시장이다.

따라서 강형 효율적 시장가설이 성립하는 시장은 약형 및 준강형 효율적 시장가설이 당연히 성립하는 시장이고, 준강형 효율적 시장가설이 성립하는 시장은 약형 효율적 시장가설이 당연히 성립하는 시장이다. 이러한 정보의 종류와 효율적 시장가설의 관계를 도시하면 [그림 9-4]와 같이 제시할 수 있다.

▎그림 9-4 ▎ 정보의 종류와 효율적 시장가설

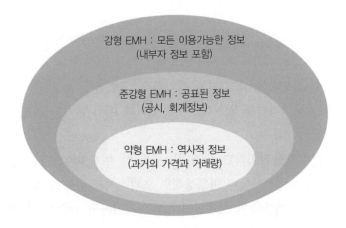

3. 효율적 시장가설의 검증

(1) 약형 EMH의 검증

약형 EMH는 과거의 역사적 정보가 현재의 주가에 충분히 반영되어 있다는 가설을 말하므로 약형 EMH가 성립하는 시장에서 미래의 주가는 과거의 주가에 관계없이 독립적으로 변동해야 한다. 따라서 약형 EMH를 검증하기 위해서는 주식가격의 시계열에 독립성이 존재하는가를 확인해야 한다.

구체적으로 연의 검증(test of run), 필터기법(filter technique), 시계열 상관분석(serial correlation analysis) 등의 방법으로 주가의 시계열에 독립성이 있는 것으로 확인되면 약형 EMH가 성립하고, 주가의 시계열에 독립성이 없는 것으로 확인되면 약형 효율적 시장가설이 성립하지 않는다고 할 수 있다.

① 연의 검증

연의 검증은 주가변동의 시계열이 무작위인지 아니면 어떤 추세를 지니고 있는가를 보는 단순한 형태의 검정방법으로, 연(run)이란 주가상승을 (+), 주가하락을 (-)로 표시했을 때 동일한 부호를 갖는 가격변동들의 연속을 말한다. 예컨대 주가의 상승 또는 하락이 + + - - + -의 형태로 나타났다면 4개의 연을 갖는다.

연의 검증에서는 무작위성을 가정한 이론적인 연의 수와 현실의 주식시장에서 실제로 관찰된 연의 수간에 통계학적인 유의성(significance)이 존재하는가의 여부를 검정하여 판단한다. 이론적인 연의 수와 실제로 관찰된 연의 수간에 통계학적인 유의성이 존재한다면 약형 효율적 시장가설이 성립한다고 할 수 있다.

② 필터기법

필터기법(filter technique)은 주가변동의 일정폭을 설정해 놓고 주식가격이 저점에서 일정비율 5%만큼 상승하면 그 주식을 매입하고, 고점에서 일정비율 5%만큼 하락하면 그 주식을 매도하는 투자기법을 말한다. 이때 주식의 매입과 매도를 결정하는 일정비율 5%를 필터(filter)라고 한다.

만일 주식시장이 효율적이라면 필터기법을 통한 투자성과가 단순한 매입보유전략 (naive buy & hold strategy) 이상의 비정상적인 초과수익을 얻을 수 없다. 왜냐하면 주식시장이 효율적이어서 주가변동의 시계열이 무작위적이라면 일정한 규칙을 나타내는 필터는 존재할 수 없기 때문이다.

따라서 필터기법은 내용이 단순하여 초보적인 투자자도 쉽게 이용할 수 있는 투자전략이다. 그러나 필터의 크기를 어떻게 결정하느냐 하는 것은 투자자가 주관적으로 결정해야 하고, 저점이라고 판단하여 주식을 매입했는데 주가가 상승하지 않고 더 하락할 수도 있다는 문제점이 있다.

③ 시계열상관분석

주가변동의 시계열(time series)이 랜덤워크(random walk)를 따른다는 것은 미래의 주가변동과 과거의 주가변동이 독립적이라는 것을 의미한다. 따라서 미래의 주가변동과 과거의 주가변동간에 시계열 상관관계가 존재하는지의 여부를 살펴봄으로써 주가변동의 무작위성을 검정할 수 있다.

예컨대 어제 주식가격이 상승했는데 오늘도 주식가격이 상승한다면 두 기간의 주가 변화간에는 상관관계가 있다고 할 수 있다. 이러한 두 기간의 주가변화간의 관계를 자기상관(autocorrelation) 또는 시계열상관(serial correlation)이라고 하며, 그 정도를 측정하는 척도로 자기상관계수가 있다.

시계열 자료에 내재하는 시점간의 자기상관계수가 0에 가까우면 주식가격의 변화는 시계열 독립이라고 할 수 있고, −1이나 +1에 가까우면 시계열상관이라고 할 수 있다. 따라서 자기상관계수 또는 시계열 상관계수가 통계학적으로 0에 가깝다면 약형 효율적 시장가설이 성립한다고 할 수 있다.

(2) 준강형 EMH의 검증

준강형 EMH가 성립하는 시장에서는 주식가격에 영향을 미치는 정보가 공시시점에 주식가격에 반영되어야 하며, 공시시점 이후에는 주식가격에 유의한 변동이 없어야 한다. 따라서 특정 정보에 대한 공시시점 전후의 주식가격이나 수익률의 움직임을 관찰해 보면 준강형 EMH의 성립여부를 확인할 수 있다.

준강형 EMH의 성립여부를 검증하기 위해 사건연구 또는 잔차분석을 이용한다. 사건연구는 특정 정보의 공시를 하나의 사건으로 보고 공시시점 전후의 주식가격이나 수익률의 움직임을 분석하는 방법을 말한다. 사건연구를 이용한 준강형 EMH의 검증절차는 우선 특정 사건이 있었던 증권들을 선정하고 자료를 수집한다.

특정 정보가 주식가격에 영향을 미친다고 생각되는 사건기간을 정하되 사건 전후 일정기간을 사건기간으로 한다. 각 주식별로 사건기간의 잔차를 측정한다. 잔차(e_{it})는 실제수익률과 특정 사건이 발생하지 않았을 때 기대되는 정상수익률간의 차이를 말한다. 정상수익률은 시장모형이나 CAPM을 이용하여 추정할 수 있다.

기업의 정상수익률을 구할 때에는 비사건기간의 자료를 이용해야 하고 사건기간에서 개별주식들의 비정상 초과수익률을 구한다. 비정상 초과수익률(ER : excess return)은 사건기간의 실제수익률에서 특정 사건이 발생하지 않았다고 가정할 경우에 기대되는 정상수익률간의 차이로서 다음과 같이 구할 수 있다.

$$ER_{it} = R_{it} - \hat{R}_{it} = R_{it} - (\hat{\alpha}_i + \hat{\beta}_i R_{mt}) \tag{9.1}$$

특정 사건의 공시시점을 전후한 주가의 평균적인 변동을 측정하기 위해서 각 시점별로 표본에 포함된 개별주식들의 비정상 초과수익률을 평균한 평균잔차(AR : average residual)와 그 시점까지의 평균잔차를 누적시킨 누적평균잔차(CAR : cumulative average residual)를 구하여 시장효율성을 검정한다.

준강형 EMH가 성립하면 특정 정보가 공시되기 직전이나 공시되는 시점에서 정보가 주식가격에 반영되므로 공시시점 이후에는 주가의 비정상적인 움직임을 나타내는 평균잔차가 0과 다르지 않아야 한다. 따라서 공시시점 이후의 누적평균잔차에 유의한 변동이 없으면 준강형 EMH가 성립한다고 할 수 있다.

▌그림 9-5▐ 효율적 자본시장에서의 주가반응

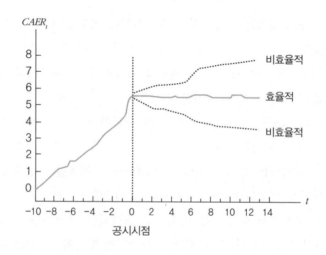

(3) 강형 EMH의 검증

강형 EMH는 내부정보를 포함한 모든 정보가 현재의 주가에 충분히 반영되어 있어 강형 EMH가 성립하는 시장에서는 내부정보를 이용할 수 있는 투자자도 비정상적 초과수익을 얻을 수 없다. 따라서 강형 EMH을 검증하려면 내부정보를 독점적으로 사용하는 투자자집단이 초과수익을 얻고 있는지의 여부로 확인한다.

내부정보를 독점적으로 이용할 수 있는 투자자집단이 비정상적 초과수익을 얻지 못하고 있다면 강형 EMH가 성립한다. 반면에 내부정보를 이용할 수 있는 투자자집단이 비정상적 초과수익을 얻고 있다면 이는 내부정보가 현재의 주가에 충분히 반영되어 있지 않다는 뜻이므로 강형 EMH가 성립하지 않는다고 할 수 있다.

제5절   기업의 장기자본조달

1. 자본조달의 수단

주식회사가 장기자금을 조달하기 위해 발행하는 증권에는 주식과 채권이 있다. 주식과 채권은 직접적인 자금조달수단으로 자본조달방법에서 주식은 자기자본의 조달인 반면에 채권은 타인자본의 조달이다. 따라서 주식에 의한 자본조달은 재무상태표의 자본항목에 표시되지만 채권에 의한 자본조달은 부채항목에 표시된다.

주식은 주주의 권리를 나타내고 채권은 채권자의 권리를 나타낸다. 권리의 측면에서 주주는 회사의 경영성과에 따라 배당금을 받고, 채권자는 회사의 경영성과에 관계없이 확정된 원리금을 수령한다. 주식은 발행회사와 존속을 같이 하는 영구증권이고, 채권은 영구채를 제외하면 원리금의 상환기간이 있는 기한부증권이다.

▌표 9-6 ▌ 주식과 채권의 차이점

	주식(지분증권)	채권(채무증권)
자금조달방법	자기자본	타인자본
증권소유자의 위치	주주로서의 지위	채권자로서의 지위
소유로부터의 권리	결산시 경영성과에 따른 배당을 받을 권리	확정이자수령권리, 만기도래시 원금을 상환받을 권리
존속기간	영구증권	기한부증권

2. 보통주

(1) 보통주의 의의

보통주(common stock)는 주식회사가 출자의 증거로 주주에게 발행한 주식을 말하며 보통주를 소유한 주주는 그 기업의 실질적 주인으로서 상법과 해당기업의 정관이 규정한 권리와 의무의 주체가 된다. 보통주의 주주는 기업의 소유주로 경영참가권과 이익분배권을 가지고 있는 반면 그 기업의 위험을 부담해야 한다.

그러나 기업경영에 직접 참가할 임원을 선출하는 의결권을 가짐으로써 기업경영에 간접적으로 참여한다. 오늘날 대기업에는 주주의 수가 매우 많으며 지리적으로 분산되어 있어 주주의 권리는 명목에 불과한 경우가 많다. 실제로 소액주주들은 이러한 권리의 행사보다는 배당과 자본이득에 관심을 가지고 있는 실정이다.

(2) 보통주의 종류

보통주는 주권에 액면가액의 표시여부에 따라 액면주식과 무액면주식으로 구분되고, 주권과 주주명부에 주주의 성명이 명시되느냐에 따라 기명주식과 무기명주식으로 구분된다. 우리 상법은 기명주식의 발행을 원칙으로 액면주식 1주의 금액은 100원 이상으로 해야 하는데, 이는 정관에 절대적 기재사항이고 등기사항이다.

(3) 보통주의 장점

보통주에 대한 배당은 당기순이익이 발생할 경우에 지급할 수 있지만 반드시 지급해야 한다는 의무규정은 없다. 보통주는 상환부담이 없는 영구자본으로 안정적인 장기자금을 조달하는 수단이다. 보통주를 발행하여 조달한 자본은 자기자본에 속하므로 기업의 재무구조를 개선시키며 대외신용도와 차입능력을 증가시킨다.

(4) 보통주의 단점

보통주의 배당금은 법인세 절감효과가 없기 때문에 보통주의 자본비용은 부채의 자본비용보다 높게 나타난다. 그리고 보통주는 다수의 투자자를 대상으로 주주를 모집하기 때문에 그 발행비용은 부채의 발행비용보다 높게 나타난다. 또한 보통주를 발행하면 기업의 소유권과 경영권의 통제에 영향을 미칠 수 있게 된다.

(5) 유상증자와 무상증자

기업이 수권자본금의 범위내에서 이사회의 결의에 따라서 미발행주식 중 일부를 추가로 발행하는 것을 증자라고 한다. 증자의 방법에는 주식의 발행으로 총자산이 증가하면서 동시에 자본총계가 증가하는 실질적인 유상증자와 주식을 발행해도 총자산의 불변이기 때문에 자본의 증가가 없는 형식적인 무상증자가 있다.

1) 유상증자

유상증자는 회사를 설립한 후 경영규모 확장을 위해 증자를 하는 것으로 주주들이 출자를 하면 신주를 발행함으로써 기업의 총자산이 증가하면서 동시에 자본금이 증가하여 실질적인 유상증자라고 한다. 유상증자의 유형은 주주배정방식, 주주우선 공모방식, 제3자 배정방식, 일반공모방식으로 구분할 수 있다.

2) 무상증자

무상증자는 잉여금을 자본금으로 적립하고 자본금의 증가액만큼 신주를 발행하여 기존주주들에게 무상으로 교부하는 것을 말한다. 따라서 자본계정의 변동만 있을 뿐 실질적인 자본조달이 이루어지는 것이 아니므로 발행주식수만 증가하고 기업의 자산가치와 자기자본은 변동이 없어 주주의 부도 변하지 않는다.

(6) 권리락주가

우리나라는 주식매매시 결제까지 이틀이 소요되어 신주배정기준일 이틀 전에 거래되는 주식은 신주인수권이 인정되고 직전일에 거래되는 주식은 신주인수권이 상실된다. 예컨대 신주배정기준일이 2021년 4월 27일이라면 이틀 전인 4월 25일의 주가는 권리부주가가 되고, 4월 26일의 주가는 권리락주가가 된다.

(7) 이론권리락주가

유상증자에 따른 이론권리락주가(P_x)는 증자 후 자기자본가치를 증자 후 주식수로 나누어 다음과 같이 구할 수 있다.

$$P_x = \frac{기존발행주식수 \times 권리부주가 + 신주발행주식수 \times 신주발행가액}{기존발행주식수 + 신주발행주식수} \qquad (9.2)$$

유상증자의 비율은 구주 1주당 발행되는 신주의 수를 말하며 이론권리락주가는 증자비율을 이용하여 구할 수도 있다.

$$P_x = \frac{권리부주가 + 증자비율 \times 신주발행가액}{1 + 증자비율}$$ (9.3)

무상증자에 따른 이론권리락주가(P_x)는 주식수가 증가하는 만큼 주가도 하락하게 되어 다음과 같이 구할 수 있다.

$$P_x = \frac{권리부주가}{1 + 무상증자비율}$$ (9.4)

(8) 신주인수권의 가치

신주인수권의 가치는 신주인수권이 인정된 주가인 권리부주가에서 신주인수권이 상실된 주가인 권리락주가를 차감하여 구할 수 있다.

$$신주인수권의 가치 = 권리부주가 - 권리락주가$$ (9.5)

예제 9-1 유상증자와 주주부

선경기업은 공장건설에 소요되는 투자자금을 조달하기 위해 기존주주를 대상으로 20%의 유상증자를 계획하고 있다. 선경기업의 주가는 여의도 한국거래소시장에서 현재 17,000원에 거래되고 있다. 유상증자시 신주발행가격을 14,000원으로 가정하여 다음 물음에 답하시오.

1. 유상증자시 권리락주가를 구하시오.

2. 구주 1주에 할당된 신주인수권의 가치를 구하시오.

3. 현재 선경기업의 주식 100주를 가지고 있는 주주의 부는 어떻게 변하는가?

4. 만일 선경기업이 일반투자자를 대상으로 20%의 유상증자를 계획한다면 기존주주의 부는 어떻게 되겠는가?

풀이

1. 신주발행에 의한 기존 주식 1주의 가치변화는 다음과 같다.

현재 1주를 가지고 있는 주주는 증자전 권리부주가(17,000원)에다 유상증자에 따른 신주납입액(2,800원)을 합산한 19,800원을 투자하여 주식수가 1.2주로 증가하므로 증자후 권리락주가는 다음과 같이 구할 수 있다.

$$권리락주가 = \frac{권리부주가 + 신주발행가 \times 유상증자비율}{1 + 유상증자비율}$$

$$= \frac{17,000 + 14,000 \times 0.2}{1 + 0.2} = 16,500원$$

2. 신주 1주를 매입할 경우에 얻게 되는 자본이득을 구하면 다음과 같다.

$$신주 1주의 자본이득 = 신주의 가치 - 신주의 발행가격$$
$$= 16,500원 - 14,000원 = 2,500원$$

구주 1주에 부여된 신주청약비율은 0.2주이므로 구주 1주에 배정된 신주인수권의 가치는 다음과 같이 구할 수 있다.

$$신주인수권의 가치 = 신주 1주의 자본이득 \times 유상증자비율$$
$$= 2,500원 \times 0.2 = 500원$$

3. 유상증자 전후의 주주의 부를 구하면 유상증자 이전과 유상증자 이후에 주주부는 1,700,000원으로 동일하여 전혀 변하지 않았다.

(1) 유상증자 이전의 주주부 = 100주 × 17,000원 = 1,700,000원

(2) 유상증자 이후의 주주부 = 증자 후 주식가치 - 신주납입액
$$= 16,500원 \times 120주 - 14,000원 \times 20주$$
$$= 1,700,000원$$

4. 기존주주의 부는 소유하고 있는 주식 1주당 신주인수권의 가치인 500원씩 감소하며 그 감소된 부는 투자자에게로 이전된다. 그러나 신주를 17,000원에 시가발행하면 신주인수권의 가치는 0이 되어 일반공모를 하더라도 기존주주의 부는 변하지 않는다.

3. 우선주

(1) 우선주의 의의

우선주(preferred stock)는 이익배당과 잔여재산분배시 그 청구권리가 보통주에 우선하는 주식을 말하며 보통주를 소유한 주주는 그 기업의 실질적 주인으로 상법과 해당 기업의 정관이 규정한 권리와 의무의 주체가 된다. 우선주로 조달된 자본은 법률적으로 자기자본을 형성하나 실질적으로 타인자본과 성격이 유사하다.

우선주를 발행할 때 예정배당률을 사전에 결정하는데 경영성과가 좋아도 약속된 배당률 이상은 지급하지 않기 때문이다. 그러나 우선주는 자기자본을 형성하고 약속된 배당률을 지급하지 않아도 법적인 책임을 부담하지 않지만 이익배당과 잔여재산분배에 대한 청구권이 사채보다 후순위라는 점에서 사채와 차이가 있다.

(2) 우선주의 종류

우선주는 약정된 배당을 지급하지 못하면 미지급한 배당금을 다음 연도에 누적시켜 지급하는 누적적 우선주와 누적시켜 지급하지 않는 비누적적 우선주로 구분된다. 보통주에 대한 배당 이후에 잔여이익이 있으면 보통주와 함께 잔여이익의 배당에 참가할 수 있는 참가적 우선주와 참가할 수 없는 비참가적 우선주로 구분된다.

(3) 우선주의 장점

우선주는 회사채나 차입금에 대한 이자와 달리 배당을 지급하지 않아도 되므로 고정적인 재무비용을 발생시키지 않고, 일반적으로 의결권이 주어지지 않는 무의결권주이므로 경영지배권의 침해를 받지 않는다. 우선주를 발행하여 조달한 자본은 자기자본에 속하고 만기가 없는 영구증권으로 기업의 재무구조를 개선시킨다.

(4) 우선주의 단점

우선주의 배당금은 법인세 절감효과가 없으므로 우선주의 자본비용은 부채의 자본비용보다 높게 나타난다. 우선주는 잔여재산 및 이익분배에 대한 청구권에서 사채보다 순위가 늦기 때문에 기업은 보상차원에서 사채이자에 비해 우선주배당을 높게 한다. 따라서 우선주의 자본비용은 사채의 자본비용보다 높다고 할 수 있다.

4. 채권의 개요

(1) 채권의 정의

채권은 국가, 지방자치단체, 특수법인, 주식회사 등 발행자가 투자자로부터 일시에 대량의 자금을 일시에 조달하고, 그 반대급부로 약정에 따라 만기까지 이자를 지급하고 만기에는 원금을 상환하기로 약속한 채무증서를 말하며, 미래의 현금흐름이 확정되어 있다는 의미에서 고정수익증권이라고도 한다.

채권은 발행자의 입장에서 보면 경영활동에 필요한 자금조달의 수단이 되지만, 채권을 매입하는 투자자의 입장에서 보면 이자를 목적으로 하는 투자대상이 된다. 채권발행을 일상적인 금전대차에 비유하면 채권의 발행자는 채무자가 되고, 채권을 보유하는 투자자는 채권자, 채권은 차용증서에 해당한다.

그러나 채권의 발행은 일상적인 금전대차와는 달리 다수의 투자자들이 동일한 조건으로 채권에 투자하며 자금의 수요자인 발행자는 일시에 거액의 장기자금을 조달할 수 있다. 그리고 채권은 유가증권이기 때문에 채권을 매도하게 되면 채권자로서의 입장을 다른 사람에게 이전할 수 있다는 특징이 있다.

(2) 채권의 본질

① 확정이자부증권

채권은 발행자가 채권을 발행할 때 지급해야 할 약정이자와 만기에 상환금액이 사전에 확정되어 있어 투자원금에 대한 수익은 발행시점에 결정된다. 따라서 채권수익률은 채권을 발행할 때 결정되어 발행자의 원리금 지급능력이 중요하며, 채권의 유동성은 발행자의 원리금 지급능력의 안정도와 비례한다.

② 기한부증권

채권은 영구증권인 주식과는 달리 이자지급과 원금의 상환기간이 사전에 정해져 있어 일정시점이 경과하면 이자를 지급하고 만기가 도래하면 원금을 상환해야 하는 기한부 증권이다. 원금은 상환하지 않고 이자만 영구적으로 지급히는 영구채는 발행자의 상환의무가 없어 국제회계기준(IFRS)에서 자본으로 인정한다.

③ 이자지급증권

채권은 발행자의 경영성과에 관계없이 만기까지 약정된 이자와 만기에는 원금을 상환해야 한다. 발행자가 채권자에게 지급하는 이자비용은 발행자가 부담하는 금융비용이지만, 채권자가 수령하는 이자수익은 안정적인 수입원이 된다. 채권은 이자지급방법에 따라 이표채, 무이표채, 복리채로 분류할 수 있다.

④ 장기증권

채권은 발행자가 여유자금을 가진 투자자를 대상으로 경영활동에 필요한 장기의 안정적 자금을 조달하기 위해 발행하는 유가증권이므로 기업어음(CP), 양도성예금증서(CD)에 비해 장기의 상환기간을 가지고 있다. 따라서 채권투자자의 환금성을 보장하기 위해 유통시장이 반드시 존재해야 한다.

⑤ 상환증권

채권은 영구증권인 주식과 달리 발행자가 만기까지 약정이자를 지급하고 만기가 도래하면 반드시 원금을 상환해야 하는 증권에 해당한다. 따라서 채권의 발행자인 국가, 지방자치단체, 공공기관, 특수법인, 주식회사는 합리적인 재무관리 및 공채관리가 필수적이라 할 수 있다.

(3) 채권의 특성

어떤 투자대상을 선택하는 경우에 중요한 요소는 얼마나 이익을 올릴 수 있는가(수익성), 원금과 이자를 확실하게 받을 수 있는가(안전성), 돈이 필요할 때 제값을 받고 바로 팔 수 있는가(환금성)라는 점을 충분히 검토해야 한다. 이러한 세 가지 요소를 고려할 경우에 채권은 우수한 특성을 가지고 있다.

① 수익성

채권투자자는 이자소득과 자본이득의 두 가지 소득원천을 갖고 있어 계획적인 자금운용의 수단으로 뛰어난 특성을 갖고 있다. 이자소득은 원금에 대한 약정이자를 말하고, 자본이득(capital gain)은 금리하락에 따른 채권가격의 상승으로 인한 소득이다. 그러나 금리가 상승하면 자본손실이 발생할 수 있다.

② 안정성

채권은 정부, 지방자치단체, 공공기관, 특수법인, 금융기관, 상법상의 주식회사만 발행할 수 있고 발행자격이 있더라도 국회의 동의를 받아야 하기 때문에 채무불이행위험이 상대적으로 낮은 편이다. 그러나 신용도가 낮은 기업도 채권을 발행할 수 있는데, 이러한 채권을 정크본드(junk bond)라고 부른다.

③ 유동성

채권은 상환일이 되면 원금이 회수되지만 만일 도중에 현금이 필요한 경우에는 유통시장을 통해 채권을 매도하면 언제든지 현금을 회수할 수 있다. 채권의 환금은 채권의 매도를 의미하여 발행자에게 아무런 불이익을 미치지 않고 채권의 이자도 변경되지 않아 투자자는 안심하고 투자할 수 있다.

(4) 채권의 종류

1) 발행주체에 따른 분류

① 국채

국채는 국가가 공공목적을 달성하고자 중앙정부가 발행하고 원리금의 지급을 보증하는 채권으로 국고채권, 재정증권, 양곡증권, 국민주택채권 등이 있다. 정부가 국채시장의 선진화를 위해 국고채 전문딜러제도와 국고채 통합발행제도의 도입, 국채전문유통시장과 국채선물시장의 개설 등으로 국채시장은 활성화되었다.

② 지방채

지방채는 지방자치단체가 지방재정법의 규정에 의해 특수한 사업에 필요한 자금을 조달하기 위해 발행하는 채권을 말한다. 지방채에는 도로공채, 상수도공채, 지역개발채권, 서울특별시의 도시철도채권, 부산광역시의 부산교통채권 등이 있다. 지방채는 액면가로 발행되며 지방채 발행은 중앙정부에 의해 엄격히 규제된다.

③ 특수채

특수채는 상법 이외의 한국토지개발공사, 한국도로공사, 한국전력공사, 한국전기통신공사, 한국가스공사 등 특별법에 의해 공공사업을 추진하는 특별법인이 발행하는 채권을 말하며 정부가 보증한다. 특수채에는 토지개발채권, 고속도로건설채권, 한국전력공사채권, 한국전기통신공사채권, 한국가스공사채권 등이 있다.

④ 금융채

금융채는 특별법에 의해 설립된 한국은행, 한국산업은행, 한국수출입은행, 기업은행과 같은 특수금융기관에서 일반인에게 발행하는 채권을 말한다. 금융채에는 통화안정증권, 산업금융채권, 중소기업금융채권, 주택금융채권 등이 있으며 회사채보다 믿을 만하고 국공채보다 수익률이 높으며 만기가 다양하다.

⑤ 회사채

회사채는 주식회사가 일반투자자로부터 비교적 장기간에 필요한 대량의 자금을 일시에 조달하고 그 반대급부로 만기까지 약정이자를 지급하고 만기에 원금상환을 약속하고 발행하는 채무증서를 말하며 사채(社債)라고도 한다. 현재 발행되는 회사채는 무기명사채, 3년 미만의 만기, 이자는 3개월마다 지급된다.

2) 이자지급에 따른 분류

채권은 이자지급방법에 따라 이표채, 무이표채, 복리채로 구분한다. 이표채는 약정된 이자를 만기까지 지급하고 만기에 원금을 상환하는 채권이고, 무이표채는 만기까지 이자를 지급하지 않는 대신에 할인하여 발행된다. 복리채는 이자가 복리로 재투자되어 만기에 원금과 이자를 동시에 지급하는 채권을 말한다.

3) 이자변동에 따른 분류

채권은 지급이자 변동여부에 따라 고정금리채권과 변동금리채권으로 구분한다. 고정금리채권은 채권발행일에 약정한 표면이자율이 만기까지 계속해서 유지되어 고정된 이자를 지급하고 만기에 원금을 상환하는 채권을 말하고, 변동금리채권은 표면이자율이 기준금리에 연동되어 일정기간마다 재조정되는 채권을 말한다.

4) 지급보증에 따른 분류

채권은 원리금에 대한 제3자의 지급보증여부에 따라서 보증채와 무보증채로 구분된다. 보증채는 보증주체에 의해 정부보증채와 일반보증채로 구분된다. 일반보증채는 신용보증기금, 보증보험회사, 은행 등이 지급을 보증하는 채권을 말하는 반면에 무보증채는 발행자의 신용도에 의해서 발행되는 채권을 말한다.

5) 담보제공에 따른 분류

채권은 발행자의 담보제공여부에 따라 담보부채권과 무담보부채권으로 구분된다. 담보부채권은 원리금 지급불능시 발행자의 재산에 대한 법적 청구권을 지니는 채권이고, 무담보부채권은 발행자의 신용을 바탕으로 발행하는 채권이다. 후순위채권은 발행자의 자산에 대한 청구권을 가지나 다른 무담보사채보다 우선권이 없다.

6) 상환기간에 따른 분류

채권의 만기는 발행자가 채무증권의 조건을 준수하겠다고 약정한 기간을 말하며 항상 확정되어 있는 것은 아니다. 이는 채권약정서에 채권만기의 변경을 허용하는 조항이 포함될 수 있기 때문이다. 이러한 조항은 내포된 옵션이거나 감채기금일 수 있다. 채권은 만기에 따라서 단기채, 중기채, 장기채로 분류할 수 있다.

7) 권리부여에 따른 분류

① 전환사채

전환사채(CB : convertible bond)는 채권투자자의 의사에 따라 전환기간에 일정한 조건으로 발행회사 주식으로 전환할 수 있는 권리인 전환권이 부여된 채권을 말한다. 따라서 전환사채는 다른 조건은 동일하고 전환권만 없는 일반사채에 주식으로 전환할 수 있는 전환권이 첨가된 혼성증권으로 볼 수 있다.

전환권이 행사되기 이전에는 이자가 지급되는 채권으로 존재하고 전환권이 행사되면 주식으로 전환된다. 따라서 채권투자자는 전환권을 행사하지 않으면 확정이자 및 만기에 원금을 상환받아 안전하고 전환권을 행사하면 보통주로 전환하여 매도하면 시세차익을 남길 수 있어서 높은 수익률을 달성할 수 있다.

② 신주인수권부사채

신주인수권부사채(BW : bond with warrant bond)는 채권투자자에게 미래의 일정기간에 약정된 가격으로 약정된 신주를 인수할 수 있는 권리인 신주인수권이 부여된 채권을 말한다. 따라서 신주인수권부사채는 다른 조건은 동일하고 전환권만 없는 일반사채에 신주인수권이 결합된 혼성증권으로 볼 수 있다.

신주인수권부사채는 신주인수권이라는 프리미엄이 있어 일반사채보다 낮은 이자율로 발행되고 사채권자가 신주인수권을 행사하면 사채는 그대로 존속하면서 추가자금이 유입되어 총자산이 증가한다. 또한 신주인수권이 행사되더라도 사채는 소멸하지 않고 잔존하기 때문에 확정이자와 원금을 확보할 수 있다.

▌표 9-4▐ 전환사채와 신주인수권부사채의 비교

구분	전환사채(CB)	신주인수권부사채(BW)
내재된 옵션	전환권	신주인수권
권리행사후 채권존속 여부	채권 소멸	채권 존속
권리행사시 자금소요 여부	별도의 자금 필요 없음	별도의 자금 필요
신주취득가격	전환가격	행사가격
권리의 분리 양도	전환권만 양도 불가	신주인수권만 양도 가능

③ 교환사채

교환사채(EB : exchangeable bond)는 채권투자자에게 일정기간이 경과하면 일정한 가격으로 채권을 발행한 기업이 보유하고 있는 주식으로 교환을 청구할 수 있는 권리인 교환권이 부여된 채권을 말한다. 따라서 다른 조건은 동일하고 전환권만 없는 일반사채에 교환권이 결합된 혼성증권으로 볼 수 있다.

교환사채와 전환사채는 사채의 안정성과 주식의 투기성을 함께 가지고 있으며 교환권이나 전환권을 행사하면 사채는 소멸한다. 그러나 전환사채는 채권소유자의 전환권 청구로 기채회사가 신주를 발행하는 반면에 교환사채는 발행회사가 소유하고 있는 상장유가증권과 교환한다는 점에서 권리의 내용이 다르다.

제1절 금융시장의 개요

1. 금융시장의 의의
   가계에서 자금을 모아 기업에 자금을 공급해 주는 시장
2. 금융시장의 종류
① 자금의 조달방법 : 직접금융시장, 간접금융시장
② 자금의 공급기간 : 화폐시장, 자본시장
3. 금융기관의 기능 : 거래비용 절감, 위험 축소, 유동성 제고, 결제수단 제공

제2절 자본시장의 개요

1. 자본시장의 의미
   유가증권을 거래대상으로 자본주의 경제체제를 상징하는 대표적인 시장
2. 자본시장의 구성
(1) 발행시장 : 1차 시장(primary market), 추상적 시장
① 증권의 발행방법 : 공모발행과 사모발행, 직접발행과 간접발행
② 발행시장의 구조 : 발행자, 발행기관, 투자자
(2) 유통시장 : 2차 시장(secondary market), 구체적 시장
① 유통시장의 개념 : 발행된 증권이 투자자들 상호간에 매매되는 시장
② 유통시장의 구조 : 장내시장, 장외시장

제3절 효율적 자본시장

1. 자본시장의 효율성 : 운영의 효율성, 정보의 효율성, 배분의 효율성
2. 효율적 자본시장 : 운영, 정보, 배분의 효율성 중에서 정보의 효율성만 충족되는 시장

제4절 효율적 시장가설

1. 효율적 시장가설의 의의
   주가는 주가에 영향을 미칠 수 있는 정보를 즉시, 충분히 반영한다는 가설
2. 효율적 시장가설의 유형
① 약형 효율적 시장가설
   주식가격은 과거의 주가나 거래량과 같은 역사적 정보를 즉시 그리고 충분히 반영하고
   있다는 가설

② 준강형 효율적 시장가설

   주식가격은 공식적으로 이용가능한 정보를 즉시 그리고 충분히 반영하고 있다는 가설

③ 강형 효율적 시장가설

   주식가격은 이용가능한 모든 정보(내부정보까지)를 즉시 그리고 충분히 반영하고 있다는 가설

제5절 기업의 장기자본조달

1. 자본조달의 수단 : 주식(보통주, 우선주), 채권

2. 보통주 : 주식회사가 출자의 증거로 주주에게 발행한 주식

3. 우선주 : 이익배당과 잔여재산분배시 청구권이 보통주에 우선하는 주식

4. 채권의 개요

(1) 채권의 정의 : 만기까지 이자지급하고 만기에 원금상환을 약속한 채무증서

(2) 채권의 본질 : 확정이자부증권, 기한부증권, 장기증권, 상환증권

(3) 채권의 종류

1) 발행주체에 따른 분류 : 국채, 지방채, 특수채, 금융채, 회사채

2) 이자지급에 따른 분류 : 이표채, 무이표채, 복리채

3) 이자변동에 따른 분류 : 고정금리채권, 변동금리채권

4) 지급보증에 따른 분류 : 보증채(정부보증채, 일반보증채), 무보증채

5) 담보제공에 따른 분류 : 담보부채권, 무담보부채권

6) 상환기간에 따른 분류 : 단기채, 중기채, 장기채

7) 권리부여에 따른 분류

① 전환사채(CB) = 일반사채(SB) + 전환권(conversion)

② 신주인수권부사채(BW) = 일반사채(SB) + 신주인수권(warrant)

③ 교환사채(EB) = 일반사채(SB) + 교환권

1　다음 중 직접금융과 간접금융에 대한 설명으로 옳지 않은 것은?

① 직접금융은 자금공여에 따른 위험을 자금의 최종공급자가 부담한다.

② 간접금융은 금융중개기관이 직접증권을 발행하여 자금을 조달한다.

③ 직접금융은 자금수요자가 발행한 본원적 증권을 자금공급자가 매입하면 이루어진다.

④ 간접금융은 금융중개기관이 다수의 저축자를 통해 자금을 조달하여 자금공급이 안정적이다.

⑤ 금융중개기관은 장기차입을 원하는 수요자와 단기대출을 원하는 공급자를 모두 만족시킬 수 있다.

| 해설 | 직접증권 또는 본원적 증권은 자금의 최종수요자가 발행한 주식, 회사채 등을 말하고, 간접 증권 또는 2차적 증권은 금융중개기관이 발행한 예금증서, 보험증서 등을 말한다.

2　다음 중 효율적 시장가설에 대한 설명으로 가장 옳지 않은 것은?

① 효율적 시장은 정보의 효율성 측면에서 주식시장의 이용가능한 정보가 신속하고 정확하게 가격에 반영되는 시장을 말한다.

② 정보비대칭이 해소가 되는 속도에 따라서 강형, 준강형, 약형 효율적 시장으로 구분할 수 있다.

③ 약형 효율적 시장에서 주말효과, 1월효과, 추세분석 등을 이용하여 초과수익을 얻을 수 없다.

④ 준강형 효율적 시장에서 PER가 낮은 기업의 주식을 매입하여 초과수익을 얻을 수 없다.

⑤ 강형 효율적 시장에서 기술적 분석이나 기본적 분석으로 초과수익을 얻을 수도 있다.

| 해설 | 강형 효율적 시장은 약형, 준강형 효율적 시장을 포함하는 개념이므로 어떤 정보나 분석에 의해서도 초과수익을 얻을 수 없다.

3　다음 중 효율적 시장가설에 대한 내용으로 옳지 않은 것은?

① 약형 효율적 시장가설이 성립하는 경우 기술적 분석을 통해 초과이익을 얻을 수 없다.

② 준강형 효율적 시장가설이 성립하는 경우 기본적 분석을 통해 초과이익을 얻을 수 없다.

③ 내부정보가 없는 투자자가 증권에 투자하여 2년 동안 1,000%의 수익을 올렸다면 준강형 효율적 시장이 아니다.

④ 약형 효율적 시장가설이 성립하는 경우 주가상승추세에서 자금조달시점을 며칠

늦추는 것은 기업의 자금조달비용 최소화에 도움이 되지 않는다.

⑤ 투자전문회사의 자문대로 투자할 경우 평균적으로 우수한 성과를 얻을 수 있었다는 것은 강형 효율적 시장가설을 부정하는 사례이다.

| 해설 | 준강형 효율적 시장에서 내부정보가 없더라도 몇몇의 투자자는 높은 수익을 올릴 수 있다. 만약 공시정보를 이용한 투자자집단이 다른 집단보다 평균적으로 수익률이 높다면 이는 준강형 효율적 시장가설을 부정하는 사례로 볼 수 있다.

4   다음 중 효율적 시장가설에 대한 설명으로 옳지 않은 것은?

① 준강형 효율적 시장가설이 성립하면 기술적 분석으로 비정상적 초과수익을 얻을 수 없다.

② 강형 효율적 시장가설이 성립하면 기술적 분석이나 기본적 분석은 무의미하며 포트폴리오분석만이 유용하다.

③ 정보를 독점적으로 이용할 수 있는 특정 투자자집단이 비정상적 초과수익을 얻었다면 강형 효율적 시장가설이 성립하지 않는다는 의미이다.

④ 연의 검증에 의해 주가의 무작위성을 발견했다면 준강형 효율적 시장가설이 성립한다는 의미이다.

⑤ 공식적으로 이용가능한 정보가 시자에 공시된 이후에 주식가격의 유의한 변동이 없었다면 준강형 효율적 시장가설이 성립한다는 의미이다.

| 해설 | 준강형 효율적 시장가설이 아니라 약형 효율적 시장가설이 성립한다는 의미이다.

5   다음 중 약형 효율적 시장가설이 성립하지 않는다는 증거로 옳은 것은?

① 저PER주식을 보유하여 초과수익을 달성하였다.

② 펀드매니저의 조언을 얻어 투자하여 초과수익을 달성하였다.

③ 반대의견이론에 의거하여 투자해서 초과수익을 달성하였다.

④ 삼성전자의 자사주 매입을 미리 알고 투자하여 초과수익을 달성하였다.

⑤ 기본적 분석을 통해 투자하여 초과수익을 달성하였다.

| 해설 | ① 저PER주식의 초과수익은 이례현상으로 준강형 EMH를 부정한다.
② 펀드매니저는 전문투자자집단이므로 강형 EMH를 부정한다.
③ 기술적 분석에 해당하는 반대의견이론을 통한 초과수익은 약형 EMH를 부정한다.
④ 내부정보를 통한 초과수익은 강형 EMH를 부정한다.
⑤ 기본적 분석을 통해 초과수익을 달성하면 준강형 EMH를 부정한다.

6 다음 중 준강형 효율적 시장가설이 성립한다는 증거로 볼 수 있는 것은?

① 과거 1개월 동안 수익률이 낮았던 주식들을 매입하여 비정상적 초과수익을 얻었다.

② 상장주식들의 특정 월 수익률이 전달의 수익률과 상관관계가 없는 것으로 확인되었다.

③ 수익성 있는 투자안을 갖고 있는 회사가 투자사실을 공시한 이후에 그 회사의 주식을 매입하여 초과수익을 얻지 못했다.

④ 이미 공시된 상장회사의 재무제표 정보를 이용한 투자로 비정상적 초과수익을 실현하였다.

⑤ 투자전문회사의 수익증권으로부터 얻은 투자성과가 자신이 직접 선정한 주식의 투자성과보다 높았다.

| 해설 | ① 약형 효율적 시장가설이 성립하지 않는다는 증거, ② 약형 효율적 시장가설이 성립한다는 증거, ④ 준강형 효율적 시장가설이 성립하지 않는다는 증거, ⑤ 강형 효율적 시장가설이 성립하지 않는다는 증거

7 주가분석과 관련된 서술 중 옳지 않은 것은? (1994년)

① 기술적 분석은 주가의 움직임에 어떤 패턴이 있고, 그 패턴은 반복되는 경향이 있다고 가정한다.

② 기본적 분석은 주식의 내재가치와 시장가격을 비교하여 매매시점이나 매매종목을 선택하는 기법이다.

③ 약형 효율적 시장가설에서는 증권가격이 랜덤워크(random walk)를 따른다.

④ 기본적 분석은 약형 효율적 시장가설에 의해, 기술적 분석은 준강형 효율적 시장가설에 의해 부정된다.

⑤ 강형 효율적 시장가설에서는 일반적으로 알려지지 않는 내부정보도 주가에 이미 반영되어 있다고 가정한다.

| 해설 | 기술적 분석은 약형 효율적 시장가설에 의해 부정되고, 기본적 분석은 준강형 효율적 시장가설에 의해 부정된다.

8 다음 중 최소한 준강형의 효율적 시장가설이 성립할 때 가장 적절하지 못한 주장은?
(2004년)

① 내부정보가 없는 상태에서 증권에 투자하여 몇 년 사이 1,000%의 수익을 올린 투자자가 있을 수 있다.

② 최근 몇 년간 경영상의 어려움을 겪어 적자누적으로 주당 장부가치가 액면가를 밑도는데도 불구하고 주가는 액면가보다 높게 형성될 수 있다.

③ 펀드매니저가 증권분석을 통해 구성한 포트폴리오가 침팬지가 무작위로 구성한 포트폴리오보다 위험 대비 수익률이 더 높을 것으로 예상된다.

④ A회사는 환경단체와의 재판에서 패소하여 추가로 부담해야 할 비용이 확정되었으므로 A회사의 주식은 당분간 매입하지 말아야 한다.

⑤ 은행장이 그동안 불법대출을 주선하여 은행에 막대한 손실을 입혀왔다는 사실이 일주일 전 밝혀져 해당 은행의 주가가 급락했다. 그리고 오늘 아침 그 은행장이 사표를 제출했다는 사실이 알려지면서 해당 은행의 주가는 상승했다.

│ 해설 │ ① 내부정보가 없어도 시장의 평균수익률은 얻을 수 있다. 따라서 몇 년 사이에 시장에서 1,000%의 수익을 올렸다면 내부정보가 없는 상태에서도 1,000%의 수익을 올릴 수 있다.
② 미래 현금흐름의 현재가치로 평가된 주당 순자산가치가 액면가보다 높다면 주가는 액면가보다 높게 형성될 수 있다.
③ 펀드매니저가 내부정보를 이용했다면 무작위로 구성한 포트폴리오보다 위험 대비 수익률이 더 높을 수 있다.
④ 추가로 부담해야 할 비용이 확정된 순간 그 영향이 주가에 반영되었을 것이므로 주식을 매입해도 된다.
⑤ 준강형 효율적 시장에서 주가는 시장에 알려진 정보를 즉시 그리고 충분히 반영한다.

9 다음 중 효율적 시장가설에 대한 설명으로 가장 옳지 않은 것은? (2005년)

① 준강형 효율적 시장가설을 검증하는 방법으로 사건연구를 활용할 수 있다.

② 미국 증권시장의 일별 주가수익률을 분석해 보면 소형주 수익률은 전날 대형 수익률을 추종하나, 대형주의 수익률은 전날 소형주 수익률을 추종하지 않는 것으로 나타난다. 이는 시장이 약형으로 효율적이지 않다는 증거로 볼 수 있다.

③ 시장이 강형으로 효율적이라면 베타계수가 작은 주식에 투자한 경우 베타계수가 큰 주식에 투자했을 때보다 더 높은 수익률을 올릴 수 없다.

④ 미국 주식을 가치주와 성장주로 나누어 수익률을 분석하면 두 그룹간에 확연한 차이가 발견된다. 이는 시장이 준강형으로 효율적이지 않다는 증거로 볼 수 있다.

⑤ 기업의 인수·합병 발표 직후 피인수·합병 기업의 주가가 상승하는 것으로 나타난다. 이는 시장이 강형으로 효율적이지 않다는 증거로 볼 수 있다.

│ 해설 │ 베타계수가 작은 주식도 주가를 크게 상승시킬 수 있는 정보 또는 사건이 있었다면 베타계수가 큰 주식에 투자했을 때의 수익률보다도 더 높을 수 있다.

10 다음 중 저PER기업에 투자하면 초과수익을 얻는다는 증권시장의 이상현상에 대한 설명으로 옳은 것은?

① 현재의 주식시장은 약형 EMH에 일치한다.

② 현재의 주식시장은 약형 EMH에 일치하지 않는다.

③ 현재의 주식시장은 준강형 EMH에 일치한다.

④ 현재의 주식시장은 준강형 EMH에 일치하지 않는다.

⑤ 현재의 주식시장은 강형 EMH에 일치한다.

| 해설 | 저PER기업에 투자하여 초과이익을 얻는다면 준강형 EMH는 성립하지 않는다.

11 자본금이 보통주 10,000주(액면가 500원)로 구성되고, 주가가 주당 2,500원인 (주)도고는 기존사업을 확장하는데 필요한 500만원을 유상증자를 통해 조달하려고 한다. 우리사주조합에서는 신주발행 물량의 일부를 할인된 가격에 배정해 줄 것을 회사에 요청했지만, 신주인수권은 모두 기존 주주에게 소유지분 비율대로 배정될 것이다. 신주인수권은 주식과 분리되어 시장에서 별도로 거래된다. 신주의 발행가격이 주당 2,000원으로 결정되고, 신주인수권의 가격이 100원인 경우 다음의 설명 중 옳은 것은? 단, 유상증자와 관련된 모든 비용은 무시하고, 기존 주주들이 신주인수에 필요한 자금을 조달하는데 아무런 제약이 없다고 가정한다. (2003년)

① 기존 주주의 기업지배권을 보호하기 위해 제도적으로 기존 주주가 아닌 제3자에게는 신주인수권을 배정할 수 없다.

② 신주의 발행가격이 주가(시장가격)보다 낮게 책정되었으므로 주주들은 배정된 신주인수권을 행사하여 발행주식을 모두 인수하는 것이 유리하다.

③ 기업지배권을 고려하지 않고 투자수익만을 생각한다면 주주들은 발행주식을 인수하는 대신 신주인수권을 직접 매각하는 것이 유리하다.

④ 기존 주주들이 배정된 신주발행 물량을 모두 인수한다면 발행가격은 주주들의 부에 아무런 영향을 미치지 않는다.

⑤ 기존 주주들이 신주를 모두 인수하더라도 유상증자 후 EPS의 감소와 주가하락으로 주주의 부는 감소한다.

| 해설 | ① 정관의 규정, 주주총회의 특별결의 등을 통해 제3자에게 신주인수권을 부여할 수 있다.
② 신주인수권을 배정받은 주주의 입장에서 신주인수권의 행사여부는 신주의 발행가격에 관계없이 신주인수권의 시장가격과 이론가격을 비교하여 결정된다.
③ 배정받은 신주인수권을 처분할 때 신주인수권의 처분가격이 이론가격과 동일하면 기존 보유주식에서의 부의 감소가 신주인수권의 처분가액을 통해 상쇄되므로 부의 변화가 없다.
⑤ 기존 주주들이 소유지분 비율대로 신주를 인수하면 주주의 부는 변화가 없다.

12 다음 중 유상증자에 대한 설명으로 옳지 않은 것은?

① 최초 공모발행의 경우에 신주의 발행가액은 주식시장에서 형성되고 있는 주식 가격보다 낮게 결정된다.

② 완전시가발행의 경우에는 유상증자 참여여부에 관계없이 기존주주의 주의 변화는 없다.

③ 신주를 할인발행하는 경우에는 유상증자의 참여여부에 관계없이 기존주주의 부가 감소한다.

④ 유상증자를 전액 기존주주에게 배정하면 신주의 발행가액에 관계없이 기존주주의 부뿐만 아니라 의결권에도 변화가 없다.

⑤ 우리나라는 신주발행시 기존주주에게 우선적으로 신주를 할당하고 기존주주에게 배정된 주식을 인수하지 않아서 발생하는 실권주에 대해서 일반공모를 실시한다.

| 해설 | 신주를 할인발행할 때 기존주주가 유상증자에 참여하면 부에 아무런 변화가 없다. 그러나 유상증자에 참여하지 않으면 기존주주의 부가 일반투자자에게 이전된다.

13 한양기업의 주식은 현재 주식시장에서 15,000원에 거래되고 있다. 한양기업은 신규 투자안에 필요한 자금을 조달하기 위해 주당 10,000원의 발행가액으로 10만주의 신주를 발행할 예정이다. 실권주를 방지하기 위해 기존주주들에게 구주 1주당 0.2주의 신주를 배정할 때 구주 1주에 부여된 신주인수권의 가치는 얼마인가?

① 833원   ② 2,800원   ③ 4,167원

④ 8,750원   ⑤ 14,167원

| 해설 | (1) 권리락주가 = (15,000+10,000×1.2)/1.2 = 14,167원
(2) 신주 1주의 자본이득 = 권리락주가 − 신주의 발행가액 = 14,167−10,000 = 4,167원
(3) 구주 1주당 신주인수권의 가치 = 15,000−14,167 = 4,167×0.2 = 833원

14 (주)대한은 새로운 투자안에 소요되는 자금 3.21억원을 조달하기 위해 주당 8,560원에 주주배정 유상증자를 실시하려고 한다. 기발행주식수는 300,000주, 주주배정 유상증자 직전 주가는 주당 10,000원이다. 기존주주는 보유주식 1주당 1개의 신주인수권을 갖고 있다. 다음 설명 중 가장 적절하지 않은 것은? (2011년)

① 신주 1주를 구입하기 위해 필요한 신주인수권의 수는 8개이다.

② 기존주주가 보유한 신주인수권의 가치는 160원이다.

③ 신주발행 후 이론주가는 9,840원이다.

④ 구주 160주를 가진 주주가 신주인수권 행사에 필요한 금액은 153,120원이다.

⑤ 구주 160주를 가진 주주의 신주인수권 행사 후 보유주식의 가치는 1,771,200원이다.

| 해설 | ① 신주수 = 3.21억원/8,560 = 37,500주

신주 1주를 구입하기 위해 필요한 신주인수권의 수 = 300,000/37,500 = 8개

③ $P_x = \dfrac{\text{기존발행주식수} \times \text{권리부주가} + \text{신주발행주식수} \times \text{신주발행가액}}{\text{기존발행주식수} + \text{신주발행주식수}}$

$= \dfrac{300,000주 \times 10,000원 + 3.21억원}{300,000주 + 37,500주} = 9,840원$

② 신주인수권의 가치 = 권리부주가 − 권리락주가 = 10,000 − 9,840 = 160원

④ 신주인수권 행사에 필요한 금액 = 배정받은 신주수 × 주당 납입액

= (160주 × 0.125) × 8,560원 = 171,200원

＊ 배정비율 = 37,500주/300,000주 = 0.125

⑤ 신주인수권 행사후 보유주식의 가치 = 160주(1+0.125) × 9,840원 = 1,771,200원

15 **행동재무학과 투자자의 비합리성에 관한 설명으로 가장 적절하지 않은 것은?** (2018년)

① 투자자의 비합리성과 차익거래의 제약으로 금융시장은 비효율적일 수 있다.

② 보수주의(conservatism)의 예로 어떤 기업의 수익성이 악화될 것이라는 뉴스에 대해 투자자가 초기에는 과소반응을 보여 이 정보가 주가에 부분적으로 반영되는 현상을 들 수 있다.

③ 동일한 투자안도 정보가 제시되는 방법에 따라 투자의사결정이 달라지는 현상은 액자(framing) 편향으로 설명될 수 있다.

④ 투자자가 이익의 영역에서는 위험회피적 성향을, 손실의 영역에서는 위험선호적 성향을 보이는 것은 전망이론(prospect theory)과 관련이 있다.

⑤ 다수의 의견이 틀리지 않을 것이라는 믿음 하에 개별적으로 수집·분석한 정보를 무시하며 대중이 움직이는 대로 따라가는 현상을 과신이라고 한다.

| 해설 | 과신은 자신의 능력이나 정보를 과잉 확신하여 새로운 정보에 소홀해지거나 위험을 감지하지 못해 잘못된 결과에 빠지는 것을 말한다. 다수의 의견이 틀리지 않을 것이라는 믿음 하에 개별적으로 수집분석한 정보를 무시하며 대중이 움직이는 대로 따라가는 현상은 군중심리 또는 집단행동이라고 한다.

정답   1.② 2.⑤ 3.③ 4.④ 5.③ 6.③ 7.④ 8.④ 9.③ 10.④
11.② 12.③ 13.① 14.④ 15.⑤

C·h·a·p·t·e·r **10**

주식의
가치평가

주식가치의 평가모형에는 크게 주식을 보유할 경우에 얻게 될 미래의 배당금을 적절한 할인율(주주의 요구수익률)로 할인하여 주식가치를 평가하는 배당평가모형과 성장기회가 없을 경우에 주식가치를 계산하고 여기에 성장기회로부터 얻은 순현재가치(NPVGO)를 더해 주식가치를 평가하는 성장기회평가모형이 있다.

제1절 배당평가모형

1. 배당평가모형의 개념

주식가치는 주식을 보유할 경우에 얻게 될 미래 현금흐름을 적절한 할인율로 할인한 현재가치이다. 주식을 보유할 경우에 얻게 될 미래 현금흐름에는 주식을 보유하는 기간에 받는 배당금과 주식을 매도할 경우에 받는 처분가격이 있다. 따라서 주식을 n년 동안 보유할 경우에 얻게 될 현금흐름은 다음과 같다.

$$P_0 = \frac{d_1}{(1+k_e)^1} + \frac{d_2}{(1+k_e)^2} + \cdots + \frac{d_n}{(1+k_e)^n} + \frac{p_n}{(1+k_e)^n} \qquad (10.1)$$
$$= \sum_{t=1}^{n} \frac{d_t}{(1+k_e)^t} + \frac{p_n}{(1+k_e)^n}$$

식(10.1)에서 n년도말의 주식가격 P_n은 다음과 같이 n+1년도말 이후에 받게 될 배당금을 n년도말 시점의 가치로 평가한 값에 해당한다.

$$P_n = \frac{d_{n+1}}{(1+k_e)^1} + \frac{d_{n+2}}{(1+k_e)^2} + \cdots + \frac{d_\infty}{(1+k_e)^n} \qquad (10.2)$$

식(10.2)를 식(10.1)에 대입하여 정리하면 주식가치는 미래에 예상되는 배당금을 적절한 할인율인 자기자본비용으로 할인한 현재가치가 된다.

$$P_0 = \frac{d_1}{(1+k_e)^1} + \frac{d_2}{(1+k_e)^2} + \cdots + \frac{d_\infty}{(1+k_e)^\infty} = \sum_{t=1}^{\infty} \frac{d_t}{(1+k_e)^t} \qquad (10.3)$$

2. 배당평가모형의 종류

배당평가모형은 미래에 예상되는 배당금의 현재가치로 주식가치를 평가하여 미래에 예상되는 배당금에 의해 주식가치가 결정된다. 그러나 미래의 시점별 배당금을 정확히 예측한다는 것은 현실적으로 어렵기 때문에 다음과 같이 미래의 배당금이 일정한 형태로 발생한다고 가정하여 주식가치를 평가한다.

(1) 제로성장모형

제로성장모형(zero growth model)은 미래의 배당금이 매년 일정하여 성장이 없다고 가정하는 모형을 말한다. 매년 d만큼의 배당금을 영구히 지급하는 주식가치는 영구연금의 현재가치 평가식을 이용하여 다음과 같이 구할 수 있다.

$$P_0 = \frac{d}{(1+k_e)^1} + \frac{d}{(1+k_e)^2} + \cdots + \frac{d}{(1+k_e)^\infty} = \frac{d}{k_e} \qquad (10.4)$$

(2) 일정성장모형

일정성장모형(constant growth model)은 미래의 배당금이 매년 일정한 비율로 영구히 성장한다고 가정하는 모형으로 고든(M.Gordon)이 제시하였다. 1년도 말에 d_1의 배당금을 지급하고 배당금이 매년 g% 비율로 성장하는 주식가치는 일정성장 영구연금의 현재가치 평가식을 이용하여 다음과 같이 구할 수 있다.

$$P_0 = \frac{d_1}{(1+k_e)^1} + \frac{d_1(1+g)}{(1+k_e)^2} + \cdots + \frac{d_1(1+g)^{\infty-1}}{(1+k_e)^\infty} \fallingdotseq \frac{d_1}{k_e-g} \quad (10.5)$$

배당성장률(g)은 사내유보율(b)과 유보이익에 대한 재투자수익률(r)이 일정할 경우 사내유보율에 재투자수익률 또는 자기자본이익률(ROE)을 곱한 값이다.

$$g = b \times r \qquad\qquad (10.6)$$

한편 현재의 배당금이 d_0일 경우 $d_1 = d_0(1+g)$이며, 1년 후에 예상되는 주당순이익이 EPS_1일 경우 $d_1 = EPS_1(1-b)$이므로 다음과 같이 나타낼 수도 있다.

$$P_0 = \frac{d_1}{k_e - g} = \frac{d_0(1+g)}{k_e - g} = \frac{EPS_1(1-b)}{k_e - g} \qquad (10.7)$$

(3) 불규칙성장모형

일정성장모형은 배당의 성장률이 일정하다는 가정에 기초한다. 그러나 대부분의 기업은 초기에 빠른 속도로 성장하다 경쟁이 심화되면 성장률이 둔화된다. 따라서 배당의 성장률이 불규칙한 경우 기간별 성장률을 고려하여 미래의 시점별 배당금을 파악한 후 현재가치 평가논리를 활용해서 주식가치를 계산해야 한다.

예제 10-1 배당평가모형

중앙기업의 미래에 예상되는 배당과 관련된 자료가 아래와 같을 때 중앙기업의 주식가치를 계산하시오. 단, 주주들의 요구수익률은 10%이며 각 물음은 독립적이다.

1. 연간 주당배당금이 1,200원으로 일정할 것으로 예상되는 경우

2. 당기말 주당배당금이 1,200원이고 배당성장률이 매년 4% 성장하는 경우

3. 전기말 주당배당금이 1,200원이고 배당성장률이 매년 4% 성장하는 경우

4. 당기말 주당순이익과 주당배당금이 각각 3,000원과 1,500원으로 예상되고 이러한 배당성향은 앞으로 지속되며 유보이익의 재투자수익률이 12%로 일정할 경우

풀이

1. $P_0 = \dfrac{d}{k_e} = \dfrac{1,200}{0.1} = 12,000$원

2. $P_0 = \dfrac{d_1}{k_e - g} = \dfrac{1,200}{0.1 - 0.04} = 20,000$원

3. $P_0 = \dfrac{d_1}{k_e - g} = \dfrac{d_0(1+g)}{k_e - g} = \dfrac{1,200 \times 1.04}{0.1 - 0.04} = 20,800$원

4. $P_0 = \dfrac{d_1}{k_e - g} = \dfrac{1,500}{0.1 - 0.06} = 37,500$원

제2절 성장기회평가모형

1. 성장기회평가모형의 개념

당기순이익의 일부를 사내유보하여 재투자하는 기업은 미래의 이익과 배당이 성장하게 되는데 배당평가모형은 미래의 성장기회를 성장률(g)에 반영하여 주식가치를 평가하였다. 그러나 성장기회평가모형은 성장기회가 없는 경우의 주식가치를 구한 후에 성장기회의 순현재가치를 가산하여 주식가치를 평가한다.

$$P_0 = 제로성장모형의 주식가치 + 성장기회의 순현가(NPVGO) \qquad (10.8)$$

2. 주식가치의 평가

(1) 제로성장모형의 주식가치

기말에 주당순이익이 EPS_1으로 예상되는 기업이 성장기회가 없다면 미래의 주당순이익은 일정할 것이다. 그리고 이익을 사내유보하지 않고 매년 EPS_1만큼의 배당을 영구적으로 지급할 것이므로 주당배당금이 주당순이익과 동일하여 성장기회가 없다고 가정할 경우의 주식가치는 다음과 같이 구할 수 있다.

$$P_0(제로성장) = \frac{EPS_1}{(1+k_e)^1} + \frac{EPS_1}{(1+k_e)^2} + \cdots + \frac{EPS_1}{(1+k_e)^\infty} = \frac{EPS_1}{k_e} = \frac{d_1}{k_e} \qquad (10.9)$$

(2) 성장기회의 순현가(NPVGO)

성장기회의 순현재가치(NPVGO : net present value of growth opportunity)는 유보이익을 재투자하여 미래에 얻을 수 있는 순현재가치(NPV)의 총현재가치를 말한다. 따라서 기업의 재투자기회가 영속적으로 존재한다면 NPVGO는 다음과 같다.

$$NPVGO = \frac{NPV_1}{(1+k_e)^1} + \frac{NPV_2}{(1+k_e)^2} + \cdots + \frac{NPV_\infty}{(1+k_e)^\infty} = \sum_{t=1}^{\infty} \frac{NPV_t}{(1+k_e)^t} \qquad (10.10)$$

사내유보율(b)과 재투자수익률(r)이 매년 일정할 경우에는 이익의 성장률이 일정하고 재투자로 인한 NPV 역시 이익의 성장률과 동일한 비율로 성장한다. 따라서 이익이 매년 일정한 비율로 영구히 성장하는 경우에 NPVGO는 다음과 같다.

$$NPVGO = \frac{NPV_1}{(1+k_e)^1} + \frac{NPV_1(1+g)}{(1+k_e)^2} + \cdots + \frac{NPV_1(1+g)^{\infty-1}}{(1+k_e)^\infty} = \frac{NPV_1}{k_e - g} \qquad (10.11)$$

3. 성장기회평가모형과 일정성장모형

이익의 성장률이 일정할 경우의 성장기회평가모형에 의한 주식가격은 다음과 같이 일정성장모형에 의한 주식가치와 일치한다.

$$P_0 = \frac{EPS_1}{k_e} + NPVGO = \frac{d_1}{k_e - g} \qquad (10.12)$$

따라서 이익의 성장률이 일정할 경우의 성장기회의 순현가(NPVGO)는 일정성장모형에 의한 주식가치에서 제로성장모형의 주식가치를 차감한 값과 동일하다.

$$NPVGO = \frac{d_1}{k_e - g} - \frac{EPS_1}{k_e} \qquad (10.13)$$

예제 10-2 성장기회평가모형

세종기업의 당기말 주당순이익은 2,000원으로 예상되며 1,200원을 배당으로 지급할 예정이다. 이러한 배당성향은 앞으로도 일정하게 지속되며 유보이익은 15%의 수익률이 기대되는 투자안에 지속적으로 재투자될 것이라고 한다. 세종기업 주주들의 요구수익률이 10%라고 가정하여 물음에 답하시오.

1. 성장기회가 없다고 가정할 경우의 세종기업 주식가치를 구하시오.

2. 일정성장모형을 이용하여 세종기업의 주식가치를 계산하고, 성장기회의 순현재가치(NPVGO)를 구하시오.

    (1) 일정성장모형에 의한 주식가치

    (2) 성장기회의 순현재가치(NPVGO)

풀이

1. 제로성장모형을 이용하는 경우

$$P_0 = \frac{EPS_1}{k_e} = \frac{2,000}{0.1} = 20,000원$$

2. 일정성장모형을 이용하는 경우

(1) 일정성장모형에 의한 주식가치

$$P_0 = \frac{d_1}{k_e - g} = \frac{1,200}{0.1 - 0.06} = 30,000원$$

(2) 성장기회의 순현재가치(NPVGO)

$$NPVGO = \frac{d_1}{k_e - g} - \frac{EPS_1}{k_e} = 30,000 - 20,000 = 10,000원$$

주가배수모형

배당평가모형과 성장기회평가모형을 적용하려면 미래의 배당금이나 재투자기회에 대한 장기적 예측치가 필요하다는 어려움이 있다. 주가배수모형은 현재의 주가를 주요 재무제표변수로 나눈 주가배수를 이용하여 주식가치를 평가하는데 여기에는 주가수익비율(PER), 주가순자산비율(PBR), 주가매출액비율(PSR) 등이 있다.

1. 주가수익비율

(1) PER의 의의

주가수익비율(PER : price earning ratio)은 현재의 주식가격을 차기에 예상되는 기대 주당순이익으로 나눈 값으로 주식가격이 주당순이익의 몇 배인가를 나타낸다. 그러나 미래의 기대주당순이익(EPS_1)은 예측이 어렵기 때문에 실무에서는 현재의 주당순이익(EPS_0)을 이용하여 PER를 구하는 경우가 일반적이다.

$$PER = \frac{현재의\ 주가}{주당순이익} = \frac{P_0}{EPS_1} \tag{10.14}$$

주가수익비율은 주식시장에서 투자자들이 기업의 주당순이익에 얼마의 대가를 지불하고 있는가를 나타낸다. 투자자들이 순이익 1단위당 지불하고자 하는 가격은 기업이 벌어들일 순이익의 성장성이나 위험 등에 따라 달라진다. 따라서 주가수익비율은 기업이 벌어들일 이익의 질을 평가한 지표라고 할 수 있다.

(2) PER의 결정요인

① 일정성장모형과 PER

식(10.14)의 주식가격(P_0)에 일정성장모형에 의한 주식가치를 대입하여 정리하면 다음과 같다.

$$PER = \frac{P_0}{EPS_1} = \frac{\dfrac{d_1}{k_e - g}}{EPS_1} = \frac{\dfrac{EPS_1(1-b)}{k_e - g}}{EPS_1} = \frac{1-b}{k_e - g} \tag{10.15}$$

식(10.15)에서 안정적으로 성장하는 기업의 PER는 성장성(g), 위험(k_e), 배당성향 ($1-b$)에 의해 결정되며 성장성(g)이 높을수록 PER가 높아지고 위험(k_e)이 클수록 PER 가 낮아진다는 것을 알 수 있다.

② 성장기회평가모형과 PER

식(10.14)의 주식가격(P_0)에 성장기회평가모형에 의한 주식가치를 대입하여 정리하면 다음과 같다.

$$PER = \frac{P_0}{EPS_1} = \frac{\dfrac{EPS_1}{k_e} + NPVGO}{EPS_1} = \frac{1}{k_e} + \frac{NPVGO}{EPS_1} \tag{10.16}$$

식(10.16)에서 성장기회가 있는 기업의 PER는 성장성(NPVGO)과 위험(k_e)에 의해 결정되며 성장성(NPVGO)이 높을수록 PER가 높아지고 위험(k_e)이 클수록 PER가 낮아진다는 것을 알 수 있다. 성장기회가 없는 경우 NPVGO는 0이므로 성장기회가 없는 기업의 PER는 주주의 요구수익률 또는 자기자본비용의 역수가 된다.

(3) PER를 이용한 주식가치의 평가

PER를 이용하여 주식가치를 평가하기 위해서는 우선 해당 기업의 적정한 PER가 얼마인지를 추정해야 한다. 적정한 PER에는 해당 기업의 과거 평균 PER, 해당 기업이 속해 있는 산업의 평균 PER 등을 이용할 수 있다. 적정한 PER수준이 결정되면 주식가치는 식 (10.17)를 이용하여 다음과 같이 구할 수 있다.

$$P_0 = 적정한\,PER \times 기대주당순이익\,(EPS_1) \tag{10.17}$$

• 예제 10-3 PER를 이용한 주식가치의 평가

성신기업의 당기말 주당순이익은 2,000원으로 예상된다. 성신기업에 투자한 주주들의 요구수익률은 14%라고 가정하여 다음 물음에 답하시오.

1. 성신기업이 속해 있는 산업의 평균 PER가 8인 경우에 성신기업의 주식가격은 얼마가 되어야 하는가?

2. 성신기업의 배당성향이 0.6이고 이익과 배당의 성장률을 8%로 가정하는 경우 성신기업의 적정한 PER와 주식가치를 계산하시오.

풀이

1. $P_0 = 적정한PER \times EPS_1 = 8 \times 2,000 = 16,000원$

2. $PER = \dfrac{1-b}{k_e - g} = \dfrac{0.6}{0.14 - 0.08} = 10$

   $P_0 = 적정한PER \times EPS_1 = 10 \times 2,000 = 20,000원$

2. 주가순자산비율

(1) PBR의 의의

주가순자산비율(PBR : price book value ratio)은 현재의 주식가격을 기대주당순자산으로 나눈 값으로 주가가 주당순자산의 몇 배인가를 나타낸다. 회계적 가치가 경제적 실상을 제대로 반영하면 PBR은 1이지만 역사적 원가기준의 회계처리방법이 시장가치를 제대로 반영하지 못하여 PBR이 1보다 크게 나타날 수 있다.

$$PBR = \frac{현재의\ 주가}{주당순자산} = \frac{P_0}{BV_1} \tag{10.18}$$

(2) PBR를 이용한 주식가치의 평가

PBR를 이용하여 주식가치를 평가하기 위해서는 우선 해당 기업의 적정한 PBR이 얼마인지를 추정해야 한다. 적정한 PBR에는 해당 기업의 과서 평균 PBR, 해당 기업이 속해 있는 산업의 평균 PBR 등을 이용할 수 있다. 적정한 PBR수준이 결정되면 주식가치는 식(10.19)를 이용하여 다음과 같이 구할 수 있다.

$$P_0 = 적정한\,PER \times 주당순자산 \tag{10.19}$$

(3) PBR의 의미

PER가 수익가치와 대비한 상대적 주가수준을 나타내고 주가와 수익의 유량(flow)관계를 나타내는 반면에 PBR은 자산가치와 대비한 상대적 주가수준을 나타내고 주가와 순자산의 저량(stock)관계를 나타내는 지표이다. PBR이 높은 기업은 투자자들이 해당 기업의 성장전망에 긍정적으로 평가한 결과로 해석할 수 있다.

3. 주가매출액비율

(1) PSR의 의의

주가매출액비율(PSR : price sales ratio)은 현재의 주식가격을 기대주당매출액으로 나눈 값으로 주가가 주당매출액의 몇 배인가를 나타낸다. PSR이 낮으면 과소평가되어 있다고 보고, 높으면 과대평가되어 있다고 판단한다. 수익성 평가가 어려운 신생기업과 성장성이 높은 정보기술(IT)산업을 평가할 경우에 활용한다.

$$PSR = \frac{현재의\,주가}{주당매출액} = \frac{P_0}{S_1} \tag{10.20}$$

(2) PSR를 이용한 주식가치의 평가

PSR를 이용하여 주식가치를 평가하기 위해서는 우선 해당 기업의 적정한 PSR이 얼마인지를 추정해야 한다. 적정한 PSR에는 해당 기업의 과거 평균 PSR, 해당 기업이 속해 있는 산업의 평균 PSR 등을 이용할 수 있다. 적정한 PSR수준이 결정되면 주식가치는 식 (10.21)을 이용하여 다음과 같이 구할 수 있다.

$$P_0 = 적정한\,PSR \times 주당매출액 \tag{10.21}$$

(3) PSR의 특성

사업초기단계에 있는 기업은 PER과 PBR이 음수가 되거나 매우 큰 값을 가져 의미가 없는 경우도 있는데 PSR은 이러한 기업에도 적용할 수 있다. 순이익과 순자산은 회계처리방법에 의해 달라질 수 있으나 매출액은 조작이 어렵다. PSR은 PER에 비해 변동성이 심하지 않기 때문에 가치평가에서 신뢰성이 높다.

제4절 경제적 부가가치모형

1. 경제적 부가가치의 개요

(1) 경제적 부가가치의 의의

경제적 부가가치(EVA : economic value added)는 전통적 경영성과의 지표인 회계적 이익이 갖는 한계점을 보완하기 위해서 도입된 개념으로 영업이익에서 법인세비용과 총자본조달비용을 차감하여 산출한다. 경제적 부가가치는 다음과 같은 두 가지 측면에서 회계적 이익과 차이가 있다.

첫째, 회계적 이익은 타인자본에 대한 이자비용만 고려하고 자기자본에 대한 자본비용을 인식하지 않아 진정한 경영성과라고 보기 어렵다. 주주입장에서 자기자본에 대한 자본비용을 차감한 성과가 커야 경영성과가 좋다고 할 수 있다. 경제적 부가가치는 자기자본에 대한 자본비용까지 고려하여 성과를 측정한다.

둘째, 회계적 이익은 기업에서 발생한 모든 거래를 가지고 평가한 성과이기 때문에 기업의 고유한 영업활동과 관련없는 성과도 포함되어 있다. 그러나 경제적 부가가치는 고유한 영업활동을 통해서 창출한 순자산가치의 증가분을 나타내어 기업의 수익성을 더 정확하게 파악할 수 있는 경영성과의 지표에 해당한다.

(2) 경제적 부가가치의 계산

EVA는 1980년대 미국의 컨설팅회사 Stern Stewart사가 가치중심경영을 유도하기 위해 개발한 경영성과지표로서 이익의 양적 측면과 질적 측면을 동시에 고려한다. EVA는 세후영업이익에서 총자본비용을 차감하거나 투자자본수익률(ROIC)에서 가중평균자본비용(WACC)을 차감한 값에 투자자본을 곱해 구할 수 있다.

여기서 ROIC는 세후영업이익을 투자자본으로 나눈 값으로 기업이 투자자본을 가지고 고유의 영업활동을 통해 창출한 이익정도를 나타낸다. 따라서 ROIC가 WACC를 상회하면 기업이 투자자본을 가지고 영업활동을 통해 창출한 이익이 자본조달비용을 지불하고도 기업의 부가이익이 창출되었다는 것을 의미한다.

$$
\begin{aligned}
\text{EVA} \;=\;& 영업이익 - 법인세 - 총자본비용 \\
=\;& 세후영업이익 - 총자본비용 \\
=\;& 투자자본 \times (\text{ROIC} - \text{WACC}) \hspace{3em} (10.22)
\end{aligned}
$$

식(10.22)에서 기업이 경제적 부가가치를 창출하기 위해서는 ROIC > WACC를 갖는 사업에는 투자를 증가시키고 ROIC < WACC를 갖는 사업에는 투자자본을 철수시켜 투자자본을 효율적으로 재배치해야 함을 알 수 있다.

┃그림 10-1┃ 재무상태표에 근거한 투자자본의 산출

영업용투자자본 = 총자산 - 비영업용자산 - 비이자발생부채	
영업자산 / 투자자본	비이자발생부채
영업유동자산 고정자산 기타영업관련자산	이자발생부채
	유사자기자본
금융자산(적정시재 이상의 예금, 시장성 유가증권)	자기자본
투자자산(투자부동산, 출자금, 관계회사주식 등)	

2. 시장부가가치의 개념

(1) 시장부가가치의 의의

시장부가가치(MVA : market value added)는 총자본 또는 총자산의 시장가치에서 주주와 채권자가 제공한 총자본의 장부가치를 차감한 값을 말한다. 따라서 시장부가가치는 주주와 채권자가 제공한 투자원금을 이용하여 창출한 기업가치의 순증가분을 의미하며 투자안평가의 NPV와 동일한 개념이다.

$$MVA = 총자본의\ 시장가치 - 총자본의\ 장부가치 \qquad (10.23)$$

시장부가가치가 (+)이면 자본제공자의 자본으로 기업가치를 창출했음을 나타내고, (−)이면 자본제공자의 자본보다 기업가치가 오히려 감소했음을 나타낸다. 그리고 부채의 시장가치가 장부가치와 동일하다면 시장부가가치는 자기자본의 시장가치에서 자기자본의 장부가치를 차감하여 구할 수도 있다.

$$MVA = 자기자본의\ 시장가치 - 자기자본의\ 장부가치 \qquad (10.24)$$

(2) EVA와 MVA의 관계

시장부가가치(MVA)는 경제적 부가가치를 이용하여 평가할 수도 있다. 경제적 부가가치(EVA)는 특정연도의 투자자본에 대한 자본비용을 초과하는 영업이익 또는 현금흐름을 의미하기 때문에 미래에 예상되는 경제적 부가가치를 가중평균자본비용으로 할인한 현재가치가 시장부가가치가 된다.

$$MVA = 기업의\ 시장가치 - 제공된\ 자본 = EVA의\ 현재가치 \qquad (10.25)$$

(3) 주식가격의 평가

식(10.25)으로부터 자기자본의 시장가치에 대해 성리하면 다음과 같다.

$$MVA = 자기자본의\ 시장가치 - 자기자본의\ 장부가치 + MVA \qquad (10.26)$$

식(10.26)에서 양변을 발행주식수로 나누면 주식가격은 주당순자산에 주당EVA를 더하여 다음과 같이 구할 수 있다.

$$P_0 = 주당순자산 + 주당\,EVA \tag{10.27}$$

제1절 배당평가모형

1. 개념 : 주식가치는 미래에 예상되는 주당배당금의 현재가치

$$P_0 = \frac{d_1}{(1+k_e)^1} + \frac{d_2}{(1+k_e)^2} + \cdots + \frac{d_\infty}{(1+k_e)^\infty} = \sum_{t=1}^{\infty} \frac{d_t}{(1+k_e)^t}$$

2. 종류

① 제로성장모형 : 미래의 주당배당금이 매년 동일하여 성장이 없다고 가정

$$P_0 = \frac{d}{(1+k_e)^1} + \frac{d}{(1+k_e)^2} + \cdots + \frac{d}{(1+k_e)^\infty} = \frac{d}{k_e}$$

② 일정성장모형 : 미래의 주당배당금이 매년 일정비율 영구히 성장한다고 가정

$$P_0 = \frac{d_1}{(1+k_e)^1} + \frac{d_1(1+g)}{(1+k_e)^2} + \cdots + \frac{d_1(1+g)^{\infty-1}}{(1+k_e)^\infty} = \frac{d_1}{k_e - g}$$

③ 불규칙모형 : 현재가치의 평가논리를 적절히 활용하여 주식가치를 평가

제2절 성장기회평가모형

1. 개념 : 성장기회가 없는 경우의 주가에 성장기회의 순현재가치를 가산

P_0 = 제로성장모형의 주식가치 + 성장기회의 순현재가치(NPVGO)

2. 구분

① 제로성장모형의 주식가치

② 성장기회의 순현재가치 : 유보이익을 재투자해 얻을 수 있는 NPV의 총현가

제3절 주가배수모형

1. 주가수익비율 : PER = 현재의 주가(P_0)/주당순이익(EPS_1)

   주식가치의 평가 : P_0 = 적정한 PER×주당순이익(EPS_1)

2. 주가순자산비율 : PBR = 현재의 주가(P_0)/주당순자산(BPS_1)

   주식가치의 평가 : P_0 = 적정한 PBR×주당순자산(BPS_1)

3. 주가매출액비율 : PSR = 현재의 주가(P_0)/주당매출액(SPS_1)

   주식가치의 평가 : P_0 = 적정한 PSR×주당매출액(SPS_1)

제4절 경제적 부가가치모형

1. 경제적 부가가치 : EVA = 세후영업이익−총자본비용 = 투자자본×(ROIC−WACC)

2. 시장부가가치 : MVA = 총자본의 시장가치−총자본의 장부가치

3. 주식가치의 평가 : P_0 = 주당 장부가치+주당 MVA

1 고정성장배당모형에 관한 설명으로 옳은 것은?

① 고정성장배당모형이 적용되기 위해서는 주식의 요구수익률이 배당의 성장률보다 같거나 낮아야 한다.

② 다른 모든 조건이 동일한 경우 기본적으로 배당상승에 대한 기대와 주식가치의 변동은 관계가 없다.

③ 고정성장배당모형에 의해 주식가치를 평가하는 경우 할인율로 무위험이자율을 이용한다.

④ 다른 모든 조건이 동일한 경우 배당성장률의 상승은 주식가치를 상승시킨다.

⑤ 고정성장배당모형에서 주식의 위험은 기대배당에 반영되어 있다.

| 해설 | ① $P_0 = \dfrac{d_1}{k_e - g}$ (단, $k_e > g$)

따라서 고정성장모형이 적용되려면 주주의 요구수익률이 배당의 성장률보다 커야 한다.

②④ 다른 모든 조건이 동일하면 배당성장에 대한 기대가 증가하면 주가가 상승하고, 다른 조건이 없으면 배당의 증가는 유보율(b)과 성장률(g)의 감소로 주가는 하락한다.

③ 고정성장모형의 할인율은 주주의 요구수익률로 주식발행자의 자기자본비용에 해당한다.

⑤ 위험자산 주식의 위험은 분자의 배당이 아닌 분모의 할인율(k_e)에 반영되어 있다.

2 고정성장배당평가모형에 관한 설명으로 가장 적절하지 않은 것은? (2016년)

① 계속기업(going concern)을 가정하고 있다.

② 고정성장배당평가모형이 성립하면 주가는 배당성장률과 동일한 비율로 성장한다.

③ 고정성장배당평가모형이 성립하면 주식의 투자수익률은 배당수익률과 배당성장률의 합과 같다.

④ 다른 조건은 일정하고 재투자수익률(ROE)이 요구수익률보다 낮을 때 내부유보율을 증가시키면 주가는 상승한다.

⑤ 다른 조건이 일정할 때 요구수익률이 하락하면 주가는 상승한다.

| 해설 | 다른 조건이 일정할 때 재투자수익률(ROE)이 요구수익률보다 높을 때 내부유보율을 증가시키면 주가가 상승하는 반면에 재투자수익률(ROE)이 요구수익률보다 낮을 때 내부유보율을 증가시키면 주가가 하락한다.

3 (주)고구려의 자기자본비용은 14%이며 방금 배당을 지급하였다. 이 주식의 배당은 앞으로 계속 8%의 성장률을 보일 것으로 예측되고 있으며, (주)고구려의 현재 주가는 50,000원이다. 다음 중 옳은 것은? (2007년)

① 배당수익률은 8%이다.

② 배당수익률은 7%이다.

③ 방금 지급된 주당배당금은 3,000원이다.

④ 1년 후에 예상되는 주가는 54,000원이다.

⑤ 1년 후에 예상되는 주가는 57,000원이다.

| 해설 | 고든의 일정성장모형에 의하면 주식가치는 다음과 같이 구할 수 있다.

$$P_0 = \frac{d_1}{k_e - g} \rightarrow k_e = \frac{d_1}{P_0} + g \rightarrow \frac{d_1}{P_0} = k_e - g = 0.14 - 0.08 = 0.06$$

$$P_1 = P_0(1+g) = 50,000 \times 1.08 = 54,000원$$

$$d_0 = \frac{d_1}{1+g} = \frac{50,000 \times 0.06}{1.08} = 2,778원$$

4 (주)한국의 발행주식수는 100,000주이고, 배당성향은 30%이며, 자기자본이익률은 10%이다. (주)한국의 주식 베타는 1.2이고, 올해 초 주당배당금으로 2,000원을 지불하였다. 또한 무위험이자율이 5%이고, 시장포트폴리오의 기대수익률이 15%라고 한다. 이러한 현상이 지속된다고 가정할 때 (주)한국의 2년 말 시점의 주가는 약 얼마가 되는가? (2005년)

① 20,000원　　　　② 21,400원　　　　③ 22,898원

④ 24,500원　　　　⑤ 26,616원

| 해설 | $g = b \times ROE = 0.7 \times 0.1 = 0.07$

$$d_3 = d_0(1+g)^3 = 2,000 \times (1.07)^3 = 2,450원$$
$$k_e = R_f + [E(R_m) - R_f] \times \beta_i = 0.05 + (0.15 - 0.05)1.2 = 0.17$$
$$\therefore P_2 = \frac{d_3}{k_e - g} = \frac{2,450}{0.17 - 0.07} = 24,500원$$

5 사내유보율 40%, 재투자수익률(자기자본이익률) 20%, 자기자본비용 18%, 전기 주당순이익(EPS) 2,000원일 경우에 주가는 얼마인가? (1992년)

① 12,000원　　　　② 12,960원　　　　③ 13,550원

④ 14,933원　　　　⑤ 16,800원

| 해설 | $g = b \times ROE = 0.4 \times 0.2 = 0.08$

$$d_1 = d_0(1+g) = EPS_0(1+g)(1-b) = 2,000 \times (1.08) \times (1-0.4) = 1,296원$$

$$\therefore P_0 = \frac{d_1}{k_e - g} = \frac{1,296}{0.18 - 0.08} = 12,960원$$

6 현재의 주식가격이 18,000원이고 주당배당금은 1,100원이며 배당의 연간 성장률이 10%인 기업이 있다. 무위험이자율이 10%이고 시장의 기대수익률이 15%인 경우에 이 기업 주식의 베타는 얼마인가? (1995년)

① 0.86　　　　　　　　② 0.95　　　　　　　　③ 1.34

④ 1.38　　　　　　　　⑤ 2.15

| 해설 | $k_e = \frac{d_1}{P_0} + g = \frac{1,100(1.1)}{18,000} + 0.1 = 0.1672(16.72\%)$

$k_e = R_f + [E(R_m) - R_f] \times \beta_i \rightarrow 0.1672 = 0.10 + (0.15 - 0.10) \times \beta_i \rightarrow \beta_i = 1.34$

7 현재(t=0) 주당배당금 2,000원을 지급한 A기업의 배당 후 현재 주가는 30,000원이며, 향후 매년 말 배당금은 매년 5%의 성장률로 증가할 것으로 예상된다. 또한 매년 말 700원을 영구적으로 지급하는 채권은 현재 10,000원에 거래되고 있다. A기업 주식 4주와 채권 4단위로 구성된 포트폴리오의 기대수익률은? (2008년)

① 8.75%　　　　　　　② 9.25%　　　　　　　③ 10.75%

④ 11.25%　　　　　　　⑤ 12.75%

| 해설 | ㉠ 포트폴리오의 구성비율 = 주식 4주 : 채권 4주 = 120,000원 : 40,000원 = 3 : 1

㉡ 주식의 기대수익률 = $\frac{d_1}{P_0} + g = \frac{2,000 \times 1.05}{30,000} + 0.05 = 0.12$

㉢ 채권의 기대수익률 = 700/10,000 = 0.07

∴ 포트폴리오의 기대수익률 = 0.12(0.75) + 0.07(0.25) = 0.1075(10.75%)

8 망고기업의 주식은 현재 한국거래소(KRX)시장에서 10,000원에 거래되고 있다. 망고기업의 주식으로부터 예상되는 1년후 배당금은 400원, 2년후 배당금은 520원이다. 그리고 배당후 주가는 1년후에 10,800원, 2년후에 11,900원으로 예상된다. 다음의 설명 중에서 옳지 않은 것은?

① 이 주식을 현재 매입해서 1년간 투자할 경우의 수익률은 12%이고, 1년후에 매입해서 1년간 투자할 경우의 수익률은 15%이다.

② 망고기업 주주들의 요구수익률이 13%라고 할 때 이 주식에 2년간 투자할 경우의 NPV는 81원이다.

③ 이 주식을 매입해서 2년간 투자할 경우의 산술평균수익률은 13.5%이다.

④ 이 주식을 매입해서 2년간 투자할 경우의 기하평균수익률은 13.5%이다.

⑤ 이 주식을 매입해서 2년간 투자할 경우의 내부수익률은 1년후 배당금 400원을

나머지 1년간 15%의 재투자수익률로 재투자한다고 가정할 경우 연평균수익률이다.

| 해설 | ① 망고기업의 주식에 투자하면 1년간 수익률은 12%[=(10,800−10,000+400)/10,000]가 되고, 그 후 1년간의 수익률은 15%[=(11,900−10,800+520)/10,800]가 된다.

② $NPV = \dfrac{400}{(1.13)^1} + \dfrac{520 + 11,900}{(1.13)^2} = 81$

③ 12%와 15%의 산술평균은 13.5%[=(12%+15%)/2]가 된다.

④ 기하평균은 13.5%에 근사하다. $(1+R)2 = (1.12)(1.15)$

⑤ 내부수익률은 연평균수익률의 개념으로 12%와 15% 사이에 존재하며 1년후에 배당금 400원을 15%의 수익률로 투자하는 것이 아니고 내부수익률로 재투자해야 한다.

9 지난해 주당순이익은 4,000원이었고 당기순이익의 50%를 배당으로 지급한 서강기업의 주식 1주를 20,000원에 매입하였다. 서강기업은 향후 영구적으로 5%씩 성장할 것으로 예상된다. 무위험이자율이 4%, 시장위험프리미엄이 10%라면 서강기업 주식의 위험프리미엄은 얼마인가?

① 10.1%   ② 10.4%   ③ 10.9%

④ 11.3%   ⑤ 11.5%

| 해설 | $P_0 = \dfrac{d_1}{k_e - g} \rightarrow 20,000 = \dfrac{4,000(0.5)(1+0.05)}{k_e - 0.05}$ $\therefore k_e = 15.5\%$

따라서 서강기업의 주식 위험프리미엄은 다음과 같이 구할 수 있다.

$k_e = R_f + RP$에서 $0.155 + 0.04 + RP \therefore RP = 0.115(11.5\%)$

10 연세기업의 보통주는 한국거래소에서 20,000원에 거래되고 있으며. 차기 주당이익은 2,000원, 배당지급액은 800원으로 예상한다. 연세기업의 보통주 자본비용이 10%라고 가정할 경우에 유보이익에 대한 재투자수익률은 얼마인가?

① 8%   ② 9%   ③ 10%

④ 12%   ⑤ 15%

| 해설 | $P_0 = \dfrac{d_1}{k_e - g} \rightarrow 20,000 = \dfrac{800}{0.1 - g}$ $\therefore g = 0.06(6\%)$

한편 배당성향이 40%(=800/2,000)이므로 사내유보율은 60%이다.

g = 사내유보율(b)×재투자수익률(r), 0.06 = 0.6×재투자수익률   ∴ 재투자수익률 = 10%

11 고려기업의 사내유보비율은 40%로 매년 일정하며 금년도 말에 예상되는 주당이익은 5,000원이다. 고려기업의 주식에 대한 주주의 요구수익률이 16%이고 재투자수익률이 25%로서 매년 일정하게 실현된다고 가정하는 경우에 고려기업의 성장기회의 순현재가치(NPVGO)는 얼마인가?

① 10,000원 ② 12,500원 ③ 15,000원
④ 18,750원 ⑤ 20,000원

| 해설 | ㉠ 미래의 주당배당금이 매년 일정비율로 성장할 경우 항상성장모형의 주가

$$P_0 = \frac{d_1}{k_e - g} = \frac{5,000(0.6)}{0.16 - 0.4 \times 0.25} = 50,000원$$

㉡ 미래의 주당배당금이 매년 동일해 성장이 없을 경우 제로성장모형의 주가

$$P_0 = \frac{EPS_1}{k_e} = \frac{5,000}{0.16} = 31,250원$$

㉢ 성장기회의 순현재가치 = 50,000원 − 31,250원 = 18,750원

12 (주)기해의 올해 말(t=1) 주당순이익은 1,500원으로 예상된다. 이 기업은 40%의 배당성향을 유지할 예정이며, 자기자본순이익률(ROE)은 20%로 매년 일정하다. 주주들의 요구수익률이 연 15%라면, 현재시점(t=0)에서 이론적 주가에 기초한 주당 성장기회의 순현재가치(NPVGO)는 얼마인가? 단, 배당은 매년 말 연 1회 지급한다. (2019년)

① 10,000원 ② 16,000원 ③ 20,000원
④ 24,000원 ⑤ 28,000원

| 해설 | ㉠ 미래의 주당배당금이 매년 일정비율로 성장할 경우 항상성장모형의 주가

$$P_0 = \frac{d_1}{k_e - g} = \frac{1,500 \times 0.4}{0.15 - 0.6 \times 0.2} = 20,000원$$

㉡ 미래의 주당배당금이 매년 동일해 성장이 없을 경우 제로성장모형의 주가

$$P_0 = \frac{EPS_1}{k_e} = \frac{1,500}{0.15} = 10,000원$$

㉢ 성장기회의 순현재가치 = 20,000원 − 10,000원 = 10,000원

13 (주)대한의 발행주식수는 20만주이고 배당성향은 20%이며 자기자본이익률(ROE)은 10%이다. (주)대한 주식의 베타값은 1.4로 추정되었고 현재시점의 주당배당금(D₀)은 4,000원이며 무위험이자율이 4%, 시장포트폴리오의 기대수익률은 14%이다. 이러한 현상이 지속된다고 가정하고 배당평가모형을 적용하였을 때 가장 적절한 것은? (2012년)

① (주)대한의 성장률은 10%이다.
② (주)대한의 성장률은 9%이다.
③ (주)대한의 주주들의 요구수익률은 19%이다.

④ (주)대한의 1년 후 시점의 주가(P_1)는 46,656원이다.

⑤ (주)대한의 2년 후 시점의 주가(P_2)는 55,388.48원이다.

| 해설 | ①, ② $g = b \times ROE = (1-0.2) \times 0.1 = 0.08$

③ $k_e = R_f + [E(R_m) - R_f] \times \beta_i = 0.04 + (0.14 - 0.04) \times 1.4 = 0.18$

④ $P_1 = \dfrac{d_2}{k_e - g} = \dfrac{4,000(1.08)^2}{0.18 - 0.08} = 46,656$원

⑤ $P_2 = \dfrac{d_3}{k_e - g} = \dfrac{4,000(1.08)^3}{0.18 - 0.08} = 50,388.48$원

14 S사의 1년도 말(t=1)에 기대되는 주당순이익(EPS)은 2,000원이다. 이 기업의 내부유보율(retention ratio)은 40%이고 내부유보된 자금은 재투자수익률(ROE) 20%로 재투자된다. 이러한 내부유보율과 재투자수익률은 지속적으로 일정하게 유지된다. S사의 자기자본비용이 14%라고 할 경우 S사 주식의 이론적 가격(P_0)에 가장 가까운 것은? (2014년)

① 13,333원   ② 16,333원   ③ 20,000원

④ 21,600원   ⑤ 33,333원

| 해설 | $P_0 = \dfrac{d_1}{k_e - g} = \dfrac{EPS(1-b)}{k_e - g} = \dfrac{2,000(1-0.4)}{0.14 - (0.4 \times 0.2)} = 20,000$원

15 ㈜XYZ는 금년도(t=0)에 1,000원의 주당순이익 중 60%를 배당으로 지급하였고, 내부유보된 자금의 재투자수익률(ROE)은 10%이다. 내부유보율과 재투자수익률은 영원히 지속될 것으로 기대된다. ㈜XYZ에 대한 주주들의 요구수익률은 9%이다. 다음 중 가장 적절하지 않은 것은? 단, 일정성장배당평가모형이 성립하고, 주가는 이론적 가격과 동일하며, 이론적 가격과 동일하게 변동한다고 가정한다. (2015년)

① 다른 조건이 일정할 경우 재투자수익률이 상승하면 ㈜XYZ의 현재(t=0) 주가는 하락할 것이다.

② 다른 조건이 일정할 경우 ㈜XYZ가 내부유보율을 증가시키면 배당성장률은 상승한다.

③ 1년 후(t=1) ㈜XYZ의 주당 배당은 624원이다.

④ ㈜XYZ의 현재(t=0) 주가는 12,480원이다.

⑤ ㈜XYZ의 주가수익비율(주가순이익비율, PER)은 매년 동일하다.

| 해설 | 일정성장배당평가모형에서 성장률(g)은 사내유보율(b)과 재투자수익률(ROE)의 곱으로 계산하는데, 재투자수익률이 상승하면 성장률이 증가하여 현재 주가(P_0)는 상승한다.

16 S기업 보통주의 현재 내재가치(P_0)는 20,000원이다. 전기 말(t=0) 주당순이익(EPS_0) 내부유보율은 각각 5,000원과 60%이다. 배당금은 연 1회 매년 말 지급되고 연 2%씩 영구히 성장할 것으로 예상된다. 무위험수익률은 2%이고 시장위험프리미엄은 6%일 때, 다음 중 가장 적절하지 않은 것은? 단, CAPM이 성립하고 내부유보율, 무위험수익률, 시장위험프리미엄은 변하지 않는다고 가정한다. (2020년)

① 당기 말(t=1) 기대배당금은 2,040원이다.

② 자기자본비용은 12.2%이다.

③ 주식의 베타는 1.6이다.

④ 만약 베타가 25% 상승한다면 자기자본비용은 상승한다.

⑤ 만약 베타가 25% 상승한다면 내재가치(t=0)은 16,000원이 된다.

┃ 해설 ┃ ① $d_1 = d_0(1+g) = 5,000(1-0.6) \times 1.02 = 2,040$원

② $P_0 = \dfrac{d_1}{k_e - g} = \dfrac{2,040}{k_e - 0.02} = 20,000$원 $\rightarrow k_e = 0.122$

③ $k_e = R_f + [E(R_m) - R_f)] \times \beta_i = 0.02 + 0.06 \times \beta_i = 0.122 \rightarrow \beta_i = 1.7$

④ 시장위험프리미엄이 정(+)이므로 베타가 상승하면 자기자본비용은 상승한다.

⑤ $k_e = 0.02 + 0.06 \times (1.7 \times 1.25) = 0.1475 \rightarrow P_0 = \dfrac{2,040}{0.1475 - 0.02} = 16,000$원

17 경제적 부가가치(EVA)에 대한 설명 중 가장 부적절한 것은? (1999년)

① EVA는 회계상의 당기순이익에 반영되지 않은 자기자본비용을 명시적으로 고려한다.

② EVA가 정(+)인 기업은 자본비용 이상을 벌어들인 기업으로 평가된다.

③ EVA는 주주 중심의 사고에서 평가한 기업의 성과이다.

④ 다각화된 기업은 사업단위별로 EVA를 평가하여 핵심사업과 한계사업을 분류할 수 있다.

⑤ 주식에 대한 배당금 지급이 없는 경우 자기자본비용이 없기 때문에 EVA는 회계상의 당기순이익과 일치한다.

┃ 해설 ┃ 자기자본비용은 배당의 지급여부와 무관한 자기자본에 대한 기회비용인 주주의 요구수익률에 해당하여 배당금의 지급이 없더라도 자기자본비용은 존재한다. 따라서 배당금의 지급이 없는 경우에도 EVA와 회계상의 당기순이익은 일치하지 않는다.

18 A기업의 영업용 투자자본은 2,500백만원, 세전 영업이익은 600백만원, 법인세는 50백만원, 배당성향은 60%, 가중평균자본비용(WACC)은 10%, 납입자본금은 1,000백만원(총발행주식수는 20만주), 자기자본비용은 20%이다. A기업의 경제적 부가가치(EVA)는 얼마인가? (2001년)

① 50백만원   ② 250백만원   ③ 300백만원

④ 330백만원   ⑤ 350백만원

| 해설 | EVA = NOPAT−(IC×WACC) = (600−50)−(2,500×0.1) = 300백만원

19 강남기업의 영업용 투자자본은 2,000만원이고, 이 중에서 1,000만원은 시장이자율이 10%인 타인자본이고 나머지는 자기자본비용이 20%인 자기자본이다. 당기말 영업이익은 1,000만원으로 예상되고 법인세율이 50%라고 가정하면 강남기업의 경제적 부가가치(EVA)는?

① 250만원   ② 300만원   ③ 350만원

④ 400만원   ⑤ 450만원

| 해설 | $k_0 = k_d(1-t_c)\dfrac{B}{S+B} + k_e\dfrac{S}{S+B} = 0.1(1-0.5)\dfrac{1,000}{2,000} + 0.2\dfrac{1,000}{2,000} = 12.5\%$

EVA = 세후영업이익−투자자본비용 = 1,000(1−0.5)−2,000×0.125 = 250만원

20 ㈜창조의 기초 자본구조는 부채 1,200억원, 자기자본 800억원으로 구성되어 있었다. 기말 결산을 해보니 영업이익은 244억원이고 이자비용은 84억원이다. 주주의 기대수익률이 15%이고 법인세율이 25%일 때, 경제적 부가가치(EVA)를 계산하면 얼마인가? 단, 장부가치와 시장가치는 동일하며, 아래 선택지의 단위는 억원이다. (2014년)

① EVA ≤ −20   ② −20 < EVA ≤ 40

③ 40 < EVA ≤ 100   ④ 100 < EVA ≤ 160

⑤ EVA > 160

| 해설 | $k_0 = k_d(1-t_c)\dfrac{B}{S+B} + k_e\dfrac{S}{S+B} = 0.07(1-0.25)\dfrac{1,200}{2,000} + 0.15\dfrac{800}{2,000} = 0.0915$

EVA = 세후영업이익−투자자본비용 = 244(1−0.25)−2,000×0.0915 = 0

채권의
가치평가

채권은 미래의 현금흐름(원리금)이 정해져 있는 확정소득부 증권이기 때문에 채권의 가치를 결정하는 가장 중요한 요소는 시장이자율 또는 채권수익률이다. 채권의 가치는 채권투자로부터 얻게 될 액면이자와 원금을 적절한 할인율인 시장이자율 또는 채권수익률로 할인한 현재가치로 시장이자율에 따라 달라진다.

제1절   채권의 가치

1. 채권의 정의

채권(bond)은 발행자(채무자)가 투자자로부터 비교적 거액의 자금을 일시에 조달하고 반대급부로 약정에 따라서 만기일까지 확정이자를 지급하고 만기일에는 원금(액면가액)을 상환하기로 약속한 일종의 채무증서를 말한다. 따라서 채권에는 이자와 원금의 상환시기, 액면가액, 표면이자율이 기재되어 있다.

2. 채권의 발행조건

채권은 발행조건에 따라서 채권의 가치가 달라지기 때문에 발행조건을 결정하는 것이 무엇보다 중요하다. 채권을 발행할 경우에 발행자와 인수자는 발행시점의 시장이자율 수준을 감안하여 결정해야 한다. 따라서 채권의 중요한 발행조건에는 발행가격, 발행이율, 상환까지의 기간이 있다.

(1) 액면가액

액면가액(face value)은 채권의 만기일에 지급하기로 채권의 권면 위에 표시되어 있는 원금을 말하며 지급이자를 계산하거나 채권의 조건을 결정하는 기본이 된다. 따라서 액면가액의 합계가 그 종목의 발행금액이 되며, 역으로 말하면 각 종목의 발행금액을 적은 단위로 분할한 것이 1매의 채권이 된다.

(2) 발행가격

발행가격은 채권을 발행할 당시에 실제로 매출되는 가격으로 발행시점의 시장이자율과의 관계에 의해 결정된다. 채권의 발행이자율이 시장이자율보다 높으면 액면가액보다 높은 가격으로 할증발행되고, 반대로 낮으면 액면가액보다 낮은 가격으로 할인발행된다. 발행이자율이 시장이자율과 같으면 액면발행된다.

(3) 발행이율

발행이율은 채권의 발행자가 만기까지 지급하기로 약속한 이자율로 액면가액에 대해 1년에 지급하는 이자의 비율을 말한다. 채권 1매마다 권면에는 1회의 이자지급을 위한 이표(coupon)가 부착되어 있어, 이 이표와 교환하여 이자를 받게 되므로 발행이율을 표면이자율(coupon rate) 또는 액면이자율이라고도 한다.

(4) 원금상환

만기(maturity)는 채권의 발행자가 이자와 원금을 마지막으로 지급하기로 한 날을 말한다. 일반적으로 채권의 상환가액은 액면가액이며 채권발행일로부터 원금상환일까지의 기간을 원금상환기간이라고 하고, 이미 발행되어 유통시장에서 거래되고 있는 채권매입일로부터 원금상환일까지의 기간을 잔존기간이라고 한다.

3. 채권의 가치평가

채권의 가치는 채권투자자가 채권을 보유한 경우에 얻게 될 미래의 현금흐름(이자와 원금)을 적절한 할인율(시장이자율 또는 채권수익률)로 할인한 현재가치를 말한다. 채권은 발행조건이 매우 다양하여 간단하게 분류하기는 쉽지 않지만 표면이자율과 만기의 유무에 따라 이표채, 무이표채, 영구채로 구분된다.

(1) 이표채

이표채는 가장 일반적인 형태로 만기와 표면이자율이 정해져 있어 만기일까지 매기간말에 확정된 약정이자(=액면가액×표면이자율)를 지급하고 만기일에는 원금(액면가액)을 상환해 주는 채권을 말한다. 따라서 매기에 적용될 시장이자율이 일정하다고 가정할 경우에 이표채의 가치는 다음과 같이 평가할 수 있다.

$$P_0 = \frac{I}{(1+r)^1} + \frac{I}{(1+r)^2} + \cdots + \frac{I+F}{(1+r)^n} = \sum_{t=1}^{n} \frac{I}{(1+r)^t} + \frac{F}{(1+r)^n} \qquad (11.1)$$

이표채는 식(11.1)에서 보듯이 분기별 또는 매년말 확정된 약정이자(=액면가액×액면이자율)를 지급하기 때문에 고정소득증권(fixed income security)이라고 한다. 그리고 이표채는 표면이자율과 시장이자율의 관계에 따라서 다음과 같이 할인채, 액면채, 할증채로 구분할 수 있다.

┃표 11-1┃ 이표채의 종류

종류	표면이자율과 시장이자율의 관계	액면가액과 시장가격의 관계
할증발행	표면이자율 > 시장이자율	액면가액 < 시장가격
액면발행	표면이자율 = 시장이자율	액면가액 = 시장가격
할인발행	표면이자율 < 시장이자율	액면가액 > 시장가격

⟶• 예제 11-1 이표채의 평가

우리기업은 액면가액(face value)이 10,000원이고 표면이자율(coupon rate)이 10%로 이자후급이며 3년 만기(maturity) 채권을 발행하고자 한다. 시장이자율을 8%, 10%, 12%로 가정하여 채권의 발행가격을 계산하시오.

풀이

1. 시장이자율이 8%인 경우

$$P_0 = \frac{1,000}{(1+0.08)^1} + \frac{1,000}{(1+0.08)^2} + \frac{11,000}{(1+0.08)^3} \rightarrow \therefore P = 10,515$$

2. 시장이자율이 10%인 경우

$$P_0 = \frac{1,000}{(1+0.10)^1} + \frac{1,000}{(1+0.10)^2} + \frac{11,000}{(1+0.10)^3} \rightarrow \therefore P = 10,000$$

3. 시장이자율이 12%인 경우

$$P_0 = \frac{1,000}{(1+0.12)^1} + \frac{1,000}{(1+0.12)^2} + \frac{11,000}{(1+0.12)^3} \rightarrow \therefore P = 9,520$$

(2) 무이표채

무이표채는 표면이자율이 0%인 채권으로 채권의 만기일까지 이자지급은 없고 만기일에 원금(액면가액)만 상환하는 채권을 말하며 항상 할인발행되기 때문에 순수할인채(pure discount bond)라고도 한다. 따라서 만기가 n이고 액면가액이 F인 무이표채의 가치는 다음과 같이 평가할 수 있다.

$$P_0 = \frac{F}{(1+r)^n} \tag{11.2}$$

(3) 영구채

영구채(consol)는 만기가 무한대로 원금상환은 없고 매기 말 약정이자만 영구적으로 지급하는 채권을 말한다. 따라서 매기 말 약정이자가 영구적으로 발생하는 영구채의 가치는 다음과 같이 평가할 수 있다.

$$P_0 = \frac{I}{(1+r)^1} + \frac{I}{(1+r)^2} + \cdots + \frac{I}{(1+r)^\infty} = \frac{I}{r} \tag{11.3}$$

제2절 채권가격의 특성

일반적으로 채권가격은 시장이자율, 만기, 표면이자율에 의해 결정된다. 이러한 요인을 기초로 Malkiel(1962)은 채권수익률과 채권가격간에는 다음과 같은 관계가 성립한다는 채권가격정리(bond price theorem)를 제시하였다. 채권가격은 시장이자율과 반비례 관계에 있어 원점에 대해 볼록한 곡선으로 나타난다.

1. 채권가격과 시장이자율

① 채권가격은 시장이자율과 반비례 관계에 있어 시장이자율이 하락하면 채권가격

은 상승하고 시장이자율이 상승하면 채권가격은 하락한다. 따라서 시장이자율이 하락할 것으로 예상되면 채권투자(매입)을 늘리고 이자율이 상승할 것으로 예상되면 공매의 방법을 사용하는 것이 유리하다.

② 이자율의 변동폭이 동일할 경우에 이자율의 하락으로 인한 채권가격의 상승폭은 이자율의 상승으로 인한 채권가격의 하락폭보다 크게 나타난다. 따라서 이자율이 하락하면 채권가격이 상승하여 채권투자성과가 크게 나타나므로 더욱 많은 채권을 매입하는 것이 유리하다고 할 수 있다.

┃그림 11-1┃ 채권가격과 이자율의 관계

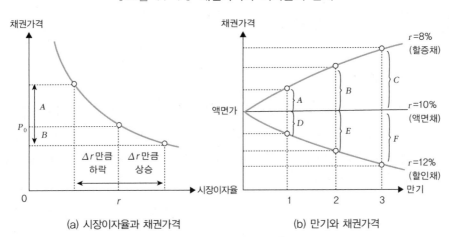

(a) 시장이자율과 채권가격   (b) 만기와 채권가격

2. 채권가격과 만기

③ 다른 조건이 동일하면 채권의 만기가 길수록 일정한 이자율변동에 따른 채권가격의 변동폭이 크게 나타난다. 따라서 이자율이 하락할 것으로 예상되면 장기채에 대한 투자를 증가시켜 시세차익을 극대화시키고, 이자율이 상승할 것으로 예상되면 보유하고 있는 채권을 다른 채권으로 교체하는 매매전략이 유리하다.

④ 이자율의 변동에 따른 채권가격의 변동폭은 만기가 길수록 증가하나 만기 한 단위 증가에 따른 채권가격의 변동폭은 감소한다. 따라서 시세차익을 높이려면 만기가 긴 장기채를 많이 보유하지 않는 것이 유리하다고 할 수 있다. 또한 잔존만기가 감소할수록 만기 한 단위 감소에 따른 채권가격의 상승폭은 커진다.

3. 채권가격과 표면이자율

⑤ 다른 조건이 동일하면 일정한 이자율변동에 대해서 표면이자율이 낮을수록 채권 가격의 변동폭이 크게 나타난다. 따라서 채권에 투자하여 높은 매매차익을 얻기 위해서는 표면이자율이 낮은 채권이 유리하다. 요컨대 일정한 이자율변동에 대해 표면이자율이 0%인 순수할인채의 가격변동폭이 가장 크게 나타난다.

제3절 채권수익률의 개념

1. 만기수익률

채권수익률을 측정하는 가장 일반적인 방법은 만기수익률이다. 만기수익률(YTM : yield to maturity)은 채권의 시장가격(현금유출의 PV)과 채권을 만기까지 보유할 경우 얻게 될 원리금의 현재가치(현금유입의 PV)를 일치시키는 할인율을 말한다. 즉 식(11.4)를 만족시키는 r이 만기수익률이다.

$$P_0 = \sum_{t=1}^{n} \frac{I}{(1+r)^t} + \frac{F}{(1+r)^n} \tag{11.4}$$

만기수익률은 투자자가 채권을 현재의 시장가격으로 매입해서 만기까지 보유하고 약속된 원리금을 약정대로 지급받으며 매기 지급받는 이자를 만기까지 만기수익률로 재투자한다고 가정할 경우에 얻을 수 있는 연평균투자수익률을 말하며 채권투자에 따른 내부수익률(IRR)과 동일한 개념이다.

2. 현물이자율과 선도이자율

(1) 현물이자율

현물이자율(spot rate)은 현재시점부터 미래의 일정기간 동안의 연평균이자율을 말한다. 채권시장에서 형성되어 있는 채권가격이 균형가격이라고 가정하면 현재시점부터 n년 동안의 연평균이자율(n년 만기 현물이자율)은 만기가 n년인 순수할인채의 만기수익률로 측정할 수 있다.

(2) 선도이자율

선도이자율(forward rate)은 현재시점의 현물이자율에 내재되어 있는 미래의 특정시점부터 일정기간 동안의 이자율을 말한다. 따라서 만기가 서로 다른 현물이자율간의 균형관계를 이용하면 현재시점의 현물이자율에 내재된 미래의 특정시점부터 1년 동안의 선도이자율을 산출할 수 있다.

(3) 현물이자율과 선도이자율의 관계

n년 만기 현물이자율을 $_0r_n$이라 하고, n−1년 후부터 n년 후까지 1년 동안의 선도이자율을 $_{n-1}f_n$이라고 할 경우에 채권시장이 균형상태에 있다면 현물이자율과 선도이자율간에는 다음의 관계가 성립한다.

$$(1+_0r_n)^n = (1+_0r_1)(1+_1f_2)(1+_2f_3)\cdots(1+_{n-1}f_n) \tag{11.5}$$

식(11.5)에 의하면 현물이자율에 내재된 기간별 선도이자율은 만기가 서로 다른 현물이자율간의 관계에서 다음과 같이 구할 수 있다.

$$(1+_0r_n)^n = (1+_0r_1)(1+_1f_2)\cdots(1+_{n-2}f_{n-1})(1+_{n-1}f_n) \tag{11.6}$$

$$= (1+_0r_{n-1})^{n-1}(1+_{n-1}f_n)$$

$$\therefore _{n-1}f_n = \frac{(1+_0r_n)^n}{(1+_0r_{n-1})^{n-1}} - 1$$

│ 그림 11-2 │ 현물이자율과 선도이자율

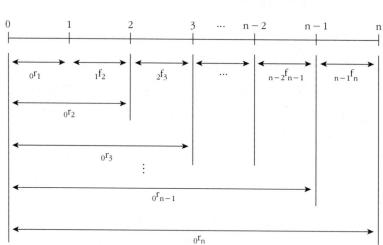

→ 예제 11-2 선도이자율의 계산

채권의 액면가액이 10,000원인 1년 만기 순수할인채의 가격이 9,090.91원이고, 2년 만기 순수할인채의 가격이 7,971.94원이라고 가정할 경우 1년 후부터 1년간의 선도이자율을 계산하시오.

풀이

$$9,090.91 = \frac{10,000}{(1 + {}_0r_1)^1} \rightarrow {}_0r_1 = \frac{10,000}{9,090.91} - 1 = 0.10$$

$$7,971.94 = \frac{10,000}{(1 + {}_0r_2)^2} \rightarrow {}_0r_2 = \sqrt{\frac{10,000}{7,971.94}} - 1 = 0.12$$

$$\therefore \quad {}_1f_2 = \frac{(1 + {}_0r_2)^2}{(1 + {}_0r_1)^1} - 1 = \frac{(1.12)^2}{(1.10)^1} - 1 = 0.1404$$

3. 수익률의 종류

(1) 약속수익률

약속수익률(promised yield)은 채권의 시장가격과 약속된 원리금의 현재가치를 일치시켜 주는 할인율을 말한다. 채권의 발행자가 채무불이행위험 없이 약정대로 원리금을 지급할 경우에 얻게 될 수익률을 나타낸다.

(2) 실현수익률

실현수익률(realized yield)은 채권의 시장가격과 실제로 지급받게 될 원리금의 현재 가치를 일치시켜 주는 할인율을 말한다. 실현수익률은 미래의 각 상황에 따라서 달라질 수 있기 때문에 일정한 확률분포를 갖게 된다.

(3) 기대수익률

기대수익률(expected yield)은 실현수익률의 확률분포에 근거하여 계산된 기대수익률을 말한다. 즉 채권발행자의 지급불능위험(default risk)을 고려할 경우에 실현될 것으로 예상되는 수익률을 말한다.

4. 채권수익률의 스프레드

수익률 스프레드(yield spread)는 위험이 있는 채권의 약속수익률과 위험이 없는 채권의 수익률(무위험이자율)간의 차이로 약속수익률과 기대수익률간의 차이에 해당하는 채무불이행위험에 대한 프리미엄과 기대수익률과 무위험이자율간의 차이에 해당하는 채무불이행위험을 제외한 기타위험에 대한 프리미엄으로 구분한다.

$$채권수익률의 \ 스프레드$$
$$= \ 약속수익률 \ - \ 무위험이자율$$
$$= \ 약속수익률 \ - \ 기대수익률 \ + \ 기대수익률 \ - \ 무위험이자율 \quad (11.7)$$

• 예제 11-3 채권수익률의 스프레드

연세기업은 액면가액 10,000원, 표면이자율 연 10% 이자후급, 만기 2년의 채권을 발행하였는데 현재 시장가격이 9,662원이라고 가정하여 물음에 답하시오.

1. 연세기업이 약정대로 원리금을 지급할 경우의 약속수익률을 계산하시오.

2. 지급불능위험이 다음과 같이 예상될 경우에 실현수익률의 기대치를 계산하시오.

상황	확률
1년 이내 파산	0.01
2년 이내 파산	0.02
2년 이후 원리금의 90% 지급	0.07
약속이행	0.90

3. 연세기업의 지급불능위험으로 인한 수익률 스프레드를 계산하시오.

풀이

1. 연세기업이 약정대로 원리금을 지급할 경우에 약속수익률은 12%가 되어 실현수익률과 일치한다.

$$9,662 = \frac{1,000}{(1+r)^1} + \frac{11,000}{(1+r)^2} \;\to\; \therefore\; r = 0.12(12\%)$$

2. 연세기업의 만기 이전에 지급불능위험을 고려할 경우 상황별 실현수익률은 다음과 같이 계산한다.

① 1년 이내 파산하는 경우 실현수익률

$$9,662 = \frac{0}{(1+r)^1} + \frac{0}{(1+r)^2} \;\to\; \therefore\; r = -100\%$$

② 2년 이내 파산하는 경우 실현수익률

$$9,662 = \frac{1,000}{(1+r)^1} + \frac{0}{(1+r)^2} \;\to\; \therefore\; r = -90\%$$

③ 원금의 90%만 상환시 실현수익률

$$9,662 = \frac{1,000}{(1+r)^1} + \frac{10,000}{(1+r)^2} \;\to\; \therefore\; r = 7\%$$

따라서 실현될 수익률의 기대치는 다음과 같이 8.49%가 된다.

$$E(r) = (-100\%)(0.01)+(-90\%)(0.02)+(7\%)(0.07)+(12\%)(0.9) = 8.49\%$$

3. 연세기업의 지급불능위험으로 인한 수익률 스프레드는 약속수익률 12%에서 실현수익률의 기대치 8.49%를 차감한 3.51%이다.

채권수익률의 기간구조

채권수익률의 기간구조는 일정시점에서 다른 조건은 모두 동일하고 만기만 서로 다른 순수할인채의 만기와 만기수익률(현물이자율)이 어떤 관계를 가지며 특정한 관계를 갖는 이유가 무엇인가를 설명하는 이론으로 만기구조라고도 한다. 수익률곡선(yield curve)은 채권수익률의 기간구조를 그림으로 나타낸 것을 말한다.

1. 불편기대이론

(1) 의의

불편기대이론은 선도이자율이 미래의 기간별 기대현물이자율과 일치하도록 현재시점에서 현물이자율이 결정된다는 가설로 순수기대이론이라고도 한다. 즉 선도이자율이 미래의 기간별 기대현물이자율과 일치하여 다음의 관계가 성립하고 n년 만기 현물이자율은 n년 동안 기간별 기대현물이자율에 대한 기하평균이 된다.

$$(1 + {}_0r_n)^n = (1 + {}_0r_n)\{1 + E({}_1r_2)1 + E({}_2r_3)\} \cdots \{1 + E({}_{n-1}r_n)\} \qquad (11.8)$$

불편기대이론이 성립하는 경우에는 장기채와 단기채간에 완전한 대체관계가 성립하기 때문에 투자기간만 동일하면 투자자들이 만기가 서로 다른 채권에 투자하더라도 투자성과가 동일하게 된다. 따라서 불편기대이론이 성립하면 n년간 채권에 투자할 경우의 연평균수익률은 n년 만기 현물이자율이 된다는 의미이다.

(2) 수익률곡선

수익률곡선은 미래의 기간별 이자율에 대한 투자자들의 예상에 따라 형태가 달라진다. 투자자들이 미래의 이자율이 상승할 것으로 예상하면 우상향의 수익률곡선을 갖게되고, 이자율이 하락할 것으로 예상하면 우하향의 수익률곡선을 갖게 되며, 이자율이 일정할 것으로 예상하면 수평의 수익률곡선으로 나타난다.

(3) 가정 및 문제점

투자자들은 미래의 단기이자율을 현재시점에서 정확히 예측할 수 있고, 장기채와 단기채는 완전한 대체관계에 있다. 투자자들은 위험중립형이며 만기가 길수록 미래의 불확실성의 증대로 채무불이행위험은 증가하고 유동성이 감소하여 채권가격변동위험이 커지는데 이에 대한 보상을 요구하지 않는다고 가정한다.

┃그림 11-3┃ 불편기대이론의 수익률곡선

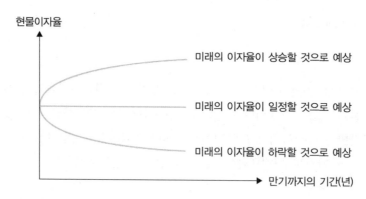

2. 유동성선호이론

(1) 의의

유동성선호이론은 선도이자율이 미래의 기간별 기대현물이자율과 유동성프리미엄의 합이 되도록 현재시점에서 기간별 현물이자율이 결정된다는 가설을 말한다. 즉 선도이자율이 기대현물이자율과 유동성프리미엄의 합이므로 n년 만기 현물이자율은 n년 동안의 기대현물이자율과 유동성프리미엄의 합에 대한 기하평균이 된다.

$$(1+{}_0r_n)^n = (1+{}_0r_1)\{1+E({}_1r_2)+{}_1L_2\} \cdots \{1+E({}_{n-1}r_n)+{}_{n-1}L_n)\} \quad (11.9)$$

유동성선호이론은 장기채일수록 유동성 상실에 대한 프리미엄을 요구하여 선도이자율이 기대현물이자율보다 높게 형성되도록 현재시점에서 현물이자율이 결정된다고 간주한다. 따라서 투자기간이 동일하더라도 투자채권의 만기에 따라 투자성과가 달라지기 때문에 장기채와 단기채간에 대체관계가 성립하지 않는다.

(2) 수익률곡선

유동성선호이론에 의하면 선도이자율이 미래의 기대현물이자율과 유동성프리미엄에 의해 결정된다. 따라서 유동성프리미엄이론의 수익률곡선은 불편기대이론에 의한 경우보다 유동성프리미엄을 반영한 만큼 높게 나타난다.

(3) 가정 및 문제점

투자자들은 미래의 단기이자율을 현재시점에서 정확히 예측할 수 있다. 그리고 투자자들은 위험회피형이며 만기가 긴 장기채일수록 미래의 불확실성에 따른 채무불이행위험의 증가와 유동성의 상실에 대한 보상을 요구한다.

┃그림 11-4┃ 유동성선호이론의 수익률곡선

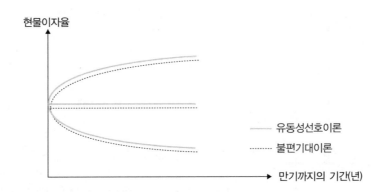

3. 시장분할이론

(1) 의의

시장분할이론은 투자자들이 선호하는 채권의 만기에 대한 선호구조에 따라 채권시장이 단기채, 중기채, 장기채시장으로 분할되고 채권수익률은 분할된 시장에서의 수요와 공급에 의해 독립적으로 결정된다는 가설을 말한다. 시장분할이론의 이론적 근거는 투자자들이 위험헤징형태에서 찾아볼 수 있다.

(2) 수익률곡선

채권시장이 단기채, 중기채, 장기채시장으로 분할되어 독립적으로 형성되므로 수익률곡선은 연속적인 형태를 보이지 않고 불연속적인 형태를 나타낸다.

(3) 가정 및 문제점

투자자들은 완전한 위험회피형이며 채권시장은 투자자들이 선호하는 단기채, 중기채, 장기채시장으로 분할되어 있고 채권시장간에 차익거래가 불가능하여 만기가 다른 채권간에는 대체관계가 성립하지 않는다. 또한 채권시장의 효율성을 무시하고 있으므로 현실적으로 거의 설득력을 잃고 있다.

❚그림 11-5❚ 시장분할이론의 수익률곡선

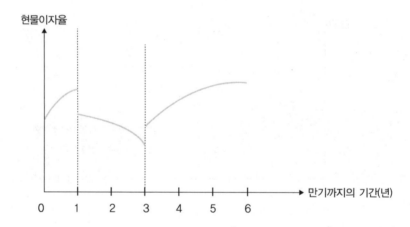

4. 선호영역이론

선호영역이론은 투자자들이 선호하는 만기영역이 존재하며 다른 만기의 시장에서 충분한 대가가 주어지면 자신의 선호영역이 아닌 만기의 채권에도 투자할 수 있다는 이론을 말한다. 예컨대 은행은 주로 단기채에 투자하지만 장기채에 투자하여 확실한 수익을 얻을 수 있다면 장기채에도 투자할 수 있다는 이론이다.

채권수익률의 위험구조

채권은 지급이자와 원금상환이 계약에 의해 정해진 확정소득증권이지만 발행자의 경영위험과 재무위험으로 원리금을 지급할 수 없는 경우도 있고 수의상환가능성과 같이 불확실성을 내포할 수 있다. 채권수익률의 위험구조는 채권의 발행주체나 발행조건이 달라짐에 따라 나타나는 채권수익률의 체계적 차이를 말한다.

1. 체계적 위험

(1) 이자율변동위험

이자율변동위험은 채권에 투자하는 기간 동안 시장이자율이 변동하여 투자종료시점의 투자수익이 채권매입시점에 예상했던 것과 일치하지 않을 가능성을 말한다. 채권투자에 따른 수익은 투자기간에 수령하는 액면이자에 대한 재투자수익과 투자종료시점에 채권을 처분하여 받을 수 있는 채권가격의 합으로 구성된다.

이자율변동위험은 재투자수익위험과 가격위험으로 구분된다. 재투자수익위험은 이자율이 변동하면 투자기간에 수령하는 이자를 재투자해서 얻게 될 수익이 예상했던 것과 달라질 수 있는 가능성을 말하고, 가격위험은 투자종료시점에 채권을 처분해서 받게될 가격이 기대했던 것과 달라질 수 있는 가능성을 말한다.

이자율의 변동은 재투자수익위험과 가격위험에 상반된 영향을 미친다. 이자율이 상승하면 이자의 재투자로부터 얻는 재투자수익은 증가하지만 채권을 처분해서 받는 가격은 예상보다 하락한다. 이자율이 하락하면 이자의 재투자로부터 얻는 재투자수익은 감소하지만 채권을 처분해서 받는 가격은 예상보다 상승한다.

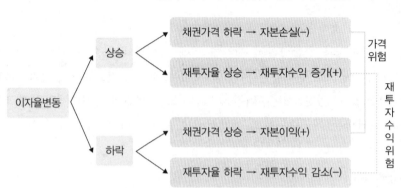

│ 그림 11-6 │ 채권투자시 가격위험과 재투자수익위험

(2) 인플레이션위험

인플레이션위험은 물가상승으로 인하여 채권의 실질수익률이 하락하는 위험을 말한다. 채권수익률은 실질이자율과 기대인플레이션율의 합으로 결정된다. 미래에 예상되는 인플레이션율이 높을수록 실질수익률이 하락할 가능성이 증가하기 때문에 채권의 명목수익률은 상승하게 되고 채권가격은 하락하게 된다.

2. 비체계적 위험

(1) 채무불이행위험

채무불이행위험은 채권의 발행자가 원리금을 약속대로 지급하지 못할 가능성으로 지급불능위험이라고도 한다. 채무불이행위험이 높을수록 약속수익률이 실현되지 않을 가능성이 높기 때문에 투자자들은 불확실성에 따른 위험프리미엄을 요구하게 되어 채권의 명목수익률은 상승하게 되고 채권가격은 하락하게 된다.

채무불이행위험은 신용평가기관의 채권평정으로 측정된다. 채권평정은 채권등급을 평가하는 전문기관이 채권발행자의 신용도와 채무불이행의 가능성을 평가하여 그 정도에 따라 채권의 등급을 결정하는 것으로 질적 평정(quality rating)이라고도 한다. 따라서 신용등급이 낮은 채권일수록 채무불이행위험이 크다.

(2) 수의상환위험

수의상환위험은 채권의 발행자가 만기전에 약정된 가격으로 채권을 매입할 수 있는 수의상환권을 가질 때 발생한다. 수의상환권이 있는 채권은 수의상환권이 없는 채권보다 약속수익률을 달성하지 못할 가능성이 커서 투자자들은 불확실성에 따른 위험프리미엄을 요구하여 채권의 명목수익률은 상승하고 채권가격은 하락한다.

(3) 유동성위험

유동성위험은 시장성이 부족하여 채권을 적절한 가격으로 단시일에 매각할 수 없는 위험으로 환금성위험이라고도 한다. 채권을 시장에서 적절한 가격으로 매각할 수 없으면 투자자들은 유동성 부족에 대한 위험프리미엄을 요구하게 되어 채권의 명목수익률은 상승하게 되고 채권가격은 하락하게 된다.

제6절 채권의 듀레이션

시장이자율의 변화에 따른 채권가격의 변화를 정확히 측정하려면 듀레이션과 볼록성이 동시에 고려되어야 한다. 그러나 이자율의 변동이 작을 경우에는 듀레이션에 의해 측정되는 접선상의 채권가격과 실제 채권가격이 거의 동일하게 나타나서 듀레이션이 채권가격의 변동을 측정하는 유용한 수단이 될 수 있다.

1. 듀레이션의 의의

듀레이션(D : duration)은 McCaulay가 이자율의 변화에 따른 채권가격의 민감도를 측정하고자 고안했으며 채권투자에서 발생하는 현금흐름을 회수하는데 걸리는 평균기간을 말한다. 각 기간별 현금흐름의 현재가치가 전체 현금흐름의 현재가치에서 차지하는 비율을 가중치로 하여 현금흐름이 발생하는 기간을 곱해 산출한다.

$$D = \sum_{t=1}^{n} t \times \frac{\dfrac{C_t}{(1+r)^t}}{\displaystyle\sum_{t=1}^{n} \dfrac{C_t}{(1+r)^t}} = \sum_{t=1}^{n} t \times \frac{\dfrac{C_t}{(1+r)^t}}{P_0} \tag{11.10}$$

● 예제 11-4 듀레이션의 계산

고려기업은 액면가액이 10,000원이고 표면이자율이 연 12% 이자후급이며 만기 3년의 채권을 발행하였다. 시장이자율을 10%로 가정하여 고려기업이 발행한 채권의 시장가격과 듀레이션을 계산하시오.

풀이

1. 채권의 시장가격

$$P_0 = \frac{1,200}{(1+0.10)^1} + \frac{1,200}{(1+0.10)^2} + \frac{11,200}{(1+0.10)^3} = 10,497$$

2. 채권의 듀레이션

기간	C	PVIF(10%)	C의 현재가치	가중치	가중치×기간
1	1,200	0.9091	1,090.92	0.1039	0.1039
2	1,200	0.8265	991.80	0.0945	0.1890
3	11,200	0.7513	8,414.56	0.8016	2.4049
합계			P=10,497.28		D=2.6977

한편 듀레이션의 계산과정을 식으로 표시하면 다음과 같다.

$$D = [1 \times \frac{1,200}{(1.1)^1} + 2 \times \frac{1,200}{(1.1)^2} + 3 \times \frac{11,200}{(1.1)^3}] \frac{1}{10,497.28} = 2.6977년$$

일반적으로 채권의 기간을 나타내는 보편적인 척도로 만기를 사용한다. 그러나 만기는 최종현금흐름이 발생하는 시점까지의 기간을 나타낼 뿐 만기 이전에 발생하는 현금흐름에 대해서는 아무런 정보도 제공하지 못한다. 반면에 듀레이션은 만기 이전에 발생하는 현금흐름도 모두 고려하는 평균상환기간을 말한다.

듀레이션은 현금흐름의 형태에 따라 다른 특성을 갖는다. 채권의 종류별로 살펴보면 이표채의 듀레이션은 만기보다 짧다. 이표채에 투자하면 전체현금의 일부가 이자를 통해 만기 이전에 회수되기 때문이다. 무이표채의 듀레이션은 만기와 일치한다. 무이표채에 투자하면 현금흐름이 만기에만 발생하기 때문이다.

그러나 만기가 무한대인 영구채의 듀레이션은 시장이자율이 변동하지 않는다면 시간의 경과에 관계없이 일정한 값을 갖는다. 영구채의 만기는 무한대이지만 듀레이션은 유한하며, 그 크기는 시장이자율에 의해 결정되기 때문이다. 따라서 영구채의 듀레이션은 다음과 같은 공식을 이용하여 구할 수 있다.

$$D = \frac{1+r}{r} \tag{11.11}$$

그리고 채권포트폴리오에 포함되는 개별채권들의 만기수익률이 모두 동일하다고 가정할 경우에 채권포트폴리오의 듀레이션은 개별채권들의 듀레이션(D_i)을 개별채권에 대한 투자비율(W_i)로 가중평균하여 구할 수 있다.

$$D_p = \sum_{i=1}^{n} D_i \times W_i \tag{11.12}$$

2. 듀레이션의 특징

듀레이션은 채권의 만기, 표면이자율, 시장이자율, 이자지급회수의 네 가지 요인에 의해 영향을 받는다. 다른 조건이 동일한 경우에 채권의 만기가 길수록, 표면이자율과 만기수익률이 낮을수록, 이자지급회수가 감소할수록 듀레이션은 길어진다. 그러나 만기와 듀레이션의 관계는 채권의 발행형태에 따라 달라진다.

(1) 듀레이션과 만기

다른 조건이 동일한 경우에 채권의 만기가 길수록 듀레이션은 길어진다. 이것은 만기가 길수록 원리금의 회수기간이 길어지기 때문이다. 그러나 만기와 듀레이션의 관계는 다소 복잡하여 채권의 발행형태에 따라 달라진다. 채권의 발행형태에 따른 만기와 듀레이션의 관계는 [그림 11-7]에 제시되어 있다.

┃그림 11-7┃ 만기와 듀레이션의 관계

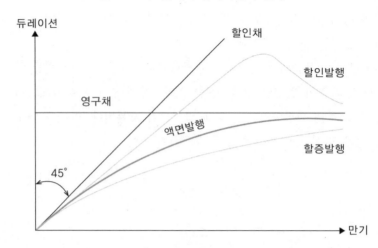

순수할인채는 만기일에만 현금흐름이 발생하기 때문에 듀레이션은 항상 만기와 동일하여 45° 대각선상에 표시된다. 한편 영구채는 만기의 변동에 관계없이 듀레이션이 $(1+r)/r$로 일정하다. 그리고 이표채는 채권의 만기가 길수록 듀레이션이 증가하지만 그 증가율은 체감하는 양상을 보이고 있어 약간 차이가 있다.

(2) 듀레이션과 표면이자율

다른 조건이 동일한 경우에 표면이자율이 높을수록 듀레이션은 짧아진다. 표면이자율이 높을수록 각 기간별 현금흐름이 동일액씩 증가하지만 그 현재가치는 현재에 가까운 시점의 현금흐름일수록 크게 나타나기 때문이다. 따라서 가까운 시점의 가중치는 커지고 먼 시점의 가중치는 작아지므로 듀레이션은 짧아진다.

(3) 듀레이션과 만기수익률

다른 조건이 동일한 경우에 채권의 만기수익률이 높을수록 듀레이션은 짧아진다. 만기수익률이 높을수록 미래현금흐름의 현재가치가 감소하는데 현재로부터 먼 시점의 현금흐름일수록 더 큰 폭으로 감소하기 때문이다. 따라서 가까운 시점의 가중치는 커지고 먼 시점의 가중치는 작아지므로 듀레이션은 짧아진다.

3. 듀레이션과 채권가격변화

듀레이션은 채권현금흐름의 현재가치로부터 채권투자금액을 회수하는데 걸리는 평균회수기간의 의미뿐만 아니라 시장이자율의 변화에 대한 채권가격의 변화정도인 민감도의 의미도 가지고 있다. 따라서 듀레이션을 이용하면 시장이자율이 변화할 경우에 채권가격이 어떻게 변화할 것인지를 쉽게 파악할 수 있다.

(1) 듀레이션과 채권가격의 이자율탄력성

시장이자율이 변화하면 채권가격이 변화하는데, 일정한 이자율 변화에 대해 채권가격이 어느 정도 변화할 것인가는 채권가격의 이자율탄력성을 이용하여 측정할 수 있다. 시장이자율의 변화에 따른 채권가격의 변화정도를 측정하는 채권가격의 이자율탄력성(ε)은 다음과 같이 듀레이션을 이용하여 구할 수 있다.

$$\varepsilon = \frac{dP_0/P_0}{dr/r} = -(\frac{r}{1+r})D \tag{11.13}$$

식(11.13)에서 채권가격의 이자율탄력성은 음수($-$)로 나타나는데, 이는 채권가격의 변화가 시장이자율의 변화와 반비례관계에 있음을 의미한다. 또한 듀레이션이 길수록 채권가격의 이자율탄력성이 크게 나타나는데, 이는 듀레이션이 긴 채권이 일정한 시장이자율의 변화에 따른 채권가격의 변화율이 큰 채권임을 의미한다.

(2) 듀레이션과 채권가격변화위험

다른 조건이 동일하면 만기가 길수록, 표면이자율과 만기수익률이 낮을수록 채권가격의 변동위험이 크게 나타난다. 따라서 이자율하락이 예상되면 만기가 길고 표면이자율이 낮은 채권을 매입하여 자본이득을 극대화하고, 이자율상승이 예상되면 만기가 짧고 표면이자율이 높은 채권을 매입하면 자본손실을 극소화할 수 있다.

(3) 듀레이션을 이용한 채권가격변화

채권가격의 이자율탄력성으로부터 이자율이 r에서 dr만큼 변화할 때 듀레이션에 의해 예측되는 채권가격변화율은 다음과 같다.

$$\frac{dP_0}{P_0} = - \frac{dr}{1+r} \times D \tag{11.14}$$

식(11.14)의 양변에 P_0을 곱하여 정리하면 채권가격변화액은 다음과 같다.

$$dP_0 = - \frac{D}{1+r} \times dr \times P_0 \tag{11.15}$$

시장이자율이 r에서 dr만큼 변화하여 r'가 되었을 때 채권가격은 다음과 같다.

$$P_0(r) = P_0 - \frac{D}{1+r} \times dr \times P_0 \tag{11.16}$$

이와 같이 예측된 채권가격은 채권가격선의 접선에 의해 예측된 값으로 이자율의 변화가 작을 경우에만 의미가 있고 듀레이션을 이용한 채권가격은 실제의 채권가격과 차이가 발생한다. 따라서 듀레이션은 물론 볼록성까지 추가로 고려하면 시장이자율의 변화에 따른 채권가격의 변화액을 정확히 추정할 수 있게 된다.

┃그림 11-8┃ 듀레이션과 채권가격변화

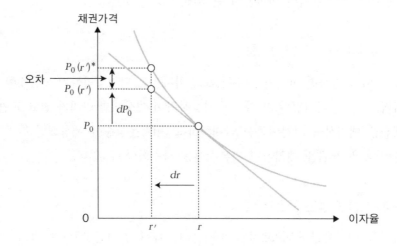

→ 예제 11-5 듀레이션을 이용한 채권가격의 변화

한양기업은 액면가액이 10,000원이고 표면이자율 연 10% 이자후급이며 만기 3년의 채권을 발행하고자 한다. 시장이자율을 8%로 가정하여 다음 물음에 답하시오.

1. 한양기업이 발행하는 채권의 현재 시장가격을 계산하시오.

2. 한양기업이 발행하는 채권의 듀레이션을 계산하시오.

3. 시장이자율이 8%에서 10%로 상승할 경우 채권의 가격은 얼마나 변화하는가?

4. 한양기업이 발행하는 채권의 새로운 가격을 계산하시오.

5. 시장이자율이 10%일 때 실제 채권가격을 계산하고 4의 결과와 비교하시오.

풀이

1. 한양기업이 발행하는 채권의 시장가격은 다음과 같이 구할 수 있다.

$$P_0 = \frac{1,000}{(1+0.08)^1} + \frac{1,000}{(1+0.08)^2} + \frac{11,000}{(1+0.08)^3} = 10,515.42원$$

2. 한양기업이 발행하는 채권의 듀레이션은 다음과 같이 구할 수 있다.

$$D = [1 \times \frac{1,000}{(1.08)^1} + 2 \times \frac{1,000}{(1.08)^2} + 3 \times \frac{11,000}{(1.08)^3}] \frac{1}{10,515.42} = 2.74년$$

3. $dP_0 = -\frac{D}{1+r} \times dr \times P_0 = -\frac{2.74}{1.08} \times (0.02) \times (10,515.42) = -533.56원$

4. 3으로부터 한양기업 채권의 새로운 가격은 다음과 같이 구할 수 있다.

$$P_0 = 10,515.42 - 533.56 = 9,981.86원$$

5. 시장이자율이 10%일 때 실제 채권가격은 다음과 같이 구할 수 있다.

$$P_0 = \frac{1,000}{(1+0.1)^1} + \frac{1,000}{(1+0.10)^2} + \frac{11,000}{(1+0.10)^3} = 10,000$$

4의 결과와 비교하면 듀레이션으로 측정된 채권가격이 실제 채권가격보다 적다. 이는 채권가격과 채권수익률의 관계가 선형이 아닌 원점에 볼록한 형태를 가지고 있기 때문이다.

4. 듀레이션의 한계점

시장이자율의 변화가 작을 경우 듀레이션에 의해 측정되는 접선상의 채권가격과 실제 채권가격이 거의 동일하여 듀레이션이 채권가격의 변화를 측정하는 유용한 수단이 될 수 있다. 그러나 이자율의 변화가 클 경우 듀레이션에 의해 예측된 채권가격과 실제 채권가격간의 오차가 발생하여 볼록성을 추가로 고려해야 한다.

또한 맥콜리의 듀레이션은 모든 기간의 현금흐름에 동일한 이자율을 적용하고, 모든 기간의 이자율이 동일한 폭만큼 변화하므로 모든 기간의 현물이자율이 동일한 수평의 수익률곡선을 가정하고 있다. 따라서 시장이자율이 기간마다 다르거나 시장이자율의 변화가 기간마다 다르다면 맥콜리의 듀레이션을 이용할 수 없다.

제7절 채권의 볼록성

1. 볼록성의 개념

듀레이션을 이용하여 측정한 채권가격의 변화가 실제 채권가격의 변화와 다른 것은 이자율과 채권가격의 관계는 원점에 볼록한 형태의 곡선인데, 듀레이션을 이용하여 측정한 채권가격의 변화는 이자율과 채권가격이 선형관계를 갖는다고 가정하기 때문이다. [그림 11−9]에서 채권가격선이 볼록할수록 차이가 크게 나타난다.

볼록성(convexity)은 시장이자율과 채권가격간의 관계를 나타내는 채권가격선의 볼록한 정도를 말한다. 수학적으로는 이자율의 변화에 따른 채권가격선의 기울기의 변화율을 나타내며 채권가격을 이자율로 2차 미분한 값에 해당한다. 따라서 볼록성을 고려하면 듀레이션에 의해 예측된 채권가격의 오차문제를 해결할 수 있다.

┃그림 11-9┃ 볼록성과 듀레이션의 오차

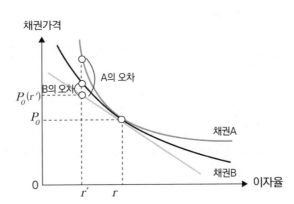

2. 볼록성과 채권가격변동

테일러 확장식에 의하면 시장이자율이 r에서 dr만큼 변화하여 r'가 되었을 경우 채권가격 $P(r')$는 시장이자율 변동 전의 채권가격(P_0)과 다음의 관계를 갖는다.

$$P_0(r') = P_0' + \frac{1}{1}P_0''dr + \frac{1}{2}P_0''(dr)^2 + 3차항 이상의 합 \qquad (11.17)$$

P_0' : 채권가격의 이자율에 대한 1차 미분항
P_0'' : 채권가격의 이자율에 대한 2차 미분항

식(11.17)에서 3차항 이상의 합은 거의 0에 가까운 값이므로 0으로 놓고 우변의 P를 좌변으로 이항시키면, 좌변은 $P_0(r') - P_0$가 되어 채권가격의 변화액을 의미한다. 따라서 이자율 변화에 따른 채권가격 변화액(dP_0)은 다음과 같이 측정할 수 있다.

$$dP_0 = P_0'dr + \frac{1}{2}P_0''(dr)^2 \qquad (11.18)$$

식(11.18)의 양변을 채권의 현재가격 P_0로 나누면 다음과 같다.

$$\frac{dP_0}{P_0} = P_0'\frac{1}{P_0}dr + \frac{1}{2}P_0''\frac{1}{P_0}(dr)^2 \qquad (11.19)$$

식(11.19)의 우변에서 첫번째 항은 듀레이션을 이용하여 측정한 채권가격 변화율을 나타내고, 두번째 항은 볼록성에 의한 채권가격 변화율을 나타낸다. 따라서 채권의 볼록성은 채권가격의 시장이자율에 대한 2차 미분항을 이용하여 다음과 같이 구할 수 있다.

$$C = \frac{1}{2} P_0{''} \frac{1}{P_0} = \frac{1}{2} \sum_{t=1}^{n} \frac{t(t+1)C_t}{(1+r)^{t+2}} \frac{1}{P_0} \tag{11.20}$$

시장이자율이 r에서 dr만큼 변화할 경우의 볼록성에 의한 채권가격변화율과 채권가격변화액은 다음과 같다.

$$\frac{dP_0}{P_0} = C\,(dr)^2 \tag{11.21}$$
$$dP_0 = C(dr)^2 P_0$$

따라서 듀레이션과 볼록성을 모두 이용하는 경우 시장이자율 변화후의 채권가격은 다음과 같이 구할 수 있다. 이렇게 계산한 채권가격은 실제 채권가격과 거의 일치하게 된다.

$$P_0(r{'}) = P_0 - \frac{D}{1+r}\,dr\,P_0 + C\,(dr)^2 P_0 \tag{11.22}$$

제8절 채권투자전략

1. 보수적 채권투자전략

소극적 채권투자전략은 채권시장이 효율적임을 전제로 채권투자에 따른 이자율변동위험을 최소화시키고자 하는 방어적 전략을 말한다. 채권시장이 효율적이면 시장평균보다 더 높은 성과를 얻기가 어렵기 때문에 위험을 최소화하는 전략이 효과적이다. 소극적 채권투자전략은 면역전략과 만기전략으로 구분된다.

(1) 채권면역전략

일반적으로 채권은 확정이자부증권으로 투자자가 채권에 투자하면 정기적인 확정이자의 지급과 만기시 원금의 상환을 보장받게 되어 주식투자에 비해 상대적으로 안정성을 갖는 투자대상이다. 그러나 채권도 주식과 마찬가지로 채권고유의 위험을 내포하고 있으며 이자율변화에 따른 위험이 가장 중요시되고 있다.

┃그림 11-10┃ 채권투자시 가격위험과 재투자수익위험

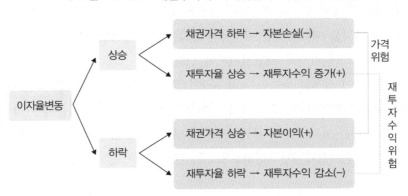

채권투자와 관련된 시장이자율의 변화위험은 가격변동위험과 재투자수익변동위험으로 구분되는데, 시장이자율이 변화하면 이들은 서로 반대방향으로 움직인다. 즉 시장이자율이 상승하면 채권가격은 하락하나 재투자수익은 증가하고, 시장이자율이 하락하면 채권가격은 상승하나 재투자수익은 감소한다.

따라서 두 효과를 적절히 상쇄시키면 체계적 위험인 이자율변화위험을 제거할 수 있어 이자율이 급변하는 투자환경 속에서도 투자자산을 방어할 수 있다는 매혹적인 결론에 이르게 된다. 이처럼 이자율변화의 상쇄효과에 착안하여 이자율변동이라는 시장위험을 회피하려는 채권투자전략이 면역전략이다.

요컨대 면역전략(immunization strategy)은 채권포트폴리오의 듀레이션과 채권투자기간을 일치시키면 채권투자종료시(목표시점) 채권포트폴리오의 실현수익률이 투자기간 동안의 시장이자율의 변화에 관계없이 약속수익률을 상회하게 될 것을 보장하는 전략을 말하며 듀레이션의 개념을 기초로 하고 있다.

즉 투자기간을 듀레이션과 일치시키면 이자율변화위험을 회피할 수 있는 면역상태가 가능하게 되어 미래현금흐름의 편차를 적게 하면서 약속수익률을 달성할 수 있다. 예

컨대 어느 채권투자자가 2.7년 후에 자금이 필요한데 이자율변화위험을 제거하고 싶으면 듀레이션이 2.7년인 채권에 투자하면 된다.

따라서 채권면역전략은 시장이자율이 변화하면 채권가격위험과 재투자수익위험이 서로 반대방향으로 움직인다는 상쇄효과에 착안하여 이자율변화위험을 제거하려는 채권투자전략으로 이용이 확산되고 있다. 그러나 면역전략의 일반적인 적용에 다음과 같은 현실적인 문제점들이 없는 것은 아니다.

먼저 채권투자규모가 상당액 이상이어야 하므로 소액투자자는 이용하기 어렵고 수많은 채권에 대한 듀레이션을 계산하려면 컴퓨터시스템의 이용이 전제되어야 하며 완벽하게 이자율변동위험을 제거하려면 이자율이 변화할 때마다 모든 채권의 듀레이션이 조금씩 변하여 채권포트폴리오를 재면역시켜야 한다.

또한 투자자들이 실제로 원하는 목표투자기간과 동일한 듀레이션을 갖는 채권을 찾는다는 것은 쉬운 일이 아니다. 그러나 듀레이션은 가법성을 갖기 때문에 여러 가지 채권을 결합시켜 원하는 듀레이션의 채권포트폴리오를 구성할 수 있다. 채권면역전략은 목표시기면역전략과 순자산가치면역전략으로 구분된다.

1) 목표시기면역전략

목표시기면역전략은 투자자의 목표투자기간과 동일한 듀레이션을 갖는 채권에 투자하면 이자율변화에 따른 채권가격의 변화와 액면이자의 재투자수익의 변화가 서로 상쇄되어 이자율변화위험을 완전히 제거시키는 면역전략을 말하며 미래현금흐름의 편차를 적게 하면서 약속수익률을 얻을 수 있게 된다.

그러나 투자자가 원하는 목표투자기간과 동일한 듀레이션을 갖는 채권을 찾는다는 것은 쉬운 일이 아니며 시간이 경과하고 시장이자율이 변화할 때마다 채권의 듀레이션이 조금씩 변하므로 채권포트폴리오를 재면역시켜야 하고 채권포트폴리오를 재구성함에 따라 거래비용이 증가한다는 문제점이 있다.

예제 11-6 목표시기면역전략

국제기업은 액면가액 10,000원이고 표면이자율 연 12% 이자후급이며 시장이자율은 8%, 만기 3년의 채권을 발행하였다. 시장이자율이 10%로 상승할 경우 채권의 시장가격은 10,497원이고 듀레이션은 2.6977년이다. 다음 물음에 답하시오.

1. 시장이자율이 8%로 불변인 경우 2.7년 후 투자자의 부를 계산하시오.
2. 시장이자율이 10%로 상승할 경우 2.7년 후 투자자의 부를 계산하시오.

풀이

1. 시장이자율이 8%로 유지될 경우 2.7년 후에 투자자의 부는 13,578원이 된다.

① 이자소득의 재투자수입은 이자수입이 있을 때마다 남은 기간 재투자수익률 8%에 재투자한다.

$$1,200(1.08)^{1.7} + 1,200(1.08)^{0.7} = 1,368 + 1,264 = 2,634원$$

② 2.7년 시점에서 채권의 매각대금은 시장이자율 8%로 할인하여 구한다.

$$11,200/(1.08)^{3-2.7} = 10,944원$$

∴ 2.7년 후의 부 = ①+② = 2,634+10,944 = 13,578원

2. 시장이자율이 10%로 상승할 경우 2.7년 후에 투자자의 부는 13,578원이 된다.

① 이자소득의 재투자수입은 이자수입이 있을 때마다 남은 기간 재투자수익률 10%에 재투자한다.

$$1,200(1.10)^{1.7} + 1,200(1.10)^{0.7} = 1,411 + 1,283 = 2,694원$$

② 2.7년 시점에서 채권의 매각대금은 시장이자율 10%로 할인하여 구한다.

$$11,200/(1.10)^{3-2.7} = 10,884원$$

∴ 2.7년 후의 부 = ①+② = 2,694+10,884 = 13,578원

시장이자율이 8%에서 10%로 상승하면 자본손실이 60원 발생하지만, 이자수입의 재투자수익은 60원 증가하는 소득효과가 발생하여 서로 상쇄됨으로써 시장이자율이 8%로 유지되었을 경우 부와 동일하게 되어 이자율변동위험을 제거시키는 채권면역이 가능하게 된다.

2) 순자산가치면역전략

순자산가치면역전략은 시장이자율이 변화하면 자산가치의 변동과 부채가치의 변동이 서로 달라져서 순자산가치가 변동하는 경우에 자산과 부채의 듀레이션을 적절하게 조정하여 이자율변화에 따른 자산가치변화액과 부채가치변화액을 상쇄시킴으로써 순자

산가치의 변화위험을 제거하기 위한 투자전략을 말한다.

자산의 시장가치를 A, 부채의 시장가치를 L, 자산의 듀레이션을 D_A, 부채의 듀레이션을 D_B라고 하면 시장이자율의 변화에 따른 자산가치의 변화액(dA)과 부채가치의 변화액(dL)은 식(11.15)로부터 다음과 같이 나타낼 수 있다.

$$dA = -\frac{D_A}{1+r} \times dr \times A \tag{11.23}$$

$$dL = -\frac{D_L}{1+r} \times dr \times L \tag{11.24}$$

식(11.23)과 식(11.24)에서 $dA = dL$이 되면 시장이자율의 변동에 따른 순자산가치의 변화위험을 제거할 수 있게 된다. 따라서 자산과 부채의 시장이자율과 시장이자율의 변동이 동일하다면 다음의 관계가 성립하도록 자산과 부채를 구성할 경우 $dA = dL$이 되어 순자산가치의 변화위험을 제거할 수 있다.

$$D_A \times A = D_L \times L \tag{11.25}$$

그리고 자산의 시장가치와 부채의 시장가치가 동일한 경우에는 $D_A = D_L$이 되도록 자산과 부채를 구성할 경우 $dA = dL$이 되어 순자산가치변화위험을 제거할 수 있다.

$$D_A = D_L \tag{11.26}$$

(2) 만기구성전략

1) 래더형 전략

래더형 전략은 채권의 투자자금을 단기채부터 장기채까지 보유량을 동일하게 유지하여 이자율변동으로 인한 위험을 평준화시키고 수익성도 어느 정도 확보하려는 만기구성전략을 말한다. 예를 들면 만기 1년물부터 10년물까지 투자자금의 10%씩을 균등하게 분배하는 방법을 말한다.

래더형 전략은 채권포트폴리오를 구성하여 1년 후에 최단기채가 상환되면 상환금액을 10년물에 재투자하여 그 시점에서 채권포트폴리오는 다시 1년물부터 10년물까지 균등하게 배분되어 관리가 용이하고 평균수익률이 상대적으로 높으며 이자율예측이 필요하지 않다는 장점이 있다.

그러나 래더형 전략은 시장이자율 예측에 관계없이 상환금액을 즉시 기계적으로 재투자하기 때문에 평균적으로 수익률은 높지만 이자율변화위험을 유리하게 이용하여 수익을 극대화하려는 적극적인 채권투자전략에 비해서 아무래도 수익성이 낮을 수밖에 없다는 단점이 존재한다.

2) 바벨형 전략

바벨형 전략은 채권의 잔존기간의 장단에 따라 최단기채에서 최장기채까지 골고루 편입하는 래더형 전략과는 달리 단기채와 장기채만으로 포트폴리오를 구성하고 중기채는 포트폴리오에 편입하지 않아 이자율변화로 인한 위험을 평준화하면서 유동성과 수익성을 동시에 확보하려는 전략을 말한다.

바벨형 전략의 기본개념은 중기채는 장기채에 비해 표면금리 및 가치상승에 의한 이익이 적고, 단기채만큼 가치하락에 대해 강하지 않다. [표 11-2]에서 보는 바와 같이 장기채는 시장이자률이 하락할 때의 가격상승폭이 크고 시장이자율이 상승할 때의 가격하락률도 크며 환금성은 단기채만큼 풍부하지 못하다.

┃표 11-2┃ 장기채와 단기채의 비교

구분	단기채	장기채
유동성	크다	작다
수익성	낮다	높다
가격변동성	작다	크다

바벨형 전략은 단기채의 유동성과 장기채의 수익성이 맞물려 이자율변화위험을 상쇄시키고 장래의 금리전망이 확실하면 단기채 또는 장기채 주력형으로 전환하여 수익성을 높일 수 있다. 그러나 매년 장기채를 매입해야 하므로 관리가 어렵고 장기채의 교환에 따른 수수료가 증가한다는 단점이 있다.

2. 적극적 채권투자전략

적극적 채권투자전략은 시장이자율의 변화위험을 유리하게 이용하여 채권투자를 통해 얻을 수 있는 이자수입, 이자를 재투자해서 얻는 수익, 시세차익을 추구하는 전략을 말한다. 적극적 투자전략에는 이자율예측에 의한 만기구성전략, 채권스왑전략, 수익률 곡선타기전략, 스프레드 운용, 조건부 면역전략 등이 있다.

(1) 이자율예측에 의한 만기구성전략

채권포트폴리오의 만기구성을 가능한 유리하게 하려면 무엇보다도 정확한 이자율 전망이 선행되어야 하며, 그 전망에 기초하여 채권포트폴리오의 만기구성을 그때그때 적절히 변경시키지 않으면 안 된다. 또한 이자율은 경기변동에 따라 움직이는 경향이 있으므로 경기변동도 감안할 필요가 있다.

이자율 하락이 예상되는 경우에는 장기채일수록 가격상승폭이 커지므로 시세차익을 적극적으로 얻고자 한다면 채권포트폴리오 전체의 만기구성을 가능한 한 길게 하는 것이 유리하다. 또한 표면이자율이 낮은 채권의 포트폴리오가 이자율 하락에 따른 가격상승이익을 보다 많이 올릴 수 있다.

이자율 상승이 예상되는 경우에는 장기채를 많이 보유하면 가격하락폭이 단기채에 비해 커지게 되어 큰 손실을 입는다. 따라서 이자율 상승에 따른 손실을 최소화하려면 가격하락폭이 작은 단기채 중심의 포트폴리오가 효과적이다. 또한 표면이자율이 높은 채권의 포트폴리오가 손실을 최소화할 수 있다.

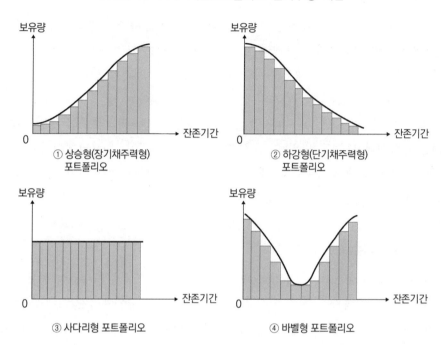

▌그림 11-11▐ 채권포트폴리오 만기구성 패턴

이자율 수준이 보합을 형성하여 향후의 이자율 전망이 불투명하면 상승형 또는 하강형의 패턴을 취하는 것보다는 이자율 상승과 하락에 대처할 수 있도록 채권포트폴리오를 구성하는 것이 바람직하다. 즉 이자율이 상승국면으로 진입하면 단기채, 하락국면으로 진입하면 장기채로 변경하는 것이 필요하다.

그리고 시장이자율은 경기순환변동에 따라 움직이는 경향이 있으므로 이자율 예측을 할 때 경기순환변동을 감안해야 한다. 따라서 호황이나 이자율 상승이 예상되면 채권의 만기구성을 단기화하고, 불황이나 이자율 하락이 예상되면 채권의 만기구성을 장기화하여 투자수익을 극대화시키는 전략이 필요하다.

(2) 채권스왑전략

스왑전략은 본래 단기적인 매매차익을 얻기 위한 목적에서 채권의 수익률, 만기, 향후의 이자율변화, 세금관계 등 채권가격에 영향을 미칠 수 있는 요인들을 송합적으로 고려하여 현재 보유하고 있는 채권을 수익성이 더 좋을 것으로 예상되는 새로운 채권으로 교체하는 투자전략을 말한다.

1) 대체스왑

대체스왑(substitution swap)은 현재 보유한 채권과 유사한 조건의 새로운 채권이 발행될 때 일시적인 공급초과로 현재의 채권보다 조금 낮은 가격에 발행되는 것을 이용하여 보유한 채권을 매도하고 새로운 채권을 매입하여 두 채권가격간의 차이만큼 이익을 얻는 전략을 말하며 일종의 금리차익거래라고 할 수 있다.

예를 들어 만기 30년, 표면이자율, 7%, 채권등급 AAA의 어느 회사채가 액면가액 10,000원에 판매되고 있다. 만약 이 회사채와 동일한 채권이 새로 발행되면서 일시적인 공급과다로 9,800원에 판매된다면 채권관리자는 앞의 채권을 매도하고 뒤의 채권을 매입함으로써 수익률을 높이거나 자본차익을 남길 수 있다.

2) 이자율예상스왑

금리예상스왑(interest rate anticipation swap)은 전체적인 금리수준의 변동성을 미리 예측하여 이러한 변화가 실제로 일어났을 때 유리하도록 단기채를 장기채 또는 장기채를 단기채로 교체하여 투자성과를 높이는 전략을 말한다. 채권포트폴리오의 만기구성을 유리하게 하려면 정확한 금리전망이 선행되어야 한다.

따라서 금리하락이 예상되면 만기가 짧고 표면이자율이 높은 채권을 매도하고 만기가 길고 표면이자율이 낮은 채권을 매입하여 자본이득을 극대화한다. 그리고 금리상승이 예상되면 만기가 길고 표면이자율이 낮은 채권을 매도하고 만기가 짧고 표면이자율이 높은 채권을 매입함으로써 자본손실을 극소화한다.

3) 스프레드운용스왑

스프레드운용스왑(intermarket spread swap)는 서로 다른 두 종목간의 수익률격차가 어떠한 이유로 인해 일시적으로 확대 또는 축소되었다가 시간이 경과하면 원래의 상태로 되돌아가는 채권의 특성을 이용하여 수익률격차가 확대 또는 축소된 시점을 파악하여 교체매매로 수익률을 높이려는 방법을 말한다.

예컨대, 채권 A와 B의 수익률 추이가 [그림 11-12]와 같다고 하자. 채권 B를 보유하고 있는 투자자는 두 채권의 수익률격차가 확대되는 시점(a)에 B채권에서 A채권으로 교체하고, 격차가 축소되는 시점(b)에는 A채권에서 B채권으로 교체한다. 다시 격차가 확대되는 시점(c)에는 B채권에서 A채권으로 교체한다.

스프레드운용전략은 수익률을 높이기 위해 비싼 채권을 매도하고 싼 채권을 매입하는 교체시점의 포착이 중요하다. 따라서 두 채권간의 수익률 차이가 확대되면 수익률이 낮은 종목에서 높은 종목으로 교체하고, 두 채권의 수익률 차이가 축소되면 수익률이 높은 종목에서 낮은 종목으로 교체하여 수익률을 극대화한다.

┃그림 11-12┃ 스프레드 운용

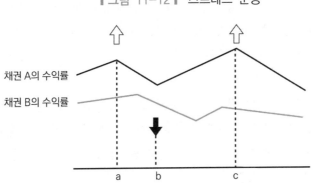

4) 질적 스왑

이종채권과의 교체는 보유하고 있는 채권을 다른 종류의 채권으로 교체하는 것이다. 그런데 경기변동이 채권가격에 미치는 영향이 채권의 질적 차이에 따라 다르게 나타나는 점을 이용하여 다음과 같이 거래함으로써 자본이득을 극대화하고자 하는 전략을 질적 스왑(quality swap)이라고 한다.

따라서 경기가 호황에서 불황으로 전환할 경우에는 질이 낮은 위험이 큰 채권을 매도하고 질이 높은 위험이 작은 채권을 매입한다. 그리고 경기가 불황에서 호황으로 전환할 경우에는 질이 높은 위험이 작은 채권을 매도하고 질이 낮은 위험이 큰 채권을 매입함으로써 투자성과를 높인다.

5) 이자율획득스왑

이자율획득스왑(yield pick up swap)은 동종채권과의 교체는 두 채권의 수익률이 동일해야 하는데 일시적으로 차이가 있을 경우에 유리한 채권으로 교체하여 만기수익률이 낮은 채권은 매도하고 만기수익률이 높은 채권은 매입함으로써 투자수익률을 극대화하는 전략을 말한다.

(3) 수익률곡선타기전략

수익률곡선은 시장환경에 따라서 여러 가지 형태로 그 형태가 변한다. 모양이 바뀔 뿐만 아니라 금리수준의 등락에 따라 상하로 위치까지도 바뀌게 된다. 따라서 수익률곡선을 이용하면 시세의 추이를 정확하게 파악할 수 있다. 일반적으로 채권수익률곡선은 이자율수준의 변화에 따라 다음과 같이 변한다.

금리최저기에는 완만하게 우상승하며, 금리상승기에는 점차로 상승하고, 금리상승기말에는 상승과 함께 평행을 이루며, 금리최상기에는 금리수준이 최고로 되고 좌측이 급상승한다. 그리고 금리가 하락할 때는 금리의 상승과 반대의 과정이 진행된다. 따라서 예상되는 수익률곡선의 변동에 따라 투자방법이 다르다.

채권수익률의 곡선은 시장이자율의 예측은 물론이고 만기별 채권수익률의 차이를 발견하는 데도 이용될 수 있기 때문에 채권투자수익을 높이는 적극적 채권투자전략에 활용되고 있다. 그리고 시장이자율의 수준이 일정하더라도 잔존기간이 짧아지면 채권수익률은 떨어지고 채권가격은 상승한다.

┃그림 11-13┃ **수익률곡선상의 롤링효과와 숄더**

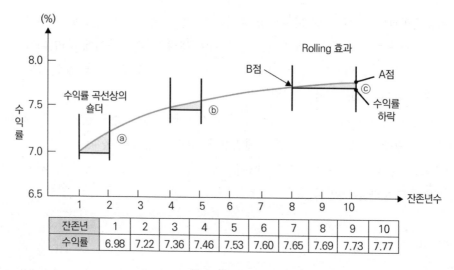

잔존년	1	2	3	4	5	6	7	8	9	10
수익률	6.98	7.22	7.36	7.46	7.53	7.60	7.65	7.69	7.73	7.77

예컨대 잔존기간이 10년인 채권을 수익률 7.7%로 매입하고(A점) 2년이 경과하여 잔존기간이 8년이 되면 수익률은 7.69%까지 하락하여 0.08% 수익률 하락에 따른 시세차익과 경과이자를 투자수익으로 얻는다. 이때의 시세차익은 금리수준의 변동에 의한 것이 아니고 잔존기간이 짧아짐에 따라 얻게 된 것이다.

잔존기간이 단축됨에 따라 수익률이 하락하여 가격이 상승하는 효과를 롤링효과 (rolling effect)라고 한다. 즉 잔존기간이 단축되면 수익률 하락을 기대할 수 있어 채권을 매입하여 만기까지 보유하지 않고 중도에 매도하고 다시 채권을 매입하여 투자수익률을 높이려는 적극적 채권투자전략을 수익률곡선 타기전략이라고 한다.

채권수익률의 곡선은 금리보합기에도 상승형이 되지만 각 잔존년수마다 그 수익률 격차가 일정한 것은 아니다. [그림 11-13]에서 10년 만기채가 9년 만기채로 잔존기간이 단축되는데 따른 수익률 하락폭보다 5년 만기채가 4년 만기채로 단축되는데 따른 수익률 하락폭이 크게 나타난다는 것을 알 수 있다.

만기 2년 만기채가 1년 만기채로 잔존기간이 짧아지면 수익률 하락폭은 극단적으로 커지며, 단기채에서 볼 수 있는 극단적인 수익률 하락폭을 숄더라고 한다. 채권투자기간이 1년이면 만기 1년짜리 채권에 투자하는 것보다 2년 만기채에 투자했다 1년 후에 매도하는 것이 투자수익률을 높일 수 있다.

그러면 항상 숄더(shoulder)를 이용하는 것이 수익률하락폭(가격상승폭)이 크므로 롤링효과(rolling effect)를 이용하는 것보다 투자수익률을 높일 수 있는가? 반드시 그렇다고 할 수 없다. 왜냐하면 2년 만기채와 10년 만기채의 경우 시장이자율 변화에 따른 채권가격의 변동성이 크게 다르기 때문이다.

(4) 조건부 면역전략

조건부 면역전략(contingent immunization strategy)은 보수적 전략과 적극적 전략을 결합한 투자전략으로 이자율변동의 상황이 유리하지 않으면 면역전략을 사용하고 초과수익을 얻을 수 있는 얻을 수 있는 유리한 상황으로 전개되면 적극적으로 채권포트폴리오를 관리해 나가는 전략을 말한다.

전형적 면역전략에서는 목표투자수익률과 목표투자기간이 고정되어 있는 반면에 조건부 면역전략에서는 최초의 목표투자수익률에서 약간 낮은 투자수익률을 허용하고 투자자금을 회수하는 목표투자기간에도 일정기간의 범위 내에서 약간의 융통성을 부여하게 된다.

조건부 면역전략은 당초의 목표투자수익률보다 약간 낮은 수익률을 최저치로 설정한 후 시장수익률이 하락하여 운용수익률이 최저목표수익률을 상회하면 적극적으로 운용하고 시장수익률이 상승하여 운용수익률이 최저목표수익률을 하회하면 전형적 면역전략을 구사하여 최저목표수익률을 확보하는 탄력적인 운용전략이다.

┃그림 11-14┃ 조건부 면역전략

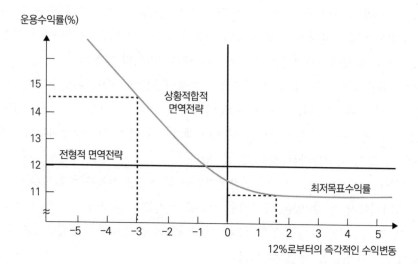

채권의 등급평정

채권수익률의 위험구조에서 가장 중요한 것은 채권의 발행자가 원리금을 약정대로 지급하지 못할 수 있는 채무불이행위험이다. 그런데 채무불이행위험은 투자자 스스로 판단할 수도 있지만, 대부분은 전문적인 채권평가기관에서 여러 자료들을 분석하여 일반에게 공개하는 채권평정에 의존하는 것이 일반적이다.

채권평정(bond rating)은 신용평가기관이 채권발행자의 신용도와 채무불이행의 가능성을 평가하여 그 정도에 따라 채권의 등급을 결정하는 것을 말하며 질적 평정이라고도 한다. 우리나라는 한국신용평가회사와 한국신용정보 등이 채권평정을 하고 있으나 미국의 경우는 채권평정이 실무적으로 보편화되어 있다.

미국의 무디스와 S&P의 채권평정이 널리 사용된다. 채권의 신용위험의 정도에 따라 무디스사는 Aaa에서 C까지 9개의 등급, S&P사는 AAA에서 E까지 11개의 등급을 부여한다. 이들은 투자자보호조항, 담보물, 이자보상비율, 자본화비율, 유동비율 그리고 기타 재무자료 등을 분석하여 일반투자자에게 공개하고 있다.

채권의 질적평정은 채권을 평가할 때 할인율에 영향을 미치며 채권가격은 할인율에 의해 결정되기 때문에 채권평정은 채권의 가격결정에 직접적인 영향을 미친다. 채권평정이 높은 고급채권일수록 채권수익률이 낮고 스프레드도 낮은 반면에 채권평정이 낮은 저급채권일수록 높은 채권수익률과 높은 스프레드를 갖는다.

그러나 채권평정과 할인율과의 관계는 항상 일정한 것은 아니며 정부의 재정금융정책, 자금의 수요공급 그리고 경기변동 등에 따라 변할 수 있다. 흔히 경기회복기에는 스프레드가 적고 경기후퇴기에는 스프레드가 커진다. 그 이유는 경기변동에 따라 투자자들의 위험에 대한 태도가 달라지기 때문이다.

따라서 낙관적인 분위기가 지배적인 경기회복기에는 일정한 위험에 대해서 보다 적은 위험프리미엄을 요구하고, 경기후퇴기에는 보다 큰 위험프리미엄을 요구하는 것이 일반적이기 때문이다. 채무불이행위험과 잔존기간과의 관계는 등급이 낮은 채권과 등급이 높은 채권의 경우로 나누어 볼 수 있다.

채권의 잔존기간에 동일한 위험률을 가진 채권이 있다고 가정하면 그 위험률은 만기에 가까워질수록 감소한다. 실제로 항상 동일한 위험률 또는 재무상황을 유지하고 있는 발행자는 없겠으나, 등급이 높은 채권의 발행자라면 투자자는 잔존기간이 짧아짐에 따라 위험은 감소한다고 생각해도 좋을 것이다.

 우리나라 신용평가기관들은 S&P사와 유사한 신용등급을 사용하고 있고 회사채 신용등급은 원리금의 상환능력에 따라 AAA~D까지 10개의 등급으로 분류된다. AAA~BBB까지는 투자적격등급, BB~D까지는 투기적 등급에 해당한다. 그리고 AA부터 B등급까지는 +와 −를 추가하여 등급을 세분화하고 있다.

┃표 11-3┃ 회사채 신용등급의 기호와 의미

등급		정의
투자등급	AAA	원리금의 지급능력이 최상급임
	AA	원리금의 지급능력은 매우 우수하나 AAA의 채권보다는 다소 열위임
	A	원리금의 지급능력은 우수하나 상위등급에 비해 경제여건 및 환경악화에 따라 장래 원리금의 지급능력이 저하될 가능성을 내포하고 있음
	BBB	원리금의 지급능력은 양호하나 장래 안전에 대해서는 단언할 수 없는 투기적인 요소를 내포하고 있음
투기등급	BB	원리금의 지급능력이 당장은 문제가 없으나 장래 안전에 대해서는 단언할 수 없는 투기적인 요소를 내포하고 있음
	B	원리금의 지급능력이 결핍되어 투기적이며 불황시에 이자지급이 확실하지 않음
	CCC	원리금의 지급능력에 관해 현재에도 불안요소가 있으며 채무불이행위험이 커서 매우 투기적임
	CC	상위등급에 비해 불안요소가 더욱 큼
	C	채무불이행의 위험성이 높고 원리금의 상환능력이 없음
	D	원리금의 상환불능 상태임

자료 : 한국신용평가(주)

제1절 채권의 가치

1. 채권의 가치평가 : 채권투자로부터 얻게 될 이자(I)와 원금(F)의 현재가치

① 이표채 : $P_0 = \sum_{t=1}^{n} \dfrac{I}{(1+r)^t} + \dfrac{F}{(1+r)^n}$

② 무이표채 : $P_0 = \dfrac{F}{(1+r)^n}$

③ 영구채 : $P_0 = \dfrac{I}{r}$

2. 채권가격의 특성

① 이자율이 하락하면 채권가격은 상승하고 이자율이 상승하면 채권가격은 하락
② 이자율의 변동폭이 동일하면 이자율 하락에 따른 채권가격의 상승폭은 이자율 상승에 따른 채권가격의 하락폭보다 크게 나타남
③ 만기가 길어질수록 일정한 이자율 변동에 대한 채권가격의 변동폭이 커짐
④ 만기가 길어질수록 만기의 한 단위 증가에 따른 채권가격의 변동폭은 감소
⑤ 표면이자율이 낮을수록 이자율 변동에 따른 채권가격의 변동률은 커짐

제2절 채권수익률의 개념

1. 현물이자율 : 현재시점부터 일정기간 동안의 연평균이자율
2. 선도이자율 : 현물이자율에 내재된 미래 특정시점부터 일정기간 동안의 이자율
3. 현물이자율과 선도이자율의 균형관계 : $(1+_0r_n)^n = (1+_0r_{n-1})^{n-1}(1+_{n-1}f_n)$

제3절 채권수익률의 기간구조

1. 불편기대가설 : 선도이자율이 미래의 기간별 기대현물이자율과 일치하도록 현재시점에서 채권수익률이 결정된다는 가설
2. 유동성선호가설 : 선도이자율이 미래의 기간별 기대현물이자율과 유동성프리미엄의 합이 되도록 채권수익률이 결정된다는 가설
3. 시장분할가설 : 투자자들이 선호하는 만기에 따라 채권시장은 몇 개의 하위시장으로 분할되고 채권수익률은 각 시장의 수급에 의해 결정된다는 가설
4. 선호영역가설 : 투자자들이 선호하는 만기가 존재하나 충분한 대가가 주어지면 자신이 선호하지 않는 만기의 채권에도 투자할 수 있다는 가설

1. 체계적 위험 : 이자율변동위험, 인플레이션위험
2. 비체계적 위험 : 채무불이행위험, 수의상환위험, 유동성위험

제5절 듀레이션과 볼록성

1. 듀레이션의 개요
① 듀레이션의 의의 : 채권투자에 따른 현금흐름을 회수하는데 걸리는 평균기간
② 듀레이션의 특성 : 만기↑ → D↑, 표면이자율↑ → D↓, 만기수익률↑ → D↓
2. 듀레이션과 채권가격변동

① 채권가격의 이자율탄력성 : $\varepsilon = \dfrac{dP_0/P_0}{dr/r} = -\left(\dfrac{r}{1+r}\right)D$

② 듀레이션에 의한 채권가격변동 : $dP_0 = -\dfrac{D}{1+r} \times dr \times P_0$

3. 볼록성의 개념 : 이자율변화에 따른 채권가격선 기울기의 변화율을 나타냄
4. 볼록성에 의한 채권가격변동 : $dP_0 = C \times (dr)^2 \times P_0$

제6절 채권투자전략

소극적 투자전략

(1) 채권면역전략 : 이자율변동에 따른 위험을 제거하기 위한 채권투자전략
① 목표시기면역전략 : 채권의 투자기간 = 채권의 듀레이션
② 순자산가치면역전략 : $D_A \times A = D_L \times L$
(2) 만기구성전략 : 래더형 만기전략, 바벨형 만기전략

2. 적극적 투자전략

(1) 이자율예측에 의한 만기구성전략
① 이자율 하락이 예상되면 만기가 길고 표면이자율이 낮은 채권을 매입
② 이자율 상승이 예상되면 만기가 길고 표면이자율이 낮은 채권을 매도
(2) 채권스왑전략
① 대체스왑 : 보유채권을 일시적 요인에 의해 과소평가된 채권으로 교체
② 이자율예상스왑 : 금리의 변동가능성을 미리 예측하여 유리한 채권으로 교체
③ 스프레드스왑 : 매매시점을 잘 포착하여 가격상승이 보다 큰 종목으로 교체
④ 질적스왑 : 보유채권을 수익률격차의 변동을 이용하여 이종채권으로 교체
(3) 수익률곡선타기전략 : 수익률곡선이 우상향인 경우에만 유용한 전략
(4) 조건부 면역전략

1 이자율과 채권가격에 관한 설명으로 가장 적절하지 않은 것은? (2014년)

① 이자율이 상승하면 채권가격은 하락한다.

② 만기가 길어질수록 동일한 이자율변동에 대한 채권가격 변동폭이 커진다.

③ 만기가 길어질수록 동일한 이자율변동에 대한 채권가격 변동폭은 체감적으로 증가한다.

④ 이자율 상승시 채권가격 하락보다 동일 이자율 하락시 채권가격 상승이 더 크다.

⑤ 액면이자율이 높을수록 동일한 이자율 변동에 대한 채권가격 변동률이 더 크다.

| 해설 | 다른 조건이 동일하면 액면이자율이 낮을수록 동일한 이자율 변동에 대한 채권가격 변동률이 더 크다.

2 시장이자율이 하락할 것으로 예상한 투자자가 앞으로 1년 동안 수익률을 극대화하기 위해 취할 수 있는 채권투자전략 중 가장 유리한 것은? (1999년)

① 상대적으로 액면이자율이 낮은 만기 1년 이상의 장기채를 매도한다.

② 상대적으로 액면이자율이 높은 만기 1년 미만의 단기채를 매입한다.

③ 상대적으로 액면이자율이 낮은 만기 1년 미만의 단기채를 매입한다.

④ 상대적으로 액면이자율이 높은 만기 1년 이상의 장기채를 매입한다.

⑤ 상대적으로 액면이자율이 낮은 만기 1년 이상의 장기채를 매입한다.

| 해설 | 시장이자율이 하락하면 채권가격은 상승하므로 시장이자율의 변화에 대한 채권가격의 변화가 큰 채권을 매입하는 것이 유리하다. 따라서 만기가 길고 표면이자율이 낮은 채권을 매입해야 자본이득을 극대화할 수 있다.

3 액면가액 10,000원, 만기 3년, 표면이자율 연 16%(이자는 매 분기말 지급)로 발행된 회사채가 있다. 만기일까지 잔존기간이 5개월 남은 현시점에서 회사채의 만기수익률이 연 12%이면 채권의 이론가격은? (가장 근사치를 고를 것) (2001년)

① 9,890원 ② 10,000원 ③ 10,112원

④ 10,297원 ⑤ 10,390원

| 해설 | 마지막 이자와 원금을 지급하는 시점은 만기일인 5개월 후이고, 그 직전 이자를 지급하는 시점은 만기일로부터 3개월 전이다. 회사채에 투자할 경우 미래 현금흐름은 2개월 후 이자 400원(=10,000×0.16×1/4)과 5개월 후의 이자와 원금 10,400원이므로 채권의 이론가격을 계산하면 10,297원이다.

$$P_0 = \frac{400}{1+0.12\times 2/12} + \frac{10,400}{1+0.12\times 5/12} = 10,297원$$

4 이자율 기간구조이론에 대한 설명으로 가장 적절하지 않은 것은? (2012년)

① 기대가설에 따르면 미래 이자율이 상승할 것으로 예상하면 수익률곡선은 우상향한다.

② 유동성선호가설에 따르면 투자자들이 위험회피형이라고 할 때 선도이자율은 미래 기대현물이자율보다 높다.

③ 기대가설에 따르면 2년 만기 현물이자율이 1년 만기 현물이자율보다 높으면 현재로부터 1년 후의 선도이자율은 1년 만기 현물이자율보다 높아야 한다.

④ 기대가설에 따라 계산한 선도이자율은 미래 기대현물이자율과 같지 않다.

⑤ 실질이자율과 이자율위험프리미엄이 일정하다고 가정할 때 투자자들이 미래의 인플레이션율이 더 높아질 것이라고 믿는다면 수익률곡선은 우상향한다.

| 해설 | 기대가설은 선도이자율이 미래의 기대현물이자율과 일치하도록 현재시점에서 현물이자율이 결정된다는 이론이다.

5 이자율 기간구조이론와 관련한 설명으로 가장 적절한 것은? (2019년)

① 만기와 현물이자율간의 관계를 그래프로 나타낸 수익률곡선은 항상 우상향의 형태로 나타난다.

② 불편기대이론에 의하면 투자자는 위험중립형이며 미래 기대 현물이자율은 선도이자율과 동일하다.

③ 유동성프리미엄이론에 의하면 투자자는 위험회피형이며 선도이자율은 기대 현물이자율에서 유동성프리미엄을 차감한 값과 동일하다.

④ 시장분할이론에 의하면 투자자는 선호하는 특정한 만기의 영역이 존재하나, 만일 다른 만기의 채권들에 충분한 프리미엄이 존재한다면 자신들이 선호하는 영역을 벗어난 만기를 가진 채권에 언제라도 투자할 수 있다.

⑤ 선호영역이론에 의하면 투자자는 선호하는 특정한 만기의 영역이 존재하고, 설령 다른 만기의 채권들에 충분한 프리미엄이 존재한다고 할지라도 자신들이 선호하는 영역을 벗어난 만기를 가진 채권에 투자하지 않는다.

| 해설 | ① 수익률곡선은 우하향 또는 수평형의 형태로 나타날 수도 있다.
③ 유동성프리미엄이론에 의하면 선도이자율은 미래의 기대 현물이자율에 유동성프리미엄을 가산한 값과 동일하다.
④ 시장분할이론에 의하면 투자자가 선호하는 만기에 따라 채권시장이 단기채, 중기채, 장기채로 분할되고 채권수익률은 분할된 시장에서의 수급에 의해 독립적으로 결정된다.
⑤ 선호영역이론에 의하면 투자자가 선호하는 만기영역이 존재하고 다른 만기의 채권에서 충분한 프리미엄이 존재하면 자신의 선호영역이 아닌 만기를 가진 채권에 투자할 수 있다.

6 정부가 발행한 채권의 만기에 따른 현물이자율과 선도이자율이 다음과 같을 때 3차년도와 4차년도 2년간의 내재선도이자율을 연단위로 계산하면? 단, 가장 근사치를 구하라. (2010년)

만기(년)	현물이자율	선도이자율
1	5.0%	–
2	6.5%	?
3	?	10.0%
4	8.5%	?

① 10.2% ② 10.5% ③ 10.8%
④ 11.1% ⑤ 11.3%

| 해설 | $(1+{}_0r_4)^4 = (1+{}_0r_2)^2(1+{}_2f_4)^2 \to (1+0.085)^4 = (1+0.065)^2(1+{}_2f_4)^2$

$\therefore {}_2f_4 = 0.1054$

7 현재시점(t=0)에서 1년 현물이자율$({}_0r_1)$은 6%, 2년 현물이자율$({}_0r_2)$은 9%, 1년 후 1년 동안의 유동성 프리미엄$({}_0L_1)$은 1.5%이다. 유동성선호이론이 성립할 경우에 1년 후 1년 동안의 기대현물이자율 $E({}_1r_2)$에 가장 가까운 것은? 소수점 아래 다섯째 자리에서 반올림하여 계산하시오. (2020년)

① 10.58% ② 11.50% ③ 12.08%
④ 13.58% ⑤ 14.50%

| 해설 | $(1+{}_0r_2)^2 = (1+{}_0r_1)[1+E({}_1f_2)+{}_0L_1]$에서

$(1+0.09)^2 = (1+0.06)[1+E({}_1f_2)+0.015] \to \therefore E({}_1f_2) = 0.1058(10.58\%)$

8 다음 중 채권에 관한 설명으로 가장 적절하지 않은 것은? (2006년)
① 수익률곡선이 우상향일 때 무이표채권의 만기수익률은 동일 조건인 이표채권의 만기수익률보다 작다.
② 수익률곡선이 우상향일 때 선도이자율은 현물이자율보다 크게 나타난다.
③ 표면이자율이 낮은 채권의 가격변화율은 표면이자율이 높은 동일한 조건의 채권보다 이자율변화에 더 민감하게 반응한다.
④ 무이표채권의 듀레이션은 채권의 잔존만기와 동일하다.
⑤ 수의상환채권의 가격은 동일한 조건인 일반채권의 가격보다 낮다.

| 해설 | ①② 우상향 수익률곡선 : ${}_1f_2 > {}_1R_2$ 우하향 수익률곡선 : ${}_1f_2 < {}_1R_2$
③ 동일한 조건의 채권에서 표면이자율이 낮은 채권의 듀레이션이 길기 때문에 이자율변화에 더 민감하게 반응한다.

④ 순수할인채의 듀레이션 = 채권의 만기, 이표채의 듀레이션〈채권의 만기
⑤ 수의상환채권은 투자자 입장에서 수의상환위험을 부담하므로 더 높은 만기수익률을 요구함에 따라 수의상환채권의 가격은 일반채권의 가격보다 낮게 형성된다.
수의상환채권(callable bond)〈일반사채(straight bond)의 가격
상환조건채권(puttable bond)〉일반사채(straight bond)의 가격

9 **다음 중 채권에 대한 설명으로 가장 적절하지 않은 것은?** (2007년)

① 순수기대이론에 따르면 시장에서 향후 이자율이 상승할 것이라고 기대될 경우에만 우상향하는 수익률곡선이 나타난다.

② 유동성선호이론은 수익률곡선이 항상 우상향 모양을 띠게 된다고 주장한다.

③ 국채의 수익률곡선이 평평할 때 회사채의 수익률곡선은 우상향할 수 있다.

④ 기대이론에 따르면 선도지자율이 미래의 각 기간별 기대현물이자율과 일치한다.

⑤ 3년 만기 회사채 만기수익률이 5년 만기 국채 만기수익률보다 더 낮을 수 있다.

| 해설 | ①④ 순수기대이론에 따르면 선도이자율은 미래 기대현물이자율과 일치하므로 향후 시장이자율의 상승이 예상되는 경우에만 우상향하는 수익률곡선이 나타난다.
② 유동성선호이론에 따르면 선도이자율은 미래 기대현물이자율과 유동성프리미엄에 의해 결정되며 수익률곡선은 우상향, 우하향, 평평한 곡선이 모두 가능하다.
③⑤ 회사채는 채무불이행위험이 있지만 국채는 채무불이행위험이 없기 때문에 동일한 조건하에서는 회사채의 수익률이 국채의 수익률보다 더 높다.

10 **다음 중 채권에 관한 설명으로 가장 적절하지 않은 것은?** (2013년)

① 다른 모든 조건이 동일할 때 만기수익률이 높은 채권일수록 금리의 변화에 덜 민감하게 반응한다.

② 무이표채의 매컬리 듀레이션은 채권의 잔존만기와 같다.

③ 영구채의 매컬리 듀레이션은 $(1+y)/y$이다. (단, y는 양수의 만기수익률이다.)

④ 다른 모든 조건이 동일할 때 잔존만기가 길수록 할인채권과 액면가채권의 매컬리 듀레이션은 증가한다.

⑤ 다른 모든 조건이 동일할 때 수의상환조항(call provision)이 있는 채권의 경우 조항이 없는 일반채권에 비해 매컬리 듀레이션이 작다.

| 해설 | ① 만기수익률이 높을수록 듀레이션이 감소하기 때문에 금리변화에 대한 채권가격 민감도가 작아진다.
④ 할인채권의 매컬리 듀레이션은 잔존만기가 길수록 증가하다 잔존만기가 일정수준을 초과하면 감소한다.
⑤ 수의상환조항이 있는 채권은 만기일 이전에 수의상환이 이루어질 수 있기 때문에 수의상환조항이 없는 일반채권에 비해 매컬리 듀레이션이 작다.

11 이표이자를 1년마다 한 번씩 지급하는 채권의 만기수익률은 연 10%이며 듀레이션을 구한 결과 4.5년으로 나타났다. 이 채권의 만기수익률이 0.1% 상승할 경우 채권가격의 변화율은 근사치로 얼마이겠는가? 단, 채권가격의 비례적인 변화율과 만기수익률 변화간의 관계식을 이용해야 한다. (2007년)

① −0.4286%　　　② −0.4091%　　　③ −0.2953%
④ −0.2143%　　　⑤ −0.2045%

| 해설 | $\dfrac{dP_0}{P_0} = -\dfrac{D}{1+r} \times dr = -\dfrac{4.5}{1.1} \times (0.1\%) = -0.4091$

12 다음 중 옵션적 특성이 없는 일반사채와과 관련된 설명으로 가장 올바른 것은? (2005년)

① 만기일에 가까워질수록 할증채와 할인채 모두 할증폭과 할인폭이 작아지며, 가격변화율도 작아진다.

② 만기일에 가까워질수록 액면채는 이자수익률이 커지며 자본이득률이 작아진다.

③ 시장분할가설은 만기에 따라 분할된 하위시장 자체 내에서 기대이자율과 유동성프리미엄에 의해 이자율이 결정된다는 가설이다.

④ 순수할인채나 이표채는 영구채에 비해 이자율변동위험에 더 크게 노출된다.

⑤ 순수할인채는 재투자위험이 없으며 현재수익률이 0이다.

| 해설 | ① 만기가 감소하면 듀레이션은 감소하나 이자율이 하락하면 듀레이션은 증가할 수도 있다. 따라서 만기에 가까워질수록 할증폭과 할인폭은 작아지지만 가격변화율은 커진다.
② 액면채는 이자수익률과 자본이득률이 만기와 무관하며 일정하다.
③ 시장분할가설은 만기에 따라 분할된 하위시장 자체내의 수요와 공급에 의해 이자율이 결정된다는 가설을 말한다. 유동성프리미엄가설은 선도이자율은 미래 기대현물이자율과 유동성프리미엄에 의해 결정된다는 가설을 말한다.
④ 영구채의 $D = \dfrac{1+r}{r}$ 이므로 할인채/이표채의 D보다 클 수도 작을 수도 있다.
⑤ 현재수익률(current yield)은 C/B이므로 C=0인 할인채의 현재수익률은 0이다. 할인채는 C=0이므로 시장이자율의 변동에 따른 재투자위험은 없으며 가격변동위험만 존재한다.

13 채권의 듀레이션에 관한 설명으로 가장 적절하지 않은 것은? 단, 이표채의 잔존만기는 1년을 초과한다고 가정한다. (2016년)

① 영구채의 듀레이션은 (1+만기수익률)/만기수익률이다.

② 다른 조건이 동일할 때 액면이자율이 낮은 이표채의 듀레이션이 더 길다.

③ 모든 채권은 발행 이후 시간이 경과되면 그 채권의 듀레이션은 짧아진다.

④ 다른 조건이 동일할 때 만기수익률이 상승하면 이표채의 듀레이션은 짧아진다.

⑤ 이표채의 듀레이션은 만기보다 짧다.

영구채는 시장이자율이 변하지 않으면 시간이 경과해도 듀레이션이 변하지 않는다. 또한 이 표채 중에 만기가 긴 할인채는 만기가 증가하면 듀레이션이 짧아지는 경우도 있다. 따라서 할인채 중에는 시간이 경과함에 따라 듀레이션이 길어지는 채권이 있을 수 있다.

14 **다음 중 듀레이션에 대한 특징으로 잘못된 것은?** (2005년)
① 순수할인채의 듀레이션은 만기와 같으며, 이표채의 듀레이션은 만기보다 크다.
② 다른 조건이 동일하다면 표면이자율이 낮을수록 듀레이션은 커진다.
③ 다른 조건이 동일하다면 만기가 길어질수록 듀레이션은 커진다.
④ 다른 조건이 동일하다면 만기수익률이 높을수록 듀레이션은 작아진다.
⑤ 듀레이션은 가법성을 갖는다.

| 해설 | 순수할인채의 듀레이션은 만기와 동일하여 정비례한다. 영구채의 듀레이션은 $D=(1+r)/r$이므로 만기와 무관하고, 이표채의 듀레이션은 만기에 비례하나 만기보다 작다.

15 **다음 여러 가지 채권의 볼록성에 대한 설명 중 옳지 않은 것은?** (2005년)
① 일반사채의 경우 볼록성이 심할수록 이자율 상승시 채권가격이 적게 하락하고 이자율 하락시 채권가격이 많이 상승한다.
② 일반사채의 볼록성은 이자율이 상승하거나 하락하거나 양(+)의 값을 가진다.
③ 이자율이 상승하면 일반사채에 비해 상환청구권부 사채의 볼록성이 약하다.
④ 이자율이 하락하면 수의상환사채의 볼록성은 음(−)의 값을 가진다.
⑤ 이자율이 상승하면 수의상환사채의 볼록성은 일반사채와 같다.

| 해설 | ② 옵션적 특성이 없는 일반사채의 경우에 볼록성은 항상 양(+)의 값을 갖는다.
③ 상환청구권부사채는 이자율 상승시 상환청구권의 행사가능성이 높기 때문에 일반사채보다 채권가격이 적게 하락한다.
④⑤ 수의상환사채는 이자율 상승시 수의상환권 행사가능성이 낮아 일반사채와 동일한 볼록성을 갖지만, 이자율 하락시 수의상환권 행사가능성이 높아 부(−)의 볼록성을 갖는다.

채권의 종류	이자율 상승시	이자율 하락시
일반사채	양의 볼록성	양의 볼록성
상환청구권부사채	더 큰 양의 볼록성	양의 볼록성
수의상환사채	양의 볼록성	음의 볼록성 가능

16 채권에 대한 설명 중 옳지 않은 것은? 단, 다른 조건은 일정하다. (2009년)

① 일반채권의 경우 볼록성이 심한 채권의 가격이 볼록성이 약한 채권의 가격보다 항상 비싸다.

② 일반채권의 볼록성은 투자자에게 불리하다.

③ 이자율이 하락하면 수의상환채권의 발행자에게는 유리할 수 있고 투자자에게는 불리할 수 있다.

④ 이자율이 상승하면 상환청구권부채권의 투자자에게는 유리할 수 있고 발행자에게는 불리할 수 있다.

⑤ 우상향 수익률곡선의 기울기가 심하게 변할 것으로 예상된다면 단기채를 매입하고 장기채를 공매하는 투자전략이 그 반대전략보다 투자자에게 유리하다. (단, 기울기는 항상 양의 값을 가진다.)

| 해설 | 볼록성이 큰 채권일수록 이자율의 하락에 따른 가격상승폭은 더 크고, 이자율의 상승에 따른 가격하락폭은 더 작다. 따라서 볼록성이 큰 것이 투자자에게는 유리하다.

17 다음 중 채권투자에 관한 설명으로 가장 옳은 것은? (2003년)

① 채권수익률의 하락이 예상되면 장기채와 쿠폰금리(액면이자율)가 높은 채권에 대한 투자를 증가시킨다.

② 채권수익률 기간구조이론 중 불편기대가설이 성립하는 경우 정부 발행 5년 만기 할인채에 투자하는 장기투자전략과 정부 발행 1년 만기 할인채에 5년 동안 반복 투자하는 롤오버전략의 사후적인 투자성과는 같다.

③ 만기가 동일한 채권에서 채권수익률 상승으로 인한 가격하락폭보다 같은 크기의 수익률하락으로 인한 가격상승폭이 더 크다.

④ 이표채의 듀레이션은 만기에 정비례하고 만기가 같은 경우에는 표면이자율이 높은 채권의 듀레이션이 짧다.

⑤ 수익률곡선타기전략(riding yield curve)은 수익률곡선이 상향이동하는 경우에만 효과적인 전략이다.

| 해설 | ① 시장이자율이 하락하면 채권가격은 상승하므로 만기가 길고 표면이자율이 낮은 채권에 투자를 해야 한다.
② 불편기대가설이 성립하면 장기채에 대한 투자와 단기채에 연속 재투자한 사전적인 투자성과는 동일하지만 미래의 예상이자율과 실제이자율이 불일치하면 사후적인 투자성과는 다르게 나타날 수 있다.
③ 일반사채는 정(+)의 볼록성을 가지고 있다. 따라서 시장이자율이 상승하면 채권가격의 하락은 듀레이션을 반영한 변동분보다는 덜 하락하고, 시장이자율이 하락하면 채권가격의 상승은 듀레이션을 반영한 변동분보다는 더 상승한다.
④ 순수할인채의 듀레이션은 만기와 동일하여 정비례하며, 영구채의 듀레이션은 $D = (1+r)/r$

이므로 만기와 무관하고, 이표채의 듀레이션은 만기에 비례하나 정비례하지는 않는다.

⑤ 수익률곡선타기전략은 채권을 만기까지 보유하지 않고 도중에 만기가 동일한 다른 채권과 교체하는 전략으로 수익률곡선이 우상향의 기울기를 가지고 그 형태가 변하지 않을 때 효과적이다.

18 자산의 시장가치가 1,000억원이고 듀레이션이 4년이며, 부채의 시장가치가 700억원이고 듀레이션이 5년인 가상은행이 있다고 하자. 이 은행은 어떤 금리위험에 노출되어 있으며, 이를 줄이기 위해 어떤 조치를 취할 수 있는가? 단, 아래 각 항의 조치는 나머지 변수들에는 영향을 미치지 않는다고 가정한다. (2001년)

① 금리상승위험을 줄이기 위해 부채의 시장가치를 줄인다.
② 금리하락위험을 줄이기 위해 부채의 듀레이션을 늘린다.
③ 금리상승위험을 줄이기 위해 자산의 시장가치를 줄인다.
④ 금리하락위험을 줄이기 위해 자산의 듀레이션을 늘린다.
⑤ 금리하락위험을 줄이기 위해 자산과 부채의 듀레이션을 일치시킨다.

│ 해설 │ 자산의 시장가치(A) = 1,000억원, 자산의 듀레이션(D_A) = 4년
부채의 시장가치(L) = 700억원, 부채의 듀레이션(D_L) = 5년
현재 $D_A \times A$(=4년×1,000억원))$D_L \times L$(=5년×700억원)이므로 시장이자율이 하락하면 자본이득이 발생하고 시장이자율이 상승하면 자본손실이 발생한다. 따라서 자산의 듀레이션을 감소시키거나 부채의 듀레이션을 증가시켜야 금리상승위험을 제거할 수 있다.

19 총자산이 100조원이고 자기자본비율이 8%인 금융기관이 있다. 자산과 부채의 듀레이션은 각각 6년과 4년이다. 이 금융기관의 경영자는 조만간 이자율이 현재 8%에서 9%로 상승한다고 예측하여 대응전략을 강구하고 있다. 만일 이 예측이 사실이라면 주주의 입장에서 얼마만큼의 손익이 발생하는가? 단, 볼록성으로 인한 가치변동은 무시하고 가장 근사치를 고르시오. (2002년)

① 2.148조원 손실 　　② 2.008조원 이익 　　③ 1.525조원 손실
④ 1.525조원 이익 　　⑤ 1.945조원 이익

│ 해설 │ (1) 자기자본비율 = 자기자본/총자산 = 8%
총자산 100조원 = 부채 92조원 + 자기자본 8조원
(2) 이자율 8%에서 9%로 1% 상승하는 경우

$$dA = \frac{D_A}{1+r} \times A \times dr = \frac{6}{1.08} \times 100조 \times (-0.01) = -5.555조$$

$$dL = \frac{D_L}{1+r} \times L \times dr = \frac{4}{1.08} \times 92조 \times (-0.01) = -3.4707조$$

$$dK = dA - dL = -5.555 + 3.4707 = -2.148조$$

20 다음 중 채권가치평가와 채권포트폴리오관리에 관련된 설명으로 가장 적절하지 않은 것은? (2008년)

① 다른 조건은 동일하고 만기만 다른 채권 A(1년), B(3년), C(5년)가 있다. 시장이자율이 상승할 때 채권 A와 채권 B의 가격하락폭의 차이는 채권 B와 채권 C의 가격하락폭의 차이보다 작다.

② 다른 조건이 일정할 경우 시장이자율이 하락하면 채권의 듀레이션은 길어진다.

③ 시장이자율이 하락할 때 채권가격이 상승하는 정도는 시장이자율이 같은 크기만큼 상승할 때 채권가격이 하락하는 정도보다 더 크다.

④ 채권포트폴리오의 이자율위험을 면역화하기 위해서는 시간이 경과함에 따라 채권포트폴리오를 지속적으로 재조정해야 한다.

⑤ 채권포트폴리오의 이자율위험을 면역화하기 위해서는 시장이자율이 변동할 때마다 채권포트폴리오를 지속적으로 재조정해야 한다.

| 해설 | ① 장기채일수록 이자율변동에 따른 채권가격의 변화폭이 크지만 그 변화폭은 체감적으로 증가한다. 따라서 채권 A와 채권 B의 가격하락폭의 차이는 채권 B와 채권 C의 가격하락폭의 차이보다 크다.
④, ⑤ 시간이 경과하거나 시장이자율이 변화하면 듀레이션이 변화하므로 채권포트폴리오의 이자율위험을 면역화하려면 채권포트폴리오를 지속적으로 재조정해야 한다.

1.⑤ 2.⑤ 3.④ 4.④ 5.② 6.② 7.① 8.① 9.② 10.④
11.② 12.⑤ 13.③ 14.① 15.③ 16.② 17.③ 18.③ 19.① 20.①

자본구조와 배당정책

레버리지와
자본비용

레버리지는 고정비가 지렛대 역할을 하여 고정비를 많이 부담할수록 주주는 자산의 투자에 따른 영업위험과 부채의 사용에 따른 재무위험을 부담한다. 기업이 타인자본과 자기자본을 모두 사용하는 경우에 부담해야 할 자본비용은 타인자본비용과 자기자본비용을 자본구성비율로 가중평균한 가중평균자본비용이 된다.

제1절 레버리지분석의 개요

1. 레버리지분석의 개념

레버리지(leverage)는 기업경영에서 고정지출과 고정비용이 지렛대처럼 중심작용을 하는 것을 말한다. 즉 레버리지는 기업이 고정자산의 사용으로 인한 고정영업비와 타인 자본의 사용으로 인한 고정재무비를 부담하는 정도를 말하며 영업레버리지, 재무레버리지, 결합레버리지로 구분된다.

레버리지분석은 고정영업비와 고정재무비가 매출액의 변화에 따른 영업이익과 주 당이익의 변화율에 미치는 영향을 분석하는 것을 말한다. 따라서 기업이 고정비를 부담 하는 경우에는 고정비가 지렛대 역할을 하여 매출액의 변화보다 영업이익이나 주당이익 의 변화가 크게 나타나게 된다.

┃그림 12-1┃ 레버리지분석

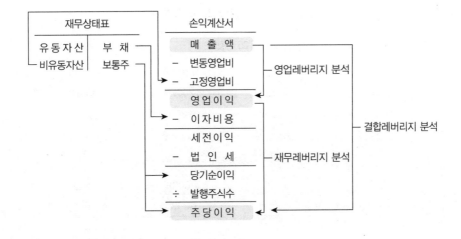

2. 영업레버리지분석

영업레버리지(operating leverage)는 기업이 고정영업비의 지출을 수반하는 고정자 산을 보유하고 있는 정도 또는 고정영업비를 부담하는 정도를 말한다. 영업레버리시분석 은 기업이 고정영업비를 부담하면 고정영업비가 매출액의 변화에 따른 영업이익의 변화 에 미치는 영향을 분석하는 것을 말한다.

(1) 영업레버리지효과

기업이 고정영업비를 부담하지 않으면 매출액의 변화에 따른 영업이익의 변화율이 매출액의 변화율과 일치한다. 그러나 고정영업비를 부담하면 고정영업비가 지렛대 역할을 하여 매출액의 변화에 따른 영업이익의 변화율이 매출액의 변화율보다 크게 나타나는 현상을 영업레버리지효과라고 한다.

[표 12-1]은 단위당 판매가격이 10,000원, 단위당 변동비가 5,000원, 고정영업비가 연간 600만원 경우 영업레버리지효과를 나타낸다. 향후 1년간 매출액이 현재 3,200만원에서 25% 증가하거나 감소하는 경우에 기업이 고정영업비를 부담하지 않으면 영업레버리지효과가 발생하지 않는다.

그러나 기업이 고정영업비를 부담하면 매출액이 25% 변화할 때 매출액의 변화에 따른 영업이익은 40% 변화하여 매출액의 변화율보다 영업이익의 변화율이 더 크게 나타나고 있다. 이는 매출액에 관계없이 600만원의 고정영업비가 지렛대 역할을 하여 영업레버리지효과가 발생하기 때문이다.

‖ 표 12-1 ‖ 영업레버리지효과

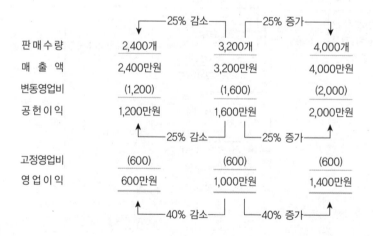

(2) 영업레버리지도

영업레버리지효과의 정도는 영업레버리지도로 측정할 수 있다. 영업레버리지도 (DOL : degree of operating leverage)는 매출액(또는 판매량)의 변화율에 대한 영업이익의 변화율의 비율로 다음과 같이 측정할 수 있다.

$$DOL = \frac{\text{영업이익의 변화율}}{\text{매출액의 변화율}} = \frac{\triangle EBIT/EBIT}{\triangle S/S} = \frac{\triangle EBIT/EBIT}{\triangle Q/Q} \quad (12.1)$$

한편 단위당 판매가격을 p, 단위당 변동비를 v, 고정영업비를 FC라고 하면 판매량이 Q일 때의 영업이익($EBIT$)과 판매량이 Q에서 $\triangle Q$만큼 변화하여 $(Q+\triangle Q)$가 될 경우의 영업이익의 변화분($\triangle EBIT$)은 각각 다음과 같다.

$$EBIT = (p-v)Q - FC \quad (12.2)$$

$$\triangle EBIT = [(p-v)(Q+\triangle Q) - FC] - [(p-v)Q - FC] = (p-v)\triangle Q$$

식(12.2)를 식(12.1)에 대입하여 정리하면 영업레버리지도(DOL)는 다음과 같이 측정할 수도 있다.

$$DOL = \frac{\triangle EBIT/EBIT}{\triangle S/S} = \frac{S-VC}{S-VC-FC} = \frac{\text{공헌이익}}{\text{영업이익}} \quad (12.3)$$

식(12.3)에서 DOL은 매출액이 1% 변화할 경우 영업이익이 몇 % 변화하는지를 나타낸다. 예컨대 DOL이 3이라면 매출액이 1% 증가(감소)할 경우 영업이익은 3% 증가(감소)한다. 따라서 DOL이 크다는 것은 매출액이 증가(감소)하면 영업이익이 빠르게 증가(감소)한다는 것을 의미한다.

(3) 고정영업비와 DOL

영업레버리지도(DOL)는 고정영업비가 매출액과 영업이익의 관계에 미치는 영향을 분석하기 때문에 고정영업비의 수준에 따라서 달라진다. 예컨대 고정영업비가 0이면 DOL은 1이 되어 매출액의 변화율과 영업이익의 변화율이 일치하기 때문에 영업레버리지효과가 발생하지 않는다.

그러나 영업이익이 0보다 큰 상태에서 고정영업비가 0보다 크면 DOL은 1보다 크게 되며, 고정영업비가 증가할수록 DOL은 증가하여 영업레버리지효과가 크게 나타난다. 일반적으로 고정영업비의 지출이 많은 자본집약적 산업의 DOL은 노동집약적 산업의 DOL보다 크게 나타난다.

3. 재무레버리지분석

재무레버리지(finanacial leverage)는 기업이 고정재무비의 지출을 수반하는 채권이나 우선주 등의 자금을 사용하고 있는 정도 또는 고정재무비를 부담하는 정도를 말한다. 그리고 재무레버리지분석은 고정재무비의 존재로 발생하는 영업이익의 변화에 따른 주당이익의 변화율에 미치는 영향을 분석한다.

(1) 재무레버리지효과

기업이 부채를 사용하거나 우선주를 발행하면 영업이익 수준에 관계없이 고정재무비를 부담한다. 기업이 고정재무비를 부담하지 않으면 영업이익의 변화에 따른 주당이익의 변화율이 영업이익의 변화율과 일치한다. 그러나 고정재무비를 부담하면 고정재무비가 지렛대 역할을 하여 영업이익의 변화에 따른 주당이익의 변화율이 영업이익의 변화율보다 크게 나타나는 현상을 재무레버리지효과라고 한다.

[표 12-2]는 2,000만원 채권(이자율 10%)과 1,000만원 우선주(배당률 10%)를 사용하고, 보통주식수는 1,000주, 법인세율이 40%일 때 재무레버리지효과를 나타낸다. 향후 1년간 영업이익이 1,000만원에서 40% 증가하거나 감소하는 경우에 기업이 고정재무비를 부담하지 않으면 재무레버리지효과가 발생하지 않는다.

그러나 기업이 고정재무비를 부담하면 영업이익이 40% 변화할 때 영업이익의 변화에 따른 주당이익은 63% 변화하여 영업이익의 변화율보다 주당이익의 변화율이 더 크게 나타나고 있다. 이는 영업이익에 관계없이 300만원의 고정재무비가 지렛대 역할을 하여 재무레버리지효과가 발생하기 때문이다.

┃표 12-2 ┃ 재무레버리지효과

	┌─40% 감소─┐		┌─40% 증가─┐
영 업 이 익	600만원	1,000만원	1,400만원
이 자 비 용	(200)	(200)	(200)
세 전 이 익	400만원	800만원	1,200만원
법 인 세	(160)	(320)	(480)
순 이 익	240만원	480만원	720만원
우선주배당금	(100)	(100)	(100)
보통주이익	140만원	380만원	620만원
÷ 발행주식수	1,000주	1,000주	1,000주
주당순이익	1,400원	3,800원	6,200원

└─63.16% 감소─┘ └─63.16% 증가─┘

(2) 재무레버리지도

재무레버리지효과의 정도는 재무레버리지도로 측정할 수 있다. 재무레버리지도 (DFL : degree of financial leverage)는 영업이익의 변화율에 대한 주당이익의 변화율의 비율로 다음과 같이 측정할 수 있다.

$$DFL = \frac{\text{주당이익의 변화율}}{\text{영업이익의 변화율}} = \frac{\triangle EPS/EPS}{\triangle EBIT/EBIT} \tag{12.4}$$

한편 이자비용을 I, 우선주배당금을 D_p, 발행주식수를 n이라고 하면 영업이익이 EBIT일 때의 주당이익(EPS)과 영업이익이 EBIT에서 $\triangle$EBIT만큼 변화하여 (EBIT+$\triangle$ EBITQ)가 될 경우의 주당이익의 변화분($\triangle$EPS)은 각각 다음과 같다.

$$EPS = \frac{(EBIT - I)(1 - t_c) - D_p}{n}$$

$$\triangle EPS = \frac{(EBIT + \triangle EBIT - I)(1 - t_c) - D_p}{n} - \frac{(EBIT - I)(1 - t_c) - D_p}{n}$$
$$= \frac{\triangle EBIT(1 - t_c)}{n} \tag{12.5}$$

식(12.5)를 식(12.4)에 대입하여 정리하면 재무레버리지도(DFL)는 다음과 같이 측정할 수도 있다.

$$DFL = \frac{EBIT}{EBIT - I} = \frac{S - VC - FC}{S - VC - FC - I} \qquad (12.6)$$

식(12.6)에서 DFL은 영업이익이 1% 변화할 때 주당이익이 몇 % 변화하는지를 나타낸다. 예컨대 DFL이 2이라면 영업이익이 1% 증가할 때 주당이익은 2% 증가한다. 따라서 DFL이 크다는 것은 영업이익이 증가(감소)하면 주당이익이 빠르게 증가(감소)한다는 것을 의미한다.

(3) 고정재무비와 DFL

재무레버리지도(DFL)는 고정재무비가 영업이익의 변화에 따른 주당이익의 변화에 미치는 영향을 분석하기 때문에 고정재무비의 수준에 따라서 달라진다. 예컨대 고정재무비가 0이면 DFL은 1이 되어 영업이익의 변화율과 주당이익의 변화율이 일치하기 때문에 재무레버리지효과가 발생하지 않는다.

그러나 주당이익이 0보다 큰 상태에서 고정재무비가 0보다 크면 DFL은 1보다 크게 되며, 고정재무비가 증가할수록 DFL은 증가하여 재무레버리지효과가 크게 나타난다. 따라서 재무레버리지효과는 영업이익의 변화율보다 주당이익의 변화율이 더 큰 현상으로 DFL이 1보다 클 경우에 효과가 있다.

4. 결합레버리지분석

결합레버리지(combined leverage)는 기업이 고정영업비의 지출을 수반하는 고정자산을 보유하고 있는 정도와 고정재무비의 지출을 수반하는 자금을 사용하고 있는 정도를 말한다. 따라서 결합레버리지분석은 고정영업비와 고정재무비의 존재로 발생하는 매출액의 변화에 따른 주당이익의 변화율에 미치는 영향을 분석한다.

(1) 결합레버리지효과

결합레버리지효과는 기업이 고정영업비와 고정재무비를 부담하면 고정영업비와 고정재무비가 지렛대역할을 하여 영업레버리지효과로 인해 매출액의 변화에 따른 영업이익의 변화율이 매출액의 변화율보다 확대되며, 재무레버리지효과로 인해 확대된 영업이익의 변화율보다 주당이익의 변화율이 더욱 확대되는 현상을 말한다.

그러나 고정영업비와 고정재무비를 부담하지 않으면 매출액의 변화에 따른 주당이익의 변화율이 매출액의 변화율과 일치한다. [표 12-1]과 [표 12-2]에서 매출액이 25% 변화하면 영업이익은 40% 변화하고, 주당이익은 63% 변화하여 주당이익의 변화율이 영업이익의 변화율보다 더욱 확대되고 있음을 확인할 수 있다.

(2) 결합레버리지도(DCL)

결합레버리지효과의 정도는 결합레버리지도로 측정할 수 있다. 결합레버리지도(DCL : degree of combined leverage)는 매출액의 변화율에 대한 주당이익의 변화율의 비율로 다음과 같이 측정할 수 있다.

$$DCL = \frac{주당이익의\ 변화율}{매출액의\ 변화율} = \frac{\triangle EPS/EPS}{\triangle S/S} \qquad (12.7)$$

결합레버리지도(DCL)는 매출액이 1% 변화할 때 주당이익이 몇 % 변화하는지를 나타내므로 DOL과 DFL을 곱한 값과 같다. 따라서 결합레버리지도(DCL)는 다음과 같이 측정할 수도 있다.

$$DCL = DOL \times DFL = \frac{(p-v)Q}{EBIT-I} = \frac{S-VC}{S-VC-FC-I} \qquad (12.8)$$

식(12.8)에서 영업레버리지도(DOL)가 3이고, 재무레버리지도(DFL)가 2라면 매출액이 1% 변화할 때 영업이익은 3% 변화하고, 영업이익이 1% 변화할 때 주당이익이 2% 변화한다. 따라서 매출액이 1% 변화하면 주당이익은 6% 변화하게 되므로 DCL은 DOL×DFL=3×2=6이 성립한다.

(3) 결합레버리지도의 특성

DCL은 고정영업비와 고정재무비가 매출액과 주당이익의 관계에 미치는 영향을 분석하기 때문에 고정영업비와 고정재무비의 수준에 따라서 달라진다. 고정영입비와 고정재무비가 0이면 DCL은 1이 되어 매출액의 변화율과 주당이익의 변화율이 정확히 일치하게 되어 결합레버리지효과가 발생하지 않는다.

고정영업비와 고정재무비가 0보다 크면 DCL은 1보다 크고 고정영업비와 고정재무비가 증가할수록 DCL은 증가하여 결합레버리지효과가 크게 나타난다. DCL이 높다는 것은 주당이익이 많거나 경영성과가 좋다는 것이 아니라 매출액이 증가(감소)하면 주당이익이 빠르게 증가(감소)하게 된다는 것을 의미한다.

제2절 레버리지와 위험

주주가 부담하는 위험에는 두 가지가 있다. 하나는 기업이 수행하는 사업과 관련된 위험이다. 기업이 수행하는 사업에 대해 부담하는 위험을 영업위험이라고 한다. 다른 하나는 부채의 사용에 따른 위험이다. 다른 조건이 동일하면 부채의 사용이 증가할수록 주주가 부담하는 위험이 커지는데, 이를 재무위험이라고 한다.

1. 영업위험

영업위험(operating risk)은 영업레버리지에 따른 미래 영업이익의 변동가능성, 즉 기업의 미래 영업이익의 불확실성으로 인해 발생하는 위험을 말하며 경영위험이라고도 한다. 영업위험은 기업이 어떤 업종에 투자하고 어떤 자산을 보유했느냐 하는 투자결정에 따라 달라지며 자본조달결정과는 무관하다.

식(12.1)을 이용하여 미래 영업이익의 변동가능성을 영업이익의 변화율에 대한 분산으로 나타내면 다음과 같다.

$$Var(\frac{\triangle EBIT}{EBIT}) = Var(DOL \times \frac{\triangle S}{S}) = DOL^2 \times Var(\frac{\triangle S}{S}) \qquad (12.9)$$

식(12.9)에서 영업위험은 영업레버리지도와 경제전체 경기변동의 영향을 받아서 결정되는 매출액의 변동가능성에 의해서 결정된다는 것을 알 수 있다. 따라서 상대적으로 경기변동에 민감한 업종에 투자할수록 매출액의 변동가능성이 크게 나타나기 때문에 영업위험이 크다고 할 수 있다.

2. 재무위험

재무위험(financial risk)은 재무레버리지에 따른 미래 주당이익의 변동가능성, 즉 부채의 사용으로 인해 발생하는 미래 주주현금흐름의 변동성을 말한다. 따라서 재무위험은 자본조달결정에 따른 위험으로 부채의 사용이 증가할수록 주주가 부담하는 재무위험도 증가하게 된다.

식(12.4)을 이용하여 미래 주당이익의 변동가능성을 주당이익의 변화율에 대한 분산으로 나타내면 다음과 같다.

$$Var(\frac{\triangle EPS}{EPS}) = Var(DFL \times \frac{\triangle EBIT}{EBIT}) = DFL^2 \times Var(\frac{\triangle EBIT}{EBIT}) \quad (12.10)$$

식(12.10)에서 재무위험은 재무레버리지도와 영업이익의 변동가능성에 의해 영향을 받는다는 것을 알 수 있다. 이때 영업이익의 변동가능성에 따라 달라지는 주당이익의 변동가능성은 재무위험이 아니라 영업위험이라는 점에 유의해야 한다. 부채를 사용하지 않으면 영업이익과 주당이익의 변동성이 일치하기 때문이다.

3. 하마다모형의 이용

하마다모형은 기존사업과 영업위험이나 재무위험이 다른 신규투자안의 주식베타를 측정하는데 주로 이용된다. 신규투자안의 주식베타는 신규투자안의 영업위험을 나타내는 베타(β_U)를 측정하고, 여기에 신규투자안의 재무레버리지를 반영하여 구할 수 있다. 신규투자안의 주식베타를 추정하는 절차를 요약하면 다음과 같다.

① 신규투자안과 동일한 영업위험을 가지고 있는 대용회사를 선정하여 대용회사의 주식베타(대용베타)를 산출한다.

② 대용베타(β_{PL})와 대용회사의 재무레버리지(B_P/S_P)를 이용하여 영업위험만 반영된 베타(β_U)를 산출한 후 신규투자안의 영업위험으로 사용한다.

$$\beta_{PL} = \beta_U[1 + (1 - t_c)\frac{B_P}{S_P}] \rightarrow \beta_U = \frac{\beta_{PL}}{1 + (1 - t_c)\frac{B_L}{S_L}} \quad (12.11)$$

391

③ ②에서 산출한 β_U와 신규투자안의 재무레버리지(B/S)를 하마다모형에 대입하여 신규투자안의 영업위험과 재무위험이 반영된 주식베타(β_L)를 산출한다.

$$\beta_L = \beta_U [1 + (1-t_c)\frac{B}{S}] \tag{12.12}$$

● 예제 12-1 신규투자안의 주식베타

백석기업은 무부채기업으로 베타계수(β_U)는 1.50이다. 무위험이자율은 10%이고, 시장포트폴리오의 기대수익률은 14%이며, 법인세율은 40%라고 가정하여 다음 물음에 답하시오.

1. 백석기업의 자기자본비용을 구하시오.

2. 백석기업이 부채를 조달하여 투자안을 수행한 후 재무레버리지가 B/S=2/3가 되었을 경우에 베타계수와 자기자본비용을 구하시오.

풀이

1. 무부채상태에서 자기자본비용은 법인세의 존재여부와 상관없다. 따라서 문제에서 주어진 베타계수 1.5를 SML에 대입하면 자기자본비용은 16%가 된다.

$E(R_i) = R_f + [E(R_m) - R_f]\beta_i = 0.10 + (0.14 - 0.10) \times 1.5 = 0.16$

2. 하마다모형을 이용하여 부채비율을 고려하여 주식베타를 구한다.

$\beta_L = \beta_U[1+(1-t_c)\frac{B}{S}] = 1.5[1+(1-0.4)\frac{2}{3}] = 2.1$

따라서 $\beta_L = 2.1$을 SML에 대입하면 자기자본비용은 18.4%가 된다.

$E(R_i) = R_f + [E(R_m) - R_f]\beta_i = 0.10 + (0.14 - 0.10) \times 2.1 = 0.184$

제3절 자본비용의 개요

1. 자본비용의 정의

자본비용(cost of capital)은 기업이 경영활동에 필요한 자본을 조달하고 자본을 사용하는 대가로 자본제공자에게 지급하는 비용으로 조달원천에서 타인자본비용과 자기자본비용으로 분류된다. 타인자본비용은 차입금에 대한 이자, 사채이자 등이며 자기자본비용은 주주에 대한 배당에서 나타난다.

자본비용은 경영활동에 필요한 자금조달액에 대한 대가의 비율인 이자율 또는 수익률로 측정한다. 자본비용은 기업의 입장에서 보면 조달된 자본에서 벌어들여야 하는 최소한의 필수수익률을 나타내고, 투자자의 입장에서 보면 제공한 자본에 대해서 요구하는 최소한의 요구수익률을 나타낸다.

자본비용은 할인율 또는 자본환원율, 기대수익률, 최저필수수익률(required rate of return)과 동일한 의미로 사용된다. 또한 투자안이 기업가치를 증가시키는 경제성이 있으려면 자본비용보다 높은 수익률을 실현해야 하므로 장애율(hurdle rate), 거부율 또는 절사율(cut-off rate)이라고도 한다.

2. 자본비용의 역할

자본비용은 기업가치나 자산가치를 평가하는 과정에서 미래현금흐름을 현재가치로 할인할 때에 적절한 할인율로 사용된다. 따라서 재무관리의 목표인 기업가치를 극대화하기 위해서는 자본비용을 극소화할 수 있도록 경영활동에 필요한 자본을 조달해야 하기 때문에 자본비용은 자본구조를 결정하는 기준이 된다.

기업가치는 기업이 벌어들일 미래현금흐름을 기업의 자본비용인 가중평균자본비용으로 할인하여 구하고, 타인자본가치는 채권자에게 들어오는 원리금을 채권자의 요구수익률(타인자본비용)로 할인하여 구하며, 자기자본가치는 주주에게 들어오는 미래배당금을 주주의 요구수익률(자기자본비용)로 할인하여 구한다.

3. 원천별 자본비용

(1) 타인자본비용

① 세전 타인자본비용

타인자본비용은 부채로 자금을 조달할 때 기업이 부담하는 비용으로 채권자가 요구하는 수익률과 같다. 타인자본비용은 부채의 시장가치(P_0)와 부채조달의 대가로 지급해야 하는 이자(I)와 원금(F)의 현재가치를 일치시켜 주는 할인율이다. 따라서 식(12.13)을 만족시키는 k_d가 채권자의 요구수익률이다.

$$P_0 = \sum_{t=1}^{n} \frac{I}{(1+k_d)^t} + \frac{F}{(1+k_d)^n} \tag{12.13}$$

식(12.13)에서 볼 수 있는 바와 같이 세전 타인자본비용은 제11장 채권의 가치평가에서 공부한 채권자 입장에서의 만기수익률(내부수익률)과 동일하다. 또한 채권이 액면 발행된 경우에는 만기수익률과 표면이자율이 동일하기 때문에 세전 타인자본비용은 다음과 같이 표면이자율과 동일하다.

$$k_d = \frac{I}{P_0} \tag{12.14}$$

그리고 타인자본비용은 부채베타(β_B)가 주어진 경우에는 자본자산가격결정모형(CAPM)에 부채베타를 대입하여 구할 수 있다. 그런데 식(12.15)에서 부채가 위험이 없는 무위험부채라고 가정하면 부채베타(β_B)는 0이 되기 때문에 세전 타인자본비용은 무위험이자율(R_f)과 동일하게 된다.

$$k_d = R_f + [E(R_m) - R_f]\beta_B \tag{12.15}$$

② 세후 타인자본비용

기업이 부채조달에 대한 대가로 지급하는 이자비용은 손익계산서상 비용으로 인정되어 법인세를 절감시켜 주는 효과가 있다. 따라서 기업이 실제로 부담하는 타인자본비용은 세전 타인자본비용 k_d에서 이자비용의 법인세절감효과 $k_d \times t_c$를 차감한 값이 되는데, 이를 세후 타인자본비용이라고 한다.

$$세후 \ 타인자본비용 = k_d - k_d \times t_c = k_d(1-t_c) \tag{12.16}$$

• 예제 12-2 타인자본비용

백석기업은 신규투자안에 필요한 투자자금 1억원 중에서 5,000만원은 부채로 조달할 예정이다. 무위험이자율은 10%이고, 시장포트폴리오의 기대수익률은 15%이며, 법인세율은 30%라고 가정한다. 다음의 각 경우에 부채로 조달하는 자금에 대해서 백석기업이 부담해야 하는 세후 타인자본비용을 구하시오.

1. 액면가액 10,000원, 표면이자율 10%, 만기 3년의 회사채를 액면발행하는 경우

2. 베타가 0.4인 부채를 발행하는 경우

3. 무위험부채를 발행하는 경우

풀이

1. $k_d = 표면이자율 = 10\% \rightarrow k_d(1-t_c) = 0.1(1-0.3) = 0.07(7\%)$

2. $k_d = R_f + [E(R_m) - R_f]\beta_B = 0.1 + (0.15 - 0.1) \times 0.4 = 0.12$

   $k_d(1-t_c) = 0.12(1-0.3) = 0.084(8.4\%)$

3. $k_d = 무위험이자율 = 10\% \rightarrow k_d(1-t_c) = 0.1(1-0.3) = 0.07(7\%)$

(2) 자기자본비용

① 보통주의 자본비용

지기자본비용은 보통주를 발행하여 자금을 조달할 때 부담하는 비용을 말한다. 자기자본비용은 자본자산가격결정모형(CAPM)이나 차익거래가격결정모형(APM)과 같은 균형가격결정모형이나 배당평가모형을 이용하여 구할 수 있다. 일반적으로 가장 많이 이용되는 방법은 CAPM과 고든의 일정성장모형이다.

㉠ CAPM을 이용하는 경우

증권시장선(SML)에 의해 산출되는 개별주식의 기대수익률은 주주들이 그 주식에 대해 요구하는 수익률이므로 기업의 입장에서 보면 주식을 발행하여 자금을 조달하고자 할 때 부담해야 하는 자기자본비용의 의미를 갖는다. 따라서 자기자본비용은 SML에 주식베타(β_i)를 대입하여 다음과 같이 구할 수 있다.

$$k_e = R_f + [E(R_m) - R_f]\beta_i \tag{12.17}$$

식(12.17)에서 $E(R_m)$과 R_f는 자본시장에서 결정되는 외생변수이므로 체계적 위험을 나타내는 베타계수가 주주들의 기대수익률을 결정하는 변수가 된다. 그러므로 체계적 위험을 나타내는 베타계수에 주주들이 부담하는 위험을 적절히 반영하게 되면 체계적 위험이 반영된 기대수익률을 구할 수 있다.

• 예제 12-3 자기자본비용

동신기업의 부채비율(B/S)은 현재 0.5이고, 주식베타는 1.56이다. 동신기업의 부채는 무위험부채이고 무위험이자율은 10%, 시장포트폴리오의 기대수익률은 20%, 법인세율은 40%라고 가정한다.

1. 동신기업의 자기자본비용을 구하시오.

2. 동신기업의 부채비율이 1로 변경되는 경우 자기자본비용을 구하시오.

풀이

1. 부채비율이 0.5인 경우 자기자본비용

$$k_e = R_f + [E(R_m) - R_f]\beta_i = 0.1 + (0.2 - 0.1) \times 1.56 = 0.256$$

2. 부채비율이 1.0인 경우 자기자본비용

동신기업의 자료를 이용하여 영업위험만 반영된 베타를 구하면 다음과 같다.

$$\beta_L = \beta_U[1 + (1 - t_c)\frac{B}{S}] \rightarrow 1.56 = \beta_U[1 + (1 - 0.4) \times 0.5] \rightarrow \beta_U = 1.2$$

부채비율이 1로 변경된 경우의 주식베타와 자기자본비용을 구하면 다음과 같다.

$$\beta_L = \beta_U[1+(1-t_c)\frac{B}{S}] = 1.2[1+(1-0.4)\times 1] = 1.92$$

$$k_e = R_f + [E(R_m)-R_f]\beta_i = 0.1+(0.2-0.1)\times 1.92 = 0.292$$

ⓒ 배당평가모형을 이용하는 경우

주주의 요구수익률은 보통주를 발행하여 자금을 조달할 때 기업이 부담하는 비용을 말한다. 따라서 자기자본비용은 보통주의 조달금액과 주식발행의 대가로 지급해야 하는 미래배당금의 현재가치를 일치시켜 주는 할인율을 의미한다. 따라서 이를 수식으로 표시하면 식(12.18)을 만족시키는 k_e를 말한다.

$$P_0 = \sum_{t=1}^{\infty} \frac{d_t}{(1+k_e)^t} \tag{12.18}$$

주식의 현재가격이 주식가치평가모형(배당평가모형)에 의해 산출된 경우에는 주식가격을 계산하기 위해 사용한 할인율을 자기자본비용으로 이용한다. 배당평가모형을 이용하여 자기자본비용을 계산할 때 기업의 성장이 없는 제로성장모형의 경우에 자기자본비용은 다음과 같이 구할 수 있다.

$$P_0 = \frac{d_1}{k_e} \rightarrow k_e = \frac{d_1}{P_0} \tag{12.19}$$

일정성장모형은 고든(M.Gordon)이 제시한 모형으로 미래의 주당배당금이 영구히 일정한 비율 g%만큼 성장한다고 가정하는 모형을 말한다. 따라서 기업이 지속적으로 성장할 경우 배당이 매년 일정한 비율로 영구히 증가하는 일정성장모형의 경우에 자기자본비용은 다음과 같이 구할 수 있다.

$$P_0 = \frac{d_1}{k_e - g} \rightarrow k_e = \frac{d_1}{P_0} + g \tag{12.20}$$

② 우선주의 자본비용

우선주를 발행하여 자금을 조달하면 매년 일정액의 배당금을 지급해야 하므로 매년 일정액의 이자를 지급하는 부채와 같이 타인자본으로 간주한다. 다만, 우선주에 대한 배당금은 이자비용과 달리 세후순이익에서 지급하므로 법인세절감효과는 발생하지 않는다. 따라서 우선주의 자본비용은 다음과 같이 구할 수 있다.

$$P_0 = \frac{d_p}{k_p} \rightarrow k_p = \frac{d_p}{P_0} \tag{12.21}$$

③ 유보이익의 자본비용

유보이익으로 자금을 조달하면 이자비용이나 배당금과 같은 명시적 비용은 없지만 보통주주에게 귀속될 이익을 재투자를 위해 유보한 것이므로 유보이익의 자본비용은 보통주의 자본비용과 같다. 그러나 보통주를 발행하면 자금조달비용이 발생하므로 보통주의 자본비용은 유보이익의 자본비용보다 크게 나타난다.

(3) 자금조달비용의 처리

자금조달비용(floatation cost)은 주식발행비나 사채발행비와 같이 자금을 조달하는 과정에서 발생하는 부대비용을 말한다. 투자금액을 조달하는 과정에서 자금조달비용이 발생하는 경우에는 이를 적절히 반영해서 자본비용을 산출해야 한다. 여기에는 자본비용에 반영하는 방법과 현금유출로 처리하는 방법이 있다.

① 자본비용에 반영하는 경우

식(12.11)과 식(12.18)에서 P_0의 자금을 조달하는데 f만큼의 자금조달비용이 발생하면 순조달액은 P_0-f가 된다. 따라서 자금조달비용을 고려한 타인자본비용(k_d)과 자기자본비용(k_e)은 각각 다음과 같이 구할 수 있다.

$$P_0 - f = \sum_{t=1}^{n} \frac{I}{(1+k_d)^t} + \frac{F}{(1+k_d)^n} \tag{12.22}$$

$$k_e = \frac{d_1}{P_0 - f} + g \tag{12.23}$$

식(12.22)과 식(12.23)에서 자금조달비용은 자금조달액을 감소시키기 때문에 원천별 자본비용을 상승시키는 효과가 있다. 또한 자금조달비용이 손익계산서상의 비용으로 처리되는 경우에는 법인세를 절감시켜 주는 효과가 있으므로 법인세 절감효과를 반영한 자금조달경비는 $f(1-t_c)$가 되어야 한다.

② 현금유출로 처리하는 경우

주식발행비나 사채발행비와 같은 자금조달비용을 원천별 자본비용에 반영하지 않고 투자안의 현금유출로 처리할 수 있다. 자금조달비용을 현금유출로 처리할 경우에는 부채사용에 따른 자본조달결정의 효과를 기대현금흐름에 반영하여 투자안의 가치를 평가하는 제14장의 수정현재가치(APV)법에서 설명한다.

→ 예제 12-4 자기자본비용

백석기업의 보통주는 현재 증권시장에서 20,000원에 거래되고 있으며, 보통주를 발행하는데 1,000원의 주식발행비가 발생한다. 백석기업은 금년도말 1,000원의 배당을 지급할 예정이며 이익과 배당의 성장률은 10%이고 법인세율은 40%이다. 주식발행비를 당기비용으로 처리하는 경우 다음 물음에 답하시오.

1. 유보이익으로 자금을 조달하는 경우 자기자본비용을 구하시오.

2. 주식발행으로 자금을 조달하는 경우 자기자본비용을 구하시오.

풀이

1. 유보이익으로 자금을 조달하는 경우 자기자본비용은 다음과 같이 구할 수 있다.

$$k_e = \frac{d_1}{P_0} + g = \frac{1,000}{20,000} + 0.1 = 0.15$$

2. 주식발행으로 자금을 조달하는 경우 자기자본비용은 다음과 같이 구할 수 있다.

$$k_e = \frac{d_1}{P_0 - f} + g = \frac{1,000}{20,000 - 1,000} + 0.1 = 0.1526$$

4. 가중평균자본비용

(1) WACC의 정의

기업의 자본제공자인 채권자와 주주가 부담하는 위험은 서로 다르기 때문에 각자의 요구수익률인 원천별 자본비용도 서로 다르다. 따라서 기업이 총자본에 대해 부담하는 자본비용은 원천별 자본비용을 원천별 자본비용이 총자본에서 차지하는 비율로 가중평균한 비용이 되는데, 이를 가중평균자본비용이라고 말한다.

기업이 조달한 총자본이 타인자본과 자기자본으로 구성되어 있다고 가정할 경우에 가중평균자본비용은 다음과 같이 구할 수 있다.

$$k_0 = k_d(1-t_c)\frac{B}{S+B} + k_e\frac{S}{S+B} \tag{12.24}$$

(2) 가중치의 기준

가중평균자본비용(WACC : weighed average cost of capital)을 계산할 때 원천별 자본비용에 대한 가중치를 부여하는 방법에는 다음의 세 가지가 있다.

① 장부가치기준

장부가치기준은 타인자본과 자기자본의 장부가치를 기준으로 가중치를 부여하는 방법을 말한다. 장부가치는 재무제표상의 과거 회계자료를 그대로 이용하여 계산이 편리하다는 장점은 있지만 원천별 자본에 대한 과거의 역사적 가치만 나타내고 현재의 경제적 가치를 반영하지 못하므로 타당한 방법으로 볼 수 없다.

② 시장가치기준

시장가치기준은 증권시장에서 평가된 타인자본과 자기자본의 시장가치를 기준으로 가중치를 부여하는 방법을 말한다. 시장가치는 현재의 경제적 가치를 반영하고 있어 장부가치를 기준으로 산출한 가중평균비용보다 타당하다고 할 수 있다. 그러나 시장가치가 변할 때마다 가중평균비용이 달라진다는 문제점이 있다.

③ 목표자본구조기준

목표자본기준은 기업이 목표로 하는 목표자본구조 또는 최적자본구조를 기준으로 가중치를 부여하는 방법을 말한다. 기업이 기업가치를 극대화시킬 수 있는 목표자본구조를 가지고 있다면 목표자본구조를 유지할 수 있도록 자본을 조달할 것이므로 목표자본구조를 가중치로 하는 것이 가장 타당하다고 할 수 있다.

● 예제 12-5 가중평균자본비용

홍익기업의 자금조달원천별 장부가치와 세전 자본비용은 다음과 같다.

원 천	장부가치	세전 자본비용
부 채	1,000만원	10%
보통주	1,000만원	16%

홍익기업의 부채는 액면가액 10,000원인 사채 1,000단위로 구성되어 있고(액면발행), 보통주의 시장가격은 15,000원이고 발행주식수는 1,000주이다. 홍익기업의 목표자본구조는 부채 : 자기자본 = 3 : 7이며 법인세율이 50%라고 가정하여 물음에 답하시오.

1. 장부가치를 기준으로 가중평균자본비용을 구하시오.

2. 시장가치를 기준으로 가중평균자본비용을 구하시오.

3. 목표자본구조를 기준으로 가중평균자본비용을 구하시오.

풀이

1. 장부가치를 기준으로 가중평균자본비용을 구하면 다음과 같다.

$$k_0 = k_d(1-t_c)\frac{B}{S+B} + k_e\frac{S}{S+B} = 0.1(1-0.5)\times\frac{1,000}{2,000} + 0.16\times\frac{1,000}{2,000} = 0.105$$

2. 부채의 시장가치는 1,000만원이고 보통주의 시장가치는 1,500만원이므로 시장가치를 기준으로 가중평균자본비용을 구하면 다음과 같다.

$$k_0 = k_d(1-t_c)\frac{B}{S+B} + k_e\frac{S}{S+B} = 0.1(1-0.5)\times\frac{1,000}{2,500} + 0.16\times\frac{1,500}{2,500} = 0.116$$

3. 목표자본구조는 부채 : 자기자본 = 3 : 7이므로 목표자본구조를 기준으로 가중평균자본비용을 구하면 다음과 같다.

$$k_0 = k_d(1-t_c)\frac{B}{S+B} + k_e\frac{S}{S+B} = 0.1(1-0.5)\times\frac{3}{10} + 0.16\times\frac{7}{10} = 0.127$$

제1절 레버리지분석의 개요

1. 레버리지분석의 개념

고정영업비와 고정재무비가 매출액 변화에 따른 영업이익과 주당이익 변화율에 미치는 영향을 분석

2. 영업레버리지분석

(1) 영업레버리지효과

① 기업이 고정영업비를 부담하지 않으면 매출액 변화에 따른 영업이익의 변화율이 매출액의 변화율과 일치

② 고정영업비를 부담하면 고정영업비가 지렛대 역할을 하여 매출액의 변화에 따른 영업이익의 변화율이 매출액의 변화율보다 크게 나타나는 현상

(2) 영업레버리지도

$$DOL = \frac{\text{영업이익의 변화율}}{\text{매출액의 변화율}} = \frac{\triangle EBIT/EBIT}{\triangle S/S} = \frac{S-VC}{S-VC-FC}$$

(3) 고정영업비와 DOL

① 고정영업비가 0이면 DOL은 1이 되어 매출액의 변화율과 영업이익의 변화율이 일치하여 영업레버리지효과가 발생하지 않음

② 고정영업비가 0보다 크면 DOL은 1보다 크고 고정영업비가 증가할수록 DOL은 증가하여 영업레버리지효과가 크게 나타남

3. 재무레버리지분석

(1) 재무레버리지효과

① 고정재무비를 부담하지 않으면 영업이익의 변화에 따른 주당이익의 변화율이 영업이익의 변화율과 일치

② 고정재무비를 부담하면 고정재무비가 지렛대 역할을 하여 영업이익 변화에 따른 주당이익의 변화율이 영업이익의 변화율보다 크게 나타나는 현상

(2) 재무레버리지도

$$DFL = \frac{\text{주당이익의 변화율}}{\text{영업이익의 변화율}} = \frac{\triangle EPS/EPS}{\triangle EBIT/EBIT} = \frac{S-VC-FC}{S-VC-FC-I}$$

(3) 고정재무비와 DFL

① 고정재무비가 0이면 DFL은 1이 되어 영업이익의 변화율과 주당이익의 변화율이 일치하여 재무레버리지효과가 발생하지 않음

② 고정재무비가 0보다 크면 DFL은 1보다 크고 고정재무비가 증가할수록 DFL은 증가하여 재무레버리지효과가 크게 나타남

4. 결합레버리지분석

(1) 결합레버리지효과

① 고정영업비와 고정재무비를 부담하지 않으면 매출액의 변화에 따른 주당이익의 변화율이 매출액의 변화율과 일치

② 기업이 고정영업비와 고정재무비를 부담하면 영업레버리지효과로 매출액의 변화에 따른 영업이익 변화율이 매출액의 변화율보다 확대되며, 재무레버리지효과로 확대된 영업이익의 변화율보다 주당이익의 변화율이 더욱 확대되는 현상

(2) 결합레버리지도(DCL)

$$DCL = \frac{주당이익의\ 변화율}{매출액의\ 변화율} = \frac{\triangle EPS/EPS}{\triangle S/S} = DOL \times DFL$$

(3) 결합레버리지도의 특성

① 고정영업비와 고정재무비가 0이면 DCL은 1이 되어 매출액의 변화율과 주당이익의 변화율이 정확히 일치하여 결합레버리지효과가 발생하지 않음

② 고정영업비와 고정재무비가 0보다 크면 DCL은 1보다 커서 고정영업비와 고정재무비가 증가하면 DCL은 증가하여 결합레버리지효과가 크게 나타남

제2절 레버리지와 위험

1. 영업위험

영업레버리지에 따른 미래 영업이익의 불확실성으로 발생하는 위험

$$Var(\frac{\triangle EBIT}{EBIT}) = Var(DOL \times \frac{\triangle S}{S}) = DOL^2 \times Var(\frac{\triangle S}{S})$$

2. 재무위험

재무레버리지에 따른 미래 주당이익의 불확실성으로 발생하는 위험

$$Var(\frac{\triangle EPS}{EPS}) = Var(DFL \times \frac{\triangle EBIT}{EBIT}) = DFL^2 \times Var(\frac{\triangle EBIT}{EBIT})$$

3. 재무레버리지와 주식베타(하마다모형)

$$\beta_L = \beta_U + (\beta_U - \beta_B)(1-t_c)\frac{B}{S} \rightarrow 무위험부채(\beta_B = 0)이면\ \beta_L = \beta_U[1+(1-t_c)\frac{B}{S}]$$

하마다모형 : 대용베타를 이용하여 신규투자안의 주식베타 측정할 때 이용

제3절 자본비용의 개요

1. 자본비용의 개념

(1) 자본비용의 의의 : 자본을 조달하고 자본을 사용하는 대가로 사본제공자에게 지급하는 비용

(2) 자본비용의 역할 : 미래현금흐름을 현재가치로 할인하는 과정에서 적절한 할인율로 사용

2. 자본비용의 종류

(1) 타인자본비용

1) 세전 타인자본비용 : $k_d = I/B_0$

2) 세후 타인자본비용 : 세후 타인자본비용 $= k_d - k_d \times t_c = k_d(1 - t_c)$

(2) 자기자본비용

1) 보통주의 자본비용

① CAPM을 이용하는 경우 : $k_e = R_f + [E(R_m) - R_f]\beta_i$

② 배당평가모형을 이용하는 경우

㉠ 제로성장모형 : $P_0 = \dfrac{d_1}{k_e} \rightarrow k_e = \dfrac{d_1}{P_0}$

㉡ 일정성장모형 : $P_0 = \dfrac{d_1}{k_e - g} \rightarrow k_e = \dfrac{d_1}{P_0} + g$

2) 우선주의 자본비용 : $P_0 = \dfrac{d_p}{k_p} \rightarrow k_p = \dfrac{d_p}{P_0}$

3) 유보이익의 자본비용 : 주주에게 귀속될 이익을 사내유보한 것이므로 보통주의 자본비용과 동일함

(3) 가중평균자본비용

1) WACC의 개념 : $k_0 = k_d(1 - t_c)\dfrac{B}{S + B} + k_e \dfrac{S}{S + B}$

2) 가중치의 기준

① 장부가치기준
   타인자본과 자기자본의 장부가치를 기준으로 가중치를 부여하는 방법

② 시장가치기준
   증권시장에서 평가된 타인자본과 자기자본 시장가치를 기준으로 가중치를 부여

③ 목표자본구조기준
   기업의 목표자본구조 또는 최적자본구조를 기준으로 가중치를 부여하는 방법

1 다음 중 영업레버리지에 대한 설명으로 적절하지 않은 것은? (1992년)

① 영업레버리지는 기업의 영업비용 중에서 고정영업비의 부담정도를 말한다.

② 영업레버리지분석은 고정영업비의 존재로 인해 매출액의 일정한 변화율에 대응하여 영업이익보다 크게 변화하는 영업손익의 확대효과를 분석하는 것이다.

③ 영업레버리지의 측정방법으로는 매출액의 변화율에 대한 영업이익 변화율의 크기를 나타내는 영업레버리지도(DOL)가 사용된다.

④ 영업레버리지도는 매출액 단위 1% 변화에 대한 영업이익의 변화정도를 말한다.

⑤ 자본집약적 산업보다 노동집약적 산업의 영업레버리지도가 크게 나타난다.

| 해설 | 영업레버리지도(DOL)는 영업비용 중에서 감가상각비와 같은 고정비의 부담이 클수록 크게 나타난다. 따라서 자본집약적 산업의 경우 노동집약적 산업보다 감가상각비의 비중이 크기 때문에 상대적으로 영업레버리지도가 크다.

2 다음 중 결합레버리지에 대한 설명으로 적절하지 않은 것은?

① 매출액의 변화에 따른 주당순이익의 변화를 분석한다.

② 매출액이 1% 변화할 때 주당순이익은 DOL×DFL만큼 변화한다.

③ 고정영업비가 없으면 DCL은 1이 되며 결합레버리지효과는 발생하지 않는다.

④ DCL은 영업레버리지효과와 재무레버리지효과를 모두 고려한다.

⑤ DCL을 경영성과의 지표로 해서는 안 된다.

| 해설 | 고정영업비와 고정재무비가 없으면 DCL은 1이 되어 결합레버리지효과는 발생하지 않는다.

3 영업레버리지도(DOL), 재무레버리지도(DFL), 결합레버리지도(DCL)에 관한 설명으로 가장 적절하지 않은 것은? (2016년)

① 영업이익이 0보다 작은 경우 음(−)의 DOL은 매출액 증가에 따라 영업이익이 감소함을 나타낸다.

② 고정영업비가 일정해도 DOL은 매출액의 크기에 따라 변화한다.

③ DCL은 DOL과 DFL의 곱으로 나타낼 수 있다.

④ 이자비용이 일정해도 DFL은 영업이익의 크기에 따라 변화한다.

⑤ 영업이익이 이자비용보다 큰 경우 영업이익이 증가함에 따라 DFL은 감소하여 1에 수렴한다.

| 해설 | 영업이익이 0보다 작으면 영업손실 상태에 있다. 따라서 음(−)의 DOL은 매출액 증가에 따라 영업손실이 감소함을 의미한다

4 (주)윈드는 풍력발전에 사용되는 터빈을 생산하는 기업이며 생산된 터빈은 모두 판매되고 있다. (주)윈드의 손익분기점은 터빈을 2,500개 판매할 때이다. (주)윈드가 터빈을 3,400개 판매할 때의 영업레버리지도(DOL)로 적절한 것은? (2012년)

① DOL ≤ 1.5
② 1.5 < DOL ≤ 2.5
③ 2.5 < DOL ≤ 3.5
④ 3.5 < DOL ≤ 4.5
⑤ DOL > 4.5

| 해설 |
$$DOL = \frac{(p-v)Q}{EBIT} = \frac{(p-v)Q}{(p-v)Q-FC}$$
$$= \frac{(p-v)Q}{(p-v)\times 3,400 - (p-v)\times 2,500} = 3.7778$$
손익분기점 판매량이 2,500개이므로
$$EBIT = (p-v)\times 2,500 - FC = 0 \rightarrow FC = (p-v)\times 2,500$$

5 A기업의 재무레버리지도(DFL)는 2이고 결합레버리지도(DCL)는 6이다. 현재 A기업의 영업이익(EBIT)이 20억원이라면, 이 기업의 고정영업비용은? (2017년)

① 20억원
② 25억원
③ 30억원
④ 35억원
⑤ 40억원

| 해설 |
$$DCL = DOL \times DFL = DOL \times 2 = 6 \rightarrow DOL = 3$$
$$DOL = \frac{(P-V)Q}{EBIT} = \frac{EBIT + FC^*}{EBIT} = \frac{20억 + FC}{20억} = 3 \rightarrow \therefore FC = 40억원$$
$$*EBIT = (P-V)Q - FC \rightarrow (P-V)Q = EBIT + FC$$

6 자본비용에 관련된 서술 중 가장 옳은 것은? (2001년)
① 자기자본비용은 부채의존도와는 무관하다.
② 타인자본비용이 자기자본비용보다 더 크다.
③ 신규투자안 평가시 기존의 WACC를 사용한다.
④ WACC이 최소가 되는 자본구성이 최적자본구조이다.
⑤ 사내유보이익을 투자재원으로 사용하는 경우 자본비용이 없다.

| 해설 | ① 부채사용이 증가할수록 주주의 위험이 커지기 때문에 자기자본비용은 부채사용이 증가함에 따라 상승한다.
② 일반적으로 채권자가 부담하는 위험이 주주가 부담하는 위험보다 작기 때문에 타인자본비용은 자기자본비용보다 작다.
③ 신규투자안을 평가할 경우에는 그 투자안의 위험이 반영된 자본비용을 사용해야 한다.
④ 가중평균자본비용(WACC)이 최소가 되는 자본구성이 기업가치를 극대화할 수 있는 최적자본구조에 해당한다.
⑤ 유보이익은 보통주주에게 귀속될 이익을 유보한 것이기 때문에 보통주를 이용하여 자금을 조달할 때와 동일한 자본비용을 부담한다.

7 부채가 전혀 없는 기업 A의 자기자본비용은 7%인데 신규사업을 위해 (무위험)부채를 조달한 후 부채비율(부채/자기자본)이 100%가 되었다. 무위험이자율은 5%이고 시장 포트폴리오의 기대수익률은 9%이다. 법인세율이 40%일 때 기업 A의 자기자본비용은 얼마로 변하겠는가? (2006년)

① 7% ② 7.4% ③ 7.8%

④ 8.2% ⑤ 12.2%

| 해설 | $k_e^L = \rho + (\rho - k_d)(1-t_c)\dfrac{B}{S} = 0.07 + (0.07 - 0.05)(1-0.4) = 0.082$

8 자기자본만으로 운영하는 기업의 자기자본비용은 15%이며 매년 3억원의 기대영업이익이 예상된다. 이 회사는 자본구조를 변경하기 위해 5억원의 부채를 이자율 10%로 조달하여 주식의 일부를 매입하고자 한다. 법인세율이 30%라고 할 때 법인세를 고려한 MM의 이론을 이용하여 자본구조 변경 후 이 기업의 자기자본의 가치를 구하면 얼마인가? (2006년)

① 9억원 ② 10.5억원 ③ 14억원

④ 15억원 ⑤ 16.5억원

| 해설 | $V_U = \dfrac{EBIT(1-t_c)}{\rho} = \dfrac{3억 \times (1-0.3)}{0.15} = 14억$

$V_L = V_U + B \times t_c = 14억 + 5억 \times 0.3 = 15.5억$

$\therefore S_L = V_L - B = 15.5억 - 5억 = 10.5억$

9 A기업은 매출량이 1% 증가하면 영업이익(EBIT)은 3% 증가한다. 이 기업의 결합레버리지도(DCL)는 6이며, 주가수익비율(PER)은 12이다. 영업이익이 10% 증가하는 경우 주가가 10% 상승한다면, 영업이익이 증가한 후의 PER는 얼마가 되겠는가? (2004년)

① 10 ② 11 ③ 12

④ 15 ⑤ 18

| 해설 | DCL = DOL × DFL = 3 × DFL = 6에서 DFL = 2이므로 영업이익이 10% 증가하면 EPS는 20% 증가한다. PER = Price/EPS = 1.1Price/1.2EPS = 1.1/1.2 × PER(12) = 11

10 A기업의 주식베타는 2.05이고 법인세율은 30%이다. A기업과 부채비율 이외의 모든 것이 동일한 B기업은 부채 없이 자기자본만으로 자본을 구성하고 있는데 주식베타는 1.00이고 기업가치는 100억원이다. CAPM과 MM이론이 성립한다고 가정할 때 A기업의 가치는 근사치로 얼마인가? 하마다모형을 이용한다. (2007년)

① 114억원　　　　　　　　② 118억원　　　　　　　　③ 122억원

④ 124억원　　　　　　　　⑤ 167억원

| 해설 | $\beta_L = \beta_U[1+(1-t_c)\frac{B}{S}] \to 2.05 = 1.0[1+0.7\times\frac{B}{S}] \to \frac{B}{S} = 1.5 \therefore B = \frac{1.5}{2.5}V$

$V_L = V_U + B\times t_c \to V = 100 + \frac{1.5}{2.5}\times V\times 0.3 \to V = 121.95억$

11 동강기업의 재무레버리지(B/S)는 1이고, 동일한 영업위험을 가진 서강기업의 재무레버리지는 2이다. 동강기업 보통주의 베타계수가 0.5일 때 서강기업 보통주의 베타계수는? 단, 부채의 베타는 0이고, 법인세는 존재하지 않는다.

① 0.25　　　　　　　　② 0.5　　　　　　　　③ 0.75

④ 1.0　　　　　　　　⑤ 2.0

| 해설 | 영업위험만 반영된 베타 : $\beta_L = \beta_U + \beta_U(1-t_c)\frac{B}{S} = \beta_U[1+(1-t_c)\frac{B}{S}]$

(1) A기업 보통주의 베타 : $\beta_L^A = \beta_U(1+\frac{B}{S}) = \beta_U(1+1) = 0.5 \to \beta_U = 0.25$

(2) B기업 보통주의 베타 : $\beta_L^B = \beta_U(1+\frac{B}{S}) = \beta_U(1+2) = 0.25\times 3 = 0.75$

12 현재 부채와 자기자본 비율이 50:50인 (주)한국의 주식베타는 1.5이다. 무위험이자율이 10%이고, 시장포트폴리오의 기대수익률은 18%이다. 이 기업의 재무담당자는 신주발행을 통해 조달한 자금으로 부채를 상환하여 부채와 자기자본비율을 30:70으로 변경하였다. 법인세가 없고 무위험부채의 사용을 가정할 경우 다음 설명 중 옳지 않은 것은? (단, 소수점 셋째 자리에서 반올림) (2009년)

① 자본구조 변경 전의 자기자본비용은 22.0%이다.

② 자본구조 변경 전의 자산베타는 0.75이다.

③ 자본구조 변경 후의 주식베타는 1.07로 낮아진다.

④ 자본구조 변경 후의 자기자본비용은 20.56%로 낮아진다.

⑤ 자본구조 변경 후의 가중평균자본비용은 16%로 변경 전과 같다.

| 해설 | ① $k_e = R_f + [E(R_m)-R_f]\beta_L = 0.10+(0.18-0.10)\times 1.5 = 0.22$

② $\beta_A = \beta_L\times\frac{S}{V}+\beta_B\times\frac{B}{V} = 1.5\times 0.5+0\times 0.5 = 0.75$

③ $1.5 = \beta_U[1+(1-0)\frac{0.5}{0.5}] \to \beta_U = 0.75 \therefore \beta_L = 0.75[1+(1-0)\frac{0.3}{0.7}] = 1.0714$

④ $k_e = 0.10+(0.18-0.10)\times 1.0714 = 0.1857$

⑤ 자본구조 변경 전 : $k_0 = 0.1 \times 0.5 + 0.22 \times 0.5 = 0.16$

자본구조 변경 후 : $k_0 = 0.1 \times 0.3 + 0.1857 \times 0.7 = 0.16$

13 A기업은 자동차부품 사업에 진출하는 신규투자안을 검토하고 있다. 신규투자안과 동일한 사업을 하고 있는 B기업은 주식 베타가 1.50이며 부채를 사용하지 않는다. A기업은 신규투자안에 대해 목표부채비율(B/S)을 100%로 설정하였다. 필요한 차입금은 10% 무위험이자율로 조달할 수 있으며, 법인세율은 40%, 시장포트폴리오의 기대수익률은 15%이다. A기업이 신규투자안의 순현가를 구하기 위해 사용해야 할 할인율은 얼마인가? (2015년)

① 10% ② 12% ③ 14%
④ 18% ⑤ 22%

| 해설 | $\beta_L = \beta_U[1 + (1 - t_c)\dfrac{B}{S}] = 1.5[1 + (1 - 0.4) \times 1] = 2.4$

$k_e = R_f + [E(R_M) - R_f]\beta_L = 0.1 + (0.15 - 0.1) \times 2.4 = 0.22$

$k_0 = k_d(1 - t_c) \times \dfrac{B}{V} + k_e \times \dfrac{S}{V} = 0.1(1 - 0.4) \times \dfrac{1}{2} + 0.22 \times \dfrac{1}{2} = 0.14$

14 동일한 회사에서 자산, 부채, 자기자본에 대해서 요구되는 수익률을 큰 것부터 작은 것의 순서로 나열하면? (1997년)

① 부채, 자산, 자기자본 ② 자산, 부채, 자기자본
③ 자산, 자기자본, 부채 ④ 자기자본, 부채, 자산
⑤ 자기자본, 자산, 부채

| 해설 | 주주의 요구수익률(자기자본비용)은 주주가 부담하는 영업위험과 재무위험으로 채권자의 요구수익률(타인자본비용)보다 높다. 자산의 자본비용(가중평균자본비용)은 자기자본비용과 타인자본비용을 가중평균한 것으로 자기자본비용과 타인자본비용의 중간에 속한다.

15 불완전자본시장에서 유보이익의 자본비용에 대한 옳은 설명은? (1993년)
① 신주발행에 의한 자기자본비용보다 작다.
② 신주발행에 의한 자기자본비용과 같다.
③ 신주발행에 의한 자기자본비용보다 크다.
④ 신주발행에 의한 자기자본비용과 무관하다.
⑤ 자본비용이 발생하지 않는다.

| 해설 | 거래비용이 없는 완전자본시장에서 유보이익의 자본비용은 자기자본비용과 동일하다. 그러나 거래비용이 있는 불완전자본시장에서는 신주발행시 거래비용이 발생하므로 신주발행의 자기자본비용이 유보이익의 자기자본비용보다 크다.

16 현재 주식가격은 18,000원이고 주당배당금은 1,100원이며 배당의 연간 성장률이 10%인 기업이 있다. 무위험이자율이 10%이고 시장포트폴리오의 기대수익률이 15%인 경우 이 기업 주식의 베타는 얼마인가? (1995년)

① 0.86　　　　　　　　② 0.95　　　　　　　　③ 1.34

④ 1.38　　　　　　　　⑤ 2.15

| 해설 |　$k_e = \dfrac{D_1}{P_0} + g = \dfrac{1,100(1.1)}{18,000} + 0.1 = 0.1672$

$k_e = R_f + [E(R_m) - R_f]\beta_i \rightarrow 0.1672 = 0.10 + (0.15 - 0.10)\beta_i \rightarrow \beta_i = 1.34$

17 (주)벤처는 현재 부채 5,000만원과 보통주 5,000만원으로 이루어져 있으며, 총자산규모가 2억원이 되도록 사업규모를 확장하려고 한다. (주)벤처는 사업을 확장하더라도 최적인 현재의 자본구조를 계속 유지할 것이며, 사업확장에 필요한 자본은 지급이자율이 5%인 회사채와 보통주를 발행하여 조달하기로 결정하였다. 보통주의 시장가격은 20,000원이고, 배당금은 주당 1,000원을 지급하고 있으며 향후 5%로 계속 성장할 것으로 예상하고 있다. 신주의 발행비용은 주당 2,500원이 소요되고 법인세율이 40%일 때 (주)벤처의 자본조달비용은 얼마인가? 단, 부채의 발행비용은 없고 조달된 자본으로 시작하는 사업은 현행과 동일한 것이며, 위험변화는 없다고 가정한다. (2002년)

① 6%　　　　　　　　② 7%　　　　　　　　③ 8%

④ 9%　　　　　　　　⑤ 10%

| 해설 | (1) 주식을 발행하여 자금을 조달하는 경우 자금조달비용을 고려하면 자기자본비용은 다음과 같이 수정될 수 있다.

$k_e = \dfrac{d_1}{P_0 - f} + g = \dfrac{1,000(1.05)}{20,000 - 2,500} + 0.05 = 0.11$

(2) 목표자본구조는 부채 : 자기자본 = 5 : 5이므로 목표자본구조를 기준으로 가중평균자본비용을 구하면 다음과 같다.

$k_0 = k_d(1 - t_c) \times \dfrac{B}{S+B} + k_e \times \dfrac{S}{S+B} = 0.05(1 - 0.4) \times \dfrac{5}{10} + 0.11 \times \dfrac{5}{10} = 0.07$

18 동국기업의 주가는 20,000원이고 당기말 주당배당액은 1,000원으로 예상되며 이익 및 배당의 성장률은 6%이다. 신주를 발행하는데 2,000원의 경비가 발생한다면 유보이익과 보통주 자본비용은 각각 얼마인가?

	유보이익	보통주 자본비용
①	11.00%	11.32%
②	11.00%	11.56%
③	11.32%	11.10%
④	11.56%	11.10%
⑤	11.10%	11.10%

| 해설 | (1) 유보이익으로 자금을 조달하는 경우 자기자본비용은 다음과 같이 구할 수 있다.

$$k_e = \frac{d_1}{P_0} + g = \frac{1,000}{20,000} + 0.06 = 0.11$$

(2) 주식발행하여 자금을 조달하는 경우 자기자본비용은 다음과 같이 구할 수 있다.

$$k_e = \frac{d_1}{P_0 - f} + g = \frac{1,000}{20,000 - 2,000} + 0.06 = 0.1156$$

19 서강기업의 자본구조와 자금조달에 따른 자본비용은 다음과 같다. 법인세율이 30%이면 서강기업의 가치를 계산하는데 적절한 가중평균자본비용은 얼마인가?

구 분	장부가치(억원)	시장가치(억원)	목표자본구조(%)	자본비용(%)
부 채	400	400	50	10
우선주	200	250	20	14
보통주	300	400	30	20

① 12.3%   ② 12.9%   ③ 13.6%

④ 14.1%   ⑤ 14.8%

| 해설 | 기업의 장기적인 목표자본구조에 의해 가중평균자본비용을 구하면 다음과 같다.
$$k_0 = 10\%(1-0.3) \times 0.5 + 14\% \times 0.2 + 20\% \times 0.3 = 0.123$$

20 D기업의 자본구조는 부채 20%와 자기자본 80%로 구성되어 있다. 이 기업의 최고경영진은 부채를 추가로 조달하여 자사주매입 후 소각을 통해 부채비율을 100%로 조정하고자 한다. 현재 무위험수익률은 3%이고, D기업 보통주의 베타는 2.3이며 법인세율은 40%이다. 부채를 추가로 조달한 후의 베타에 가장 가까운 것은? 단, CAPM 및 MM의 수정이론(1963)이 성립하고, 부채비용은 무위험수익률과 동일하다고 가정한다. (2020년)

① 3.05   ② 3.10   ③ 3.15

④ 3.20   ⑤ 3.25

| 해설 | 부채는 무위험수익률과 동일하므로 부채는 무위험부채이다. 따라서 기존의 주식베타와 자본 구조를 이용하여 영업위험만 반영된 베타를 구하면 다음과 같다.

$$\beta_L = \beta_U[1+(1-t_c)\frac{B}{S}] \rightarrow 2.3 = \beta_U[1+(1-0.4)\times\frac{20}{80}] \rightarrow \beta_U = 2$$

부채를 추가로 조달한 후의 베타는 $\beta_L = 2[1+(1-0.4)\times1] = 3.2$가 된다.

자본구조이론

13

자본구조이론

자본구조이론은 타인자본과 자기자본의 구성상태가 기업가치에 미치는 영향을 분석하여 자본비용을 극소화하는 최적자본구조를 탐색하는 이론을 말한다. MM은 세금과 거래비용이 없는 완전자본시장에서 기업가치는 자본구조와 무관하며 법인세를 고려하면 부채를 많이 사용할수록 기업가치가 증가한다고 주장하였다.

제1절 자본구조의 개념

자본구조의사결정은 재무상태표의 대변항목과 기업의 재무위험을 결정한다. 기업의 자본제공자인 주주와 채권자는 자본구조에서 결정된 재무위험을 평가하여 요구수익률을 결정한다. 이러한 요구수익률이 기업에는 자본비용이 되고 자본비용으로 기업의 미래현금흐름을 할인한 현재가치의 총합이 기업가치가 된다.

1. 자본구조의 정의

자본구조는 타인자본과 자기자본의 구성상태를 말한다. 기업이 타인자본을 이용하면 기업의 재무위험에 영향을 주고 이것은 다시 자기자본비용에 영향을 미쳐 가중평균자본비용을 변화시켜 기업가치에 영향을 미치게 된다. 따라서 자본구조이론은 타인자본의 사용과 기업가치의 관계를 설명하는 이론을 말한다.

2. 자본구조이론의 개요

(1) 자본구조이론의 논리

자본구조이론은 다른 모든 조건이 동일한 상태에서 타인자본과 자기자본의 구성상태가 기업가치에 미치는 영향을 분석하여 기업가치를 극대화(자본비용을 극소화)할 수 있는 최적자본구조를 탐색하는 이론을 말한다. 따라서 자본구조이론의 주요 논점은 다음과 같은 두 가지로 요약할 수 있다.

첫째, 다른 모든 조건이 일정한 상태에서 타인자본과 자기자본의 구성상태를 나타내는 자본구조의 변화가 기업가치에 영향을 미칠 수 있는가?

둘째, 자본구조의 변화가 기업가치에 영향을 미칠 수 있다면 기업가치를 극대화시킬 수 있는 최적자본구조는 어느 정도 수준에서 달성되는가?

(2) 자본구조이론의 초점

기업가치(V)는 기업이 보유하고 있는 자산으로부터 벌어들일 것으로 기대하는 미래현금흐름($E(C_i)$)을 미래현금흐름의 위험이 반영된 적절한 할인율인 가중평균자본비용

(k₀)으로 할인한 현재가치의 총합을 말한다. 따라서 계속기업(going concern)을 가정하면 기업가치는 다음과 같이 구할 수 있다.

$$V = \sum_{t=1}^{n} \frac{E(C_t)}{(1+k_0)^t} \tag{13.1}$$

재무관리의 목표는 자본조달활동과 투자활동에 의해서 발생하는 미래현금흐름과 위험도에 의해 결정되는 기업가치를 극대화하는 것이다. 따라서 기업가치를 극대화하기 위해서는 가중평균자본비용이 극소화되도록 타인자본과 자기자본을 구성하여 미래현금 흐름이 극대화되도록 투자결정을 해야 한다.

자본구조이론은 다른 조건은 모두 일정한 상태에서 자본구조가 기업가치에 미치는 영향을 분석한다. 따라서 투자결정과 관련된 현금흐름과 영업위험은 주어진 것으로 가정하고 자본구조가 가중평균자본비용에 미치는 영향을 분석하여 가중평균자본비용을 극소화할 수 있는 자본구조를 찾고자 한다.

기업가치를 나타내는 식(13.1)에서 E(Cₜ)가 일정하면 가중평균자본비용이 작을수록 기업가치가 커지므로 가중평균자본비용을 극소화하는 차본구조가 기업가치를 극대화하는 최적자본구조가 된다. 최적자본구조는 기업가치를 극대화하는 자본의 구성상태로 가중평균자본비용을 극소화하면 달성될 수 있다.

(3) 최적자본구조의 이해

기업이 타인자본(부채)을 사용하면 타인자본비용의 저렴효과와 자기자본비용의 상승효과가 가중평균자본비용 또는 기업가치에 상충적인 영향을 미치게 된다. 따라서 타인자본과 자기자본의 구성상태와 가중평균자본비용 또는 기업가치의 관계는 두 가지 상충적인 크기에 따라 달라진다.

1) 타인자본비용의 저렴효과

부채사용이 증가할수록 상대적 자본비용이 저렴한 타인자본에 대한 가중치가 증가하여 가중평균비용이 낮아지고 기업가치가 상승하는 효과를 말한다.

2) 자기자본비용의 상승효과

부채사용이 증가할수록 주주가 부담하는 재무위험이 증가하고 주주의 요구수익률이 상승하여 가중평균비용이 높아지고 기업가치가 하락하는 효과를 말한다.

(4) 자본구조이론의 가정

자본구조이론은 자본구조가 변화하면 자본비용이 어떻게 변화하는지를 분석하여 가중평균자본비용을 극소화하는 최적자본구조를 찾고자 하는 이론으로 다음의 가정에 기초하고 있다. ①~⑤는 자본구조의 모든 이론에 공통적으로 적용되는 가정이며 ⑥~⑨는 자본구조이론이 발전함에 따라 완화되는 가정들에 해당한다.

① 기업은 경영활동에 필요한 모든 자본을 보통주인 자기자본과 영구채인 타인자본으로만 조달한다.

② 기업은 채권을 발행하여 주식을 재매입하거나 주식을 발행하여 사채를 상환함으로써 총자본의 변화없이 자본구조를 변경시킬 수 있다.

③ 기업은 미래현금흐름과 영업위험이 동일하고 자본구조만 다른 동질적 위험집단으로 분류할 수 있다.

④ 투자자들은 기업의 미래현금흐름의 확률분포에 대해 동질적으로 기대하며 미래현금흐름의 확률분포는 매기 일정하고 영속적이다. 즉 성장은 없다.[4]

⑤ 기업의 미래현금흐름인 기대영업이익은 모두 배당(주주)과 이자(채권자)로 지급된다. 따라서 주주에게 귀속되는 현금흐름은 기업이 벌어들이는 순이익과 같다.

⑥ 자본시장은 세금이나 거래비용과 같은 거래의 마찰적 요인이 존재하지 않는 완전자본시장이다.

⑦ 기업이 부채를 아무리 많이 사용하더라도 파산비용은 발생하지 않는다.

⑧ 경영자는 항상 기업가치 또는 주주의 부를 극대화할 수 있도록 의사결정한다.

⑨ 기업의 미래경영성과에 대해 내부경영자와 외부투자자가 동일한 정보를 가지고 있는 정보의 균형상태에 있다.

---

4) 완전자본시장의 가정하에서 동일한 현금을 벌기 위해서는 투자금액이 동일해야 하므로 자산가치의 감소분을 의미하는 감가상각비만큼은 매년 재투자를 해야 한다.

3. 기업가치와 자본비용의 관계

자본구조이론은 자본구조가 자본비용과 기업가치에 미치는 영향을 분석하는 이론이다. 따라서 자본구조이론을 이해하려면 자본비용과 기업가치의 평가에 대한 기본논리를 이해하는 것이 중요하다. 자본비용과 부채가치, 자기자본가치, 기업가치간에는 다음과 같은 대응관계가 존재한다.

가중평균자본비용(k_0) ⟺	자산가치(V)	부가가치(B)	⟺ 타인자본비용(k_d)
		자기자본가치(S)	⟺ 자기자본비용(k_e)
가중평균자본비용(k_0) ⟺	기업가치(V)	기업가치(V)	⟺ 가중평균자본비용(k_0)

(1) 부채가치와 타인자본비용

부채가치(B)는 채권자가 얻게 될 미래현금흐름을 채권자의 요구수익률(k_d)로 할인한 현재가치이다. 자본구조이론에서는 매년 일정한 이자(I)를 영구적으로 지급하는 영구채를 가정한다. 따라서 부채가치는 다음과 같이 구할 수 있다.

$$B = \sum_{t=1}^{\infty} \frac{I}{(1+k_d)^t} = \frac{I}{k_d} \tag{13.2}$$

식(13.2)에 의하면 부채가치(B)와 타인자본비용(k_d) 사이에는 다음과 같은 관계가 성립한다.

$$B = \frac{I}{k_d} \Leftrightarrow k_d = \frac{I}{B} \tag{13.3}$$

(2) 자기자본가치와 자기자본비용

자기자본가치(S)는 주주가 얻게 될 미래현금흐름을 주주의 요구수익률(k_e)로 할인한 현재가치이다. 자본구조이론에서는 매기 일정하게 영구적으로 발생하는 순이익(NI)을 모두 주주에게 배당으로 지급하는 것으로 가정하여 주주의 현금흐름은 순이익과 동일하다. 따라서 자기자본가치(S)는 다음과 같이 구할 수 있다.

$$S \;=\; \sum_{t=1}^{\infty} \frac{NI}{(1+k_e)^t} \;=\; \frac{NI}{k_e} \tag{13.4}$$

식(13.4)에 의하면 자기자본가치(S)와 자기자본비용(k_e) 사이에는 다음과 같은 관계가 성립한다.

$$S \;=\; \frac{NI}{k_e} \Leftrightarrow k_e \;=\; \frac{NI}{S} \tag{13.5}$$

(3) 기업가치와 가중평균자본비용

가중평균자본비용은 세후 타인자본비용과 자기자본비용을 자본구성비율로 가중평균하여 다음과 같이 구할 수 있다.

$$k_0 = k_d(1-t_c)\frac{B}{S+B} + k_e\frac{S}{S+B} = \frac{k_d B(1-t_c) + k_e S}{V} \tag{13.6}$$

식(13.5)에서 $k_e S = NI = [E(NOI) - k_d B](1-t_c) = E(NOI)(1-t_c) - k_d B(1-t_c)$이므로 이를 식(13.6)에 대입하여 정리하면 기업가치(V)와 가중평균자본비용(k_0) 사이에는 다음과 같은 관계가 성립한다.

$$k_0 = \frac{E(NOI)(1-t_c)}{V} \Leftrightarrow V = \frac{E(NOI)(1-t_c)}{k_0} \tag{13.7}$$

4. 자본구조이론의 발전

자본구조이론은 MM의 연구를 기준으로 [그림 13-1]처럼 분류하는 것이 일반적이다. 먼저 전통적 자본구조이론에 대해 살펴본 후 MM의 초기이론(1958)과 MM의 수정이

론(1963)을 설명하고 MM 이후의 자본구조이론으로 균형부채이론, 파산비용이론, 대리인
이론, 정보비대칭이론에 대해 살펴보고자 한다.

┃그림 13-1 ┃ 자본구조이론의 발전과정

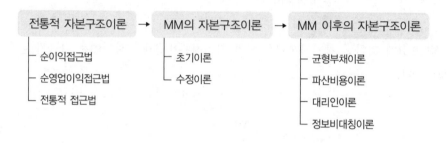

제2절 전통적 자본구조이론

1. 순이익접근법

(1) 가정 및 의의

레버리지에 관계없이 자본구조가 변화해도 타인자본비용(k_d)과 자기자본비용(k_e)은
일정하며 자기자본비용은 타인자본비용보다 크다고 가정한다. 일반적으로 타인자본비용
은 자기자본비용보다 낮으므로 부채사용을 증가시키면 가중평균자본비용은 감소한다.
따라서 부채사용이 많을수록 기업가치는 증가한다.

(2) 자본구조와 기업가치

순이익접근법에서는 자기자본비용이 레버리지에 관계없이 일정하다고 가정하므로
자기자본비용이 주어진 상태에서 기업가치를 평가한다. 따라서 주주에게 귀속되는 연간
순이익을 자기자본비용으로 할인하여 자기자본가치(S)를 먼저 계산하고 여기에 타인자
본가치(B)를 가산하여 기업가치(V)를 산출한다.

$$V = S + B = \frac{E(NOI) - k_d B}{k_e} + \frac{k_d B}{k_d} = \frac{E(NOI)}{k_e} + (1 - \frac{k_d}{k_e})B \qquad (13.8)$$

(3) 자본구조와 자본비용

순이익접근법의 가정대로 타인자본비용(K_d)과 자기자본비용(K_e)이 레버리지에 관계 없이 일정하면, 부채사용에 따른 타인자본비용의 저렴효과만 나타나고 자기자본비용의 상승효과는 나타나지 않는다. 따라서 부채사용이 많아질수록 가중평균자본비용(K_0)은 하락하며 다음과 같이 구할 수 있다.

$$k_0 = k_d \frac{B}{V} + k_e \frac{S}{V} \qquad (13.9)$$

식(13.9)에 S=V−B를 대입하여 정리하면 식(13.10)의 관계가 성립한다. 순이익접근 법에서 타인자본비용(K_d)과 자기자본비용(K_e)이 레버리지에 관계없이 일정하고 $K_d < K_e$ 이라고 가정하므로 부채의 사용(B/V)이 많아질수록 가중평균자본비용이 감소하게 되어 기업가치가 증가한다는 것을 의미한다.

$$k_0 = k_e - (k_e - k_d) \frac{B}{V} \qquad (13.10)$$

(4) 순이익접근법의 한계점

순이익접근법은 타인자본을 많이 사용할수록 재무위험이 증가하므로 주주들의 요 구수익률이 상승하게 되어 자기자본비용이 상승한다는 사실을 간과하고 있다. 또한 타인 자본을 많이 사용할수록 채무불이행위험이 증가하여 타인자본비용도 상승하게 되는데 순이익접근법에서는 이러한 사실을 무시하고 있다.

순이익접근법에서는 주주의 부는 잔여적 청구권이라는 사실을 무시하고 있다. 즉 자기자본가치는 잔여적 청구권이므로 기업가치를 먼저 계산하고 기업가치에서 타인자본 가치를 차감해야 한다. 그러나 순이익접근법에서는 자기자본가치를 먼저 구하고 여기에 타인자본가치를 가산하여 기업가치를 산출한다.

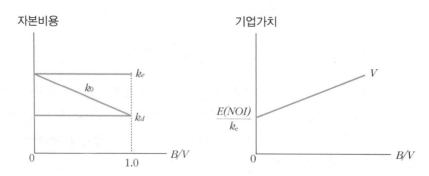

▌그림 13-2▐ 순이익접근법

2. 순영업이익접근법

(1) 가정 및 의의

레버리지에 관계없이 타인자본비용(k_d)과 가중평균비용(k_0)이 일정하다고 가정한다. 기업가치는 기대영업이익을 가중평균자본비용으로 할인한 값으로 가중평균자본비용이 자본구조에 관계없이 일정하면 기업가치도 일정하며 자본구조와 무관하다. 따라서 순영업이익접근법을 이론적으로 체계화시킨 것이 MM의 무관련이론이다.

(2) 자본구조와 기업가치

순영업이익접근법에서는 가중평균자본비용이 레버리지에 관계없이 일정하다고 가정하기 때문에 가중평균자본비용이 주어진 상태에서 기업가치를 평가한다. 따라서 연간 기대영업이익을 가중평균자본비용으로 할인하여 기업가치를 먼저 계산하고, 여기에서 타인자본가치를 차감하여 자기자본가치를 평가한다.

(3) 자본구조와 자본비용

순영업이익접근법에서는 레버리지에 관계없이 타인자본비용(k_d)과 가중평균자본비용(k_0)이 일정하다고 가정한다. 또한 부채사용에 따른 타인자본비용의 저렴효과와 자기자본비용의 상승효과가 서로 상쇄되기 때문에 가중평균자본비용이 자본구조에 관계없이 일정하므로 자기자본비용은 다음과 같이 구할 수 있다.

$$k_e = \frac{NI}{S} = \frac{E(NOI) - k_d B}{S} \tag{13.11}$$

식(13.11)에 $k_0 = k_d \dfrac{B}{S+B} + k_e \dfrac{S}{S+B}$ 를 대입하여 정리하면 자기자본비용은 다음과 같이 평가할 수도 있다. 이는 자기자본비용은 부채의 사용(B/S)이 증가할수록 상승함을 의미한다.

$$k_e = k_0 + (k_0 - k_d)\frac{B}{S} \tag{13.12}$$

타인자본을 많이 사용할수록 재무위험이 증가하므로 주주들의 요구수익률인 자기자본비용이 상승한다. 순영업이익접근법에서는 레버리지가 증가함에 따른 자기자본비용의 상승효과가 타인자본비용의 저렴효과에 의해 완전히 상쇄되기 때문에 가중평균자본비용은 자본구조에 관계없이 일정하다고 주장한다.

(4) 순영업이익접근법의 한계점

기업이 타인자본을 많이 사용할수록 채무불이행위험(default risk)이 증가하면 채권자들의 요구수익률인 타인자본비용이 상승하게 된다. 그러나 순영업이익접근법은 이러한 사실을 고려하지 않고 있다.

┃그림 13-3┃ 순영업이익접근법

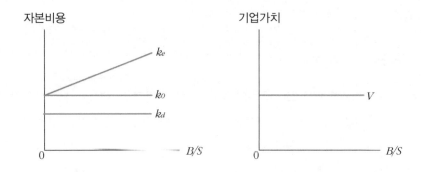

3. 전통적 접근법

전통적 접근법은 타인자본을 적절히 사용할 경우에 가중평균자본비용이 최소가 되어 기업가치를 극대화할 수 있는 최적자본구조를 달성할 수 있다고 주장한다.

(1) 가정

① 레버리지가 증가하면 주주들이 부담하는 재무위험이 증가하여 자기자본비용이 상승하고 레버리지가 일정수준을 초과하면 채무불이행위험이 증가하여 타인자본비용도 상승한다고 가정한다.

② 타인자본을 적정수준으로 사용할 경우 가중평균자본비용이 최소가 되는 최적자본구조를 달성할 수 있다. 따라서 기업가치가 증가하다 감소하기 시작하는 (B/S)*가 최적자본구조에 해당한다.

(2) 의의

부채의 사용정도가 일정수준에 도달할 때까지는 타인자본비용이 일정한 상태에서 자기자본비용이 순영업이익접근법에서 보다 적게 상승하기 때문에 타인자본비용의 저렴효과가 자기자본비용의 상승효과보다 크게 나타나서 부채의 사용이 증가할수록 가중평균자본비용이 하락하여 기업가치는 상승한다.

그러나 부채의 사용정도가 일정수준을 초과하면 자기자본비용과 타인자본비용이 급격히 상승하여 자기자본비용의 상승효과가 타인자본비용의 저렴효과보다 크게 나타나서 부채사용이 증가할수록 가중평균자본비용이 상승하여 기업가치는 하락하나 기업가치를 극대화할 수 있는 최적자본구조가 존재한다.

(3) 전통적 접근법의 한계점

순이익접근법과 마찬가지로 주주의 부는 잔여적 청구권이라는 사실을 무시한다. 따라서 자기자본가치를 계산한 후 타인자본가치를 가산하여 기업가치를 산출한다. 전통적 접근법은 자본시장의 불완전성에 논리적 근거를 두고 있으나 최적자본구조를 구체적으로 밝히지 못했다는 점에서 비판을 받고 있다.

(4) 순이익접근법과의 비교

전통적 접근법은 순이익접근법과는 달리 타인자본의 사용으로 인한 재무위험이 주주들에게 전가되어 자기자본비용이 상승한다는 사실을 고려하고 있다. 타인자본의 증가에 따른 채무불이행위험이 발생하므로 채권자들은 보다 높은 이자를 요구하게 되어 타인자본비용이 상승한다는 사실을 고려하고 있다.

┃그림 13-4┃ 전통적 접근법

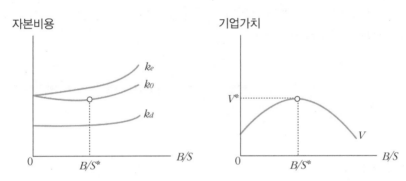

제3절 MM의 무관련이론

1. 의의 및 가정

(1) 의의

Modigliani와 Miller(1958)는 법인세가 없는 완전자본시장의 가정하에서 투자자들은 개인레버리지와 차익거래기회를 이용하기 때문에 기업가치는 투자활동에 따른 현금흐름과 현금흐름의 불확실성을 반영한 할인율에 의해 결정되며 자본구조와 무관하다는 무관련이론(irrelevance theory)을 주장하였다.

따라서 MM이론은 경영자가 기업의 자금조달방법을 변화시킴으로써 기업가치를 증가시킬 수 없음을 의미한다. 요컨대 세금과 거래비용이 없는 완전자본시장을 가정할 경우에 타인자본비용의 저렴효과와 자기자본비용의 상승효과가 완벽하게 상쇄되기 때문에 부채사용으로 인한 순효과는 0이라는 것이다.

(2) 가정

MM의 무관련이론에서 필요한 가정은 전통적 자본구조이론에서 설명한 기본가정이 그대로 적용되고, 여기에 다음과 같은 가정을 추가하고 있다.

① 자본시장은 세금이나 거래비용과 같은 마찰적 요인이 존재하지 않는 완전자본시장이다. 따라서 투자자는 기업과 동일한 이자율로 얼마든지 차입하거나 대출할 수 있으며, 모든 정보는 투자자에게 동시에 전달된다.

② 기업은 영업위험이 같은 동질적 위험집단으로 분류할 수 있고 기업과 투자자의 부채는 무위험부채이다. 이때 특정 위험집단에 속해있는 기업들은 미래현금흐름과 영업위험은 동일하고 자본구조만 다른 기업들이다.

2. MM의 명제

이와 같은 가정하에서 MM의 무관련이론은 다음과 같은 3가지 명제로 요약된다. 제1명제는 기업가치는 자본구조와 무관하다는 주장이고, 제2명제는 자본구조와 자본비용의 관계에 대한 주장이며, 제3명제는 신규투자안에 대한 거부율은 기존기업의 자본비용으로 자본조달방법에 무관하게 결정된다는 주장이다.

(1) 제1명제

기업가치는 기대영업이익과 영업위험에 의해 결정되며 자본구조와는 무관하다. 따라서 기대영업이익과 영업위험이 동일하면 자본구조에 관계없이 기업가치는 동일하다.

MM은 기업가치는 경영활동을 통해 기업이 벌어들일 연간 기대영업이익 E(NOI)를 그 기업이 속한 위험집단에 적절한 할인율, 즉 영업위험만을 반영한 자본비용(ρ)으로 할인한 현재가치를 말한다. 따라서 기업가치는 기업이 벌어들일 기대영업이익과 영업위험에 의해 결정될 뿐 자본구조와 무관하다고 주장하였다.

$$V_L = \sum_{t=1}^{\infty} \frac{E(NOI)}{(1+\rho)^t} = \frac{E(NOI)}{\rho} = V_U \qquad (13.13)$$

식(13.13)에서 E(NOI)는 기업이 보유하고 있는 자산의 수익성을 나타내고, ρ는 자산의 영업위험을 적절히 반영한 자본비용을 나타내기 때문에 모두 자본구조와 무관한 값이다. 따라서 연간 기대영업이익과 영업위험이 동일하고 자본구조만 서로 다른 기업가치는 자본구조에 관계없이 동일하게 평가된다는 것이다.

MM이론에서 자기자본가치를 평가하기 위해서는 연간 기대영업이익을 영업위험만을 반영한 할인율로 할인하여 기업가치를 먼저 계산하고, 기업가치에서 타인자본가치를 차감하여 자기자본가치를 산출한다. 따라서 기업가치가 먼저 결정되고 주주의 부는 잔여적 청구권에 해당하므로 맨 마지막에 결정된다고 본다.

(2) 제2명제

레버리지가 증가함에 따라 자기자본비용은 상승하며, 이는 저렴한 타인자본사용의 이점을 완전히 상쇄한다. 따라서 가중평균자본비용은 자본구조에 관계없이 일정하다.

1) 자기자본비용

식(13.11)에서 법인세가 없을 때에 부채기업의 자기자본비용(k_e)은 다음과 같다.

$$k_e = \frac{NI}{S} = \frac{E(NOI) - k_d B}{S} \qquad (13.14)$$

식(13.13)에 의하면 $E(NOI) = \rho V = \rho(S+B)$이므로 이를 식(13.14)에 대입하여 정리하면 자기자본비용(k_e)은 부채비율에 비례하여 상승한다. 즉 기업이 타인자본을 증가시키면 주주들이 부담하는 재무위험이 증가하게 되어 자기자본비용은 상승하지만 저렴한 타인자본사용으로 인한 이점과 완전히 상쇄된다.

$$k_e = \rho + (\rho - k_d)\frac{B}{S} \qquad (13.15)$$

식(13.15)는 주주들이 요구하는 수익률(자기자본비용)이 어떻게 구성되어 있는지를 나타낸다. 첫 번째 항(ρ)은 부채를 사용하지 않을 경우에 주주들이 요구하는 수익률이 다. 부채를 사용하지 않으면 주주들은 영업위험만 부담하며, 영업위험은 자본구조와 무관하므로 ρ는 자본구조에 관계없이 일정하다.

두 번째 항인 $(\rho - k_d)B/S$는 부채를 사용하는 경우에 주주들이 부담하는 재무위험에 대한 프리미엄을 나타낸다. 재무위험은 부채의 사용이 증가할수록 레버리지에 비례하므로 $(\rho - k_d)B/S$는 부채의 사용이 증가할수록 증가한다. 따라서 자기자본비용은 부채의 사용이 증가할수록 상승하게 된다.

2) 가중평균자본비용

MM의 무관련이론에서는 부채의 사용이 증가할수록 자기자본비용은 상승하는데, 레버리지가 증가함에 따라 자기자본비용의 상승효과는 타인자본비용의 저렴효과를 완전히 상쇄하기 때문에 가중평균자본비용은 자본구조에 관계없이 ρ로 일정한 값을 갖게 된다. 법인세가 없을 때의 가중평균자본비용은 다음과 같다.

$$k_0 = k_d \frac{B}{V} + k_e \frac{S}{V} \tag{13.16}$$

식(13.16)에 식(13.15)를 대입하여 정리하면 다음과 같다.

$$k_0 = k_d \frac{B}{V} + [\rho + (\rho - k_d)\frac{B}{S}]\frac{S}{V} = \rho \tag{13.17}$$

따라서 가중평균자본비용은 자본구조에 관계없이 영업위험만 반영한 자본비용(ρ)으로 일정한 값을 갖는다. 이상의 결과를 도시하면 [그림 13-5]와 같다.

(3) 제3명제

신규투자안에 대한 거부율은 해당 투자안의 영업위험만 반영된 자본비용 ρ이며, 이는 자본조달방법과 무관하게 결정된다.

제1명제와 제2명제는 기존기업에 대한 주장이며, 제3명제는 기존기업이 아니라 새로운 투자안에 대한 주장으로 MM의 제1명제를 신규투자안에 적용한 것이다. 기업이 새로운 투자안을 채택하기 위해서는 투자안의 채택에 따른 기업가치의 증가분(ΔV)이 투자에 소요되는 투자자금(ΔI)보다 커야 한다.

$$\frac{\Delta V}{\Delta I} \geq 1 \tag{13.18}$$

투자금액이 ΔI, 연간 기대영업이익이 $\Delta E(NOI)$, 투자안의 영업위험만 반영한 자본비용이 ρ인 신규투자안이 있을 경우 MM의 제1명제가 성립하면 이 투자안에 투자해서 얻게 될 기업가치의 증가분(ΔV)은 $\Delta E(NOI)/\rho$이다. 기업은 ΔV가 ΔI보다 커야 투자할 것이므로 신규투자안을 채택하기 위한 조건은 다음과 같다.

$$\Delta V = \frac{\Delta E(NOI)}{\rho} \geq \Delta I \rightarrow \frac{\Delta E(NOI)}{\Delta I} \geq \rho \tag{13.19}$$

식(13.19)에서 신규투자안에 대한 투자결정은 투자안으로부터 벌어들일 수 있는 수익률이 투자안의 요구수익률보다 클 경우에만 채택되어야 한다. 따라서 기업의 투자결정의 기준이 되는 신규투자안에 대한 거부율(cut-off rate)은 기업의 영업위험만 반영한 자본비용인 ρ이어야 한다.

3. MM이론의 한계점

MM의 무관련이론은 법인세가 없는 완전자본시장의 가정하에서 부채사용에 따른 법인세 절감효과를 무시하고 있다. 그리고 부채의 사용이 증가함에 따라 발생하는 파산비용과 대리인비용 등의 재무적 곤경비용과 정보불균형에 따른 문제를 고려하지 않고 있다는 한계점이 존재한다.

┃그림 13-5┃ MM의 무관련이론

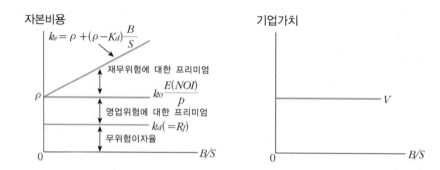

제4절 MM의 수정이론

1. 의의

MM의 무관련이론(1958)은 법인세가 없는 완전자본시장의 가정하에서 기업가치는 자본구조와 무관하다는 주장이다. 그러나 현실적으로 자본시장에는 시장을 불완전하게 만드는 요인이 많이 존재한다. MM은 법인세만 있는 완전자본시장을 가정하여 무관련이론의 명제를 수정하였는데, 이를 MM의 수정이론이라고 한다.

MM의 수정이론(1963)은 법인세가 없는 MM의 무관련이론에 법인세를 고려하면 부채를 사용함으로써 얻게 되는 이자비용의 법인세절감효과 때문에 부채사용이 증가할수록 레버리지이득이 커지게 되어 기업가치는 상승하므로 부채를 최대한 많이 사용하는 것이 기업의 최적자본구조가 된다고 주장하였다.

2. MM의 명제

(1) 제1명제

부채기업의 가치는 무부채기업의 가치보다 부채사용으로 인한 이자비용의 법인세절 감효과의 현재가치만큼 크다. 따라서 부채를 많이 사용할수록 기업가치가 증가한다.

1) 법인세와 기업가치

법인세가 존재하는 경우에 부채사용의 대가로 지급하는 이자비용의 법인세절감효과 때문에 부채를 사용하는 경우의 현금흐름은 부채를 사용하지 않을 경우의 현금흐름보다 k_dBt_c만큼 많아진다. 따라서 법인세가 존재하는 경우에 무부채기업(U)과 부채기업(L)의 연간 현금흐름은 다음과 같다.

구분	무부채기업(U)	부채기업(L)
채권자현금흐름	–	k_dB
주주현금흐름	$E(NOI)(1-t_c)$	$[E(NOI)-k_dB](1-t_c)$
기업현금흐름	$E(NOI)(1-t_c)$	$[E(NOI)(1-t_c)+k_dBt_c$

2) 무부채기업의 가치

무부채기업의 연간 기대현금흐름은 법인세를 차감한 후의 기대영업이익인 $E(NOI)(1-t_c)$이며 자본구조이론의 가정에 의해 매년 영구히 일정하게 발생하므로 무부채기업의 가치는 연간 현금흐름인 세후 기대영업이익 $E(NOI)(1-t_c)$를 영업위험만 반영된 무부채기업의 자본비용으로 할인하여 다음과 같이 구할 수 있다.

$$V_U = \sum_{t=1}^{\infty} \frac{E(NOI)(1-t_c)}{(1+\rho)^t} = \frac{E(NOI)(1-t_c)}{\rho} \tag{13.20}$$

3) 부채기업의 가치

부채기업의 연간 기대현금흐름은 주주에게 귀속되는 현금흐름과 채권자에게 귀속되는 현금흐름을 합하여 다음과 같이 구할 수 있다.

$$E(CF_L) = [E(NOI)-k_dB](1-t_c)+k_dBt_c = E(NOI)(1-t_c)+k_dBt_c \tag{13.21}$$

식(13.21)에서 $E(NOI)(1-t_c)$는 무부채기업의 현금흐름과 동일하므로 영업위험만 반영한 무부채기업의 자본비용인 ρ로 할인하면 무부채기업의 가치(V_U)를 구할 수 있다. 그리고 k_dBt_c는 채권자현금흐름과 위험이 동일하므로 채권자의 요구수익률인 k_d로 할인하면 부채기업의 가치(V_L)를 구할 수 있다.

$$V_L = \sum_{t=1}^{\infty} \frac{E(NOI)(1-t_c)}{(1+\rho)^t} + \sum_{t=1}^{\infty} \frac{k_d B\, t_c}{(1+k_d)^t} = \frac{E(NOI)(1-t_c)}{\rho} + \frac{k_d B\, t_c}{k_d}$$

$$= V_U + B\, t_c \qquad\qquad (13.22)$$

식(13.22)에서 Bt_c는 부채를 사용하여 얻게 되는 이자비용의 법인세 절감효과의 현재가치를 나타낸다. 이를 부채의 절세효과 또는 부채사용에 따른 레버리지이득(G : gain from leverage)이라고 한다. 따라서 부채기업의 가치는 무부채기업의 가치에 부채사용에 따른 레버리지이득을 더한 값이다.

무부채기업의 가치(V_u)는 세후 기대영업이익을 무부채기업의 자본비용으로 할인한 값으로 자본구조에 관계없이 일정하다. 그러나 Bt_c는 부채사용에 따른 이자비용의 법인세절감액의 현재가치로 부채사용이 증가할수록 커지므로 기업가치는 부채를 많이 사용할수록 상승하며 부채를 많이 사용하는 것이 최적자본구조가 된다.

(2) 제2명제

자기자본비용은 부채사용이 증가할수록 상승한다. 그러나 자기자본비용의 상승효과가 타인자본비용의 저렴효과를 완전히 상쇄하지는 못하므로 가중평균자본비용은 부채사용이 증가할수록 하락한다.

1) 자기자본비용

식(12.11)에서 법인세가 없을 때에 부채기업의 자기자본비용(k_e)은 다음과 같다.

$$k_e = \frac{NI}{S} = \frac{E(NOI) - k_d B}{S} \qquad\qquad (13.23)$$

식(13.22)에 의하면 $E(NOI)(1-t_c) = (V_L - Bt_c)\rho = (S + B - Bt_c)\rho$이므로 이를 식(13.23)에 대입하여 정리하면 자기자본비용은 부채비율에 비례하여 상승한다. 왜냐하면 부채사용이 증가할수록 주주들이 부담하는 재무위험이 증가하여 자기자본비용의 상승효과가 타인자본비용의 저렴효과를 완전히 상쇄하지 못하기 때문이다.

$$k_e = \rho + (\rho - k_d)(1 - t_c)\frac{B}{S} \tag{13.24}$$

식(13.24)는 주주들이 요구하는 수익률(자기자본비용)이 어떻게 구성되어 있는지를 나타낸다. 첫 번째 항(ρ)은 부채를 사용하지 않을 경우에 주주들이 요구하는 수익률이다. 부채를 사용하지 않으면 주주들은 영업위험만 부담하며, 영업위험은 자본구조와 무관하므로 ρ는 자본구조에 관계없이 일정하다.

두 번째 항인 $(\rho - k_d)(1 - t_c)B/S$는 부채를 사용하는 경우에 주주들이 부담하는 재무위험에 대한 프리미엄을 나타낸다. 재무위험은 부채의 사용이 증가할수록 레버리지에 비례하므로 $(\rho - k_d)(1 - t_c)B/S$는 부채의 사용이 많아질수록 증가한다. 따라서 자기자본비용은 부채의 사용이 증가할수록 상승한다.

2) 가중평균자본비용

식(12.15)와 식(13.24)를 비교하면 법인세가 있는 경우에 자기자본비용의 상승률 $(\rho - k_d)(1 - t_c)$은 법인세가 없는 경우에 상승률$(\rho - k_d)(1 - t_c)$보다 작다. 따라서 법인세가 있는 경우에 자기자본비용의 상승효과가 타인자본비용의 저렴효과를 완전히 상쇄하지 못하므로 부채사용이 증가할수록 가중평균자본비용은 하락한다.

$$k_0 = k_d(1 - t_c)\frac{B}{V} + k_e\frac{S}{V} \tag{13.25}$$

식(13.25)의 k_0에 식(13.24)를 대입하여 정리하면 식(13.26)과 같다. 따라서 부채사용이 증가할수록 자기자본비용의 증가로 인한 상승효과보다 저렴한 타인자본비용의 이점으로 인한 하락효과가 더 크기 때문에 식(13.26)에서 부채의 사용이 증가할수록 가중평균자본비용은 하락하게 된다는 것을 알 수 있다.

$$k_0 = \rho(1 - t_c\frac{B}{V}) \tag{13.26}$$

(3) 제3명제

신규투자안에 대한 거부율(cut−off rate)은 기존기업의 자본비용이며, 이는 부채의 사용이 증가할수록 하락한다.

MM 수정이론의 제3명제는 제1명제를 새로운 투자안에 적용한 것이다. MM 수정이론의 제1명제가 성립할 경우에 기업이 새로운 투자안을 채택하기 위해서는 신규투자안의 채택에 따른 기업가치의 증가분(ΔV)이 투자안에 소요되는 투자자금(ΔI)보다는 커야 할 것이다.

$$\frac{\triangle V}{\triangle I} \geq 1 \qquad (13.27)$$

MM 수정이론의 제1명제로부터 $\dfrac{\triangle E(NOI)(1-t_c)}{\triangle I} + t_c \triangle B$를 식(13.27)에 대입하여 정리하면 다음과 같다.

$$\frac{\triangle E(NOI)(1-t_c)}{\triangle I} \geq \rho(1 - t_c\frac{\triangle B}{\triangle I}) \qquad (13.28)$$

식(13.28)의 좌변은 신규투자안에서 벌어들일 수 있는 연간 세후 투자수익률(IRR)을 의미한다. 식(13.28)의 우변은 신규투자안의 자본비용으로 거부율(cut−off rate)을 나타낸다. 따라서 식(13.28)의 좌변에 신규투자안의 투자수익률이 우변에 거부율보다 커야 기업은 신규투자안을 채택할 것이다.

MM은 개별기업은 나름대로 최적자본구조라고 할 수 있는 목표자본구조를 가지고 경영활동을 수행하며, 신규투자안의 자본구조도 목표자본구조와 동일하도록 유지할 것이기 때문에 투자안의 부채비율(ΔB/ΔI)이 목표레버리지인 (B/V)와 일치한다고 주장하였다. 따라서 신규투자안의 거부율은 다음과 같다.

$$k_0 = \rho(1 - t_c\frac{\triangle B}{\triangle I}) = \rho(1 - t_c\frac{B}{V}) \qquad (13.29)$$

따라서 기존기업의 영업위험과 재무위험이 신규투자안의 영업위험과 재무위험이 동일하면 기존기업의 자본비용을 신규투자안의 자본비용으로 사용할 수 있다.

┃그림 13-6 ┃ MM의 수정이론

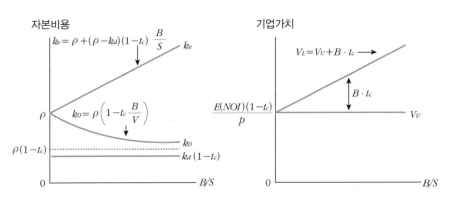

3. MM이론의 한계점

MM이론은 개인과 기업의 이자율이 같다고 가정하지만 현실적으로 개인과 기업이 적용받는 이자율이나 차입규모는 다르다. 기업은 채무에 대해 유한책임을 부담하나 개인은 무한책임을 부담한다. 따라서 부채사용시 부담하는 위험에도 차이가 있어 기업의 레버리지를 개인의 레버리지로 완벽하게 대체할 수 없다.

MM이론에서는 기업을 동일한 영업위험을 가진 동질적 위험집단으로 구분할 수 있다고 가정한다. 그러나 현실적으로 모든 기업을 동질적 위험집단으로 분류하기는 매우 어렵다. 또한 파산비용, 대리인비용, 정보불균형과 같은 시장불완전성에 따른 추가적 요인들이 기업가치에 미치는 영향을 고려하지 않고 있다.

제5절 개인소득세의 고려

1. 개요

MM의 수정이론(1963)은 법인세만 고려하는 경우 부채기업의 가치는 무부채기업의 가치보다 부채사용으로 인한 이자비용의 법인세 절감액의 현재가치만큼 크므로 부채사용이 많을수록 기업가치가 상승한다고 주장하였다. 그러나 현실의 자본시장에는 법인세뿐만 아니라 개인소득세도 존재한다.

법인세만 고려하면 부채를 많이 사용할수록 기업가치가 증가하고, 개인소득세만 고려하면 이자소득세율이 자본이득세율보다 높아 부채를 많이 사용할수록 기업가치가 하락한다. 따라서 법인세와 개인소득세를 모두 고려하면 이 두 가지의 상충적인 효과에 따라서 기업가치에 상반된 영향을 미친다.

Miller(1977)는 MM의 수정이론에 개인소득세가 존재한다는 추가적인 가정을 포함시켜 법인세와 개인소득세가 동시에 존재하면 부채사용으로 인한 이자비용의 법인세 절감효과는 개인소득세구조에 의해 완전히 상쇄되기 때문에 기업가치는 자본구조와 무관하다는 자본구조 무관련이론을 주장하였다.

2. 개인소득세와 최적자본구조

(1) 개인소득세와 기업가치

개인소득세가 존재하는 경우에 채권자에게 귀속되는 현금흐름은 이자소득세를 차감한 후의 이자가 되고, 주주에게 귀속되는 현금흐름은 자본이득세를 차감한 후의 순이익이 된다. 따라서 법인세와 개인소득세가 동시에 존재하는 경우 무부채기업(U)과 부채기업(L)의 연간 현금흐름은 다음과 같다.

구분	무부채기업(U)	부채기업(L)
채권자현금흐름	–	$k_dB[(1-t_d)]$
주주현금흐름	$E(NOI)(1-t_c)(1-t_s)$	$[E(NOI)-k_dB](1-t_c)(1-t_s)$
기업현금흐름	$E(NOI)(1-t_c)(1-t_s)$	$E(NOI)(1-t_c)(1-t_s)$ $+ k_dB[(1-t_d)-(1-t_c)(1-t_s)]$

(2) 무부채기업의 가치

무부채기업의 연간 기대현금흐름은 법인세와 개인소득세를 차감한 후의 영업이익인 $E(NOI)(1-t_c)(1-t_s)$이며, 이러한 현금흐름은 매년 영구히 발생한다. 따라서 무부채기업의 가치는 법인세와 개인소득세를 차감한 후의 영업이익 $E(NOI)(1-t_c)(1-t_s)$을 무부채기업의 자본비용으로 할인하여 다음과 같이 구할 수 있다.

$$V_U = \sum_{t=1}^{\infty} \frac{E(NOI)(1-t_c)(1-t_s)}{[1+\rho(1-t_s)]^t} = \frac{E(NOI)(1-t_c)(1-t_s)}{\rho(1-t_s)} \tag{13.30}$$

(3) 부채기업의 가치

부채기업의 연간 기대현금흐름은 주주에게 귀속되는 현금흐름과 채권자에게 귀속되는 현금흐름을 합하여 다음과 같이 바꾸어 쓸 수 있다.

$$E(CF_L) = [E(NOI) - k_d B](1-t_c)(1-t_s) + k_b B(1-t_d) \tag{13.31}$$

$$= E(NOI)(1-t_c)(1-t_s) + k_d B[(1-t_d) - (1-t_c)(1-t_s)]$$

$$= E(NOI)(1-t_c)(1-t_s) + kB[(1-t_d)[1 - \frac{(1-t_c)(1-t_s)}{(1-t_d)}]$$

식(13.31)에서 $E(NOI)(1-t_c)(1-t_s)$는 무부채기업의 현금흐름과 동일하므로 무부채기업의 자본비용인 $\rho(1-t_s)$로 할인하면 무부채기업의 가치(V_U)를 구할 수 있으며, $k_d B[(1-t_d) - (1-t_c)]$는 이자소득세를 차감한 후의 채권자현금흐름이므로 채권자 요구수익률인 $k_d(1-t_d)$로 할인하면 부채기업의 가치(V_L)를 구할 수 있다.

요컨대 법인세와 개인소득세가 동시에 존재하는 경우에 식(13.31)의 연간 기대현금흐름을 적절한 할인율로 할인하면 부채기업의 가치를 구할 수 있다.

$$V_L = \sum_{t=1}^{\infty} \frac{E(NOI)(1-t_c)(1-t_s)}{[1+\rho(1-t_s)]^t} + \sum_{t=1}^{\infty} \frac{k_d B[(1-t_d) - (1-t_c)(1-t_s)]}{[1+k_d(1-t_d)]^t}$$

$$= \frac{E(NOI)(1-t_c)(1-t_s)}{\rho(1-t_s)} + \frac{k_d B[(1-t_d)-(1-t_c)(1-t_s)]}{k_d(1-t_d)}$$

$$= V_U + B[1 - \frac{(1-t_c)(1-t_s)}{1-t_d}] \tag{13.32}$$

식(13.32)에서 우변의 두 번째 항은 법인세와 개인소득세가 동시에 존재하는 경우에 레버리지이득(G)을 나타낸다. 따라서 무부채기업과 부채기업의 관계는 레버리지이득(gain from leverage)에 의해 영향을 받는데, 이를 부채사용에 따른 레버리지이득으로 나타내면 다음과 같다.

$$G = [1 - \frac{(1-t_c)(1-t_s)}{1-t_d}]B \tag{13.33}$$

식(13.33)에서 레버리지이득의 크기는 법인세율 t_c와 개인소득세율 t_s, t_d의 크기에 따라 영향을 받는다. 만일 법인세만 존재하고 개인소득세가 존재하지 않거나 개인소득세가 존재하더라도 이자소득세율과 자본이득세율이 동일하면 $V_L = V_U + Bt_c$가 되어 MM의 수정이론과 같아진다.

(4) 세율구조와 최적자본구조

식(13.22)에서 레버리지이득의 부호는 법인세율(t_c), 자본이득세율(t_s), 이자소득세율(t_d)의 관계에 따라 달라지며, 최적자본구조도 [표 13-1]과 같이 달라진다.

▎표 13-1▎ 레버리지이득과 기업가치

세율구조	레버리지이득	기업가치
$(1-t_c)(1-t_s)<(1-t_d)$	+	$V_L > V_U$: 부채사용이 증가할수록 기업가치 증가
$(1-t_c)(1-t_s)=(1-t_d)$	0	$V_L = V_U$: 기업가치는 자본구조와 무관
$(1-t_c)(1-t_s)>(1-t_d)$	−	$V_L < V_U$: 부채사용이 증가할수록 기업가치 감소

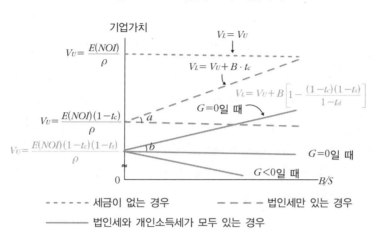

┃그림 13-7┃ 자본구조와 기업가치

3. 밀러의 균형부채이론

Miller(1977)는 자본이득에 대한 세율은 0이고 이자소득에 대한 세율은 누진세라는 가정하에서 경제 전체의 채권발행량이 균형상태에 도달하면 부채의 사용에 따른 이자비용의 법인세 절감효과가 이자소득에 대한 개인소득세에 의해 완전히 상쇄되기 때문에 기업가치는 자본구조와 무관하다고 주장하였다.

(1) 무부채기업의 가치

Miller의 가정대로 자본이득세율이 0이라면 무부채기업의 연간 기대현금흐름 $E(NOI)(1-t_c)$은 자본구조이론의 가정에 의해 매년 영구히 발생하므로 무부채기업의 가치는 연간 기대현금흐름인 법인세를 차감한 후의 기대영업이익 $E(NOI)(1-t_c)$을 무부채기업의 자본비용으로 할인하여 다음과 같이 구할 수 있다.

$$V_U = \sum_{t=1}^{\infty} \frac{E(NOI)(1-t_c)}{(1+\rho)^t} = \frac{E(NOI)(1-t_c)}{\rho} \tag{13.34}$$

(2) 부채기업의 가치

부채를 사용하는 기업의 연간 기대현금흐름은 주주와 채권자에게 귀속되는 세후현금흐름을 합하여 다음과 같이 구할 수 있다.

$$E(CF_L) = [E(NOI) - k_d B](1 - t_c) + k_d B(1 - t_d) \qquad (13.35)$$

$$= E(NOI)(1 - t_c) + k_d B[(1 - t_d) - (1 - t_c)]$$

식(13.35)에서 $E(NOI)(1-t_c)$는 무부채기업의 현금흐름과 위험이 동일하므로 무부채기업의 자본비용인 ρ로 할인하면 무부채기업의 가치(V_U)를 구할 수 있으며, $k_d B[(1-t_d) - (1-t_c)]$는 부채에 의해 발생하는 현금흐름이므로 개인소득세 후 채권자들의 요구수익률 $k_d(1-t_d)$로 할인하면 부채기업의 가치를 구할 수 있다.

요컨대 법인세와 개인소득세가 동시에 존재하는 경우에 식(13.35)의 연간 기대현금흐름을 적절한 할인율로 할인하면 부채기업의 가치를 구할 수 있다.

$$V_L = \sum_{t=1}^{\infty} \frac{E(NOI)(1-t_c)}{(1+\rho)^t} + \sum_{t=1}^{\infty} \frac{k_d B[(1-t_d) - (1-t_c)]}{[1 + k_d(1-t_d)]^t}$$

$$= \frac{E(NOI)(1-t_c)}{\rho} + \frac{k_d B[(1-t_d) - (1-t_c)]}{k_d(1-t_d)}$$

$$= V_U + B[1 - \frac{1-t_c}{1-t_d}] \qquad (13.36)$$

식(13.36)에서 부채기업과 무부채기업의 관계는 우변의 두 번째 항에 의해 영향을 받는다. 부채사용으로 인한 이자비용의 법인세 절감효과라는 긍정적 효과와 이자소득에 따른 개인소득세 증가라는 부정적 효과의 상반된 효과 때문에 발생하며, 이를 부채사용에 따른 레버리지이득으로 나타내면 다음과 같다.

$$G = B[1 - \frac{1-t_c}{1-t_d}] \qquad (13.37)$$

식(13.37)은 법인세와 이자소득에 대한 개인소득세가 동시에 존재할 경우 부채를 사용하는 기업가치를 나타내는 밀러의 모형으로 레버리지이득의 크기는 법인세율 t_c와 개인소득세율 t_s, t_d의 크기에 따라 영향을 받는다. 법인세만 존재하고 개인소득세가 존재하지 않는다면 $V_L = V_U + Bt_c$가 되어 MM의 수정이론과 동일하다.

┃ 표 13-2 ┃ 레버리지이득과 기업가치

세율구조	레버리지이득	기업가치
$t_c > t_d$	+	$V_L > V_U$: 법인세 절감효과 > 이자소득에 대한 개인소득세
$t_c = t_d$	0	$V_L = V_U$: 법인세 절감효과 = 이자소득에 대한 개인소득세
$t_c < t_d$	−	$V_L < V_U$: 법인세 절감효과 < 이자소득에 대한 개인소득세

(3) 채권시장의 균형

대부분의 국가에서 법인세율은 단일세율이며 개인소득세율은 누진세율의 구조를 갖는다. Miller의 균형부채이론은 기업이 발행하는 채권에 대한 시장전체의 수요와 공급이 일치하는 균형부채량 수준에서 기업가치가 자본구조와 무관하다는 무관련이론을 주장했는데, 이를 구체적으로 살펴보면 다음과 같다.

1) 채권의 수요곡선

투자자들은 소득수준에 따라 서로 다른 개인소득세율을 가지며 개인소득세는 누진적으로 증가하므로 투자자들은 채권을 매입할 때 실질소득에 해당하는 세후이자율에 관심을 갖는다. 이자소득에 개인소득세가 부과되지 않는 면세채권의 이자율을 r이라 하고, 기업이 발행하는 과세채권의 세전이자율을 k_d라고 하자.

투자자들은 기업이 발행하는 채권에 투자해서 실제로 얻게 될 이자율이 개인소득세를 차감한 후의 세후이자율 $k_d(1-t_c)$이 최소한 면세채권의 이자율 수준은 되어야 기업이 발행하는 채권에 투자할 것이다. 따라서 투자자들이 기업이 발행하는 채권에 대해 요구하는 최소한의 세전이자율은 다음과 같이 결정된다.

$$k_d(1-t_c) = r \rightarrow k_d = \frac{r}{1-t_d} \tag{13.38}$$

식(13.38)에서 이자소득세는 누진세율이므로 시장전체의 부채발행량이 증가할수록 소득세율이 높은 투자자들이 투자에 참여하게 되어 기업이 발행하는 채권에 대해 요구하는 세전이자율은 점점 상승하게 된다. 따라서 채권에 대한 수요곡선은 일정수준까지는 일정하다가 우상향하는 형태로 나타난다.

2) 채권의 공급곡선

기업이 채권을 발행하여 자금을 조달할 경우 채권에 대해 지급하는 세전이자율이 k_d이면 이자비용의 법인세절감효과로 인해 기업이 실제로 부담하는 이자율은 세후이자율인 $k_d(1-t_c)$이 된다. 따라서 $k_d(1-t_c)$가 면세채권의 이자율과 다르면 기업은 채권과 면세채권을 이용한 차익거래로 이익을 얻을 수 있다.

따라서 기업이 발행하는 채권에 대해서 지급하고자 하는 세전이자율은 $k_d(1-t_c)$가 면세채권의 이자율과 같아지는 수준에서 결정된다.

$$k_d(1-t_c) = r \to k_d = \frac{r}{1-t_c} \tag{13.39}$$

Miller는 균형부채이론에서 기업의 법인세율은 단일세율로 일정하여 기업이 채권에 대해 지급하고자 하는 세전이자율은 시장전체의 균형부채량에 관계없이 일정하다고 주장하였다. 따라서 채권의 공급곡선은 시장전체의 균형부채량에 관계없이 [그림 13-8]에서 보는 바와 같이 수평의 형태로 나타난다.

3) 채권시장의 균형

[그림 13-8]에서 시장전체의 균형부채량은 채권에 대한 수요곡선과 공급곡선이 일치하는 점(B*)에서 달성된다. 균형점에서는 수요이자율과 공급이자율이 동일하여 법인세율(t_c)과 채권자의 개인소득세율(t_d)이 같다. $t_c = t_d$이면 식(12.36)에서 레버리지이득은 0이 되어 시장균형상태에서 기업가치는 자본구조와 무관해진다.

$$\frac{r}{1-t_d} = \frac{r}{1-t_c} \to t_d = t_c \to G = 0 \to V_L = V_U \tag{13.40}$$

따라서 시장전체의 균형부채량은 채권에 대한 수요곡선과 공급곡선이 만나는 B*점에서 달성된다. 그러나 법인세와 개인소득세가 동시에 존재하는 경우에 시장전체의 최적자본구조는 존재하는 반면에 채권시장의 균형상태에서 개별기업의 최적자본구조는 성립하지 않음에 유의해야 한다.

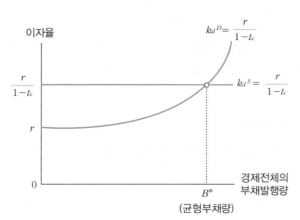

│그림 13-8│ 밀러의 균형부채이론

(4) 레버리지의 고객효과

법인세와 개인소득세가 동시에 존재하는 경우에 레버리지의 고객효과(leverage clientele effect)가 존재하여 서로 다른 세율을 갖는 투자자들은 그들의 선호와 일치하는 부채수준을 가진 기업을 선택할 것이다. 따라서 기업가치는 자본구조와 무관하며 기업마다 서로 다른 자본구조를 갖게 된다.

요컨대 개인소득세율이 높은 투자자는 개인차입을 통한 절세효과가 기업부채를 통한 절세효과보다 크기 때문에 부채비율이 낮은 기업을 선호한다. 반면에 개인소득세율이 낮은 투자자는 개인차입을 통한 절세효과가 기업부채를 통한 절세효과보다 작기 때문에 부채비율이 높은 기업을 선호한다.

(5) 균형부채이론의 한계점

밀러의 균형부채이론은 법인세는 물론 개인소득세도 고려하여 경제전체의 부채발행량이 균형인 상태에서 기업가치가 자본구조와 무관하다고 주장하였다. 그러나 이자소득에 대한 최고세율이 법인세율보다 낮다면 밀러의 균형조건인 $t_c = t_d$를 만족시키는 t_d가 존재하지 않기 때문에 밀러의 균형부채이론은 의미가 없다.

밀러의 균형부채이론은 모든 기업에 적용되는 법인세율이 동일하여 기업이 지급하고자 하는 세전이자율은 부채발행량에 관계없이 일정한 것으로 가정한다. 즉 기업이 시채를 발행하면 모든 기업이 동일한 이자비용의 법인세 절감효과를 얻을 수 있다고 가정하나 법인세율이 동일해도 유효법인세율은 달라질 수 있다.

따라서 기업의 법인세율이 동일해도 투자세액공제나 감가상각비와 같은 비부채성 절세효과를 고려하면 실제로 기업이 부채를 사용함으로써 얻는 절감효과는 부채사용규모가 커질수록 감소하여 부채의 공급곡선은 우하향하게 된다. 따라서 유효법인세율의 차이로 개별기업마다 서로 다른 최적자본구조가 존재할 수 있다.

4. Deangelo와 Masulis의 연구

자본구조는 기업가치와 무관하다는 Miller의 주장에 대해 Deangelo와 Masulis는 부채사용에 따른 이자비용의 법인세 절감효과 이외에 투자세액공제나 감가상각비 등을 통한 비부채성 절세효과가 존재하기 때문에 이를 고려할 경우에 기업가치를 극대화시킬 수 있는 최적자본구조가 존재할 수 있다고 주장하였다.

부채사용에 따른 이자비용의 법인세 절감효과와 비부채성 절세효과를 동시에 얻을 정도로 기업의 이익이 많지 않으면 부채사용에 따른 절세효과는 비부채성 절세효과와 부($-$)의 관계를 갖는다. 즉 기업의 이익이 작은 상태에서 비부채성 절세효과를 많이 얻으면 부채사용에 따른 절세효과를 충분히 누릴 수 없다.

기업마다 법인세율이 동일하더라도 부채사용으로 인한 실질적인 유효법인세율은 차이가 있다. 기업마다 유효법인세율이 서로 다르면 유효법인세율이 높은 기업은 높은 이자율에 사채를 발행할 수 있지만, 유효세율이 낮은 기업은 낮은 이자율에 사채를 발행해야 하므로 부채의 공급곡선은 우하향하는 곡선이 된다.

$$k_d\,(1-t_c)=r \rightarrow k_d = \frac{r}{1-t_c} \tag{13.41}$$

부채의 수요곡선은 변함이 없고 사채시장의 균형상태에서는 수요이자율이 공급이자율이 동일하므로 법인세율과 채권자의 개인소득세율이 동일하게 된다.

$$r_d = r_s \rightarrow \frac{r}{1-t_d} = \frac{r}{1-t_c} \rightarrow t_d = t_c \tag{13.42}$$

[그림 13-9]에서 볼 수 있는 바와 같이 기업마다 유효법인세율이 다른 경우에 시장 전체의 균형부채량이 존재할 뿐만 아니라 개별기업의 입장에서도 서로 다른 최적부채비율을 갖게 되어 최적자본구조가 존재한다. 균형부채량에서의 법인세율보다 유효법인세율이 높은 기업은 부채를 많이 사용하는 것이 유리하다.

왜냐하면 더 높은 이자율에도 부채를 발행할 수 있는데 균형이자율로 부채를 공급하여 이득을 볼 수 있기 때문이다. 균형부채량에서의 법인세율보다 유효법인세율이 낮은 기업은 부채를 적게 사용하는 것이 유리하고, 균형부채량에서의 법인세율과 유효법인세율이 같은 기업은 레버리지와 기업가치가 무관하다.

▎그림 13-9▎ 유효법인세율과 균형부채이론

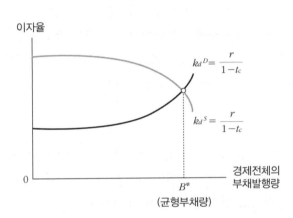

제6절   기타 자본구조이론

MM이론과 밀러의 균형부채이론은 법인세와 소득세만 고려할 뿐 시장의 불완전요인을 고려하지 않아 적정한 수준의 부채비율을 유지하려고 노력하는 기업의 현상을 설명할 수 없다. 현실의 자본시장에는 세금 외에도 파산비용, 대리문제, 정보불균형 등 자본시장을 불완전하게 만드는 요인들이 많이 존재한다.

1. 파산비용과 자본구조

Kraus와 Litzenberger(1973)에 의해 제시된 파산비용이론은 시장의 불완전요인 중에서 법인세와 파산비용의 두 가지 요인을 고려하여 최적자본구조를 설명한다.

(1) 파산비용의 개념

파산(bankruptcy)은 채무자가 채무의 상환능력이 없어 채무자의 총재산을 모든 채권자에게 채권비율대로 변제하는 절차를 말한다. 파산이라는 용어는 중세 이탈리아에서 대금을 지급할 수 없게 된 상인들이 장사하던 좌판을 부숴버리고(banca rotta) 더 이상 장사를 할 수 없음을 알렸다는 데에서 유래한다.

기업이 부채를 과도하게 사용하여 채권자에게 원리금을 상환하지 못하게 되면 기업의 소유권이 주주에게서 채권자에게로 넘어가는 파산이 발생한다. 법원으로부터 파산선고가 내려지면 기업은 법인격을 소멸시키는 청산을 하는데, 이러한 과정에서 발생하는 파산비용은 다음과 같이 두 가지로 구분할 수 있다.

① 직접파산비용

기업이 파산하게 되면 청산과정에서 발생하는 소송비용, 변호사나 회계사와 같은 법정대리인에게 지급하는 수수료, 기업이 보유한 자산을 시장가격보다 저렴하게 처분, 유능한 종업원의 이직으로 인한 손실 등이 발생한다.

② 간접파산비용

파산선고를 받은 기업은 기업이미지의 실추로 고객을 잃고 거래처를 상실하여 매출액이 감소하고 영업활동이 위축된다. 또한 새로운 자본조달도 어렵게 되며 자본조달이 가능하더라도 높은 자본비용을 지불하게 된다.

(2) 파산비용과 기업가치

법인세와 파산비용을 동시에 고려하면 부채의 사용은 이자비용의 법인세 절감효과라는 긍정적 측면도 있지만 기대파산비용을 증가시키는 부정적 측면도 존재한다. 따라서 부채기업의 가치(V_L)는 무부채기업의 가치(V_U)에 레버리지이득(Bt_c)은 가산하고 기대파산비용의 현재가치(PV(BC))는 차감하여 구할 수 있다.

$$V_L = V_U + B \times t_c - PV(BC) \tag{13.43}$$

식(13.43)에서 레버리지이득(Bt_c)은 부채사용에 비례하여 증가하므로 한계이익을 나타내고, PV(BC)는 부채사용에 따른 한계비용을 나타낸다. 따라서 부채수준이 (B/S)* 이하일 경우에는 파산확률이 낮기 때문에 한계레버리지이득이 한계기대파산비용보다 높아 부채사용이 증가할수록 기업가치가 상승한다.

그러나 부채수준이 (B/S)* 이상일 경우에는 파산확률이 높기 때문에 한계레버리지이득이 한계기대파산비용보다 낮아 부채사용이 증가할수록 기업가치가 하락한다. 따라서 기업가치를 극대화시킬 수 있는 최적자본구조는 부채사용에 따른 한계레버리지이득과 한계기대파산비용이 일치하는 (B/S)*에서 달성된다.

(3) 파산비용이론의 한계점

파산비용이론은 법인세뿐만 아니라 파산비용까지 고려하여 최적자본구조가 존재할 수 있음을 보여주고 있다. 그러나 식(13.43)에서 현실적으로 기대파산비용을 측정하기가 어렵고 Warner의 실증연구에 의하면 기대파산비용의 현재가치는 매우 작기 때문에 레버리지이득을 상쇄시키지 못하는 것으로 나타났다.

┃ 그림 13-10 ┃ 파산비용과 최적자본구조

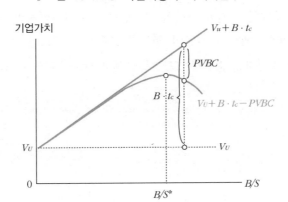

2. 대리인비용과 자본구조

Jensen과 Meckling(1976)은 기업과 관련된 이해관계자들의 문제는 계약관계에 의해 이루어지며 대리인관계는 주인이 정해진 범위에서 의사결정권을 자신을 대신하는 대리인에게 의뢰하여 이루어지는데, 이들간에는 정보불균형으로 도덕적 해이나 역선택의 문제가 발생할 수 있어 대리인비용이 수반된다.

(1) 대리인관계

대리인관계(agency relationship)는 주인이 대리인에게 자신을 대신하여 의사결정을 할 수 있도록 의사결정권한을 위임한 계약관계를 말한다. 여기서 자신의 의사결정권한을 위임한 사람을 주인(principal)이라고 하고, 의사결정권한을 위임받아 주인을 대신하여 의사결정하는 사람을 대리인(agents)이라고 한다.

기업의 소유구조는 두 가지 형태의 대리문제로 파악할 수 있다. 내부주주는 외부주주로부터 자본을 위임받아 의사결정을 하므로 외부주주는 주인이고 내부주주는 대리인인 대리관계를 나타낸다. 한편 주주들은 채권자의 자본을 위임받아 의사결정을 하므로 채권자는 주인이고 주주는 대리인인 대리관계를 나타낸다.

(2) 대리인문제

대리인문제는 주체인 주인과 대리인간에 발생하는 이해상충의 문제를 의미한다. 주인과 대리인의 계약관계에서 대리인이 주인의 효용을 극대화할 수 있도록 의사결정을 하면 대리인문제는 발생하지 않는다. 그러나 현실적으로 불완전한 대리인관계로 인해 주인과 대리인간에는 이해상충의 문제가 발생할 수 있다.

(3) 대리인비용

주인과 대리인은 모두 자신의 효용을 극대화하기 위해서 노력한다. 대리인비용(agency cost)은 주인과 대리인의 목표나 보유하고 있는 정보가 서로 다른 경우에 대리인이 주인을 대신하여 의사결정하는 과정에서 주인과 대리인의 이해관계가 상충되어 발생하는 비용을 말하며 다음과 같은 세 가지로 분류할 수 있다.

① 감시비용

감시비용(monitoring cost)은 주인이 대리인의 행위가 자신의 이익에서 이탈되는 것을 감시하기 위해 주인이 부담하는 비용을 말한다.

② 확증비용

확증비용(bonding cost)은 대리인이 자신의 행위가 주인의 이익에 손해가 되지 않고 있음을 확증하기 위해 대리인이 부담하는 비용을 말한다.

③ 잔여손실

잔여손실(residual loss)은 감시와 확증에도 불구하고 대리인의 의사결정이 주인의 최적의사결정과 일치하지 않아 발생하는 기업가치의 감소분을 말한다.

(4) 대리인비용의 발생원인

기업의 자금조달과 자금운용에 관련하여 기업에는 두 가지 형태의 대리인관계가 성립한다. 하나는 외부주주와 내부주주간의 대리인관계이고, 다른 하나는 채권자와 주주간의 대리인관계이다. Jensen과 Meckling은 대리인비용을 자기자본의 대리인비용과 타인자본의 대리인비용으로 구분하여 설명하였다.

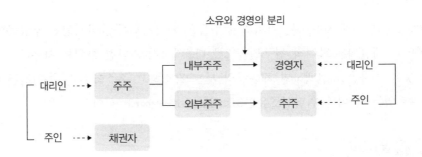

1) 자기자본의 대리인비용

자기자본의 대리인비용(agency cost of equity)은 내부주주와 외부주주간의 대리인

449

관계에서 발생하는 대리인비용을 말한다. 자기자본의 대리인비용은 내부주주가 특권적 소비나 비금전적 효익을 통해 자기 자신의 효용을 증가시키고자 하는 경우에 발생하며 소유권의 분산정도와 밀접히 관련되어 있다.

내부주주의 지분비율이 100%이면 특권적 소비나 비금전적 효익으로 발생하는 기업 가치의 감소분을 스스로 부담하므로 자기자본의 대리인비용은 발생하지 않는다. 그러나 내부주주의 지분비율이 낮을수록 경영자가 특권적 소비나 비금전적 효익을 추구할 가능성이 높아져 자기자본의 대리인비용은 증가한다.

2) 타인자본의 대리인비용

타인자본의 대리인비용(agency cost of debt)은 주인인 채권자와 대리인인 주주간의 대리인관계에서 발생하는 대리인비용을 말한다. 타인자본(부채)을 과다하게 사용하고 있는 기업의 주주들은 채권자의 부를 감소시키고 자신들의 부를 증대시키고자 하는 과정에서 타인자본의 대리인비용이 발생한다.

주주는 기업의 채무에 대해 유한책임을 부담하기 때문에 위험선호유인, 과소투자유인, 재산도피를 통해 채권자의 부를 감소시키고 자신들의 부를 증대시킬 수 있다. 따라서 부채비율이 높을수록 주주의 위험선호유인, 과소투자유인, 재산도피의 가능성이 증가함에 따라 타인자본의 대리인비용도 증가한다.

① 위험선호유인

부채를 과다하게 사용하는 기업의 주주들은 기업채무에 유한책임을 부담하면서 기업의 이익과 재산에는 잔여적 청구권을 갖는다. 따라서 과다한 부채를 사용하는 기업이 위험이 높은 투자안을 선택하면 채권자의 부는 감소하고 주주의 부는 증가하는 현상이 발생할 수 있는데, 이를 위험선호유인(risk incentive)이라고 한다.

② 과소투자유인

무부채기업의 주주들은 투자안의 NPV가 0보다 크면 자신들의 부를 극대화하기 위해 투자안을 채택할 것이다. 그러나 부채기업은 NPV가 충분히 크지 않으면 투자안의 NPV가 채권자에게 우선적으로 귀속되기 때문에 투자안을 거부하려는 유인을 갖게 되는데, 이를 과소투자유인(under-investment incentive)이라고 한다.

③ 재산도피유인

부채를 많이 사용할수록 주주들은 과다배당으로 기업의 자금을 자신들에게 이전시켜 채권자에게 돌아갈 몫을 줄이려는 성향을 갖는데, 이를 재산도피유인(milking the property)이라고 한다. 이와 같이 과다배당 등으로 기업의 자금을 유출시키면 채권자의 부가 감소하므로 주주와 채권자간에 이해상충의 문제가 발생한다.

(5) 대리인비용과 최적자본구조

자기자본의 대리인비용은 외부주주의 지분비율이 높아질수록 증가하고 타인자본의 대리인비용은 부채비율이 높아질수록 증가한다. 따라서 대리인비용만 고려하는 경우에 자기자본의 대리인비용과 타인자본의 대리인비용을 합산한 총대리인비용이 최소가 되는 점(B/V*)에서 기업의 최적자본구조가 결정된다.

법인세, 파산비용, 대리인비용을 동시에 고려하면 기업가치를 극대화시키는 최적자본구조는 부채사용에 따른 한계이익(법인세 절감효과와 자기자본의 대리인비용 감소로 인한 기업가치의 증가분)과 한계비용(파산비용의 증가와 타인자본의 대리인비용 증가로 인한 기업가치의 감소분)이 일치하는 수준에서 달성된다.

▌그림 13-11▌ 대리인비용과 최적자본구조

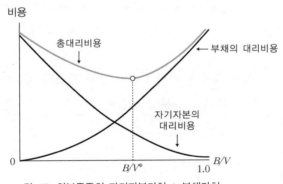

단, V=외부주주의 자기자본가치 + 부채가치

3. 정보불균형과 자본구조

(1) 정보불균형과 신호이론

완전자본시장의 가정하에서는 시장에 참여하는 최고경영자와 일반투자자들간에 동일한 정보를 가지고 있는 정보균형(또는 정보대칭)을 가정한다. 그러나 현실적으로 기업 내부자인 최고경영자는 일반투자자보다 기업의 내용에 대해 우월한 정보를 가지고 있는데, 이를 정보불균형(또는 정보비대칭)이라고 한다.

정보불균형하에서 정보우위자인 경영자의 의사결정은 정보열위자인 일반투자자에게 기업의 내용에 대한 정보를 전달하는 수단으로 이용될 수 있다. 따라서 투자자들은 경영자의 의사결정을 통해 정보를 전달받을 수 있게 되는데, 이를 정보효과(information effect) 또는 신호효과(signalling effect)라고 한다.

(2) Ross의 신호이론

Ross(1977)는 최고경영자와 일반투자자들간에 정보불균형이 존재하는 현실의 자본시장에서 다음과 같은 가정하에 최적자본구조가 존재할 수 있다고 주장하였다.

1) 기본가정

① 경영자의 보수는 기업가치에 의존하며, 자본구조에 대한 경영자의 의사결정이 기업의 미래경영성과에 대한 확신의 정도를 일반투자자들에게 전달하는 신호로 이용될 수 있다.

② 경영자가 기초에 제공한 기업내용에 관한 신호의 진위여부는 기말에 밝혀지고 거짓 신호를 보낸 경영자에게는 충분한 벌금이 부과되므로 거짓 신호의 유인이 존재하지 않는다.

2) 신호효과

현실적으로 미래현금흐름에 대한 전망이 낙관적일 경우에는 신주발행보다는 부채발행이 경영자나 기존주주의 이익을 추구할 수 있는 반면에, 미래현금흐름에 대한 전망이 비관적일 경우에는 부채의 원리금을 변제하지 못함으로써 발생하는 파산가능성을 줄이기 위해 신주발행을 선호하는 경향이 있다.

따라서 부채발행의 공시는 미래의 계속적인 현금흐름에 대한 경영자의 낙관적인 전망을 나타내는 신호가 될 수 있기 때문에 자본시장에서 호재(good news)로 받아들여지고, 호재의 공시에 따라 기업의 미래현금흐름에 대한 일반투자자들의 기대가 개선되기 때문에 주가는 상승하게 된다는 것이다.

반면에 신주발행의 공시는 미래의 계속적인 현금흐름에 대한 경영자의 비관적인 전망을 나타내는 신호가 될 수 있기 때문에 자본시장에서 악재(bad news)로 받아들여지고, 악재의 공시에 따라 기업의 미래현금흐름에 대한 일반투자자들의 기대가 악화되기 때문에 주가는 하락하게 된다는 것이다.

부채발행 공시 → 미래의 계속적인 현금흐름에 대한 낙관적 전망 → 호재 → 주가상승
신주발행 공시 → 미래의 계속적인 현금흐름에 대한 비관적 전망 → 호재 → 주가하락

3) 신호균형

이와 같이 경영자는 미래현금흐름에 대한 정보를 일반투자자들에게 제공하는 신호의 수단으로 자본조달방법을 이용한다. 따라서 기업가치와 자본구조는 관련이 있고 경영자가 가지고 있는 미래현금흐름에 대한 정보와 신호(자본구조)가 일치하는 신호균형이 달성될 수 있으므로 최적자본구조가 존재한다.

신호균형(signalling equilibrium)은 미래현금흐름에 대한 전망이 좋은 것으로 예상될 때에는 많은 부채를 사용하고, 미래현금흐름에 대한 전망이 좋지 않을 것으로 예상될 때에는 적은 부채를 사용하여 최고경영자가 가지고 있는 실제의 정보와 제공된 신호의 내용이 모든 상황에서 일치한 상태를 말한다.

┃표 13-3┃ 신호균형

예상＼신호	많은 부채	적은 부채
높은 현금흐름	○	×
낮은 현금흐름	×	○

(3) Leland와 Pyle의 신호이론

Leland와 Pyle(1977)는 경영자와 투자자들간에 정보불균형이 존재하면 투자안의 자금조달에서 내부주주의 지분율이 그 투자안의 수익성에 대한 내용을 투자자들에게 전달하는 신호가 될 수 있다고 주장하였다. 수익성이 좋은 투자안을 가지고 있는 사실을 내부주주만 알고 일반투자자에게 알려져 있지 않다고 가정하자.

그러면 내부주주들은 투자안의 NPV를 최대한 많이 가져가기 위해 가급적 많은 자금을 자신들이 투자하려고 할 것이다. 따라서 정보불균형이 존재하는 경우에 새로운 투자안에 대한 내부주주의 지분율이 높다면 그 투자안의 수익성에 대한 유용한 신호가 되어 시장에서 기업가치가 높게 평가될 수 있다고 주장하였다.

(4) Myers와 Majuluf의 자본조달순위이론

Myers와 Majuluf(1984)는 경영자와 투자자들간에 서로 다른 내용의 정보를 갖는 정보불균형이 존재하는 경우에 기업이 기존주주의 부를 극대화하기 위해서는 투자안의 투자자금을 사내유보, 부채발행, 신주발행의 순으로 조달해야 한다고 주장하였는데, 이를 자본조달순위이론(pecking order theory)이라고 한다.

기업이 수익성이 좋은 투자안을 가지고 있으나 이러한 사실을 기업내부자만 알고 투자자들이 모르고 있다면 현재 주가에는 유리한 투자안에 대한 정보가 반영되지 않아 투자자금을 사내유보로 조달하면 유리한 투자안에 대한 기업가치의 증가분을 기존주주가 가져가기 때문에 부채발행이나 신주발행보다 유리하다.

그러나 사내유보가 부족하여 외부금융이 필요하면 부채를 발행하는 것이 신주를 발행하는 것보다 유리하다. 왜냐하면 부채를 발행하여 자금을 조달하면 투자안의 순가치가 모두 기존주주에게 귀속되나, 신주를 발행하여 자금을 조달하면 투자안의 순가치를 기존주주와 새로운 주주가 나누어 가져야 하기 때문이다.

제1절 자본구조의 개념

1. 자본구조이론의 논리

   자본구조가 기업가치에 미치는 영향을 분석하여 기업가치를 극대화할 수 있는 최적자본구조를 탐색

2. 자본구조이론의 초점

   기업가치를 극대화할 수 있는 최적자본구조는 가중평균 자본비용을 극소화하면 달성할 수 있음

3. 최적자본구조의 이해

(1) 타인자본비용의 저렴효과 : 부채사용이 증가하면 자본비용이 저렴한 타인자본에 대한 가중치가 증가하여 가중평균비용이 낮아지고 기업가치가 상승

(2) 자기자본비용의 상승효과 : 부채사용이 증가하면 주주가 부담하는 재무위험이 증가하고 자기자본비용이 상승하여 가중평균비용이 높아지고 기업가치가 하락

4. 기업가치와 자본비용의 관계

(1) 타인자본가치와 타인자본비용 : $B = \dfrac{I}{k_d} \Leftrightarrow k_d = \dfrac{I}{B}$

(2) 자기자본가치와 자기자본비용 : $S = \dfrac{NI}{k_e} \Leftrightarrow k_e = \dfrac{NI}{S}$

(3) 기업가치와 가중평균자본비용 : $V = \dfrac{E(NOI)(1-t_c)}{k_0}$

제2절 전통적 자본구조이론

1. 순이익접근법 : 부채사용이 증가할수록 기업가치는 증가
2. 순영업이익접근법 : 기업가치는 자본구조에 관계없이 일정함
3. 전통적 접근법 : 기업가치를 극대화하는 최적자본구조가 존재

제3절 MM의 무관련이론

1. 제1명제 : $V_L = \sum_{t=1}^{\infty} \dfrac{E(NOI)}{(1+\rho)^t} = \dfrac{E(NOI)}{\rho} = V_U$

   기업가치는 미래의 기대영업이익과 영업위험에 의해 결정되며 자본구조와 무관

2. 제2명제 : $k_e = \rho + (\rho - k_d)\dfrac{B}{S}$

   기업이 타인자본을 증가시키면 주주들이 부담하는 재무위험이 증가하여 자기자본비용은 상승하지만 저렴한 타인자본사용으로 인한 이점과 완전히 상쇄됨

3. 제3명제 : $\triangle V = \dfrac{\triangle E(NOI)}{\rho} \geq \triangle I \;\rightarrow\; \dfrac{\triangle E(NOI)}{\triangle I} \geq \rho$

신규투자안에 대한 거부율은 해당 투자안의 영업위험만 반영된 자본비용

제4절 MM의 수정이론

1. 제1명제 : $V_L = V_U + Bt_c$

부채기업의 가치는 무부채기업의 가치보다 부채사용에 따른 이자비용의 법인세 절감효과의 현재가치만큼 커서 부채를 많이 사용할수록 기업가치가 증가함

2. 제2명제 : $k_e = \rho + (\rho - k_d)(1-t_c)\dfrac{B}{S}$

자기자본비용은 부채사용이 증가할수록 상승하지만 자기자본비용의 상승효과가 타인자본비용의 저렴효과를 상쇄하지 못해 가중평균자본비용은 하락함

3. 제3명제 : $k_0 = \rho(1-t_c\dfrac{\triangle B}{\triangle I}) = \rho(1-t_c\dfrac{B}{V})$

신규투자안의 거부율은 기존기업의 자본비용이며 부채사용이 증가할수록 하락

제5절 개인소득세의 고려

1. 개인소득세와 최적자본구조

(1) 무부채기업의 가치 : $V_U = \displaystyle\sum_{t=1}^{\infty} \dfrac{E(NOI)(1-t_c)(1-t_s)}{[1+\rho(1-t_s)]^t} = \dfrac{E(NOI)(1-t_c)(1-t_s)}{\rho(1-t_s)}$

(2) 부채기업의 가치 : $V_L = V_U + B[1 - \dfrac{(1-t_c)(1-t_s)}{1-t_d}]$

2. 밀러의 균형부채이론

(1) 무부채기업의 가치 : $V_U = \displaystyle\sum_{t=1}^{\infty} \dfrac{E(NOI)(1-t_c)}{(1+\rho)^t} = \dfrac{E(NOI)(1-t_c)}{\rho}$

(2) 부채기업의 가치 : $V_L = V_U + B[1 - \dfrac{1-t_c}{1-t_d}]$

법인세와 개인소득세가 모두 존재하면 시장전체의 최적자본구조는 존재하지만 채권시장의 균형상태에서 개별기업의 최적자본구조는 성립하지 않음

3. Deangelo와 Masulis의 연구

부채사용에 따른 이자비용의 법인세절세효과, 투자세액공제나 감가상각비를 통한 비부채성절세효과를 고려하면 기업가치를 극대화할 수 있는 최적자본구조가 존재

1. 파산비용과 자본구조 : $V_L = V_U + B \times t_c - PV(BC)$

   부채기업의 가치(V_L)는 무부채기업의 가치(V_U)에 레버리지이득(Bt_c)은 가산하고 기대파산
   비용의 현재가치($PV(BC)$)는 차감

2. 대리인비용과 자본구조

(1) 대리인비용 : 감시비용, 확증비용, 잔여손실

(2) 대리인비용의 발생원인

① 자기자본의 대리인비용 : 내부주주와 외부주주간의 대리인관계에서 발생

② 타인자본의 대리인비용 : 채권자(주인)와 주주(대리인)의 대리인관계에서 발생

(3) 대리인비용과 최적자본구조

   자기자본의 대리인비용과 타인자본의 대리인비용을 합한 총대리인비용이 최소가 되는
   자본구조에서 기업가치의 극대화 달성

3. 정보불균형과 자본구조

(1) 정보불균형과 신호이론

   정보불균형하에서 정보우위자인 경영자의 의사결정은 정보열위자인 투자자에게
   기업의 내용에 대한 정보를 전달하는 수단으로 이용

(2) Ross의 신호이론

① 미래현금흐름에 대한 전망이 낙관적으로 예상되는 경우에 많은 부채를 사용

② 미래현금흐름에 대한 전망이 비관적으로 예상되는 경우에 적은 부채를 사용

(3) Leland와 Pyle의 신호이론

   정보불균형하에서 투자안의 자금조달시 내부주주의 지분율이 투자안의 수익성에 대한
   내용을 투자자들에게 전달하는 신호가 될 수 있다고 주장

(4) Myers와 Majuluf의 자본조달순위이론

   정보불균형하에서 기업이 기존주주의 부를 극대화하려면 투자안의 투자자금을
   사내유보, 부채발행, 신주발행의 순으로 조달해야 한다고 주장

1 다음 중 자본구조이론에 대한 설명으로 적절한 것은? (1992년)

① 순이익(NI)접근법에서는 부채를 많이 사용할수록 기업가치가 감소한다.

② 순영업이익(NOI)접근법과 법인세가 없는 경우의 MM이론에서는 부채사용이 기업가치를 감소시킨다.

③ MM의 무관련이론에 법인세를 고려하면 부채사용이 증가함에 따라 기업가치가 증가한다.

④ Miller의 균형부채이론에 의하면 시장의 균형상태에서 부채의 사용이 증가함에 따라 기업가치가 증가한다.

⑤ 재무적 곤경비용(파산비용, 대리비용 등)을 고려하면 부채사용과 기업가치는 무관하다.

| 해설 | ① 순이익접근법에서는 부채사용이 증가할수록 타인자본비용의 저렴효과로 인해 기업가치는 증가한다.

② 순영업이익접근법과 MM의 무관련이론에서 자본구조와 기업가치는 무관하다.

③ MM의 수정이론(1963)에서는 부채사용이 증가할수록 이자비용의 법인세 절감효과로 인해 기업가치는 증가한다.

④ Miller의 균형부채이론에 의하면 시장전체의 관점에서는 최적부채규모가 존재하지만 자본구조와 기업가치가 무관하므로 개별기업의 입장에서는 최적자본구조가 존재하지 않는다.

⑤ 재무적 곤경비용(파산비용, 대리비용 등)을 고려하면 기업가치를 극대화시키는 최적자본구조가 존재한다.

$V_L = V_U$	$V_L \rangle V_U$	최적자본구조
법인세 없는 MM이론 NOI 접근방법 Miller의 균형부채이론	법인세 있는 MM이론 NI 접근방법	전통적 접근방법 파산비용이론 대리비용이론, 신호이론

2 다음 중 불완전자본시장에서 유보이익의 자본비용에 대한 설명으로 옳은 것은? (1993년)

① 신주발행에 의한 자기자본비용보다 작다.

② 신주발행에 의한 자기자본비용보다 크다.

③ 신주발행에 의한 자기자본비용과 같다.

④ 신주발행에 의한 자기자본비용과 무관하다.

⑤ 자본비용이 없다.

| 해설 | 불완전자본시장에서는 신주발행시 발행비용이 존재하여 유보이익의 자본비용보다 더 높다. 그러나 세금과 거래비용이 없는 완전자본시장이라면 유보이익이나 신주발행에 의한 자본비용은 동일하다.

3 　자본비용과 관련된 서술 중 가장 옳은 것은? (2001년)

① 자기자본비용은 부채의존도와는 무관하다.

② 타인자본비용이 자기자본비용보다 더 크다.

③ 신규투자안 평가시 기존의 WACC를 사용한다.

④ WACC이 최소가 되는 자본구성이 최적자본구조이다.

⑤ 사내유보이익을 투자재원으로 사용하는 경우 자본비용은 없다.

> **해설** ① $k_e^L = \rho + (\rho - k_d)(1 - t_c)\dfrac{B}{S}$ 이므로 부채비율이 증가하면 자기자본비용은 상승한다.
>
> ② 일반적으로 자기자본비용은 타인자본비용보다 더 크다.
>
> ③ 신규투자안의 WACC는 다음과 같다.
>
> 　　㉠ 투자안의 경영위험과 재무위험이 기존기업과 동일하면 기존의 WACC를 사용
>
> 　　㉡ 투자안의 경영위험 또는 재무위험이 기존기업과 다르면 조정 WACC를 사용
>
> ⑤ 사내에 유보한 이익도 자기자본비용으로 계산한다. 단, 신주를 발행하는 경우에는 발행비용으로 인해 유보이익보다 자기자본비용이 더 커진다.

4 　어느 기업의 재무관리 담당자는 투자성과가 좋은 투자안을 놓고 생각하기를 "자사의 현 주가가 적절히 평가되어 있지 않다."라고 생각하고 있다. 이 투자안의 자금조달 순서로 바람직한 것은? 단 자본시장은 법인세가 없는 완전자본시장이라고 가정한다. (1996년)

① 필요자금을 우선 유보이익으로 조달하고 부족분은 사채를 발행한다.

② 필요자금을 우선 유보이익으로 조달하고 부족분은 주식을 발행한다.

③ 필요자금을 우선 주식으로 조달하고 부족분은 사채를 발행한다.

④ 필요자금을 우선 주식으로 조달하고 부족분은 유보이익을 이용한다.

⑤ 위의 어느 것이나 무차별하다.

> **해설** 법인세가 없으면 타인자본의 법인세 절감효과는 존재하지 않는다. 자본조달순위이론에서 기존의 주주는 사내유보한 자금의 사용을 선호하며 외부자금을 사용하면 신주발행보다 타인자본을 선호하여 레버리지의 증가는 기업가치의 증가를 가져온다고 주장하였다.

5 　기업이 부채를 증가시켜서 자본구조를 변경할 때 발생하는 경제적 효과 중 옳지 않은 것은? (1997년)

① 세금과 파산비용이 없는 완전자본시장하에서 주주의 부는 변하지 않는다.

② 법인세 산정시 이자가 손비 처리되므로 법인세 절감효과가 항상 양(+)이다.

③ 절세효과는 주식관련 개인소득세율의 크기와 관계없이 항상 양(+)이다.

④ 파산비용 때문에 부채의 승가가 반드시 주주의 부를 극대화하지는 않는다.

⑤ 주주가 채권자 이익에 상충되는 의사결정을 할 수 있다.

> **해설** ① MM(1958)의 법인세를 무시하는 경우에 $V_L = V_U$이 성립한다.

② MM(1963)의 법인세를 고려하는 경우에 $V_L > V_U$이 성립한다.

③ Milller모형에서 $(1-t_c)(1-t_s) > (1-t_d)$라면 $V_L < V_U$이 가능하다.

④ $V_L = V_U + Bt_c - PV(BC)$에서 부채사용이 증가할수록 가대파산비용의 현재가치가 증가하면 기업가치는 감소한다.

⑤ 부채사용이 과다하여 파산가능성이 높은 경우 주주에게 위험선호유인과 과소투자유인이 발생하여 채권자의 이익에 상충되는 의사결정을 할 수 있다.

6 모든 기업이 현재의 상황에서 최적자본구조를 유지하고 있다고 가정하자. 다음 중 부채비율을 기존의 상태보다 감소시켜야 하는 상황은? (1998년)

① 다각화되어 있던 사업을 정리하고 안정적인 현금흐름을 갖는 1개의 사업에 집중하기로 한 경우

② 구조조정의 결과로 하드웨어 부문을 매각하고 고기술 집약적 소프트웨어 부문에 집중하기로 한 경우

③ 경영자가 소유지분율을 25%에서 15%로 감소시킨 경우

④ 회계장부상의 감가상각비가 계속 대폭 감소될 경우

⑤ 정부가 예상되는 재정적자를 줄이기 위해 법인세율을 인상시킨 경우

| 해설 | ① 이전보다 안정적인 현금흐름이 예상되어 추가적인 부채차입능력을 보유하게 되므로 부채비율을 증가시킬 수 있다.

② 기업의 영업위험이 증가하면 파산가능성이 존재할 수 있어 부채비율을 감소시켜야 한다.

③ 경영자가 소유지분율을 줄이면 자기자본대리인비용이 증가한다. 따라서 총대리인비용을 최소화하려면 자기자본대리인비용을 감소시켜야 한다.

④ 감가상각비도 영업위험과 관련되어 있어 자본구조와 무관하다.

⑤ 법인세율 상승 → $EBIT(1-t_c)$와 WACC 하락 → 기업가치 감소 → 자기자본가치 감소 따라서 최적자본구조를 유지하려면 부채사용액을 감소시켜야 한다.

7 자본구조와 기업가치에 대한 설명으로 가장 타당하지 않은 것은? (2001년)

① Modigliani & Miller(1963)는 법인세 절약효과 때문에 레버리지와 기업가치 사이에는 정(+)의 관계가 있다고 주장하였다.

② Jensen & Meckling(1976)은 총대리비용이 최소가 되는 레버리지 수준에서 최적자본구조가 실현된다고 주장하였다.

③ Miller(1977)는 법인세와 개인소득세를 모두 고려할 경우 자본구조와 기업가치는 무관하다고 주장하였다.

④ DeAngelo & Masulis(1980)는 법인세와 개인소득세를 모두 고려하더라도 비부채성 세금효과 때문에 최적자본구조가 존재할 수 있다고 주장하였다.

⑤ Myers & Majluf(1984)는 내부자금 사용 후 외부자금을 사용하는 자본조달 우

선순위가 있어 레버리지와 기업가치 사이에 부(−)의 관계가 있다고 주장하였다.

| 해설 | ① 법인세가 있는 경우 MM은 부채를 많이 사용할수록 법인세 절감효과 때문에 기업가치가 상승한다고 주장하였다.

② Jensen & Meckling은 타인자본대리비용과 자기자본대리비용의 합인 총대리비용이 최소가 되는 레버리지 수준에서 기업가치가 극대화된다고 주장하였다.

③ Miller는 법인세와 소득세를 모두 고려할 경우 사채시장이 균형이라면 $t_c = t_b$이고 주식소득세율을 0으로 가정하면 법인세 절감효과가 이자소득에 대한 소득세에 의해 완전히 상쇄되므로 자본구조와 기업가치는 무관하다고 주장하였다.

④ DeAngelo & Masulis는 감가상각비와 투자세액과 같은 감세효과가 있기 때문에 최적자본구조가 존재한다고 주장하였다.

⑤ Myers & Majluf는 자본조달순위이론에서 기존의 주주는 유보자금의 사용을 선호하며, 외부자금을 사용할 경우 신주발행보다는 부채를 선호하기 때문에 레버리지의 증가는 기업가치의 증가를 가져온다고 주장하였다.

8 대리인비용(agency cost)에 관련된 다음 서술 중 옳은 것은? (2002년)

① 위험투자유인(risk incentive)은 소유경영자와 외부주주간에 발생하는 이해상충에서 파생하는 대리인비용이다.

② 위험투자유인은 소유경영자의 지분비율이 높을수록 위험한 투자안을 선택하려는 유인이다.

③ 과소투자유인(under investment incentive)은 부채의 대리비용으로 수익성 투자포기유인이라고도 한다.

④ 특권적 소비(perquisite consumption)는 주주와 채권자간에 발생하는 대리인비용으로 타인자본의존도에 비례하여 증가하는 경향이 있다.

⑤ 감시비용(monitoring costs)은 대리인이 자신의 의사결정이 위임자의 이해와 일치한다는 것을 입증하기 위해 지분하는 비용이다.

| 해설 | ①② 위험투자유인은 주주의 유한책임에 근거하여 부채의존도가 높아 파산가능성이 있으면 주주들은 위험이 높은 투자안에 투자하여 채권자로부터 주주에게로 부의 이전을 가져오게 할 유인을 말하며 부채비율이 높고 주주의 지분비율이 낮을수록 위험투자유인은 증가한다.

③ 타인자본의 대리인비용에는 위험투자유인, 과소투자유인, 재산도피유인이 있다.

④ 경영자의 특권적 소비와 비금전적 효익은 자기자본의 대리인비용으로 타인자본의존도가 높을수록 타인자본의 대리인비용은 증가하고 자기자본의 대리인비용은 감소한다.

⑤ 감시비용(monitoring cost)이 아니라 확증비용(bonding cost)에 대한 설명이다.

9 다른 모든 조건은 동일하고 자본구조만 차이가 나는 두 기업이 있다. 부채를 사용하는 기업의 가치가 50억원이고 부채가 없는 기업의 가치가 47.8억원이며, 파산비용과 대리인비용의 현재가치가 1.6억원일 경우 MM의 자본구조이론에서 법인세 절감액의 현재가치는 얼마인가? (1993년)

① 97억 8천만원 　　　　　② 6천만원 　　　　　③ 2억 2천만원

④ 3억 8천만원 　　　　　⑤ 계산불능

| 해설 | $V_L = V_U + Bt_c - PV(BC) \rightarrow 50 = 47.8 + B \times t_c - 1.6 \rightarrow B \times t_c = 3.8$억

10 완전자본시장에서 MM의 자본구조이론(1958)이 성립한다는 가정하에서 자본구조에 대한 다음 설명 중 가장 옳은 것은? (2008년)

① 부채비율이 증가하면 자기자본비용과 타인자본비용이 증가하기 때문에 가중평균자본비용이 증가한다.

② 법인세로 인한 절세효과가 없기 때문에 순이익의 크기는 자본구조와 무관하게 결정된다.

③ 부채비율이 증가함에 따라 영업위험이 커지기 때문에 자기자본비용이 커진다.

④ 부채비율이 증가함에 따라 자기자본비용과 타인자본비용은 증가하나 가중평균자본비용은 일정하다.

⑤ 부채비율이 증가함에 따라 EPS(주당순이익)의 변동성이 커진다.

| 해설 | ①③④ 부채비율이 증가하면 재무위험이 증가하여 자기자본비용이 상승하지만 일정하게 유지되는 타인자본비용의 저렴효과와 완전히 상쇄되어 가중평균자본비용은 일정하다.
② 자본구조가 차이나는 이유는 부채사용에 따른 이자비용의 차이로 인해 순이익의 크기는 달라진다.
⑤ 부채비율이 증가함에 따라 재무레버리지효과가 발생하여 주당순이익의 변동성이 커진다.

11 MM의 수정명제가 성립하는 경우 법인세율이 50% 인하될 때 기업의 자본조달과 관련하여 나타날 수 있는 현상으로 옳은 것은? (1995년)

① 최적자본구조를 달성하기 위해 부채를 더 사용한다.

② 최적자본구조를 달성하기 위해 부채를 덜 사용한다.

③ 자기자본비용은 감소한다.

④ 가중평균자본비용이 상승한다.

⑤ 기업이 직면한 위험이 커진다.

| 해설 | 법인세율 하락 → $EBIT(1-t_c)$와 WACC 상승 → 기업가치 증가 → 자기자본가치 증가
MM의 제3명제에 따라서 법인세가 감소하면 가중평균자본비용은 상승한다. 그러나 현금흐름이 증가하여 기업가치는 상승한다.

12 기업들이 왜 각기 특정한 자본구조를 가지고 있는가에 대해 비대칭적 정보이론이 있다. 다음 중 비대칭적 정보이론의 내용이 아닌 것은? (1995년)

① 기업의 내부경영자는 기업의 외부 이해관계자보다 더 많은 정보를 가지고 있다.

② 기업 부채의 증가는 유능한 경영자가 기업 외부에 신호를 전달하는 것으로 해석된다.

③ 기업은 미래에 유리한 투자기회에 대비하여 현재보다 더 많은 부채를 사용할 수 있는 능력을 갖고 있어야 한다.

④ 기업이 유상증자를 통해 자본을 조달하는 것은 부정적 신호이다.

⑤ 부채의 심화는 파산위험을 증가시켜 기업가치를 감소시키는 신호가 된다.

│ 해설 │ ① 정보불균형하에서 내부경영자는 정보우위자이고 외부투자자는 정보열위자이다.
② 로스는 부채비율이 높은 기업은 수익성이 높은 투자안을 가지고 있다는 정보전달수단이라고 주장한다.
③ 기업이 현재보다 더 많은 부채를 사용할 수 있는 능력과 정보의 비대칭성과는 무관하다.
④ 자본조달순위이론에서 기존의 주주는 사내유보한 자금의 사용을 선호하며 외부자금을 사용할 경우 신주발행보다는 타인자본을 선호하기 때문에 레버리지의 증가는 기업가치의 증가를 가져온다고 주장하였다.
⑤ 비대칭정보이론에서 경영자는 기업의 미래현금흐름에 대한 낙관적 전망이 있는 경우에는 부채를 사용하고, 비관적 전망이 있는 경우에는 부채를 사용하지 않는다. 따라서 부채의 심화가 파산위험에 대한 신호로 연결되지 않는다.

13 자본구조와 기업가치의 무관련성을 주장한 Modigliani와 Miller(MM)는 시장불완전요인 중 법인세를 고려할 경우 기업가치는 레버리지에 따라 변화한다고 수정하였다. 만일 부채를 사용하고 있지 않은 어떤 기업이 위험의 변화 없이 8%의 금리로 100억원을 영구히 차입하여 자기자본을 대체한다면 MM의 수정명제에 따라 이 기업의 가치는 얼마나 변하게 될까? 단, 법인세율은 40%, 주주의 요구수익률은 10%이다. (2002년)

① 40억원 증가   ② 10억원 증가   ③ 80억원 증가

④ 30억원 감소   ⑤ 70억원 감소

│ 해설 │ 법인세를 고려하는 경우 부채기업의 가치는 무부채기업의 가치보다 이자비용 절세액의 현재가치만큼 크다. 따라서 기업가치는 $B \times t_c = 100$억 원 $\times 40\% = 40$억 원만큼 증가한다.

14 자본금이 액면가액 500원인 보통주 10,000주로 구성되어 있고 주가가 주당 2,500원인 (주)도고는 기존의 사업을 확장하는데 필요한 500만원을 유상증자를 통해 조달하려고 한다. 우리사주조합에는 신주발행 물량의 일부를 할인된 가격에 배정해 줄 것을 회사에 요청했지만 신주인수권은 모두 기존 주주에게 소유지분 비례대로 배정될 것이다. 신주의 발행가격이 주당 2,000원으로 결정되고 신주인수권의 가격이 100원인 경우 다음의 설명 중 옳은 것은? 단 유상증자와 관련된 모든 비용은 모두 무시하고 기존 주주들이 신주인수에 필요한 자금을 조달하는데 아무런 제약이 없다고 가정한다. (2003년)

① 기존 주주의 기업지배권을 보호하기 위해 제도적으로 기존 주주가 아닌 제3자에게는 신주인수권을 배정할 수 없다.

② 신주의 발행가격이 주가(시장가격)보다 낮게 책정되었으므로 주주들은 배정된 신주인수권을 행사하여 발행주식을 모두 인수하는 것이 유리하다.

③ 기업지배권을 고려하지 않고 투자수익만을 생각한다면 주주들은 발행주식을 인수하는 대신 신주인수권을 직접 매각하는 것이 유리하다.

④ 기존 주주들이 배정된 신주발행 물량을 모두 인수한다면 발행가격은 주주들의 부에 아무런 영향을 미치지 않는다.

⑤ 기존 주주들이 신주를 모두 인수하더라도 유상증자 후 EPS의 감소와 주가하락으로 주주의 부는 감소한다.

| 해설 | 신주발행한 주식수 = 5,000,000/2,000 = 2,500주
신주발행후 주식수 = 10,000+2,500 = 12,500주
신주발행후 기업가치 = 25,000,000+5,000,000 = 30,000,000
신주발행후 주가 = 30,000,000/12,500 = 2,400원 → 신주인수권의 내재가치 = 400원
① 제3자 신주인수권의 배정방식은 제도적으로 허용이 된다.
② 기존의 주주들은 배정전에 기존의 주식을 매각하는 방법과 배정후에 신주인수권을 행사하여 발행주식을 인수하나 주주의 부에는 영향을 미치지 않는다.
③ 400원의 내재가치가 있는 주식을 100원에 매도하면 300원의 손실이 발생한다.
④⑤ 신주인수권의 배정비율은 기존의 주식 4주당 1주이다. 따라서 기존의 주주는 기존의 주식에서 주당 100원(=2,500−2,400)의 손실이 발생하여 총손실이 400원이지만 배정받은 1주의 신주에서 400원(=2,400−2,000)의 이익이 발생하여 주주의 부는 변하지 않는다.

15 법인세가 있는 MM이론이 성립한다고 가정하자. 현재 어느 기업의 발행주식수는 100만주로 부채는 전혀 없으나 10%에 차입할 수 있고 가중평균자본비용(WACC)은 16%이다. 순영업이익은 매년 100억원일 것으로 예상되고 법인세율은 30%로 고정되어 있다. 이 기업은 부채로 자금을 조달하여 자사주를 매입함으로써 부채의 시장가치가 기업가치의 40%가 되도록 하려고 한다. 다음의 내용 중 옳지 않은 것은? (2004년)

① 부채로 자금을 조달하기 전 자기자본비용은 16%이다.

② 부채로 자금을 조달해 자본구조를 재구성한 후에는 자기자본비용이 18.8%로 증가한다.

③ 부채로 자금을 조달해 자본구조를 재구성한 후의 가중평균자본비용은 14.08%로 감소한다.

④ 조달해야 할 부채의 시장가치는 근사치로 198.86억원이다.

⑤ 자사주를 매입한 이후의 발행주식수는 근사치로 545,463주이다.

| 해설 | ① 무부채기업의 자기자본비용(ρ) = 무부채기업의 가중평균자본비용 = 0.16

② 자본구조 변경 후 자기자본비용

$k_e^L = \rho + (\rho - k_d)(1 - t_c)\frac{B}{S} = 0.16 + (0.16 - 0.1)(1 - 0.3)\frac{4}{6} = 0.188$

③ 자본구조 변경 후 가중평균자본비용

$k_0 = \rho(1 - t_c \frac{B}{V}) = 0.16(1 - 0.3 \times 0.4) = 0.1408$

$k_0 = k_d(1 - t_c) \times \frac{B}{S + B} + k_e \times \frac{S}{S + B} = 0.1(1 - 0.3) \times \frac{4}{10} + 0.188 \times \frac{6}{10} = 0.1408$

④ 자본구조 변경 후 부채기업의 가치

$V_U = \frac{EBIT(1 - t_c)}{\rho} = \frac{100억(1 - 0.3)}{0.16} = 437.5억$

$V_L = V_U + B \times t_c = 437.5 + 0.4V_L \times 0.3 \rightarrow V_L = 497.16억$

자본구조 변경 후 부채가치(B) = $0.4 \times V_L$ = 0.4×497.16 = 198.86억

⑤ 자사주 매입 전 주가 = 497.16억원/100만주 = 49,176원

자사주 매입주식수 = 198.86억원/49,176원 = 399,992 → 유통주식수는 600,008주

16 여러 가지 자본구조이론에 대한 다음의 설명 중 옳지 않은 것은? (2005년)

① MM(1958)에 의하면 레버리지와 기업가치는 무관하고 자기자본가치를 먼저 구한 후 이것과 부채를 합쳐 기업가치를 구한다.

② MM(1963)에 의하면 레버리지가 많을수록 기업가치는 상승하는데 이는 순이익접근법의 결과와 동일하다.

③ MM(1963)에서는 다른 조건이 일정하다면 법인세율이 상승할수록 기업가치와 가중평균자본비용은 하락하지만 자기자본비용은 변함이 없다.

④ Miller(1977)는 개인수준의 소득세 때문에 레버리지 이득이 감소된다고 하였다.

⑤ 전통적 접근법, 파산비용이론, 대리비용이론의 결과는 레버리지를 적절하게 이용해야 기업가치가 상승한다는 공통점이 있다.

| 해설 | ① MM이론(1958)에 의하면 레버리지와 기업가치는 무관하다. 다만, MM이론은 순영업이익접근법으로 영업이익을 가중평균자본비용으로 할인하여 기업가치를 먼저 계산하고 여기에서 타인자본가치를 차감하여 자기자본가치를 구한다.

② MM이론(1963)에 의하면 부채사용이 증가하여 레버리지가 커질수록 기업가치는 증가하는데, 이러한 결론은 접근방식은 다르지만 순이익접근법의 결과와 동일하다.

③ 법인세율 상승 → $EBIT(1-t_c)$와 WACC 하락 → 기업가치 하락 → 자기자본가치 하락
다른 조건이 일정한 상태에서 법인세율이 상승하면 기업가치와 가중평균자본비용은 하락하지만 자기자본비용은 변하지 않는다. 이는 이자비용의 감세효과 증가로 자기자본비용의 감소효과와 법인세 유출액 감소로 자기자본가치의 하락효과가 서로 상쇄되기 때문이다.

④ $V_L = V_U + B \times [1 - \frac{1-(1-t_c)}{(1-t_b)}]$에서 이자소득세율이 증가하면 레버리지이득은 감소하여 기업가치는 감소한다.

⑤ 개별기업의 최적자본구조가 존재한다고 가정하는 이론들에 해당한다.

17 자기자본으로만 운영하는 기업이 있다. 이 기업의 자기자본비용은 15%이며 매년 3억원씩의 기대영업이익이 예상된다. 이 회사는 자본구조를 변경하기 위해 5억원의 부채를 이자율 10%로 조달하여 주식의 일부를 매입하고자 한다. 법인세율이 30%라고 할 때 법인세를 고려한 MM의 이론을 이용하여 자본구조 변경 후 이 기업의 자기자본가치를 구하면 얼마인가? (2006년)

① 9억원   ② 10.5억원   ③ 14억원

④ 15억원   ⑤ 16.5억원

| 해설 | (1) 무부채기업의 가치

$$V_U = \frac{EBIT(1-t_c)}{\rho} = \frac{3억(1-0.3)}{0.15} = 14억 원$$

(2) 부채기업의 가치

$$V_L = V_U + B \times t_c = 14 + 5 \times 0.3 = 15.5억원$$

(3) 부채기업의 자기자본가치 = V_L−B = 15.5억원−5억원 = 10.5억원

18 다음 중 자본구조에 대한 설명으로 적절한 것을 모두 모은 것은? (2006년)

> a. 이익을 많이 내는 성공적인 기업들이 거의 부채를 사용하지 않는 현상은 파산비용과 절세효과를 동시에 고려하는 균형이론에 의해 설명된다.
> b. 자본조달순위이론이 제시하는 자본조달의 우선순위는 내부자금, 신주발행, 부채의 순서이다.
> c. 자본조달순위이론은 최적자본구조에 대한 예측을 하지 않는다.

① a, b   ② a, b, c   ③ c   ④ b, c   ⑤ a, c

| 해설 | a. 파산비용과 절세효과를 동시에 고려하면 부채사용의 증가로 인한 이자비용 절세효과의 증가와 기대파산비용 현재가치의 증가에 따른 상충관계에 의해 기업별로 최적자본구조가 다르게 존재한다. 무부채기업은 절세효과보다는 파산비용의 효과를 더 고려한 것이다.
b. 자본조달순위이론이 제시하는 우선순위 : 유보이익(내부자금) 〉 부채 〉 신주발행
c. 자본조달순위이론에서 기업의 자본구조는 정보불균형의 특성에 따라 결정된다.

19 A기업의 주식베타는 2.05이고 법인세율은 30%이다. A기업과 부채비율 이외의 모든 것이 동일한 B기업은 부채 없이 자기자본으로만 자본을 구성하고 있는데 주식베타는 1.0이고 기업가치는 100억원이다. CAPM과 MM이론이 성립된다고 가정할 때 A기업의 가치는 근사치로 얼마인가? 하마다모형을 이용한다. (2008년)

① 114억원   ② 125억원   ③ 118억원
④ 167억원   ⑤ 122억원

| 해설 | $\beta_L = \beta_U [1+(1-t_c)\frac{B}{S}] \to 2.05 = [1+(1-0.3)\frac{B}{S}] \to \frac{B}{S} = 1.5 \therefore B = \frac{1.5}{2.5}V$

$$V_L = V_U + B \times t_c \to V = 100 + \frac{1.5}{2.5}V \times 0.3 \to V = 121.95억원$$

20 다음은 시장가치로 측정한 A기업과 B기업의 자본구조와 경영자의 지분율이다. 이에 대한 설명 중 가장 적절하지 않은 것은? (2008년)

	A기업	B기업
자본	20억	80억
부채	80억	20억
경영자의 지분율	80%	20%

① B기업은 A기업에 비해 외부주주와 경영자(내부주주)간에 발생하는 대리인비용이 높을 수 있다.
② A기업은 B기업에 비해 채권자가 부담하는 대리인비용이 낮을 수 있다.
③ B기업은 A기업에 비해 위험이 높은 투자안에 대한 선호유인이 낮을 수 있다.
④ A기업은 B기업에 비해 경영자의 과소투자유인이 높을 수 있다.
⑤ B기업은 A기업에 비해 주주의 재산도피현상이 낮을 수 있다.

① 상대적으로 경영자의 지분율이 낮은 B기업이 외부주주와 경영자간에 발생하는 대리인비용이 높을 수 있다.
② 상대적으로 부채의존도가 높은 A기업이 위험이 높은 투자안에 대한 선호유인이 높을 수 있다.
③ 상대적으로 부채의존도가 높은 A기업이 주주의 과소투자유인이 높을 수 있다.
④ 상대적으로 부채의존도가 높은 A기업이 주주의 재산도피현상이 높을 수 있다.
⑤ 상대적으로 부채의존도가 높은 A기업이 타인자본의 대리비용이 높을 수 있다.

21 다음 중 Miller의 균형부채이론이 주장하는 내용이 아닌 것은? (1994년)

① 타인자본에 대한 기업의 지급이자율은 우상향한다.
② 기업의 자본구조는 그 경제 전체적인 관점에서 기업의 법인세율과 투자자의 소득세율에 따라 결정된다.
③ 개별기업의 자본구조와 기업가치는 무관하다.
④ 국민경제 전체적 관점에서 볼 때 부채의 최적규모가 존재한다.
⑤ MM이론을 확장하여 개인소득세를 도입한 자본구조이론이다.

| 해설 | 밀러의 균형부채이론에서 부채의 공급곡선은 수평이고 수요곡선은 우상향한다. 따라서 기업의 지급이자율은 우상향하지 않고 수평이 된다.

22 다음 설명 중 가장 옳지 않은 것을 고르시오. (2009년)

① MM수정이론(1963)에서는 다른 조건이 일정하면 법인세율이 변하더라도 자기자본비용은 일정하다.
② 법인세와 개인소득세가 존재하는 경우 이자소득세와 자본이득세가 같으면 부채사용기업의 가치는 무부채기업의 가치보다 크다.
③ 자기자본이익률(ROE)이 주주의 요구수익률보다 크면 주가순자산비율(PBR)은 항상 1보다 크다.
④ 연간 500만원을 지급하는 만기수익률 5%인 영구채권과 연간 600만원을 지급하는 만기수익률 5%인 영구채권의 듀레이션은 같다.
⑤ 액면채의 경우 만기와 무관하게 이자수익률과 자본이득률 모두 일정한 양(+)의 값을 가진다.

| 해설 | 액면채는 시간이 경과해도 채권가격이 액면가액으로 일정하다. 따라서 이자수익률은 만기와 무관하게 일정한 양(+)의 값을 가지며 자본이득률은 0이다.

23 현재 부채와 자기자본 비율이 50:50인 (주)한국의 주식베타는 1.50이다. 무위험이자율이 10%이고, 시장포트폴리오의 기대수익률은 18%이다. 이 기업의 재무담당자는 신주발행을 통해 조달한 자금으로 부채를 상환하여 부채와 자기자본 비율을 30:70으로 변경하였다. 다음 설명 중 옳지 않은 것은? 단, 법인세가 없고 무위험부채 사용을 가정하며 소수점 셋째자리에서 반올림한다. (2009년)

① 자본구조 변경 전의 자기자본비용은 22.0%이다.

② 자본구조 변경 전의 자산베타는 0.75이다.

③ 자본구조 변경 후의 주식베타는 1.07로 낮아진다.

④ 자본구조 변경 후의 자기자본비용은 20.56%로 낮아진다.

⑤ 자본구조 변경 후의 가중평균자본비용은 16%로 변경 전과 같다.

| 해설 | ① $k_e = R_f + [E(R_m) - R_f]\beta_A = 0.1 + (0.18 - 0.1)1.5 = 0.22$

② $\beta_A = \beta_B \times \dfrac{B}{S+B} + \beta_S \times \dfrac{S}{S+B} = 0 \times 0.5 + 1.5 \times 0.5 = 0.75$

③ $\beta_L = \beta_U[1 + (1-t_c)\dfrac{B}{S}] \rightarrow 1.5 = \beta_U[1 + (1-0)\dfrac{0.5}{0.5}] \rightarrow \beta_U = 0.75$

$\beta_L = 0.75[1 + (1-0)\dfrac{0.3}{0.7}] = 1.0714$

④ $k_e = R_f + [E(R_m) - R_f]\beta_A = 0.1 + (0.18 - 0.1) \times 1.0714 = 0.1857$

⑤ 자본구조 변경 전 : $k_0 = 0.1 \times 0.5 + 0.22 \times 0.5 = 0.16$
자본구조 변경 후 : $k_0 = 0.1 \times 0.3 + 0.1857 \times 0.7 = 0.16$

24 부채가 없는 기업이 8%의 금리로 200억원을 영구히 차입하여 자기자본을 대체했다. 법인세율은 30%, 주주의 요구수익률은 10%이다. 법인세를 고려한 MM의 수정명제에 따른 기업가치 변화 중 가장 적절한 것은? (2011년)

① 80억원 증가　　② 60억원 증가　　③ 60억원 감소

④ 40억원 증가　　⑤ 40억원 감소

| 해설 | MM의 수정명제에 의하면 B만큼의 부채를 발행하여 자사주를 매입하면 기업가치가 Bt_c만큼 증가한다. 따라서 200억원의 영구부채를 차입하여 자기자본을 대체하면 기업가치는 60억원 (=200억 × 0.3) 증가한다.

25 무부채기업인 (주)한라의 자기자본비용은 20%이다. (주)한라의 순영업이익(EBIT)은 매년 100억원으로 예상하고 있으며 법인세율은 40%이다. (주)한라는 이자율 10%로 차입금을 조달하여 자기주식을 매입소각하는 방법으로 자본구조 변경을 계획하고 있으며 목표자본구조는 부채의 시장가치가 기업가치의 30%가 되도록 하는 것이다. 법인세가 있는 MM이론이 성립한다는 가정하에서 가장 적절하지 않은 것은? (2012년)

① 자본구조 변경 전에 가중평균자본비용은 20%이다.

② 자본구조 변경 후에 가중평균자본비용은 17.6%이다.

③ 조달해야 할 부채의 시장가치는 근사치로 238.63억원이다.

④ 자본구조 변경 전에 기업가치는 300억원이다.

⑤ 자본구조 변경 후에 자기자본비용은 근사치로 22.57%이다.

| 해설 | ① 무부채기업은 가중평균자본비용이 자기자본비용과 일치한다.

② $k_0 = \rho(1 - t_c \frac{B}{V}) = 20(1 - 0.4 \times 0.3) = 0.176$

③ 자본구조를 변경한 후의 기업가치와 조달해야 할 부채의 시장가치는 다음과 같다.

$$V_L = \frac{EBIT(1 - t_c)}{k_0} = \frac{100억(1 - 0.4)}{0.176} = 340.91억 원$$

B = 340.91억원 × 0.3 = 102.27억원

④ $V_U = \frac{EBIT(1 - t_c)}{\rho} = \frac{100억(1 - 0.4)}{0.2} = 300억 원$

⑤ $k_e^L = \rho + (\rho - k_d)(1 - t_c)\frac{B}{S} = 0.2 + (0.2 - 0.1)(1 - 0.4)\frac{3}{7} = 0.2257$

26 부채를 사용하지 않고 자기자본만 사용하고 있는 기업인 (주)거창은 베타계수가 1.4이고 자산의 시장가치는 300억원이다. 현재 무위험이자율은 4%이고 (주)거창의 자기자본비용은 12.4%이다. 이제 (주)거창은 100억원을 무위험이자율로 차입하여 자본구조를 변경하려 한다. 이때 차입한 금액은 자기주식을 매입소각하는데 사용될 예정이다. 부채의 베타가 0이고 법인세율이 40%이며 CAPM과 법인세가 있는 MM이론이 성립한다는 가정하에서 하마다모형을 이용했을 때 가장 적절하지 않은 것은? (2012년)

① 자본구조 변경 전 가중평균자본비용은 12.4%이지만 자본구조 변경 후 가중평균자본비용은 8.94%로 감소한다.

② 자본구조 변경 전 자기자본비용은 12.4%이지만 자본구조 변경 후 자기자본비용은 14.5%로 증가한다.

③ 자본구조 변경 전 주식베타는 1.4이지만 자본구조 변경 후 주식베타는 1.75로 증가한다.

④ 자본구조 변경 전 자산베타는 1.4이지만 자본구조 변경 후 자산베타는 1.24로 감소한다.

⑤ 자본구조 변경 전 자산의 시장가치는 300억원이지만 자본구조 변경 후 자산의 시장가치는 340억원으로 증가한다.

| 해설 | ① 자본구조 변경 전 가중평균자본비용은 자가자본비용과 같은 12.4%이며, 자본구조 변경 후 가중평균자본비용은 다음과 같이 구할 수 있다.

$$k_0 = \rho(1-t_c\frac{B}{V}) = 12.4(1-0.4\times\frac{100}{340}) = 0.1094$$

② 자본구조 변경 후 자기자본비용은 다음과 같이 구할 수 있다.

$$k_e^L = \rho+(\rho-k_d)(1-t_c)\frac{B}{S} = 0.124+(0.124-0.4)(1-0.4)\frac{100}{240} = 0.145$$

③ $\beta_L = \beta_U[1+(1-t_c)\frac{B}{S}] \rightarrow 1.4[1+(1-0.4)\frac{100}{240}] = 1.75$

④ 자본구조 변경 전 자산베타는 주식베타와 동일한 1.40이며 자본구조 변경 후 자산베타는 다음과 같이 구할 수 있다.

$$\beta_A = \beta_U\frac{B}{V}+\beta_L\frac{S}{V} = 0\times\frac{100}{340}+1.75\times\frac{240}{340} = 1.24$$

⑤ 자본구조 변경 후 기업가치는 다음과 같이 구할 수 있다.

$$V_L = V_U+B\times t_c = 300+100\times0.4 = 340억원$$

27 노트북 액정 제조업체인 (주)테크는 부채를 운용하는 기업으로 주식베타는 1.56이다. 반면 (주)감마는 (주)테크와 자본구조 이외에 모든 것이 동일한 무부채기업이고 주식베타는 1.2이며 기업가치는 260억원이다. (주)테크가 운영하고 있는 부채의 가치는 얼마인가? 단, 법인세율은 40%이고, MM의 수정 명제와 CAPM이 성립한다고 가정한다. (2013년)

① 100억원 ② 110억원 ③ 120억원
④ 130억원 ⑤ 140억원

| 해설 | (주)테크를 L기업, (주)감마를 U기업이라고 하면, (주)테크의 기업가치와 부채는 다음과 같은 관계를 갖는다.

$$\beta_L = \beta_U[1+(1-t_c)\frac{B}{S}] \rightarrow 1.56 = [1+(1-0.4)\frac{B}{S}] \rightarrow \frac{B}{S} = 0.5$$

$$\frac{B}{S} = 0.5 \rightarrow \frac{B}{V} = \frac{0.5}{0.5+1} = \frac{1}{3} \rightarrow V = 3B$$

따라서 (주)테크의 부채가치는 다음과 같이 구할 수 있다.

$$V_L = V_U+B\times t_c \rightarrow 3B = 260+B\times0.4 \rightarrow B = 100억원$$

28 (주)평창은 매년 150억원의 기대영업이익을 창출하는데 200억원의 부채를 이자율 10%로 차입하여 운용하고 있다. 한편 (주)평창과 자본구조를 제외한 모든 면에서 동일한 무부채기업 (주)한강의 자기자본비용은 20%이다. 다음 설명 중 가장 적절하지 않은 것은? (단, 법인세율은 40%이고, MM의 수정명제가 성립하는 것으로 가정하며, 자본비용은 퍼센트 기준으로 소수 둘째 자리에서 반올림하여 계산한다. (2013년)

① 무부채기업인 (주)한강의 기업가치는 450억원이다.

② 부채기업인 (주)평창의 경우 부채를 사용함에 따라 발생하는 법인세감세액의 현재가치는 80억원이다.

③ 부채기업인 (주)평창의 자기자본비용은 23.6%이다.

④ 부채기업인 (주)평창의 가중평균자본비용은 17.0%이다.

⑤ 만약 부채비율(부채/자기자본)이 무한히 증가한다면 가중평균자본비용은 14.1%가 된다.

| 해설 | ① $V_U = \dfrac{EBIT(1-t_c)}{\rho} = \dfrac{150억(1-0.4)}{0.2} = 450억원$

② $B \times t_c = 200억원 \times 0.4 = 80억원$

③ $k_e = \rho + (\rho - k_d)(1-t_c)\dfrac{B}{S} = 0.2 + (0.2-0.1)(1-0.4)\dfrac{200}{330} = 0.236$

$V_L = V_U + B \times t_c = 450 + 200 \times 0.4 = 530억원 \rightarrow S_L = V_L - B = 530 - 200 = 330억원$

④ $k_0 = \rho(1 - t_c\dfrac{B}{V}) = 0.2(1 - 0.4 \times \dfrac{200}{530}) = 0.17$

$k_0 = k_d(1-t_c) \times \dfrac{B}{S+B} + k_e \times \dfrac{S}{S+B} = 0.1(1-0.4) \times \dfrac{200}{530} + 0.236 \times \dfrac{330}{530} = 0.17$

⑤ 부채비율(B/S)이 무한히 증가한다면, B/V는 1에 수렴할 것이다.

$k_0 = \rho(1 - t_c\dfrac{B}{V}) = 0.2(1 - 0.4 \times 1) = 0.12$

29 자본조달순위이론(pecking order theory)에 관한 설명으로 가장 적절하지 않은 것은? (2015년)

① 경영자는 외부투자자에 비해 더 많은 기업정보를 알고 있다고 가정한다.

② 자본조달시 고평가된 기업이라도 신주발행보다 부채발행을 선호한다.

③ 최적자본구조에 대해서는 설명하지 못한다.

④ 수익성이 높은 기업은 파산비용 등 재무적 곤경비용의 부담이 작기 때문에 수익성이 낮은 기업보다 높은 부채비율을 가질 것으로 예측한다.

⑤ 기업들이 여유자금(financial slack)을 보유하려는 동기를 설명한다.

| 해설 | 자본조달순위이론은 기업내부자와 일반투자자 사이에 정보불균형이 존재하는 경우 기존주주의 부를 극대화하려면 수익성 있는 투자안의 투자자금을 내부금융, 부채발행, 신부발행의 순으로 조달해야 한다는 이론을 말한다.

30 A기업은 기대영업이익이 매년 2,000만원으로 영구히 일정할 것으로 예상되며 영구채를 발행하여 조달한 부채 2,000만원을 가지고 있다. B기업은 영구채 발행을 통해 조달한 부채 6,000만원을 가지고 있다는 점을 제외하고 모든 점(기대영업이익과 영업위험)에서 A기업과 동일하다. 모든 기업과 개인은 10%인 무위험이자율로 차입과 대출이 가능하다. A기업과 B기업의 자기자본비용은 각각 20%와 25%이며 자본시장은 거래비용이나 세금이 없는 완전시장으로 가정한다. 다음 중 가장 적절한 것은? (2015년)

① B기업이 A기업에 비해 과소평가되어 있다.

② A기업의 자기자본가치는 1.0억원이다.

③ B기업의 자기자본가치는 1.2억원이다.

④ 차익거래 기회가 존재하지 않기 위해서는 A기업과 B기업의 자기자본비용이 같아야 한다.

⑤ B기업의 주식을 1% 소유한 투자자는 자가부채(homemade leverage)를 통하여 현재가치 기준으로 6만원의 차익거래 이익을 얻을 수 있다.

| 해설 | ① $V_A = 2,000$만 $+ 9,000$만 $= 11,000$만원 $< V_B = 6,000$만 $+ 5,600$만 $= 11,600$만원
거래비용이나 세금이 없는 완전자본시장에서(MM의 무관련이론)는 두 기업의 가치가 동일해야 하는데, B기업의 가치가 더 크므로 A기업에 비해 과대평가되어 있다.
④ MM의 무관련이론에 의하면 부채의 사용이 증가할수록 자기자본비용이 상승하므로 B기업의 자기자본비용이 A기업의 자기자본비용보다 커야 한다. 차익거래의 기회가 존재하지 않기 위해서는 A기업과 B기업의 기업가치가 동일해야 한다.
⑤ 차익거래이익은 두 기업의 기업가치 차액에 지분율(α)을 곱한 값이다.
차익거래이익 $= \alpha \times (V_B - V_A) = 0.01 \times (11,600$만 $- 11,000$만$) = 6$만원

불확실성하의
자본예산

확실성하의 자본예산에서는 투자안의 미래현금흐름을 정확히 측정할 수 있으므로 주어진 할인율을 이용하여 투자안의 가치를 평가하였다. 그러나 불확실성하에서는 투자안의 미래현금흐름을 정확히 측정할 수 없으므로 투자안의 위험과 자본구조가 투자안의 가치에 미치는 영향을 적절히 반영하여 투자안을 평가해야 한다.

제1절 기본개념

1. 투자가치의 평가

(1) 투자안의 위험

투자안의 위험은 미래현금흐름의 분산이나 표준편차로 측정한다. 개별투자안에 분산투자할 수 없으면 분산이나 표준편차로 측정된 총위험을 고려해서 투자안의 가치를 평가한다. 그러나 일반적으로 CAPM이 성립한다는 가정하에서 베타로 측정한 체계적 위험만을 고려해서 투자안의 가치를 평가한다.

투자안의 베타가 매기간 일정하면 투자기간의 모든 현금흐름에 동일한 할인율을 적용할 수 있다. 따라서 분자의 현금흐름은 위험을 내포한 불확실한 기대현금으로 하고 투자안의 위험은 분모의 할인율에 반영하여 투자안의 가치를 평가하는데 이러한 평가방법을 위험조정할인율법이라고 한다.

투자안의 베타가 매기간 변화하면 투자기간의 모든 현금흐름에 동일한 할인율을 적용할 수 없다. 따라서 분모의 할인율을 기간별로 산출해야 하는 어려움 때문에 투자안의 위험을 분자의 현금흐름에 반영하여 투자안의 가치를 평가하는데 이러한 평가방법을 확실성등가법이라고 한다.

(2) 투자안의 자본구조

불완전자본시장에서는 동일한 투자안도 투자안의 위험과 투자자금의 조달방법에 따라서 투자안의 가치가 달라질 수 있다. 따라서 투자자금의 일부는 자기자본으로 조달하고 나머지는 부채로 조달하여 수행하는 투자안의 가치를 평가할 때에는 부채사용의 효과를 적절히 반영해야 한다.

투자안의 목표자본구조를 알 수 있으면 자본구조를 반영한 가중평균자본비용을 산출할 수 있기 때문에 자본조달의 효과를 할인율에 반영하여 투자안의 가치를 평가한다. 그러나 목표자본구조를 알 수 없으면 자본조달의 효과를 현금흐름에 반영하여 투자안의 가치를 평가해야 한다.

2. 평가방법의 선택

투자안의 위험과 자본조달의 효과를 할인율과 현금흐름 중에서 어디에 반영하는 것이 적절한지는 주어진 상황에 따라서 달라진다. 투자안의 베타가 안정적이면 위험을 할인율에 반영하는 위험조정할인율법을 사용하고, 투자안의 베타가 불안정하면 위험을 현금흐름에 반영하는 확실성등가법을 사용한다.

위험조정할인율법은 가중평균자본비용법, 주주현금흐름법, 수정현재가치법으로 구분된다. 가중평균자본비용법과 주주현금흐름법은 투자안의 목표자본구조를 알 수 있을 때 자본조달의 효과를 할인율에 반영하고, 수정현재가치법은 목표자본구조를 알 수 없을 때 자본조달의 효과를 현금흐름에 반영하는 평가기법이다.

그러나 투자안의 위험을 나타내는 베타계수가 불안정한 경우에는 기간별로 베타를 추정하여 해당 기간의 할인율을 구해야 하는데 현실적으로 매우 어려운 일이다. 이러한 경우에는 기대현금흐름에 투자안의 위험을 반영하여 투자안의 가치를 평가하는 확실성등가법을 사용한다.

제2절   가중평균자본비용법

1. WACC법의 정의

일반적으로 투자안의 가치평가에 사용되는 가중평균자본비용법(WACC법)은 기업의 입장에서 산출한 순현재가치(NPV)를 이용하여 투자안의 가치를 평가한다. 따라서 투자안으로부터 예상되는 불확실한 기대현금흐름을 투자안의 가중평균자본비용으로 할인하여 투자안의 가치를 평가하는 방법을 말한다.

2. WACC법에 이용되는 현금흐름

WACC법은 투자안의 위험과 자본조달의 효과를 모두 분모의 할인율에 반영한다. 따라서 WACC법에 이용되는 현금흐름은 부채의 사용여부에 관계없이 투자자금을 모두 자기자본으로 조달하여 투자한다고 가정한 현금흐름을 말한다. 이는 제4장 자본예산에서 강조한 내용으로 다음과 같이 구할 수 있다.

$$E(CF_t) = (\triangle R - \triangle C)(1-t_c) + \triangle D \cdot t_c - \triangle WC_t - \triangle CI_t \quad (14.1)$$

$$= [E(NOI) - k_d \cdot B](1-t_c) + \triangle D - \triangle WC_t - \triangle CI_t$$

만일 MM의 가정이 성립하는 자본구조이론에서 부채기업의 경우에 매년 일정한 영업이익을 가져다주는 무성장 영구투자안으로부터 기대되는 연간 기업현금흐름은 다음과 같이 수정할 수 있다.

$$E(CF_t) = E(NOI)(1-t_c) \quad (14.2)$$

식(14.1)과 식(14.2)는 무부채기업을 전제로 주주에게 귀속되는 현금흐름이므로 UCF(unleveraged cash flow)라고도 한다.

3. WACC법에 이용되는 할인율

WACC법에서 할인의 대상이 되는 현금흐름은 기업에 귀속되는 현금흐름이므로 WACC법에서 이용하는 할인율도 투자안의 위험과 자본조달의 효과를 모두 반영한 투자안의 가중평균자본비용이다. 투자안의 가중평균자본비용은 WACC의 개념을 이용하여 구할 수 있고, MM의 제3명제를 이용하여 구할 수 있다.

(1) WACC의 개념을 이용

투자안의 가중평균자본비용은 제13장에서 살펴본 가중평균자본비용의 개념을 이용하여 투자안의 세후타인자본비용과 자기자본비용을 목표자본구조로 가중평균하여 구할 수 있다. 투자안의 가중평균자본비용을 구하기 위해서는 먼저 자기자본비용을 계산해야 하기 때문에 자기자본비용을 구하는 것이 중요하다.

1) 자기자본비용

투자안의 자기자본비용은 배당평가모형, CAPM, MM의 2명제 등을 이용하여 구할 수 있다. 그러나 미래의 배당을 추정하기가 어렵기 때문에 일반적으로 대용베타를 이용하여 CAPM과 MM의 2명제로 자기자본비용을 구한다.

① CAPM을 이용하는 경우

투자안과 영업위험이 동일한 대용회사를 선정하여 대용베타(β_{pL})를 구하고 대용베타로부터 투자안의 영업위험만 반영된 베타(β_U)를 구하며 투자안의 목표자본구조를 이용하여 산출한 주식베타(β_L)를 SML에 대입하여 자기자본비용(k_e)을 구한다.

$$k_e = R_f + [E(R_m) - R_f]\beta_L \tag{14.3}$$

② MM의 2명제를 이용하는 경우

투자안과 영업위험이 동일한 대용기업을 선정하여 대용베타(β_{pL})를 구하고, 대용베타를 이용하여 투자안의 영업위험만 반영된 베타(β_U)를 구한다. 이는 식(12.32) 또는 (12.33)을 이용하여 구할 수 있다. 투자안의 영업위험만 반영된 자본비용(ρ)을 CAPM을 이용하여 구한다.

$$\rho = R_f + [E(R_m) - R_f]\beta_U \tag{14.4}$$

MM의 2명제에 대입하여 자기자본비용(k_e)을 구한다.

$$k_e = \rho + (\rho - k_d)(1 - t_c)\frac{B}{S} \tag{14.5}$$

2) 가중평균자본비용

투자안의 가중평균자본비용은 세후 타인자본비용과 자기자본비용을 목표자본구조로 가중평균하여 다음과 같이 구할 수 있다.

$$k_0 = k_d(1-t_c)\frac{B}{S+B} + k_e\frac{S}{S+B} \tag{14.6}$$

(2) MM의 3명제를 이용하는 경우

투자안과 영업위험이 동일한 대용기업을 선정하여 대용베타(β_{pL})를 구하고, 대용베타를 이용하여 투자안의 영업위험만 반영된 베타(β_U)를 구한다. 이는 식(12.32) 또는 식(12.33)을 이용하여 구할 수 있다. 투자안의 영업위험만 반영된 자본비용(ρ)을 CAPM을 이용하여 구한다.

$$\rho = R_f + [E(R_m) - R_f]\beta_U \tag{14.7}$$

MM의 3명제를 이용하여 투자안의 가중평균자본비용(k_o)을 구한다.

$$k_0 = \rho(1 - t_c\frac{B}{V}) \tag{14.8}$$

(3) 목표자본구조

투자안의 가중평균비용을 계산할 경우 목표자본구조를 무엇으로 하느냐에 대해서 대체원가 레버리지와 재생산원가 레버리지의 두 가지 견해가 있다. 대체원가 레버리지는 투자자금 중에서 타인자본조달액과 자기자본조달액의 비율인 조달레버리지를 목표자본구조로 보는 견해를 말한다.

재생산원가 레버리지는 투자안을 실행한 이후에 투자안의 NPV까지 반영된 상태의 레버리지를 목표자본구조로 보는 견해를 말한다. 기업이 목표자본구조를 가지고 있으면 재생산원가 레버리지가 목표자본구조와 일치하도록 조달할 것이므로 목표자본구조는 재생산원가 레버리지를 의미한다고 보는 것이 타당하다.

4. 투자안의 가치평가

WACC법은 부채의 사용여부에 관계없이 투자자금을 모두 자기자본으로 조달하여 투자한다고 가정하여 측정된 투자안의 불확실한 기대현금흐름 E(CF$_t$)를 투자안의 가중평균자본비용으로 할인한 다음에 투자자금(C$_0$)을 차감하면 다음과 같이 NPV를 산출할 수 있다.

$$NPV = \sum_{t=1}^{n} \frac{E(CF_t)}{(1+k_0)^t} - C_0 \tag{14.9}$$

그리고 자본구조이론에서 부채기업의 경우로 매년 일정한 영업이익을 영구히 창출하는 무성장 영구투자안의 NPV는 다음과 같이 구할 수 있다. 식(14.9) 또는 식(14.10)으로 산출한 NPV가 0보다 크면 투자가치가 있는 것으로 평가한다.

$$NPV = \frac{E(NOI)(1-t_c)}{k_0} - C_0 \tag{14.10}$$

5. 기업의 자본비용과 투자안의 자본비용

(1) 증권시장선을 이용한 투자결정

앞에서 공부한 바와 같이 투자자금의 전부를 자기자본으로 조달한 경우나 투자자금의 일부를 부채로 조달한 경우에 해당하더라도 법인세가 없으면 투자안의 영업위험만 반영된 베타(β_U)를 증권시장선(SML)에 대입함으로써 투자안의 가중평균자본비용(WACC)을 구할 수 있다.

[그림 14-1]의 투자안 A와 같이 SML 상방에 놓이는 투자안들은 기대수익률이 자본비용보다 높아 투자가치가 있는 투자안에 해당하므로 채택한다. 그러나 투자안 B와 같이 SML 하방에 놓이는 투자안들은 기대수익률이 자본비용보다 낮아 투자가치가 없는 투자안에 해당하므로 기각한다.

┃그림 14-1┃ 기업의 자본비용과 투자안의 자본비용

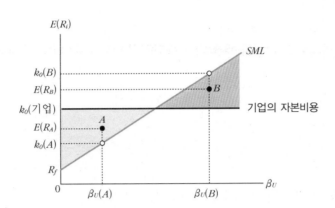

(2) 기업의 자본비용과 투자안의 자본비용

일반적으로 투자안의 영업위험과 재무위험이 기존기업과 동일하면 기업의 자본비용을 투자안의 평가에 사용할 수 있다. 그러나 투자안의 영업위험과 재무위험이 기존기업과 상이하면 기업의 자본비용을 투자안의 평가에 사용할 수 없으며, 투자안의 자본비용을 사용하여 투자안을 평가해야 한다.

따라서 투자안은 그 투자안의 자본비용으로 평가해야 한다. 그런데 투자안의 위험이 기존기업과 다름에도 불구하고 기업의 자본비용을 이용하여 투자안을 평가하면 다음과 같은 오류가 발생할 수 있다.

1) 채택해야 하는 투자안을 기각하는 오류

[그림 14-1]에서 기업의 자본비용 하단에 놓이는 투자안 A는 기대수익률이 위험조정할인율보다 높아 경제성이 있기 때문에 채택해야 하는데 기업의 자본비용을 이용하여 평가하면 기각하는 오류를 범할 수 있다.

2) 기각해야 하는 투자안을 채택하는 오류

[그림 14 1]에서 기업이 자본비용 상단에 놓이는 투자안 B는 기대수익률이 위험조정할인율보다 낮아 경제성이 없기 때문에 기각해야 하는데 기업의 자본비용을 이용하여 평가하면 채택하는 오류를 범할 수 있다.

● 예제 14-1 기업과 투자안의 자본비용

서울기업은 아래와 같은 네 개의 상호독립적 투자안을 검토하고 있다. 무위험이자율이 5%이고 시장포트폴리오의 기대수익률이 15%이며 법인세가 없다고 가정하여 다음 물음에 답하시오.

투자안	기대수익률(%)	β_u
A	12	0.6
B	14	1.0
C	21	1.4
D	22	1.8

1. 각 투자안의 자본비용을 구하고 채택여부를 결정하시오.

2. 서울기업의 자본비용이 15%라고 가정할 때 기업의 자본비용을 이용하여 투자안을 평가하면 각 투자안의 채택여부가 어떻게 달라지겠는가?

풀이

1. SML을 이용하여 각 투자안의 위험조정할인율을 구해서 이를 기대수익률과 비교하여 채택여부를 결정한다.

투자안	기대수익률	자본비용	채택여부
A	0.12	$k_o = 0.05 + (0.15 - 0.05) \times 0.6 = 0.11$	채택
B	0.14	$k_o = 0.05 + (0.15 - 0.05) \times 1.0 = 0.14$	기각
C	0.21	$k_o = 0.05 + (0.15 - 0.05) \times 1.4 = 0.19$	채택
D	0.22	$k_o = 0.05 + (0.15 - 0.05) \times 1.8 = 0.23$	기각

2. 기업의 자본비용을 이용하여 투자안을 평가하면 기대수익률이 15%보다 낮은 투자안 A와 B를 기각하고, 기대수익률이 15%보다 높은 투자안 C와 D를 채택한다. 이때 수익성이 있는 투자안 A를 기각하고, 수익성이 없는 투자안 D를 채택하는 오류가 발생할 수 있다.

1. FTE법의 정의

일반적으로 기업의 입장에서 투자안의 가치평가에 WACC법을 이용한다. WACC법으로 구한 순현재가치(NPV)는 궁극적으로 주주에게 귀속되기 때문에 주주에게 귀속되는 미래현금흐름과 자기자본비용을 이용하여 주주의 입장에서 투자안의 순현재가치(NPV)를 구하더라도 WACC법과 동일한 결과를 얻을 수 있다.

주주현금흐름법(FTE : flow to equity method 또는 FCFE : free cash flow to equity method)은 주주의 입장에서 구한 순현가(NPV)를 이용하여 투자안의 가치를 평가하는 방법을 말한다. 즉 주주에게 귀속되는 불확실한 기대현금흐름을 투자안의 위험이 반영된 자기자본비용으로 할인하여 투자안의 가치를 평가한다.

2. 투자안의 가치평가

(1) FTE법에 이용되는 현금흐름

FTE법에서 사용하는 현금흐름은 투자안에서 기대되는 현금흐름 중에서 주주에게 귀속되는 현금흐름이다. 따라서 주주에게 귀속되는 미래의 현금흐름은 투자안에서 기대되는 현금흐름 중에서 순수하게 주주지분에 해당하는 부분으로 제4장에서 공부한 일반적인 자본예산의 경우라면 다음과 같이 구할 수 있다.

$$E(CF_t) = [E(NOI) - k_d \cdot B](1 - t_c) + \triangle D - \triangle WC_t - \triangle CI_t \qquad (14.11)$$

그리고 자본구조이론에서 부채기업의 경우로 매년 일정한 영업이익을 영구히 제공하는 투자안으로부터 기대되는 주주의 연간 현금흐름은 법인세차감후순이익으로 다음과 같이 수정된다. 식(14.7)과 식(14.8)은 부채를 사용하는 경우에 주주에게 귀속되는 현금흐름이므로 LCF(leveraged cash flow)라고도 한다.

$$E(CF_t) = [E(NOI) - k_d \cdot B](1 - t_c) \qquad (14.12)$$

(2) FTE법에 이용되는 할인율

FTE법에서 사용하는 현금흐름이 주주에게 귀속되는 현금흐름이므로 FTE법에 적용하는 할인율도 현금흐름의 성격과 투자안의 위험을 모두 반영한 투자안의 자기자본비용을 사용해야 한다. 따라서 자본구조이론에서 부채기업의 경우라면 CAPM이나 MM의 명제를 이용하여 다음과 같이 구할 수 있다.

$$k_e = R_f + [E(R_m) - R_f]\beta_L \ 또는 \ k_e = \rho + (\rho - k_d)(1 - t_c)\frac{B}{S} \tag{14.13}$$

(3) 투자안의 가치평가

FTE법에서 주주에게 귀속되는 기대현금흐름은 자기자본비용으로 할인한 후에 자기자본으로 조달한 투자금액($C_0 - B$)을 차감하여 다음과 같이 순현가(NPV)를 구할 수 있다. 식(14.13)에서 $E(CF_t)$는 주주에게 귀속되는 t기의 기대현금흐름, C_0는 총투자금액, B는 부채로 조달된 투자자금을 의미한다.

$$NPV = \sum_{t=1}^{n} \frac{E(CF_t)}{(1+k_e)^t} - (C_0 - B) \tag{14.14}$$

그리고 자본구조이론에서 부채기업의 경우로 매년 일정한 영업이익을 영구히 제공하는 무성장 영구투자안의 NPV는 다음과 같이 구할 수 있다.

$$NPV = \frac{[E(NOI) - k_d B](1 - t_c)}{k_e} - (C_0 - B) \tag{14.15}$$

FTE법은 주주의 입장에서 분석하므로 투자자금도 주주들이 순수하게 부담하는 비용만 포함시켜야 하고, 투자금액으로 자기자본조달액을 이용하므로 자기자본조달액 또는 부채조달액이 주어지는 경우에 사용할 수 있다. 식(14.14) 또는 식(14.15)로 산출한 NPV가 0보다 크면 투자가치가 있는 것으로 평가한다.

3. 적용상의 한계

FTE법은 현재의 투자금액에서 자기자본조달액 또는 부채조달액을 알아야 적용할 수 있다. 그러나 이 값을 모르면 투자금액과 NPV를 합한 투자안의 총가치에서 목표부채비율에 해당하는 금액은 부채조달액으로 하고 투자금액에서 부채조달액을 차감하여 자기자본조달액을 구해야 한다.

그러나 투자금액에서 목표부채비율에 해당하는 금액을 부채조달액으로 간주해서는 안 된다. 왜냐하면 목표자본구조는 대체원가 레버리지에 의한 자본구조가 아니고 재생산원가 레버리지에 의한 자본구조이기 때문이다.

● 예제 14-2 지분가치평가법

[예제 14-1]의 자료와 결과를 참조하여 다음 물음에 답하시오.

1. 목표자본구조(B/S) 1을 달성하려면 신규투자안의 투자금액에서 얼마를 부채로 조달해야 하는가?
2. 물음 1의 결과와 같이 부채를 조달하여 신규투자안에 투자할 경우 지분가치평가법에 의한 NPV를 구하고 신규투자안의 투자가치를 평가하라.

풀이

1. [예제 14-1]에서 신규투자안의 NPV가 100억원이므로 신규투자안의 총가치는 600억원(=C_0+NPV=500+100)이 된다. B/S=1이 되려면 B/V=0.5가 되어야 하므로 서울기업이 목표자본구조를 달성하기 위해 조달해야 하는 부채(B)는 300억원(=600×0.5)이 된다.

2. 주주에게 귀속되는 신규투자안의 연간 기대현금흐름을 구하면 54억원이 된다.

$$E(CF) = [E(NOI) - k_d \times B](1-t_c) = (120 - 0.1 \times 300)(1-0.4) = 54억원$$

신규투자안의 자기자본비용은 18%이며 주주현금흐름법에 의한 신규투자안의 NPV 100억원은 0보다 크기 때문에 신규투자안은 투자가치가 있는 것으로 평가할 수 있다.

$$NPV = \frac{E(CF)}{k_e} - (C_0 - B) = \frac{54}{0.18} - (500 - 300) = 100억원$$

따라서 주주현금흐름법에 의한 NPV는 가중평균자본비용법에 의한 NPV와 동일하다.

제4절   조정현재가치법

1. APV법의 정의

가중평균자본비용(WACC)법은 목표자본구조를 알 수 있다는 가정하에서 부채사용으로 인한 자본조달의 효과를 할인율인 가중평균자본비용에서 고려하여 투자안의 가치를 평가한다. 그러나 목표자본구조를 알 수 없으면 자본조달의 효과가 반영된 가중평균자본비용을 구할 수 없기 때문에 WACC법을 적용할 수 없다.

조정현재가치법(APV법 : adjusted present value method)은 WACC법이 가지고 있는 한계점을 해결하기 위해 제시된 기법으로 부채사용으로 인한 자본조달과 관련하여 발생하는 자금조달경비의 효과, 이자비용의 절세효과, 특혜금융의 효과 등 여러 가지 요인들을 기대현금흐름에 반영하여 투자안의 가치를 평가한다.

2. APV법의 구성

조정현재가치(APV)법은 순현재가치(NPV)법의 가치가산의 원리를 이용하여 투자자금을 모두 자기자본으로 조달한 경우를 가정한 투자안의 순현가(기본 NPV)를 구하고 여기에 부채사용과 관련된 여러 가지 다양한 부수적 효과들의 순현가(자본조달결정효과의 NPV)를 합하여 투자안의 가치를 평가하는 방법을 말한다.

$$APV \ = \ 기본 \ NPV + 자본조달결정효과의 \ NPV \tag{14.16}$$

식(14.16)에서 알 수 있듯이 APV법은 부채기업의 가치가 무부채기업의 가치와 부채사용에 따른 레버리지이득으로 구성된다는 MM의 논리를 적용하여 투자안의 가치를 평가한다. 그리고 부채사용에 따른 모든 효과를 기대현금흐름에서 반영하고 있으므로 할인율에서 부채사용에 따른 절세효과를 고려해서는 안 된다.

APV법에서는 투자안의 가치에 영향을 미칠 수 있는 모든 요인들을 개별적으로 평가하여 각각의 순현재가치(NPV)를 구하기 때문에 각 요인들의 NPV를 구할 경우에 각 요인들마다 현금흐름의 성격에 상응하는 적절한 할인율을 적용하여 투자안의 가치를 평가해야 한다는 점에 유의해야 한다.

(1) 기본 NPV

기본순현가(base-case NPV)는 투자자금을 모두 자기자본으로 조달하여 투자한 경우를 가정하여 구한 순현재가치를 말한다. 이는 부채사용으로 인한 자본조달결정의 효과를 고려하지 않았을 경우의 NPV이므로 전적으로 투자결정에 의해서만 나타나는 투자안 가치의 순증분을 의미한다.

따라서 기본순현가는 투자자금을 전액 자기자본으로 조달한다고 가정하므로 무부채상태에서 기대되는 투자안의 영업현금흐름(UCF)을 영업위험만 반영된 자본비용(ρ)으로 할인한 후 투자자금(C_0)을 차감하여 다음과 같이 구할 수 있다.

$$기본 NPV = \sum_{t=1}^{n} \frac{\triangle E(C_t)}{(1+\rho)^t} - C_0 \tag{14.17}$$

식(14.17)에서 영업현금흐름을 측정할 때 감가상각비의 절세효과는 현금흐름의 성격상 현재시점에서 확실히 알 수 있는 값이므로 무위험이자율로 할인해야 한다. 한편 매년 동일한 영업이익을 영속적으로 제공하는 무성장 영구투자안의 기본 NPV는 다음과 같이 구할 수 있다.

$$기본 NPV = \frac{E(NOI)(1-t)}{\rho} - C_0 \tag{14.18}$$

(2) 자본조달결정효과의 NPV

투자자금의 일부를 타인자본으로 조달할 경우에 부채사용으로 인한 자금조달경비의 효과, 이자비용의 절세효과, 특혜금융의 효과 등 부수적 효과의 NPV를 개별적으로 산출하여 투자안의 가치평가에 반영해야 한다.

1) 자금조달경비의 효과

자금조달경비는 주식과 채권을 발행하여 투자자금을 조달할 경우에 발생하는 주식발행비나 사채발행비를 말한다. 자금조달경비가 손익계산서의 비용항목으로 처리되어 절세효과가 나타난다고 가정하는 경우에 자금조달경비가 NPV에 미치는 효과는 다음과 같이 구할 수 있다.

자금조달경비의 효과 = −자금조달경비 + PV(자금조달경비의 절세액)   (14.19)

식(14.19)에서 자금조달경비로 인한 절세액의 현재가치를 계산할 경우에 적용할 적절한 할인율은 무위험이자율이다. 왜냐하면 감가상각비의 절세효과처럼 자본조달의 시점에서 확실하게 알 수 있는 값이기 때문이다.

2) 이자비용의 절세효과

부채사용에 따른 이자비용은 손익계산서상 비용항목으로 절세효과가 나타나므로 부채사용이 NPV에 미치는 영향은 다음과 같이 구할 수 있다.

이자비용의 절세효과 = 부채조달액 − PV(세후이자비용) − PV(원금상환액)   (14.20)

식(14.20)에서 세후이자비용과 원금상환액의 현재가치를 계산할 경우에 적용할 적절한 할인율은 부채의 시장이자율이다. 왜냐하면 이자비용의 절세효과의 위험은 절세효과를 발생시키는 이자지급액의 위험과 동일하다고 볼 수 있기 때문이다.

3) 특혜금융의 효과

특혜금융은 자본시장에서 결정된 시장이자율보다 낮은 이자율로 자금을 차입할 수는 혜택을 말한다. 특혜금융이 NPV에 미치는 효과는 다음과 같이 구할 수 있다.

특혜금융의 효과 = 특혜금융액 − PV(세후이자비용) − PV(원금상환액)   (14.21)

식(14.21)에서 특혜금융에 대한 세후이자비용과 원금상환액의 현재가치를 계산할 경우 적절한 할인율은 특혜금융의 이자율이 아닌 시장이자율임에 유의해야 한다. 특혜금융의 효과는 시장이자율보다 저렴한 이자율로 부채를 조달하여 얻게 되는 이득을 측정하기 위한 것이므로 기회비용인 시장이자율로 할인해야 한다.

제5절　확실성등가법

1. 확실성등가법의 정의

앞에서 살펴본 가중평균자본비용(WACC)법, 주주현금흐름법(FTE)법, 조정현재가치 (APV)법은 모두 위험조정할인율법에 해당한다. 따라서 위험조정할인율법에서 현금흐름 은 위험이 내포되어 있는 기대현금흐름을 이용하고, 기대현금흐름에 내포되어 있는 위험 의 정도에 따라 할인율을 조정하여 투자안을 평가한다.

위험조정할인율법은 투자기간 동안 투자안의 베타(체계적 위험)가 안정적이라는 가 정하에서 투자기간에 걸쳐 동일한 위험조정할인율을 사용하여 투자안의 가치를 평가한 다. 투자안의 베타가 안정적이지 못하면 각 기간별로 베타를 추정하여 해당 기간의 할인 율을 구하여야 하는데, 이는 실제로 매우 어려운 일이다.

이러한 경우에는 위험이 내포된 기대현금흐름에서 위험이 완전히 제거된 확실한 현 금흐름으로 전환하여 이를 무위험이자율로 할인하여 투자안의 가치를 평가하는 확실성 등가법을 사용해야 한다. 위험조정할인율법은 분모인 할인율에서 위험을 조정하고, 확실 성등가법은 분자의 기대현금흐름에서 위험을 조정한다.

확실성등가(CEQ : certainty equivalent)법은 투자안의 불확실한 기대현금흐름을 위 험이 제거된 확실한 현금흐름으로 전환하여 이를 무위험이자율로 할인하여 투자안의 가 치를 평가한다. 여기서 확실성등가는 위험이 내포된 불확실한 기대현금흐름을 위험이 제 거된 확실한 현금흐름으로 조정해 준 값을 나타낸다.

2. 확실성등가의 계산

(1) 확실성등가

확실성등가(certainty equivalent)는 위험이 내포된 미래의 기대현금흐름에서 위험을 완전히 제거하여 확실한 현금흐름으로 조정했을 때 확실한 현금흐름을 말한다. 제5장의 기대효용극대화이론의 관점에서 보면 위험을 내포하고 있는 기대현금흐름과 동일한 효 용을 가져다주는 확실한 현금흐름의 크기를 말한다.

(2) 확실성등가계수

확실성등가계수(certainty equivalent coefficient)는 미래의 기대현금흐름에 대한 확실성등가의 비율을 말한다. 즉 위험이 내포된 미래의 기대현금흐름과 동일한 효용을 가져다주는 확실한 현금흐름의 크기를 의미한다. 따라서 t시점의 기대현금흐름 $E(CF_t)$에 대한 확실성등가계수(α_t)는 다음과 같이 정의된다.

$$\alpha_t = \frac{CEQ_t}{E(CF_t)} \tag{14.22}$$

확실성등가계수는 위험조정할인율과 무위험이자율의 관계를 이용하여 t시점에 발생한 현금흐름의 현재가치는 t시점의 기대현금흐름을 위험조정할인율로 할인하여 구할 수 있고 확실성등가를 무위험이자율로 할인하여 구할 수도 있다. 따라서 매기 적용되는 위험조정할인율과 무위험이자율이 일정하면 다음의 관계가 성립한다.

$$P_0 = \frac{E(CF_t)}{(1+k_0)^t} = \frac{CEQ_t}{(1+R_f)^t} \tag{14.23}$$

식(14.23)에서 t시점의 기대현금흐름에 대한 확실성등가계수는 다음과 같이 구할 수 있다.

$$\alpha_t = \frac{CEQ_t}{E(CF_t)} = \left(\frac{1+R_f}{1+k_0}\right)^t \tag{14.24}$$

식(14.24)에서 합리적인 위험회피형 투자자를 가정하면 항상 $E(CF_t)$ >CEQ이므로 확실성등가계수는 0보다 크고 1보다 작은 값을 갖는다. 이때 투자자가 위험회피적이고 기대현금흐름의 위험이 클수록 확실성등가계수는 0에 가까운 값을 갖는다. 그러나 위험선호형 투자자는 1보다 크고, 위험중립형 투자자는 1이 될 것이다.

(3) 확실성등가의 계산

식(14.13)에서 t시점의 기대현금흐름에 대한 확실성등가는 확실성등가계수에 기대현금흐름을 곱해서 다음과 같이 계산할 수 있다.

$$CEQ_t = \alpha \times E(C_t) \tag{14.25}$$

따라서 기간별 확실성등가계수가 주어져 있는 경우에 투자안의 기대현금흐름을 확실성등가로 전환하면 [그림 14-2]와 같다.

┃그림 14-2┃ 투자안의 확실성등가

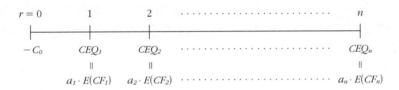

3. 투자안의 평가

[그림 14-2]에서 확실성등가는 위험이 제거된 확실한 현금흐름이므로 여기에 적용할 적절한 할인율은 무위험이자율이다. 따라서 확실성등가법에서 투자안의 가치를 평가할 경우 투자안의 미래현금흐름에 대한 확실성등가를 무위험이자율로 할인하여 투자안의 NPV를 구하고 NPV가 0보다 크면 투자안을 채택한다.

$$NPV = \sum_{t=1}^{n} \frac{CEQ_t}{(1+R_f)^t} - C_0 = \sum_{t=1}^{n} \frac{\alpha \times E(C_t)}{(1+R_f)^t} - C_0 \tag{14.26}$$

식(14.26)에서 보는 바와 같이 확실성등가법은 투자안의 위험을 분자의 기대현금흐름에서 고려하는 평가방법이다. 따라서 분모의 할인율에서는 화폐의 시간가치만을 반영하는 무위험이자율로 할인하여 투자안을 평가함에 유의해야 한다. 위험조정할인율법과 확실성등가법을 요약하여 제시하면 [그림 14-3]과 같다.

▌그림 14-3▐ 위험조정할인율법과 확실성등가법

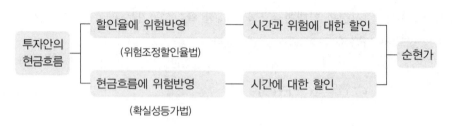

● 예제 14-3 확실성등가법

다음과 같은 기대현금흐름을 갖는 투자안이 있다고 가정하자. 투자안의 베타는 1.50이고 시장포트폴리오의 기대수익률은 16%이며 무위험이자율은 8%로 투자기간 동안 일정할 것으로 예상된다.

투자기간	0	1	2	3
기대현금흐름	−100	40	60	50

1. 투자안의 기회자본비용을 계산하고 투자안의 순현가를 구하시오.

2. 각 연도별 확실성등가계수를 구하시오.

3. 확실성등가법으로 투자안을 평가하시오.

풀이

1. CAPM을 이용하여 투자안의 위험조정할인율을 조정하면 다음과 같다.

$$k_0 = R_f + [E(R_m) - R_f]\beta_i = 0.08 + (0.16 - 0.08)1.5 = 20\%$$

위험조정할인율 20%를 적용하여 투자안의 NPV를 구하면 다음과 같다.

$$NPV = \frac{40}{(1.2)^1} + \frac{60}{(1.2)^2} + \frac{50}{(1.2)^3} - 100 = 3.94만원$$

따라서 투자안의 순현재가치가 0보다 크므로 투자안을 채택해야 한다.

2. $\alpha_t = (\frac{1+R_f}{1+k_0})^t$이므로 각 연도별 확실성등가계수를 구하면 다음과 같다.

$$\alpha_1 = (\frac{1+0.08}{1+0.2})^1 = 0.9, \ \alpha_2 = (\alpha_1)^2 = (0.9)^2 = 0.81, \ \alpha_3 = (\alpha_1)^3 = (0.9)^3 = 0.729$$

3. 확실성등가계수를 이용하여 확실성등가법에 의해 투자안의 순현재가치를 구하면 투자안의 순현재가치가 0보다 크므로 투자안을 채택해야 한다. 위험조정할인율이 기간의 경과에 관계없이 일정하면 위험조정할인율법과 확실성등가법에 의한 평가결과는 일치한다.

$$NPV = \frac{0.9 \times 40}{(1.08)^1} + \frac{0.81 \times 60}{(1.08)^2} + \frac{0.729 \times 50}{(1.08)^3} - 100 = 3.94만원$$

제1절 기본개념

1. 투자안의 위험
① 투자안의 베타가 일정하면 투자기간의 모든 현금흐름에 동일한 할인율을 적용
② 투자안의 베타가 변화하면 투자기간의 모든 현금흐름에 상이한 할인율을 적용
2. 투자안의 자본구조
① 투자안의 목표자본구조가 있으면 자본조달의 효과를 할인율에 반영하여 평가
② 투자안의 목표자본구조가 없으면 자본조달의 효과를 현금흐름에 반영하여 평가
3. 투자안의 평가방법
① 투자안의 베타가 안정적이면 위험을 할인율에 반영하는 위험조정할인율법 사용
② 투자안의 베타가 불안정하면 위험을 현금흐름에 반영하는 확실성등가법을 사용

제2절 가중평균자본비용법

1. 정의 : 불확실한 기대현금흐름을 투자안의 가중평균자본비용으로 할인
2. 현금흐름 : 투자자금을 자기자본으로 투자했을 때 기대되는 현금흐름
3. 할인율 : 투자안의 위험과 자본조달효과를 반영한 투자안의 가중평균자본비용

제3절 주주현금흐름법

1. 정의 : 주주에게 귀속되는 불확실한 기대현금흐름을 자기자본비용으로 할인
2. 현금흐름 : 투자안에서 기대되는 현금흐름 중에서 주주에게 귀속되는 현금흐름
3. 할인율 : 투자안의 위험과 자본조달효과를 반영한 투자안의 자기자본비용

제4절 조정현재가치법

1. 정의 : 투자안의 위험은 할인율에 반영하고 자본조달효과는 현금흐름에 반영
2. 구성 : APV = 기본 NPV+자본조달효과의 NPV
① 기본 NPV : 투자자금을 자기자본으로 투자한 경우를 가정하여 구한 순현재가치
② 자본조달효과의 NPV : 자금조달경비 효과, 이자비용 절세효과, 특혜금융 효과

제5절 확실성등가법

1. 정의 : 불확실한 기대현금흐름을 위험이 제거된 확실한 현금흐름으로 전환
2. 현금흐름 : 위험이 제거된 확실한 현금흐름 → 확실성등가(CEQ_t)
3. 할인율 : 화폐의 시간가치만을 반영하는 무위험이자율로 할인

1 다음 중 조정현재가치(APV)법에 대한 설명으로 옳지 않은 것은?

① 부채사용으로 인한 자본조달결정의 효과를 할인율에서 간접적으로 고려하는 WACC법의 문제점을 해결하기 위해 제시되었다.

② APV법은 부채사용으로 인한 자본조달결정의 효과를 미래 현금흐름에서 직접 반영하여 투자안을 평가한다.

③ APV법은 부채기업의 가치가 무부채기업의 가치와 부채사용에 따른 레버리지이득으로 구성된다는 MM의 논리를 이용한다.

④ 기본순현가는 투자자금을 모두 자기자본으로 조달한 경우를 가정한 투자안의 순현가이다.

⑤ 자본조달결정에 따른 세금효과는 WACC법과 마찬가지로 할인율에서 반영한다.

| 해설 | APV법은 부채사용과 관련하여 발생하는 모든 효과를 현금흐름에 직접 반영한다.

2 다음 중 WACC법, FTE법, APV법에 대한 설명으로 옳지 않은 것은?

① WACC법, FTE법, APV법은 모두 위험조정할인율법이다.

② WACC법과 APV법은 기업의 입장에서 투자안의 가치를 평가하는 반면에 FTE법은 주주의 입장에서 투자안의 가치를 평가한다.

③ WACC법은 부채사용으로 인한 부수적 효과를 할인율에서 간접적으로 반영하는 반면에 APV법은 가치가산의 원리를 이용하여 직접적으로 고려한다.

④ WACC법과 APV법은 투자자금 전액을 공제하는 반면에 FTE법은 투자자금 중에서 주주가 투자한 금액만 공제한다.

⑤ 조달레버리지가 주어진 경우에는 APV법보다는 WACC법이 바람직하다.

| 해설 | 조달레버리지가 주어졌다는 것은 부채금액이 주어졌다는 것이므로 APV법을 사용해야 한다.

3 다음 중 투자안 평가기법에 대한 설명으로 옳지 않은 것은?

① FTE법은 투자안의 NPV가 궁극적으로 기존주주에게 귀속된다는 사실에 착안한 투자안 평가기법이다.

② APV법은 부채기업의 가치는 무부채기업의 가치에 부채사용으로 인한 레버리지이득으로 구성된다는 MM의 논리를 이용하는 투자안 평가기법이다.

③ 부채비율을 알 수 없거나 변동하면 WACC법의 적용이 어려워진다.

④ MM의 가정이 성립하면 부채사용으로 인한 부수적 효과는 이자비용의 절세액의 현가부분을 의미한다.

⑤ APV법은 투자안의 가치에 영향을 미칠 수 있는 모든 요인들을 통합하여 NPV를 산출하고, 이를 바탕으로 투자안을 평가한다.

| 해설 | APV법은 투자안의 가치에 영향을 미칠 수 있는 모든 요인들을 개별적으로 평가하여 투자안의 가치를 평가한다.

4 　매기간 동일한 위험조정할인율을 사용하여 투자안을 평가할 수 있는 경우는?

① 확실성등가계수가 기간의 경과에 따라 일정률로 감소할 경우
② 확실성등가계수가 기간의 경과에 따라 일정률로 증가할 경우
③ 확실성등가계수가 기간의 경과에 관계없이 일정할 경우
④ 확실성등가가 기간의 경과에 따라 일정률로 감소할 경우
⑤ 확실성등가가 기간의 경과에 따라 일정률로 증가할 경우

| 해설 | 무위험이자율과 위험조정할인율이 매기간 일정할 경우에는 다음의 관계가 성립한다.

$$\alpha_t = (\frac{1+R_f}{1+k_0})^t = \alpha_t^{'} \rightarrow \frac{\alpha_t - \alpha_{t-1}}{\alpha_{t-1}} = \frac{\alpha_1^t - \alpha_1^{t-1}}{\alpha_1^{t-1}} = -(1-\alpha_t)$$

이는 α_t 가 기간의 경과에 따라 매년$(1-\alpha_t)$의 일정률로 감소할 경우에는 매기간 동일한 위험조정할인율을 사용하여 투자안의 가치를 평가할 수 있음을 의미한다.

5 　신규투자안의 필수수익률은 대용베타를 이용하여 계산될 수 있다. 대용기업에 대한 자료가 다음과 같다. 무위험자산에 대한 수익률은 8%이고, 시장포트폴리오의 기대수익률은 13%라고 할 때 이 투자안의 필수수익률은 얼마인가? (1989년)

β_{SL}(부채를 사용하는 대용기업의 베타계수) = 1.5 　법인세율 = 25%   자기자본의 시장가치 = 300만원 　　　　부채의 시장가치 = 100만원

① 17.4% 　　　　　② 14.0% 　　　　　③ 16.0%
④ 12.8% 　　　　　⑤ 11.5%

| 해설 | $\beta_L = \beta_U[1+(1-t_c)\frac{B}{S}]$에서 $1.5 = \beta_U[1+(1-t)\frac{1}{3}] \rightarrow \therefore \beta_U = 1.2$
　　　$\therefore \rho = 0.08 + (0.13 - 0.08)1.2 = 0.14$

6 　어떤 투자안에 대하여 다음과 같은 자료를 얻었다. 이 자료에 의하면 시장포트폴리오의 기대수익률은 얼마인가? (1992년)

1년 후 기대현금유입액 = 180원 　1년 후 현금유입액의 확실성등가 = 162원   무위험이자율 = 8% 　　　　　　　　자산의 베타계수 = 1.5

① 14% 　　　　　② 15% 　　　　　③ 16%
④ 17% 　　　　　⑤ 18%

| 해설 | 주어진 자료를 이용하여 투자안의 위험조정할인율(k_0)을 구하면 다음과 같다.

$$\frac{C_1}{1+k_0} = \frac{CEQ_1}{1+R_f} \rightarrow \frac{180}{1+k_0} = \frac{162}{1+0.08} \rightarrow k_0 = 0.2$$

$$k_0 = R_f + [E(R_m) - R_f]\beta = 0.08 + [E(R_m) - 0.08]1.5 = 0.2 \rightarrow E(R_m) = 0.16$$

7 어떤 투자안으로부터 2년도 말에 기대되는 100,000원의 현금유입에 대한 확실성등 가가 90,000원으로 추정되었다. 무위험이자율이 5%이고 시장의 기대수익률이 10% 라고 할 때 투자안의 베타계수는 대략 얼마인가?

① 0.58 　　　　　　② 0.76 　　　　　　③ 0.96

④ 1.14 　　　　　　⑤ 1.50

| 해설 | $\alpha_2 = \dfrac{CEQ_2}{E(C_2)} = (\dfrac{1+R_f}{1+k_0})^2 \rightarrow \dfrac{100,000}{90,000} = (\dfrac{1+0.05}{1+k_0})^2 \therefore k_0 = 10.68\%$

$k_0 = R_f + [E(R_m) - R_f]\beta_A \rightarrow 0.1068 = 0.05 + (0.10 - 0.05)\beta_A \therefore \beta_A = 1.136$

8 1년 후에 648,000원의 현금흐름이 기대되는 투자안의 확실성등가계수는 0.80이고 무 위험이자율은 8%이다. 투자안에 대한 최초투자액이 40만원이라고 가정할 때 투자안 의 NPV와 위험조정할인율은 얼마인가?

	NPV	위험조정할인율
①	200,000원	52%
②	120,000원	47%
③	80,000원	35%
④	0원	0%
⑤	−280,000원	−20%

| 해설 | $NPV = \dfrac{CEQ_1}{(1+R_f)} - C_0 = \dfrac{648,000 \times 0.8}{1+0.08} - 400,000 = 80,000원$

$\dfrac{648,000}{1+k_0} - 400,000 = 80,000원 \rightarrow k_0 = 35\%$

9 목표자본구조(B/S)가 1인 백석기업은 천안지점의 설립을 검토하고 있다. 천안 지점의 영업위험은 1.2이고 최초투자액은 100억원이며 투자 후에는 매년 동일한 영업이익이 영구히 발생할 것으로 예상된다. 무위험이자율은 6%, 시장포트폴리오의 기대수익률 은 12%, 법인세율은 40%라고 할 때 천안지점의 연간 영업이익이 얼마 이상이면 투 자가치가 있는가?

① 10.6억원 　　　　　② 15.2억원 　　　　　③ 17.6억원

④ 21.4억원 　　　　　⑤ 25.4억원

| 해설 | $\rho = 0.06 + (0.12 - 0.06) \times 1.2 = 0.132$

$k_0 = \rho(1 - t_c \dfrac{B}{V}) = 0.132(1 - 0.4 \times 0.5) = 0.1056$

$NPV = \dfrac{E(NOI)(1-t_c)}{k_0} - C = \dfrac{E(NOI)(1-t_c)}{0.1056} - 100 \geq 0 \rightarrow E(NOI) \geq 17.6억원$

10 어떤 투자안의 현금흐름과 확실성등가계수가 다음과 같다. 주어진 자료를 이용하여 새로운 투자안의 NPV를 구하면 얼마인가? 단, 무위험이자율은 5%이다.

시점	현금흐름	확실성등가계수
0	−1,000	−
1	800	0.95
2	600	0.9025

① 196 ② 215 ③ 302

④ 336 ⑤ 400

| 해설 | $NPV = \sum_{t=1}^{n} \frac{CEQ_t}{(1+R_f)^t} - C_0 = \sum_{t=1}^{n} \frac{\alpha_t \times C_t}{1+0.08} - C_0$

$= \frac{0.95 \times 800}{(1.05)^1} + \frac{0.9025 \times 600}{(1.05)^2} - 1,000 = 214.97$

11 어떤 투자안의 현금흐름이 다음과 같다. 이 투자안의 1년 후 현금흐름에 대한 확실성 등가계수가 0.9이고, 무위험이자율은 6%이다. 이 투자안의 위험조정할인율이 매기간 일정하다면 새로운 투자안의 NPV를 구하면 얼마인가?

시점	0	1	2
현금흐름	−20,000	12,000	15,000

① 396 ② 440 ③ 890

④ 1,002 ⑤ 2,891

| 해설 | $NPV = \sum_{t=1}^{n} \frac{CEQ_t}{(1+R_f)^t} - C_0 = \sum_{t=1}^{n} \frac{\alpha_t \times C_t}{1+0.08} - C_0$

$= \frac{0.9 \times 12,000}{(1.06)^1} + \frac{0.81 \times 15,000}{(1.06)^2} - 20,000 = 1,002$

12 다음의 주식가치평가 방법 중 가중평균자본비용(WACC)을 사용하는 방법을 모두 고르면? (2015년)

> a. 주주잉여현금흐름모형(FCFE)
> b. 기업잉여현금흐름모형(FCFF)
> c. 경제적 부가가치 모형(EVA)

① a ② b ③ c

④ a, b ⑤ b, c

| 해설 | 주주현금흐름법(FCFE)은 주주의 입장에서 구한 순현가(NPV)를 이용하여 투자안의 가치를 평가하는 방법을 말한다. 즉 주주에게 귀속되는 불확실한 기대현금흐름을 투자안의 위험이 반영된 자기자본비용으로 할인하여 투자안의 가치를 평가한다.

13 A기업은 자동차부품 사업에 진출하는 신규투자안을 감토하고 있다. 신규투자안과 동일한 사업을 하고 있는 B기업은 주식베타가 1.50이며 타인자본을 사용하지 않는다. A기업은 신규투자안에 대한 목표부채비율(B/S)을 100%로 설정하였다. 필요한 차입금은 10% 무위험이자율로 조달할 수 있으며 법인세율은 40%, 시장포트폴리오의 기대수익률은 15%이다. A기업이 신규투자안의 순현가를 구하기 위해 사용해야 할 할인율은 얼마인가? (2015년)

① 10%   ② 12%   ③ 14%
④ 18%   ⑤ 22%

| 해설 |
$$\beta_L = \beta_U[1+(1-t_c)\frac{B}{S}] = 1.5[1+(1-0.4)\times1] = 2.4$$

$$k_e = R_f+[E(R_m)-R_f]\beta_L = 0.1+(0.15-0.1)\times2.4 = 0.22$$

$$k_0 = k_d(1-t_c)\times\frac{B}{V}+k_e\times\frac{S}{V} = 0.1(1-0.4)\times\frac{1}{2}+0.22\times\frac{1}{2} = 0.14$$

14 (주)남산은 초기투자액이 3,000억원이며 매년 360억원 영업이익이 영원히 발생하는 신규사업을 고려하고 있다. 신규사업에 대한 목표부채비율(B/S)은 150%이다. 한편 대용기업으로 선정된 (주)충무의 부채비율(B/S)은 100%이고 주식베타는 1.44이다. (주)남산과 (주)충무의 부채비용은 무위험이자율이다. 시장기대수익률은 10%, 무위험이자율은 2%, 법인세율은 40%이다. 신규사업의 순현가와 가장 가까운 것은? 단, 자본비용은 %기준으로 소수점 넷째자리에서 반올림한다. (2018년)

① 89억원   ② 97억원   ③ 108억원
④ 111억원   ⑤ 119억원

| 해설 | 대용베타인 (주)충무의 주식베타를 이용하여 신규사업의 β_U를 구하면
$$1.44 = \beta_U[1+(1-0.4)\times1] \rightarrow \therefore\beta_U = 0.9$$

따라서 신규사업의 목표부채비율을 반영한 가중평균자본비용과 순현가는 다음과 같다.
$$\rho = R_f+[E(R_m)-R_f]\beta_U = 0.02+(0.1-0.02)\times0.9 = 0.092$$

$$k_0 = \rho(1-t_c\times\frac{B}{V}) = 0.092(1-0.4\times\frac{1.5}{1.5+1}) = 0.06992$$

$$NPV = \frac{EBIT(1-t_c)}{k_0}-C = \frac{360억(1-0.4)}{0.06992}-3,000억 = 89.24억원$$

15 만기가 1년 후이고 만기일 이전에는 현금흐름이 발생하지 않는 위험자산 A가 있다. 이 자산은 만기일에 경기가 호황인 경우 140원, 불황인 경우 80원을 투자자에게 지급한다. 위험자산 A의 현재 적정가격이 100원이라면, 위험자산 A의 적정 할인율에 가장 가까운 것은? 단, 경기가 호황과 불황이 될 확률은 각각 50%이다. (2019년)

① 연 8%   ② 연 10%   ③ 연 14%
④ 연 20%   ⑤ 연 30%

| 해설 | 위험자산 A의 적정 할인율을 K라고 가정하여 구하면 다음과 같다.

$$P_0 = \frac{E(C_1)}{(1+k)} = \frac{140 \times 0.5 + 80 \times 0.5}{(1+k)} = 100원 \rightarrow \therefore k = 0.1$$

배당정책이론

Chapter 15

배당정책이론

배당정책이론은 순이익을 배당금과 유보이익으로 나누는 배당정책이 기업가치에 미치는 영향을 분석하여 기업가치를 극대화할 수 있는 최적배당정책을 모색한다. 먼저 배당정책이 기업가치와 무관하다는 MM의 무관련이론을 살펴본 후 배당정책이 기업가치에 긍정적 또는 부정적 영향을 미칠 수 있다는 주장을 살펴본다.

배당정책의 개요

1. 배당정책의 개념

(1) 배당정책의 정의

배당정책(dividend policy)은 기업이 경영활동을 통해 벌어들인 당기순이익을 주주에게 지급하는 배당금과 재투자를 위한 유보이익으로 나누는 의사결정을 말한다. 여기서 배당금은 주주에게 자본제공의 대가로 지급되는 보상 그리고 유보이익은 재투자에 필요한 내부자금의 원천으로서 중요성을 갖는다.

배당금을 많이 지급하면 유보이익이 감소하여 기업은 제대로 성장할 수 없고, 기업이 새로운 성장기회를 얻기 위해 이익을 유보하면 주가상승을 통해 시세차익을 얻을 수 있다. 따라서 두 가지의 상반된 영향을 잘 조화시켜 기업가치를 극대화할 수 있도록 배당수준을 결정하는 것이 배당정책의 핵심이다.

(2) 배당의 종류

배당에는 현금배당과 주식배당이 있다. 일반적으로 배당은 기업이 일정기간 동안 영업활동을 통해 창출한 순이익 중 일부를 주주들에게 현금으로 지급하는 현금배당을 의미한다. 주주에게는 투자수익, 기업에게는 경영정책면에서 중요하다. 따라서 배당정책이론에서도 주로 현금배당에 대한 내용을 설명한다.

① 현금배당

현금배당은 이익의 일부를 기존 주주에게 주식보유비율에 근거하여 현금으로 나눠주는 것으로 그만큼 현금이 사외로 유출된다. 주주는 직접 돈을 받는 것이어서 위험부담이 전혀 없고, 회사도 수익의 일부를 직접 현금으로 주는 만큼 현금흐름에 대한 자신감을 보여주는 것으로 신인도 제고에 도움이 될 수 있다.

② 주식배당

주식배당은 이익배당의 일부를 현금배당에 상당하는 신주를 발행하여 지급하는 것으로 현금유출이 없고 주식수 증가로 자본금이 늘어나 재무구조 개선에 도움이 된다. 주식으로 지급하는 배당금은 자본금에 합산하기 때문에 무상증자의 효과를 얻는다. 그러나 주식수의 증가로 장래 더 큰 배당압력을 얻게 된다.

③ 현물배당

2011년 개정상법은 현물배당을 신설하였다. 따라서 회사는 정관에서 금전 외의 재산으로 배당할 수 있음을 정할 수 있다. 요컨대 현물배당을 결정한 회사는 주주가 배당되는 금전 외의 재산 대신 금전의 지급을 회사에 청구할 수 있도록 한 경우에는 금액 및 청구기간을 정할 수 있다.

(3) 배당수준의 척도

기업이 주주들에게 어느 정도의 배당을 지급하는가를 나타내는 척도에는 다음과 같은 여러 가지 개념들이 사용되고 있다.

① 주당배당금

주당배당금(DPS : dividend per share)은 주식 1주에 대해 지급되는 현금배당금으로 주주에게 지급할 총배당금액을 발행주식수로 나누어 구한다. 주당순이익(EPS)은 당기순이익을 발행주식수로 나누어 구하는 반면에 주당배당금은 총배당금액을 발행주식수로 나누어 구한다는 점에서 차이가 있다.

$$주당배당금 = \frac{총배당금액}{발행주식수} \tag{15.1}$$

② 배당성향

배당성향(dividend payout)은 회사가 당기순이익 중 얼마를 주주에게 출자대가로 배당금으로 지급했는가를 나타내는 지표로서 당기 사업연도의 총배당금액을 당기순이익으로 나누어 구한다. 배당성향이 높을수록 회사가 벌어들인 이익을 주주에게 많이 지급하기 때문에 투자가치가 높다고 할 수 있다.

$$배당성향 = \frac{총배당금액}{당기순이익} = \frac{주당배당액(DPS)}{주당순이익(EPS)} \qquad (15.2)$$

③ 배당수익률

배당수익률(dividend yield)은 현재의 주식가격으로 주식을 매입하여 연말까지 보유할 경우에 얼마의 수익을 얻을 수 있는가를 측정하는 지표를 말한다. 배당수익률은 개별 종목의 주당배당금을 매일의 종가로 나누어 산출하는 종목별 배당수익률과 주식시장 전체의 배당수익률 수준을 나타내는 평균배당수익률로 구분된다.

$$배당수익률 = \frac{주당배당금}{주식가격} \qquad (15.3)$$

④ 배당률

배당률(dividend ratio)은 주식의 1주당 액면가액에 대해 지급되는 배당금의 비율로 주당배당금을 액면가액으로 나누어 구한다. 액면가액을 기준으로 하는 배당률은 회사의 주가가 높으면 실제 투자수익은 크지 않을 수 있어 주식투자시 얼마나 수익을 올릴 수 있는지를 나타내는 배당수익률이 유용한 투자지표로 사용된다.

$$배당률 = \frac{주당배당금}{액면가액} \qquad (15.4)$$

2. 배당정책이론의 개념

(1) 배당정책이론의 정의

배당정책은 기업의 자본조달정책과 투자정책에 대한 문제로 배당정책만의 효과를 측정하려면 자본조달정책과 투자정책의 효과를 통제해야 한다. 즉 배당정책은 재투자를 위한 유보이익보다 많은 배당을 지급하면 부족한 자금을 신주발행하여 조달하고 배당을 적게 지급하면 잉여자금으로 자사주를 매입하는 의사결정문제이다.

(2) 배당정책이론의 구성

MM은 완전자본시장에서 유보이익과 신주발행으로 자본조달이 가능하면 기업가치가 배당정책과 무관하며 자산의 수익성과 위험도에 의해 결정된다는 배당무관련이론을 주장하였다. 완전자본시장에서 유보이익으로 자본조달이 가능하면 재투자수익률과 자기자본비용의 관계에 따라 기업가치에 미치는 영향이 달라진다.

개인소득세, 거래비용, 정보불균형, 대리인비용, 미래의 불확실성과 같은 시장의 불완전요인을 고려할 경우 배당정책은 기업가치에 긍정적 영향을 미칠 수도 있고 부정적 영향을 미칠 수도 있다. 배당정책의 특수한 형태에는 주식배당, 자사주식의 매입으로 현금배당을 대신하는 금고주, 주식분할, 주식병합이 있다.

제2절 MM의 배당무관련이론

MM은 1961년에 발표한 "배당정책, 성장 및 주식평가"의 논문에서 완전자본시장의 가정하에서 기업가치 또는 주식가치는 기업이 보유한 자산의 수익성과 위험도에 의해 결정될 뿐이며, 당기순이익을 사내유보(유보이익)와 사외유출(배당)로 구분하는 배당정책과 관련이 없다는 배당무관련이론을 주장하였다.

1. 가정

배당무관련이론을 증명하기 위해 MM이 설정한 가정은 다음과 같다.

① 세금과 거래비용이 없는 완전자본시장(perfect capital market)이 존재한다.
② 모든 투자자는 금액만 동일하면 배당소득과 자본이득에 대해서 무차별하다.
③ 기업은 자기자본으로만 구성되며 신주발행을 통한 자금조달에 제약이 없다.
④ 기업의 투자정책은 우선적 결정되고 배당정책의 변화에 영향을 받지 않는다.

2. 수학적 증명

MM은 배당으로 인한 부의 증가는 동일한 정도의 주가하락에 의해서 상쇄되고, 배당의 포기로 인한 유보이익의 증가는 포기한 배당금만큼의 주가상승을 가져오기 때문에 주주의 부는 변하지 않는다. 따라서 주식가치는 기업이 보유하고 있는 자산의 수익성과 위험도에 의해 결정된다고 주장하였다.

MM의 배당무관련이론은 위험자산인 주식에 1기간 동안 투자한다고 가정할 경우에 현재의 주식가격(P_t)은 기말의 주당배당금(d_{t+1})과 기말의 배당락주가(P_{t+1})를 주주들의 요구수익률로 할인한 현재가치와 일치하기 때문에 다음과 같이 나타낼 수 있다는 데에서 출발한다.

$$P_t = \frac{d_{t+1} + p_{t+1}}{1 + k_e} \tag{15.5}$$

여기서 t시점의 발행주식수를 n_t라고 하면 t시점에서 100% 자기자본으로만 구성된 무부채기업의 가치 V_t(MM은 자본구조의 차이에 의한 효과를 통제하기 위해 무부채기업을 가정함)는 다음과 같이 구할 수 있다.

$$V_t = n_t \times p_t = \frac{1}{1 + k_e}[n_t \times d_{t+1} + n_t \times p_{t+1}] = \frac{1}{1 + k_e}[D_{t+1} + n_t \times p_{t+1}] \tag{15.6}$$

t기말의 영업이익을 NOI_{t+1}, 투자금액을 I_{t+1}, t기말에 발행하는 신주의 수를 m_{t+1}이라고 하면 신주발행금액은 총투자금액에서 유보이익으로 조달가능한 부분을 차감한 금액이므로 다음의 관계가 성립해야 한다.

$$m_{t+1} \times P_{t+1} = I_{t+1} - (NOI_{t+1}, - D_{t+1}) \tag{15.7}$$

식(15.7)은 외부자금조달에 제약이 없는 경우 배당정책이 투자결정에 아무런 영향을 미칠 수 없다는 것을 보여준다. 왜냐하면 배당을 많이 지급하는 경우에는 신주발행규모를 증가시켜 투자에 필요한 자금을 조달하면 되기 때문이다. 식(15.7)을 식(15.6)에 대입하여 정리하면 t시점의 기업가치는 다음의 관계가 성립한다.

$$V_t = \frac{1}{1+k_e}[NOI_{t+1} - I_{t+1_t} + V_{t+1}]$$
(15.8)

식(15.8)에서 기업가치를 결정하는 변수에 배당을 나타내는 변수가 없음을 알 수 있다. 따라서 t시점의 기업가치는 당기의 수익성(NOI_{t+1}), 기업의 투자정책(I_{t+1}) 차기 이후의 수익성(V_{t+1})에 의해서 영향을 받을 뿐 당기순이익을 유보이익과 배당으로 나누는 배당정책과 무관하다는 것이다.

3. 논리적 근거

MM의 배당무관련이론은 자가배당조정의 논리로 이해할 수 있다. 자가배당조정(homemade dividend)은 세금과 거래비용이 없는 완전자본시장의 가정하에서 주주들은 기업으로부터 수령하는 배당수준에 관계없이 주식의 매입과 매도를 통해 자신이 원하는 수준으로 배당을 조정할 수 있다는 것을 말한다.

기업으로부터 지급되는 배당이 주주들이 원하는 수준에 미달할 경우에는 그 미달액만큼 보유중인 주식의 일부를 매도하고, 주주들이 원하는 배당수준보다 많을 경우에는 그 초과배당액으로 주식을 재매입함으로써 기업의 배당정책에 관계없이 그들이 원하는 배당수준을 자유롭게 조정할 수 있다는 것이다.

요컨대 주주들은 자가배당조정을 통해 기업이 실제로 지급하는 배당을 대체할 수 있으므로 기업의 배당정책은 기업가치에 아무런 영향을 미칠 수 없게 된다. 따라서 기업가치는 기업이 보유하고 있는 자산의 실질적인 수익성과 위험도의 크기에 의해서 결정되어 배당정책과 무관하다는 것이 MM의 주장이다.

예제 15-1   배당무관련이론

백석기업은 주식 100,000주를 발행하고 있다. 백석기업의 주식은 현재 10,000원에 거래되고 있으며 주당 500원의 배당을 실시할 예정이다. 세금과 거래비용이 존재하지 않은 완전자본시장을 가정하여 다음 물음에 답하시오.

1. 배당을 지급하면 주가는 어떻게 되겠는가?

2. 배당을 지급하지 않으면 주가는 어떻게 되겠는가?

3. 현재 백석기업은 2억원이 소요되는 투자안을 고려하고 있다. 백석기업이 순이익 1억원을 보유하고 있다가 주당 500원의 배당을 지급했다면, 투자안의 자본조달을 위해 신주를 몇 주 발행해야 하는가?

풀이

1. 거래비용과 세금이 존재하지 않은 완전자본시장에서는 주당배당금만큼 주가가 하락한다. 따라서 주당 500원의 배당을 지급한 후의 주가는 9,500원(=10,000−500)이 된다.

2. 배당을 지급하지 않으면 주가는 변하지 않는다. 따라서 주가는 10,000원이 된다.

3. 투자에 소요되는 자금 중 신주를 발행하여 조달해야 하는 금액을 구하면 다음과 같다.

(1) 사내유보액 = 당기순이익 − 배당지급액

            = 100,000,000원 − (100,000주×500원)

            = 50,000,000원

(2) 신주발행액 = 신규투자액 − 사내유보액

            = 200,000,000원 − 50,000,000원

            = 150,000,000원

주당 500원의 배당금을 지급하면 주가는 10,000원에서 9,500원으로 하락한다. 따라서 1억 5천만원을 조달하기 위해 발행해야 하는 주식수는 다음과 같이 구할 수 있다.

$$발행주식수 = \frac{신주발행액}{주가} = \frac{150,000,000}{9,500} = 15,790주$$

기타 배당정책이론

완전자본시장을 가정한 MM의 배당정책무관련이론과는 달리 현실의 자본시장에는 배당소득과 자본이득의 차별적인 세율, 개인소득세, 정보불균형, 거래비용, 미래의 불확실성 등 시장불완전 요인이 존재한다. 따라서 시장의 불완전요인이 배당정책과 기업가치의 관계에 어떤 영향을 미치는지에 대해 살펴보기로 한다.

1. 배당정책의 무관련이론

(1) MM의 고객효과

투자자들은 자신이 직면한 상황에 따라 배당성향이 다른 주식에 투자한다. 배당의 고객효과(clientele effect)는 한계세율이 낮은 투자자들은 배당성향이 높은 주식을 선호하고 한계세율이 높은 투자자들은 배당성향이 낮은 주식을 선호하여 개인소득세율에 따라 배당성향이 서로 다른 주식을 선호하는 현상을 말한다.

MM은 모든 기업이 투자자들의 배당성향선호에 맞는 배당정책을 취함으로써 이들간에 완전한 대응이 가능하다면, 이러한 시장에서는 어떤 기업이 배당정책을 변경시키게 되면 주주들의 구성분포만 변화시킬 뿐이지 기업가치에 어떤 영향을 미칠 수 없다고 주장하였다.

따라서 투자자들은 배당소득과 자본이득에 대한 선호에 따라서 서로 다른 배당성향의 주식을 선호하고 기업은 투자자들의 선호에 맞도록 배당성향을 조정하는데 배당성향에 대한 수급이 일치하는 균형상태에서는 배당정책의 변경으로 기업가치를 증대시킬 수 없으므로 배당정책이 기업가치에 영향을 미칠 수 없게 된다.

(2) Miller와 Scholes의 무관련이론

Miller와 Scholes(1978)는 배당소득세율이 자본이득세율보다 높은 세율구조하에서도 배당소득세를 회피하여 배당소득을 자본이득으로 전환시킬 수 있는 제도적인 장치가 존재한다면 투자자들은 배당소득과 자본이득에 대해 무차별하므로 배당의 고객효과는 존재할 수 없고 배당정책은 기업가치와 무관하다고 주장하였다.

① 면세 무위험채권이 있는 경우

면세 무위험채권이 존재하는 경우에 배당수입/무위험이자율에 상당하는 금액을 무위험이자율로 차입하고 동 차입금액을 면세 무위험채권에 투자하면, 배당소득에 대한 세금을 회피하고 비과세소득을 얻을 수 있기 때문에 배당정책은 주주부 또는 기업가치에 영향을 미치지 않는다는 것이다.

② 면세 무위험채권이 없는 경우

면세 무위험채권이 존재하지 않으면 보유중인 자금과 차입금을 모두 주식에 투자할 경우에 예상되는 배당소득과 동일한 금액의 이자비용을 부담할 수 있도록 자금을 차입하여 이를 주식에 투자하면 과세소득인 배당소득을 비과세소득인 자본이득으로 전환하여 배당소득세를 회피할 수 있다.

• 예제 15-2   배당소득세의 회피

투자자 홍길동은 한솔제지의 주식을 5,000주 보유하고 있다. 한솔제지의 주식은 현재 한국거래소에서 10,000원에 거래되고 있으며 연말에 주당 500원의 현금배당을 실시할 예정이다. 면세무위험채권에 대한 수익률이 10%이고 배당소득세율이 15%라고 가정할 때 배당소득세를 회피하는 과정을 설명하시오.

풀이

배당소득세를 완전히 회피하려면 과세소득을 0으로 만들어야 하므로 홍길동이 받는 배당수입과 차입금액에 대한 이자비용을 일치시켜야 한다.

① 배당수입/무위험이자율에 상당하는 금액을 무위험이자율로 차입한다.

(5,000주×500원)/10% = 25,000,000원

② 차입금 25,000,000원을 면세채권에 투자하면 투자수익은 다음과 같다.

25,000,000×10% = 2,500,000원

③ 투자에 따른 손익계산서를 작성하면 과세대상액은 다음과 같이 0이다.

과세소득(배당소득)		
배당수입	2,500,000	
이자비용	2,500,000	0
비과세소득		2,500,000
당기순이익		2,500,000

2. 배당정책의 긍정적 효과

(1) 불확실성의 감소

투자자들은 숲속에 있는 많은 새(미래의 불확실한 자본이득)보다 손 안에 있는 한 마리의 새(현재의 확실한 배당소득)를 선호하므로 배당을 많이 지급하고 사내유보를 적게 할수록 자본이득의 불확실성이 감소하여 주가가 상승하므로 기업가치에 긍정적 영향을 미친다는 것이 Gordon의 논리이다.

고든(Gordon)은 배당소득은 현재의 확실한 소득이지만 사내유보에 의한 자본이득은 미래의 불확실한 소득이기 때문에 기업이 저배당정책을 실시하면 주주들의 미래현금에 대한 위험이 증가하여 요구수익률은 상승하고 주가는 하락할 것이므로 주주들은 고배당정책을 선호할 것이라고 주장하였다.

고든의 주장에 대해 MM은 주주들이 부담하는 위험은 투자정책(기업이 보유하고 있는 자산에서 얻게 되는 현금흐름)에 의해 결정되며 배당정책과 무관하다는 사실을 지적하면서 고든이 투자정책과 배당정책을 혼동하고 있다고 비판하였다. 고든과 MM의 논쟁을 '손 안의 새(bird in hand) 논쟁'이라고 한다.

(2) 배당의 정보효과

배당의 정보효과는 현실적으로 기업의 최고경영자는 일반투자자보다 더 우월한 정보를 가지고 있는 정보의 비대칭성이 존재하므로 기업의 배당정책이 그 기업의 미래현금흐름에 대한 경영자의 확신정도를 일반투자자들에게 전달하는 하나의 신호가 된다는 신호효과(signalling effect)를 말한다.

현실적으로 대부분의 기업이 안정배당정책을 실시하고 있는 상황에서 배당의 증가공시는 미래현금흐름에 대한 경영자의 낙관적 전망을 나타내는 신호(호재)가 되어 주가가 상승하고, 배당의 감소공시는 미래현금흐름에 대한 경영자의 비관적 전망을 나타내는 신호(악재)가 되어 주가가 하락한다는 것이다.

MM은 일시적으로 배당의 정보효과가 존재할 수 있으나 장기적으로 배당의 정보효과가 존재하지 않으며 미래의 수익성이 좋아 주가가 상승한다고 주장하였다. 즉 기업의 미래 수익성이 좋다는 사실은 배당이 아닌 다른 수단으로 전달해도 주가는 상승하므로 배당정책이 기업가치에 영향을 미치지 않는다는 것이다.

(3) 대리인비용

배당을 많이 지급하면 경영자가 자신의 재량으로 사용할 수 있는 여유자금이 줄어들어 경영자의 특권적 소비를 감소시킨다. 또한 배당을 많이 지급하면 외부자금을 조달해야 하는데 외부자금조달시 자본시장에서 객관적인 평가를 받아야 하므로 주주들의 감시비용이 감소하여 기업가치에 긍정적인 영향을 미친다.

(4) 거래수수료

주식매매에 따른 거래수수료가 존재하는 경우 사내유보에 의한 자본이득을 실현하려면 보유주식의 일부를 거래수수료를 부담하면서 매도해야 하기 때문에 투자자들은 사내유보에 의한 자본이득보다 배당을 선호한다. 따라서 주식매매에 따른 거래수수료를 고려하면 배당은 기업가치에 긍정적인 영향을 미친다.

3. 배당정책의 부정적 효과

(1) 신주발행비

기업이 배당을 많이 지급할수록 신주를 발행하여 조달해야 하는 자금이 증가하기 때문에 부담해야 하는 신주발행비용도 증가하게 된다. 따라서 배당을 많이 지급할수록 유보이익으로 자금을 조달하는 것보다 주주들의 요구수익률이 상승하여 기업가치가 하락하기 때문에 배당은 기업가치에 부정적인 영향을 미친다.

(2) 개인소득세

MM이론의 가정과 달리 현실적으로 자본시장에는 개인소득세가 존재하며 배당소득세율이 자본이득세율보다 높은 차별적인 소득세율구조하에서 배당을 많이 지급할수록 주주들의 세후 투자수입은 감소한다. 따라서 주주들은 배당소득보다 자본이득을 선호하기 때문에 배당은 기업가치에 부정적인 영향을 미친다.

● 예제 15-3 개인소득세와 주식가치

백석기업의 당기 말 주가는 12,000원으로 예상되며, 주당 2,000원의 배당을 지급하는 경우와 배당을 지급하지 않을 경우에 각각의 현재주가를 계산하고 투자수익률을 비교하시오. 단, 백석기업의 할인율은 20%, 배당소득세율은 20%, 자본이득세율은 0%라고 가정한다.

풀이

1. 현재주가

(1) 배당을 지급하지 않은 경우

$$P_0 = \frac{d_1}{(1+k_e)^1} = \frac{12,000}{(1+0.2)^1} = 10,000원$$

(2) 주당 2,000원 배당할 경우

당기 말에 주당 2,000원의 배당을 지급하면 배당락주가는 10,000원이며, 세후 주당배당금은 1,600원[=2000원(1-02)]이 된다.

$$P_0 = \frac{P_1 + d_1}{(1+k_e)^1} = \frac{10,000+1,600}{(1+0.2)^1} \approx 9,667원$$

따라서 당기 말에 주당 2,000원을 배당하는 경우의 주가(9,667원)보다 배당을 하지 않을 경우의 주가(10,000원)가 더 높다.

2. 투자수익률

$$R_0 = \frac{(P_1 - P_0) + D_1}{P_0}$$

(1) 배당을 지급하지 않은 경우

$$세전\ 투자수익률 = \frac{12,000-10,000}{10,000} = 0.20$$

$$세후\ 투자수익률 = \frac{12,000-10,000}{10,000} = 0.20$$

(2) 주당 2,000원 배당할 경우

$$세전\ 투자수익률 = \frac{(10,000-9,667)+2,000}{9,667} = 0.24$$

$$세후\ 투자수익률 = \frac{(10,000-9,667)+1,600}{9,667} = 0.20$$

따라서 당기 말에 주당 2,000원을 배당하는 경우의 세전 투자수익률(24%)은 배당을 하지 않을 경우의 세전 투자수익률(20%)보다 더 높은 반면에, 세후 투자수익률은 모두 20%로 동일하다. 즉 기업이 배당을 증가시키면 투자자들은 배당에 대한 소득세 부분을 보상받기 위해 더 높은 세전 투자수익률을 요구함을 알 수 있다.

제4절   배당정책의 현실

1. 안정배당정책

실제로 대부분의 기업들은 당기순이익의 증감이 일시적으로 변화하는 경우에는 순이익의 수준에 관계없이 주당배당금을 일정수준으로 유지하고, 당기순이익의 증감이 상당기간 지속적으로 변화하는 경우에만 주당배당금을 변동시킴으로써 배당의 안정화정책(stable dividend policy)을 취하고자 한다.

기업이 안정배당정책을 사용하는 것은 안정된 배당지급은 주주의 미래배당에 대한 불확실성을 감소시키고, 기업의 대외공신력을 향상시킬 수 있어 주식의 담보력이 높아진다. 또한 공적 자금을 운용하는 기관투자가들은 수익성보다 안정성을 중요시하여 배당을 안정적으로 지급하는 주식을 선호한다.

2. 배당의 잔여이론

(1) 잔여이론의 가정

유보이익에 의한 재투자수익률이 주주들이 동일한 위험하에서 투자하여 얻을 수 있는 수익률보다 크면 주주들은 배당보다 사내유보에 의한 재투자를 선호한다. 가중평균자본비용을 극소화할 수 있는 최적자본구조가 존재하여 이를 계속 유지하려고 하며 신주발행은 가능하면 피하려고 한다.

(2) 잔여이론의 의미

배당의 잔여이론은 배당정책을 자본조달정책과 투자정책의 부산물로 보는 이론으로 기업이 수익성 있는 투자기회와 최적자본구조를 고려하여 당기순이익 중에서 새로운 투자안에 필요한 금액을 사내유보하여 재투자하고 나머지를 배당으로 지급해야 기업가치를 극대화할 수 있다는 이론을 말한다.

3. 배당결정시 고려사항

지금까지는 이론적인 측면에서 자본시장의 불완전요인들이 기업의 배당정책에 어떤 영향을 미치는지를 살펴보았다. 그러나 기업의 배당정책에 영향을 미치는 요인은 앞에서 살펴보았던 이론적 요인들 이외에도 다음과 같은 여러 가지 현실적 요인들이 복합적으로 작용하여 기업의 배당수준이 결정된다.

① 당기순이익

배당의 원천은 기업이 경영활동을 수행하여 창출한 당기순이익이므로 당기순이익이 배당수준을 결정하는데 가장 중요한 요인이 된다. 따라서 당기순이익이 많이 발생하면 주주들은 많은 배당을 기대하므로 이러한 점을 감안하여 기업은 배당수준을 결정해야 한다. 따라서 순이익이 많을수록 배당지급능력은 증가한다.

② 기업의 유동성

배당을 지급하면 비교적 큰 규모의 현금유출을 수반하기 때문에 배당수준을 결정할 경우에는 기업의 자금사정이나 유동성을 고려해야 한다. 따라서 기업의 자금사정이나 유동성이 양호할수록 배당지급능력은 증가하고 기업의 이자비용을 충분히 보상하는지를 판단하는데 이용되는 현금흐름이자보상비율은 높아진다.

③ 새로운 투자안

배당은 미래의 투자기회를 고려하여 결정해야 한다. 기업가치를 증가시킬 수 있는 정(+)의 순현가를 갖는 새로운 투자기회가 많다면 투자에 필요한 자금을 조달하기 위해 사내유보는 늘리고 배당은 줄이는 것이 유리하다. 왜냐하면 현실적으로 투자시점에 필요한 자금을 쉽게 조달할 수 없는 경우가 많기 때문이다.

④ 부채상환계획

기업이 타인자본을 많이 사용하여 이자비용이 막대하거나 원금에 대한 상환일이 다가올수록 부채상환에 필요한 자금을 확보해야 하는 경우에는 배당은 최대한 억제하고 사내유보를 증가시켜 늘려야 할 것이다.

⑤ 기업의 지배권

기업이 배당을 많이 지급하면 새로운 투자안에 신주발행의 필요성이 증가한다. 기업이 신주발행으로 필요한 자금을 조달할 경우 새로운 외부주주가 많이 들어오면 경영지배권이 희석될 수 있기 때문에 기업은 배당지급은 줄이고 사내유보를 통해서 자금을 조달하려는 경향이 있다.

⑥ 사채권자의 제약

채권자들은 자신들의 채권을 확보하기 위해 사채계약서에 배당제한과 같은 채권자보호조항의 삽입을 요구하는 경우가 많다. 그리고 상법에서는 자본충실의 원칙과 회사채권자를 보호하기 위해 배당가능이익이 존재하고 주주총회결의가 있어야 한다는 이익배당에 대해 엄격한 규제를 하고 있다.

4. 우리나라 배당제도

상법에서는 회계연도 종료일로부터 3개월 이내에 개최되는 주주총회의 보통결의를 거쳐 배당지급에 관한 사항을 결정하도록 규정하여 배당락이 이루어지는 날짜와 실제로 배당이 결정되는 날까지 상당한 시차가 있다. 그리고 배당금의 확정이 배당락 이후에 결정되기 때문에 공정한 배당락시세가 형성될 수 없다.

① 배당기준일

주식회사가 회계연도가 종료된 후에 결산을 확정하고 이익잉여금을 처분하기 위해 정기주주총회를 개최하게 되는데 주주총회에서 배당받을 주주를 확정하기 위해 권리확정일을 회계연도 종료일로 하며 그 다음 날부터 주주총회종료일까지 주주명부를 폐쇄시키고 주권의 명의개서를 금지하게 된다.

② 배당락일

배당락일은 배당받을 권리가 상실되는 첫 거래일을 말한다. 우리나라는 보통거래로서 거래체결일을 포함하여 3일째 결제가 이루어지기 때문에 회계연도 종료일 진일 매매분부터 배당락조치를 취함으로써 주가가 합리적으로 형성되도록 관리한다. 따라서 회계연도 종료일 이틀 전까지는 배당부가 된다.

③ 배당공시일

배당공시일은 배당에 대한 결의사항을 증권시장에 공시하는 날을 말한다. 우리나라는 매 사업연도 종료일로부터 90일 이내에 주주총회를 개최하여 배당에 관한 사항을 결의하고 공시하도록 규정하고 있다. 따라서 배당공시일은 사업연도 종료일로부터 90일 이내라고 생각하면 된다.

④ 배당지급일

이익배당의 지급시기는 주주총회나 이사회에서 재무제표의 승인이 있는 날 또는 중간배당 결의일부터 1개월 이내에 지급해야 한다. 다만, 주주총회나 이사회에서 이익배당의 지급시기를 따로 정한 경우에는 그러하지 아니하다. 구체적 이익배당청구권은 5년간 행사하지 않으면 소멸시효가 완성된다.

┃그림 15-1┃ 배당지급제도

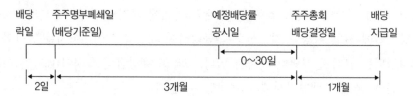

제5절 ┃ 특수배당정책

지금까지 배당정책은 현금배당을 전제로 설명하였다. 그러나 현실적으로 기업의 사정에 따라 현금지급이 수반되지 않는 특수한 형태의 배당정책도 많이 이루어지고 있다. 여기서는 배당정책의 특수한 형태로서 주식배당, 자사주매입, 주식분할 그리고 주식병합에 대해서 살펴보고자 한다.

1. 주식배당

(1) 주식배당의 의의

주식배당(stock dividend)은 이익배당을 현금으로 하지 않고 이익잉여금을 자본금으로 전입하고 전입한 자본금을 바탕으로 새로운 주식을 발행하여 지분비율에 따라 기존 주주에게 무상으로 나누어주는 것을 말한다. 따라서 주식배당은 형식적인 배당에 불과하며 현금배당과 달리 아무런 가치가 없다.

주식배당은 이익배당총액의 1/2을 초과하지 못하는데, 이는 주식배당의 악용을 방지하기 위한 규정으로 주가가 액면가액을 하회하는 경우 주주가 현금배당보다 손해를 보는 경우가 발생할 수 있기 때문이다. 상장회사는 주식의 시가가 액면가액에 미달하지 않으면 이익배당총액을 주식으로 배당할 수 있다.

(2) 주식배당의 효과

주식배당은 이익잉여금을 자본금에 대체하는 회계적 절차에 불과하기 때문에 발행주식수와 자본이 증가하고 자기자본가치와 기업가치에 아무런 변화가 없다. 따라서 발행주식수가 증가하여 주당이익은 감소하고 주식가격은 하락하는 반면에 기존주주의 부에는 아무런 영향을 미치지 않는다.

(3) 주식배당의 장점

성장이 빠른 기업이 현금유출을 막고 수익성이 높은 새로운 투자안에 투자하기 위해 주식배당을 하는 경우 유리한 투자기회나 성장잠재력을 갖고 있다는 신호가 될 수 있다. 그리고 주가가 너무 높게 형성되어 있는 경우에 주가를 인위적으로 하락시켜서 주식의 시장성을 증대시키는 수단으로 이용될 수 있다.

(4) 주식배당의 단점

발행주식수의 증가로 배당압력이 가중되어 장기적으로 유동성이 악화될 수 있고 현금배당을 할 수 없을 정도로 어려운 상황이라는 불리한 신호가 될 수도 있다. 주식배당은 신주를 발행하여 지급하는데 신주발행에는 비용이 발생하므로 주주들의 요구수익률이 상승하여 기업가치를 하락시키는 요인으로 작용한다.

2. 자사주재매입

(1) 자사주매입의 의의

자사주매입은 기업이 이미 발행한 자기회사의 주식을 다시 매입하여 소각하거나 금고주의 형태로 보유하는 것을 말한다. 기업이 주주에게 배당할 수 있는 현금으로 자사주를 매입하면 발행주식수가 감소하여 나중에 주주들에게 많은 배당을 지급할 수 있기 때문에 자사주매입은 배당정책의 일환으로 간주된다.

(2) 자사주매입의 효과

자사주를 매입하면 발행주식수는 매입주식수만큼 감소하여 주당이익은 증가하고, 자기자본가치는 매입금액만큼 감소하나 주가는 일정수준에서 유지되어 기존주주의 부는 아무런 영향을 받지 않는다. 따라서 자사주매입이 주식가격(또는 주주 부)에 미치는 영향은 자사주의 매입가격을 얼마로 하느냐에 따라 달라진다.

자사주를 시장가격에 매입하면 자기자본가치와 주식수가 동일한 비율로 감소하여 재매입 후의 주가는 재매입 전의 주가와 동일하여 주주의 부는 불변이다. 자사주를 시장가격보다 높은 가격에 매입하면 자기자본가치가 주식수보다 큰 비율로 감소하여 주가가 하락하여 자사주매입 후에 남아있는 주주들의 부는 감소한다.

그러나 자사주를 시장가격보다 낮은 가격에 매입하면 자기자본가치가 주식수보다 작은 비율로 감소하고 주가는 상승하여 자사주매입 후에 남아 있는 주주들의 부는 증가한다. 그런데 자사주를 시장가격에 매입하는 것을 정상적인 경우로 보기 때문에 자사주매입은 주가에 아무런 영향을 미치지 않는 것으로 이해해야 한다.

(3) 현금배당과의 비교

기업이 주주에게 현금배당을 지급하는 대신에 현금배당을 지급할 자금으로 자사주를 매입하는 경우의 주주의 부에 미치는 영향은 동일하다. 따라서 현금배당을 지급하는 대신에 자사주를 매입하면 매입가격은 배당부주가가 되고, 자사주 매입 후의 주가도 이 수준으로 유지되기 때문이다.

→ 예제 15-4 자사주매입의 효과

백석기업은 2020년 회계연도에 6,000만원의 순이익이 발생했다. 백석기업은 매년 순이익의 50%를 배당으로 지급하는 배당정책을 실시하고 있으며, 2020년말 현재 기대배당을 반영한 주식가치는 1주당 20,000원, 총발행주식수는 30,000주, 배당을 지급한 후의 배당락주가는 19,000원이다. 만일 배당을 지급하지 않고 그 금액으로 주식을 기말의 주가 20,000원에 매입하여 소각한다면 주주의 부에 어떠한 영향을 미치는지를 설명하고 자사주매입 후의 주가를 구하시오. 단, 세금 및 거래비용이 존재하지 않은 완전자본시장을 가정한다.

풀이

1. 시장가격에 자사주를 매입하면 주주들의 부에 아무런 영향을 미치지 않는다. 이는 자사주매입으로 주주들의 주식수가 감소하여 주주의 부가 감소하나 이러한 주주의 부의 감소는 자사주매입으로 지급된 현금에 의해 정확히 상쇄되기 때문이다.

2. 자사주매입 후의 주가
   기말의 자기자본의 시장가치 = 20,000원×30,000주 = 6억원
   기말의 현금배당총액(=자사주매입총액) = 6,000만원×0.5 = 3,000만원
   자사주매입으로 소각되는 주식수 = 3,000만원/20,000원 = 1,500주
   자사주매입 후 자기자본의 시장가치 = 6억원–3,000만원 = 5억 7천만원
   자사주매입 후 주가 = 5억 7천만원/(30,000주–1,500주) = 20,000원

3. 주식분할

(1) 주식분할의 정의

주식분할(stock split)은 시가총액의 변화없이 기존의 주식을 세분화하는 것으로 일정한 비율로 주식의 액면가액을 나누어 주식수를 증식시키는데서 액면분할이라고도 한다. 따라서 발행주식수는 증가하지만 주당 액면가액을 비례적으로 감소시키기 때문에 총주주지분에는 아무런 변화가 없게 된다.

(2) 주식분할의 효과

주식분할에 의해 발행주식수는 증가하지만 액면가액을 비례적으로 감소시키기 때문에 자본금은 변하지 않는다. 발행주식수의 증가로 주당순이익과 주식가격은 하락하지

만 자기자본가치나 기존주주의 부에는 아무런 영향을 미치지 못하며, 주식거래를 활성화시키고 유동성을 더 좋게 만들기 위해 실시한다.

(3) 주식분할의 이유

주가가 너무 높게 형성되어 있는 경우 주가를 하락시켜 주식의 매매를 원활하게 하거나 소유를 분산시켜 경영권의 안정화를 도모할 목적으로 실시한다. 주가가 너무 높게 형성되어 있고 발행주식수가 적은 경우 주식분할은 투자자들에게 유리한 정보전달의 효과가 있으므로 주가에 긍정적으로 작용할 수 있다.

4. 주식병합

(1) 주식병합의 정의

주식병합(reverse stock split)은 주식분할과 반대로 둘 이상의 주식을 합해 주식의 액면가액을 높이고 유통주식수를 감소시키는 것을 말한다. 주식병합을 실시하면 자기자본가치는 아무런 변화가 없는 상태에서 발행주식수만 감소하기 때문에 주식가격은 상승하고 주당이익은 증가하며 액면병합이라고도 한다.

(2) 주식병합의 효과

주식병합은 주식분할의 반대로 주주는 종래의 지분을 보다 적은 주식수로 표시될 뿐이므로 손실은 없다. 따라서 발행주식수가 감소하여 주당순이익과 주식가격은 상승하지만 액면가액을 비례적으로 증가시키기 때문에 자본금은 변하지 않고 자기자본가치나 기존주주의 부에는 아무런 영향을 미치지 못한다.

(3) 주식병합의 이유

주식병합은 발행주식수는 많고 주가가 너무 낮게 형성되어 있는 경우에 주가를 인위적으로 적정수준으로 상승시켜 실추된 기업의 이미지를 개선시킬 목적으로 실시한다. 완전자본시장의 가정하에서 이상의 결과를 요약하여 나타내면 [표 15-1]과 같이 제시할 수 있다.

‖표 15-1‖ 현금배당 및 유사배당의 비교

구분	현금배당	자사주매입	주식배당	주식분할	주식병합
발행주식수	불변	감소	증가	증가	감소
주 식 가 격	하락	불변	하락	하락	상승
주당순이익	불변	증가	하락	하락	상승
주가수익비율	하락	하락	불변	불변	불변
기 업 가 치	감소	감소	불변	불변	불변
자기자본가치	감소	감소	불변	불변	불변
주 주 부	불변	불변	불변	불변	불변

제1절 배당정책의 개요

1. 배당정책의 개념
(1) 배당정책의 정의
당기순이익을 배당금과 재투자에 필요한 유보이익으로 나누는 의사결정
(2) 배당의 종류 : 현금배당, 주식배당, 현물배당
(3) 배당수준의 척도 : 주당배당금, 배당성향, 배당수익률, 배당률
2. 배당정책이론의 개요
기업가치 또는 주주 부를 극대화할 수 있는 배당정책을 모색하는 이론

제2절 MM의 배당무관련이론

1. 의의
완전자본시장에서 기업가치는 자산의 수익성과 위험도에 의해서 결정되며 배당 정책과
무관하다는 배당무관련이론을 주장함
2. 자가배당조정
주주들은 배당수준에 관계없이 주식의 매입과 매도를 통해 자신이 원하는 수준으로 배
당을 조정할 수 있음

제3절 기타 배당정책이론

1. 배당정책의 무관련이론
(1) MM의 고객효과 : 투자자들이 개인소득세율에 따라 배당성향이 서로 다른 주식을
선호하는 현상
(2) Miller와 Scholes의 무관련이론 : 배당소득을 자본이득으로 전환할 수 있으면 배당의
고객효과는 존재할 수 없고 배당정책은 기업가치와 무관하다고 주장함
2. 배당정책의 긍정적 효과
(1) 불확실성의 감소 : 주주들은 불확실한 자본이득보다 확실한 배당을 선호하여 배당을
많이 지급하면 자본이득의 불확실성이 감소하여 주가가 상승
(2) 배당의 정보효과 : 경영자와 투자자간에 비대칭정보가 존재하면 배당정책이
미래현금흐름에 대한 경영자의 확신을 투자자들에게 전달하는 신호
(3) 대리인비용 : 배당을 많이 지급하면 경영자의 특권적 소비 및 주주들의 감시비용이
감소
(4) 거래수수료 : 거래수수료가 존재하면 주주들은 사내유보에 의한 자본이득보다 배당을
선호

3. 배당정책의 부정적 효과
(1) 신주발행비 : 배당을 많이 지급하면 신주발행비의 증가로 주주들의 요구수익률이
    상승하여 기업가치가 하락
(2) 개인소득세 : 차별적인 세율구조에서 주주들은 배당소득보다 자본이득을 선호하여
    배당은 기업가치에 부정적

제4절 배당정책의 현실

1. 안정배당정책 : 순이익 증감이 일시적인 변화시 순이익에 관계없이 배당금을 일정수준
   유지
2. 배당의 잔여이론 : 순이익 중 신규투자안에 필요한 금액은 유보하여 재투자하고 나머지
   를 배당으로 지급해야 기업가치를 극대화할 수 있음
3. 배당결정시 고려사항 : 순이익, 유동성, 새로운 투자안, 부채상환계획, 기업의 지배권,
   사채권자의 제약
4. 배당지급제도 : 배당기준일, 배당락일, 배당공시일, 배당지급일

제5절 특수배당정책

1. 주식배당 : 현금배당 대신 신주발행하여 기존주주에게 무상으로 배분하는 것
2. 자사주재매입 : 기업이 이미 발행한 자기회사 주식을 다시 매입하여 소각하는 것
3. 주식분할 : 주당액면가를 낮추어 기존의 주식 1주를 1주 이상으로 나누는 것
4. 주식병합 : 주당액면가를 높여서 기존의 주식 1주 이상을 1주로 합하는 것

1 (주)동부의 매출액은 200억원, 매출액순이익률은 5%, 주가수익비율(PER)은 10배, 유보율은 60%, 발행주식수는 100만주라면 (주)동부의 배당수익률(dividend yield)은 얼마인가? (1999년)

① 4% ② 5% ③ 6% ④ 8% ⑤ 10%

| 해설 | $배당수익률 = \dfrac{주당배당금}{주식가격} = \dfrac{EPS(1-b)}{PER \times EPS} = \dfrac{1-b}{PER} = \dfrac{1-0.6}{10} = 4\%$

2 다음 중 MM의 배당이론에 대한 설명으로 옳지 않은 것은? (1996년)

① 기업의 배당정책은 기업가치에 영향을 미치지 않는다.
② 주식의 배당락가격은 배당부가격으로부터 주당배당액만큼 감소한다.
③ 배당으로 인해 신주를 추가로 발행해야 하는 경우 신주를 인수하는 주주의 손익은 발생하지 않는다.
④ 기업이 주주들보다 더 나은 투자수익을 올릴 수 있는 투자기회를 가진 경우 배당하지 않는 것이 기업가치에 유리하다.
⑤ 주주들의 기회비용보다 높은 투자수익을 올릴 수 있는 실물투자기회를 갖지 못한 기업의 경우에도 반드시 배당을 지급할 필요는 없다.

| 해설 | MM의 이론에서는 신주발행을 통한 외부자금조달에 제약이 없다고 가정하므로 수익성 있는 투자기회를 가지고 있다 해서 배당을 줄이고 유보를 늘릴 필요는 없다.

3 다음 중 MM의 배당이론(1961)에 관한 내용으로 옳지 않은 것은? (1996년)

① 합리적이고 완전한 경제환경하에서 금융환상은 존재하지 않는다.
② 배당정책과 기업가치는 무관하다.
③ 원래의 주가와 권리락주가와의 차이는 배당액으로 설명될 수 있다.
④ 주주의 요구수익률이 유보이익의 투자수익률보다 클 때 배당보다는 유보이익으로 투자하는 것이 기업가치를 높인다.
⑤ 자가배당조정의 논리에 근거를 두고 있다.

| 해설 | ① 기업가치는 당기의 수익성(NOI_{t+1}), 기업의 투자정책(I_{t+1}) 차기 이후의 수익성(V_{t+1})에 의해서 영향을 받을 뿐 당기순이익을 유보이익과 배당으로 나누는 배당정책과 무관하다.
③ 권리락주가(배당락주가) = 권리부주가(배당부주가)-신주인수권의 가치(현금배당액)
④ 유보이익의 투자수익률이 주주의 요구수익률보다 큰 경우에 이익을 유보하여 투자하는 것이 기업가치를 극대화시킬 수 있다.

4 주식에 투자할 경우 연 10%의 배당수익률을 얻을 수 있다. 배당소득세율은 15%이고, 자본이득에 대해서는 세금이 없으며, 개인부채에 대한 금융비용도 손비로 인정된다. 투자자 홍길동은 100만원을 가지고 주식에 투자할 예정이며, 이자율은 연 12%이다. 이러한 경우에 배당소득세의 회피를 원한다면 얼마를 차입하여 주식에 투자해야 하는가?

① 148만원   ② 219만원   ③ 350만원

④ 500만원   ⑤ 678만원

| 해설 | 배당수익과 이자비용을 일치시켜 과세소득을 0으로 만들면 된다. 차입금액을 B라고 하면
(100만원+B)×0.1 = B×0.12 → ∴ B = 500만원

5 (주)유림은 내부수익률법을 이용하여 서로 독립적인 다음의 다섯 개 투자안들을 고려하고 있다. 이들 투자안들은 모두 (주)유림의 영업위험과 동일한 위험도를 갖고 있다. 올해의 순이익은 25억원으로 예상되는데 다음의 조건하에 투자하고 남은 돈을 배당으로 지급한다면 올해의 배당성향은 얼마가 되겠는가? (2007년)

투자안	투자금액	내부수익률
A	10억원	12.0%
B	12억원	11.5%
C	12억원	11.0%
D	12억원	10.5%
E	10억원	10.0%

a. 현재 회사는 50%의 부채와 50%의 자기자본으로 이루어진 자본구조를 가지고 있다.

b. 신규투자에 필요한 자금을 기존의 자본구조대로 조달한다.

c. 세후 부채비용은 8%이며 자기자본비용은 14.5%이다.

① 0%   ② 12%   ③ 32%

④ 56%   ⑤ 100%

| 해설 | (주)유림의 가중평균자본비용은 11.25%(=8×0.5+14.5×0.5)이며, 투자안들의 영업위험과 자본구조가 기존기업과 동일하므로 투자안의 자본비용도 11.25%이다. 따라서 내부수익률이 11.25%보다 높은 투자안 A와 B에 투자하되 투자금액 22억원의 50%인 11억원을 유보이익으로 조달해야 하므로 총배당금액은 14억원이고, 배당성향은 56%이다.
유보금액 = (10억+12억)×50% = 11억 → 총배당금액 = 25억−11억 = 14억
배당성향 = 총배당금액/당기순이익 = 14억/25억 = 0.56

6 당기순이익에서 배당금으로 지급되는 비율을 나타내는 배당성향을 장기적으로 일정하게 유지하면서 안정된 배당금을 지급하는 배당정책을 채택하고 있는 무차입기업에서 단기적으로 배당성향을 가장 많이 증가시킬 것으로 예상되는 경우는? 단, 배당정책이론의 관점에서 답하라. (2004년)

① 자본이득에 대한 세율에 비해 상대적으로 개인소득세율이 높아졌다.

② 자본수급의 불균형으로 인해 시장금리가 상승했다.

③ 예상치 못한 이상기후로 매출이 급감하여 기업이익이 감소했다.

④ 칠레와 자유무역협정이 체결됨에 따라 투자기회가 증가했다.

⑤ 기업지배구조의 개선으로 여유자금에 대한 사용이 불투명해졌다.

| 해설 | ① 개인소득세율(배당소득세율)이 높아지면 배당이 감소할 것이다.
② 시장금리가 상승하면 사내유보를 통한 자금조달이 많아져서 배당이 감소할 것이다.
③ 배당금을 안정적으로 지급하는 정책을 채택하고 있는 기업의 경우에 순이익이 감소하면 배당성향이 증가한다.
④ 투자기회가 증가하면 유보가 증가하고 배당이 감소할 것이다.
⑤ 여유자금에 대한 사용이 투명해지면 유보가 증가하고 배당이 감소할 것이다.

7 백석기업은 정(+)의 NPV를 갖는 투자안에 4억원을 투자하기로 했으며, 현재의 (자기자본÷총자본)비율인 80%를 계속해서 유지하고자 한다. 백석기업의 금년도 세후순이익은 5억원이며, 현재까지 적립된 유보이익은 없다. 배당의 잔여이론에 의하면 배당가능한 자금은 얼마인가?

① 0원　　　　　　　② 8천만원　　　　　　　③ 1억 8천만원
④ 3억 2천만원　　　⑤ 4억원

| 해설 | 배당의 잔여이론에 의하면 신규투자수익률이 자본비용보다 높은 경우에 당기순이익 중에서 투자자금을 먼저 충당한 후에 잔여이익이 있으면 배당을 지급하게 된다. 따라서 배당으로 지급할 수 있는 금액은 1억 8천만원(=5억원-3억 2천만원)이 된다.

8 시장의 불완전성이 배당정책에 미치는 영향에 대한 다음의 설명 중 가장 적절하지 않은 것은? (2008년)

① 배당을 늘리면 경영자의 특권적 소비를 줄이는 효과가 있기 때문에 기업가치에 긍정적 영향을 미칠 수 있다.

② Miller와 Scholes는 배당소득세가 존재하더라도 기업가치는 배당정책의 영향을 받지 않는다고 주장하였다.

③ 배당의 증가는 미래에 양호한 투자처가 없어서 재투자를 하지 않고 배당을 증가시킨다는 부정적인 정보를 제공하므로 주가에 부정적인 영향을 주며 이를 배당의 신호효과라고 한다.

④ 배당을 늘리면 미래에 신주발행을 통해 투자자금을 확보해야 하는 가능성이 높아지며 신주발행에 관련된 비용도 증가할 수 있으므로 기업가치에 부정적 영향을 미칠 수 있다.

⑤ 최적자본구조를 유지하는 수준에서 재투자를 한 다음 순이익의 나머지를 배당하는 배당정책을 사용하면 연도별 배당금의 변동이 심해진다.

| 해설 | ① 배당증가시 사내유보된 자금의 감소로 인해 경영자의 특권적 소비를 줄일 수 있으므로 기업가치에 긍정적 영향을 미칠 수 있다.
② Miller와 Scholes는 배당소득세가 존재하더라도 부채의 차입과 면세 무위험자산에 대한 투자를 통해 배당소득세를 회피할 수 있기 때문에 기업가치는 배당정책에 의해 영향를 받지 않는다고 주장하였다.
③ 배당증가시 증가된 배당금을 충분히 지급할 수 있을 만큼 기업의 미래 수익성이 좋거나 충분한 현금동원능력이 있다는 신호가 될 수 있어 주가에 긍정적 영향을 미칠 수 있다.
④ 배당증가시 사내유보된 자금감소로 미래에 투자기회 발생시 투자자금을 신주발행을 통해 조달해야 하는데 신주발행비용도 증가할 수 있어 주가에 부정적 영향을 미칠 수 있다.
⑤ 최적자본구조를 유지하는 수준에서 재투자를 한 다음 순이익의 나머지를 재투자하는 배당정책(배당의 잔여이론)을 사용하면 연도별 배당금의 변동이 심해진다.

9 기업 배당정책에 관련된 설명 중 가장 적절하지 않은 것은? (2017년)

① 일반적으로 기업들은 주당배당금을 일정하게 유지하려는 경향이 있다.

② 배당을 많이 지급함으로써 외부주주와 경영자간 발생할 수 있는 대리인비용을 줄일 수 있다.

③ 배당의 고객효과에 따르면 높은 한계세율을 적용받는 투자자들은 저배당기업을 선호하며, 낮은 한계세율을 적용받는 투자자들은 고배당기업을 선호한다.

④ 수익성 있는 투자기회를 많이 가지고 있는 기업일수록 고배당정책을 선호한다.

⑤ 정보의 비대칭성이 존재하는 경우 경영자는 시장에 기업정보를 전달하는 수단으로 배당을 사용할 수 있다.

| 해설 | ① 대부분의 기업들은 이익이 일시적으로 변동할 경우에는 주당배당금을 매년 일정하게 유지하는 안정배당정책을 실시한다.
② 배당을 많이 지급하면 기업의 여유자금이 감소하여 경영자의 특권적 소비를 감소시키기 때문에 외부주주와 경영자간에 발생할 수 있는 대리인비용을 줄이는 효과가 있다.
④ 수익성 있는 투자기회를 많이 가지고 있는 기업일수록 투자기회를 활용하기 위해 유보를 증가시킬 것이므로 저배당정책을 선호한다.

10 한국기업은 1년 후부터 매년 20,000원씩의 주당순이익을 예상하며 주당순이익 전부를 배당으로 지급하고 있다. 한국기업은 매년 순이익의 40%를 투자할 것을 고려하고 있으며, 자기자본순이익률은 13%가 될 것으로 예상한다. 한국기업이 순이익 전부를 배당으로 지급하는 대신 40%를 투자한다면 주가가 얼마나 변화하겠는가? 한국기업 주식의 적정 수익률은 13%이다. ΔP는 가격변화이다. (2006년)

① ΔP ≤ −2,000원   ② −2,000원 < ΔP < 0원   ③ ΔP=0원

④ 0원 < ΔP < 2,000원   ⑤ ΔP ≥ 2,000원

| 해설 | 유보이익에 대한 재투자수익률(자기자본이익률)이 주식에 대한 요구수익률(한국기업주식의 적정 수익률)과 동일하므로 유보 또는 배당의 증감이 주가에 영향을 미치지 않는다.

ⓐ 순이익을 모두 배당지급 : $P_0 = \dfrac{EPS}{k_e} = \dfrac{20,000}{0.13} = 153,846$원

ⓑ 순이익의 40%를 투자시 : $P_0 = \dfrac{d_1}{k_e - g} = \dfrac{20,000(1-0.4)}{0.13 - 0.4 \times 0.13} = 153,846$원

11 현금배당과 자사주매입을 비교한 다음의 서술 중 옳지 않은 것은? (2001년)

① 현금배당 직후에는 주당순이익(EPS)의 변화가 없으나, 자사주 매입 직후에는 주당순이익(EPS)가 증가한다.

② 시장의 불완전성이 없다면 투자자나 기업 모두 두 방식에 대해 무차별하다.

③ 현금배당 직후와 자사주 매입 직후 모두 주가수익비율(PER)이 감소한다.

④ 세금을 고려하는 경우 자사주매입이 현금배당보다 투자자에게 유리하다.

⑤ 일시적으로 이익이 많이 증가할 경우에 기업은 현금배당을 선호한다.

| 해설 | ① 현금배당의 주당순이익은 배당 이전의 개념이므로 변화가 없으나 자사주매입은 유통주식수를 감소시키므로 주당순이익은 증가한다.

② 완전자본시장에서 MM의 배당무관련이론이 성립하므로 현금배당과 자사주 매입의 효과는 동일하다.

③ PER = Price/EPS

현금배당 → 주가하락 → PER의 감소, 자사주매입 → EPS증가 → PER의 감소

④ 일반적으로 배당소득세율이 자본이득세율보다 높기 때문에 세금을 고려하면 주주는 현금배당보다 자사주매입을 더 선호한다.

⑤ ROE 〉k_e라면 주주는 현금배당보다 자본이득을 더 선호한다.

12 ABC기업의 시장가치기준의 재무상태표는 다음과 같다. 주식의 액면가액은 5,000원이고 자본금(장부가격)은 500억원이다. 또한 당기순이익은 100억원이다. ABC기업은 주당 500원의 현금배당을 실시할 것인가 아니면 50억원의 자사주를 현재의 가격으로 매입할 것인가를 고려하고 있다. 다음 중 ABC기업이 현금배당을 실시하든 아니면 자사주를 매입하든 효과가 동일하게 나타나는 것들을 모두 모은 것은? 재무정책 발표에 따른 정보효과와 세금은 없다고 가정한다. (2006년)

현 금	200억원	부 채	1,000억원
비유동자산	2,800억원	자기자본	2,000억원

a. 발행주식수	b. 주가
c. 주당순이익(EPS)	d. 주주에게 지급되는 총금액
e. 주가수익비율(PER)	

① a, b, c ② d, e ③ d
④ e ⑤ b, d

| 해설 | 현금배당이든 자사주매입이든 총금액 50억원은 동일하다. 다만 현금배당의 경우 주가가 하락해서 PER가 감소하고, 자사주매입의 경우 EPS가 증가해서 PER가 감소한다.

구분	현금배당	자사주매입
a. 발행주식수	1,000만주	975만주
b. 주가	19,500원	20,000원
c. 주당순이익	1,000원	1,025원
d. 주주에게 지급되는 총금액	50억원	50억원
e. 주가수익비율	19.5	19.5

13 A기업의 현재 발행주식수는 20,000주, 당기순이익은 5,000만원, 주가는 10,000원이다. 주가가 이론적 주가로 변한다고 가정할 때 A기업이 고려하고 있는 다음의 재무정책들 중에서 현재보다 주가수익비율(PER)이 감소하는 정책들을 모두 모은 것은? 단, 재무정책 실시에 따른 정보효과는 없다고 가정한다. (2008년)

a. 당기순이익의 20%를 현금으로 배당한다.
b. 발행주식수의 20%를 주식으로 배당한다.
c. 1 : 2로 주식을 분할한다.
d. 2 : 1로 주식을 병합한다.
e. 당기순이익의 20%에 해당하는 금액으로 자사주를 10,000원에 재매입한다.

① b, c, d ② c, d, e ③ a, b ④ a, e ⑤ d

	이전	현금배당	주식배당	주식분할	주식병합	자사주매입
자기자본	2억원	1.9억원	2억원	2억원	2억원	1.9억원
순이익	5,000만원	5,000만원	5,000만원	5,000만원	5,000만원	5,000만원
주식수	20,000주	20,000주	24,000주	40,000주	10,000주	19,000주
주가	10,000원	9,500원	8,333원	5,000원	20,000원	10,000원
EPS	2,500원	2,500원	2,083원	1,250원	5,000원	2,632원
PER	4	3.8	4	4	4	3.8

14 다음 중 배당이론 및 배당정책에 관한 설명으로 적절한 항목만을 모두 선택한 것은? (2020년)

> a. 배당의 고객효과이론에 의하면 소득세율이 높은 고소득자는 저배당주를 선호하며, 소득세율이 낮은 저소득자는 고배당주를 선호한다.
> b. 안정배당이론에 의하면 기업의 순이익이 급증할 때 배당성향이 단기적으로 감소하는 경향이 있다.
> c. MM의 배당이론(1961)에 의하면 배당정책이 주주의 부에 영향을 미치지 않으며 주주들은 배당소득과 자본이득을 무차별하게 생각한다.
> d. 잔여배당이론에 의하면 수익성이 높은 투자기회를 다수 보유하는 기업의 배당성향이 낮은 경향이 있다.
> e. 현금배당시 주당순이익 및 부채비율은 변동하지 않으며 자사주매입시 주당순이익 및 부채비율은 증가한다.

① a, e   ② c, d   ③ a, b, c   ④ b, d, e   ⑤ a, b, c, d

| 해설 | 현금배당시 주당순이익은 불변이지만 자기자본가치의 감소로 부채비율은 증가한다.

15 다음 중 주식배당의 효과로 옳은 것은? (1995년)

① 주당순이익(EPS)이 증가한다.
② 기업의 재무상태표에는 아무런 영향이 없다.
③ 기업의 입장에서 현금배당과 효과가 동일하다.
④ 기존 주주의 부에는 아무런 영향이 없다.
⑤ 기업의 위험이 감소한다.

| 해설 | ① 발행주식수가 증가하여 주당순이익은 감소한다.
② 주식배당은 형식적 증자로 회계상 자기자본의 단순한 대체로 기업가치에 미치는 영향은 없다. 다만 이익잉여금의 감소와 자본금의 증가를 가져온다.
③ 현금배당과 주식배당은 주주부의 변화가 없다. 그러나 현금배당은 배당액만큼의 현금유출로 자기자본이 감소하나 주식배당은 현금의 유출이 없으며 자본에 아무런 영향이 없다.

④ 주식배당, 주식분할, 무상증자 등은 기존 주주의 부에 아무런 영향이 없다.

⑤ 주식배당은 자본에 영향을 미치지 않기 때문에 부채비율에 미치는 영향이 없다.

16 **다음 중 자사주매입과 관련된 설명으로 잘못된 것은?** (1993년)

① 증권시장에서 자사주의 가격이 낮게 형성되어 있을 경우에 매입한다.

② 세금을 고려하지 않는 경우 주주입장에서 현금배당과 같은 효과를 나타낸다.

③ 주식가격은 상승하고 주당이익은 증가한다.

④ 주식재매입 전후의 주주부에는 변동이 없다.

⑤ 부채비율이 상대적으로 높아져 자본구조가 악화된다.

| 해설 | 증권시장에서 주가가 낮게 형성되면 주가를 관리하기 위해 자사주를 매입한다. 자사주매입은 발행주식수의 감소로 주당순이익은 증가하나 주가변동은 자사주의 매입가격에 따라 다르다. 즉 자사주를 기존의 주가보다 높은 가격으로 매입하면 주가는 하락하고, 기존의 주가보다 낮은 주가로 매입하면 기존의 주가는 상승한다. 아무런 단서가 없으면 적정가격으로 자사주를 매입한 것으로 간주한다.

17 **기업이 자사주를 매입하고자 하는 동기에 대한 설명 중 가장 타당성이 낮은 것은?** (1997년)

① 채권자를 보호하는 수단이다.

② 성과급 주식옵션(stock option)의 실행을 위한 수단이다.

③ 현금배당에 대한 주주의 소득세를 절감할 수 있는 수단이다.

④ 적대적 기업인수 · 합병(M&A)에 대한 방어수단이다.

⑤ 주가가 저평가되었을 때 이 사실을 투자자에게 전달하는 수단이다.

| 해설 | 자사주를 매입하면 자산가치와 자기자본가치가 감소하고 부채비율이 증가하여 기업자산의 담보력이 감소하므로 채권자의 위험이 증가한다.

18 **완전자본시장을 가정했을 때 배당정책의 효과에 대한 설명으로 가장 적절하지 않은 것은? 단, 자사주는 시장가격으로 매입한다고 가정한다.** (2018년)

① 주식배당시 발행주식수는 증가하며 주가는 하락한다.

② 자사주매입시 발행주식수는 감소하며 주가는 변하지 않는다.

③ 현금배당시 발행주식수의 변화는 없으며 주가는 하락한다.

④ 현금배당 또는 자사주매입시 주가이익비율(PER)은 증가한다.

⑤ 현금배당 또는 자사주매입시 기존주주의 부는 변하지 않는다.

| 해설 | 현금배당시 주당순이익은 불변인 상태에서 주가가 하락하기 때문에 주가이익비율은 감소한다. 그리고 자사주매입시 주가는 불변인 상태에서 주당순이익이 증가하기 때문에 주가이익비율은 감소한다.

19 (주)한강은 올해 5억원의 당기순이익을 발생시켰다. (주)한강은 50%의 배당성향을 갖고 있으며 올해에도 이를 유지할 계획이다. 현재 순이익이 반영된 주가는 주당 20,000원이며 발행주식수는 20만주이다. 이 기업의 배당락주가는 18,750원이 되었다. 만약 (주)한강이 배당을 하지 않고 그 금액으로 자사의 주식을 현재 주가인 주당 20,000원으로 구입하여 소각한다면 주가는 얼마가 되겠는가? 단, 정보효과와 거래비용은 없다고 가정한다. (2010년)

① 16,500원   ② 18,000원   ③ 20,000원
④ 22,000원   ⑤ 23,500원

| 해설 | 현재 주가 또는 배당부주가에 자사주를 매입하여 소각하면 주가변동이 없다.

20 다음 중 1 : 10 주식분할(stock split)에 대한 설명으로 가장 옳지 않은 것은? 단, 주식분할과 관련된 모든 비용은 무시한다. (2003년)

① 주식의 액면가는 1/10로 하락한다.
② 장부상 자본잉여금이 보통주자본금으로 전입될 뿐 자기자본총액은 변동이 없다.
③ 주주의 지분권(기업지배권)에는 변동이 없다.
④ 발행주식수가 10배 증가한다.
⑤ 주당순이익이 1/10로 감소하고, 이론적인 주가는 1/10 수준으로 하락한다.

| 해설 | 자본잉여금의 자본전입은 무상증자에 해당하며 1: 10 주식분할 효과는 다음과 같다.

유통주식수	주당순이익	주당액면가	자본	자본금
증가(10배)	감소(1/10)	감소(1/10)	불변	불변

재무관리의
특수분야

기업합병과 매수

Chapter 16

기업결합의
매수

이미 성숙단계에 도달한 많은 기업들은 지속적인 성장을 위해 외부기업과의 M&A를 통한 결합전략을 적극적으로 이용하며 기업활동의 국제화에 따라 M&A의 범위도 범 세계적으로 확대되고 있다. 또한 각국의 보호주의 장벽이 높아지면서 기업들의 해외 진출이 급증하고 현지기업의 매수사례도 증가하는 추세에 있다.

제1절 M&A의 기본개념

기업은 경영활동을 수행하면서 질적 또는 양적으로 성장해야 하는데, 그렇지 않으면 자본주의 시장경제에서 도태될 수 있기 때문이다. 기업의 성장형태는 기업내부의 투자활동에 따른 생산과 판매의 증대를 통해 성장하는 내적 성장과 다른 기업과 인위적인 결합을 통해 성장하는 외적 성장으로 구분할 수 있다.

1. M&A의 정의

기업합병과 매수(M&A)는 특정 기업이 다른 기업을 합병(merge) 또는 취득하는 것을 말하며 외적 성장의 중요한 수단으로 이용된다. 합병은 당사기업의 협상과 법률적 절차를 거쳐 우호적으로 이루어진다는 점에서 매수 또는 취득(acquisition)과 차이가 있으나 합병과 취득을 모두 포함하는 개념으로 사용되고 있다.

2. M&A의 유형

오늘날 다른 기업의 지배권을 획득하는 과정은 다양한 형태로 이루어지고 있다. 일반적으로 기업인수(takeover)의 형태는 다음과 같이 세 가지 유형으로 분류할 수 있다. 기업합병과 매수(M&A)는 협의의 개념으로는 기업합병까지 포함하는 기업매수로 볼 수 있으나 광의의 개념으로는 기업인수로 볼 수 있다.

(1) 기업합병

합병(merger)은 둘 이상의 기업이 청산절차를 거치지 않고 합병당사기업의 일부 또는 전부가 소멸함과 동시에 소멸기업의 권리와 의무가 존속기업에 포괄적으로 이전되는 기업간의 계약을 말한다. 합병이 이루어지려면 주주총회의 특별결의가 필요하며 법률적 측면과 경제적 측면에 따라 다음과 같이 구분된다.

1) 법률적 측면

① 흡수합병

흡수합병(merge)은 합병당사기업의 하나가 존속하고 다른 기업은 소멸하여 존속기업에 흡수되는 형태의 합병을 말한다. 이때 존속하는 기업을 합병기업, 해산하는 기업을 피합병기업이라고 한다. 흡수합병은 비교적 경쟁이 심한 대기업과 중소기업간에 많이 발생하며 적자기업을 우량기업이 흡수하는 경우가 많다.

② 신설합병

신설합병(consolidation)은 합병당사자인 기업의 전부가 해산하고 동시에 새로운 기업을 설립하여 그 권리와 의무를 새로운 기업에 양도하는 형태의 합병을 말한다. 신설합병은 영업에 관해 인허가가 필요하면 새로이 인허가를 받아야 하고 합병당사기업의 주주들에게 신주권을 발행하기 위해 많은 비용이 소요된다.

2) 경제적 측면

① 수직적 합병

수직적 합병(vertical merge)은 산업연관표상 생산과정과 유통경로상의 이전 또는 이후 단계에 있는 다른 종류의 업종 사이에서 이루어지는 기업간의 합병을 말한다. 수직적 합병은 생산과 유통의 합리화, 계열강화 등을 목적으로 합병한다.

(예) 자동차제조회사가 자동차부품회사나 자동차판매회사를 합병, 금강과 고려화학

② 수평적 합병

수평적 합병(horizontal merge)은 동일한 업종 또는 유사한 업종(생산단계)에 속해 있는 기업간의 합병을 말한다. 수평적 합병은 주로 시장의 독점적 지배, 규모의 이익추구, 경영합리화, 경쟁회피 등을 목적으로 합병한다.

(예) 두루넷과 하나로텔레콤, 신한은행과 조흥은행, OB맥주와 두산음료

③ 다각적 합병

다각적 합병(conglomerate merge)은 생산과 판매의 측면에서 상호관련성이 전혀 없

거나 업종이 다른 이종기업간의 합병을 말한다. 자본관계에 의한 경우가 많고 위험분산, 기업의 지배력 강화, 다각화 이익의 추구를 목적으로 합병한다.

(예) 대한전선과 쌍방울, 금호아시아나와 대우건설, 현대산업개발과 영창악기

(2) 기업매수

매수(acquisition) 또는 취득은 특정 기업이 다른 기업의 경영지배권(control)을 획득하기 위해 매수대상기업의 주식이나 자산을 취득하는 행위를 말한다. 따라서 매수는 주식이나 자산을 매수한 후에도 매수대상기업이 개별기업으로 존속한다는 점에서 합병과 차이가 있으며 주식매수와 자산매수로 구분된다.

① 주식매수

주식매수(stock acquisition)는 매수기업이 현금이나 자사의 주식을 지급하고 피매수기업이 발행한 주식의 일부나 전부를 취득하는 것을 말한다. 주식을 취득하는 방법은 아주 다양하지만 일반적으로 피매수기업의 소액주주로부터 주식을 직접 매입하는 공개매수제의(TOB : tender offer)의 방법이 주로 이용된다.

② 자산매수

자산매수(asset acquisition)는 두 기업간에 체결된 계약에 따라 매수기업이 피매수기업 자산의 일부 또는 사업부문의 전부를 취득하는 것을 말한다. 자산취득은 경영진과의 합의를 통해서 이루어지고 자산의 법적 소유권이 매수한 기업으로 이전되므로 매수대상기업의 경영지배권을 흡수하는 효과를 가져온다.

(3) 기업인수

기업인수(takeover)는 특정 기업의 지배권이 다른 기업으로 이전되는 현상을 말한다. 기업인수는 기업합병과 매수는 물론 백지위임장 투쟁(proxy contest)을 통한 지배권의 획득, 공개된 기업의 주식을 소수주주가 대부분 매입하여 사유화하는 사기업화(going private)까지 포함하는 광범위한 개념으로 사용된다.

3. M&A의 방법

(1) 직접협상

직접협상은 합병당사기업의 경영자나 대주주가 직접 협상하고 협상결과에 대해 주주총회의 특별결의에 의한 승인을 받아 합병매수하는 방법으로 공개매수와 함께 널리 이용된다. 협상에 의한 방법은 합병당사기업 쌍방이 그 필요성에 대해 의견을 같이 하는 경우에 가능하기 때문에 대부분 우호적 인수에 속한다.

(2) 공개매수

공개매수(TOB : tender offer)제의는 인수대상기업 이사회의 승인에 관계없이 인수대상기업의 주주를 대상으로 특정가격에 주식을 매입하겠다는 것을 공개적으로 제안하고 직접주식을 매입하여 지배권을 확보하는 방법을 말한다. 공개매수는 직접협상이 잘 이루어지지 않을 때 이용하므로 대부분 적대적 인수가 많다.

인수대상기업의 경영자는 공개매수제의의 공격을 방어하기 위해 정관수정, 주주에게 시가보다 싼 값에 주식을 살 권리를 부여하는 독약제공, 인수대상기업의 경영자에게 우호적인 제3의 인수자로 적대세력의 공격을 차단하는 백기사, 왕관의 보석, 불가침협정, 황금낙하산과 같은 여러 가지의 수단을 사용하게 된다.

(3) 차입매수

차입매수(LBO : leveraged buyout)는 인수기업이 인수대상기업의 자산이나 미래수익력을 담보로 기업인수에 소요되는 자금을 여러 원천으로부터 차입하여 조달하고 차후에 인수대상기업에서 발생하는 현금흐름, 자산의 처분, 매각대금 등을 통해 채무를 상환해 나가는 방식을 말한다.

차입매수는 금융기관에서 인수자금을 차입하므로 비교적 적은 자본으로 기업을 인수할 수 있고 부채이용에 따른 레버리지효과를 얻을 수 있다 그러나 인수후의 기업가치가 매수가격보다 낮게 평가될 위험이 있으며 부채비율의 급격한 증가로 채무불이행위험이 크게 증가할 수 있다는 단점이 존재한다.

차입매수는 다른 기업에 의해 시도될 수 있고, 경영진에 의해 시도될 수도 있다. 경영자매수(MBO : management buyout)는 정보불균형이 존재하고 주식가격이 저평가되어 경영자가 분산소유되어 있는 주식을 인수하여 사기업화(going private)하기 위한 방법으로 차입매수를 시도하는 경우를 말한다.

(4) 지주회사

지주회사(holding company)는 다른 기업을 지배할 목적으로 지배에 필요한 비율만큼 지배대상기업의 주식을 소유하는 회사를 말하며 모회사라고도 한다. 이때 지배회사의 대상이 되는 자회사는 법률적으로 독립성은 유지하지만 실질적으로 지주회사의 지배를 받게 된다.

지주회사는 순수지주회사와 사업지주회사의 두 가지 유형이 있다. 순수지주회사는 다른 회사의 주식을 보유하고 지배할 뿐 경영활동은 전혀 하지 않는 지주회사를 말하고, 사업지주회사는 다른 회사를 지배하는 동시에 자신도 직접 경영활동을 수행하는 지주회사를 말한다.

(5) 합작투자

합작투자(joint venture)는 두 개 이상의 기업들이 특별한 사업을 추진하기 위해 자본을 출자하여 제3의 기업을 인수하거나 설립하는 것을 말하며 주로 외국기업과 합작형태로 이루어진다. 합작투자는 기술이전을 용이하게 하고 외국의 값싼 노동력을 이용할 수 있으며 국제분산투자의 필요성이 있을 경우에 효과적이다.

4. M&A의 동기

M&A가 경제주체의 합리적인 의사결정의 결과라면, M&A가 일어나는 동기는 M&A로 기업가치가 증대된다고 믿기 때문이다. M&A의 동기는 M&A로 자원활용의 효율성이 증가한다는 배분효율성 이론, 대리인 비용의 감소로 가치가 창출된다는 대리인 이론, 자본시장의 비효율을 이용한 가치창출가설로 분류한다.

(1) 시너지효과가설

시너지효과가설(synergy effect hypothesis)은 합병당사기업간에 결합을 하게 되면 합병 후의 기업가치가 합병 전의 개별기업의 가치를 합한 것보다 커지는 시너지효과

(synergy effect)를 얻기 위해 합병이 이루어진다는 가설을 말한다. 시너지는 다음과 같은 두 가지 측면에서 그 원인을 찾아볼 수 있다.

기업가치는 기업이 벌어들일 영업현금흐름을 현금흐름에 적절한 자본비용으로 할 인하여 구하는데, 영업시너지(operating synergy)는 영업현금흐름의 증가를 통해 기업가 치를 증가시키는 효과를 말한다. 반면에 재무시너지(financial synergy)는 자본비용의 감 소를 통해 기업가치를 증가시키는 효과를 말한다.

① 영업시너지

영업시너지는 생산, 판매, 연구개발 등에서 발생하는 영업수익의 증가나 영업비용의 감소로 인한 기업가치의 증대효과를 말한다. 수평적 합병은 규모의 경제로 영업시너지가 발생하고, 수직적 합병은 범위의 경제로 영업시너지가 발생한다.

② 재무시너지

재무시너지는 합병을 하면 합병당사기업간의 현금흐름이 완전 정(+)의 상관관계를 갖지 않는 한 포트폴리오효과에 의해 파산위험을 줄이면서 부채차입능력이 증가하기 때 문에 자본비용이 감소하여 기업가치가 증가하는 효과를 말한다.

(2) 저평가가설

저평가가설(undervaluation hypothesis)은 어떤 기업의 주식가치가 자산의 대체원가 또는 재취득원가보다 낮게 평가되어 있다면 이 기업이 보유중인 자산을 취득하고자 하 는 기업은 그 자산을 구입하는 것보다 과소평가된 기업을 인수하는 것이 유리하기 때문 에 합병이 이루어진다는 가설을 말한다.

과소평가된 기업을 탐색할 경우에 토빈의 Q비율을 이용할 수 있다. 토빈의 Q비율 은 증권시장에서 평가된 기업의 시장가치를 자산의 대체원가로 나누어 산출한다. 어떤 기업의 Q비율이 1보다 낮다면 그 기업의 시장가치는 과소평가되어 있다고 볼 수 있어 M&A의 표적이 될 가능성이 크다는 것을 나타낸다.

$$Q비율 = \frac{기업의\ 시장가치}{자산의\ 대체원가} \tag{16.1}$$

(3) 효율성가설

효율성가설(efficiency hypothesis)은 합병당사기업간에 경영의 효율성이나 경영자의 능력에 차이가 존재할 경우에 경영효율성이 높은 기업이 경영효율성이 낮은 기업을 매수하여 경영하면 인수대상기업의 효율성을 개선함으로써 기업가치를 증대시킬 수 있기 때문에 합병이 이루어진다는 가설을 말한다.

(4) 정보신호가설

정보신호가설(signalling hypothesis)은 정보의 불균형하에서는 합병을 위한 협상과정, 주식공개매수, 합작투자 등의 기업에 대한 새로운 정보가 시장에 제공되므로 과소평가된 인수대상기업의 재평가를 통해서 합병대상기업의 가치를 증대시킬 수 있기 때문에 합병이 이루어진다는 가설을 말한다.

(5) 시장지배력가설

시장지배력가설(market power hypothesis)은 시장점유율의 증대나 독점적 이윤의 확보를 위해 합병을 한다는 가설을 말한다. 시너지효과가설이 합병을 통한 기업규모의 대형화로 비용절감효과에 초점을 맞추고, 시장지배력가설은 기업규모의 대형화로 시장에서 지배력을 증대시키는 것에 초점을 맞춘다.

(6) 세금효과가설

세금효과가설(tax effect hypothesis)은 배당소득과 자본이득간의 세율의 차이, 이월결손금의 상계인정여부 등에 따라 세금을 절약하는 수단으로 합병이 이루어진다는 가설을 말한다. 합병당사기업간에 이월결손금의 상계가 허용되면 수익성이 높은 기업이 이월결손금이 누적된 기업과 합병하면 법인세를 절감할 수 있다.

배당소득세율이 자본이득세율보다 높은 경우에 충분한 현금흐름이 있는 기업이 현금배당의 자금으로 성장기회가 높은 기업을 인수하면 현금배당 대신 주가상승에 의한 자본이득을 얻을 수 있다. 이때 배당소득세 대신에 상대적으로 세율이 낮은 자본이득세를 부담하므로 세금을 절약할 수 있다.

(7) 대리인가설

대리인가설(agency hypothesis)은 경영자가 그 기업의 주식을 소유하지 않거나 일부만을 소유하는 경우에 주주부를 극대화하기보다는 경영자 자신의 효용을 극대화시키는데 많은 관심을 갖게 되므로 주주는 경영자의 행동을 감시하는 방안으로 기업인수의 위협을 사용할 수 있다는 가설을 말한다.

대리인비용을 발생시키는 경영자의 비효율적 경영활동으로 기업가치가 하락하게되면 공격적인 인수대상기업이 될 가능성이 증가하여 경영자의 지위를 위협하는 수단이된다. 따라서 M&A의 존재로 경영자는 특권적 소비를 줄이고 효율적인 경영을 수행하고자 노력하여 대리인비용을 낮춘다는 것이다.

(8) 경영자주의가설

경영자주의가설(managerialism hypothesis)은 경영자들이 기업의 규모가 큰 경우에 경영자 자신의 위신이 향상되고 보수가 증가한다고 생각하기 때문에 주주의 부를 극대화하는 것이 아니더라도 다른 기업을 인수 또는 합병하여 기업규모를 증대시키기 위한수단으로 합병을 이용한다는 가설을 말한다.

5. 적대적 M&A의 방어수단

M&A는 합병당사기업간의 협상에 의해 M&A가 우호적으로 진행될 수 있고 어떤 경우에는 공개매수제의나 백지위임장투쟁과 같은 적대적 기업인수의 형태를 띤다. 적대적인수시도에 대한 방어전략은 적대적 인수의 성공가능성을 감소시키는 예방적 방어전략과 적대적 인수의 시도가 있으면 적극적 방어전략으로 구분된다.

(1) 정관개정

인수대상기업은 적대적 매수자가 기업의 경영권을 탈취하는 것을 보다 어렵게 하는조치들을 만들기 위해 기업의 정관을 개정할 수 있다. 정관개정은 상어퇴치제(shark repellent)라고도 하며, 황금낙하산, 특별다수의결조항, 시차이사회조항, 공정가격조항, 이중자본화 등 다양하다.

① 황금낙하산

황금낙하산(golden parachute)은 기업이 상위 경영진에게 특별한 보상을 제공하는 계약으로 기업의 지배권이 바뀌어 현재의 경영진이 퇴직할 경우에 비정상적으로 높은 퇴직금을 지급하도록 하는 고용계약을 체결하여 합병이 성사되더라도 피합병기업의 가치가 현저하게 떨어지도록 하는 조치를 말한다.

황금낙하산은 보통 주주총회의 승인없이 도입할 수 있고, 경영자로 하여금 합병에 동의하도록 유인하여 합병을 용이하게 하는 반면에 합병에 따른 매수기업의 부담을 증가시키는 효과가 있다. 따라서 황금낙하산은 방어전략이라기보다는 매수시 매수자의 매입비용을 다소 상승시키는 효과가 존재한다.

② 특별다수의결조항

특별다수의결조항(supermajority amendment)은 기업합병, 자산양도에 필요한 주주총회의 의결요건을 강화하는 조항으로 주주총회의 특별결의로 주주들의 2/3가 찬성하면 합병이 가능한데 주주총회에서 80% 이상의 찬성이 있을 경우에만 합병이 가능하도록 합병의 승인절차를 강화시키는 조치를 말한다.

③ 시차이사조항

시차이사조항(staggered terms of directors)은 정관을 개정하여 이사들의 임기만료시기를 서로 다른 시점으로 분산시켜 일시에 선출되는 이사의 수를 제한하는 조항을 두게 되면 인수자가 기업의 지배권을 획득하는데 상당한 시일이 소요되기 때문에 합병을 실현시키는데 어려움이 따른다.

④ 공정가격조항

공정가격조항(fair price provisions)은 기업의 정관을 개정하여 매수자가 공개매수에 응한 모든 주주들에게 최소한 공정시장가격 이상을 지불하도록 규정하는 것을 말한다. 공정가격은 특정한 가격을 명시하거나 기업 주가수익비율(PER)의 일정승수로 결정하도록 명시하는 형태가 일반적이다.

⑤ 이중자본화

이중자본화(dual capitalization)는 상이한 의결권을 갖는 두 부류의 주식으로 자기자본을 재구성하는 것을 말한다. 이중자본화는 적대적 인수 방어 이외의 여러 가지 이유로 실행되지만 매수방어전략의 입장에서는 대상기업의 경영자 측에게 우호적인 그룹에게 보다 많은 의결권을 부여하는 것이 목적이다.

(2) 독약처방

독약처방(poison pills)은 인수기업이 매수에 성공해도 손실을 보도록 독약이라는 특별한 권리를 기존의 주주들에게 부여하여 매수시도를 회피하는 방법을 말한다. 예컨대 기존의 주주들에게 M&A 후에 인수기업 주식의 상당량을 할인된 가격으로 매입할 수 있는 권리를 부여하여 외부인이 기업을 인수하면 손실을 입힌다.

(3) 백기사(white knight)

백기사(white knight)는 기업이 원하지 않는 매수의 대상이 되었을 때 자사에게 우호적인 제3자에게 M&A를 제의할 수 있다. 이러한 우호적인 협상을 통해서 경영진은 적대적인 M&A 시도를 방어할 수 있고 자신들의 지위를 유지할 수 있다. 이때 인수대상기업의 경영진에게 우호적인 제3자를 백기사라고 한다.

(4) 왕관의 보석

왕관의 보석(crown jewel)은 기업을 인수하려고 시도하면 왕관의 보석에 해당하는 핵심적인 자산이나 사업부를 매각하여 회사를 빈껍데기로 만들어서 매수위험을 회피하는 방법을 말한다. 이때 인수대상기업은 제3의 회사를 설립하여 이 회사에 주요 재산을 매각하고 사용계약을 맺는 방법을 사용하기도 한다.

(5) 불가침협정

불가침협정(standstill agreement)은 매수자의 보유지분이 대상기업을 충분히 위협할 수 있다고 판단될 때 대상기업이 잠재적인 매수자와 일정기간 동안 보유지분을 증가시키지 않거나 일정비율 이상을 취득하지 않겠다는 계약을 체결하는 것을 말한다. 매수자는 그 대가로 금전적인 보상을 받는다.

그린메일(green mail)은 인수를 시도한 투자자로부터 프리미엄이 붙은 가격으로 주식을 재매입하는 것으로 재매입을 하지 않는 경우 인수를 시도한 투자자가 지분을 증가시키지 않는 대신에 일정한 경영참여를 인정하는 계약을 맺기도 한다. 불가침협정은 그린메일처럼 매수자는 금전적인 보상을 받는다.

제2절 합병의 경제성 평가

M&A도 인수기업의 입장에서 보면 기업의 투자결정에 해당하여 자본예산의 특수한 경우로 생각할 수 있다. M&A를 평가하는 경우에도 다른 투자분석과 마찬가지로 순현재가치법을 사용하는 것이 바람직하다. 따라서 합병대상기업의 인수가 0보다 큰 순현가(NPV)를 가져다준다면 M&A의 시도가 일어난다.

1. 합병후의 주당이익

(1) 합병기업의 주주

주식교부에 의한 합병시 합병후 순이익은 합병당사기업의 순이익과 시너지효과를 가산한 값이며, 합병후 발행주식수는 합병전 발행주식수에 합병대가를 지불하기 위해 새로 발행한 주식수를 가산한 값이다.

합병기업 주주의 합병후 주당이익은 합병후 순이익을 합병후 주식수로 나누어 다음과 같이 구할 수 있다.

$$EPS_{12}^{합병} = \frac{E_1 + E_2 + SE}{N_1 + N_w} = \frac{E_1 + E_2 + SE}{N_1 + N_2 \times ER} \tag{16.2}$$

주식교환비율(ER : exchange ratio)은 피합병기업 주식 1주에 대해 합병대가로 교부하는 합병기업의 주식수를 말하며, 여기에 피합병기업의 합병전 발행주식수를 곱하면 합병기업이 새로 발행해야 하는 주식수를 구할 수 있다.

(2) 피합병기업의 주주

피합병기업 주주들이 합병전에 보유하고 있던 주식 1주에 상응하는 합병후 주당이익은 합병기업 주주의 합병후 주당이익에 주식교환비율을 곱하여 구할 수 있다.

$$EPS_{12}^{피합병} = EPS_{12}^{합병} \times ER \tag{16.3}$$

주식교환비율을 0.5로 하여 합병할 때 합병기업 주주의 합병후 주당이익이 1,000원이면 합병후 주식 1주는 합병전 피합병기업 주식 2주에 해당하여 피합병기업 주주의 합병후 주당이익은 합병기업 주주의 주당이익에 0.5를 곱한 500원이다.

2. 주당이익의 성장률

주당이익을 합병여부의 판단기준으로 사용하면 합병시점 주당이익의 변화와 미래이익의 성장가능성도 고려해야 한다. 이는 합병시점에서 합병 후 주당이익이 합병전보다 감소하는 희석효과가 있어 피합병기업의 성장률이 합병기업보다 크면 장기적으로 합병후 주당이익이 합병 전 주당이익보다 커질 수 있기 때문이다.

여기서 합병 후 기대되는 두 기업의 예상성장률(g_{12})은 단순히 합병기업의 성장률(g_1)과 피합병기업의 성장률(g_2)을 개별기업의 이익비중으로 가중평균하여 다음과 같이 구할 수 있다.

$$g_{12} = g_1 \times \frac{E_1}{E_1 + E_2} + g_2 \times \frac{E_2}{E_1 + E_2} \tag{16.4}$$

따라서 합병할 때의 주당이익인 $EPS_{12}(1+g_{12})^t$이 합병하지 않을 때의 주당이익인 $EPS_1(1+g_1)^t$과 같아지는데 걸리는 기간(t^*)이 합병기업에서 허용할 수 있는 최대기간보다 짧다면 합병은 타당성이 있다고 할 수 있다.

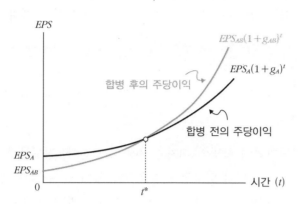

그림 16-1 성장률과 주당이익

3. 시너지효과와 합병이득

(1) 시너지효과

시너지효과(synergy effect)는 합병 후 기업가치가 합병 전 개별기업의 가치의 합계보다 더 커지는 효과를 말한다. 예컨대 1기업이 2기업의 인수를 고려하고 있다. 합병전 합병기업의 가치와 피합병기업의 가치를 V_1과 V_2, 합병후의 기업가치를 V_{12}라고 하면 시너지효과(SE)는 다음과 같이 나타낼 수 있다.

$$SE = V_{12} - (V_1 + V_2) \tag{16.5}$$

식(16.5)에서 시너지효과는 합병으로 인한 기업가치의 순증가분을 의미한다. 따라서 시너지효과는 합병으로 인한 증분현금흐름(ΔCF_t)을 증분현금흐름의 성격을 고려한 위험조정할인율로 할인한 현가의 합과 동일하기 때문에 합병후의 자본비용(k_{12})으로 할인하여 구할 수도 있다.

$$SE = \sum_{t=1}^{n} \frac{\Delta CF_t}{(1+k_{12})^t} \tag{16.6}$$

식(16.6)에서 ΔCF_t는 자본예산에서의 증분현금흐름과 동일하다. 따라서 시너지효과는 분자의 현금흐름과 분모의 자본비용에서 모두 발생할 수 있다. 분자의 현금흐름에서 발생하는 시너지효과가 영업시너지이고, 분모의 자본비용에서 발생하는 시너지효과가 재무시너지에 해당한다.

(2) 합병이득의 분석

1) 현금지급의 경우

합병기업은 피합병기업에 합병의 대가를 지불해야 한다. 정보불균형하에서 합병은 피합병기업의 주가가 저평가되어 있다는 신호효과가 있어 인수가격은 합병이전의 시장가치보다 높다. 합병프리미엄은 합병기업이 인수가격과 합병 전 피합병기업가치의 차액만큼 부담하는 초과비용으로 피합병기업의 합병이득이 된다.

$$\text{합병프리미엄} \ = \ \text{인수가격} \ - \ V_2 \tag{16.7}$$

합병기업은 인수가격을 지불하고 합병 후 기업가치를 보유하므로 합병기업의 합병이득은 다음과 같이 구할 수 있다.

$$\text{합병기업의 합병이득} \ = \ \text{시너지효과} \ - \ \text{합병프리미엄} \tag{16.8}$$

따라서 합병이득의 분석은 합병으로 인한 총이득(시너지효과)을 피합병기업의 합병이득과 합병기업의 합병이득으로 구분하여 합병의 성과를 분석하는 것이다.

2) 주식교부의 경우

주식교부에 의한 합병시 합병이득은 현금지급합병과 동일하게 분석할 수 있으며 인수가격을 추정해야 하는데, 인수가격은 합병 후 피합병기업 주주의 지분비율(α)에 합병후 기업가치(V_{12})를 곱해서 다음과 같이 구할 수 있다.

$$\text{인수가격} \ = \ \alpha \ \times \ V_{12} \tag{16.9}$$

예제 16-1 현금합병과 주식교환합병

기업가치가 400억원인 동강기업은 기업가치가 40억원인 서강기업과의 합병을 고려하고 있다. 합병 후에 존속하는 합병기업의 가치는 464억원으로 추정되고 있다.

1. 동강기업이 현금 50억원을 지급하고 서강기업을 흡수합병할 경우 동강기업의 합병으로 인한 이득인 합병의 순현가(NPV)는 얼마인가? 또한 서강기업의 합병이득인 M&A의 프리미엄은 얼마인가?

2. 동강기업과 서강기업의 합병 전의 재무자료가 다음과 같다. 동강기업이 주식 125,000주를 발행하여 서강기업을 흡수합병할 경우 동강기업의 합병으로 인한 이득인 합병의 순현가(NPV)는 얼마인가? 또한 서강기업의 합병이득인 M&A의 프리미엄은 얼마인가?

	동강기업	서강기업
주식가격	4만원	2만원
발행주식수	100만주	20만주

풀이

1. 먼저 합병으로 인한 시너지효과를 구하면 다음과 같다.

   합병으로 인한 시너지효과 = 464 − (400+40) = 24억원

한편 M&A프리미엄은 다음과 같이 구할 수 있다.

   M&A프리미엄 = 50 − 40 = 10억원

따라서 합병의 NPV는 다음과 같이 구할 수 있다.

   합병의 NPV = 시너지효과 − M&A프리미엄 = 24 − 10 = 14억원

즉 합병으로 인한 시너지효과 24억원은 합병기업의 합병이득인 합병의 NPV 14억원과 피합병기업의 합병이득인 M&A프리미엄 10억원으로 구분된다.

2. MA의 프리미엄 $= 464억원 \times \dfrac{125,000주}{1,000,000주+125,000주} - 40억원 = 11.56억원$

   ∴ 합병의 NPV = 시너지효과 − M&A프리미엄 = 24 − 11.56 = 12.44억원

제3절 인수가격과 합병조건

합병 후의 기업가치를 결정하기 위해서는 방대한 자료를 수집해야 하며 의사결정에 있어서 위험이 수반된다. 합병에서 가장 중요한 것은 인수가격과 합병조건의 결정이다. 합병조건은 인수대가를 어떤 방법으로 지불하느냐에 따라 현금으로 인수하는 경우와 주식발행을 통해 인수하는 경우로 구분된다.

1. 현금지급의 경우

합병기업이 인수가격으로 지불할 수 있는 최대금액은 합병기업의 합병이득이 0이 되는 가격으로 피합병기업의 가치에 시너지효과를 가산한 값이다. 합병 후의 시너지효과 (synergy effect)는 합병으로 인한 증분현금흐름을 합병 후의 위험이 반영된 할인율로 할인한 현재가치를 말한다.

(1) 증분현금흐름의 추정

합병으로 인한 증분현금흐름($\triangle CF_t$)은 합병 후 현금흐름(CF_t^{12})에서 합병 전 당사기업의 현금흐름($CF_t^1 + CF_t^2$)을 차감한 값을 나타낸다.

$$\triangle CF_t = CF_t^{12} - (CF_t^1 + CF_t^2) \tag{16.10}$$

식(16.10)은 자본예산에서 증분현금흐름으로 생각할 수 있다. 그러나 합병으로 인해 추가운전자본($\triangle WC_t$)이나 고정자산에 대한 투자($\triangle CI_t$)가 필요한 경우에는 증분현금흐름은 이를 현금유출로 처리하여 다음과 같이 구할 수 있다.

$$\triangle CF_t = (\triangle S - \triangle O)(1 - t_c) + \triangle D \times t_c - (\triangle WC_t + \triangle CI_t) \tag{16.11}$$

(2) 합병후 자본비용의 추정

합병의 경우 증분현금흐름에 적용할 적절한 할인율은 합병 후의 위험이 반영된 가중평균자본비용이며 다음의 순서에 따라서 산출한다.

① 합병 후 주식베타는 합병 전 합병당사기업의 주식베타를 자기자본가치 비중으로 가중평균하여 산출한다.

$$\beta_L^{12} = \frac{S_1}{S_1 + S_2}\beta_L^1 + \frac{S_2}{S_1 + S_2}\beta_L^2 \tag{16.12}$$

② 합병 후 자기자본비용은 주식베타를 증권시장선(SML)에 대입하여 구할 수 있다.

$$k_e^{12} = R_f + [E(R_m) - R_f]\beta_L^{12} \tag{16.13}$$

③ 합병 후 가중평균자본비용은 자기자본비용과 타인자본비용을 합병 후 자본구성 비율로 가중평균하여 산출한다.

$$k_{12} = k_d(1 - t_c)\frac{B}{S + B} + k_e\frac{S}{S + B} \tag{16.14}$$

(3) 시너지효과의 측정

합병 후 시너지효과는 추정한 증분현금흐름을 합병 후 가중평균자본비용으로 할인하여 다음과 같이 구할 수 있다.

$$SE = \sum_{t=1}^{n}\frac{\triangle CF_t}{(1 + k_{12})^t} \tag{16.15}$$

(4) 최대인수가격의 산정

합병이 시작되면 인수기업이 인수대상기업에게 합병의 대가를 지불하는데, 이를 인수가격이라고 한다. 합병기업이 피합병기업에 지불가능한 최대인수가격은 피합병기업의 가치에 시너지효과를 가산한 값이다. 합병기업이 피합병기업의 부채를 승계한다면 여기에서 피합병기업의 부채가치를 차감한 값이 최대인수가격이다.

$$최대인수가격 = V_2 + SE - B_2 \tag{16.16}$$

정보비대칭하에서 합병은 인수대상기업의 주가가 저평가되어 있다는 신호효과가 있어 인수가격은 합병이전의 시장가치보다 높다. 따라서 실제로 지급하는 인수가격이 최대인수가격보다 작으면 합병은 타당성이 있는 것으로 판단하지만, 인수가격이 너무 낮으면 인수대상기업의 주주들이 공개매수에 응하지 않을 것이다.

2. 주식교부의 경우

합병기업이 신주를 발행하여 피합병기업을 인수하려고 하는 경우에 새로 발행되는 주식수는 주식교환비율을 어떤 기준으로 하느냐에 따라 달라진다. 따라서 주식교부를 통해 합병대가를 지불할 경우에 주식교환비율은 합병조건을 의미한다. 왜냐하면 주식교환비율이 높을수록 많은 대가를 지불해야 하기 때문이다.

(1) 주식교환비율의 범위

합병당사기업의 주주들은 합병 후 주가가 합병 전보다 높아야 합병에 찬성할 것이므로 합병기업이 양보할 수 있는 최대한의 주식교환비율과 피합병기업이 인정할 수 있는 최소한의 교환비율이 존재한다. 합병 후 주가수익비율(PER)을 예측할 수 있으면 합병으로 인한 주가변동을 파악하여 합병의 타당성을 평가할 수 있다.

‖표 16-1‖ 주식교환비율의 비교

비교 항목	주당이익 기준 (합병 후 PER를 알 수 없을 때)	주식가격 기준 (합병 후 PER를 알 수 있을 때)
결정 원리	합병 후 EPS가 합병 전 EPS보다 높아야 합병에 찬성	합병 후 주가가 합병 전 주가보다 높아야 합병에 찬성
상한	$\begin{aligned} P_{12}^{합병} &= PER_{12} \times EPS_{12}^{합병} \\ &= PER_{12} \times \dfrac{E_1 + E_2 + SE}{N_1 + N_2 \times ER} \geq P_1 \end{aligned}$	$EPS_{12}^{합병} = \dfrac{E_1 + E_2 + SE}{N_1 + N_2 \times ER} \geq EPS_1$
하한	$\begin{aligned} P_{12}^{피합병} &= PER_{12} \times EPS_{12}^{피합병} \\ &= PER_{12} \times \dfrac{E_1 + E_2 + SE}{N_1 + N_2 \times ER} \times ER \geq P_2 \end{aligned}$	$EPS_{12}^{피합병} = \dfrac{E_1 + E_2 + SE}{N_1 + N_2 \times ER} \times ER \geq EPS_2$

‖그림 16-2‖ 주가수익비율과 주식교환비율의 결정범위

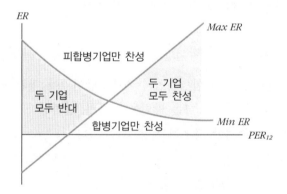

(2) 주식교환비율의 결정

주식교환비율(ER : stock exchange ratio)은 인수대상기업의 주식 1주에 대해 인수기업의 주식 몇 주를 교환하는가를 나타내는 비율을 말하며 일정한 범위내에서 결정된다. 일반적으로 주식교환비율을 결정할 경우에 주당이익 또는 주식가격을 기준으로 평가하는 방법이 자주 이용되고 있다.

1) 주당이익기준

주당이익기준은 합병 전 합병기업의 주당이익(EPS_1)에 대한 피합병기업의 주당이익(EPS_2)의 비율을 주식교환비율로 하며 합병당사기업의 위험도와 기대성장률이 동일하고 시너지효과가 없을 경우에 이용할 수 있다. 주당이익을 기준으로 합병이 이루어지면 합병 전후의 주당이익에 아무런 변화가 없게 된다.

$$ER = \frac{EPS_2}{EPS_1} \tag{16.17}$$

주당이익을 기준으로 합병하면 합병 후 주당이익과 합병 전 주당이익이 일치하여 합병 전후의 주당이익에 아무런 변화가 없게 된다. 그리고 주당이익은 회계적 이익의 측정치로 합병의 경제적 성과를 나타내지 못하고 기업의 성장성과 위험도를 반영하지 못해서 합병의 장기적 영향을 분석하는데 부적절하다.

2) 기대주당이익

기대주당이익은 합병 전 합병기업의 기대주당이익에 대한 피합병기업의 기대주당이익의 비율을 주식교환비율로 하는 방법을 말하며, 합병당사기업들의 기대성장률이 다르거나 시너지효과가 존재할 경우에 사용할 수 있다.

$$ER = \frac{EPS_2(1+g_2)^t}{EPS_1(1+g_1)^t} \tag{16.18}$$

3) 주식가격기준

기업합병의 목적은 주가상승을 통해 기업가치극대화를 달성하는 것이므로 주가를 합병여부의 판단기준으로 사용해야 한다. 주가기준은 합병기업의 주식가격에 대한 피합병기업의 주식가격의 비율을 주식교환비율로 하는 데 특정기업의 수익성, 성장성, 위험을 모두 반영하고 있어 이론적으로 가장 타당한 방법이다.

$$ER = \frac{P_2}{P_1} \tag{16.19}$$

따라서 합병여부의 판단기준으로 주식가격을 사용하면 합병 전 주가를 기준으로 주식교환비율을 결정해야 합병당사기업의 주주 모두 손해를 보지 않는다. 주식가격을 기준으로 주식교환비율을 결정할 때 시너지효과가 없는 경우에 합병 후 EPS의 변동은 합병당사기업의 PER에 따라서 다음과 같이 달라질 수 있다.

┃ 표 16-2 ┃ 합병후 EPS의 변동

합병전 PER의 관계	합병후 EPS	
	합병기업	피합병기업
합병기업 PER > 피합병기업 PER	증가	감소
합병기업 PER = 피합병기업 PER	동일	동일
합병기업 PER < 피합병기업 PER	감소	증가

→● 예제 16-2 주식교환비율의 결정기준

동부기업은 서부기업을 흡수합병하려고 하는데 두 기업에 관련된 자료는 다음과 같다고 가정하여 각 물음에 답하시오.

	동부기업	서부기업
당기순이익	200,000원	50,000원
발행주식수	4,000주	2,000주
주식가격	500원	300원

1. 합병 후에 두 기업의 주당순이익이 변하지 않는 주식교환비율을 결정하고, 주당순이익수준에 아무런 변화가 없음을 제시하시오.

2. 현재의 주식가격을 바탕으로 하여 주식교환비율을 결정하기로 합의했다면, 합병 후 주당순이익은 어떻게 변화하겠는가?

3. 주당순이익의 희석화현상이 발생했다면 그 이유는 무엇인가?

4. 주당순이익의 기준으로 합병의사결정의 효과를 분석하는 경우의 문제점을 설명하시오.

풀이

1. 합병 전 주당순이익을 기준으로 주식교환비율이 결정되면 합병 후 두 기업의 주당순
   이익에 아무런 변화가 없게 된다.

   주식교환비율 = 합병 전 피합병기업의 EPS ÷ 합병 전 합병기업의 EPS

   = (50,000원 ÷ 2,000주) ÷ (200,000원 ÷ 4,000주) = 0.5

요컨대 서부기업의 주식 1주에 대해 동부기업의 주식 0.5주를 교부한다. 따라서 합병
전후에 합병당사기업의 주당순이익을 살펴보면 다음과 같다.

   합병 후 당기순이익 = 200,000+50,000 = 250,000원

   합병 후 발행주식수 = 4,000주+2,000주×0.5 = 5,000주

	동부기업	서부기업
합병 후 EPS	50원	25원
합병 전 EPS	50원	25원

2. 현재의 주식가격을 기준으로 주식교환비율을 결정하면 다음과 같이 구할 수 있다.

   주식교환비율 = 300원 ÷ 500원 = 0.6

요컨대 서부기업의 주식 1주에 대해 동부기업의 주식 0.6주를 교부한다. 따라서 합병
전후에 합병당사기업의 주당순이익을 살펴보면 다음과 같다.

   합병 후 당기순이익 = 200,000+50,000 = 250,000원

   합병 후 발행주식수 = 4,000주+2,000주×0.6 = 5,200주

	동부기업	서부기업
합병 후 EPS	48.08원	28.85원
합병 전 EPS	50원	25원

합병 후 동부기업의 주당순이익은 50원에서 48.08원으로 하락하고, 서부기업의 주당순
이익은 25원에서 28.85원으로 상승한다.

3. 동부기업에 주당순이익의 희석화현상이 발생하는 이유는 저PER(500원÷50=10)기업
   이 고PER(300원÷25=12)기업을 흡수합병했기 때문이다.

4. 주당순이익은 회계적 수치이므로 합병의 경제적 실상을 정화하게 반영하지 못한다.
   또한 화폐의 시간가치, 성장성, 위험 등을 반영하지 못하기 때문에 합병의 장기적인
   영향을 분석하는데 적절하지 못하다고 할 수 있다.

제1절 M&A의 기본개념

1. M&A의 의미

    특정 기업이 다른 기업을 합병(merge) 또는 취득하는 것

2. M&A의 유형

(1) 기업합병

① 법률적 측면 : 흡수합병, 신설합병

② 경제적 측면 : 수직적 합병, 수평적 합병, 다각적 합병

(2) 기업매수 : 경영권을 획득하기 위해 다른 기업의 주식이나 자산을 취득

(3) 기업인수 : 특정 기업의 지배권이 다른 기업으로 이전되는 현상

3. M&A의 방법

    직접협상, 공개매수, 차입매수, 지주회사, 합작투자

4. M&A의 동기

    시너지효과가설, 저평가가설, 효율성가설, 정보신호가설, 시장지 배력가설, 세금효과가
    설, 대리인가설, 경영자주의가설

5. 적대적 M&A 방어수단 : 정관개정, 독약처방, 백기사, 왕관의 보석, 불가침협정

제2절 합병의 경제성 평가

1. 합병후의 주당이익

(1) 합병기업의 주주 : $EPS_{12}^{합병} = \dfrac{E_1 + E_2 + SE}{N_1 + N_w} = \dfrac{E_1 + E_2 + SE}{N_1 + N_2 \times ER}$

(2) 피합병기업 주주 : $EPS_{12}^{피합병} = EPS_{12}^{합병} \times ER$

2. 주당이익의 성장률 : $g_{12} = g_1 \times \dfrac{E_1}{E_1 + E_2} + g_2 \times \dfrac{E_2}{E_1 + E_2}$

3. 시너지효과와 합병이득

(1) 시너지효과 $= V_{12} - (V_1 + V_2)$

(2) 합병이득의 분석

① 현금지급의 경우

    합병프리미엄 = 인수가격$-V_2$ = 피합병기업의 합병이득

    합병기업의 NPV = 시너지효과$-$합병프리미엄

② 주식교부의 경우

    인수가격 $= a \times V_{12}$

1. 현금지급의 경우

(1) 증분현금흐름의 추정 : $\triangle CF_t = CF_t^{12} - (CF_t^1 + CF_t^2)$

(2) 합병후 자본비용의 추정

① 합병 후 주식베타는 합병 전 합병당사기업의 주식베타를 자기자본가치 비중으로 가중평균하여 산출한다.

② 합병 후 자기자본비용은 주식베타를 증권시장선(SML)에 대입하여 구할 수 있다.

③ 합병 후 가중평균자본비용은 자기자본비용과 타인자본비용을 합병 후 자본구성 비율로 가중평균하여 산출한다.

2. 주식교부의 경우

(1) 주식교환비율의 범위

비교 항목	주당이익 기준 (합병 후 PER를 알 수 없을 때)	주식가격 기준 (합병 후 PER를 알 수 있을 때)
결정 원리	합병 후 EPS가 합병 전 EPS보다 높아야 합병에 찬성	합병 후 주가가 합병 전 주가보다 높아야 합병에 찬성
상한	$P_{12}^{합병} = PER_{12} \times EPS_{12}^{합병}$ $= PER_{12} \times \dfrac{E_1 + E_2 + SE}{N_1 + N_2 \times ER} \geq P_1$	$EPS_{12}^{합병} = \dfrac{E_1 + E_2 + SE}{N_1 + N_2 \times ER} \geq EPS_1$
하한	$P_{12}^{피합병} = PER_{12} \times EPS_{12}^{피합병}$ $= PER_{12} \times \dfrac{E_1 + E_2 + SE}{N_1 + N_2 \times ER} \times ER \geq P_2$	$EPS_{12}^{피합병} = \dfrac{E_1 + E_2 + SE}{N_1 + N_2 \times ER} \times ER \geq EPS_2$

(2) 주식교환비율의 결정

① 주당이익기준 : $ER = EPS_2 / EPS_1$

② 기대주당이익 : $ER = EPS_2(1 + g_2)^t / EPS_1(1 + g_1)^t$

③ 주식가격기준 : $ER = P_2 / P_1$

1 기업합병 및 매수(M&A)에 관한 다음 서술 중 가장 타당하지 않은 것은? (2001년)

① 적대적 M&A의 경우 피인수기업의 주주는 손실을 본다.

② 보유지분이 불충분하더라도 백지위임장투쟁(proxy fight)을 통해 경영권을 획득할 수 있다.

③ 공개매수제의(tender offer)시 피인수기업 주주들의 무임승차현상(free riding)은 기업매수를 어렵게 한다.

④ M&A 시장의 활성화는 주주와 경영자간 대리문제를 완화시키는 역할을 한다.

⑤ 우리사주조합의 지분율을 높이는 것은 M&A를 방어하는 수단이 된다.

│ 해설 │ ① 적대적 M&A의 경우 지분확보의 경쟁과정에서 피인수기업의 주가가 상승할 수 있으므로 피인수기업의 주주들도 이익을 볼 수 있다.
② 백지위임장투쟁은 다른 주주의 의결권을 위임받아 대리행사하는 것을 말한다.
③ 일반적으로 합병후 기업가치(주가)는 공개매수가격보다 높을 것으로 기대된다. 따라서 자신은 공개매수에 응하지 않고 다른 주주는 공개매수에 응하여 합병은 성사되지만 자신은 주주의 지위를 계속해서 유지하기를 바라는 무임승차를 한다면 M&A는 성사되기 어렵다.
④ 경영자의 특권적 소비나 비금전적 효익으로 자기자본의 대리인비용이 발생하면 기업가치가 하락하여 M&A의 표적이 되어 M&A가 성사되면 경영진은 퇴출될 것이므로 M&A시장이 활성화되면 경영자는 자기자본의 대리인비용이 발생하지 않도록 경영활동에 전념할 것이다.
⑤ 적대적 M&A의 경우 우리사주조합이 보유한 지분도 인수대상기업에 우호적인 지분으로 이용될 수 있다.

2 기업합병 및 매수(M&A)에 관한 설명으로 가장 타당하지 않은 것은?

① 적대적 M&A의 경우 인수대상기업의 경영진에게 우호적인 제3자를 백기사라고 한다.

② 특정 사업부문의 일부를 매각하거나 독립적인 기업을 설립하는 것을 분리설립 (spin-off)이라고 한다.

③ 기업을 빈 껍떼기로 만들어 적대적 M&A에 대응하는 전략을 왕관의 보석이라고 한다.

④ 정관의 수정방법으로 황금낙하산, 초다수결조항, 새벽의 기습 등이 있다.

⑤ 적대적 M&A는 주로 공개매수제의나 백지위임장 투쟁 등을 통해 시도된다.

│ 해설 │ 새벽의 기습은 합병전략이며, 나머지는 합병에 대한 방어전략에 해당한다.

3 합병의 동기와 관련된 내용 중 주주부의 극대화와 상충될 수 있는 것은?

① 합병에 따른 현금흐름의 증대로 기업가치의 증가를 기대하고 합병한다.

② 합병에 따른 위험감소와 자본비용의 감소로 기업가치의 증가를 기대하고 합병한다.

③ 기업규모를 증대시키기 위해 합병한다.

④ 특정 자산을 취득하고자 하는 기업이 그 자산을 보유하고 있는 기업 중에서 자산의 대체원가에 비해 시장가치가 낮게 평가되어 있는 기업을 합병한다.

⑤ 비효율적으로 운영되는 회사를 인수한 다음 효율성을 개선하여 이득을 얻을 목적으로 합병한다.

| 해설 | 경영자주의가설에 따라 기업규모를 증대시킬 목적으로 합병하면 주주의 부가 감소할 수도 있다.

4 적대적 M&A에 대응하기 위해 기존의 보통주 1주에 대해 저렴한 가격으로 한 개 또는 다수의 신주를 매입하거나 전환할 수 있는 권리를 부여하는 방어적 수단은? (2008년)

① 독약조항(posion pill)　　② 역매수전략　　③ 황금주

④ 그린메일(green mail)　　⑤ 백지주 옵션

| 해설 | ② 역매수전략은 적대적 인수기업이 공개매수를 하는 경우 이에 맞서 인수대상기업이 적대적 인수기업의 주식을 매수하여 정면대결을 하는 적대적 M&A 방어전략을 말한다.

③ 황금주는 보유한 주식 1주로도 합병 등 주요 안건에 대해 거부권을 행사할 수 있는 특별한 주식을 말한다.

④ 인수를 시도한 투자자로부터 프리미엄이 붙은 가격으로 주식을 재매입하는 것을 말하며, 재매입을 하지 않는 경우 인수를 시도한 투자자가 지분을 증가시키지 않는 대신에 일정한 경영참여를 인정하는 계약을 맺기도 한다.

⑤ 백지주는 신주의 제3자 배정을 통해 경영권에 관심이 없는 우호적인 안정주주에게 주식을 발행하는 것을 말한다.

5   기업합병 및 매수(M&A)에 관련된 설명으로 가장 옳지 않은 것은?

① 시너지효과가 없는 상태에서 합병 전 주가의 비율을 주식교환비율로 하여 합병 하는 경우 합병 전 PER가 낮은 기업이 PER가 높은 기업을 합병하면 합병 후 합병기업의 EPS가 합병 전 EPS보다 증가한다.

② 시너지효과가 없는 상태에서 합병 전 EPS비율을 주식교환비율로 하여 합병하 면 합병 후 EPS가 합병 전 EPS와 동일하다.

③ 합병 후의 EPS가 희석되더라도 피합병기업의 이익성장률이 합병기업의 이익성 장률보다 높을 경우에는 합병하는 것이 타당할 수 있다.

④ 미래현금흐름의 확률분포가 서로 다른 두 기업이 합병하면 위험분산효과로 기 업의 위험이 감소하기 때문에 주주의 부가 채권자의 부로 이전될 수 있다.

⑤ 현금합병을 하는 경우 합병기업이 피합병기업의 주주에게 인수가격으로 지불할 수 있는 최대금액은 합병 전 피합병기업의 가치와 시너지효과를 가산한 값이다.

┃ 해설 ┃ PER가 낮은 기업이 PER이 높은 기업을 합병하면 합병 후 합병기업의 EPS는 합병 전보다 감소하고 피합병기업의 EPS는 합병 전보다 증가한다.

6   수년간 적자를 본 제약회사 (주)다나는 최근 암치료에 획기적인 성과가 있는 신약을 개발하여 국제특허를 획득했다. (주)다나가 신약을 대량으로 생산하기 위해서는 거액 의 시설투자를 해야 한다. (주)다나의 지분 60%를 보유하고 있는 전자회사 (주)파라 는 업종전문화 차원에서 (주)다나를 매각하려고 한다. 이에 의료기기를 생산하는 (주) 사라가 레버리지를 통해 (주)다나를 차입매수(LBO)하려는 계획을 세웠다. 인수 후 (주)다나는 향후 몇 년간 배당을 지급하지 않을 것이고 부채비율은 심하게 변동할 것 으로 예상된다. 주당순자산이 미미한 (주)다나의 인수가격을 결정하기 위해 사용할 기업가치평가모형 중 가장 적절한 것은? (2004년)

① 안정성장 주주잉여현금흐름모형(FCFE)

② 안정성장 기업잉여현금흐름모형(FCFF)

③ 3단계성장 기업잉여현금흐름모형(FCFF)

④ 3단계성장 주주잉여현금흐름모형(FCFE)

⑤ PER 또는 PBR을 이용한 상대가치평가모형

┃ 해설 ┃ ㉠ 신약개발이 완료되고 대량생산을 위한 시설투자로 즉각적인 안정화를 기대하기 어렵고 배당이 일정하지 않기 때문에 안정성장모형이 아닌 3단계 성장모형을 사용해야 한다.
㉡ 부채비율이 변동성이 심하며 이자비용의 변동성이 크기 때문에 이자비용을 차감하는 주 주잉여현금흐름보다는 이자비용을 무시하는 기업잉여현금흐름모형을 사용해야 한다.
㉢ 신약개발 직후이므로 예상EPS의 추정이 어렵고 현재 주당순자산이 미미하기 때문에 상 대가치평가모형의 적용은 적합하지 못하다.

7 알파주식회사의 CFO가 기업가치를 극대화하기 위해 취한 다음의 행동 중 가장 적절하지 않은 것은? (2007년)

① 여유현금 9.5억원으로 만기 1년, 액면가액 10억원인 국가발행 무이표채를 구입하는 대신 연 금리 6%에 반기마다 이자를 지급하는 예금에 1년간 예치했다.

② 물품구입대금 9.5억원을 당장 지급하는 대신 향후 3년간 연간 6%의 이자를 지급하는 예금에 예치하고 1년 후부터 3년간 매년 3.5억원씩 지급하기로 했다.

③ 무상증자를 통해 주식거래의 유동성을 증가시켜 자본비용을 감소시켰다.

④ 인플레이션이 높아지는 상황에서 재고자산에 대한 회계방식을 선입선출법(FIFO)에서 후입선출법(LIFO)으로 변경했다.

⑤ 알파주식회사의 경영진과 경영권다툼을 하던 감마투자회사의 그린메일 제의를 받아들여 감마투자회사가 보유하고 있는 주식을 시가보다 20% 높은 가격에 인수했다.

| 해설 | ① 할인채 수익률 $= \dfrac{10}{9.5} - 1 = 5.26\% < $ 예금의 수익률 $= (1 + \dfrac{0.06}{2})^2 - 1 = 6.09\%$

② $\dfrac{3.5}{(1.06)^1} + \dfrac{3.5}{(1.06)^2} + \dfrac{3.5}{(1.06)^3} = 9.36억 < 9.5억$

③ 무상증자로 주주의 유동성위험이 감소하여 주주의 요구수익률(자기자본비용)이 감소하면 기업가치는 증가한다.

④ 물가가 상승하는 인플레이션하에서 LIFO를 적용하면 현금흐름 자체에는 영향이 없으나 법인세 이연효과가 발생할 수 있다.

⑤ 적대적 M&A에서 그린메일에 응하여 주식을 시가보다 높게 매입하면 프리미엄만큼 기업가치는 감소한다.

8 (주)온조와 (주)비류의 재무자료는 다음과 같다. 두 회사의 합병에 의한 시너지효과로 당기순이익이 10,000원 증가한다면 (주)온조가 (주)비류를 흡수합병하기 위해 (주)비류에게 제시할 수 있는 최대 주식교환비율은 근사치로 얼마인가? 합병 후 주가수익비율(PER)은 12가 될 것으로 예상된다. (2007년)

항목	(주)온조	(주)비류
주당순이익(EPS)	500원	300원
발행주식수	70주	50주
주가수익비율(PER)	14	10

① 0.314   ② 0.510   ③ 0.657

④ 0.755   ⑤ 1.000

| 해설 | 주가기준 합병회사가 지급가능한 최대 주식교환비율(ER)
　　　 ㉠ 합병전 주가

$P_A = 500원 \times 14 = 7,000원, \ P_B = 300원 \times 10 = 3,000원$

ⓛ 합병후 주가

$$P_{AB} = \frac{(500원 \times 70주) + (300원 \times 50주) + 10,000원}{70주 + 50주 + ER} \times 12 \geq 7,000원 \rightarrow ER \leq 0.657$$

9 기업 A는 기업 B를 주식교환방식으로 흡수합병하고자 하며 주주는 주당순이익(EPS)에 근거하여 의사결정을 행한다. 다음 자료에 근거하여 물음에 답하시오.

	기업 A	기업 B
당기순이익	30억원	5억원
발행주식수	1,000,000주	500,000주

규모의 경제로 인한 시너지효과로 합병 후 당기순이익이 합병 전 두 기업의 당기순이익의 합보다 10억원이 증가할 때, 기업 A의 주주의 입장에서 최대교환비율은 얼마인가? 단, 교환비율은 기업 B의 주식 1주당 교환되는 기업 A의 주식수이다. (2010년)

① 0.8　　　　　　　② 1.0　　　　　　　③ 1.2
④ 1.4　　　　　　　⑤ 1.6

| 해설 | $EPS_{AB}^{합병} = \dfrac{NI_A + NI_B + NI_S}{N_A + N_B \times ER} = \dfrac{30억원 + 5억원 + 10억원}{100만주 + 50만주 \times ER} \geq 3,000^* \rightarrow \therefore ER \leq 1$

$* \ EPS_A = 30억원/1,000,000주 = 3,000원$

10 (주)설악의 주식베타는 1.4, 주당순이익은 1,500원, 발행주식수는 100주, 주가수익비율(PER)은 12배이다. (주)태백의 주식베타는 1.2, 주당순이익은 1,000원, 발행주식수는 50주, 주가수익비율(PER)은 8배이다. 한편, (주)설악과 (주)태백이 합병한다면 시너지효과로 인하여 당기순이익이 40,000원 증가하고 합병 후 주가수익비율은 10이 될 것으로 예상된다. 이제 (주)설악의 주주들은 주가기준으로 주식교환비율을 계산하려고 한다. (주)설악이 (주)태백을 흡수합병하기 위해 (주)태백에게 제시할 수 있는 최대 주식교환비율과 가장 가까운 것은? (2012년)

① 0.222　　　　　　② 0.337　　　　　　③ 0.557
④ 0.622　　　　　　⑤ 0.667

| 해설 | $P_{AB} = \dfrac{(1,500원 \times 100주) + (1,000원 \times 50주) + 4100,000원}{100주 + 50 \times ER} \times 10 \geq 18,000원^* \rightarrow ER \leq 0.667$

$*P_A = 1,500원 \times 12 = 18,000원$

11 인수기업의 가치는 800억원, 피인수기업의 가치는 100억원이다. 두 기업 모두 자기자본만을 사용하고 있다. 인수기업의 발행주식수는 100만주이고 피인수기업의 발행주식수는 10만주이다. 합병이 성사되면 합병기업의 가치가 1,200억원으로 추산된다. 만약 인수기업이 150억원의 현금으로 피인수기업을 인수하면 합병을 공시하는 시점에서 인수기업의 주가가 몇 퍼센트 상승할 것으로 예상되는가? (2006년)

① 25%
② 28%
③ 31%
④ 35%
⑤ 37%

| 해설 | ㉠ 합병의 시너지 = $V_{AB} - (V_A + V_B)$ = 1,200억원−(800억원+100억원) = 300억원
㉡ 인수프리미엄 = 인수가격−V_B V_B= 150억원−100억원 = 50억원
㉢ 합병의 NPV = 합병시너지−인수프리미엄 = 300억원−50억원 = 250억원
㉣ 합병공시시점의 주가 = (800억원+250억원)/100만주 = 105,000원
㉤ 주가수익률 = $(P_1 - P_0)/P_0$= (105,000원−80,000원)/80,000원 = 31.25%

12 기업가치가 400억원인 강동기업은 기업가치가 40억원인 강서기업과의 현금합병을 고려하고 있다. 합병 후에 존속하는 기업의 가치는 464억원으로 추정되는 경우 다음 설명으로 옳지 않은 것은?

① 피합병기업의 주주들이 인정할 수 있는 최소한의 인수가격은 40억원이다.
② 합병기업의 주주들이 양보할 수 있는 최대한의 인수가격은 62억원이다.
③ 인수가격으로 60억원을 지불한다면 두 기업의 주주들은 합병에 찬성할 것이다.
④ 인수가격으로 90억원을 지불한다면 합병기업의 NPV는 −26억원이 된다.
⑤ ③에서 M&A프리미엄은 20억원이 된다.

| 해설 | ① 피합병기업의 NPV = 인수가격−40≥0 → ∴ 인수가격≥40억원
② 합병기업의 NPV = 24−(인수가격−40)≥0 → ∴ 인수가격≤64억원
③ 합병기업은 64억원까지 지불할 수 있고, 피합병기업은 40억원만 받더라도 합병에 찬성할 수 있다. 따라서 60억이면 두 기업의 NPV≥0이므로 합병에 찬성한다.
④ 합병기업의 NPV = 24−(90−40) = −26억원
⑤ M&A프리미엄 = 60−40 = 20억원

13 시가평가액이 500억원, 발행주식수가 100만주, 주당가격이 5만원인 갑회사가 인수전 시가평가액이 100억원인 을회사를 150억원에 상당하는 신주를 발행·교부하여 흡수합병할 것을 검토하고 있다. 흡수합병 후 통합된 기업의 시가평가액은 630억원으로 예상된다. 이때 옳지 않은 것은? (1997년)

① 기업합병의 시너지효과(synergy effect)는 30억원으로 평가된다.
② 갑회사는 인수시 30만주를 발행·교부하여야 한다.
③ 갑회사가 을회사에 지불하게 되는 프리미엄은 50억원이다.

④ 갑회사가 평가하는 합병의 순현가는 −20억원이다.

⑤ 주주의 이익을 극대화하려면 갑회사는 을회사를 합병하지 않아야 한다.

| 해설 | ① 시너지효과 = 합병후 기업가치−(합병기업가치+피합병기업가치)

$$= 630억원−(500억원+100억원) = 30억원$$

② 합병 후 기업가치가 630억이므로 발행해야 할 주식수(n)는 다음과 같이 구할 수 있다.

$$합병\,후\,주가 = \frac{합병\,후\,기업가치}{합병\,후\,주식수} = \frac{630억원}{100만주+교부주식수}$$

$$인수대가 = 합병후\,주가×교부부식수(n)$$

$$150억원 = \frac{630억원}{100만주+교부주식수}×교부주식수 → n = 312,500주$$

③ 합병프리미엄 = 인수대가−피합병기업가치 = 150억−100억 = 50억원

④ 합병의 NPV = 시너지효과−합병프리미엄 = 30억원−50억원 = −20억원

⑤ 합병의 NPV〈0이므로 갑회사 주주의 이익을 극대화하려면 을회사와 합병해서는 안 된다.

---

14 시장가치가 27억원인 A기업은 시장가치가 8억원인 B기업을 인수하려고 한다. A기업의 현재 주가는 9,000원이며, B기업의 현재 주가는 4,000원이다. A기업이 추정하는 합병의 시너지효과는 5억원이며, 인수프리미엄은 2억원이다. A기업이 신주를 발행해서 B기업의 주식과 교환하는 방식으로 B기업을 인수하고자 할 경우 몇 주를 발행해야 하는가? (2008년)

① 100,000주   ② 200,000주   ③ 300,000주

④ 400,000주   ⑤ 500,000주

| 해설 | ㉠ 합병 후 기업가치 = 27억원+8억원+5억원 = 40억원

㉡ 합병 전 A기업의 발행주식수 = 27억원/9,000원 = 300,000주

㉢ 합병 후 발행주식수 = 300,00주+교부주식수

㉣ 합병 후 주가 = 합병 후 기업가치/합병 후 발행주식수 = 40억원/합병 후 발행주식수

㉤ 인수대가 = 합병 전 기업가치+인수프리미엄 = 8억원+2억원 = 10억원

= 합병 후 주가 × 교부주식수

∴ 교부주식수 = 100,000주

15 X기업은 신주를 발행하여 Y기업의 주식과 교환하는 방식으로 Y기업을 흡수합병하고자 한다. 두 기업의 합병 전 재무자료는 다음 표와 같다.

	X기업	Y기업
주식가격	20,000원	8,000원
주당순이익	2,000원	1,000원
발행주식수	3,000,000주	1,200300원

주식교환비율이 합병 전 주가를 기준으로 정해질 경우 합병 후 주당순이익과 가장 가까운 것은? 단, 합병에 의한 시너지효과는 없다. (2019년)

① 2,000원   ② 2,027원   ③ 2,042원
④ 2,069원   ⑤ 2,082원

| 해설 |
$$EPS_{XY} = \frac{NI_X + NI_Y + NI_S}{N_X + N_Y \times ER} = \frac{2,000 \times 300만주 + 1,000 \times 120만주 + 0}{300만주 + 120만주 \times 0.4^*} = 2,069원$$

$$* \ ER = \frac{P_Y}{P_X} = \frac{8,000}{20,000} = 0.4$$

16 동부기업은 서부기업을 흡수합병하고자 한다. 두 기업은 모두 무부채기업으로 합병 전 재무자료가 다음과 같다. 합병 후에도 합병기업의 PER가 그대로 유지되며, 주가를 기준으로 평가된다면 서부기업의 주주들은 합병 후 EPS가 얼마 이상이어야 합병에 응하겠는가?

① 250원   ② 480원   ③ 615원
④ 800원   ⑤ 950원

| 해설 | 서부기업의 주주들은 합병 후 주가가 합병 전 주가보다 커야 합병에 응할 것이다.
$$P_{AB}^{서부} = PER_{AB} \times EPS_{AB}^{서부} = 10^{1)} \times 8,000원^{2)} = P_{서부} \rightarrow EPS_{AB}^{서부} \geq 800$$

1) PER_{AB} = 동부기업의 합병 전 $PER = \dfrac{200,000/10}{20,000/10} = 10$

2) P_{AB} = 서부기업의 합병 전 주가 $= \dfrac{80,000}{10} = 8,000원$

17 기업 A의 재무담당자는 합병에 따른 시너지효과를 얻기 위해 기업 B를 인수하여 합병하려 한다. 무부채상태인 두 기업의 합병 전 재무자료는 다음과 같다.

	기업 A	기업 B
주당순이익	450원	150원
주당배당금	250원	80원
발행주식수	10,000주	5,700주
주식가격	8,000원	2,000원

B기업의 현재 이익 및 배당성장률은 연 5%로 일정하다. 그러나 인수합병 후 새로운 경영체제에서 B기업의 이익 및 배당성장률은 추가적인 자본투자 없이 연 7%로 일정하게 증가할 것으로 예상된다. A기업의 가치는 인수합병 이전과 달라지지 않는다. 다음 내용 중 옳지 않은 것은? 단, 주가는 반올림하여 원단위까지 계산한다. (2009년)

① 인수합병 이전에 B기업의 가치는 11,400,000원이다.

② 인수합병 이후에 합병기업의 가치는 102,800,000원으로 산출된다.

③ 인수합병 이후에 합병기업의 가치는 합병 이전에 개별 기업가치의 합계보다 10,778,770원만큼 증가한다.

④ B기업 주식을 1주당 2,500원에 현금인수하는 경우 인수프리미엄은 2,850,000원이다.

⑤ A기업 주식 1주당 B기업 주식 3주의 비율로 주식교부를 통해 인수한 경우 인수 프리미엄은 4,030,100원이다.

| 해설 | ① V_B = 2,000원×5,700주 = 11,400,000원

② $P_B = \dfrac{d_1}{k_e - g} = \dfrac{80 \times 1.07}{0.092 - 0.07} = 3,891$원 → $V_B = 3,891$원 × 5,700주 = 22,178,700원

$P_B = \dfrac{80 \times 1.05}{k_e - 0.05} = 2,000$원 → $k_e = 0.092$

∴ $V_{AB} = V_A + V_B$ = 8,000원×10,000주 + 22,178,700원 = 102,178,700원

③ ΔV = 102,781,700 − (8,000원×10,000주+2,000원×5,700주) = 10,778,700원

④ 인수프리미엄 = 인수가격−V_B = 2,500원×5,700주 − 2,000원×5,700주 = 2,850,000원

⑤ 인수프리미엄 = 인수가격−V_B = 16,314,246* − 2,000원×5,700주 = 4,914,246원

*인수가격 = $\dfrac{N_B \times ER}{N_A + N_B \times ER} \times V_{AB} = \dfrac{5,700 \times 1/3}{10,000 + 5,700 \times 1/3} \times 102,178,700 = 16,314,246$원

18 A사는 B사와의 인수합병을 추진 중이며, 두 회사의 현재 재무자료는 다음의 표와 같다.

	A사	B사
발행주식수	1,000주	650주
당기순이익	150,000원	58,500원
주당배당금	50,000원	29,250원
주식가격	1,500원	900원

피인수기업인 B사의 현재 이익성장률 및 배당성장률은 매년 5%로 일정하나 합병의 효과로 인해 추가적인 자본투자 없이 합병 후 배당성장률은 매년 7%로 높아질 것으로 기대된다. A사가 B사의 주식에 대해 주당 1,350원을 지급한다면 A사가 합병으로부터 얻을 수 있는 순현가(NPV)와 가장 가까운 것은? (2011년)

① 85,475원   ② 87,922원   ③ 90,659원
④ 92,022원   ⑤ 94,659원

| 해설 | 합병 전 자료를 이용하여 B사의 자기자본비용을 구하면 다음과 같다.

$$k_e = \frac{d_1}{P_0} + g = \frac{45^* \times 1.05}{900} + 0.05 = 10.25\% \quad {}^* d_1 = 29{,}250원/650주 = 45원$$

따라서 합병의 효과가 반영된 B사의 주식 1주당 주식가치와 A사가 합병으로 얻을 수 있는 NPV는 다음과 같다.

$$P_0 = \frac{d_1}{k_e - g} = \frac{45 \times 1.07}{0.1025 - 0.07} = 1{,}481.5원 \quad NPV = (1{,}481.5 - 1{,}350) \times 650주 = 85{,}475원$$

19 동해기업이 남해기업을 흡수합병하려고 한다. 두 기업은 모두 100% 자기자본으로만 구성되어 있는 기업이며 합병 전 재무자료는 다음과 같다.

	동해기업	남해기업
주식가격	10,000원	8,000원
발행주식수	50만주	35만주

합병 후의 기업가치는 100억원으로 예상된다. 만약 동해기업이 남해기업 주주에게 45억원의 현금을 지불하고 합병한다면, 동해기업 입장에서 합병의 순현가(NPV)는 얼마인가? (2013년)

① 5.0억원   ② 7.0억원   ③ 9.2억원
④ 12.1억원   ⑤ 13.2억원

| 해설 | 동해기업을 A, 남해기업을 B, 합병 후 기업을 AB라고 하면
㉠ 시너지효과 = $V_{AB} - (V_A + V_B)$ = 100억원 − (50억원+28억원) = 22억원
㉡ V_A = 10,000원×50만주 = 50억원, V_B = 8,000원×35만주 = 28억원
㉢ NPV_B = 합병프리미엄 = 인수가격 − V_B = 45억원 − 28억원 = 17억원
㉣ NPV_A = 시너지효과 − NPV_B = 22억원 − 17억원 = 5억원

20 무부채기업인 A기업과 B기업의 시장가치는 각각 2,000억원과 300억원이고, 주식베타는 각각 1.5와 1.10이다. 두 기업은 합병하며 시너지는 발생하지 않는다. 합병기업은 위험부채를 발행하고 자사주를 매입하여 부채비율(=부채/자기자본)이 150%가 되도록 자본구조를 변경할 계획이다. 위험부채의 베타는 0.3, 무위험이자율은 5%, 시장포트폴리오의 기대수익률은 10%, 법인세율은 30%이다. 합병기업의 자기자본비용에 가장 가까운 것은? 단, CAPM 및 MM의 수정이론(1963)이 성립한다고 가정한다. 소수점 아래 넷째 자리에서 반올림하여 계산하시오. (2020년)

① 10.3%   ② 12.5%   ③ 14.2%

④ 16.3%   ⑤ 18.4%

| 해설 | ㉠ 합병기업의 영업위험만 반영된 베타

$$\beta_U^{AB} = \beta_U^A \times \frac{V_A}{V_A + V_B} + \beta_U^B \times \frac{V_B}{V_A + V_B} = 1.5 \times \frac{200억}{200억 + 300억} + 1.1 \times \frac{300억}{200억 + 300억} = 1.26$$

㉡ 합병기업의 영업위험만 반영된 자본비용

$$\rho = R_f + [E(R_m) - R_f]\beta_U^{AB} = 0.05 + (0.1 - 0.05) \times 1.26 = 11.3\%$$

㉢ 자본구조를 변경한 합병기업의 자기자본비용

$$k_e = \rho + (\rho - k_d)(1 - t_c) = 11.3 + (11.3 - 6.5^*)(1 - 0.3) \times 1.5 = 16.34\%$$

$$^* \ k_d = R_f + [E(R_m) - R_f] \times \beta_B = 0.05 + (0.1 - 0.05) \times 0.3 = 6.5\%$$

재무제표의 분석

일반적으로 재무제표상의 특정 계정과목 하나만을 이용하여 특정기업의 유동성이나 수익성 등을 파악하는데 한계가 있어 재무제표 각 항목들간의 상호관계를 이용하여 해당기업을 평가하는 것이 재무제표분석이다. 재무제표의 분석방법에는 여러 가지가 있지만 전통적으로 비율분석을 많이 사용하고 있다.

제1절 재무상태표 분석

재무상태표는 일정시점에 기업의 자본조달 내역과 자산구성 내역을 나타낸 정태적 보고서를 말한다. 따라서 재무상태표 분석은 기업의 일정시점에서 재무상태에 대한 분석으로 구체적인 내용에는 유동성분석, 레버리지분석, 자본배분의 안정성 분석, 자산구성 분석 등이 포함된다.

1. 유동성분석

유동성은 단기간에 확실한 가격으로 현금화될 수 있는 가능성을 말하며, 유동성비율은 단기채무를 상환할 수 있는 지급능력을 나타내기 때문에 단기지급능력비율이라고도 한다. 유동성분석은 위험이 가장 높은 유동부채를 위험이 가장 작은 유동자산으로 커버할 수 있는지에 대한 분석이다.

(1) 유동비율

유동비율은 유동자산을 유동부채로 나누어 산출하며 기업이 단기채무의 변제에 충당할 수 있는 유동자산이 얼마나 되는지를 나타내는 비율을 말한다. 유동비율은 은행에서 자금을 대출할 때 채무자의 지급능력을 판단하는 대표적인 지표로 이용되어 왔기 때문에 은행가비율이라고도 한다.

일반적으로 채권자들은 특정 기업의 유동비율이 최소한 200% 이상이 되어야만 채권이 안전하게 회수될 수 있다고 보는 경향이 있다. 그러나 유동비율이 200%를 초과해도 당좌자산이 적고 재고자산이 많으면 단기채무 지급능력은 양호하다고 할 수 없어 당좌비율을 동시에 고려해야 한다.

$$유동비율 \ = \ 유동자산/유동부채 \qquad (17.1)$$

(2) 딩좌비율

당좌비율은 유동자산에서 재고자산을 차감한 당좌자산을 유동부채로 나누어 산출하며 유동부채를 커버하기 위해 기업이 재고자산을 제외한 유동자산을 어느 정도 갖고 있는지를 파악하는데 유용한 정보이다. 재고자산은 판매과정을 거쳐야 현금화될 수 있으므로 당좌자산에 비해 유동성이 낮다.

재고자산을 포함한 유동자산으로 기업의 단기채무 지급능력을 측정하는 것보다 현금화가 쉬운 당좌자산만으로 단기채무 지급능력을 평가하는 것이 보다 합리적이라고 할 수 있다. 당좌비율은 유동비율보다 기업의 단기채무 지급능력을 보다 직접적으로 평가하기 때문에 산성시험비율(acid test ratio)이라고도 한다.

$$당좌비율 \ = \ 당좌자산/유동부채 \tag{17.2}$$

2. 레버리지분석

레버리지(leverage)는 원래 지렛대라는 의미로 금융계에서는 차입을 의미한다. 레버리지비율 또는 장기지급능력비율은 손익확대효과를 가져다주는 기업의 타인자본의존도를 측정하는 지표이다. 레버리지분석은 위험이 비교적 큰 부채(타인자본)와 위험이 작은 자기자본의 구성상태에 대한 분석을 말한다.

(1) 부채비율

부채비율은 타인자본(총부채)을 자기자본으로 나눈 비율을 말한다. 일반적으로 100% 이하를 표준비율로 보는데, 이는 여신자측의 안정성만을 고려하고 있다. 즉 타인자본이 자기자본을 초과하면 재무위험이 증가하여 기업의 지급능력이 약화되기 쉽고 청산시에 채권자에게 지급할 금액이 커지기 때문이다.

기업의 소유주는 타인자본을 조달·운용해서 얻을 수 있는 수익률이 이자율을 상회하면 타인자본을 사용하여 자기자본이익률을 확대시킬 수 있어 높은 부채비율을 선호할 수 있다. 그러나 부채비율이 너무 높으면 투기적 경영활동이 실패하더라도 소유주들이 부담해야 하는 손실은 적어 소유주의 무책임을 조장할 수 있다.

$$부채비율 \ = \ 타인자본/자기자본 \tag{17.3}$$

(2) 자기자본비율

자기자본비율은 총자본 중에서 자기자본이 차지하고 있는 비중을 나타내는 비율로서 부채비율과 함께 기업의 안정성을 측정하는 중요한 지표로 활용되고 있다. 특히 우리나라 은행에서는 일정수준의 자기자본비율을 자기자본 지도비율로 정하고 주거래은행 대상기업에 대한 대출심사시 이를 중요한 기준으로 삼고 있다.

$$\text{자기자본비율 = 자기자본/총자본} \tag{17.4}$$

(3) 이자보상비율

이자보상비율은 영업이익이 타인자본을 사용하여 발생하는 이자비용의 몇 배에 해당하는지를 나타내는 비율로서 기업이 부채사용에 따른 이자비용을 지급할 능력을 갖고 있는지를 파악하는데 이용되고 있다. 이자보상비율은 레버리지비율보다 기업의 채무불이행과 더 직접적인 관계를 맺고 있기 때문에 중요하다.

$$\text{이자보상비율 = 영업이익/이자비용} \tag{17.5}$$

3. 안정성분석

안정성분석은 위험이 큰 비유동자산에 대한 투자가 위험이 작은 유동자산의 균형상태에 대한 분석을 말한다. 자본배분의 안정성비율은 조달된 자본이 기업의 자산에 얼마나 적절히 배분되고 있는지를 측정하며 기업이 장기적으로 경기변동, 시장변화 등 경제변화에 잘 적응할 수 있는지를 검토하기 위한 비율에 해당한다.

(1) 비유동비율

비유동비율은 비유동자산을 자기자본으로 나눈 비율로서 자기자본이 비유동자산에 투입되어 있는 고정화 정도를 측정하는 비율을 의미한다. 비유동비율의 일반적인 기준은 100% 이하이다. 그러나 노동집약적 산업에서는 비유동비율이 낮은 반면에 자본집약적 산업에서는 비유동비율이 높다.

일반적으로 비유동자산은 위험도 크지만 미래의 수익성도 높아 성장을 추구하는 단계에서는 부채를 조달하여 유형자산에 투자하는 적극적인 투자전략이 필요하다. 장기자산을 자기자본의 범위내에서 투자하는 것은 안정성의 확보에 도움이 되지만 성장에 필요한 수익성을 얻지 못할 수 있다.

$$\text{비유동비율} \; = \; \text{비유동자산/자기자본} \tag{17.6}$$

(2) 비유동장기적합률

비유동장기적합률은 비유동자산에 투자한 자본의 범위를 자기자본 외에 고정부채를 포함한 장기자본까지 확장해서 자본배분의 안정성을 측정하는 비율이다. 기업은 설비투자에 소요되는 자본 중에서 부족한 부분을 타인자본으로 충당하되 단기부채보다 장기부채에 의존하는 것이 기업의 안정성을 도모하는데 유리할 것이다.

비유동장기적합률이 100%를 초과하는 현상은 영업활동의 부진한 결과로 발생하며 누적적인 결손은 자기자본의 규모를 급격히 감소시키고 그 결과 비유동장기적합률이 큰 폭으로 증가한다. 따라서 비유동자산에 대한 투자는 장기자본의 범위내에서 이루어져야 한다는 뜻에서 비유동장기적합률은 100% 이하이어야 한다.

$$\text{비유동장기적합률} \; = \; \text{비유동자산/(자기자본＋비유동부채)} \tag{17.7}$$

제2절 손익계산서 분석

손익계산서는 기업의 경영성과를 나타내기 위해 일정기간에 발생한 모든 수익과 비용을 대비시켜 순손익을 계산하는 동태적 보고서를 말한다. 따라서 손익계산서 분석은 일정기간의 매출수익성에 대한 분석으로 구체적인 내용에는 수익성분석, 활동성분석, 생산성분석, 성장성분석 등이 포함된다.

1. 수익성분석

수익성은 경영활동의 결과로 나타난 일정기간의 경영성과를 의미하며 기업의 존속은 물론 성장과 발전의 원동력이 되고 있다. 수익성비율은 일정기간 동안 기업의 총괄적인 경영성과와 이익창출능력을 나타내는데 분자에는 이익항목, 분모에는 매출액 또는 투자액이 들어간다.

(1) 매출수익성비율

매출수익성은 매출에 대한 마진(margin)을 말한다. 매출수익성 비율은 기업이 생산·판매·자금조달 등의 활동을 얼마나 효율적으로 수행했는지를 측정하는 지표를 말한다. 여기에는 매출액총이익률, 매출액영업이익률, 매출액경상이익률, 매출액순이익률 등이 포함된다.

1) 매출액총이익률

매출액총이익률은 매출총이익을 매출액으로 나눈 비율로서 기업의 생산효율성을 측정하는 지표를 의미한다.

$$\text{매출액총이익률} \;=\; \text{매출총이익/매출액} \qquad\qquad (17.8)$$

2) 매출액영업이익률

매출액영업이익률은 영업이익을 매출액으로 나눈 비율로서 기업고유의 영업활동의 효율성을 측정하는 지표에 해당한다.

$$\text{매출액영업이익률} \;=\; \text{영업이익/매출액} \qquad\qquad (17.9)$$

3) 매출액순이익률

매출액순이익률은 당기순이익을 매출액으로 나눈 비율로서 기업의 최종마신을 판단하는데 이용되어 기업의 영업활동, 투자활동, 재무활동을 총망라한 경영활동의 성과를 최종적으로 평가하고 총자본이익률(ROI)를 결정하는 요인이다.

$$매출액순이익률 \;=\; 당기순이익/매출액 \qquad (17.10)$$

(2) 자본수익성비율

자본수익성은 기업이 투자한 자본에 대한 수익률을 말한다. 자본수익성비율은 기업이 자본제공자인 주주와 채권자로부터 조달한 자본을 이용하여 어느 정도 영업성과를 올렸는지를 측정하는 지표를 말한다. 여기에는 총자본영업이익률, 자기자본이익률, 총자본순이익률 등이 포함된다.

1) 총자본영업이익률(ROA : return on asset)

총자본영업이익률은 기업이 투자한 총자본(또는 총자산)에 대한 영업활동에서 얻는 이익의 비율로서 투자수익률, 즉 사후적인 내부수익률로 볼 수 있다. 총자본이익률이 자본비용을 상회하느냐 여부는 기업의 부가 창출되느냐를 결정짓는 기준으로 투자수익성 및 순현재가치를 추정하는데 이용된다.

$$총자본영업이익률 \;=\; 영업이익/총자본 \qquad (17.11)$$

2) 자기자본순이익률(ROE : return on equity)

자기자본순이익률은 순이익을 자기자본으로 나눈 비율로서 주주가 기업에 투자한 자기자본에 대해 벌어들이는 수익성을 측정하는 비율을 말한다. 따라서 자기자본순이익율은 주주의 입장에서는 투자수익률을 나타내고, 기업의 입장에서는 사후적인 자기자본비용의 대용치에 해당한다.

$$자기자본순이익률 \;=\; 순이익/자기자본 \qquad (17.12)$$

3) 총자본순이익률

총자본순이익률은 순이익을 총자산으로 나눈 비율로서 기업에 투자된 총자본이 얼마나 많은 이익을 창출했는지를 측정하여 기업의 종합적인 경영성과를 요약해서 나타낸다. 총자산수익률은 투자수익률(ROI : return on investment)이라고 하는데, 이는 매출액순이익률과 총자산회전률의 곱으로 구성된다.

총자산순이익률을 계산하는 산식에서 분모는 주주와 채권자가 제공한 금액이고, 분자는 주주에게 귀속되는 이익이므로 분모와 분자가 잘 대응되는 비율은 아니다. 하지만 총자산순이익률은 기업의 재무상태표와 손익계산서를 집약한 성과지표로서 종합적인 재무비율로 광범위하게 이용되고 있다.

$$총자본순이익률 \ = \ 순이익/총자본 \hspace{3cm} (17.13)$$

2. 활동성분석

기업이 보유하고 있는 자원을 효율적으로 활용할수록 기업의 수익성은 증가하기 마련이다. 기업이 한정된 자원을 얼마나 효율적으로 활용했는지는 활동성비율로 측정한다. 활동성비율은 기업이 보유하고 있는 자원을 얼마나 효율적으로 이용했는지를 나타내는 비율로서 매출액을 자원액으로 나눈 회전율로 측정된다.

(1) 재고자산회전율

재고자산회전율은 연간 매출액을 재고자산으로 나눈 비율로서 재고자산의 회전속도를 나타낸다. 즉 재고자산회전율은 재고자산이 일정기간에 당좌자산으로 몇 번이나 전환되었는지를 나타내며 재고자산회전율이 높다는 것은 적은 재고자산으로 판매활동을 효율적으로 수행했다는 의미이다.

재고자산은 재무상태표상의 기초금액과 기말금액의 평균잔액을 사용하는데 기업의 특성이나 매출액의 계절적 변동에 따라서 재고자산의 잔액이 달라질 수 있다. 따라서 필요하면 재무상태표상의 재고자산액을 사용하는 것보다는 연평균재고자산을 사용하는 것이 합리적일 수 있다.

식(17.14)에서 매출액은 시가로 표시되고 재고자산은 원가로 표시되어 분모와 분자가 서로 다른 기준으로 평가되는 문제점이 있으므로 매출액을 매출원가로 환산하여 회전율을 계산한다. 재고자산회전율의 보조비율로 재고자산이 매출액으로 실현되는데 걸리는 기간에 해당하는 재고자산회전기간이 사용된다.

$$재고자산회전율 \ = \ 매출액/평균재고자산 \hspace{2cm} (17.14)$$
$$재고자산회전기간 \ = \ 1/재고자산회전율$$

(2) 매출채권회전율

매출채권회전율은 매출액을 매출채권으로 나눈 비율로서 매출채권의 현금화속도를 측정하는 비율을 말한다. 매출채권회전률이 높다는 것은 매출채권이 잘 관리되고 있으며 매출채권의 현금화속도가 빠르다는 것을 의미한다. 그리고 매출채권평균회수기간은 매출채권회전율의 역수로 구한다.

$$\text{매출채권회전율} \ = \ \text{매출액/평균매출채권} \qquad (17.15)$$
$$\text{매출채권평균회수기간} \ = \ \text{매출채권/1일평균매출액}$$

(3) 매입채무회전율

매입채무회전율은 매출액을 매입채무로 나눈 비율로서 매입채무의 지급속도를 측정하고 매입채무가 원활히 결제되고 있는지를 나타내는 지표를 말한다. 매입채무평균지급기간은 매입채무회전율의 역수로 구하는데 역수를 구할 때 기간단위는 연(年)이므로 여기에 365일을 곱해야 기간단위가 일(日)이 된다.

$$\text{매입채무회전율} \ = \ \text{매출액/평균매입채무} \qquad (17.16)$$
$$\text{매입채무평균지급기간} \ = \ \text{매입채무/1일평균매출액}$$

3. 성장성분석

성장성분석은 과거 수년간의 영업실적을 시계열순으로 배열하고 그 경향을 분석하는 방법을 말한다. 성장성비율은 기업의 당해 연도 경영규모와 경영성과가 전년도에 비해서 얼마나 증가했는지를 나타내는 지표를 말하며, 기업의 대외경쟁력이나 미래의 수익창출능력을 간접적으로 나타낸다.

(1) 매출액증가율

매출액증가율은 매출액이 전년도에 비해서 당해 연도에 얼마나 증가했는지를 나타내는 비율이다. 매출액은 정상적인 영업활동에서 발생하는 영업수익이므로 매출액증가율은 기업의 외형적 신장세를 판단하는 대표적인 지표에 해당하며, 기업의 경쟁력 변화를 나타내는 척도 중에 하나이다.

$$매출액증가율 = \frac{당기매출액 - 전기매출액}{전기매출액} \times 100 \qquad (17.17)$$

(2) 자기자본증가율

자기자본증가율은 자기자본이 전년도에 비해서 당해 연도에 얼마나 증가했는지를 나타내는 비율이다. 자기자본증가율은 장부가치 기준으로 주주의 부가 얼마나 증가했는지를 파악하는 성장지표로서 주주에게 관심의 대상이 된다. 자기자본이 증가하는 요인에는 유상증자, 내부유보, 자산재평가 등이 있다.

$$자기자본증가율 = \frac{당기말 자기자본 - 전기말 자기자본}{전기말 자기자본} \times 100 \qquad (17.18)$$

(3) 순이익증가율

순이익증가율은 기업활동의 최종성과인 순이익이 전년도에 비해서 얼마나 증가했는지를 나타내는 비율을 말한다. 매출액증가율이 외형적 성장세를 나타낸다면, 순이익증가율은 실질적인 성장세를 보여주는 지표라 할 수 있다. 최근에는 기업의 잠재성장률을 의미하는 지속가능성장률에 관심이 많다.

$$순이익증가율 = \frac{당기순이익 - 전기순이익}{전기순이익} \times 100 \qquad (17.19)$$

4. 생산성분석

기업은 노동과 자본을 투입하여 새로운 가치를 창출한다. 생산성은 기업의 효율성을 측정하기 위해 광범위하게 사용된다. 생산성은 투입에 대한 산출의 비율로서 생산요소를 얼마나 효율적으로 이용했는가를 나타내며, 생산성분석은 기업 경영활동의 능률과 성과를 측정·평가하는 경영합리화의 지표에 해당한다.

(1) 부가가치율

부가가치는 경영활동을 수행하여 새로이 창출한 가치로서 매출액에서 다른 기업이 생산한 외부투입액인 재료비, 외주가공비를 차감한 가치를 의미한다. 일반적으로 기업은 외부에서 자원을 조달하고 이를 제품으로 가공한 후 판매하는 과정을 되풀이한다. 이러한 과정을 통해서 얻는 가치를 부가가치라고 한다.

부가가치율은 일정기간 창출한 부가가치를 같은 기간의 총매출액으로 나눈 비율로서 원래 기업의 생산액 중에서 부가가치가 차지하는 비중을 의미하나, 추정이 복잡한 생산액 대신에 매출액을 이용하여 구한다. 매출액 중 생산활동에 참여한 생산요소에 귀속되는 소득의 비율을 나타내는 지표로 소득률이라고도 한다.

$$부가가치율 \ = \ 부가가치/매출액 \tag{17.20}$$

(2) 노동생산성

노동생산성은 노동력 단위당 생산성을 평가하는 비율로서 종업원 1인이 창출한 부가가치를 말한다. 노동생산성이 높다는 것은 기업이 보유한 노동력을 효율적으로 이용하여 많은 부가가치를 창출했다는 의미이다. 따라서 동종산업에서 개별기업의 경쟁력을 측정하고 국민경제의 입장에서 대외경쟁력을 측정한다.

$$노동생산성 \ = \ 부가가치/종업원수 \tag{17.21}$$

(3) 자본생산성

자본생산성은 기업에 투하된 총자본이 1년 동안 부가가치를 얼마나 창출했는지를 나타내는 비율로서 총자본투자효율이라고도 한다. 자본생산성이 높다는 것은 총자본이 효율적으로 운영되었음을 나타내고, 노동생산성과 함께 기업의 생산성을 측정하는 기본지표로 이용되고 있다.

$$자본생산성 \ = \ 부가가치/총자본 \tag{17.22}$$

(4) 노동소득분배율

노동소득분배율은 기업이 창출한 부가가치에 대한 근로자에게 지급된 금액의 비율로서 부가가치를 생산하는데 공헌한 근로자에게 지급한 대가를 상대적으로 나타낸다. 노동소득분배율은 근로자에게 지급된 인건비가 기업의 생산성과 균형을 이루는지를 평가하고 성과배분의 합리성을 측정하기 위한 척도로 이용된다.

$$\text{노동소득분배율} \ = \ \text{인건비/부가가치} \qquad (17.23)$$

제1절 재무상태표 분석

1. 유동성분석

(1) 유동비율 = 유동자산/유동부채

단기채무의 변제에 충당할 수 있는 유동자산의 규모를 측정하는 비율

(2) 당좌비율 = 당좌자산/유동부채

유동부채를 커버하기 위해 재고자산을 제외한 유동자산의 규모를 파악

2. 레버리지분석

(1) 부채비율 = 타인자본/자기자본

타인자본이 자기자본을 초과하면 재무위험이 증가하여 지급능력이 약화되고 청산시에 채권자에게 지급할 금액이 커지므로 100% 이하가 표준비율임

(2) 자기자본비율 = 자기자본/총자본

부채비율과 더불어 기업의 안정성을 측정하는 중요한 지표로 활용

(3) 이자보상비율 = 영업이익/이자비용

기업이 부채사용에 따른 이자비용을 지급할 능력을 갖고 있는지를 파악

3. 안정성분석

(1) 비유동비율 = 비유동자산/자기자본

자기자본이 비유동자산에 투입되어 있는 고정화 정도를 측정하는 비율

(2) 비유동장기적합률 = 비유동자산/(자기자본+비유동부채)

비유동자산에 투자한 자본을 장기자본까지 확장해 자본배분 안정성을 측정

제2절 손익계산서 분석

1. 수익성분석

(1) 매출수익성비율

① 매출액총이익률 = 매출총이익/매출액

매출총이익을 매출액으로 나누어 기업의 생산활동의 효율성을 측정

② 매출액영업이익률 = 영업이익/매출액

영업이익을 매출액으로 나누어 기업의 영업활동의 효율성을 측정

③ 매출액순이익률 = 당기순이익/매출액

당기순이익을 매출액으로 나누어 기업의 최종마진을 판단하는데 이용

(2) 자본수익성비율

① 총자본영업이익률 = 영업이익/총자본

기업의 총자산에 대한 영업활동에서 얻는 이익의 비율로 투자수익률임

② 자기자본순이익률 = 순이익/자기자본

주주가 기업에 투자한 자기자본으로 벌어들이는 수익성을 측정하는 비율

③ 총자본순이익률 = 순이익/총자본

　　기업의 총자본으로 이익창출능력을 측정하는 종합적인 경영성과를 요약

2. 활동성분석

(1) 재고자산회전율 = 매출액/재고자산(평잔)

　　재고자산이 일정기간에 당좌자산으로 몇 번이나 전환되었는지를 측정

(2) 매출채권회전율 = 매출액/매출채권

　　매출액을 매출채권으로 나눈 비율로서 매출채권의 현금화속도를 측정

(3) 매입채무회전율 = 매출액/매입채무

　　매입채무의 지급속도를 측정하여 매입채무의 원활한 결제상태를 평가

3. 성장성분석

(1) 매출액증가율 = (당기매출액−전기매출액)/전기매출액

　　기업의 외형적 신장세를 판단하는 지표로 경쟁력 변화를 나타내는 척도

(2) 자기자본증가율 = (당기말자기자본−전기말자기자본)/전기말자기자본

　　주주의 부가 얼마나 증가했는지를 측정하는 성장지표로 주주의 관심 대상

(3) 순이익증가율 = (당기순이익−전기순이익)/전기순이익

　　매출액증가율은 외형적 성장세를, 순이익증가율은 실질적 성장세를 측정

4. 생산성분석

(1) 부가가치율 = 부가가치/매출액

　　기업의 생산액 중에서 부가가치가 차지하는 비중을 의미

(2) 노동생산성 = 부가가치/종업원수

　　노동력 단위당 생산성을 평가하는 비율로 종업원 1인이 창출한 부가가치

(3) 자본생산성 = 부가가치/총자본

　　기업에 투하된 총자본이 1년간 부가가치를 얼마나 창출했는지를 측정

(4) 노동소득분배율 = 인건비/부가가치

　　인건비와 생산성을 평가하여 성과배분의 합리성을 측정하기 위한 척도

1   다음 중 매출채권에 대한 설명으로 적절하지 않은 것은? (1996년)

    ① 매출채권이 증가하더라도 추가적인 자금부담은 없다.

    ② 매출채권회전율이 높을수록 기업은 유리하다.

    ③ 단기매출채권이 항상 기업에게 유리한 것만은 아니다.

    ④ 비용-효익분석에 입각하여 적절한 매출채권을 유지한다.

    ⑤ 매출채권의 회수정책 고려시에는 기업이미지에 손상이 없도록 할 필요가 있다.

> | 해설 | 매출채권이 증가하면 매출채권의 회전기간이 길어져서 현금회수가 늦어진다. 따라서 매출채권이 증가하면 순운전자본이 증가하므로 추가적인 자금부담이 발생한다.

2   유동비율이 120%일 때 이 비율을 감소시키는 상황은? (1995년)

    ① 현금으로 단기차입금을 상환할 경우

    ② 외상매입금을 현금으로 상환할 경우

    ③ 현금으로 재고자산을 구입할 경우

    ④ 재고자산을 외상으로 구입할 경우

    ⑤ 사채로 비유동자산을 구입할 경우

> | 해설 | 유동비율 $= \dfrac{유동자산}{유동부채} \times 100 = 120\%$
>
> ①, ② 분자와 분모가 동일한 금액이 감소하므로 유동비율은 증가한다.
> ③, ⑤ 분자와 분모가 모두 불변이므로 유동비율은 불변이다.
> ④ 분자와 분모가 동일한 금액이 증가하므로 유동비율은 감소한다

3   다음의 서술 중 옳지 않은 것은? (1994년)

    ① 매출채권회전율을 알고 있으면, 매출채권의 평균회수기간을 구할 수 있다.

    ② PER(Price Earning Ratio)는 일종의 회수기간의 개념이다.

    ③ 당기순이익이 0보다 클 때 주당순이익의 변화율은 매출액의 변화율보다 작다.

    ④ ROI(Return on Investment)는 활동성비율과 수익성비율을 결합한 비율이다.

    ⑤ 유동비율과 당좌비율은 유동성비율에 속한다.

> | 해설 | ① 평균회수기간 = 365/매출채권회전율
>
> ② PER는 주당순이익으로 주식매입가격을 회수하는데 소요되는 기간이라고 할 수 있다.
> ③ 당기순이익이 0보다 큰 상태에서는 레버리지효과로 인해 주당순이익의 변화율이 매출액의 변화율보다 크거나 같다.
> ④ $ROI = \dfrac{당기순이익}{총자본} = \dfrac{당기순이익}{매출액} \times \dfrac{매출액}{총자본} = 매출액순이익률 \times 총자본회전율$

4　갑을기업의 전년도 자기자본순이익률(ROE)은 6%로 업계 평균 10%에 비해 상대적으로 저조하다. 내부 검토결과 매출액순이익률은 1%, 총자산회전율은 2.0으로 업계 평균과 비슷한 것으로 나타나서 이 부분에서의 개선보다는 자본구조의 변경을 통해 현재 자기자본순이익률을 업계 평균 수준으로 끌어올리려고 한다. 이 목표를 달성하기 위한 갑을기업의 적정 부채비율은 얼마인가? (2003년)

① 200%　　　　　　　② 300%　　　　　　　③ 400%

④ 500%　　　　　　　⑤ 600%

| 해설 | $ROE = \dfrac{순이익}{자기자본} = \dfrac{순이익}{매출액} \times \dfrac{매출액}{총자산} \times \dfrac{총자산}{자기자본}$

자기자본순이익률 = 매출액순이익률 × 총자산회전율 × $(1 + \dfrac{B}{S})$

$0.1 = 0.01 \times 2 \times (1 + \dfrac{B}{S}) \rightarrow \dfrac{B}{S} = 4 (= 400\%)$

5　상품매매기업인 (주)기산물산의 영업주기는 상품의 매입시점부터 판매후 대금의 회수시점까지 기간으로 정의된다. (주)기산물산의 연 매출이 120,000원, 이에 대한 매출원가가 75,000원, 연평균 매출채권 잔액이 20,000원, 그리고 연평균 재고자산 가액이 25,000원이라면 (주)기산물산의 평균 영업주기는? 단, 매출은 전액 외상매출이라고 가정한다. 계산의 편의상 1년은 360일로 간주한다. (2004년)

① 120일　　　　　　　② 135일　　　　　　　③ 156일

④ 171일　　　　　　　⑤ 180일

| 해설 | 매출채권회전율 = 120,000/20,000 = 6회, 매출채권평균회수기간 = 360일/6회 = 60일
재고자산회전율 = 75,000/25,000 = 3회, 재고자산평균처리기간 = 360일/3회 = 120일
영업주기 = 60일+120일 = 180일

6 자기자본이익률은 매출액순이익률, 총자산회전율, 그리고 부채비율로 분해할 수 있다. A, B, C 세 기업의 재무비율은 다음 자료를 활용하여 계산한다.

기업	부채	자기자본	총자산	매출액	매출원가	순이익
A	11,000	10,000	21,000	13,000	9,000	1,000
B	5,000	25,000	30,000	50,000	35,000	2,500
C	5,000	20,000	25,000	20,000	15,000	100

다음 문항들은 문제에서 언급한 재무비율과 주어진 자료를 이용하여 세 기업간의 재무비율을 비교 분석한 것이다. A, B, C 세 기업을 비교할 때 가장 타당한 설명은 무엇인가? (2007년)

① A기업은 부채비율이 높기 때문에 B기업보다 자기자본이익률이 높다.

② C기업은 총자산회전율이 가장 높지만 자기자본이익률은 낮다.

③ B기업은 총자산회전율이 높지만 부채비율도 가장 높기 때문에 A기업과 자기자본이익률이 동일하다.

④ C기업의 자기자본이익률이 낮은 중요한 이유는 매출액순이익률이 가장 낮기 때문이다.

⑤ A기업의 자기자본이익률이 높은 이유는 매출액순이익률이 높을 뿐만 아니라 부채비율이 가장 낮기 때문이다.

│ 해설 │ ① A기업과 B기업의 자기자본이익률은 동일하다.
　　　　② 총자산회전율은 B기업이 가장 높다.
　　　　③ B기업은 부채비율이 가장 높지 않다.
　　　　⑤ B기업은 부채비율이 가장 낮지 않다.

7 (주) 동부의 매출액은 200억원, 매출액순이익률은 5%, 주가수익비율(PER)은 10배, 유보율은 60%, 발행주식수는 100만주라면 (주)동부의 배당수익률(dividend yield)은 얼마인가? (1999년)

① 4%　　　　　　　　　② 5%　　　　　　　　　③ 6%

④ 8%　　　　　　　　　⑤ 10%

│ 해설 │ (1) 당기순이익 = 매출액×매출액순이익률 = 200억원×0.05 = 10억원

　　　　(2) 주당순이익 = 당기순이익/발행주식수 = 10억원/100만주 = 1,000원

　　　　(3) $PER = \dfrac{P}{EPS} \rightarrow P = PER \times EPS = 10 \times 1,000원 = 10,000원$

　　　　(4) 주당배당금(DPS) = (10억원×0.4)/100만주 = 400원

　　　　(5) 배당수익률 = DPS/P = 400/10,00 = 0.04

8 다음 자료에서 당좌비율(Q : quick ratio)을 계산했을 때 가장 적절한 것은? 단, 1년은 365일이고 회전율은 매출액에 대해 계산한다. (2012년)

① Q ≤ 50%　　　　② 50% < Q ≤ 75%　　　　③ 75% < Q ≤ 100%
④ 100% < Q ≤ 125%　　⑤ Q > 125%

| 해설 | (1) 유동비율 = (유동자산/유동부채)×100
　　　　　　　 = (유동자산/140억)×100 = 150% → 유동자산 = 270억원
(2) 재고자산회전율 = 매출액/재고자산 = 730억/재고자산 = 10 → 재고자산 = 73억원
(3) 매출채권회수기간 = 매출채권/1일 평균매출액
　　　　　　　　 = 120억원/(매출액/365) = 60 → 매출액 = 730억원
(4) 당좌비율 = [(유동자산−재고자산)/유동부채]×100
　　　　　　 = [(210억원−73억원)/140억원]×100 = 97.86%

9 재무비율의 이름과 경제적 의미를 짝 지은 내용이 가장 적절하지 않은 것은? (2014년)

① 주가수익비율 − 수익성　　　　② 매입채무회전율 − 활동성
③ 이자보상비율 − 레버리지　　　④ 당좌비율 − 유동성
⑤ 총자본투자효율 − 생산성

| 해설 | ① PER는 특정 기업이 얻은 순이익 1원을 증권시장이 얼마의 가격으로 평가하고 있는가를 나타내며, 해당기업의 순이익이 주식가격보다 크면 클수록 PER가 낮게 나타난다. 따라서 PER가 낮으면 이익에 비해 주가가 낮아 그만큼 기업가치에 비해 주가가 저평가되어 있다는 의미이고, PER이 높으면 이익에 비해 주가가 높다는 것을 의미한다.
⑤ 자본생산성은 기업에 투하된 총자본이 1년간 부가가치를 얼마나 창출했는지를 나타내는 비율로 총자본투자효율이라도도 한다. 자본생산성이 높다는 것은 총자본이 효율적으로 운영되었음을 의미하며 노동생산성과 함께 기업의 생산성을 측정하는 기본지표에 해당한다.

10 재무비율에 관한 설명으로 가장 적절하지 않은 것은? (2017년)

① 회계적 이익을 가능한 한 적게 계상하는 회계처리방법을 사용하는 기업의 주가수익비율(PER)은 상대적으로 높게 나타날 수 있다.
② 자산의 시장가치가 그 자산의 대체원가보다 작은 경우 토빈의 Q(Tobin's Q)는 1보다 작다.
③ 매출액순이익률이 2%, 총자산회전율이 3.0, 자기자본비율이 50%일 경우 자기자본순이익률은 3%이다.
④ 유동비율이 높은 기업은 유동성이 높은 기업이라고 판단될 수 있으나, 과도하게 높은 유동비율은 수익성 측면에서 비효율적일 수 있다.
⑤ 일반적으로 수익전망이 높은 기업일수록 주가순자산비율(PBR)은 높게 나타난다.

| 해설 | ① PER = 주가/EPS에서 회계적 이익을 가능한 한 적게 계상하면 EPS이 감소하여 주가수익비율(PER)은 상대적으로 높게 나타날 수 있다.

② 토빈의 Q = 자산의 시장가치/자산의 대체원가이므로 자산의 시장가치가 그 자산의 대체원가보다 작으면 토빈의 Q는 1보다 작다.

③ $ROE = \dfrac{순이익}{자기자본} = \dfrac{순이익}{매출액} \times \dfrac{매출액}{총자산} \times \dfrac{총자산}{자기자본} = 2\% \times 3.0 \times \dfrac{1}{0.5} = 12\%$

④ 유동자산은 수익성이 낮기 때문에 유동비율이 과도하게 높으면 수익성 측면에서 비효율적일 수 있다.

⑤ 일반적으로 수익전망이 높은 기업의 주식은 보유하고 있는 자산에 비해 높은 가격에 거래되기 때문에 주가순자산비율(PBR)은 높게 나타나는데, 이러한 주식을 성장주라고 한다.

국제재무관리

오늘날 기업의 자금조달과 투자활동은 한 나라에 한정되지 않고 세계 각국을 대상으로 이루어지고 있다. 국제재무관리도 국내재무관리의 원칙이 그대로 적용되지만 기업의 경영활동이 국제환경에 의해 영향을 받기 때문에 새로운 변수들을 고려해야 한다. 국제재무관리에서는 주로 환위험과 관련된 주제를 다룬다.

제1절 국제재무관리의 개요

1. 국제재무관리의 정의

국제재무관리는 기업의 국제경영활동을 대상으로 범세계적 금융시장에서 기업의 자금조달과 조달자금의 운용에 직접적 또는 간접적으로 관련된 의사결정을 효율적으로 지원하는 관리기능을 말한다. 따라서 국제재무관리의 목표도 기업가치를 극대화하는데 있으므로 국내재무관리의 원칙이 동일하게 적용된다.

2. 국제재무관리의 특징

국제재무관리는 다국적기업의 출현으로 급속히 발전되어 왔으나, 각국 자본시장의 자유화를 배경으로 전개된 국제금융시장의 범세계적 통합화 과정에서 세계적인 자산부채관리전략으로서 그 중요성이 부각되고 있다. 국제재무관리는 기본적으로 국내재무관리와 유사한 기대수익률과 위험의 상관관계에 근거한다.

그러나 기업의 국제경영활동과 관련한 자본조달결정과 자산투자결정이 국제환경에 의해서 영향을 받기 때문에 다양한 이종통화간의 거래에 따른 환위험, 국제중개기관의 개입, 각국의 서로 다른 회계기준이나 제도상의 문제 및 이중과세 그리고 국가위험을 추가로 고려해야 한다는 점에서 차이가 있다.

기업이 여러 국가에서 활동하면 서로 다른 통화로 거래가 이루어지는데 따르는 환위험이 발생한다. 환위험은 예상치 않은 환율변동으로 기업의 재무적 성과가 변동할 가능성으로 기업이 적절한 기법을 통해 관리할 수 있는 통제가능한 요소에 해당하며 국제재무관리에서는 주로 환위험의 문제를 다룬다.

국가위험은 정치적·경제적·법률적·사회적·문화적 특성이 상이한 여러 나라에서 활동하게 되면 그 나라 고유의 국가위험(country risk)을 부담한다. 이는 재산몰수, 외환통제, 송금제한 등의 정치적 위험과 회계제도와 조세차이 등의 제도적 위험을 추가로 부담해야 하는 통제불가능한 요소에 해당한다.

제2절 환율의 기본개념

1. 환율의 정의

환율은 외환의 가격으로 외국통화 한 단위를 얻기 위해 지불해야 하는 자국통화의 양으로 자국통화와 외국통화의 교환비율을 나타낸다. 따라서 환율은 외국통화의 국내통화표시가격을 의미하기 때문에 자국통화의 입장에서는 자국통화의 대외가치를 나타내고, 외국통화의 입장에서는 외국통화의 국내가치를 나타낸다.

2. 환율의 표시

일반적으로 가격은 재화 한 단위와 교환되는 화폐의 단위수로 표시되고, 환율은 두 나라의 통화 중 어느 한 통화의 한 단위와 교환되는 다른 통화의 단위수로 표시되므로 하나의 가격에 두 가지 표시방법이 있다. 환율은 어느 나라의 통화를 기준으로 하느냐에 따라 자국통화표시환율과 외국통화표시환율로 구분된다.

(1) 자국통화표시환율

자국통화표시환율(European terms)은 외국통화를 기준으로 외국통화 한 단위의 가치를 자국통화의 가치로 표시하는 방법으로 지급환율 또는 직접표시법이라고도 한다. 대부분의 국가는 자국통화표시환율을 사용한다. 예컨대 미국 달러화와 한국 원화의 환율을 $1 = ₩1,000로 표시하는 방법은 직접표시법에 해당한다.

(2) 외국통화표시환율

외국통화표시환율(American terms)은 자국통화를 기준으로 자국통화 한 단위의 가치를 외국통화의 가치로 표시하는 방법으로 수취환율 또는 간접표시법이라고도 한다. 영국 등 일부 국가는 외국통화표시환율을 사용한다. 예컨대 미국 달러화와 한국 원화의 환율을 ₩1 = $0.001로 표시하는 방법은 간접표시법에 해당한다.

3. 환율의 변동

환율의 변동은 특정 통화의 다른 통화에 대한 상대적 가치의 변화를 나타낸다. 직접
표시법에 의해 외국통화 한 단위의 가치를 자국통화로 표시했을 때 환율이 상승하면 외
국통화의 가치가 자국통화의 가치에 비해 상대적으로 상승하고, 자국통화의 가치는 외국
통화의 가치에 비해 상대적으로 하락했다는 의미이다.

반대로 환율이 하락할 경우에 외국통화의 가치는 상대적으로 하락하고 자국통화의
가치는 상대적으로 상승했다는 의미가 된다. 예컨대 외환시장에서 환율이 ₩1,200/$에서
₩1,300/$로 변화하면 달러화에 대한 원화의 환율은 상승했으나 원화의 대외가치는 달
러화의 관계에서 평가절하(devaluation)되었다.

환율이 ₩1,200/$에서 ₩1,100/$로 변화하면 달러화에 대한 원화의 환율은 하락했으
나 원화의 대외가치는 달러화의 관계에서 평가절상(revaluation)되었다. 이때 가치가 상
승한 통화는 평가절상 또는 가치상승(appreciation)되었다고 하고, 가치가 하락한 통화는
평가절하 또는 가치하락(depreciation)되었다고 한다.[5]

▎표 18-1▎ 환율변동의 효과

환율하락(평가절상)	환율상승(평가절하)
$1=₩1,100 ← $1=₩1,200 → $1=₩1,300	
수출감소, 수입증가	수출증가, 수입감소
국내경기 침체가능성	물가상승 발생가능성
외채부담의 감소	외채부담의 증가
국제수지의 악화	국제수지의 개선

4. 환율의 구분

외환시장은 외환의 매입자와 매도자 그리고 이러한 매매를 중개하는 외환딜러와 브
로커로 구성되며 주요 참가자에는 고객, 외국환은행, 외환브로커, 중앙은행 등이 있다.
외환시장은 외환거래의 종류에 따라 현물환시장, 선물환시장, 통화선물시장, 통화옵션시
장, 통화스왑시장, 외환스왑시장 등으로 구분된다.

---

5) 평가절상과 평가절하라는 용어는 고정환율제도에 적합하며 현재의 변동환율제도에는 적절하지 못하다고 할 수 있다.

(1) 외환거래의 성격

외환거래는 여러 기준에 따라 분류할 수 있는데, 일반적으로 결제일과 거래목적에 따른 분류를 많이 이용한다. 결제일에 따라 현물환거래, 선물환거래, 스왑거래로 분류하고 거래목적에 따라 헤지거래, 투기거래, 차익거래로 분류한다. 환율은 명목환율과 실질환율로 구분되며 명목환율은 현물환율과 선물환율로 구분된다.[6]

① 현물환율

현물환거래(spot exchange transaction)는 모든 외환거래의 가장 기본이 되는 거래로 외환거래가 이루어진 후 즉각적으로 대금결제가 이루어지는 거래, 즉 거래일과 결제일이 일치하는 거래를 말한다. 현물환시장에서 이루어지는 현물환거래에 적용되는 환율을 현물환율이라고 하며 대개 고객과 외국환은행간에 이루어진다.

현물환거래는 외환거래 후 2영업일 이내에 결제가 이루어지므로 이익과 손실을 짧은 시간에 실현시킬 수 있어 신용위험(credit risk)에 노출되는 시간이 아주 제한적이다. 따라서 높은 수익성과 낮은 신용위험으로 인해 외환시장의 거래량은 급증해 왔고 이에 따라 현물환시장은 높은 변동성과 높은 유동성으로 대표된다.

② 선물환율

선물환거래(forward exchange transaction)는 외환매매계약 체결일로부터 일정 기간 경과 후 특정일에 외환을 결제, 인도하기로 약정한 거래를 말하며 약정된 결제일까지 거래당사자의 현금결제가 유보된다는 점에서 현물환거래와 다르다. 선물환거래는 결제일에 적용할 선물환율을 거래시점에서 미리 정한다.

선물환율(forward exchange rate)은 외환거래일로부터 3영업일 이후에 외환의 인수도와 결제가 이루어지는 거래로 약정된 결제일까지 현금유보가 유보된다. 선물환율은 선물환거래에 적용되는 환율로 선도환율이라고도 한다. 일반적으로 선물환율은 현물환율과의 차액으로 표시되며 이 차액을 선물마진이라고 한다.

---

6) 우리나라는 현재 2영업일을 기준으로 현물환과 선물환을 구분하고 있으나, 1995년 12월 이전에는 결제일이 계약체결일로부터 1영업일 이후인 외환거래를 선물환거래로 분류했다.

③ 스왑레이트

스왑거래는 외국통화를 매도(매입)하고 미래의 일정시점에서 그 외국통화를 다시 매입(매도)할 것을 약정한 현물환거래와 선물환거래가 결합된 거래형태를 말한다. 이때 스왑레이트는 어느 통화의 현물환거래에 적용되는 현물환율(spot rate)과 선물환거래에 적용되는 선물환율(forward rate)의 차이를 말한다.

스왑거래시 적용되는 가격은 현물환율과 선물환율의 격차인 스왑레이트(swap rate) 또는 스왑포인트(swap points)를 이용해 고시된다. 그런데 스왑은 한 시점의 매입(매도)거래와 다른 시점의 매도(매입)거래가 교환되는 것이므로 매입률과 매도율 중 어느 쪽의 스왑레이트를 적용할 것인가 하는 문제가 발생한다.

(2) 통화가치의 평가

일반적으로 환율이라고 하면 두 나라 통화가치 사이의 상대적인 명목가격인 명목환율을 말한다. 그러나 명목환율은 두 나라 통화의 구매력 변동, 즉 양국간의 물가변동을 정확하게 반영하지 못하기 때문에 명목환율에 물가를 감안한 실질환율이 사실상 더 중요한 의미를 지니고 있다.

① 명목환율

명목환율(nominal exchange rate)은 외환시장에서 매일 고시되는 각국 화폐의 명목가치를 기준으로 한 자국화폐와 외국화폐의 교환비율을 말한다. 외환시장에서 명목환율은 은행간거래에 적용되는 환율을 말한다. 일반적으로 환율은 명목환율을 의미하고 우리나라는 통상 은행이 고시하는 환율이 명목환율이 된다.

② 실질환율

실질환율(real exchange rate)은 명목환율을 양국의 물가지수로 나눈 것으로 상대국의 물가변동을 감안한 자국상품의 가격경쟁력을 나타낸다. 따라서 실질환율이 상승하면 자국새화의 기격이 상대적으로 싸져 그만큼 가격경쟁력이 높아졌으며, 실질환율이 일정하면 가격경쟁력에 변화가 없음을 의미한다.

실질환율은 국내에서 생산된 재화와 외국에서 생산된 재화간의 상대가격으로 실질환율이 상승하면 국내에서 생산된 재화의 상대가격이 하락하여 수출이 증가한다. 반면에 실질환율이 하락하면 가격이 상승하여 그만큼 가격경쟁력이 떨어졌음을 의미한다. 따라서 실질환율은 수출입을 결정하는 변수이다.

③ 실효환율

명목환율과 실질환율은 자국통화와 어떤 하나의 특정 외국통화 사이의 가격을 나타낸다. 이와 관련하여 실효환율(effective exchange rate)은 자국통화와 여러 교역상대국 통화들 사이의 상대가격을 나타내며 실질환율과 같이 지수형태로 나타낼 수 있다. 구체적으로 명목실효환율과 실질실효환율로 구분할 수 있다.

실효환율은 변동환율체제하에서 두 나라 이상의 외국과 교역을 하는 경우 자국통화와 복수의 교역상대국 통화간의 환율을 상대국의 비중에 따른 가중치를 감안하여 가중평균한 환율로 명목실효환율과 실질실효환율로 구분된다. 명목실효환율은 주요 교역상대국들과의 명목환율을 일정한 가중치로 가중평균한 환율을 말한다.

실질실효환율은 자국과 교역상대국간의 상대가격변동을 반영한 환율을 말하며 명목실효환율을 교역상대국과의 가중평균된 상대가격으로 조정하여 산출한다. 요컨대 실질실효환율은 교역상대국이 두 나라 이상일 경우에 실질환율의 개념에 해당하며 자국통화의 실질적인 구매력을 나타내고 수출경쟁력의 변화를 측정한다.

(3) 환율의 고시방법

외환시장에서 가격을 제시할 경우 항상 매입환율과 매도환율을 동시에 제시해야 한다. 이때 매입환율과 매도환율은 가격제시자(market maker)의 입장에서 기준통화를 사고파는 것을 기준으로 한다. 즉 매입환율은 가격제시자가 기준통화를 매입할 때 적용하고, 매도환율은 가격제시자가 기준통화를 매각할 때 적용한다.

따라서 가격추종자(market follower)인 고객의 입장에서 외환을 매입할 경우에는 매도환율을 적용해야 하고, 외환을 매도할 경우에는 매입환율을 적용해야 한다. 최근에는 은행들이 고객의 혼동을 방지하기 위해 '고객이 사실 때', '고객이 파실 때'로 제시하고 있다. 일반적으로 매도환율은 매입환율보다 높게 제시된다.

① 매입환율

매입환율(buying rate)은 가격제시자인 은행이나 외환딜러가 외환을 고객으로부터 매입할 때 적용하는 환율을 말한다. 따라서 가격추종자인 고객의 입장에서는 가격제시자의 매입환율(bid rate)에 외환을 매도해야 한다.

② 매도환율

매도환율(offered rate)은 가격제시자인 은행이나 외환딜러가 외환을 상대방에게 매도할 때 적용하는 환율을 말한다. 따라서 가격추종자인 고객의 입장에서는 가격제시자의 매도환율(ask rate)에 외환을 매입해야 한다.

(4) 환율의 변동여부

① 고정환율

고정환율은 각국 통화가치의 기준을 금이나 달러화 등에 고정시켜 일정범위 내에서 통화가치를 변화할 수 있도록 하는 환율결정방식을 말한다. 환율을 안정시켜 국제간의 무역 및 자본거래와 관련된 불확실성을 제거해 주는 반면에 각국의 물가수준의 변화를 반영하지 못해 국제무역수지의 불균형을 초래할 수 있다.

② 변동환율

변동환율은 외환시장에서 각국의 통화에 대한 수급에 의해 통화가치가 자유롭게 변화할 수 있도록 하는 환율결정방식을 말한다. 실제로 완전한 변동환율제를 채택하고 있는 나라는 거의 없으며, 대부분 중앙은행이 환율의 결정에 개입하여 환율이 일정범위 내에서 결정되도록 통제하는 관리변동환율제도를 시행하고 있다.

(5) 외환의 상대방

외환을 사고 파는 외환거래는 은행이 누구를 상대로 하느냐에 따라 은행간거래와 대고객거래로 구분되며 시장환율은 은행간환율과 대고객환율로 구분된다. 은행이 다른 은행과 거래(은행간거래)를 할 때에는 은행간환율을 적용하고 개인이나 기업 등 일반고객과 거래(대고객거래)를 할 때에는 대고객환율을 적용한다.

① 은행간환율

은행간환율(inter-bank exchange rate)은 은행간의 외환매매에 적용되는 화폐의 교환비율을 말하며 거래규모가 크기 때문에 도매환율의 성격을 갖는다. 미달러의 경우에는 전신환매매율의 중간율이 적용되나, 기타 통화의 경우에는 중간율에 일정한 마진을 가감하여 매매되며, 전신환매매율보다는 유리하게 책정된다.

② 대고객환율

대고객환율(customer exchange rates)은 외국환은행이 일반고객을 상대로 외환업무를 수행할 때 적용하는 환율을 말하며 거래규모가 작기 때문에 소매환율의 성격을 갖는다. 대고객환율은 은행이 고객으로부터 어떤 형태의 외환을 거래하느냐에 따라 현찰매매율, 전신환매매율, 여행자수표매매율, 일람출급환율로 구분된다.

(6) 환율의 계산방법

외환시장은 미국 달러화가 다른 통화간의 거래에서 교량역할을 하는 기축통화(key currency)가 되고 있다. 한편 대부분의 외환거래가 미국 달러화를 중심으로 이루어져 있기 때문에 달러화 이외의 다른 통화들간의 거래를 할 때에는 달러화를 거쳐 이루어지고 있다.

① 기준환율

기준환율은 외국환은행이 고객과 외환을 매매할 때 기준이 되는 시장평균환율을 말한다. 우리나라는 미국과 대외거래가 많이 이루어지므로 미국 달러화에 대한 환율이 기준환율이다. 금융결제원의 자금중개실을 경유하여 외국환은행간에 거래되는 원화의 대미 달러화 현물환율과 거래액을 가중평균하여 산출한다.

② 교차환율

외환거래의 대부분은 기축통화인 미국 달러화를 기준으로 이루어지고 환율도 통상적으로 미국 달러화를 기준으로 표시된다. 미국 달러화가 포함되지 않은 통화간의 교환을 할 때에도 거의 대부분 미국 달러화를 거쳐서 거래가 발생하고, 이때 환율도 각 통화에 대한 미국 달러환율을 이용하여 계산한다.

교차환율은 기준환율의 대상이 되는 통화와 자국통화의 환율로 표시되지 않는 제3국 통화간의 환율을 말하며 자국통화를 중심으로 평가된 외국통화들에 대한 환율을 이용하여 외국통화들간의 환율을 결정하는데 사용된다. 원화의 입장에서 미국 달러화와 영국 파운드화간의 환율은 교차환율에 해당한다.

③ 재정환율

재정환율은 특정 국가가 세계 각국 통화에 대한 환율을 결정할 경우 미국 달러화와 자국통화의 교환비율인 기준환율을 미리 결정한 후 기준환율에 교차환율을 이용하여 간접적으로 산정하는 제3국 통화간의 환율을 말한다. 예컨대 엔화에 대한 원화의 재정환율은 원/달러환율에 엔/달러 교차환율의 역수를 곱해서 구한다.

재정환율은 외국통화간의 교차환율을 이용하여 계산하는 자국통화와 제3국 통화간의 환율로 미국 달러화 이외의 모든 통화에 대한 환율을 재정환율로 산출한다. 외환시장에서 외국통화에 대한 원화의 실제환율이 재정환율과 다르면 시장불균형을 이용한 차익거래가 발생하며 차익거래를 통해 외환시장은 균형상태에 도달한다.

은행간시장에서는 달러화의 수급에 의해 원－달러환율만 결정된다. 따라서 원－달러 기준환율에 국제외환시장에서 결정되는 외국통화간 교차환율을 적용하여 제3국 통화에 대한 재정환율을 산출하여 고시하고 있다. 예컨대 파운드화에 대한 원화 재정환율은 원－달러환율에 파운드－달러 교차환율의 역수를 곱하면 구할 수 있다.

┃그림 18-1┃ 환율의 관계

●→ 예제 18-1　재정환율과 차익거래

국내외환시장에서는 미국 달러화에 대한 원화의 환율이 ₩1,150/$, 국제금융시장에서는 미국 달러화에 대한 영국 파운드화의 환율이 $1.6/£이라고 가정하여 다음의 물음에 답하시오.

1. 영국 파운드화에 대한 원화의 재정환율을 구하시오.

2. 영국 파운드화에 대한 원화의 환율이 ₩2,000/£에 거래될 경우에 차익거래가 존재하는지를 확인하시오.

3. 1,150만원을 보유한 투자자를 가정하여 차익거래과정을 설명하고 차익거래이익을 구하시오.

4. 영국 파운드화에 대한 원화의 환율이 ₩1,600/£에 거래될 경우에 차익거래가 존재하는지를 확인하시오.

5. 1,150만원을 보유한 투자자를 가정하여 차익거래과정을 설명하고 차익거래이익을 구하시오.

풀이

1. 영국 파운드화에 대한 원화의 재정환율은 다음과 같이 구할 수 있다.

$$₩1,150/\$ \times \$1.6/£ = ₩1,840/£$$

2. 차익거래기회가 발생하지 않으려면 세 나라 통화간에 다음의 관계가 성립해야 한다.

$$\frac{₩}{\$} \times \frac{\$}{£} \times \frac{£}{₩} = 1$$

현재 외환시장에서 $\frac{1,150}{1} \times \frac{1.6}{1} \times \frac{1}{2,000} = 0.92 < 1$이므로 차익거래가 가능하다.

국내에서는 원화가 과대평가(달러화는 과소평가), 미국에서는 달러화가 과대평가(파운드화는 과소평가), 영국에서는 파운드화가 과대평가(원화는 과소평가)되어 있다.

3. 현재 1,150만원을 보유한 투자자는 다음과 같은 차익거래가 가능하다.

① 원화를 매도하여 과소평가된 달러화를 매입한다. 11,500,000÷1,150=$10,000

② 달러화를 매도하여 과소평가된 파운드화를 매입한다. 10,000÷1.6=£6,250

③ 파운드화를 매도하여 과소평가된 원화를 매입한다. 6,250×2,000=₩12,500,000

이러한 차익거래를 통해서 투자자는 1,000,000원의 차익거래이익을 얻을 수 있다.

4. 현재 외환시장에서 $\frac{1,150}{1} \times \frac{1.6}{1} \times \frac{1}{1,600} = 1.15 > 1$이므로 차익거래가 가능하다.

국내에서는 원화가 과소평가(달러화는 과대평가), 미국에서는 달러화가 과소평가(파운드화는 과대평가), 영국에서는 파운드화가 과소평가(원화는 과대평가)되어 있다.

5. 현재 1,000만원을 보유한 투자자는 다음과 같은 차익거래가 가능하다.

① 원화를 매도하여 과소평가된 파운드화를 매입한다. $10,000,000 \div 1,600 = £6,250$

② 파운드화를 매도하여 과소평가된 달러화를 매입한다. $6,250 \times 1.6 = \$10,000$

③ 달러화를 매도하여 과소평가된 원화를 매입한다. $10,000 \times 1,150 = ₩11,500,000$

이러한 차익거래를 통해서 투자자는 1,500,000원의 차익거래이익을 얻을 수 있다.

제3절 국제금융의 원리

국제금융의 메커니즘을 이해하려면 무엇보다 국제평가이론의 이해가 중요하다. 외환시장에서 환율은 각국의 상대적인 물가상승률, 명목이자율, 선물환율 등의 상호작용에 의해 결정되며 국제간의 차익거래를 통해서 균형에 도달한다. 경제변수들의 상호작용에 의한 환율의 결정과정을 도시하면 [그림 18-2]와 같다.

▎그림 18-2 ▎ 환율결정이론

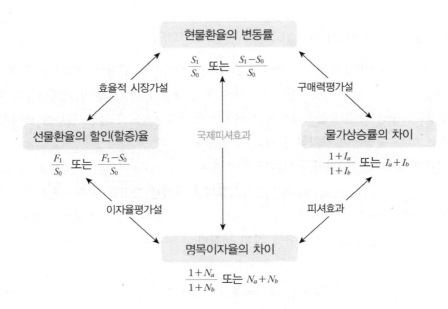

1. 구매력평가설

구매력평가설(purchasing power parity)은 양국간의 물가상승률 차이를 반영해서 현물환율이 결정된다는 이론으로 상품시장에서 일물일가의 법칙을 전제로 한다. 즉 구매력평가설은 기본적으로 화폐수량설을 개방경제에 연계시켜 국내물가와 해외물가의 변동이 균형환율에 어떻게 반영되는가를 설명하는 이론에 해당한다.

(1) 절대적 구매력평가설

절대적 구매력평가설은 국내물가수준과 외국물가수준간의 비율이 양국간의 균형환율에 반영되어야 한다는 이론으로 양국의 공통된 소비재의 가격비율을 균형환율이라고 가정한다. 절대적 구매력평가설은 다음과 같이 표시할 수 있다.

$$P_0^a = S_0 \times P_0^b \rightarrow S_0 = P_0^a / P_0^b \qquad (18.1)$$

식(18.1)에서 S_0는 균형환율로서 국내통화로 표시한 외국통화의 가격, P_0^a는 국내의 물가수준, P_0^b는 외국의 물가수준, 0는 어떤 주어진 기준시점을 나타낸다.

(2) 상대적 구매력평가설

상대적 구매력평가설은 양국간의 상대물가의 변동률이 환율의 변동률과 동일하다는 이론을 말한다. 양국의 물가상승률의 차이를 반영해서 현물환율이 변화하는데 어떤 주어진 기간 동안 국내의 물가상승률이 외국의 물가상승률보다 높은 경우에 국내의 통화가치는 이를 반영하여 하락하게 된다는 것이다.

이렇게 되어야 국제적인 차익거래를 통해 이익을 얻을 기회가 없어지고 국제적인 일물일가의 법칙이 성립한다. 따라서 상품시장의 완전성을 가정할 경우에 환율이 양국의 물가상승률의 차이를 정확히 상쇄시키게 된다. 어떤 균형시점부터 미래의 특정시점까지 1기간 동안에 양국의 물가는 다음과 같이 변한다.

$$P_1^a = P_0^a(1 + I_a), \; P_1^b = P_0^b(1 + I_b) \qquad (18.2)$$

절대적 구매력평가설을 이용하면 1기간 후의 현물환율은 다음과 같이 표시된다.

$$S_1 = \frac{P_1^a}{P_1^b} = \frac{P_0^a(1+I_a)}{P_0^b(1+I_b)} \tag{18.3}$$

식(18.1)과 식(18.3)에서 다음의 관계가 성립해야 하는데 이를 구매력평가설이라고 한다.

$$\frac{S_1}{S_0} = \frac{1+I_a}{1+I_b} \tag{18.4}$$

식(18.4)의 양변에서 1을 차감하여 정리하면 다음과 같이 정리할 수 있다.

$$\frac{S_1 - S_0}{S_0} = \frac{I_a - I_b}{1+I_b} \tag{18.5}$$

식(18.5)에서 I_b가 작은 경우에 우변의 분모에 있는 I_b를 0으로 놓고 정리하면 다음과 같은 근사식을 얻을 수 있다.

$$\frac{S_1 - S_0}{S_0} = I_a - I_b \tag{18.6}$$

따라서 어떤 균형시점부터 미래의 특정시점까지 일정기간 동안에 현물환율의 변화율이 양국의 물가상승률의 차이와 근사적으로 같다는 의미를 갖는다. 식(18.6)은 $(1+I_b)$가 1과 큰 차이가 없다고 가정하는 근사식이기 때문에 만일 외국의 물가상승률이 매우 높다면 이러한 논리는 성립하지 않을 것이다.

(3) 한계점

구매력평가설은 국가간의 무역이 자유롭게 이루어지고 상품시장에서 일물일가의 법칙을 가정하고 있으나 국가간 교역에는 수송비와 관세 등으로 인해 현실적으로 일물일가의 법칙이 성립하지 않는다. 또한 균형환율의 결정요인으로 물가만 고려하고 외환의 수요와 공급에 영향을 미치는 다른 요인들은 고려하지 못하고 있다.

구매력평가설은 각국의 물가수준을 그 나라의 통화공급에 비례해서 움직이는 통화수량설에 근거하여 상대가격의 변동을 화폐적 현상으로 설명하는데, 기술진보와 같은 구조적인 요인에 의해서 상대가격이 변동하고 상품시장과 외환시장에서 가격조정의 메커니즘이 서로 다르기 때문에 동 이론이 현실적으로 성립하기 어렵다.

(4) 유용성

구매력평가설은 단기적인 환율의 움직임은 잘 나타내지 못하는 반면에 장기적인 환율의 변화추세는 잘 반영하여 환율예측의 수단으로 이용될 수 있다. 실증분석에 의하면 구매력평가환율이 단기적으로는 실제환율과 상당한 괴리를 보였으나 장기적으로 두 환율의 변동이 대체로 동일한 방향으로 움직이는 것으로 나타났다.

따라서 구매력평가설이 환율결정이론이 되기 위해서는 사전적으로 그리고 사후적으로 성립할 수 있어야 한다. 즉 환율을 조정한 물가나 물가수준이 구매력평가에 의한 환율에서 이탈하거나 이탈하려고 할 때 이러한 실제적인 또는 잠재적인 이탈을 신속하게 제거할 수 있는 차익거래의 메커니즘이 작동하고 있어야 한다.

● 예제 18-2 구매력평가설

전자계산기의 현재가격이 한국에서는 22,000원, 미국에서는 $20에 거래되고 있다. 미국 달러화에 대한 원화의 현물환율은 ₩1,200/$이며, 향후 1년간 물가상승률이 한국은 10%, 미국은 5%로 예상될 경우에 다음 물음에 답하시오.

1. 내년의 현물환율이 ₩1,200/$이라면 어떠한 형태의 차익거래가 발생하는가?

2. 차익거래기회가 존재하지 않으려면 내년 현물환율이 얼마가 되어야 하는가?

풀이

1. 내년에 한국에서 계산기가격은 물가상승률 10%를 반영한 24,200원이 되고, 미국에서 계산기가격은 물가상승률 5%를 반영한 $21가 될 것이다. 그런데 내년의 현물환율이 ₩1,200/$이라면 한국은 계산기를 미국에 수출하여 $21를 지급받고 이를 원화로 환산하여 25,200원을 회수할 수 있어 1,000원의 이익을 얻을 수 있다.

2. 내년의 현물환율을 S_1이라고 하면 계산기를 수출하여 $\$21 \times S_1$에 해당하는 원화를 지급받게 된다. 따라서 이 금액이 한국의 계산기가격 24,200원과 동일하면 차익거래기회가 존재하지 않으므로 내년의 현물환율은 1,152원이 되어야 한다.

$$\$21 \times S_1 = ₩24,200 \rightarrow \therefore S_1 = ₩1,152.38/\$$$

2. 이자율평가설

이자율평가설(interest rate parity)은 국가간의 자본이동이 자유롭고 거래비용과 과세문제가 존재하지 않는 완전자본시장의 가정하에서 양국간의 명목이자율의 차이와 환율의 균형관계를 설명한다. 즉 완전자본시장에서 양국간의 금리격차는 선물환율의 할인율 또는 할증률과 동일하다는 이론을 말한다.

구매력평가설이 경상수지의 관점에서 환율을 설명하는 이론이다. 반면에 이자율평가설은 자본수지의 관점에서 환율을 설명하는 이론으로 금융시장에서 일물일가의 법칙을 전제로 하고 금리평가설이라고도 한다. 완전자본시장의 가정하에서 동일한 금융상품은 국제적으로 동일한 가격(이자율)을 갖게 된다.

여기서 동일한 금융상품은 위험의 크기, 만기 그리고 유동성이 동질적임을 의미한다. 만약 동일한 금융상품에 대해서 국가간에 가격이 서로 다르면 차익거래의 기회가 발생할 것이며, 그 결과 금융상품의 가격과 환율이 변화하여 궁극적으로 차익거래가 발생하지 않는 균형상태를 이루게 된다는 것이다.

따라서 동일한 상품에 대해 국가간에 가격이 서로 다르면 과소평가된 시장에서 매입하고 과대평가된 시장에서 매도함으로써 추가적인 자금부담이나 위험부담 없이 이익을 추구하는 차익거래가 발생한다. 차익거래를 통해 금융상품의 가격과 환율이 변화하여 균형상태에 도달하면 차익거래기회는 소멸한다.

이자율평가설은 어떤 투자자가 자국통화표시의 자산에 투자하는 경우와 외국통화표시의 자산에 투자하는 경우에 균형상태에서 두 투자안의 수익률은 같아야 한다. 어떤 시점에 N_a의 고정이자율로 자국통화표시의 금융상품에 투자한다면 만기일에 투자금액 한 단위의 가치는 $(1 + N_a)$으로 표시할 수 있다.

현재 현물환시장에서 자국통화 한 단위를 환전하여 N_b의 고정이자율을 지급하는 외화표시 금융상품에 $(1/S_0)$의 외화를 투자하여 만기일에 $(1/S_0)(1 + N_b)$의 원리금을 받는다. 그리고 투자의 종료시점을 만기로 하는 선물환(F_1) 매도계약을 체결한다. 만기가 되면 선물환 매도계약에 의해 외국통화표시의 투자원금과 이자를 지불하고 자국통화를 수취하게 되는데 그 가치는 식(18.7)과 같이 나타낼 수 있다.

$$(1 + N_a) = (1/S_0)(1 + N_b)F_1 \;\rightarrow\; \frac{F_1}{S_0} = \frac{1 + N_a}{1 + N_b} \qquad (18.7)$$

식(18.7)의 양변에서 1을 차감하면 다음과 같이 정리할 수 있다.

$$\frac{F_1 - S_0}{S_0} = \frac{N_a - N_b}{1 + N_b} \qquad (18.8)$$

식(18.8)에서 N_b가 작은 경우에 우변의 분모에 있는 N_b을 0으로 놓고 정리하면 다음과 같은 근사식을 얻을 수 있다. 만일 외국의 이자율이 매우 높아 $(1 + N_b)$가 1과 다른 경우에는 오차가 발생하여 식(18.9)의 근사식은 성립하지 않는다.

$$\frac{F_1 - S_0}{S_0} = N_a - N_b \qquad (18.9)$$

식(18.9)의 좌변이 정(+)이면 선물환 할증이라 하고 부(−)이면 선물환 할인이라고 한다. 이것은 선물환율이 현재의 현물환율로부터 변화하는 정도를 나타낸다. 요컨대 식(18.9)는 선물환기간 동안 선물환율의 할증율 또는 할인률이 양국의 명목이자율의 차이와 근사적으로 같다는 의미를 갖는다.

따라서 이자율평가설은 자본이동에 제약이 없다면 선물환율의 변동률이 양국의 명목이자율의 차이와 동일하게 된다. 왜냐하면 투자에 대한 의사결정을 할 때 투자자는 이자율의 차이뿐만 아니라 환율변동에서 오는 환위험도 고려하기 때문이다. 이자율평가설은 단기자금시장과 외환시장이 서로 상충관계에 있음를 나타낸다.

고금리 통화로 차입하여 저금리 통화에 투자하면 단기자금시장에서는 금리차만큼 손실이 발생하나, 외환시장에서는 선물환 할증으로 그 손실만큼 보상을 받게 된다. 반대로 저금리 통화로 차입하여 고금리 통화에 투자하여 단기자금시장에서 높은 수익률을 얻게 되는 경우에는 외환시장에서 그만큼 선물환이 할인되어 상쇄된다.

따라서 해외투자시 예상수익률은 해외이자율과 환율의 예상상승률의 합으로 표시된다. 국내투자수익률이 해외투자수익률보다 높다면 한국으로 자본유입이 발생하고 미국에서의 투자수익률이 더 높다면 미국으로 자본유입이 이루어진다. 그러나 장기채권이나 직접투자에는 이자율평가가 잘 성립되지 않는 것으로 알려져 있다.

• 예제 18-3 이자율평가설

2021년 1월 3일 현재 국내외환시장에서 미국 달러화에 대한 원화의 현물환율이 ₩1,000/$이다. 한국의 명목이자율은 연 5%이고, 미국의 명목이자율은 연 3%라고 가정하여 다음의 물음에 답하시오.

1. 이자율평가설에 의하면 1년 만기 선물환율은 얼마가 되어야 하는가?

2. 다음의 각 경우에 차익거래과정을 설명하고 차익거래이익을 구하시오. 단, 한국에서는 100만원, 미국에서는 $,1000를 차입할 수 있다.

(1) 1년 만기 선물환율이 ₩1,050/$일 경우

(2) 1년 만기 선물환율이 ₩1,010/$일 경우

풀이

1. 이자율평가설에 의한 1년 만기 선물환율은 다음과 같이 구할 수 있다.

$$\frac{F_1}{S_0} = \frac{1+N_a}{1+N_b} \text{에서} \quad \frac{F_1}{1,000} = \frac{1.05}{1.03} \rightarrow \therefore F_1 = 1,019.42/\$$$

한편 근사식에 의한 1년 만기 선물환율은 다음과 같이 구할 수 있다.

$$\frac{F_1-S_0}{S_0} = N_a - N_b \text{에서} \quad \frac{F_1-1,000}{1,000} = 0.05 - 0.03 \rightarrow \therefore F_1 = 1,020/\$$$

2. (1) 1년 만기 선물환율이 ₩1,050/$이면 다음의 관계가 성립한다.

$$\frac{F_1}{S_0} = \frac{1,050}{1,000} = 1.05 > \frac{1+N_a}{1+N_b} = \frac{1.05}{1.03} = 1.0194$$

한국의 이자율은 미국의 이자율에 비해서 상대적으로 낮으므로 국내에서 자금을 차입하여 미국의 금융상품에 투자하면 다음과 같은 차익거래를 통해 1년 후에 31,500원의 차익거래이익을 얻을 수 있다.

① 국내에서 연 5%의 이자율로 1년간 100만원을 차입한다.

② 차입금을 달러화로 환산하여 $1,000를 미국의 금융상품에 1년간 투자한다.

③ 달러화 차입원리금의 합계액 $1,030에 대해서 1년 만기의 선물환 매도계약을 ₩1,050/$에 체결한다.

거 래	현재의 현금흐름	1년 후의 현금흐름
국내차입 미국투자 선물매도	1,000,000원($1,000) −$1,000 −	−1,050,000원[*1] $1,030[*2] 1,081,500원−$1,030[*3]
합 계	0	31,500원

[*1] 차입원리금상환 = −1,000,000(1+0.05) = −1,050,000원

[*2] 투자수익 = 1,000(1+0.03) = $1,030

[*3] ₩1,050/$에 $1,030을 인도 = $1,030×1,050−$1,030

(2) 1년 만기 선물환율이 ₩1,010/$이면 다음의 관계가 성립한다.

$$\frac{F_1}{S_0} = \frac{1,010}{1,000} = 1.01 < \frac{1+N_a}{1+N_b} = \frac{1.05}{1.03} = 1.0194$$

한국의 이자율은 미국의 이자율에 비해서 상대적으로 높으므로 미국에서 자금을 차입하여 한국의 금융상품에 투자하면 다음과 같은 차익거래를 통해서 1년 후에 9,700원의 차익거래이익을 얻을 수 있다.

① 미국에서 연 3%의 이자율로 1년간 $1,000를 차입한다.

② 차입금을 원화로 환산하여 1,000,000원을 국내의 금융상품에 1년간 투자한다.

③ 달러화 차입원리금의 합계액 $1,030에 대해서 1년 만기의 선물환 매입계약을 ₩1,010/$에 체결한다.

거 래	현재의 현금흐름	1년 후의 현금흐름
미국차입 한국투자 선물매입	$1,000(1,000,000원) −1,000,000원 −	−$1,030[*1] 1,050,000[*2] $1,030−$1,030×1,010[*3]
합 계	0	9,700원

[*1] 차입원리금상환 = −$1,000(1+0.03) = −$1,030

[*2] 투자수익 = 1,000,000(1+0.05) = 1,050,000원

[*3] ₩1,010/$에 $1,030을 인수 = $1,030−$1,030×1,010

3. 피셔효과

피셔효과(Fisher effect)는 명목이자율이 실질이자율과 예상인플레이션율을 반영하고 있어 양국의 명목이자율의 차이가 양국의 물가상승률의 차이와 일치해야 한다는 이론을 말한다. 피셔효과는 명목이자율(N)과 실질이자율(R) 그리고 인플레이션율(I) 사이에 존재하는 다음과 같은 관계를 말하며 외국에서도 성립한다.

$$(1+N) = (1+R)(1+I) \tag{18.10}$$

4. 국제피셔효과

국제피셔효과(international Fisher effect)는 구매력평가설과 피셔효과를 결합하여 양국간의 이자율 차이와 환율의 기대변동률과의 관계를 설명한다. 국제피셔효과에서는 양국간 명목이자율의 차이와 현물환율의 변화율이 같아야 한다는 이론을 말하며 현물환율의 변화율과 명목이자율간에 다음과 같은 관계가 성립한다.

$$\frac{S_1}{S_0} = \frac{1+N_a}{1+N_b} \tag{18.11}$$

식(18.11)의 양변에서 1을 차감하여 정리하면 다음과 같다.

$$\frac{S_1-S_0}{S_0} = \frac{N_a-N_b}{1+N_b} \tag{18.12}$$

식(18.12)에서 N_b가 크지 않은 경우 우변의 분모에서 N_b를 0으로 넣고 정리하면 다음과 같은 근사식을 얻을 수 있다.

$$\frac{S_1-S_0}{S_0} = N_a - N_b \tag{18.13}$$

식(18.13)은 일정기간 동안의 현물환율의 변화율이 양국의 명목이자율의 차이와 근사적으로 같다는 의미를 갖는다.

예제 18-4 국제피셔효과

미국 달러화에 대한 원화의 현물환율은 ₩1,100/$이며, 한국과 미국의 연간 실질이자율이 5%로 동일하다. 향후 1년간 물가상승률이 한국은 10%로 예상되며, 미국은 5%로 예상될 경우에 다음 물음에 답하시오.

1. 한국과 미국의 연간 명목이자율을 구하시오.

2. 국제피셔효과에 의한 내년의 현물환율을 구하시오.

> **풀이**
>
> 1. 한국과 미국의 연간 명목이자율은 다음과 같이 구할 수 있다.
>
> $$(1+N_a) = (1+R)(1+I) = (1+0.05)(1+0.10) \rightarrow N_a = 0.155$$
> $$(1+N_b) = (1+R)(1+I) = (1+0.05)(1+0.05) \rightarrow N_b = 0.1025$$
>
> 한편 근사식에 의한 양국의 연간 명목이자율은 다음과 같다.
> $$N_a = 0.05 + 0.10 = 0.15$$
> $$N_b = 0.05 + 0.05 = 0.10$$
>
> 2. 국제피셔효과에 의한 내년의 현물환율은 다음과 같이 구할 수 있다.
>
> $$\frac{S_1}{S_0} = \frac{1+N_a}{1+N_b} \text{에서} \quad \frac{S_1}{1,100} = \frac{1+0.1550}{1+0.1025} \rightarrow \therefore S_1 = 1,152.38/\$$$
>
> 한편 근사식에 의한 내년의 현물환율은 다음과 같이 구할 수 있다.
>
> $$\frac{S_1 - S_0}{S_0} = N_a - N_b \text{에서} \quad \frac{S_1 - 1,100}{1,100} = 0.15 - 0.10 \rightarrow \therefore S_1 = 1,155/\$$$

5. 효율적 시장가설

효율적 시장가설은 외환시장이 효율적이어서 환율결정과 관련된 이용가능한 모든 정보가 즉시 그리고 충분히 반영되기 때문에 현재의 선물환율은 미래의 현물환율의 기댓값과 밀접한 관계를 가지고 있다는 가설을 말한다. 따라서 선물환계약의 매입 및 매도 의사결정은 미래의 현물환율에 대한 기대에 달려 있다.

외환시장이 균형상태에 있으면 선물환율은 미래의 현물환율에 대한 불편추정치(unbiased estimator)가 되어야 한다. 그리고 외환시장이 효율적이라면 이자율평가설과 국제피셔효과가 동시에 성립해야 하며, 선물환율의 할인율 또는 할증률과 현물환율의 변화율이 국가간 명목이자율의 차이와 일치해야 된다.

제4절 환위험의 관리

현대기업은 국내는 물론 외국에서도 영업활동을 수행하기 때문에 경영성과가 환율의 변동에 따라서 영향을 받을 수 있다. 그리고 대외거래의 비중이 높은 대부분의 우리나라 기업들은 환위험에 노출되어 있어 기업의 순이익이나 가치가 예상치 못한 환율변동으로 인해 발생할 수 있는 환위험을 체계적으로 관리해야 한다.

1. 환위험의 정의

환위험(foreign exchange risk)은 예상하지 못한 환율변동($\triangle S$)으로 외화표시순자산을 자국통화로 평가할 때 그 가치가 변동($\triangle N$)하는 것을 말한다. 즉 환율의 예상하지 못한 변동으로 원화로 환산한 자산의 가치가 감소하거나 부채의 가치가 증가하여 기업의 재무적 성과 또는 경제적 가치가 변화될 가능성의 정도를 말한다.

환위험은 미래의 예상하지 못한 환율변동으로 인한 이익과 손실, 즉 환차익(exchange gain)과 환차손(exchange loss)의 발생가능성을 모두 포괄한다. 이러한 환위험이 계량화되어 외환거래당사자들이 실제로 부담하는 것을 환노출(foreign exchange exposure)이라고 한다.

$$\triangle N = (A-L) \times \triangle S \qquad (18.14)$$

외환거래당사자가 직면하는 환위험의 크기는 외화포지션의 보유형태 및 규모와 장래 환율의 변동방향 및 크기에 따라 결정된다. 외환매입액과 외환매도액이 균형을 이루어 일정시점에서 외화표시자산과 외화표시부채가 동일한 스퀘어포지션을 취하고 있다면 환율의 변화에 관계없이 환위험에 노출되지 않는다.

환위험은 오픈 포지션인 경우에 발생한다. 외화표시자산이 외화표시부채보다 많은 롱 포지션의 경우 환율이 상승하면 환차익을 보게 되고 환율이 하락하면 환차손을 입게 된다. 외화표시자산이 외화표시부채보다 작은 숏 포지션의 경우 환율이 상승하면 환차손을 보게 되고 환율이 하락하면 환차익을 얻게 된다.

┃표 18-2┃ 외환포지션과 환위험

	스퀘어포지션	오픈포지션	
		매입포지션	매도포지션
환율상승	중립	환차익	환차손
환율하락	중립	환차손	환차익

환노출은 환율변동에 따른 환차손과 환차익이 발생할 가능성을 모두 포괄하는 중립적인 개념인 반면에 환위험은 환차손의 발생가능성만을 의미한다. 그러나 일반적으로 환노출은 미래의 예상하지 못한 환율의 변동에서 드러나는 위험의 노출부분 자체를 의미하는 것으로 인식되기 쉽고 개념적 구분이 명확하지 못하다.

환노출은 환위험이 발생할 수 있는 상태를 계량화하여 사전적으로 파악한 개념에 해당하며, 환위험은 사후적으로 파악한 개념이다. 그러나 넓은 의미로 해석하면 환위험이나 환노출의 개념은 크게 차이가 없다고 볼 수 있다. 따라서 일반적으로 환위험과 환노출은 구분하지 않고 사용한다.

일반적으로 환위험은 보유포지션의 형태와 규모 그리고 환율변동의 방향과 변동폭에 따라 결정되며 손실뿐만 아니라 이익의 가능성도 고려하여 현재의 예상과 달라질 가능성을 포함하는 개념으로 보아야 한다. 따라서 환위험은 다음과 같이 환율변동성과 환노출의 두 가지 요인에 의해 결정된다.

$$환위험 = 환율변동성 \times 환노출 \qquad (18.15)$$

식(18.15)에서 환노출은 환율변동에 의해 기업가치가 얼마나 민감하게 영향을 받는가 하는 민감도를 말하며 외화로 표시된 자산과 부채의 보유상태 그리고 외화의 현금흐름 등에 의해 그 크기가 달라진다. 예상치 못한 환율변동은 기업이 통제할 수 없는 변수인 반면에 환노출은 기업이 통제할 수 있는 요인이다. 따라서 환위험을 줄이려면 환노출을 파악하고 이에 대한 적절한 관리가 필요하다.

┃그림 18-3┃ 환노출의 종류

회계적 환노출	경제적 환노출
환율변동 이전에 발생한 거래를 결산일에 환산할 때의 손익가능성	기대 밖의 환율변동으로 인한 기업현금흐름의 변동가능성

환율변동시점

거래적 환노출

환율변동 이전에 발생한 거래를
환율변동 이후에 결제할 경우
발생하는 손익가능성

거래시작 - - - - - - - - - - - → 거래완료

2. 환위험의 종류

환위험은 예상치 못한 환율변동으로 인한 기업의 수익성, 현금흐름 그리고 시장가
치의 변동가능성을 측정한다. 이러한 환위험을 부담하는 환노출은 거래의 발생시점, 결
제시점, 환율의 변동시점을 기준으로 회계적 환노출, 거래적 환노출 그리고 경제적 환노
출로 분류할 수 있다.

(1) 회계적 환노출

회계적 노출(translation exposure)은 다국적기업의 연결재무제표 작성할 때 외국 자
회사의 외화표시 재무제표를 보고통화인 모기업 국가통화로 환산해야 하기 때문에 발생
하는 소유주지분의 회계적 변동가능성을 말하며 환율변동으로 인해 가치의 변동이 초래
되는 외화표시 자산과 부채의 차이로 측정된다.

① 유동성·비유동성법

유동성·비유동성법(current-noncurrent method)은 전통적인 회계과목 분류기준에
따라 재무상태표 항목을 유동성 항목과 비유동성 항목으로 구분하고 유동성 자산과 부
채항목은 재무상태표일 현재의 현행환율을 적용하고 비유동성 자산과 부채 항목은 거래
가 발생한 당시의 역사적 환율을 적용하는 방법을 말한다.

② 화폐성·비화폐성법

화폐성·비화폐성법(monetary－nonmonetary method)은 재무상태표 항목을 화폐성과 비화폐성 항목으로 구분하고 화폐성 자산과 부채 항목은 결산일 현재의 현행환율을 적용하고, 비화폐성 자산과 부채항목은 거래가 발생한 역사적 환율을 적용하며 손익계정의 환산시에는 일반적으로 회계기간의 평균환율을 적용한다.

③ 현행환율법

현행환율법(current rate method)은 해외 자회사의 자산, 부채, 수익, 비용의 모든 항목에 재무상태표일 현재의 현행환율을 적용하고, 자본항목만 예외적으로 역사적 환율을 적용하는 방법을 말한다. 현행환율법에서는 모든 외화자산 및 부채가 환산노출의 대상이 되며 환율변동에 따른 환차손익은 자본조정에서 조정된다.

④ 시제법

시제법(temporal method)은 재무제표를 구성하는 항목들이 어느 시점의 가격으로 표시되어 있는지를 먼저 구분하여 과거의 가격으로 표시된 항목들은 역사적 환율을 적용하고, 현재 또는 미래의 가격으로 표시된 항목들은 현행환율을 적용하는 방법을 말한다.

(2) 거래적 환노출

거래적 환노출(transaction exposure)은 환율변동 이전에 거래가 발생했으나 환율변동 이후에 결제가 이루어지는 외화표시자산 또는 부채의 가치변동을 측정한다. 즉 외환표시채권과 채무가 확정된 후에 환율이 변동하여 결제시점에서 실제로 회수 또는 지급해야 하는 자국통화금액이 거래당시의 금액과 달라질 가능성을 말한다.

(3) 경제적 환노출

경제적 환노출(economic exposure)은 예상치 않은 환율의 변동으로 인해 기업의 미래현금흐름이 변동할 가능성을 말하며 환율의 변동이 미치는 영향을 순현재가치의 개념으로 측정한 것이다. 일반적으로 기업가치는 미래에 유입될 것으로 기대되는 현금흐름의 총현재가치라고 할 수 있다.

3. 환위험의 관리기법

일반적으로 환위험의 관리기법은 기업이 내부적으로 자산·부채관리와 가격정책, 생산관리 등을 통해 관리하는 대내적 관리기법과 외부기관간의 계약관계를 활용하여 관리하는 대외적 관리기법으로 구분한다. 외부적 관리기법에는 선물환거래, 통화선물거래, 통화옵션거래, 통화스왑거래, 외환스왑거래 등이 있다.

(1) 회계적 환노출의 관리

회계적 환노출의 관리방법에는 모회사와 자회사 또는 자회사와 자회사간의 자산과 부채조정, 각 자회사의 자산부채관리(ALM), 파생금융상품을 이용한 헤지거래를 고려할 수 있다. 처음의 두 가지 방법은 내부적 관리기법에 해당하고, 세 번째 방법은 외부적 관리기법에 해당한다.

1) 내부적 관리기법

내부적 관리기법은 기업이나 금융기관이 일상적인 영업활동과 관련하여 발생하는 환위험에 대해 외부와 별도의 헤지거래 없이 내부적인 과정에서 본원적, 사전적으로 예방하거나 축소시키는 수단을 말한다.

① 자산과 부채의 조정

다국적기업이 적극적 관리전략을 선택하면 환율변화를 정확히 예측한 후 강세통화는 순자산을 증대시키고 순부채를 감소시키며, 약세통화는 순자산을 감소시키고 순부채를 증대시키고자 할 것이다. 그러나 다국적기업이 소극적 관리전략을 선택하면 순자산이든 순부채이든 각 통화에 노출된 크기를 축소해야 할 것이다.

② 자산과 부채의 관리

모회사와 자회사간의 소정을 통해 환노출의 일부가 감소했으나 상당한 규모의 환노출이 남아 있으면 회사별로 자산부채관리 및 파생금융상품을 이용한 헤징을 통해 이루어질 수 있다. 자산부채관리는 미래의 환율전망에 따라 기업이 보유한 자산과 부채의 포지션을 조정하여 환위험을 포괄적으로 관리하는 방법을 말한다.

2) 외부적 관리기법

오늘날 수많은 경제주체들은 미래의 예상치 못한 환율변동으로 인해 환위험에 노출되어 있다. 환율의 변동성에 대처하고 환위험을 관리하기 위해 선물환, 통화선물, 통화옵션, 통화스왑, 외환옵션 등과 같은 통화파생상품을 이용한 헤지는 환율변화에 따른 손실을 극소화하거나 이익을 극대화하기 위한 방법을 말한다.

(2) 거래적 환노출의 관리

환위험 관리와 관련해 문제가 되는 것은 단기적 관점에서 거래적 노출을 어떻게 관리하느냐 하는 점이다. 거래적 환노출의 관리기법은 회계적 환노출의 관리기법에 비해 훨씬 다양하다. 기업 내부적으로 환위험을 관리하는 내부적 기법과 외환시장과 금융시장에서의 대응거래를 통해 환위험을 관리하는 외부적 기법으로 구분된다.

1) 내부적 관리기법

① 자산과 부채관리

자산과 부채관리(ALM)는 환율전망에 의해 기업이 보유하고 있는 자산과 부채의 포지션을 조정하여 환위험을 관리한다. 이는 매우 포괄적인 의미의 관리기법으로 보통 기업의 재무제표에서 노출자산의 금액과 노출부채의 금액을 동등하게 스퀘어포지션을 유지하여 순노출액을 0으로 만드는 재무상태표 헤지전략을 말한다.

그러나 적극적인 차원에서 환이익을 실현하는 방향으로 자산과 부채를 조정하기도 한다. 재무상태표 헤지(B/S hedge)는 동일한 통화로 표시되어 있는 화폐성자산과 화폐성부채의 규모를 일치시켜 환율변동으로 인한 외화자산의 평가손실(이익)을 외화부채의 평가이익(손실)으로 상쇄시켜 환위험을 제거하는 방법을 말한다.

② 상계전략

상계(netting)는 외화부채를 외화자산으로 상계한 후 차액만을 결제하는 방법을 말한다. 즉 모기업과 자회사간 또는 자회사간에 일정기간 발생한 채권과 채무를 개별적으로 결제하지 아니하고 일정기간 경과한 후에 이들 채권과 채무를 상계하여 차액만을 결제하는 방법으로 결제자금 규모를 축소시켜 비용을 절감할 수 있다.

③ 매칭전략

매칭(matching)은 외화자금의 흐름을 일정하게 일치시키는 전략을 말한다. 즉 미래에 수취할 금액과 지불할 금액을 통화별·만기별로 일치시켜 외화자금흐름의 불일치에서 발생할 수 있는 환치손위험을 원천적으로 제거하는 방법을 말하며 다국적기업, 무역회사의 본사와 지사간 또는 제3자간의 환거래에 이용되고 있다.

④ 리딩과 래깅

리딩과 래깅은 향후 환율변동에 대한 예상에 따라 외화표시자금의 결제시기를 의도적으로 앞당기거나(leading) 또는 지연(lagging)시켜 환위험을 관리하는 방법을 말하며 모기업과 자회사간에 주로 이용한다. 이는 환율변동에 따른 환위험을 극소화하거나 환차익을 극대화하기 위해 사용하는 단기적인 기법이다.

수출입업자간의 리딩과 래깅을 살펴보면 환율이 하락하여 자국통화가치의 상승이 예상되는 경우에는 외화채권의 수취를 앞당기고 외화채무의 지급을 늦춘다. 그리고 환율이 상승하여 자국통화가치의 하락이 예상되는 경우에는 외화채권의 수취를 늦추고 외화채무의 지급을 앞당긴다.

‖표 18-3‖ 수출입업자의 리딩과 래깅

구분	자국통화의 약세전망시	자국통화의 강세전망시
수출업자	수출대금 수취지연	수출대금 수취촉진
수입업자	수입대금 결제촉진	수입대금 결제지연

⑤ 가격정책

가격정책(pricing policy)은 원래 기업의 구매관리와 판매관리정책의 일환으로서 구매비용의 극소화 또는 판매수익의 극대화를 위한 가격결정 및 가격선택정책을 말한다. 환위험의 관리수단으로 가격정책은 가격조정(price variation)과 거래통화의 선택문제(currency of invoicing)로 요약된다.

가격조정은 환율변동으로 인한 손실을 방지하기 위해 수출입상품가격의 조정시점과 조정폭을 결정한다. 거래통화의 선택은 수출입상품가격을 어떤 통화로 표시하여 거래할 것인가를 결정하는 것인데 거래통화의 결정과정에서 거래당사자간에 이해가 대립되어 계약이 성사되기 어려울 수 있다.

⑥ 결제통화의 조정

환위험의 관리수단으로서 결제통화의 조정은 수출입거래에서 결제통화를 신축적으로 선택하여 환위험을 회피하는 것을 말한다. 적극적 측면에서 수출대금은 강세예상통화로 회수하고 수입대금은 약세예상통화로 지급한다. 그러나 미래의 환율이 예상과 반대로 움직이면 이에 상응하는 환위험을 부담해야 한다.

소극적 측면에서는 수출입거래를 모두 자국통화로 결제함으로써 환위험을 회피할 수 있다. 그러나 수출입업자가 결제통화를 선택하는 과정에서 쌍방간 이해상충으로 계약의 성립에 어려움이 발생할 수 있다. 이때 수출입업자가 거래규모의 절반을 각각 자국통화로 결제하면 환위험 부담을 균등하게 배분할 수 있다.

2) 외부적 관리기법

환위험의 외부적 관리는 환위험을 외환시장과 금융시장에서 대응거래를 통해 거래상대방에게 전가시킨다. 외부적 관리기법에는 단기금융시장을 이용한 헤지, 선물환거래, 통화선물, 통화옵션, 통화스왑, 외환스왑, 환변동보험 등이 있다. 외화자금관리자는 환위험을 회피함에 있어 헤지비용이 저렴한 방법을 모색해야 한다.

① 단기금융시장

외환채권의 보유자는 미래에 외화를 수령하여 매도해야 하고, 외화채무의 보유자는 미래에 채무를 지급하기 위해 외화를 매입해야 한다. 화폐시장은 외화표시채권과 채무의 발생시점에서 특정통화로 일정금액을 차입하여 다른 통화로 환산한 후 그 국가의 금융시장에 결제시점까지 투자하여 환위험을 회피하는 방법을 말한다.

② 통화선물거래

통화선물(currency futures)은 각국의 통화를 기초자산으로 하는 금융선물거래로 미래의 특정시점에 특정통화를 일정한 교환비율로 교환할 것을 약정한 거래라는 점에서 선물환거래와 차이가 없다. 그러나 계약이 표준화되어 있고 선물환거래와 달리 만기 이전에 대부분 반대매매를 통해 계약이 청산된다.

③ 통화옵션거래

통화옵션(currency options)은 미래의 일정시점에 특정통화를 일정한 환율로 매입 또는 매도할 수 있는 권리를 말한다. 통화옵션의 매입자는 환율이 유리하면 권리를 행사하고 불리하면 권리행사를 포기한다. 통화옵션은 선물환, 통화선물 등 통화관련 다른 파생상품과 달리 보험적 성격의 권리를 매매한다.

④ 통화스왑거래

통화스왑(currency swaps)은 서로 다른 통화로 표시된 채무를 가지고 있는 스왑거래의 당사자가 계약기간 동안 서로 다른 통화로 표시된 이자를 지급하고 만기일에는 계약시점에 미리 약정한 환율에 의해 명목원금을 재교환하기 때문에 환위험을 헤지하는 효과가 발생한다.

(3) 경제적 환노출의 관리

경제적 노출은 예상하지 못한 환율의 변동이 기업의 전반적인 경제활동에 영향을 미치면서 발생하며 회계적 노출 및 거래적 노출과 달리 장기적·구조적인 성격을 갖고 있다. 따라서 경제적 노출을 효과적으로 관리하려면 기업의 장기전략과 함께 마케팅관리전략, 생산관리전략, 재무관리전략 등이 효과적으로 연계되어야 한다.

1) 장기경영전략

예상하지 못한 환율의 변동은 기업의 경영활동과 향후 국제시장에서의 경쟁력에 결정적인 영향을 미친다. 따라서 신규산업으로의 진출, 기존산업에서 철수 등 기업의 장기전략 차원에서 경제적 노출방안을 고려하기 위해서는 환율변동과 경쟁력간의 관계에 대한 다음과 같은 특성을 염두에 두어야 한다.

첫째, 환율의 변동은 모든 기업에 동일하지만 동일한 환율변화에도 기업간 경쟁상태나 경쟁전략에 따라 경제적 노출은 다르게 나타날 수 있으며 기업의 경쟁포지션과 경쟁기업들의 전략변화에 따라 수시로 달라질 수 있다. 따라서 특정 시장만을 고려해 경제적 노출을 파악할 수 없으며 경쟁환경의 분석이 중요하다.

둘째, 동일한 산업에 속해 있어도 기업들이 당면한 경쟁환경이 달라 모두 동일한 환위험 관리전략을 구사하는 것은 아니다. 그러나 환위험 관리전략이 차이가 있더라도 환위험관리의 효율성이 경쟁력에 중요한 영향을 미친다는 점을 고려하여 경쟁기업보다 뛰어난 헤지전략을 마련해야 할 것이다.

셋째, 국제시장에서 최우량 상품을 개발·생산·판매하면서 산업을 선도하는 글로벌 기업은 경제적 노출이 작다. 왜냐하면 독점적인 기술력을 바탕으로 한 상품은 상대적으로 가격탄력상이 작기 때문에 환율변화를 가격변화에 반영시켜 현금유입에 큰 변화가 발생하지 않도록 할 수 있기 때문이다.

2) 마케팅관리전략

① 시장선택

환율변화는 상품의 상대가격과 총지출의 변동을 통해 기업의 수출입물량에 영향을 미치고 이는 결국 기업이 영업이익과 현금흐름에 영향을 미치게 된다. 시장선택은 환율변동에 대응하여 판매시장을 선택하는 것으로 장기적인 관점에서 경제적 노출을 적정수준에서 관리하여 영업이익을 안정적으로 확보하는데 있다.

② 가격정책

수출기업은 자국통화표시의 이윤극대화를 위해 환율변동에 따른 가격조정정책이 필요하다. 환율변동에 따른 수출가격의 조정은 수출의 가격탄력성, 제3국과의 가격경쟁력, 소비자의 기호 그리고 규모의 경제 등을 고려하여 결정된다. 기업들은 가격정책의 주안점을 시장점유율과 이익 중 어디에 둘 것인가를 고려해야 한다.

③ 제품개발

급격한 환율변화는 기업의 제품개발계획과 판매촉진전략 등에 변화를 가져오는데, 이는 신제품의 생산과 판매에 수반되는 위험이 크기 때문이다. 그러나 장기적인 측면에서 환율변화에 의한 이익감소를 극복하려면 부가가치가 높은 제품으로 전환하거나 가격변화에 민감하지 않은 차별화된 제품 및 판매전략을 개발해야 한다.

3) 생산관리전략

환율변동은 수입원자재와 부품의 가격변동을 통해 생산비용에 영향을 미치므로 생산관리의 측면에서 전략적으로 접근해야 한다. 경제적 노출을 관리하기 위한 적극적인 전략에는 원자재와 부품의 공급처 이전, 생산기지 이전, 생산성 향상 등이 있고 소극적인 전략에는 원자재 공급처와 생산기지의 다변화전략을 들 수 있다.

4) 재무관리전략

재무관리 측면에서 경제적 노출은 앞에서 언급한 내부적 관리기법과 선물환거래, 통화선물, 통화옵션, 통화스왑, 외환스왑과 같은 외부적 기법을 원용하여 관리할 수 있다. 그러나 경제적 노출은 미래의 환율변동을 예측하여 관리해야 하기 때문에 이미 거래가 종결된 회계적 노출 및 거래적 노출에 비해 관리가 훨씬 어렵다.

┃표 18-4┃ 환위험의 관리기법

관리대상위험	대내적 관리기법	대외적 관리기법
회계적 환노출	재무상태표 헤지 전통적 관리기법	
거래적 환노출	상계(netting) 매칭(matching) 자금이전시기의 조정 가격정책	통화선물을 이용한 헤지 통화옵션을 이용한 헤지 화폐시장을 이용한 헤지 통화스왑을 이용한 헤지
경제적 환노출	영업활동 및 재무활동을 여러 국가로 다변화	

제5절 국제자본예산

국제자본예산은 해외직접투자를 할 때 고려되는 총괄적인 계획을 말하며 국내투자와 기본적으로 동일하다. 그러나 기업내 미시적인 측면뿐만 아니라 세계 및 국내의 경기동향 및 거시적인 요인의 분석도 포함해야 하기 때문에 그 범위가 매우 광범위하며 환위험과 정치적 위험을 추가로 고려해야 한다.

1. 국제자본예산

(1) 해외투자의 형태

일반적으로 해외투자는 자본의 국제적 이동, 기술과 경영 등 기업경영에 필요한 복합적 요소를 이전시키는 해외직접투자와 외국의 주식과 채권 등의 유가증권에 투자하는 해외간접투자로 구분된다. 해외직접투자나 해외간접투자는 국제간의 자본이동이라는 측면에서 동일하지만 다음과 같은 차이점이 있다.

① 해외직접투자

해외직접투자(foreign direct investment)는 경영지배권을 획득하기 위해 피투자기업의 경영에 직접참여를 목적으로 국내의 자본, 생산기술, 경영기술, 상표 등의 생산요소를 해외로 이전하여 그 나라의 생산요소인 노동, 토지 등과 복합적으로 결합하여 생산 및 판매를 하는 기업활동을 말한다.

② 해외간접투자

해외간접투자(foreign indirect investment)는 경영지배권의 획득과 무관하게 배당수익과 이자수익을 얻기 위해 외국의 증권에 투자하는 활동으로 증권의 투자가치를 수익률의 측면에서 분석할 경우 그 나라의 통화단위로 표시된 명목수익률이 아니라 환율변동가능성을 감안한 실효수익률을 기준으로 삼아야 한다.

(2) 국제자본예산의 절차

첫째, 해외투자에서 발생하는 미래의 모든 현금흐름을 현지통화로 추정한다.
둘째, 미래의 기대현물환율을 이용하여 현금흐름을 자국통화가치로 환산한다.
셋째, 자국통화가치로 추정된 현금흐름을 자국통화기준의 적절한 자본비용으로 할인하여 순현재가치(NPV)를 계산한다.

(3) 국제자본예산의 특수성

1) 모회사와 해외자회사의 현금흐름

해외투자로부터의 현금흐름은 모회사의 입장에서 추정해야 하며 다음과 같은 2단계 현금흐름 추정방법을 이용하는 것이 바람직하다.

제1단계는 해외자회사를 모회사와 분리된 독립적인 법인으로 간주하고 해외투자로부터의 현금흐름을 해외자회사의 입장에서 추정한다.

제2단계는 해외자회사를 다국적기업의 일부로 간주하여 모회사의 입장에서 여러 가지 문제점을 고려하여 현금흐름을 추정한다.

2) 해외투자위험에 대한 고려

다국적기업은 현지국의 환위험, 정치적위험, 인플레이션위험, 송금제한위험 등 각종 해외투자위험을 고려하여 해외투자의 선택여부를 결정해야 한다.

3) 현지정부의 각종 혜택 고려

해외투자의 경제성을 평가하는 경우에 해외투자위험만을 고려할 것이 아니라 현지 정부가 제공하는 각종 보조금이나 조세감면 등의 특혜도 고려해야 한다.

2. 국제금융시장

국제금융시장은 세계적인 금융기관들이 지점 또는 현지법인의 형태로 영업망을 집중시켜 국제무역, 해외투자, 자금의 대차거래 등에 수반하여 금융자산의 거래가 국제적 차원에서 이루어지는 장소를 말한다. 국제금융시장은 금융중개의 방식, 금융기관의 소재, 금융상품의 만기를 기준으로 다음과 같이 구분할 수 있다.

(1) 금융중개의 방식

1) 직접금융시장

직접금융시장은 자금의 대차거래가 수요자와 공급자간의 직접적인 거래에 의해서 이루어지는 시장을 말하며 자금의 수요자가 발행한 증권을 자금의 공급자가 매입하는 형식으로 이루어진다. 유로채시장은 자금의 최종수요자가 자산의 명의로 자금을 직접 조달하는 직접금융시장에 해당한다.

2) 간접금융시장

간접금융시장은 자금의 공급자가 자국은행에 예금을 하고 자국은행은 국제금융센터에 예금을 하면 자금의 수요자가 국제금융센터로부터 자금을 대출받는 형식으로 이루어진다. 유로대출시장은 단기의 유로예금을 각국의 정부나 정부가 보증하는 기관에 중장기로 대출하는 시장을 말한다.

(2) 금융기관의 소재

1) 역내금융시장

역내금융시장(foreign market)은 내국인과 외국인간 또는 외국인 상호간의 거래가 금융기관 소재국의 통화로 이루어지는 경우를 말한다. 역내금융시장은 직접금융과 간접금융에 따라 외국증권시장과 국제여신시장으로 구분한다.

2) 역외금융시장

역외금융시장(external market)은 특정통화를 발행한 국가의 외부지역에서 금융기관 소재국 이외의 통화로 이루어지는 경우를 말한다. 역외금융시장은 직접금융시장인 유로증권시장과 간접금융시장인 유로통화시장으로 구분한다.

(3) 금융상품의 만기

1) 국제금융시장

국제금융시장은 1년 이내의 금융자산의 거래가 이루어지는 시장으로 외환시장, 단기금융시장, 중장기금융시장, 주식시장, 파생상품시장 등을 포괄한다. 개인, 기업, 금융기관이 일시적인 여유자금을 운용하거나 부족자금을 조달하는데 활용되고 표시통화 및 자금조달의 방식에 따라 다음과 같이 네 가지 형태로 분류된다.

┃표 18-5┃ 국제자금조달의 유형

	역내시장	역외시장
직접금융	외국주식시장 외국채권시장	유로주식시장 유로채권시장
간접금융	현지금융시장	유로달러시장 유로통화시장

2) 국제자본시장

① 외국채시장

외국채(foreign bond)는 외국자본시장에서 비거주자가 국내통화로 발행한 채권을 말한다. 외국채는 당해 국가의 투자자에게 판매되고 원금과 이자는 발행되는 국가의 화폐로 계산된다. 통상 소지인식으로 채권보유의 익명성이 보장되고 발행국에서 비거주투자자들의 이자소득에는 원천세가 면제된다.

② 유로채시장

유로커런시장은 단기금융 위주의 국제금융시장이고, 유로채시장은 장기채권을 취급하는 국제자본시장이다. 유로채(Euro-bond)는 한 나라의 차입자가 외국에서 제3국 통화로 표시된 채권을 각국의 투자자들에게 발행·매각하는 경우, 즉 발행국가 통화표시채권이 발행국가 이외의 지역에서 발행·거래되는 채권을 말한다.

제1절 국제재무관리의 개요

1. 국제재무관리의 의의
   기업의 국제경영활동을 범세계적 금융시장에서 자금조달과 조달자금의 운용에 직접적
   또는 간접적으로 관련된 의사결정을 효율적으로 지원하는 관리
2. 국제재무관리의 특징
   국내재무관리 + 환위험, 국가위험(country risk)

제2절 환율의 기본개념

1. 환율의 의의
   외환의 가격으로 외국통화 1단위를 얻기 위해 지불해야 하는 자국통화의 양
2. 환율의 표시
(1) 자국통화표시환율(지급환율 또는 직접표시법)
   외국통화를 기준으로 외국통화 1단위의 가치를 자국통화의 가치로 표시
(2) 외국통화표시환율(수취환율 또는 간접표시법)
   자국통화를 기준으로 자국통화 1단위의 가치를 외국통화의 가치로 표시
3. 환율의 변동

환율하락(평가절상)	환율상승(평가절하)
$1=₩1,100 ← $1=₩1,200 → $1=₩1,300	
수출감소, 수입증가 국내경기 침체가능성 외채부담의 감소 국제수지의 악화	수출증가, 수입감소 물가상승 발생가능성 외채부담의 증가 국제수지의 개선

4. 환율의 구분
(1) 외환거래의 성격
① 현물환율 : 현물환거래에 적용되는 환율
② 선물환율 : 선물환거래에 적용되는 환율
(2) 통화가치의 평가
① 명목환율 : 각국 화폐의 명목가치를 기준으로 자국화폐와 외국화폐의 교환비율
② 실질환율 : 명목환율을 양국의 물가지수로 나누어 상대국의 물가변동을 감안한
   자국상품의 가격경쟁력을 나타냄

(3) 환율의 고시방법

① 매입환율 : 은행이나 외환딜러가 외환을 고객으로부터 매입할 때 적용하는 환율

② 매도환율 : 은행이나 외환딜러가 외환을 상대방에게 매도할 경우 적용하는 환율

(4) 환율의 변동여부

① 고정환율 : 각국 통화가치의 기준을 금이나 달러화 등에 고정시켜 일정범위에서
　　　　　　통화가치를 변화할 수 있도록 하는 환율결정방식

② 변동환율 : 외환시장에서 각국의 통화에 대한 수급에 의해 통화가치가 자유롭게
　　　　　　변화할 수 있도록 하는 환율결정방식

(5) 외환의 상대방

① 은행간환율 : 은행간의 외환매매에 적용되는 화폐의 교환비율

② 대고객환율 : 외국환은행이 고객을 상대로 외환업무를 수행할 때 적용하는 환율

(6) 환율의 계산방법

① 기준환율 : 외국환은행이 고객과 외환을 매매할 때 기준이 되는 시장평균환율

② 교차환율 : 기준환율의 대상이 되는 통화와 자국통화의 환율로 표시되지 않는 제3국
　　　　　　통화간의 환율

③ 재정환율 : 교차환율을 이용하여 계산하는 자국통화와 제3국 통화간의 환율

제3절 국제금융의 원리

1. 구매력평가설

(1) 절대적 구매력평가설
　　국내물가수준과 외국물가수준간의 비율이 양국간의 균형환율에 반영

(2) 상대적 구매력평가설 : $\dfrac{S_1 - S_0}{S_0} = I_a - I_b$

　　양국간의 상대물가의 변동률이 환율의 변동률과 동일하다는 이론

2. 이자율평가설 : $\dfrac{F_1 - S_0}{S_0} = N_a - N_b$

　　완전자본시장에서 양국간의 금리격차는 선물환율의 할인율 또는 할증률과 동일

3. 피셔효과 : $(1+N) = (1+R)(1+I)$

　　명목이자율은 실질이자율과 예상인플레이션율을 반영하여 양국의 명목이자율의 차이가
　　양국의 물가상승률의 차이와 일치해야 한다는 이론

4. 국제피셔효과 : $\dfrac{S_1 - S_0}{S_0} = N_a - N_b$

　　구매력평가설과 피셔효과를 결합하여 양국간 명목이자율의 차이와 현물환율의 변화율
　　이 같아야 한다는 이론

제4절 환위험의 관리

1. 환위험의 정의

   예상하지 못한 환율변동으로 외화표시순자산을 자국통화로 평가할 때 그 가치가 변동하는 것

2. 환위험의 종류

(1) 회계적 환노출

   외화로 표시된 해외지점의 재무제표를 자국의 통화가치로 환산할 경우 환율이
   변동하여 발생하는 재무상태나 경영성과의 변동가능성

(2) 거래적 환노출

   외환표시채권과 채무가 확정된 후 환율이 변동하여 결제시점에서 실제로 회수 또는
   지급해야 하는 자국통화금액이 거래당시의 금액과 달라질 가능성

(3) 경제적 환노출

   예상치 않은 환율의 변동으로 기업의 미래현금흐름이 변동할 가능성을 말하며 환율의
   변동이 미치는 영향을 순현재가치의 개념으로 측정한 것

3. 환위험의 관리기법

(1) 회계적 환노출의 관리

① 내부적 관리기법 : 자산과 부채의 조정, 자산과 부채의 관리

② 외부적 관리기법 : 선물환, 통화선물, 통화옵션, 통화스왑, 외환옵션

(2) 거래적 환노출의 관리

① 내부적 관리기법 : 자산과 부채관리, 상계, 매칭, 리딩과 래깅, 가격정책

② 외부적 관리기법 : 단기금융시장, 통화선물, 통화옵션, 통화스왑, 외환스왑

(3) 경제적 환노출의 관리

① 장기경영전략

② 마케팅관리전략 : 시장선택, 가격정책, 제품개발

③ 생산관리전략 : 납품업체의 이전, 생산기지의 이전, 생산성의 향상

④ 재무관리전략

제5절 국제자본예산

1. 국제자본예산

(1) 해외투자의 형태

① 해외직접투자 : 경영지배권을 획득하기 위해 피투자기업의 경영에 직접참여

② 해외간접투자 : 배당수익과 이자수익을 얻기 위해 외국증권에 투자하는 활동

(2) 국제자본예산의 절차

① 해외투자에서 발생하는 미래의 모든 현금흐름을 현지통화로 추정

② 미래의 기대현물환율을 이용하여 현금흐름을 자국통화가치로 환산

③ 자국통화가치로 추정된 현금흐름을 적절한 자본비용으로 할인해 NPV 계산

2. 국제금융시장

(1) 금융중개의 방식

① 직접금융시장 : 자금대차거래가 수요자와 공급자간의 직접적인 거래에 의해서 이루어지는 시장

② 간접금융시장 : 자금의 공급자가 자국은행에 예금을 하고 자국은행은 국제금융 센터에 예금하면 자금의 수요자가 국제금융센터로부터 자금을 대출받는 형식

(2) 금융기관의 소재

① 역내금융시장 : 내국인과 외국인간 또는 외국인 상호간의 거래가 금융기관 소재 국의 통화로 이루어지는 경우

② 역외금융시장 : 특정통화를 발행한 국가의 외부지역에서 금융기관 소재국 이외의 통화로 이루어지는 경우

(3) 금융상품의 만기

① 국제금융시장 : 1년 이내의 금융자산의 거래가 이루어지는 시장

② 국제자본시장 : 1년 이상의 금융자산의 거래가 이루어지는 시장

1 다음 중 환율과 환위험에 대한 설명으로 옳지 않은 것은? (1993년)

① 국제외환거래에서 두 나라간의 환율을 교차환율이라고 한다.

② 국내에서만 거래활동을 하는 기업은 환위험이 발생하지 않는다.

③ 현물환율이 ₩600/\$, 1개월 선물환율이 ₩606/\$일 경우 선물환율의 할증률은 12%이다.

④ 기대하지 않은 환율의 변동으로 인한 기업의 미래 기대현금흐름의 변동가능성을 경제적 환노출이라고 한다.

⑤ 두 나라 통화간의 현물환율은 두 나라간의 인플레이션율의 차이에 의해서 변동한다는 이론이 구매력평가설이다.

| 해설 | ① 기준환율은 대외거래가 많은 나라의 통화와 자국통화간의 교환비율, 교차환율은 기준환율의 대상이 되는 통화와 제3국 통화간의 교환비율이다. 재정환율은 기준환율과 교차환율을 이용하여 계산되며 교차환율의 대상이 되는 제3국 통화와 자국통화간의 교환비율을 말한다.

③ 선물환율의 할증률 $= \dfrac{606-600}{600} \times 12개월 = 12\%$

④ 회계적 환노출은 외화로 표시된 재무제표를 자국의 통화가치로 환산할 때 환율이 변동하여 발생하는 재무상태나 경영성과의 변동가능성으로 환산환노출이라고도 한다. 거래적 환노출은 외환표시채권 또는 채무가 확정된 후에 환율이 변동하여 결제시점에서 실제로 회수 또는 지급해야 하는 자국통화금액이 거래당시의 금액과 달라질 가능성을 말한다. 경제적 환노출은 환율의 변동으로 인해 기업의 미래현금흐름이 변동할 가능성을 말하며 환율의 변동이 미치는 영향을 순현재가치의 개념으로 측정한 것이다.

2 다음 중 환위험에 노출된 기업이 환위험을 관리하기 위해 고려할 수 있는 방법으로 부적절한 것은? (1997년)

① 외국통화로 자금을 지급하거나 수령하는 시기를 조정한다.

② 국내외 금융시장에서 자금을 차입하는 통화수단을 조정한다.

③ 해외원자재를 정기적으로 구매하거나 해외로 공장을 이전한다.

④ 통화관련 선물, 옵션, 스왑 등의 파생상품을 이용한다.

⑤ 외국기업과 전략적 제휴관계를 맺는다.

| 해설 | 외국기업과 전략적 제휴를 체결하는 것은 환위험관리와 직접적인 관련은 없고 경영위험의 관리에 해당한다.

3 다음 중 환율결정이론에 관한 설명으로 타당하지 않은 것은? (2000년)

① 피셔효과가 성립하면 양국간 명목이자율의 차이는 기대인플레이션율의 차이와 같게 된다.

② 구매력평가이론(PPP)에 따르면 양국 통화간 현물환율의 기대변동률은 양국간 기대인플레이션율의 차이와 같게 된다.

③ 국제피셔효과는 양국 통화간 현물환율의 기대변동률이 양국간 명목이자율의 차이와 같게 되는 현상을 말한다.

④ 이자율평가이론(IRP)에 따르면 양국간 실질이자율의 차이는 선도환율의 할증률(또는 할인율)과 같게 된다.

⑤ 이자율평가이론과 국제피셔효과가 성립하면 선물환율은 미래 현물환율의 불편추정치가 된다.

| 해설 | 이자율평가이론에 의하면 양국간 명목이자율의 차이가 선물환율의 할증률(또는 할인율)과 같게 된다.

4 B국 통화 1단위에 대한 A국 통화의 가치로 표시된 현물환율과 선물환율을 각각 S_0와 F라 하고, 선물환의 인도시기와 동일한 만기를 갖는 무위험자산의 명목수익률을 R_A와 R_B라고 하자. 만약 $(R_A - R_B)$와 $[(F-S_0)/S_0]$가 아래 그림의 X점과 같은 상태에 있다면, 커버된 이자율 차익거래가 발생한다. 차익거래로 인해 나타날 수 있는 결과는? (1994년)

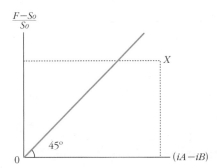

① B국 통화의 선물환 프리미엄이 감소한다.

② B국의 명목수익률 R_B가 하락한다.

③ B국 통화의 현물환율 S_0가 상승한다.

④ A국 무위험금융자산의 가격이 상승한다.

⑤ 위의 어떤 결과도 나타나지 않는다.

| 해설 | 현재는 $\dfrac{F-S_0}{S_0} < R_A - R_B$이며 차익거래로 시장이 균형에 도달하면 $\dfrac{F-S_0}{S_0} = R_A - R_B$의 관계가 성립하는데, 이러한 관계가 성립하기 위해 나타날 수 있는 결과는 다음과 같다.
①, ③ F가 상승하든지 S가 하락한다.
②, ④ R_A가 하락하든지 R_B가 상승한다. R_A가 하락하면 A국 금융자산의 가격이 상승한다.

5 기호를 다음과 같이 정의할 경우 국제피셔효과(international Fisher effect)를 도시한 결과로 옳은 것은? (1996년)

I_A = 자국의 연간 예상인플레이션율

I_B = 상대국의 연간 예상인플레이션율

R_A = 자국의 연간 명목이자율

R_B = 상대국의 연간 명목이자율

S_0 = 현물환율

$F_{0,1}$ = 1년 만기 선물환율

$E(S_1)$ = 1기 후의 기대현물환율

①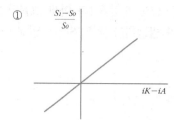

②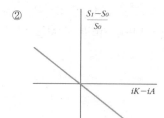

③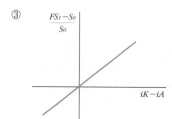

④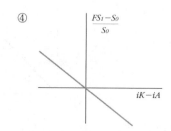

⑤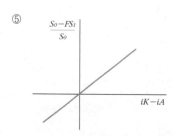

| 해설 | 환율은 A국 통화 1단위당 B국 통화가치로 표시되므로 국제피셔효과에 의하면 다음의 관계가 성립해야 한다.

$$\frac{E(S_1) - S_0}{S_0} = R_B - R_A = -(R_A - R_B)$$

6 다음 중 한국에서 제품을 생산하여 미국에 수출하는 기업의 환노출에 대한 설명으로 적절하지 않은 것은?

① 미국에 수출하는 기업은 달러 롱포지션의 환노출을 가지고 있다.

② 직접투자를 통해서 미국에서 생산하면 환노출은 오히려 증가한다.

③ 달러 차입을 증가시키면 환노출은 감소한다.

④ 원자재를 미국에서 조달하면 환노출은 감소한다.

| 해설 | 미국에 직접투자하여 제품을 생산하거나 달러 차입의 증가, 원자재의 미국에서 조달 등은 달러의 현금유출을 가져오는 변화로서 제품을 수출하는 기업의 환노출을 줄이게 된다.

7 현재 미국의 달러화에 대한 원화의 환율이 1달러에 1,240원이고, 미국과 한국의 명목이자율은 각각 연 6%와 연 8%이다. 차익거래(재정거래)기회가 존재하지 않기 위해서는 1년 만기의 균형선물환율이 얼마로 정해져야 하는가? 단, 소수점 이하는 반올림하시오. (1999년)

① 1,217원 　　　　　② 1,240원 　　　　　③ 1,263원

④ 1,314원 　　　　　⑤ 1,339원

| 해설 | $\dfrac{S_1}{S_0} = \dfrac{1+N_K}{1+N_A} \rightarrow S_1 = 1{,}240 \times \dfrac{1.08}{1.06} = 1{,}263$원

8 외환시장과 금리시장에서 거래가 자유로우며, 원화 표시와 달러화 표시의 1년 만기 무위험할인채권의 가격이 액면의 80%와 90%라고 하자. 외환시장에서 현재 달러당 원화의 환율이 1,500원이라면 달러화에 대한 원화의 1년 만기 선물환율은 얼마인가? (1998년)

① 1,333원 　　　　　② 1,433원 　　　　　③ 1,583원

④ 1,633원 　　　　　⑤ 1,688원

| 해설 | 원화표시 1년 만기 무위험할인채권의 가격이 액면가액의 80%라고 하면 이자부분은 80%에 해당하여 한국의 1년 만기 무위험이자율(N_K)은 2/8, 미국의 1년 만기 무위험이자율(N_A)은 1/9이 된다.

$\dfrac{F_1}{S_0} = \dfrac{1+N_K}{1+N_A} \rightarrow \dfrac{F_1}{1{,}500} = \dfrac{(1+2/8)}{(1+1/9)} \rightarrow F_1 = 1{,}500 \times \dfrac{1.25}{1.11} = 1{,}688$원

9 연세기업은 1년간 100만달러를 미국에서 5%에 차입하였다. 차입시의 현물환율은 ₩800/$이었고 상환시의 현물환율은 ₩880/$였다면 원화이자율로 표시된 차입비용은 얼마인가? (1996년)

① 13.5% 　　　　　② 14.5% 　　　　　③ 15.5%

④ 16.5% 　　　　　⑤ 17.5%

| 해설 | $\dfrac{S_1}{S_0} = \dfrac{1+N_K}{1+N_A} \rightarrow \dfrac{880}{800} = \dfrac{1+N_K}{1.05} \rightarrow N_K = 0.155$

10 A기업은 미국의 한 기업으로부터 3개월 후에 $100,000의 수출대금을 수취하기로 되어 있다. A기업이 환위험을 회피할 수 있는 적절한 방법은? (1992년)

① $100,000의 선물환 매입계약을 체결한다.

② $100,000의 외화채권을 발생시킨다.

③ 3개월 후를 만기일로 하는 $100,000에 대한 콜옵션과 풋옵션을 매도한다.

④ 3개월 후를 만기일로 하는 $100,000에 대한 콜옵션을 매입한다.

⑤ 3개월 후를 만기일로 하는 $100,000에 대한 풋옵션을 매입한다.

| 해설 | ① 3개월 후에 $100,000를 수취해서 매도해야 하므로 선물환 매도계약을 체결해야 한다.
　　　② 미국에서 차입하여(외화채무를 발생시켜서) 국내 통화시장에 투자해야 한다.
　　　③, ④, ⑤ 옵션을 이용하려면 환율하락시 보호를 받을 수 있는 풋옵션을 매입해야 한다.

11 어느 수출업자가 3개월 후에 외화 1단위를 수령하기로 되어 있다. 환율변동으로 인한 위험을 헤지하기 위해서 외화에 대한 풋옵션 1단위(만기 : 3개월 후, 행사가격 : X_p)를 매입함과 동시에 콜옵션 1단위(만기 : 3개월 후, 행사가격 : X_c)를 매도 $(X_p < X_c)$ 하였다. 3개월 후 현물환율의 변동에 따라 이 수출업자가 수취하는 외화 1단위에 대한 원화 표시액을 바르게 나타낸 것은? (1994년)

① 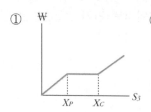　② 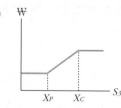　③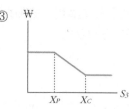

④ 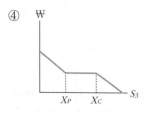　⑤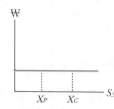

12 미국에 물품을 수출하고 6개월 후에 대금 1백만 달러를 받기로 한 무역업자가 있다. 이 무역업자가 사용하기에 가장 적절한 환위험 헷지방법은? (2004년)

① 6개월 만기의 달러 콜옵션을 매수한다.

② 6개월 만기의 달러 풋옵션을 매도한다.

③ 6개월 만기의 선물환계약에서 달러 매수포지션을 취한다.

④ 6개월 만기 행사가격이 동일한 달러 콜옵션과 달러 풋옵션을 동시에 매수한다.

⑤ 6개월 만기의 달러 대출을 받아 달러를 외환시장에서 매각한다.

| 해설 | ①, ② 옵션을 이용하려면 환율하락시 보호를 받을 수 있는 풋옵션을 매입해야 한다.
③ 6개월 후에 달러를 받아서 매도해야 하므로 선물환은 매도포지션을 취해야 한다.
④ 콜옵션을 매도하고 풋옵션을 매입하면 선물 매도포지션의 효과가 발생한다.
⑤ 6개월 만기 달러 대출을 받아 원화로 환전한 후 국내은행에 예치하면 환위험을 헷지할 수 있다.

13 (주)한국은 3개월 후에 미국기업에 대한 수입대금 1백만 달러를 지급해야 한다. 다음 중 환위험을 헷지하기 위해 이 기업이 취할 수 있는 환위험관리전략으로 가장 적절한 것은? (2009년)

① 동일한 행사가격의 3개월 만기 달러 콜옵션과 달러 풋옵션을 동시에 매도한다.

② 스왑딜러를 통해 원화 수입이 주된 소득원인 미국 현지의 A기업과 달러를 지급하고 원화를 수취하는 원-달러 통화스왑계약을 체결한다.

③ 3개월 만기의 달러 콜옵션을 매입한다.

④ 국내 유로은행에서 달러를 차입하여 이를 외환시장에 매도한다.

⑤ 3개월 만기의 달러화 선물환 매도계약을 체결한다.

| 해설 | ①, ⑤ 3개월 후에 수입대금을 지급하기 위해 달러를 매입해야 하므로 선물을 이용하려면 선물환 매입계약을 체결해야 하며, 옵션을 이용하여 선물환 매입과 동일한 효과를 얻으려면 콜옵션을 매입하고 풋옵션을 매도해야 한다.
② 3개월 후에 수입대금을 지급하기 위해 달러가 필요하므로 스왑을 이용하려면 원화를 지급하고 달러를 수령하는 통화스왑계약을 체결해야 한다.
④ 화폐시장을 이용하려면 국내은행에서 원화를 차입하여 달러화를 매입한 다음 미국은행에 달러화를 예금해야 한다.

14 한국의 90일 만기 국채의 만기수익률은 연 5%이며, 180일 만기 국채의 만기수익률은 연 6%이다. 미국의 90일 만기 국채의 만기수익률은 연 5%이며, 180일 만기 국채의 만기수익률은 연 5.5%이다. 이자율평가설이 성립한다고 가정하면 다음 중 가장 옳은 것은? (2007년)

① 현물환율과 90일 선물환율이 동일하다.

② 현물환율과 180일 선물환율이 동일하다.

③ 90일 선물환율과 180일 선물환율이 동일하다.

④ 주어진 정보로는 현물환율과 선물환율의 크기를 비교할 수 없다.

⑤ 한국 국채의 수익률곡선은 우하향 모양을 띠게 된다.

| 해설 | $F = S_0 \times \dfrac{1+R_K}{1+R_A}$

① $F_{90} = S_0 \times \dfrac{1+5\% \times 90/360}{1+5\% \times 90/360} = S_0$

② $F_{180} = S_0 \times \dfrac{1+6.0\% \times 180/360}{1+5.5\% \times 180/360} = S_0 \times 1.0024$

③, ④ $F_{180} > F_{90} = S_0$

⑤ 한국 국채의 수익률은 주어진 자료만으로 판단할 경우 우상향의 형태를 띠고 있다.

15 (주)한국의 외화자금 수급에 대한 예측에 의하면 1년 후인 2006년 3월에 5억엔 상당의 엔화 수입자금에 대한 결제와 500만불 상당의 달러화 수출자금에 대한 결제가 동시에 이루어진다. 다음과 같은 정보가 주어져 있을 때 (주)한국이 환위험을 헤지(hedge)하기 위해 선택할 수 있는 방법으로 가장 적절한 것은? 단, 수수료는 무시하라. (2006년)

달러화 이자율 : 연 3%	엔화 이자율 : 연 1%
엔/달러 현물환율 : ￥101.98/$	1년 엔/달러 선물환율 : ￥100/$
1년 만기 행사가격 ￥100/$의 달러화 풋옵션 : ￥9.86	
1년 만기 행사가격 ￥100/$의 달러화 콜옵션 : ￥9.84	

① 엔/달러 선물시장에서 500만불 상당의 달러 선물환을 매입한다.

② 달러 자금시장에서 1년 후 500만불을 상환하기로 하고 달러를 차입하여 엔/달러 현물시장에서 엔화로 교환한 후 엔화 자금시장에서 1년간 예치한다.

③ 엔/달러 현물시장에서 500만불 상당의 달러 현물환을 매입한다.

④ 달러화 풋옵션과 달러화 콜옵션을 동시에 매입한다.

⑤ 달러화 풋옵션을 매도한다.

| 해설 | ① (주)한국은 엔화가치의 상승위험과 달러화가치의 하락위험에 직면해 있다. 이는 엔/달러 환율의 하락위험을 의미하므로 엔/달러 선물환을 매도해야 한다.

② 엔/달러 선물환 매도포지션은 달러화 차입+엔화 대출과 동일하다.

④ 달러화 풋옵션 매입과 달러화 콜옵션 매도를 해야 엔/달러 선물환 매도와 동일한 효과를 가져온다.

⑤ 달러화 풋옵션을 매도한 경우 엔/달러 환율 상승시 이익이 제한되며, 환율하락시 손실이 발생할 수 있다.

16 미국 달러화와 원화 환율에 대한 90일 만기 선물환율이 현재 국내외환시장과 뉴욕외환시장에서 각각 ₩1,250/$과 0.00077$/₩에 형성되었다고 하자. 두 시장에서 동시에 거래할 수 있는 국내은행의 외환딜러라면 어떤 차익거래(arbitrage transaction)를 해야 하는가? (2001년)

① 한국시장에서 달러매도, 뉴욕시장에서 원화매도 선물환 체결
② 한국시장에서 달러매입, 뉴욕시장에서 원화매도 선물환 체결
③ 한국시장에서 달러매도, 뉴욕시장에서 원화매입 선물환 체결
④ 한국시장에서 달러매입, 뉴욕시장에서 원화매입 선물환 체결
⑤ 차익거래의 기회가 없다.

| 해설 | 국내외환시장 : ₩1,250/$ 〈 뉴욕외환시장 ₩1,298/$(=$0.00077/₩)
국내외환시장에서 선물환율이 원화는 상대적으로 저평가, 달러화는 고평가되어 있고 뉴욕외환시장에서 선물환율이 원화는 상대적으로 고평가, 달러화는 저평가되어 있어 국내시장에서 선물환율을 매입하고 뉴욕시장에서 선물환율을 매도한다. 따라서 국내에서 1$를 1,250원에 매입하는 계약을 체결하고 미국에서 1$를 1,298원에 매도하는 계약을 체결하면 1계약당 48원의 차익거래이익이 발생한다.

17 현재 미국의 $1에 대해 현물환율은 1,000원이고 1년 만기 선물환율은 1,020원이다. 무위험이자율은 한국에서 연 5%이고 미국에서는 연 2%이다. 무위험이자율로 차입과 대출이 가능하고 거래비용이 없을 때, 차익거래의 방법으로 가장 적절한 것은? (2017년)

① 선물 매수, 달러 차입, 원화로 환전, 원화 대출
② 선물 매수, 원화 차입, 달러로 환전, 달러 대출
③ 선물 매도, 달러 차입, 원화로 환전, 원화 대출
④ 선물 매도, 원화 차입, 달러로 환전, 달러 대출
⑤ 선물 매도, 원화 차입, 달러로 환전, 원화 대출

| 해설 | $F_1 = 1,020$원 $< S_0 \times \dfrac{1+R_K}{1+R_A} = 1,0000 \times \dfrac{1.05}{1.02} = 1,029$원

좌변이 작으므로 선물은 과소평가되어 있고, 우변은 크므로 한국의 무위험이자율은 상대적으로 높고 미국의 무위험이자율은 상대적으로 낮다. 따라서 과소평가된 선물은 매수하고, 무위험이자율이 낮은 미국에서 달러를 차입하여 원화로 환전한 후에 무위험이자율이 높은 한국에서 원화로 대출하면 이익을 얻을 수 있다.

18 (주)재경은 90일 후에 대금을 지급받기로 하고 미화 100만달러 상당의 기계장비를 중국의 한 회사에 수출하였다. 수출대금은 미화로 표시되었는데 현재의 현물환율은 미화 1$당 780원이고, 90일 선물환율은 756원이라고 한다. 이러한 환위험을 회피하기 위해 (주)재경은 선물환계약체결을 통해서 수출대금 100만달러를 처분하였다. 이때 선물환시장을 이용하여 환위험을 회피하는데 소요되는 비용은 연간 몇 %인가? (1995년)

① 3.1%   ② 3.2%   ③ 9.4%

④ 12.3%   ⑤ 12.7%

| 해설 | 스왑률을 연간으로 환산한 비용은 [(780−756)/780]×360/90 = 0.123가 된다.

19 동일한 수익구조를 만들어내는 복제포트폴리오의 구성방법 중 옳은 항목만을 모두 모은 것은? (2010년)

> a. 미 달러화 선물환 매도 = 원화채권 매입 + 현물환 매도 + 미 달러채권 매도
> b. 채권 매입 = 선물 매도 + 기초자산 매입
> c. 주식 공매 = 채권 매도 + 콜옵션 매도 + 풋옵션 매입

① a, b, c   ② b, c   ③ a, c

④ c   ⑤ a, b

| 해설 | a. 미래에 달러화를 매도해야 하는 투자자는 달러 선물환을 매도하면 환율하락위험을 헷지할 수 있다. 이와 동일한 효과를 보려면 미국 화폐시장에서 달러화를 차입(달러채권 매도)하여 원화로 환전(달러 현물환 매도)한 후 국내 화폐시장에 예금(원화채권 매입)해야 한다.
b. 기초자산을 매입하고 선물을 매도하면 기초자산의 현재가격에 해당하는 금액만큼 무위험 순수할인채를 매입하는 것과 동일한 효과가 있다.
c. $S+P-C=PV(E) \rightarrow -S=-PC(E)-C+P$

20 (주)대한은 3,300만원의 투자자금을 보유하고 있다. 현재 현물환율은 KRW1,100/US$1이다. 미국의 금리는 연 10%이고 국내의 금리는 연 5%이다. 외환시장에서 선물환율이 금리평가이론에 의해 결정된다고 하자. 현시점에서 1년 만기 선물환계약과 함께 미국의 단기금융시장에 총 3,400만원을 투자할 경우 1년 만기 선물환율과 투자회수총액의 조합으로 가장 적절한 것은? (2011년)

	1년 만기 선물환율(KRW/US$1)	투자회수총액(만원)
①	1,025	3,275
②	1,050	3,465
③	1,075	3,585
④	1,100	3,660
⑤	1,125	3,685

| 해설 | (1) 1년 만기 선물환율

$$F_1 = S_0 \times \frac{1+R_K}{1+R_A} = 1,100 \times \frac{1.05}{1.10} = 1,050원$$

(2) 투자회수총액

3,300만원을 현재의 현물환율로 달러화로 환전(3,300만원/1,100)하여 미국의 단기금융시장에 투자하고 1년 후에 예상되는 원리금 US$3.3만(3만×1.1)에 대해 1년 만기 달러선물을 매도하는 경우의 투자회수총액은 3,465만원(3.3만×1,050)이다.

부록

부록 1 복리이자요소 $\left[FVIF_{n,\ r\%} = (1+r)^n\right]$

(연초에 1원을 연리 r%로 복리투자할 때 n년 후의 미래가치)

n/r	1.0	2.0	3.0	4.0	5.0
1	1.01000	1.02000	1.03000	1.04000	1.05000
2	1.02010	1.04040	1.06090	1.08160	1.10250
3	1.03030	1.06121	1.09273	1.12486	1.15762
4	1.04060	1.08243	1.12551	1.16986	1.21551
5	1.05101	1.10408	1.15927	1.21665	1.27628
6	1.06152	1.12616	1.19405	1.26532	1.34010
7	1.07214	1.14869	1.22987	1.31593	1.40710
8	1.08286	1.17166	1.26677	1.36857	1.47746
9	1.09369	1.19509	1.30477	1.42331	1.55133
10	1.10462	1.21899	1.34392	1.48024	1.62889
11	1.11567	1.24337	1.38423	1.53945	1.71034
12	1.12682	1.26824	1.42576	1.60103	1.79586
13	1.13809	1.29361	1.46853	1.66507	1.88565
14	1.14947	1.31948	1.51259	1.73168	1.97993
15	1.16097	1.34587	1.55797	1.80094	2.07893
16	1.17258	1.37279	1.60471	1.87298	2.18287
17	1.18430	1.40024	1.65285	1.94790	2.29202
18	1.19615	1.42825	1.70243	2.02582	2.40662
19	1.20811	1.45681	1.75351	2.10685	2.52695
20	1.22019	1.48595	1.80611	2.19112	2.65330

n/r	6.0	7.0	8.0	9.0	10.0
1	1.06000	1.07000	1.08000	1.09000	1.10000
2	1.12360	1.14490	1.16640	1.18810	1.21000
3	1.19102	1.22504	1.25971	1.29503	1.33100
4	1.26248	1.31080	1.36049	1.41158	1.46410
5	1.33823	1.40255	1.46933	1.53862	1.61051
6	1.41852	1.50073	1.58687	1.67710	1.77156
7	1.50363	1.60578	1.71382	1.82804	1.94872
8	1.59385	1.71819	1.85093	1.99256	2.14359
9	1.68948	1.83846	1.99900	2.17189	2.35795
10	1.79085	1.96715	2.15892	2.36736	2.59374
11	1.89830	2.10485	2.33164	2.58043	2.85312
12	2.01220	2.25219	2.51817	2.81266	3.13843
13	2.13293	2.40984	2.71962	3.06580	3.45227
14	2.26090	2.57853	2.93719	3.34173	3.79750
15	2.39656	2.75903	3.17217	3.64248	4.17725
16	2.54035	2.95216	3.42594	3.97030	4.59497
17	2.69277	3.15881	3.70002	4.32763	5.05447
18	2.85434	3.37993	3.99602	4.71712	5.55992
19	3.02560	3.61653	4.31570	5.14166	6.11591
20	3.20713	3.86968	4.66096	5.60441	6.72750

부록 2 연금의 복리이자요소 $\left[FVIFA_{n,\ r\%} = \dfrac{(1+r)^n - 1}{r}\right]$

(매 연말에 1원씩을 연리 r%로 복리투자할 때 n년 후의 미래가치)

n/r	1.0	2.0	3.0	4.0	5.0
1	1.00000	1.00000	1.00000	1.00000	1.00000
2	2.01000	2.02000	2.03000	2.04000	2.05000
3	3.03010	3.06040	3.09090	3.12160	3.15250
4	4.06040	4.12161	4.18363	4.24646	4.31012
5	5.10100	5.20404	5.30914	5.41632	5.52563
6	6.15201	6.30812	6.46841	6.63298	6.80191
7	7.21353	7.43428	7.66246	7.89829	8.14201
8	8.28567	8.58297	8.89234	9.21423	9.54911
9	9.36853	9.75463	10.15911	10.58279	11.02656
10	10.46221	10.94972	11.46388	12.00611	12.57789
11	11.56683	12.16871	12.80779	13.48635	14.20679
12	12.68250	13.41209	14.19203	15.02580	15.91713
13	13.80933	14.68033	15.61779	16.62684	17.71298
14	14.94742	15.97394	17.08632	18.29191	19.59863
15	16.09689	17.29342	18.59891	20.02359	21.57856
16	17.25786	18.63928	20.15688	21.82453	23.65749
17	18.43044	20.01207	21.76158	23.69751	25.84036
18	19.61474	21.41231	23.41443	25.64541	28.13238
19	20.81089	22.84056	25.11686	27.67123	30.53900
20	22.01900	24.29737	26.87037	29.77807	33.06595

n/r	6.0	7.0	8.0	9.0	10.0
1	1.00000	1.00000	1.00000	1.00000	1.00000
2	2.06000	2.07000	2.08000	2.09000	2.10000
3	3.18360	3.21490	3.24640	3.27810	3.31000
4	4.37462	4.43994	4.50611	4.57313	4.64100
5	5.63709	5.75074	5.86660	5.98471	6.10510
6	6.97532	7.15329	7.33593	7.52333	7.71561
7	8.39384	8.65402	8.92280	9.20043	9.48717
8	9.89747	10.25980	10.63668	11.02847	11.43589
9	11.49132	11.97799	12.48756	13.02104	13.57948
10	13.18079	13.81645	14.48656	15.19293	15.93742
11	14.97164	15.78360	16.64549	17.56029	18.53117
12	16.86994	17.88845	18.97713	20.14072	21.38428
13	18.88214	20.14064	21.49530	22.95338	24.52271
14	21.01506	22.55049	24.21492	26.01919	27.97498
15	23.27597	25.12902	27.15211	29.36091	31.77248
16	25.67252	27.88805	30.32428	33.00339	35.94973
17	28.21287	30.84021	33.75022	36.97370	40.54470
18	30.90565	33.99903	37.45024	41.30133	45.59917
19	33.75998	37.37896	41.44662	46.01845	51.15908
20	36.78558	40.99549	45.76196	51.16011	57.27499

부록 3 현가이자요소 $\left[PVIF_{n,\ r\%} = \dfrac{1}{(1+r)^n} \right]$

(n년 후의 1원을 연리 r%로 복리할인할 때의 현재가치)

n/r	1.0	2.0	3.0	4.0	5.0
1	0.99010	0.98039	0.97087	0.96154	0.95238
2	0.98030	0.96117	0.94260	0.92456	0.90703
3	0.97059	0.94232	0.91514	0.88900	0.86384
4	0.96098	0.92385	0.88849	0.85480	0.82270
5	0.95147	0.90573	0.86261	0.82193	0.78353
6	0.94205	0.88797	0.83748	0.79031	0.74622
7	0.93272	0.87056	0.81309	0.75992	0.71068
8	0.92348	0.85349	0.78941	0.73069	0.67684
9	0.91434	0.83676	0.76642	0.70259	0.64461
10	0.90529	0.82035	0.74409	0.67556	0.61391
11	0.89632	0.80426	0.72242	0.64958	0.58468
12	0.88745	0.78849	0.70138	0.62460	0.55684
13	0.87866	0.77303	0.68095	0.60057	0.53032
14	0.86996	0.75788	0.66112	0.57748	0.50507
15	0.86135	0.74301	0.64186	0.55526	0.48102
16	0.85282	0.72845	0.62317	0.53391	0.45811
17	0.84438	0.71416	0.60502	0.51337	0.43630
18	0.83602	0.70016	0.58739	0.49363	0.41552
19	0.82774	0.68643	0.57029	0.47464	0.39573
20	0.81954	0.67297	0.55368	0.45639	0.37689

n/r	6.0	7.0	8.0	9.0	10.0
1	0.94340	0.93458	0.92593	0.91743	0.90909
2	0.89000	0.87344	0.85734	0.84168	0.82645
3	0.83962	0.81630	0.79383	0.77218	0.75131
4	0.79209	0.76290	0.73503	0.70843	0.68301
5	0.74726	0.71299	0.68058	0.64993	0.62092
6	0.70496	0.66634	0.63017	0.59627	0.56447
7	0.66506	0.62275	0.58349	0.54703	0.51316
8	0.62741	0.58201	0.54027	0.50187	0.46651
9	0.59190	0.54393	0.50025	0.46043	0.42410
10	0.55839	0.50835	0.46319	0.42241	0.38554
11	0.52679	0.47509	0.42888	0.38753	0.35049
12	0.49697	0.44401	0.39711	0.35553	0.31863
13	0.46884	0.41496	0.36770	0.32618	0.28966
14	0.44230	0.38482	0.34046	0.29925	0.26333
15	0.41727	0.36245	0.31524	0.27454	0.23939
16	0.39365	0.33873	0.29189	0.25187	0.21763
17	0.37136	0.31657	0.27027	0.23107	0.19784
18	0.35034	0.29586	0.25025	0.21199	0.17986
19	0.33051	0.27651	0.23171	0.19449	0.16351
20	0.31180	0.25842	0.21455	0.17843	0.14864

부록 4 연금의 현가이자요소 $\left[PVIFAF_{n,\ r\%} = \dfrac{1}{r} - \dfrac{1}{r(1+r)^n}\right]$

(n년 동안에서 매 연말에 실현되는 1억원을 연리 r%로 복리할인할 때의 현재가치)

n/r	1.0	2.0	3.0	4.0	5.0
1	0.99010	0.98039	0.97087	0.96154	0.95238
2	1.97039	1.94156	1.91347	1.88609	1.86941
3	2.94098	2.88388	2.82861	2.77509	2.72325
4	3.90197	3.80773	3.71710	3.62990	3.54595
5	4.85343	4.71346	4.57971	4.45182	4.32948
6	5.79548	5.60143	5.41719	5.24214	5.07569
7	6.72819	6.47199	6.23028	6.00206	5.78637
8	7.65168	7.32548	7.01969	6.73275	6.46321
9	8.56602	8.16224	7.78611	7.43533	7.10782
10	9.47130	8.98259	8.53020	8.11090	7.72174
11	10.36763	9.78685	9.25262	8.76048	8.30642
12	11.25503	10.57534	9.95400	9.38507	8.86325
13	12.13374	11.34837	10.63495	9.98565	9.39357
14	13.00370	12.10625	11.29607	10.56312	9.89864
15	13.86505	12.84926	11.93793	11.11839	10.37966
16	14.71787	13.57771	12.56110	11.65230	10.83777
17	15.56225	14.29187	13.16612	12.16567	11.27407
18	16.39827	14.99203	13.75351	12.65930	11.68959
19	17.22601	15.67846	14.32380	13.13394	12.08532
20	18.04555	16.35143	14.87747	13.59033	12.46221

n/r	6.0	7.0	8.0	9.0	10.0
1	0.94340	0.93453	0.92593	0.91743	0.90909
2	1.83339	1.80802	1.78326	1.75911	1.73554
3	2.67301	2.62432	2.57710	2.53129	2.48685
4	3.46511	3.38721	3.31213	3.32972	3.16987
5	4.21236	4.10020	3.99271	3.88965	3.79079
6	4.91732	4.76654	4.62288	4.48592	4.35526
7	5.58238	5.38929	5.20637	5.03295	4.86842
8	6.20979	5.97130	5.74664	5.53482	5.33493
9	6.80169	6.51523	6.24689	5.99525	5.75902
10	7.36009	7.02358	6.71008	6.41766	6.14457
11	7.88687	7.49867	7.13896	6.80519	6.49506
12	8.38384	7.94269	7.53608	7.16073	6.81369
13	8.85268	8.35765	7.90378	7.48690	7.10336
14	9.29498	8.74547	8.24424	7.78615	7.36669
15	9.71225	9.10971	8.55948	8.06069	7.60608
16	10.10590	9.44665	8.85137	8.31256	7.82371
17	10.47726	9.76322	9.12164	8.54363	8.02155
18	10.82760	10.05909	9.37189	8.75563	8.20141
19	11.15812	10.33560	9.60360	8.95011	8.36492
20	11.46992	10.59401	9.81815	9.12855	8.51356

찾아보기

(ㅇ)

(ㅈ)

저자 약력

■ 저자

동국대학교 경상대학 회계학과 졸업(경영학사)
동국대학교 대학원 경영학과 졸업(경영학석사)
동국대학교 대학원 경영학과 졸업(경영학박사)
대신증권주식회사 명동지점 근무
증권투자상담사, 선물거래상담사, 기업가치평가사, M&A전문가, 외환관리사,
자산관리사, 재무설계사, 투자자산운용사, 금융투자분석사, 은퇴설계전문가
강남대학교, 강원대학교, 건양대학교, 공주대학교, 동국대학교, 동신대학교,
덕성여자대학교, 서강대학교, 숭실사이버대학교, 용인대학교, 유한대학교,
중부대학교, 한밭대학교, 한국생산성본부 강사
건양사이버대학교 자산관리학과 교수 역임

■ 저서

자본시장론(박영사, 2020)
알기쉬운 실용금융(박영사, 2020)
파생상품의 이해(박영사, 2019)
재무관리(삼영사, 2015)
증권투자론(삼영사, 2014)
파생상품론(유비온, 2013)
금융학개론(유비온, 2012)
외환파생상품(한경사, 2011)
금융경제의 이해(도서출판 청람, 2010)
재무관리연습(도서출판 청람, 2009)
파생금융상품의 이해(한경사, 2007)
파생금융상품(한경사, 2005)

■ 논문

개인채무자 구제제도의 이용현황과 개선방안에 관한 연구
KOSPI 200선물을 이용한 동적헤징전략에 관한 실증적 연구
금융공학을 이용한 포트폴리오보험전략의 유용성에 관한 실증적 연구
금융기관의 효율적 위험관리시스템 구축방안에 관한 연구
듀레이션을 이용한 채권포트폴리오의 면역전략에 관한 실증적 연구
효용에 근거한 포트폴리오보험전략에 관한 실증적 연구
재정가격결정이론에 관한 실증적 연구

기업재무관리

초판발행	2021년 7월 2일
지은이	이하일
펴낸이	안종만 · 안상준
편 집	황정원
기획/마케팅	정연환
표지디자인	박현정
제 작	고철민 · 조영환
펴낸곳	(주) **박영사**
	서울특별시 금천구 가산디지털2로 53, 210호(가산동, 한라시그마밸리)
	등록 1959. 3. 11. 제300-1959-1호(倫)
전 화	02)733-6771
f a x	02)736-4818
e-mail	pys@pybook.co.kr
homepage	www.pybook.co.kr
ISBN	979-11-303-1296-5 93320

정 가   37,000원